Das große Little Boxes-Buch

Das große
little **boxes** Buch

Webseiten gestalten mit HTML & CSS.
Grundlagen, Navigation, Inhalte, YAML und mehr

PETER MÜLLER

Markt+Technik

Bibliografische Information der Deutschen Nationalbibliothek
Die Deutsche Nationalbibliothek verzeichnet diese Publikation in der
Deutschen Nationalbibliografie; detaillierte bibliografische Daten sind
im Internet über <http://dnb.dnb.de> abrufbar.

10 9 8 7 6 5 4 3 2
14 13
ISBN 978-3-8272-4714-8

© 2011 by Markt+Technik Verlag,
ein Imprint der Pearson Deutschland GmbH,
Martin-Kollar-Straße 10-12, D-81829 München/Germany
Alle Rechte vorbehalten
Covergestaltung: Marco Lindenbeck, webwo GmbH, mlindenbeck@webwo.de
Lektorat: Boris Karnikowski, bkarnikowski@pearson.de
Fachlektorat: Jens Grochtdreis, grochtdreis.de
Herstellung: Elisabeth Prümm, epruemm@pearson.de
Korrektorat: Petra Kienle
Satz: text&form GbR, Fürstenfeldbruck
Druck und Verarbeitung: Drukarnia Dimograf, Bielsko-Biala
Printed in Poland

Inhaltsübersicht

Das große
little boxes Buch
Webseiten gestalten mit HTML & CSS.
Grundlagen, Navigation, Inhalte, YAML & mehr

Inhaltsverzeichnis

Das große
little **boxes** Buch
Webseiten gestalten mit HTML & CSS.
Grundlagen, Navigation, Inhalte, YAML & mehr

Das große
little boxes Buch
Webseiten gestalten mit HTML & CSS.
Grundlagen, Navigation, Inhalte, YAML & mehr

Little boxes on the hillside,

Little boxes made of ticky-tacky,

Little boxes, little boxes,

Little boxes, all the same.

There's a green one and a pink one

And a blue one and a yellow one

And they're all made out of ticky-tacky

And they all look just the same.

Malvina Reynolds – *Little Boxes*

(© Schroder Music Company)

Geleitwort des Fachgutachters

Als 2006 »Little Boxes« als Book on demand erschien, war mir der Autor – Peter Müller – noch unbekannt. Ich war auch sehr irritiert über den Publikationsweg. Aber schnell packte mich der Inhalt. Peter kann trockene Materie mit einfachen, verständlichen Sätzen erklären. Immer wieder würzt er den Text mit einer Prise Humor.

Das Buch wurde ein Renner bei Amazon und die Verlage rieben sich die Augen, weil ein harmlos layoutetes »Book on demand«-Buch an manchen ihrer Titel vorbeizog. Dazu kam noch der ungewöhnliche Titel, dessen Herkunft aus einem Folksong sich nur Kennern erschloss. Ich finde ihn noch heute sehr passend, weil es im Web ja immer nur um Kästchen geht, meist relativ kleine.

Auf die Frage nach passender Einstiegslektüre für das Thema Frontendentwicklung gibt es seit Jahren von mir wie von vielen Kollegen nur den Hinweis auf »Little Boxes«.

Nach dem Überraschungserfolg bot Peter das Buch mehreren Verlagen an, Markt+Technik erhielt am Ende den Zuschlag. Es folgte nicht nur eine inhaltliche und optische Überarbeitung, es folgte eine kleine Boxen-Familie. Erst erschien ein zweiter Teil, dann sogar ein dritter als »Teil 0«, der in die Vorüberlegungen einer Webseite einführt. Ergänzt werden die drei Bücher durch ein Videotraining.

»Little Boxes« macht jetzt den nächsten Entwicklungsschritt. Aus den Teilen 1 und 2 wird ein dicker Schinken, mit allen wichtigen Grundlagen und das auf dem aktuellen Stand. Es werden keine Verweise auf längst verstorbene Browser mitgeschleppt und gedanklich ist HTML5 die große Richtschnur. Unnachahmlich gut, verständlich und witzig erklärt von Peter Müller.

Einige Inhalte wurden entfernt, alles unter neuer Sichtweise begutachtet und teilweise überarbeitet. Viele neue Inhalte sind dazu gekommen. Das ist sinnvoll und wichtig, denn im Bereich Frontendentwicklung tut sich sehr viel. Es ist wichtig, die Veränderungen in einer solchen Einstiegslektüre zu reflektieren.

Dabei ist es wichtig, nicht zu detailliert zu werden. Denn man überfrachtet sehr schnell ein Buch mit Inhalten. Ich bin überzeugt, Peter hat die Gratwanderung gut gemeistert. Jeder Leser dieses Buches wird die Grundprinzipien moderner Frontendentwicklung lernen und in der Lage sein, weiteres Wissen über Internetrecherche zu finden und zu verstehen.

Nicht umsonst gibt es zu HTML5 und CSS3 eigene, teilweise recht dicke Bücher. Bücher, die trotz ihres Umfangs nicht alle Details der Themen abdecken können. Peter kann deshalb nur einen kleinen Einblick in diese wichtigen Techniken geben. Doch dieser Einstieg ist wichtig.

Es war mir eine Ehre und Freude, als Fachgutachter einen kleinen Beitrag zum Gelingen des Buches beisteuern zu können.

Jens Grochtdreis

readme.txt

Viele Webdesigner sind Quereinsteiger und Praktiker, die ihr Handwerk durch Versuch und Irrtum gelernt haben. CSS? Hier gesehen, dort gelesen, und *dass* es klappt, ist wichtiger als *warum*.

Im Laufe der Zeit sammeln sie viele CSS-Puzzlestücke, die aber nicht wirklich ein Bild ergeben. Dieses Buch zeigt Ihnen das Bild, in das die Puzzlestücke passen.

Die Idee zu diesem Buch

Die Idee zu »Little Boxes« entstand in zahlreichen Seminaren, in denen Teilnehmer letztendlich immer wieder über dieselben Steine stolperten.

In den fünf Jahren seit dem Erscheinen der ersten Ausgabe haben die Bücher vielen Lesern geholfen, das Gestalten von Webseiten mit HTML und CSS zu verstehen:

■ In »ToDo«-Kästchen gibt es zahlreiche praktische Übungen, und im Laufe des Buches entsteht dabei eine kleine Website, die als Anregung für eigene Ausflüge gedacht ist.

■ Wichtige Konzepte wie *Spezifität*, *Box-Modell*, *Kaskade* und *Vererbung* werden auf leicht verständliche Weise erklärt, damit Sie nicht nur Schritt-für-Schritt-Anleitungen nachklicken, sondern das Gestalten mit CSS wirklich verstehen.

Die bisherigen Teile 1 und 2 der Reihe sind für dieses »große Little Boxes Buch« komplett überarbeitet worden und zu einem Band verschmolzen.

Für wen ist dieses Buch?

Die einzigen wirklichen Voraussetzungen zur Lektüre sind Interesse am Web und Spaß am Lernen. Sie sollten idealerweise keine Angst vor Quelltext haben und sich bei einer hexadezimalen Farbangabe wie `#f3c600` nicht erschrecken.

Unter anderem ist dieses Buch gedacht für:

■ Einsteiger, die ihre ersten Versuche hinter sich haben und mehr wissen wollen

■ Tabellenbauer, die gehört haben, dass es auch ohne geht, aber nicht wissen, wie

■ Webdesigner, die eine kompakte, strukturierte Einführung in CSS gebrauchen können, weil sie keine Lust mehr auf *Trial and Error* haben

■ Nutzer von CMSystemen wie WordPress, Contao, Joomla!, Drupal, TYPO3, die das CSS in ihren Themes, Templates und Layouts verstehen und anpassen möchten

■ Programmierer, die ein mediengerechtes Frontend für ihre serverseitigen Skripte erstellen möchten

Dieses Buch vermittelt Ihnen ein solides Grundwissen zu HTML und CSS, mit dessen Hilfe Sie die zahllosen Beispiele im Web und in anderen Büchern besser verstehen können.

Die Website zum Buch: »little-boxes.de«

Auf der folgenden Website erhalten Sie aktuelle Informationen, Tipps & Tricks und Errata:

- *little-boxes.de*

Auf dieser Site können Sie auch die Beispieldateien für dieses Buch herunterladen. Nach dem Entpacken des ZIP-Archivs finden Sie für Kapitel 2 bis 33 jeweils einen Ordner. Innerhalb dieser Kapitelordner gibt es oft die Unterordner *basis* und *fertig*:

- Der Ordner *basis* enthält die Übungsdateien, wie sie am Anfang des Kapitels benötigt werden.

- Im Ordner *fertig* liegen die fertigen Übungsdateien so, wie sie am Ende des Kapitels (nach allen ToDos) sein sollten.

So können Sie buchstäblich an jeder Stelle des Buches einsteigen und sofort loslegen.

Zum Schluss möchte ich mich noch bei allen Seminarteilnehmern und Lesern für deren Feedback bedanken. Dank gebührt auch meinem Lektor Boris Karnikowski, dem Fachgutachter Jens Grochtdreis und insbesondere Frau Erika Schiener für ihre detaillierte Auseinandersetzung mit dem aktuellen Manuskript.

Peter Müller

Teil I

Die Einleitung

Kapitel 1

Das Web ist nicht aus Papier

Worin festgestellt wird, dass Papierdenken bei Webseiten zu enttäuschten Erwartungen führt. Sodann wird die Geschichte einer flexiblen Zeitung erzählt und erklärt, was mediengerechte Webseiten auszeichnet.

Die Themen im Überblick:

- Papierdenken, Webseiten und enttäuschte Erwartungen, Seite 40
- Der Autor einer Webseite hat keine vollständige Kontrolle über deren Aussehen, Seite 40
- Webseiten sehen bei jedem Benutzer anders aus, Seite 42
- Jenseits von Papier, Seite 45
- Zurück in die Zukunft: Die Browser bestimmen, Seite 47

Wir sind mit gedruckten Papierseiten groß geworden, und Printerzeugnisse wie Bücher und Zeitschriften haben unser Denken und unser Gestaltungsgefühl nachhaltig beeinflusst. Sich dieses Papierdenken bewusst zu machen ist der erste Schritt auf dem Weg zum Erstellen von mediengerechten Webseiten.

Wie heißt es bei *Alice im Wunderland*? – »Fange beim Anfang an und lies, bis du an's Ende kommst, dann halte an.« Folgen Sie dem weißen Kaninchen. Das hier ist der Anfang.

1.1 Papierdenken, Webseiten und enttäuschte Erwartungen

Surfer, Webdesigner und Kunden – fast alle erleben das Web zunächst mit einer Erwartungshaltung, die durch zwei Erfahrungen geprägt ist:

▨ Der Autor einer Papierseite hat die *vollständige Kontrolle über deren Aussehen*, egal ob er eine teure Hochglanzfirmenbroschüre gestaltet oder sich an seiner ersten Einladungskarte versucht.

▨ Nach der Fertigstellung wird eine Papierseite *unverändert vervielfältigt* und sieht – abgesehen von Kaffeeflecken, Vergilbungen und anderen marginalen Schwankungen – bei jedem Betrachter gleich aus.

Papierdenken erwartet zwei Dinge: *Kontrolle über das Layout und Unveränderlichkeit nach der Fertigstellung.* Aber das Web ist nicht aus Papier, und eine Webseite verhält sich anders als eine Papierseite:

▨ Der Autor einer Webseite hat keine vollständige Kontrolle über deren Aussehen.

▨ Nach der Fertigstellung sieht eine Webseite bei jedem Benutzer anders aus.

Diese beiden simplen Tatsachen sind so ungewohnt, dass ich sie im Folgenden kurz erläutern möchte, denn Papierdenken führt beim Umgang mit Webseiten unweigerlich zu enttäuschten Erwartungen:

Abbildung 1.1:
Papierdenken,
Webseiten und
enttäuschte
Erwartungen

$$\boxed{\text{Papierdenken}} + \boxed{\text{Webseiten}} = \boxed{\text{Enttäuschte Erwartungen}}$$

1.2 Der Autor einer Webseite hat keine vollständige Kontrolle über deren Aussehen

Der grundlegende Unterschied zwischen Papier- und Webseiten besteht darin, dass der Autor einer Webseite keine vollständige Kontrolle über das Aussehen der Webseite im Browser des Betrachters hat. Er kann nur Wünsche äußern.

Klingt übertrieben? Ein einfaches Beispiel:

- Auf Papier definiert der Autor zunächst die für sein Werk zur Verfügung stehende Fläche. Egal ob A4, Visitenkarte, Poster: Der *Autor* bestimmt.

- Im Web weiß der Autor nicht, welche Fläche ihm für die Webseite zur Verfügung steht: Riesenmonitor, Laptop oder Smartphone. Der *Benutzer* bestimmt.

Der Autor einer Webseite hat keinen Einfluss auf die für die Webseite zur Verfügung stehende Fläche und muss das von vornherein berücksichtigen. Idealerweise sollte eine Webseite sich der Umgebung flexibel anpassen.

Der Einfluss des Benutzers geht aber noch viel weiter. Im Internet Explorer gibt es zum Beispiel im Menü EXTRAS/INTERNET-OPTIONEN auf der Registerkarte ALLGEMEIN rechts unten eine unscheinbare Schaltfläche namens EINGABEHILFEN (IE6/7) bzw. BARRIEREFREIHEIT (IE8/9). Abbildung 1.2 zeigt das Dialogfeld, das mit diesem Befehl aufgerufen wird. Jeder Surfer kann hier einstellen, dass sein Browser vom Autor auf den Webseiten gemachte Angaben zu Schriften und Farben schlicht und einfach ignoriert.

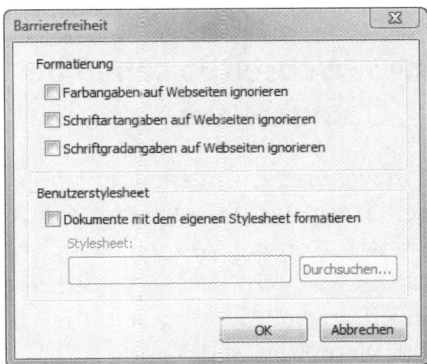

Abbildung 1.2:
Das Dialogfeld
»Barrierefreiheit«
im IE8/9

Im Firefox finden Sie die entsprechenden Befehle übrigens im Menü EXTRAS (Win) bzw. FIREFOX (Mac). Der Befehl EINSTELLUNGEN enthält auf der Registerkarte INHALT im Abschnitt SCHRIFTARTEN & FARBEN die Schaltflächen ERWEITERT bzw. FARBEN. Dort können Sie dem Browser sagen, dass Seiten keine eigenen Schriften bzw. Farben benutzen dürfen.

Probieren Sie das ruhig einmal aus. Machen Sie mal eine Surftour komplett ohne die vom Autor gemachten Farb- und Schriftangaben. Die Auswirkungen werden sehr unterschiedlich sein: Einige Webseiten werden dadurch unbedienbar, einige sind sogar besser lesbar als vorher. Aber egal was passiert: Wenn die Webseite nicht mehr funktioniert, ist das nicht Ihre Schuld. Sie ist dann wahrscheinlich mit Papierdenken gebaut worden.

Im Web bestimmt letztendlich der Benutzer, wie er die Webseite sehen möchte. Er kann sie auf einem breiten oder schmalen Monitor genauso anschauen wie auf einem Smartphone, einer Spielekonsole oder einem Fernsehgerät. Er kann sich den Inhalt ausdrucken oder vorlesen lassen und Kontraste sowie Schriftgrößen so verändern, dass sie für ihn angenehm sind. In jedem Browser gibt es Optionen, um die Darstellung von Grafiken zu unterbinden, JavaScript zu deaktivieren, die Seite zu zoomen und ein eigenes Stylesheet (CSS) einzubinden, mit dem alle in diesem Browser aufgerufenen Webseiten angezeigt werden.

Es klingt paradox, aber wenn Sie Webseiten *gestalten* wollen, müssen Sie zunächst aufhören, Webseiten gestalten zu *wollen*. Tao. Lassen Sie los. Sie haben sowieso keine Kontrolle über das Aussehen der Seite im Browser des Betrachters.

1.3 Webseiten sehen bei jedem Benutzer anders aus

Ein weiterer grundlegender Unterschied zwischen Papier- und Webseiten ist, dass selbst dann, wenn die Wünsche des Autors berücksichtigt werden, Webseiten nicht bei jedem Betrachter gleich aussehen. Das Buch, das Sie gerade lesen, wurde einmal gelayoutet und dann unverändert vervielfältigt. Es sieht bei jedem Leser gleich aus. Bei Webseiten ist das anders.

Webseiten bestehen aus Quelltext

Webseiten werden nicht so ausgeliefert, wie der Betrachter sie im Browserfenster sieht. Der Browser erhält vom Webserver nicht die fertige Webseite, sondern lediglich den *Quelltext*, eine Art Bauplan. Dieser Bauplan wird vom Browser analysiert und so gut wie möglich umgesetzt.

Wenn Sie eine Webseite erstellen, erzeugen Sie Quelltext – auch wenn Sie das Wort noch nie gehört und Quelltext noch nie gesehen haben, weil Sie vielleicht mit einem Homepage-Baukasten oder einem visuellen Editor arbeiten. Beim Hochladen einer fertigen Webseite auf den Webspace übertragen Sie nur den Quelltext und nicht die Seite, so wie sie im Baukasten oder im Editor ausgesehen hat. Der Quelltext ist also in gewisser Weise die eigentliche Webseite.

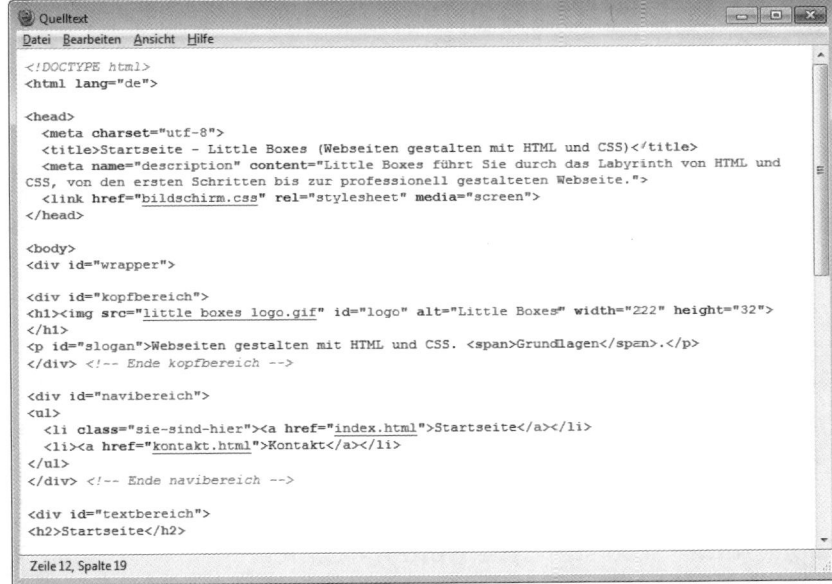

Abbildung 1.3:
Der Quelltext
einer Webseite

In jedem Browser gibt es übrigens einen Menüpunkt, um sich den Quelltext der gerade im Browserfenster angezeigten Webseite anzusehen. Meistens finden Sie ihn in einem Menü namens ANSICHT oder DARSTELLUNG unter der Bezeichnung QUELLTEXT oder SEITENQUELLTEXT ANZEIGEN.

Der Browser macht aus dem Quelltext eine sichtbare Webseite

Der Browser nimmt diesen Bauplan und setzt ihn je nach Umgebung so gut es geht um. Was Sie im Browserfenster als Webseite sehen, ist also genau genommen nur die *Interpretation des Quelltextes* im gerade benutzten Browser auf dem gerade benutzten Computer mit den gerade aktuellen Einstellungen.

Webseiten sehen also zwangsläufig überall anders aus, weil der Quelltext je nach Umgebung unterschiedlich interpretiert werden muss. Der Quelltext aus Abbildung 1.3 könnte in einem Browserfenster übrigens so aussehen wie in Abbildung 1.4.

Abbildung 1.4: So könnte der Quelltext im Browser aussehen.

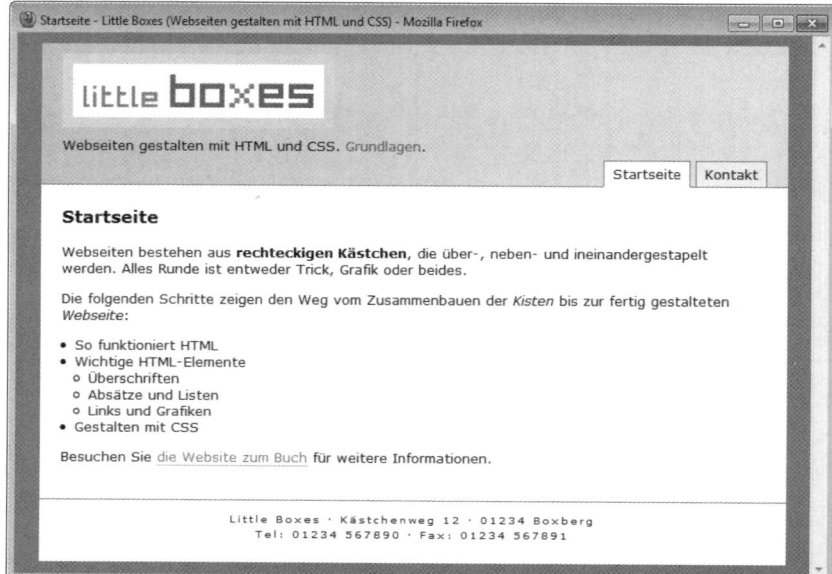

Papierseiten sind starr, Webseiten flexibel

Die folgende Zeitungsgeschichte basiert auf einem Text von Michael Nahrath, den er vor einigen Jahren in einer Newsgroup veröffentlichte, um den Unterschied zwischen traditionellen Printmedien und dem Web zu erläutern:

■ Sie gehen morgens aus dem Haus und kaufen eine Zeitung.

■ In der Straßenbahn ist es eng, und die Zeitung *verkleinert* sich automatisch auf A5 oder so.

■ Auf dem Fußmarsch zum Büro genießen Sie die Umgebung und lassen sich einen Artikel aus der Zeitung *vorlesen*.

■ Im Büro auf dem Schreibtisch *vergrößert* sich die Zeitung von selbst auf A2 oder was immer an Platz vorhanden ist.

■ Abends geben Sie die Zeitung Ihrer Oma, die erst einmal den Schriftgrad *verdoppelt* und als Schriftart *Sütterlin* einstellt, weil sie das so immer noch am liebsten liest.

Und das alles tun Sie mit ein und derselben Zeitung. Praktisch, nicht?

Jede Webseite ist von Natur aus so flexibel wie diese Zeitung. Sie verliert diese Flexibilität erst, wenn wir sie falsch gestalten – oder wenn sie ausgedruckt und damit zur Papierseite wird.

1.4   Jenseits von Papier

Kennen Sie Shrek? Den sympathischen Oger, der in Begleitung eines geschwätzigen Esels wider Willen auszog, um eine Prinzessin zu retten, und diese später selber heiratete? Oger sind grün, klobig und gelten eigentlich nicht unbedingt als Sympathieträger.

In einer Szene erklärt Shrek seinem Begleiter das Wesen eines Ogers ungefähr so:

■ Shrek: »Ein Oger ist wie eine Zwiebel.«

■ Esel: »Du meinst, sie stinken?«

■ Shrek: »Nein! Schichten! Zwiebeln haben Schichten, Oger haben Schichten!«

Webseiten auch.

Webseiten haben Schichten

Das Web ist nicht aus Papier, aber es ist auch nicht ausschließlich Bildschirm. Das Web ist das erste Medium, das nach dem Prinzip *Single Input – Multiple Output* funktioniert. Der Inhalt kann einmal gespeichert und in verschiedenen Formaten wieder ausgegeben werden: auf einem Bildschirm, gedruckt auf Papier, in einer PDF-Datei, akustisch von einem Screenreader und vielleicht auf Arten und Weisen, die wir heute noch nicht einmal kennen.

Die Grundlage für diese Möglichkeiten ist, dass Inhalt und Gestaltung getrennt gespeichert werden, und möglich wird dies dadurch, dass der Quelltext einer Webseite aus drei Sprachen besteht, die einander perfekt ergänzen: HTML, CSS und JavaScript. Diese drei Sprachen verhalten sich wie übereinander liegende Schichten:

■ Der Kern, die innerste Schicht einer Webseite, ist der Inhalt, die Struktur, der Text. Dieser Kern besteht aus HTML, ist flexibel und passt sich den Umständen an.

■ Um diesen Kern gibt es eine Design-Schicht mit CSS, die den Webseiten das gewünschte Styling gibt. Auf Wunsch werden die Seiten jeweils für große Bildschirme, kleine Bildschirme, Drucker und andere Geräte angepasst.

■ In einer weiteren, optionalen Schicht kann der Autor z. B. mit JavaScript das Verhalten der Webseite steuern und so zum Beispiel die Bedienung erleichtern.

Die Schichten um den HTML-Kern machen die Seite hübscher und besser bedienbar, aber nicht immer werden alle Schichten genutzt. Bildlich dargestellt, sieht dieser Sachverhalt so aus:

Abbildung 1.5:
Quelltext besteht
aus HTML, CSS
und JavaScript

Webseiten sind keine Gemälde. Sie werden nicht nur betrachtet, sie werden *benutzt*. Wichtig ist, dass der Inhalt der Webseite unter möglichst vielen Umständen *zugänglich* bleibt. Eine Webseite muss nicht in jedem Browser gleich *aussehen* und sich nicht bei jedem Browser gleich *verhalten*. Das geht nicht. Ebenso könnten Sie versuchen, das Ende des Internets zu finden.

Mediengerechtes Webdesign

Im Web kursieren viele Schlagworte, mit denen lediglich verschiedene Aspekte der Bewegung weg vom Papierdenken umschrieben werden:

- *standardkonformes Webdesign* (»Webstandards«)
- *barrierefreies Webdesign* (»Accessibility«, auf Deutsch: *Zugänglichkeit*)
- *Flexibilität* (»Responsive Webdesign«)
- *Optimierung für Suchmaschinen* (»Search Engine Optimization«)

Letztendlich fordern alle diese Schlagworte, Webseiten so zu bauen, dass sie den Möglichkeiten des Mediums World Wide Web entsprechen, weshalb ich sie gerne unter dem Begriff *mediengerechtes Webdesign* zusammenfasse.

1.5 Zurück in die Zukunft: Die Browser bestimmen

Eine kleine historische Rückblende soll verdeutlichen, wie sich das Gestalten von Webseiten in den letzten zwanzig Jahren verändert hat. Gleichzeitig wird durch diesen Rückblick deutlich, wohin die Reise geht und wie man in Zukunft mit diesen Veränderungen umgehen sollte.

Die ersten grafischen Browser: Mosaic und Netscape Navigator

Das Web ist Anfang der 90er-Jahre von Wissenschaftlern für Wissenschaftler erfunden worden, und Wissenschaftler interessieren sich oft mehr für den Inhalt als für das Aussehen von Dokumenten. Webseiten waren damals fast alle gleich: grauer Hintergrund, schwarze Schrift und blaue Hyperlinks, die lila wurden, wenn sie auf eine bereits besuchte Seite zeigten.

1993 erschien ein neuer Webbrowser namens *Mosaic* mit bahnbrechenden Bedienkonzepten wie zum Beispiel Buttons für ZURÜCK, VORWÄRTS und HOME, die man heute noch in jedem Browser findet. Vor allem aber konnte Mosaic erstmals Grafiken zusammen mit dem Text auf einer Seite im selben Browserfenster darstellen. Dazu hatten

sich die Programmierer einfach ein neues HTML-Element namens img (kurz für »image«) ausgedacht und es eingebaut.

Der ehemalige Mosaic-Programmierer Marc Andreessen gründete eine eigene Firma und brachte ein Jahr später einen Browser namens *Netscape Navigator* auf den Markt, der maßgeblich zum Boom des World Wide Web beitrug. »Netscape« bedeutet soviel wie »Netz-Landschaft«, und der Browser sollte dem Benutzer helfen, als Navigator durch das gerade neu entstehende Web zu navigieren. Das Maskottchen des Netscape Navigator war übrigens ein kleiner grüner Drache namens »Mozilla«. Der Name war eine Mischung aus »Godzilla« und »Mosaic Killer« und wurde Jahre später Namensgeber für den Nachfolger des Navigator.

Im Browser-Emulator auf *dejavu.org* können Sie sich Nachbauten dieser alten Browser übrigens live anschauen. Abbildung 1.6 zeigt Spiegel Online von heute im Netscape Navigator aus 1995.

Abbildung 1.6:
Spiegel Online
von 2011 im
Netscape Navigator von 1995

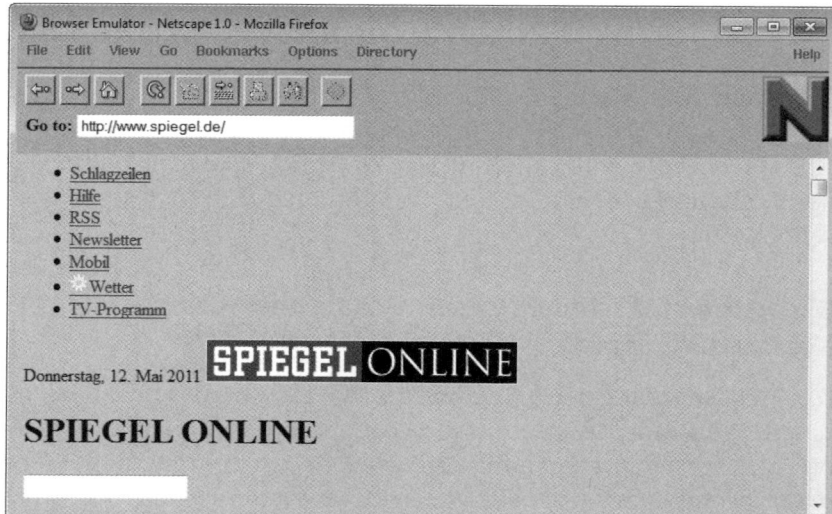

Notwehr in den Neunzigern: Tabellen und <font>

Nach dem Erscheinen des Netscape Navigator begann das Web zu boomen, und der Ruf nach Gestaltung der doch eher schlichten Webseiten wurde immer lauter. Das W3C arbeitete bereits an CSS, einer Sprache für die ansprechende Gestaltung von HTML-Elementen.

Aber die Welt wollte bunte Seiten, und zwar sofort. Irgendeine tolle neue Sprache, die irgendwann mal fertig sein würde, war ihr egal.

So baute Netscape kurzerhand neue Möglichkeiten wie font zur Gestaltung von Schriften und table zur Darstellung von Tabellen in seinen *Navigator* ein. Diese Elemente waren zwar nicht im vom W3C definierten HTML-Standard enthalten, aber (fast) alle waren begeistert von den neuen Gestaltungsmöglichkeiten, und die anderen Browserhersteller folgten bald. In der zweiten Hälfte der 90er waren demzufolge zwei Webdesign-Techniken sehr weit verbreitet:

- Schriftgestaltung mit font

- Positionierung mit unsichtbaren HTML-Tabellen

Der Quelltext dieser Seiten war für Menschen so gut wie unlesbar, und nachträgliche Änderungen am Layout wurden schnell zum Albtraum. Es war Quäl-Text statt Quelltext.

In gewisser Weise bedeutete diese Art der Gestaltung einen Schritt zurück in die vertraute Welt des Papierdenkens. Visuelle Editoren wie Frontpage oder Dreamweaver versteckten den Quelltext vor dem Benutzer und verstärkten die Papiermetapher, indem sie so taten, als seien sie eine ganz normale Textverarbeitung wie Word. Zahllose Homepagebastler wundern sich noch heute darüber, dass ihre Webseite zu Hause im Editor anders aussieht als beim Nachbarn im Browser.

Die Schriftgestaltung per CSS hat sich Ende der 90er-Jahre dann relativ schnell durchgesetzt. Bei guter Planung war das eine echte Arbeitserleichterung, denn ein Stylesheet kann beliebig viele Webseiten gestalten. Es ist quasi eine Formatierung per Fernsteuerung. Die Browser sprachen damals aber noch so wenig CSS, dass der Versuch der Positionierung von Objekten auf einer Webseite mit CSS zu nicht vorhersehbaren Ergebnissen führte. Mehrspaltige Layouts wurden also weiterhin mit Tabellen realisiert.

Das neue Jahrtausend: Tabellenfreie Layouts mit CSS

Inzwischen ist das anders. Die Browserwelt ist vielfältiger denn je. Neben den Veteranen Internet Explorer, Mozilla Firefox und Opera sind in den letzten Jahren noch Apples Safari und Google Chrome hinzugekommen, und alle diese Browser können so gut CSS, dass es

für Webdesigner außer einer gewissen natürlichen Trägheit kaum noch Argumente gibt, Webseiten *nicht* komplett mit CSS zu gestalten.

Der Unterschied zum traditionellen 90er-Jahre-HTML-Tabellendesign ist gewaltig, und falls Sie bereits Webseiten mit Tabellen gestaltet haben, vergessen Sie am besten alles, was Sie darüber gelernt haben. Webseiten bauen mit CSS ist anders. Ganz anders. Kein Vergleich.

Die Trennung von Inhalt und Gestaltung zum Beispiel ist für viele ein ungewohntes Konzept:

- Sie beginnen mit sinnvoll strukturierten HTML-Dateien.

- Danach gestalten Sie diese Dateien mit CSS-Anweisungen.

Nicht alles ist mit CSS einfacher, sodass vielen Webdesignern beim Umstieg der Satz »Mit Tabellen ging das alles einfacher« des Öfteren auf der Zunge lag.

Tipp

Tabellen sind nicht verboten

Um Missverständnissen vorzubeugen: HTML-Tabellen sind auf Webseiten nicht verboten. Im Gegenteil: Zur Darstellung tabellarischer Daten sind sie die Idealbesetzung. Ab Seite 247 lernen Sie, wie man HTML-Tabellen erstellt und gestaltet.

Die Browser bestimmen, was geht: HTML5 und CSS3

In der noch jungen Geschichte des Webdesigns ist es also schon immer so gewesen, dass die Grenzen des Machbaren von den Möglichkeiten der Browser bestimmt werden. Vor diesem Hintergrund haben sich die großen Browserhersteller wie Mozilla, Apple, Google und Opera mit dem W3C zusammengetan, um die weitere Entwicklung der Webstandards zu koordinieren. Sogar Microsoft ist mit von der Partie.

Mehr oder weniger gemeinsam versuchen sie, die Herausforderungen der Zukunft zu lösen, denn das Web durchdringt unseren Alltag immer weiter. Zeitungen zum Beispiel sind längst nicht mehr nur aus Papier. Die gleichen Inhalte, die Sie am Frühstückstisch im Großformat lesen, müssen auch auf dem Bildschirm eines Smartphones gut aussehen. Und auf Ihrem Desktop-Monitor. Und auf Ihrem Tablet-PC. Sprich: Inhalte müssen flexibel werden. Und plattformunabhängig. Und die beste Voraussetzung dafür ist nicht nur standardkonformes, sondern deutlich leistungsfähigeres HTML und CSS, und genau deshalb entwickelt das W3C HTML5 und CSS3.

Bei dieser Entwicklung gibt es keine klaren Schnitte, sondern einen langsamen aber beständigen Wandel. Es gibt kein festes Datum, ab dem neue Technologien wie HTML5 und CSS3 problemlos einsetzbar sind. Teile davon können unter bestimmten Bedingungen bereits heute problemlos benutzt werden, und genau das werden Sie mithilfe dieses Buchs tun.

Im Grunde genommen ist es genau wie in den 90ern: Die Browser bestimmen, was geht, und die Grenze des praktisch Möglichen verschiebt sich langsam aber stetig. Ein Webworker hat nie ausgelernt, und gerade dann, wenn er glaubt, eine bestimmte Technik im Griff zu haben, gibt es etwas Neues und er darf wieder umlernen:

Es ist schlimm genug, rief Eduard, dass man jetzt nichts mehr für sein ganzes Leben lernen kann. Unsere Vorfahren hielten sich an den Unterricht, den sie in ihrer Jugend empfangen; wir aber müssen jetzt alle fünf Jahre umlernen.

Goethe. Wahlverwandtschaften. 1809. Das einzig Beständige ist der Wandel, und das ist im Web nicht anders. Viel Spaß also beim Webseiten gestalten mit HTML und CSS.

Kapitel 2

HTML und CSS im Schnelldurchlauf

Worin Sie in aller Kürze erfahren, wie HTML und CSS zusammenarbeiten.

Die Themen im Überblick

In diesem Schnelldurchlauf lernen Sie, wie HTML und CSS zusammenarbeiten. Dabei geht es um den großen Zusammenhang, und nicht jedes Detail wird sofort erklärt.

2.1 Webseiten bestehen aus rechteckigen Kästchen

Webseiten bestehen aus rechteckigen Kästchen, die im Browserfenster übereinander-, nebeneinander- und ineinandergestapelt werden. Je eher Sie sich an diesen Gedanken gewöhnen, umso leichter wird Ihnen das Gestalten von Webseiten fallen. Alles Runde ist entweder Trick, Grafik oder beides.

Beim Umgang mit diesen Kästchen haben die Sprachen HTML und CSS (Cascading Style Sheets) klar getrennte Aufgaben:

- HTML ist der Maurer, der das Haus und die Zimmeraufteilung anlegt. Mit HTML werden die rechteckigen Kästchen erstellt und mit Text gefüllt.

- CSS ist der Stylist, der Haus und Zimmer gestaltet. Mit CSS werden Kästchen und Text gestaltet und positioniert.

Das Zusammenspiel dieser beiden Sprachen lernen Sie in diesem Kapitel an einem einfachen Beispiel kennen.

2.2 HTML ist der Maurer: Kästchen erstellen

Um dieses Kapitel durcharbeiten zu können, benötigen Sie einen Editor zum Bearbeiten von HTML und CSS. Falls Sie noch keinen festen Editor haben, schauen Sie sich im Kapitel über wichtige Werkzeuge ab Seite 777 die Übersicht an.

Die erste Webseite erstellen

Im folgenden ToDo erstellen Sie eine einfache, aber (fast) vollständige Webseite mit ein bisschen Text.

ToDo: Das HTML für eine einfache Webseite erstellen

1. Erstellen Sie zum Speichern der Übungsdatei einen neuen Ordner auf Ihrer Festplatte.

2. Starten Sie Ihren Lieblingseditor, und erstellen Sie eine komplett leere Datei.

3. Speichern Sie die noch leere Datei im Übungsordner unter dem Namen *schnelldurchlauf.html* – ohne Leerstellen und kleingeschrieben.

4. Erstellen Sie im Editor das folgende HTML. Die spitzen Klammern erzeugen Sie mit den Tasten für »Kleiner als« und »Größer als« links unten auf der Tastatur:

   ```
   <!DOCTYPE html>
   <html>
   ```

ToDo: Das HTML für eine einfache Webseite erstellen (Forts.)

```
<head>
<meta charset="utf-8">
<title>Schnelldurchlauf — Little Boxes</title>
</head>

<body>
<h1>Little Boxes</h1>
<p>Webseiten gestalten mit HTML und CSS</p>
</body>

</html>
```

6. Speichern Sie die Datei, und betrachten Sie sie in einem Browser.

Im Browser sieht diese Webseite so aus wie in Abbildung 2.1. Nicht hübsch, aber HTML.

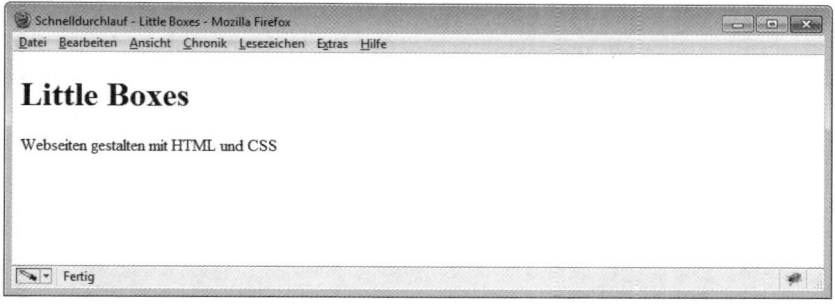

Abbildung 2.1:
Die Beispielseite
im Browser –
noch ungestaltet

Machen Sie sich über die genaue Bedeutung des Quelltextes (noch) nicht zu viele Gedanken. Alles zu seiner Zeit. Momentan sind nur zwei Beobachtungen wichtig:

- Der Text zwischen `<title>` und `</title>` erscheint oben in der Titelleiste des Browsers.

- Alles zwischen `<body>` und `</body>` erscheint im sichtbaren Bereich des Browserfensters.

Tipp

ueber_die_vergabe_von_dateinamen_im_web

Die Überschrift in diesem Tipp mag so vielleicht ein wenig seltsam aussehen, aber sie erfüllt alle Empfehlungen für Dateinamen im Web: Kleinschreibung, keine Leerstellen und keine Umlaute. Wenn Sie bei Dateinamen für Webseiten und Grafiken diese drei einfachen Regeln befolgen, ersparen Sie sich eine Menge Ärger.

Die HTML-Elemente sichtbar machen

Am Anfang des Kapitels habe ich geschrieben, dass Webseiten aus rechteckigen Kästchen bestehen, und in diesem Abschnitt möchte ich Ihnen zeigen, dass das wirklich so ist. Falls Sie die folgenden Abbildungen nicht nur anschauen, sondern selbst nachbauen möchten, benötigen Sie dazu den Mozilla Firefox und ein Add-on namens *Web Developer*, die in Kapitel 38 ab Seite 774 näher beschrieben wird.

In Abbildung 2.2 wurden die Namen der beiden HTML-Elemente eingeblendet und die dazugehörigen rechteckigen Kästchen mit roten Rahmenlinien sichtbar gemacht. Das erste Kästchen trägt den Namen h1 (kurz für *heading1*) und ist eine Überschrift. Das zweite Element heißt einfach nur p (kurz für *paragraph*) und ist ein einfacher Textabsatz.

Abbildung 2.2:
Die (roten)
Rahmenlinien
machen die Käst-
chen sichtbar.

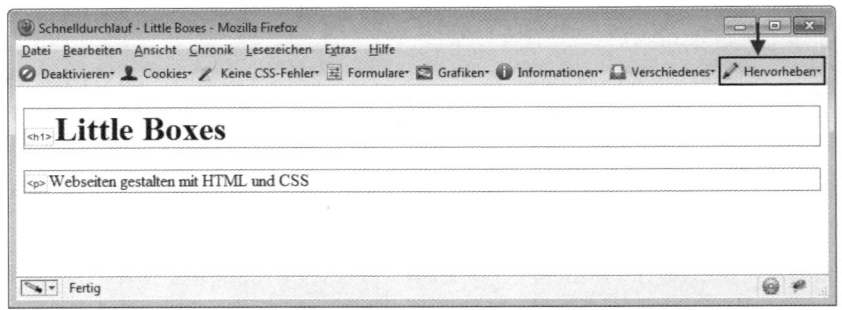

Um diese Hervorhebung in Ihrem Firefox zu sehen, muss das Add-on *Web Developer* installiert und eingeblendet sein. Ist das der Fall, reichen die folgenden zwei Schritte:

1. Aktivieren Sie in der Web Developer-Symbolleiste im Menü HERVORHEBEN ganz unten die Option ELEMENTNAMEN BEIM HERVORHEBEN EINBLENDEN.
2. Um die HTML-Elemente hervorzuheben, wählen Sie im Menü HERVORHEBEN den Befehl BLOCK-LEVEL-ELEMENTE HERVORHEBEN.

Beide HTML-Elemente sind im Browserfenster rechteckige Kästchen, die von ganz links bis ganz rechts reichen. Wenn Sie das Fenster verkleinern, passen sich die Kästchen an. Ist für den Text in einer Zeile nicht mehr genügend Platz, wird er automatisch umbrochen.

Erinnern Sie sich an die Geschichte von der flexiblen Zeitung von Seite 44? HTML ist von Natur aus so flexibel wie die dort beschriebene Zeitung und passt sich den Umständen automatisch an.

Tipp

Mehr zum Grundgerüst und zu HTML-Elementen

Details zum Aufbau eines HTML-Grundgerüsts erfahren Sie im nächsten Kapitel. Und noch ein Kapitel weiter beginnt dann die Vorstellung der wichtigsten HTML-Elemente, wie `h1` und `p`.

2.3 CSS ist der Stylist: Kästchen gestalten

Das HTML für die Beispielseite ist so weit fertig. Höchste Zeit, um zu sehen, welche Rolle CSS dabei spielt. Die im HTML definierten Elemente bekommen ihr Aussehen übrigens von einem im Browser eingebauten Stylesheet. Mehr zu diesem Browser-CSS erfahren Sie auf Seite 98.

Das Styling für die Webseite: Die erste CSS-Regel

CSS ist eine komplett eigene Sprache. In HTML gibt es spitze Klammern, in CSS geschweifte, die Sie auf einem PC mit [AltGr] + [7] bzw. [0] und auf einem Mac mit [⌥] + [8] bzw. [9] erzeugen. Probieren Sie das folgende ToDo einfach aus. Die Erklärung folgt danach.

ToDo: Die erste CSS-Regel erstellen

1. Öffnen Sie falls nötig die weiter oben erstellte Datei *schnelldurchlauf.html* im Editor.

2. Ergänzen Sie zwischen `<head>` und `</head>` den fett gedruckten `style`-Block:

```
<!DOCTYPE html>
<html>

<head>
<meta charset="utf-8">
<title>Schnelldurchlauf – Little Boxes</title>
<style>
body { background-color: lightgreen; }
</style>
</head>
```

3. Lassen Sie den weiteren Quelltext ab `<body>` unverändert.

4. Speichern Sie die Datei, und betrachten Sie sie in einem Browser.

Die gesamte Gestaltungsanweisung von `body` bis zur schließenden geschweiften Klammer nennt man übrigens *CSS-Regel* oder einfach *Style*. Im Browser hat die Webseite jetzt einen hellgrünen Hintergrund (siehe Abbildung 2.3).

Abbildung 2.3:
Beispielseite
mit hellgrünem
Hintergrund

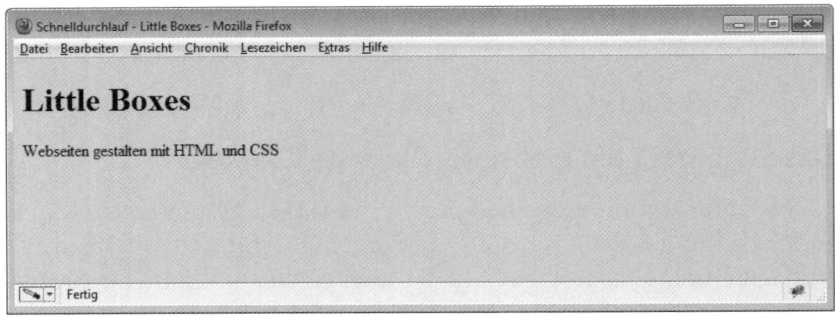

Es funktioniert. Und hier ist die kurze Erklärung, was Sie im ToDo gemacht haben:

■ Der Browser weiß, dass zwischen `<style>` und `</style>` CSS zur Gestaltung der Webseite steht.

- Die CSS-Regel beginnt mit dem Namen des zu gestaltenden HTML-Elements. Der Name des Elements ist nicht `<body>`, sondern einfach nur `body`.

- Zwischen den geschweiften Klammern folgen eine oder mehrere Gestaltungsanweisungen, die jeweils mit einem Semikolon beendet werden. In diesem Fall ist es nur eine einzige, nämlich `background-color: lightgreen;`.

Und schon ist die Hintergrundfarbe der Webseite nicht mehr Weiß, sondern Hellgrün.

Ein Style für die »h1«-Überschrift

Die Überschrift der Webseite steht zwischen `<h1>` und `</h1>`, und in diesem Abschnitt gestalten Sie sie: dunkelgrüner Hintergrund (`background-color`), weiße Textfarbe (`color`), eine Schriftgröße (`font-size`) von 20px und ein Abstand von 5px zwischen dem Text und dem Rand des Kästchens (`padding`).

ToDo: Erstellen Sie eine CSS-Regel für die h1-Überschrift

1. Öffnen Sie gegebenenfalls die Datei *schnelldurchlauf.html* im Editor.

2. Ergänzen Sie zwischen `<style>` und `</style>` den fett gedruckten Style für die h1-Überschrift.

```
<style>
body { background-color: lightgreen; }
h1 {
  background-color: darkgreen;
  color: white;
  font-size: 20px;
  padding: 5px;
}
</style>
```

3. Speichern Sie die Datei, und betrachten Sie sie in einem Browser.

Im Browser sieht die Seite danach so aus wie in Abbildung 2.4.

Das große
little boxes Buch
Webseiten gestalten mit HTML & CSS.
Grundlagen, Navigation, Inhalte, YAML & mehr

Abbildung 2.4:
Die formatierte
Überschrift –
weiße Schrift auf
dunkelgrünem
Hintergrund

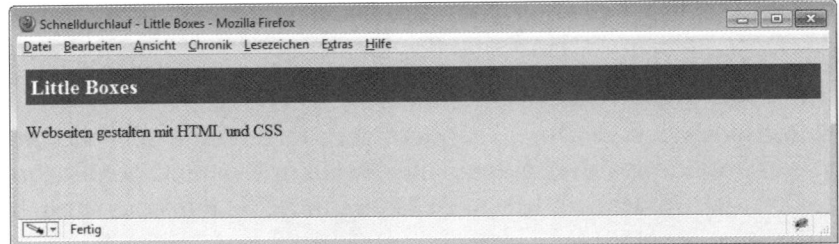

Beachten Sie, dass sich nur das h1-Element geändert hat. Der Absatz darunter hat nach wie vor eine schwarze Schriftfarbe. Der dunkelgrüne Hintergrund erstreckt sich bis an den rechten Rand des Browserfensters, genau wie die rote Rahmenlinie in Abbildung 2.2. Spielen Sie ruhig ein bisschen mit diesen CSS-Anweisungen, und beobachten Sie die Auswirkungen im Browserfenster. Details zu möglichen Farbangaben finden Sie ab Seite 166.

Die in diesem Kapitel erstellte Beispielseite ist kein designerisches Meisterwerk, aber sie genügt um zu zeigen, wie eng HTML und CSS zusammenarbeiten. Ohne HTML gäbe es keine Kästchen auf der Webseite und CSS wäre arbeitslos. Ohne CSS wiederum gäbe es zwar Webseiten, aber die wären zumindest optisch einfach nur langweilig.

Tipp   **Editor und Browser im Alltag: Per Tastatur hin und her wechseln**

Im Alltag hantieren Sie beim Webpublishing ständig mit mehreren Programmen, und am schnellsten geht es, wenn Sie per Tastatur zwischen diesen Programmen hin und her wechseln.

Wenn Sie Editor und Browser gleichzeitig geöffnet und in beiden dieselbe Webseite aufgerufen haben, geht das zum Beispiel wie folgt:

- Strg + S: Speichern der Seite im Editor (S wie Speichern)
- Alt + ⇥: In den Browser wechseln
- Strg + R: Aktualisieren der Seite im Browser: (R wie Reload). Alternative ist F5.
- Alt + ⇥: Zurück in den Editor wechseln

Auf einem Mac benutzen Sie statt der Strg- oder der Alt-Taste die cmd-Taste. Immer wenn Sie wissen wollen, ob eine Änderung im Editor wirklich funktioniert hat, sollten Sie in einen Browser wechseln und die Seite zum Testen neu laden.

HTML und CSS mit Firebug analysieren

Zum Abschluss dieses Kapitels möchte ich Ihnen noch kurz *Firebug* vorstellen, ein Firefox-Add-on, mit dem Sie quasi unter die Motorhaube des Browsers schauen können. Zur Installation der neuesten Version surfen Sie mit dem Firefox zu *getfirebug.com* und klicken dort auf den Button INSTALL FIREBUG. In diesem Abschnitt geht es nur um ein erstes Kennenlernen, in Kapitel 38 ab Seite 775 wird Firebug noch häufiger eingesetzt und dabei Stück für Stück erklärt.

Ist der Firebug installiert, klicken Sie im Browserfenster einfach mit der rechten Maustaste auf ein Element, das Sie untersuchen möchten. Im Kontextmenü wählen Sie dann den Befehl ELEMENT UNTERSUCHEN. Daraufhin öffnet sich in der unteren Hälfte des Browserfensters ein neuer Bereich, in dem Sie links die HTML-Struktur der Webseite sehen und rechts das CSS für das im HTML-Baum ausgewählte Element (siehe Abbildung 2.5).

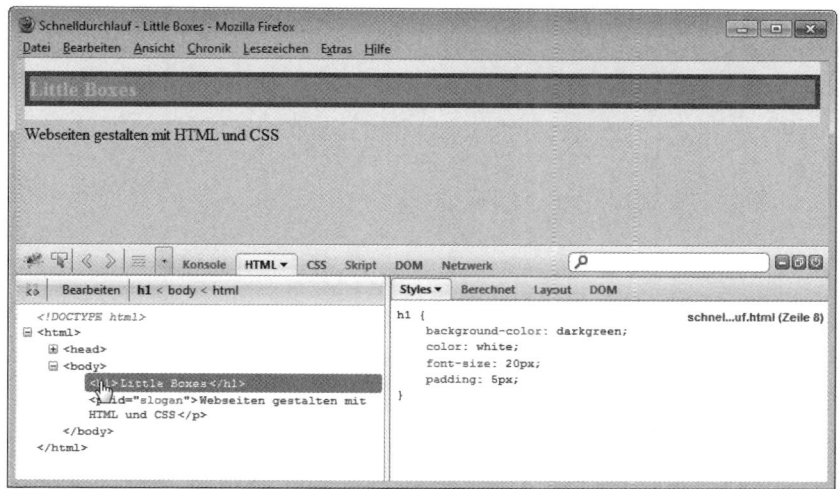

Abbildung 2.5: Firebug zeigt das CSS für die Überschrift an.

Wenn Sie in der linken Hälfte mit dem Mauszeiger auf ein Element zeigen, wird dieses Element oben im Browserfenster farblich hervorgehoben. Nach einem Klick wird dann in der rechten Hälfte das CSS angezeigt. Probieren Sie es aus. Firebug ist eine unentbehrliche Hilfe beim Kennenlernen von HTML und CSS, die Sie zwischendurch immer mal wieder aufrufen können.

Das große
little **boxes** Buch
Webseiten gestalten mit HTML & CSS.
Grundlagen, Navigation, Inhalte, YAML & mehr

2.4 Auf einen Blick

Hier sind noch einmal die wichtigsten Punkte des Schnelldurchlaufs im Überblick:

- Webseiten bestehen aus rechteckigen Kästchen, die übereinander-, nebeneinander- und ineinandergestapelt werden.

- HTML ist der Maurer, erstellt diese Kästchen und füllt sie mit Inhalt.

- CSS ist der Stylist, gestaltet die Kästchen und den Inhalt darin.

- Firebug ist ein Add-on für den Mozilla Firefox und eine unentbehrliche Hilfe beim Kennenlernen von HTML und CSS.

Teil II

HTML-Crashkurs –
Kästchen erstellen

Kapitel 3

Das HTML-Grundgerüst

Worin man erfährt, dass HTML zum Etikettenkleben dient und ein solides Grundgerüst das Skelett einer jeden Webseite bildet.

Die Themen im Überblick:

Jede der Milliarden von Webseiten dort draußen ist in einer Sprache namens HTML geschrieben; und jeder, der Sie glauben machen möchte, dass man gute Webseiten schreiben kann, ohne zu wissen, wie HTML funktioniert, stellt eine zumindest gewagte Behauptung auf.

HTML ist einfach und wird vielleicht gerade deshalb oft nicht ernst genommen. Wenn die Kästchen in HTML aber nicht sauber gebaut sind, führt das beim Gestalten mit CSS unter Umständen zu großen Problemen.

Anders ausgedrückt: Die Gestaltung von Webseiten beginnt mit soliden HTML-Grundkenntnissen, und die lernen Sie in den folgenden Kapiteln.

3.1 HTML – Hypertext und Etiketten kleben

HTML steht für **HyperText MarkUp Language** (engl. für »Sprache zur Markierung von Hypertext«). Diese Übersetzung stimmt zwar, ist aber nicht sehr aussagekräftig, und deshalb folgt zuerst eine etwas genauere Beschreibung dieser Abkürzung.

HT wie Hypertext: Hyperlinks erstellen

Hypertext ist Text mit automatischen Querverweisen, die wir im Alltag *Hyperlinks* oder *Links* nennen. Das World Wide Web besteht aus Milliarden von Webseiten, die durch Hyperlinks miteinander verbunden sind. Durch diese Verbindungen entsteht ein fein gesponnenes Gewebe von Webseiten, oder etwas prosaischer ausgedrückt:

Hyperlinks sind die Fäden, mit denen das weltweite Gewebe gesponnen wird.

Das *HT* in *HT*ML besagt schlicht und einfach, dass mit der Sprache HTML Hyperlinks erstellt werden können.

M wie Markup: Etiketten kleben

Markup wird häufig mit »Auszeichnung« übersetzt. Das können Sie sich wie in einem Supermarkt vorstellen:

- Waren auszeichnen bedeutet »Etiketten drankleben«.

- HTML klebt buchstäblich Etiketten in den Text einer Webseite.

Die HTML-Etiketten stehen in spitzen Klammern und heißen »Tag« (*tähg* gesprochen), was auf Deutsch »Etikett« bedeutet:

```
<p>Webseiten gestalten mit HTML und CSS.</p>
```

Der Browser weiß durch die Tags <p> und </p>, dass der Text dazwischen ein ganz normaler Fließtextabsatz ist. Das *p* steht dabei übrigens für *paragraph*, auf Deutsch *Absatz*.

L wie Language: Vokabeln und Grammatikregeln

HTML ist eine Sprache, und dementsprechend gibt es Vokabeln und Grammatikregeln. Tags, Elemente, Attribute und Grammatikregeln – alles muss gelernt und zum Teil penibel umgesetzt werden. Dieses Buch enthält keine vollständige Referenz, aber die wichtigsten Regeln und HTML-Elemente werden Sie so nach und nach kennenlernen.

Links zu englischen und deutschen HTML-Referenzen mit allen Elementen und mehr Syntaxspitzfindigkeiten, als Sie wahrscheinlich jemals wissen wollten, finden Sie in Kapitel 39.1, »Referenzen und Online-Quellen zu HTML« ab Seite 787.

Drei häufige Missverständnisse zu HTML

Drei Missverständnisse zu HTML sind so weit verbreitet, dass sie hier kurz korrigiert werden sollen:

▨ HTML ist **keine Programmiersprache**. HTML wird nicht programmiert, sondern schlicht und einfach *geschrieben*. HTML-Quelltext zu schreiben kommt besonders Einsteigern oft vor, als würden sie programmieren, weil es auf jedes Zeichen ankommt – aber das ist bei Diktaten ebenso, und die werden auch *geschrieben* und nicht programmiert.

▨ HTML ist **keine Seitenbeschreibungssprache**. HTML beschreibt nicht, wie eine Seite aussieht, HTML strukturiert sie lediglich. Gestaltet wird sie mit CSS. Seitenbeschreibungssprachen sind etwa *PostScript* oder *PDF*.

▨ HTML dient **nicht zum Gestalten**. »Gestalten mit HTML ist wie Malen mit Handschellen« – dieser Satz gilt heute genau wie vor zehn Jahren Der Grund dafür ist, dass HTML nicht zum Gestalten gedacht ist. HTML erstellt nur die rechteckigen Kästchen, zum Gestalten gibt es CSS. Diese strikte Aufgabentrennung eröffnet später ungeahnte Möglichkeiten.

HTML wird also einfach nur geschrieben und dient zum Strukturieren von Text.

3.2 Das HTML-Grundgerüst ist das Skelett einer Webseite

Der Quelltext einer jeden Webseite lässt sich grob in vier Abschnitte aufteilen:

1. In der allerersten Zeile des Quelltextes steht der DOCTYPE.

2. Das Stammelement html umschließt den head und den body.

3. head zeigt Informationen über die Webseite und Elemente wie title und meta.

4. body enthält den Inhalt, der im Browserfenster dargestellt wird.

Diese Einzelteile bilden zusammen das HTML-Grundgerüst, das einer Webseite wie ein Skelett eine unsichtbare Struktur gibt und sie zusammenhält.

Eine gute Angewohnheit: <!-- Kommentare -->

Bevor es gleich mit dem Grundgerüst losgeht, noch ein kurzer Exkurs: Es ist eine gute Angewohnheit, den Quelltext mit *Kommentaren* zu versehen, damit Sie selbst auch nach einiger Zeit noch nachvollziehen können, was Sie sich bei bestimmten Quelltextpassagen gedacht haben.

Ein HTML-Kommentar beginnt mit <!-- (kleiner als – Ausrufezeichen – zwei Bindestriche), hört mit --> (zwei Bindestriche – größer als) auf und ist im Browserfenster nicht zu sehen.

Hier ein Beispiel:

```
<!-- Dieser Text muss noch überarbeitet werden. -->
```

Wenn der Browser die Zeichenfolge <!-- sieht, weiß er, dass der Text bis zur Zeichenfolge --> ein Kommentar ist und nicht im Browserfenster dargestellt werden soll.

Tipp

Kommentare bleiben im Quelltext sichtbar

Denken Sie beim Verfassen der Kommentare daran, dass sie zwar nicht im *Browserfenster* erscheinen, aber doch im *Quelltext* stehen. Dort kann jeder Besucher sie lesen, wenn er will.

Ein Grundgerüst für eine Webseite erstellen

Im folgenden ToDo erstellen Sie ein einfaches Grundgerüst und speichern es in einer Datei, die Sie als Vorlage für neue Webseiten benutzen können.

ToDo: Ein HTML-Grundgerüst erstellen

1. Starten Sie Ihren Lieblingseditor, und erstellen Sie eine leere Datei.

2. Speichern Sie die Datei unter dem Namen *vorlage_grundgeruest. html* in Ihrem Übungsordner.

3. Erstellen Sie das folgende HTML-Grundgerüst. Die Kommentare dienen nur zur Erläuterung und müssen nicht mit abgetippt werden:

```
<!DOCTYPE html>
<html lang="de">

<head> <!-- Im Head stehen Informationen über die Webseite -->
  <meta charset="utf-8">
  <title>HTML-Grundgerüst - Vorlage</title>
  <meta name="description" content="Beschreibung der
    Webseite">
</head>

<body>
<!-- Der body erscheint im Browserfenster -->
</body>
</html>
```

4. Speichern Sie die Datei.

Im Browser sehen Sie von diesem Grundgerüst (fast) nichts, nur links oben in der Titelleiste steht der Titel »HTML-Grundgerüst - Vorlage«. In den folgenden Abschnitten werden die einzelnen Bestandteile dieses Grundgerüsts genauer erklärt.

Für uns Menschen empfiehlt es sich, den Quelltext möglichst übersichtlich über mehrere Zeilen zu verteilen und hierarchische Abhängigkeiten mit Einrückungen zu verdeutlichen. Unübersichtlich wird der Quelltext später ganz von allein. Dem Browser ist das egal. Von

ihm aus könnte der gesamte Quelltext in einer einzigen Zeile stehen. Whitespace wie Leerstellen, Tabstopps und Zeilenumbrüche ignoriert er einfach, ihn interessen nur die Tags.

3.3 Die Dokumenttyp-Definition: <!DOCTYPE html>

Die Dokumenttyp-Definition, kurz DOCTYPE genannt, muss in der allerersten Zeile des Quelltextes stehen:

```
<!DOCTYPE html>
```

Groß- und Kleinschreibung spielt genau genommen keine Rolle, aber die gezeigte Variante mit einem großen DOCTYPE und einem kleinen html ist am weitesten verbreitet.

Der DOCTYPE hat nur eine Aufgabe, nämlich den Browser in den standardkonformen Modus zu versetzen. Mit einem nicht korrekten DOCTYPE gehen einige Browser in den sogenannten »Quirks-Modus« (»Pfuschmodus«), wodurch die Gestaltung einer Webseite per CSS unberechenbar werden kann. Achten Sie also darauf, dass in der allerersten Zeile des Quelltextes ein korrekter DOCTYPE steht.

Falls Sie sich schon mal mit HTML beschäftigt haben, kommt Ihnen der hier vorgestellte DOCTYPE vielleicht ein bisschen kurz vor. In früheren HTML-Versionen hatte der DOCTYPE eine eher unübersichtliche Syntax, und es gab ihn außerdem noch in mehreren Geschmacksrichtungen, wie *Transitional* und *Strict*. Darüber müssen Sie sich heute beim Lernen von HTML keine Gedanken mehr machen.

Draußen im Web gibt es noch Milliarden Webseiten mit diesen alten DOCTYPEs und für bereits vorhandene Webseiten muss nichts geändert werden. Die alten DOCTYPEs sind gut und funktionieren. Aber für neue Seiten gibt es keinen Grund, nicht den neuen DOCTYPE zu verwenden. Er hat keinerlei Nachteile, und die Browser verstehen ihn. Alle.

3.4 Das Stammelement <html>

Mit html folgt das bereits im DOCTYPE angekündigte Stammelement, von dem alle Elemente einer Webseite abstammen. html erstellt eine (unsichtbare) Kiste, in der head und body und alle anderen Elemente enthalten sind. Direkt nach dem DOCTYPE steht der Anfangs-Tag <html>, in dem noch die Sprache der Webseite angegeben wird, und ganz am Ende in der letzten Zeile steht das Ende-Tag </html>:

```
<html lang="de"> ... </html>
```

Das Attribut lang (kurz für *language*) gibt die Sprache an, in der die Webseite geschrieben ist (de = deutsch). lang ist ein sogenanntes *globales Attribut*, kann also in fast allen HTML-Elementen benutzt werden.

In früheren HTML-Versionen war für das Stammelement manchmal die Definition eines so genannten XML-Namensraumes erforderlich. Da sowieso kaum jemand wirklich verstanden hat wozu das gut sein sollte, hat man in HTML5 beschlossen, es einfach wegzulassen. Sehr praktisch.

Tipp

> **<html>: Wurzel- oder Stammelement?**
>
> In vielen deutschsprachigen HTML-Dokumentationen wird html übrigens auch als *Wurzelelement* bezeichnet, was eine wörtliche Übersetzung des englischen »root« ist. Ich bevorzuge die Bezeichnung *Stammelement*, denn alle HTML-Elemente einer Webseite stammen direkt oder indirekt von html ab.

3.5 Informationen über die Webseite: <head>

Zwischen <head> und </head> steht eine Art Vorspann für die Webseite, der nicht im Textfenster des Browsers erscheint und Informationen über das Dokument selbst enthält, die von Browsern oder Suchmaschinen ausgewertet werden. Die vorläufig wichtigsten Elemente im Kopfbereich sind title und meta.

Die Angabe des Zeichensatzes: <meta charset="utf-8">

Das erste meta-Element folgt direkt nach dem öffnenden <head>-Tag und sagt dem Browser, dass er zur Darstellung der Webseite den Zeichensatz UTF-8 benutzen soll:

```
<meta charset="utf-8">
```

Die Datei muss in Ihrem Editor natürlich auch tatsächlich mit dem hier angegebenen Zeichensatz gespeichert worden sein. Wenn Ihnen das Wort »Zeichensatz« nicht so viel sagt, finden Sie am Ende dieses Kapitels ab Seite 75 eine kurze Einführung in das Thema.

Der Name der Seite: <title>

title ist wahrscheinlich das am meisten unterschätzte HTML-Element. Es enthält einen kurzen Text, der an verschiedenen Stellen wieder auftaucht:

- in der Browser-Titelleiste und den Ausklapplisten der Vor- und Zurück-Buttons

- als Beschriftung der Registerkarten (Tabs) in Browsern

- als Namensvorschlag für Favoriten bzw. Lesezeichen (Bookmarks)

- in den Ergebnislisten der Suchmaschinen als optisch hervorgehobener Link

Ein guter Titel ist kurz und beschreibt den Inhalt der Webseite, wenn man diese nicht sieht. *Startseite – Little Boxes (Webseiten gestalten mit HTML und CSS)* ist zum Beispiel informativer als ein simples *Willkommen* oder gar ein *Unbenanntes Dokument*.

Abbildung 3.1 zeigt die Ergebnisliste einer Suchmaschine. Die blaue, anklickbare erste Zeile eines Treffers ist der <title> der Webseite. Wenn Sie also nach einem guten Titel suchen, sollten Sie sich die Webseite in Gedanken in der Ergebnisliste einer Suchmaschine vorstellen und überlegen, was hier groß und blau erscheinen soll.

Abbildung 3.1:
<title> und
<meta name=
"description">
bei Google

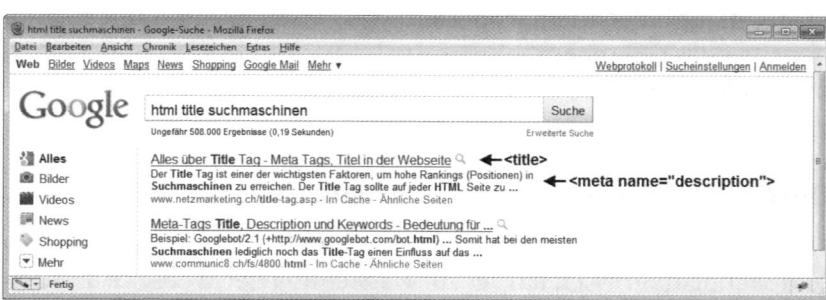

Infos für Suchmaschinen: <meta name="description">

Im head des Quelltextes können Sie neben dem Zeichensatz und einem aussagekräftigen title noch eine sehr nützliche meta-Angabe für Suchmaschinen und deren Robots machen:

```
<meta name="description" content="...">
```

Dieses Element enthält eine kurze Beschreibung des Inhalts der Webseite, die von vielen Suchmaschinen in der Trefferliste für den kurzen beschreibenden Text verwendet wird (siehe Abbildung 3.1).

Die genauen Empfehlungen für den beschreibenden Text variieren je nach Quelle, aber es sollten ungefähr zwei bis drei ganze Sätze mit einer Gesamtlänge zwischen 80 und 150 Zeichen sein. Sie sollten hier also keine Romane schreiben und möglichst die für diese Seite relevanten Suchbegriffe benutzen. Machen Sie Werbung für die Seite. Kurz und knackig. Dazu ist dieses Element da.

Tipp

Seiten, Sites und »meta«-Elemente

Im Deutschen werden die Begriffe *Webseite* und *Website* bzw. deren Kurzformen *Seite* und *Site* oft verwechselt oder durcheinander gebraucht. Eine *Seite* (mit sanftem S) ist ein einzelnes Dokument, eine *Site* (mit scharfem S) bezeichnet hingegen eine Menge von zusammengehörigen Seiten. Eine *Site* besteht also aus *Seiten*.

meta-Elemente gelten immer nur für die Seite, auf der sie stehen, nicht für die ganze Site.

Weitere »meta«-Elemente

Mit einem weiteren meta-Element können Sie den Suchmaschinen sagen, ob und wie sie eine Seite indizieren sollen:

```
<meta name="robots" content="index,follow">
```

Damit erlauben Sie den Suchmaschinenrobots explizit, diese Seite zu indizieren und allen Links zu folgen. Das ist zwar nicht wirklich nötig, da ein wohlerzogener Robot das sowieso tut, aber es gibt auch noch die Werte noindex und nofollow. So bedeutet noindex, nofollow zum Beispiel »Diese Seite nicht indizieren und auch keinen Links fol-

gen«. Für eine Seite mit einem Kontaktformular wäre das durchaus adäquat. Eine gemischte Angabe wie *index,nofollow* geht natürlich auch.

Und was ist mit `<meta name="keywords" content="…">`? Irgendwie hat sich die Gewohnheit, gewünschte Suchbegriffe als *keywords* im `head`-Bereich zu speichern, aus den späten 1990er-Jahren in dieses Jahrtausend gerettet. Es schadet zwar nicht, die wichtigsten Stichwörter zum Inhalt der Webseite aufzulisten, aber für die Suchmaschinen können Sie sich die Mühe sparen. Diese sind dazu übergegangen, die Keywords schlicht und einfach zu ignorieren. Wichtiger ist, dass die Suchbegriffe an den richtigen Stellen auf der Seite auftauchen. Im `title` der Seite zum Beispiel, und im Text der Überschriften und Hyperlinks.

3.6 Der Inhalt der Webseite: <body>

Nach dem Kopf folgt der (Text-)Körper, auf Englisch *body*. Fast alles, was zwischen `<body>` und `</body>` steht, wird später im Browserfenster dargestellt.

Im Moment gibt es zu `body` noch nicht soviel zu sagen, aber ab dem nächsten Kapitel werden Sie die meiste Zeit mit dem Erstellen und Gestalten von HTML-Elementen zwischen `<body>` und `</body>` verbringen.

3.7 HTML-Elemente: Anfangs-Tag, Inhalt und Ende-Tag

Die Namen der HTML-Elemente sind Abkürzungen für einen englischen Begriff. Wie Sie bereits gesehen haben, wird ein normaler Fließtextabsatz von `<p>` und `</p>` umschlossen: Das *p* steht wie gesagt für *paragraph*, auf Deutsch *Absatz*.

Fast alle HTML-Elemente haben ein Anfangs- und ein Ende-*Tag*. Dabei unterscheidet sich das Ende-Tag vom Anfangs-Tag durch einen vorangestellten Schrägstrich:

```
<p>Dieser Text ist ein Absatz.</p>
```

<p> heißt für den Browser »Hier fängt ein Absatz an«, </p> dementsprechend »Hier ist ein Absatz zu Ende«. Da die Begriffe *Element* und *Tag* ständig zu mittelschweren Verwirrungszuständen führen, zeigt Abbildung 3.2 ein Beispiel.

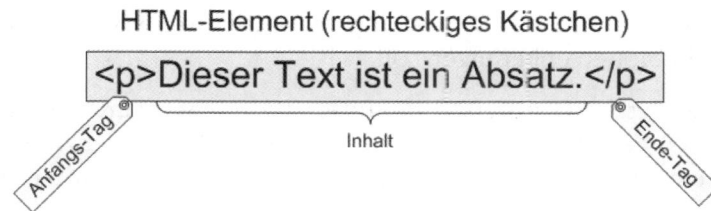

Abbildung 3.2:
Schematischer
Aufbau eines
HTML-Elements

Ein HTML-Element besteht aus drei Teilen. Im Beispiel sind das:

- das *Anfangs-Tag* in spitzen Klammern: <p>

- der *Inhalt*: Dieser Text ist ein Absatz.

- das *Ende-Tag* ebenfalls in spitzen Klammern: </p>

Alle drei Teile zusammen heißen *HTML-Element*, und HTML-Elemente werden im Browserfenster immer als rechteckige Kästchen dargestellt. *Alle* Texte und Grafiken einer Webseite liegen in solchen Kästchen. Ohne Ausnahme. Man könnte so ein Kästchen auch *Container* nennen. Auf Englisch heißt es *box*. Eine Webseite besteht also buchstäblich aus *lauter little boxes*.

3.8 Know-how: Wissenswertes über Zeichensätze

Auf einer gut geschriebenen Webseite steht ziemlich am Anfang des Quelltextes ein meta-Element, das den Zeichensatz definiert, mit dem der Browser die Webseite darstellen soll. Was es damit auf sich hat und welche Zeichensätze zur Wahl stehen, erläutert der folgende Abschnitt.

Zeichensätze sind Schablonen für Buchstaben

Im Arbeitsspeicher eines Computers stehen keine Buchstaben, sondern Zahlen. Diese Zahlen werden anhand einer Schablone am Bildschirm als Zeichen dargestellt. Eine solche Schablone wird im Allge-

meinen »Zeichensatz« genannt und war lange Zeit auf maximal 256 Zeichen begrenzt.

Da in den auf diesem Planeten benutzten Sprachen weit mehr als 256 Zeichen vorkommen, gibt es verschiedene Zeichensätze mit jeweils unterschiedlichen Zeichen. Deshalb muss der Computer beim Speichern und bei der Darstellung am Bildschirm wissen, welche dieser Schablonen er benutzen soll.

Die der UNO unterstellte »International Standards Organization« (ISO) hat in der Norm mit der Nummer 8859 fünfzehn verschiedene Zeichensätze definiert, in denen je nach Sprache unterschiedliche Zeichen bereitgestellt werden. Der Zeichensatz ISO-8859-1 (der auch manchmal als ANSI bezeichnet wird) ist dabei für westeuropäische Sprachen gedacht und wird heutzutage noch häufig eingesetzt.

Um die Grenze von 256 Zeichen pro Schablone zu sprengen, wurde *Unicode* erfunden. Das »Uni« im Namen steht für *universell*, ein Zeichensatz für alle Zeichen. Das Unicode-Format *UTF-8* hat im Internet eine zentrale Bedeutung als globale Zeichenkodierung und kann bis zu 1.114.112 Zeichen abbilden.

UTF-8 hat sich in den letzten Jahren zum Zeichensatzstandard für das Web entwickelt, und moderne Betriebssysteme wie Windows (XP, Vista oder 7), Linux oder Mac OS X haben damit keine Probleme. Wenn nichts dagegenspricht, sollten Sie immer mit UTF-8 arbeiten, allerdings spielen bei Webseiten der Editor und der Webserver noch eine besondere Rolle:

■ Ihr Editor muss Dateien als UTF-8 speichern können.

■ Der Webserver muss sie dementsprechend ausliefern.

Mehr dazu erfahren Sie in den folgenden beiden Abschnitten.

Tipp **Details zu Zeichensätzen beim W3C**

Eine gelungene Darstellung der Zusammenhänge und Empfehlungen im Umgang mit Zeichensätzen findet sich beim W3C (auf Deutsch):

■ *w3.org/International/questions/qa-what-is-encoding.de.php*

■ *w3.org/International/tutorials/tutorial-char-enc/*

UTF-8 und der Editor

Zunächst zum Editor: Er muss die Speicherung von Dateien mit dem Zeichensatz UTF-8 unterstützen, und einige ältere Editoren können das nicht.

Idealerweise sollte der Editor UTF-8 in der Variante ohne *BOM* anbieten. Das *BOM* (kurz für »Byte Order Mark«) besteht aus drei Bytes, die ganz am Anfang des Dokuments stehen. Da das *BOM* unter UTF-8 optional ist und es bei der Ausgabe im Browser unter ungünstigen Umständen als wirre Zeichenfolge (ï»¿) am Anfang der Webseite erscheint und auch sonst nur Probleme macht, sollten die Dateien möglichst ohne BOM gespeichert werden.

Um herauszufinden, ob Ihr Editor »UTF-8 ohne BOM« kann, schauen Sie sich dessen Menüs oder Feature-Liste genauer an. Beim in Abbildung 3.3 dargestellten Editor wird der gewünschte Zeichensatz einfach im Dialogfeld Speichern unter … ausgewählt:

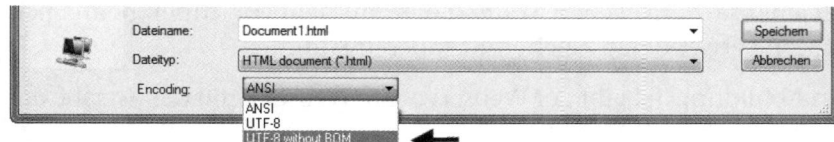

Abbildung 3.3:
Ein Editor mit der Option »UTF-8 ohne BOM«

Unter Mac OS X wird übrigens standardmäßig ohne BOM gespeichert, sodass ein Editor UTF-8 eigentlich immer ohne BOM abspeichert, solange nicht explizit »mit BOM« dransteht.

Bei Windows-Editoren ist die Lage unterschiedlich. Im weit verbreiteten PSPad zum Beispiel ist die Einstellung dafür gut versteckt: Im Menü Einstellungen unter Programm einstellen… gibt es in der Kategorie Programm-Verhalten die Option Ident. Bytes bei UTF-8 hinzufügen. Diese Option muss ausgestellt sein, um eine Datei ohne BOM zu speichern.

Die Kodierung der Sonderzeichen: &kuerzel;

Tipp

Wenn Sie oder Ihr Editor sich die Mühe gemacht und alle Sonderzeichen nach dem Schema *&kuerzel;* kodiert haben, kommen sie auf jeden Fall richtig beim Besucher an, unabhängig vom verwendeten Zeichensatz.

Das große
little **boxes** Buch
Webseiten gestalten mit HTML & CSS.
Grundlagen, Navigation, Inhalte, YAML & mehr

UTF-8 und der Webserver

Neben dem Editor spielt auch der Webserver noch eine gewichtige Rolle, denn er muss die Webseite entweder ohne oder mit der Angabe des korrekten Zeichensatzes ausliefern: Wenn Sie die Seite im Editor als UTF-8 speichern, der Webserver sie mit einem Hinweis auf ISO8859-1 ausliefert und Sie im Quelltext wieder UTF-8 deklarieren, kann es sein, dass die Browser durcheinander kommen und nicht kodierte Sonderzeichen unter Umständen falsch darstellen.

Um herauszufinden, wie Ihr Webserver sich verhält, surfen Sie zu Ihren Webseiten und rufen dann in der Symbolleiste *Web Developer* im Menü INFORMATIONEN ganz unten den Befehl ANTWORT-HEADER ANZEIGEN auf.

Dadurch wird der *HTTP-Header* sichtbar – die Antwort des Webservers auf die Anfrage des Browsers. Im angezeigten HTTP-Header ist die Zeile Content-Type wichtig. Wenn dort keine Zeichensatzangabe vorhanden ist, mischt der Webserver sich nicht ein. Ist dort aber ein Zeichensatz angegeben, sollte dieser mit dem von Ihnen beim Speichern verwendeten Zeichensatz übereinstimmen.

In Abbildung 3.4 gibt der Webserver die Webseite mit der Angabe des Zeichensatzes ISO-8859-1 aus.

Abbildung 3.4:
Der Webserver
nutzt
»ISO-8859-1«.

Tipp **Details zur Wahl des Zeichensatzes**

Details zur Wahl des Zeichensatzes finden Sie in dem hervorragenden Artikel »The Definitive Guide to Web Character Encoding« von Tommy Olson:

■ *sitepoint.com/article/guide-web-character-encoding*

3.9 Auf einen Blick

Hier sind noch einmal die wichtigsten Punkte dieses Kapitels im Überblick:

- HTML ist eine »Hypertext-Etiketten-Dranklebe-Sprache«. Es ist keine Programmier- oder Seitenbeschreibungssprache und dient nicht zum Gestalten.

- Jede Webseite hat ein HTML-Grundgerüst, das aus folgenden Teilen besteht:

  - dem DOCTYPE in der ersten Zeile des Quelltextes

  - dem Stammelement html

  - dem Vorspann head mit title und meta-Element(en)

  - dem Inhalt body, der im Browserfenster dargestellt wird

- Einige wissenswerte Details zu HTML-Elementen sind:

  - Die Namen der HTML-Elemente stammen aus dem Englischen.

  - Fast alle HTML-Elemente haben ein Anfangs- und ein Ende-Tag.

  - Ein HTML-Element besteht aus *Anfangs-Tag*, *Inhalt* und *Ende-Tag*.

- UTF-8 hat sich als universeller Zeichensatz im Web durchgesetzt.

- Wenn Sie <meta charset="utf-8"> in den Quelltext schreiben, muss die Seite im Editor auch tatsächlich mit dem Zeichensatz UTF-8 gespeichert werden. Am besten »ohne BOM«.

Kapitel 4

HTML-Elemente für Überschriften, Text und Listen

Worin Sie die wichtigsten HTML-Elemente kennenlernen. Sie teilen die Webseite zunächst in Bereiche ein und beginnen dann mit der Erstellung eines sinnvoll strukturierten HTML-Dokuments mit Überschriften, Fließtext und Listen.

Die Themen im Überblick:

HTML ist im Vergleich zu Englisch, Deutsch oder Swahili eine recht einfache Sprache. Es gibt nur etwa 100 verschiedene Elemente, und in diesem und dem nächsten Kapitel lernen Sie die wichtigsten da-

von kennen. Sinnvolles, korrektes HTML ist das Fundament einer jeden Webseite.

In diesem Kapitel beginnen Sie mit der Erstellung der Startseite für die kleine Beispielsite, die Sie im Laufe der nächsten Kapitel nach und nach vervollständigen.

4.1 Das Grundgerüst für die Startseite erstellen

Los geht es im folgenden ToDo mit dem Grundgerüst für die Startseite.

ToDo: Das Grundgerüst für die Startseite erstellen

1. Erstellen Sie einen neuen Ordner und nennen Sie ihn z.B. *littleboxes*. In diesem Ordner speichern Sie alle Dateien für die kleine Beispielsite, die Sie in den folgenden Kapiteln erstellen.

2. Kopieren Sie die Datei *vorlage_grundgeruest.html* aus Ihrem Übungsordner in den Ordner *littleboxes*, und benennen Sie sie in *index.html* um. Das ist der Standardname für die Startseite einer Website.

3. Öffnen Sie die Datei *index.html* im Editor.

4. Ändern Sie das Grundgerüst für die Startseite wie folgt. Die Zeilenumbrüche bei Titel und Beschreibung der Seite müssen nicht genauso sein wie hier im ToDo:

```
<!DOCTYPE html>
<html lang="de">

<head>
  <meta charset="utf-8">
  <title>Startseite - Little Boxes (Webseiten gestalten mit
    HTML und CSS)</title>
  <meta name="description" content="Little Boxes führt Sie
    durch das Labyrinth von HTML und CSS, von den ersten
    Schritten bis zur professionell gestalteten Webseite.">
</head>
```

> **ToDo: Das Grundgerüst für die Startseite erstellen (Forts.)**
>
> ```
> <body>
>
> </body>
> </html>
> ```
>
> 5. Speichern Sie die Datei.

Im Browser hat sich außer dem Titel nicht viel geändert, aber die Beschreibung bereitet die Seite bereits von Anfang an für die spätere Aufnahme in den Index der Suchmaschinen vor.

4.2 Die Seite in Bereiche einteilen: »div«

div ist ein HTML-Element, mit dem man andere Elemente wie Absätze, Listen und Grafiken zu einem gemeinsamen Bereich (div = *division* = Bereich) zusammenfassen kann, die inhaltlich zusammengehören.

Anders ausgedrückt: div ist ein Container, eine Kiste, eine Box, in der mehrere andere Kisten aufbewahrt werden können, um sie zum Beispiel später per CSS gemeinsam gestalten zu können. Das ist bei der täglichen Arbeit am Quelltext oft sehr praktisch.

Vier Bereiche: Kopf, Navigation, Text und Fußzeile

Fast alle Webseiten haben einen Kopfbereich mit einem Logo, einen Bereich für die Navigationselemente, einen Bereich für den Inhalt und eine Fußzeile. Die folgende Minimalausstattung entspricht diesem Prinzip und hat sich als Grundlage für einfache Layouts bewährt:

- *Kopfbereich* mit Logo und Slogan
- *Navigationsbereich* mit Navigationselementen
- *Textbereich* mit Text und Grafiken
- *Fußzeile* mit Platz für Adresse, Copyright, Impressum usw.

Um die Bereiche im Quelltext voneinander unterscheiden zu können, erhalten sie mit dem Attribut id einen eindeutigen Namen, der auf jeder Seite nur einmal vorkommen darf. Im HTML sieht das so aus:

- `<div id="kopfbereich"> </div>`
- `<div id="navibereich"> </div>`
- `<div id="textbereich"> </div>`
- `<div id="fussbereich"> </div>`

Die Einteilung in diese Bereiche ist die Grundlage für viele einfache Layouts mit ein oder zwei Spalten. Bei komplexeren Layouts ist unter Umständen eine andere Aufteilung mit mehr divs sinnvoll, aber zunächst einmal leisten diese vier Bereiche gute Dienste.

Der Schutzumschlag: <div id="wrapper">

Viele Bücher haben einen Schutzumschlag, also einen zusätzlichen Umschlag um den festen Einband, der die Aufgabe hat, diesen zu schützen (und der sich einfach und billig bedrucken lässt). Ein solcher Schutzumschlag ist auch auf Ihrer Webseite sehr sinnvoll: ein Bereich, der alle anderen Bereiche umfasst.

Dieser Bereich hat inhaltlich keine Bedeutung und ist im Grunde eine Dopplung von body, erweist sich aber beim Layouten mit CSS als sehr praktisch. Er wird auf vielen Webseiten *wrapper* genannt (»räpper« gesprochen), was auf Deutsch soviel wie »Schutzumschlag« heißt. Der Name *wrapper* ist aber nicht wirklich wichtig und Sie könnten den Bereich genausogut *container*, *allumfassend*, *drumherum* oder *page* nennen.

Die Bereiche mit »div« erstellen

Die folgenden Bereiche erstellen Sie gleich zu Anfang im body der Webseite.

ToDo: Die Webseite mit »div« in Bereiche einteilen

1. Öffnen Sie die Startseite *index.html*.

2. Fügen Sie den fett gedruckten Quelltext hinzu:

```
<body>
  <div id="wrapper">

  <div id="kopfbereich">

  </div> <!-- Ende kopfbereich -->

  <div id="navibereich">

  </div> <!-- Ende navibereich -->

  <div id="textbereich">

  </div> <!-- Ende textbereich -->

  <div id="fussbereich">

  </div> <!-- Ende fussbereich -->

  </div> <!-- Ende wrapper -->
</body>
```

3. Speichern Sie die Seite.

Bei der Darstellung im Browserfenster hat sich noch nichts geändert, aber die Bereiche und die mit id vergebenen Namen sind bei der Gestaltung per CSS wichtig.

Die Kommentare nach jedem </div> wirken momentan vielleicht etwas übertrieben, helfen aber später, wenn Anfangs- und Ende-Tag etwas weiter auseinanderstehen, die Übersicht zu behalten.

Visuell: schematische Darstellung der »div«-Bereiche

Mit den div-Elementen erzeugen Sie rechteckige Kästchen auf der Webseite, in denen andere HTML-Elemente wie Überschriften und Absätze später aufbewahrt werden. Schematisch dargestellt sieht das so aus:

Abbildung 4.1:
Schematische
Darstellung der
mit »div« erzeug-
ten Bereiche

In Abbildung 4.1 sieht man, dass der Wrapper im Grunde eine Dopplung von body ist.

Tipp

Neue strukturelle Elemente in HTML5

In HTML5 gibt es neue strukturelle Elemente wie header, nav und footer, die die in diesem Kapitel vorgestellen div-Elemente mit einer ID für Kopfbereich, Navigation und Fußbereich irgendwann ersetzen werden.

Momentan ist die Browserunterstützung für die neuen Elemente aber noch nicht so breit, dass es sich lohnen würde, sie immer und überall zu nutzen. Für den Zweck dieser Einführung ist es sinnvoller, aktuelle Methoden zu benutzen, die alle Browser problemlos verstehen.

4.3 Überschriften: »h1« bis »h6«

Webseiten werden nach der Anzeige im Browserfenster meist nicht konzentriert Wort für Wort gelesen, sondern auf der Suche nach Relevantem überflogen.

Durch den Einsatz von Überschriften, Absätzen und Listen lockern Sie die Webseite optisch auf und bieten dem Auge des Betrachters – bildlich gesprochen – beim Überfliegen des Textes Landeplätze an.

Benutzen Sie Überschriften

Auch wenn Sie im Deutschunterricht das Wort »Gliederung« nicht sonderlich anziehend fanden, sollten Sie auf Ihren Webseiten Überschriften einsetzen. Überschriften geben einer Webseite Struktur und lockern den Text optisch auf.

Überschriften sind im Idealfall so geschrieben, dass der Leser den Inhalt der Webseite durch das Springen von Überschrift zu Überschrift erschließen kann. Ein Hörer kann seinem Screenreader zum Beispiel sagen, dass er nur die Überschriften einer Webseite vorlesen soll.

HTML kennt sechs verschiedene Elemente für Überschriften, von h1 bis h6. Das *h* steht für *heading* (»Überschrift«), die Zahl dahinter für die Gliederungsebene. *h2* bedeutet nicht »die zweite Überschrift im Text«, sondern »eine Überschrift der zweiten Gliederungsebene«. Es kann auf einer Webseite also durchaus mehrere h2-Überschriften geben.

Überschriftenebene nicht aufgrund der Schriftgröße wählen

In den meisten Browsern werden die unterschiedlichen Überschriftenebenen vom eingebauten Stylesheet durch verschieden große Schriftarten dargestellt. Widerstehen Sie aber der Versuchung, eine bestimmte Überschriftenebene aufgrund der Schriftgröße zu wählen, die Sie im Browser sehen:

- In HTML sagen Sie nur, *dass* der markierte Text eine Überschrift ist und welche Gliederungsebene sie hat.

- Das Aussehen einer Überschrift und damit auch deren Schriftgröße gestalten Sie später per CSS.

Im Klartext: Beginnen Sie Ihre Webseite nicht mit einem <h3>, nur weil Ihnen <h1> zu groß erscheint.

Alle Überschriften sind übrigens sogenannte *Block-Elemente* (siehe Seite 91): Sie werden automatisch so breit, wie es geht, und haben einen integrierten Zeilenumbruch.

ToDo: Eine Überschrift für die Webseite erstellen

1. Öffnen Sie gegebenenfalls die Startseite *index.html* im Editor.

2. Setzen Sie den Cursor in den Kopfbereich.

3. Ergänzen Sie das fett hervorgehobene h1-Element:

```
<div id="kopfbereich">
<h1>Little Boxes</h1>
</div>
```

4. Speichern Sie die Seite, und betrachten Sie sie in einem Browser.

Dick und fett prangt der Text im Browserfenster. Das ist nicht unbedingt hübsch, aber eine Überschrift.

4.4 Fließtext: Absätze und Hervorhebungen

Zwischen den Überschriften steht der Fließtext, und der besteht zu einem großen Teil aus Absätzen, Hervorhebungen und Listen.

Absätze: »p« wie »paragraph«

Das wahrscheinlich am häufigsten verwendete HTML-Element ist p, kurz für *paragraph*, auf Deutsch »Absatz«. Jeder normale Fließtextabsatz auf einer Webseite wird mit <p> eingeleitet und mit </p> beendet. Da der im ToDo erstellte Absatz nicht nur ein normaler Absatz, sondern quasi den Slogan für die Site darstellt, bekommt er noch eine entsprechende id mit auf den Weg.

ToDo: Einen Fließtextabsatz erstellen

1. Ergänzen Sie auf der Beispielseite den fett gedruckten Absatz:

```
<div id="kopfbereich">
  <h1>Little Boxes</h1>
  <p id="slogan">Webseiten gestalten mit HTML und CSS.
    Grundlagen.</p>
</div>
```

2. Speichern Sie die Seite, und betrachten Sie sie in einem Browser.

---

p ist ein Block-Element und darf *keine* anderen Block-Elemente enthalten, auch kein weiteres p. Mehr zu Block-Elementen erfahren Sie ab Seite 91.

Der Abstand zwischen den Überschriften und Absätzen   **Tipp**

Die meisten Browser fügen vor und nach Überschriften und Absätzen einen Abstand hinzu, der im eingebauten Browser-Stylesheet definiert wird. Versuchen Sie momentan gar nicht erst, diesen zu entfernen. Im HTML geht das nicht, später im CSS ist das ganz einfach.

Text hervorheben: »strong« und »em«

Die Elemente strong und em sind zur inhaltlichen Hervorhebung von Text gedacht. Beide sind *Inline-Elemente* (siehe Seite 91), werden also nur so breit wie der enthaltene Text und erzeugen keinen eigenen Zeilenumbruch:

- *strong* bedeutet *stark hervorheben* und wird in visuellen Browsern meist **fett** gedruckt.

- *em* hingegen steht für *emphasize*, auf Deutsch *betonen*. *em* wird meist *kursiv* dargestellt.

Als Faustregel benutzen Sie strong, um den Text bereits *vor* dem Lesen hervorzuheben, und em, wenn er erst *während* des Lesens auffallen soll.

Das große
little **box**es Buch
Webseiten gestalten mit HTML & CSS.
Grundlagen, Navigation, Inhalte, YAML & mehr

ToDo: Text mit »strong« und »em« hervorheben

1. Überspringen Sie auf der Beispielseite den **Navigationsbereich**, **und** ergänzen Sie den **Textbereich** wie folgt:

```
<div id="textbereich">
  <h2>Startseite</h2>
  <p>Webseiten bestehen aus <strong>rechteckigen Kästchen
    </strong>, die über-, neben- und ineinandergestapelt
    werden. Alles Runde ist entweder Trick, Grafik oder
    beides.</p>
  <p>Die folgenden Schritte zeigen den Weg vom Zusammenbauen
    der <em>Kisten</em> bis zur fertig gestalteten
    <em>Webseite</em>:</p>
</div> <!-- Ende textbereich -->
```

2. Speichern Sie die Seite, und betrachten Sie sie im Browser.

HTML-Elemente verschachteln: zuerst geöffnet, zuletzt geschlossen

Beim Verschachteln von HTML-Elementen müssen Sie eine wichtige Grundregel beachten: Das zuerst geöffnete Element wird zuletzt geschlossen. Hier ein Beispiel:

```
<p>Normal, <strong>fett, <em>fett und kursiv</em></strong>. Wieder
  normal.</p>
```

Die Elemente p, strong und em werden geöffnet und in *umgekehrter* Reihenfolge geschlossen. Die von den Elementen erzeugten Kästchen werden also wie russische Matroschka-Puppen ineinander verschachtelt: em steckt in strong, das wiederum in der p-Kiste sitzt. Grafisch dargestellt, sieht das so aus wie in Abbildung 4.2.

Abbildung 4.2:
Verschachtelte
Elemente – eine
Kiste in einer Kis-
te in einer Kiste

> **Quelltext mit View Source Chart visualisieren** **Tipp**
>
> Beim Lernen von HTML hilft es vielen Einsteigern, sich den Quelltext wie in der obigen Abbildung mit Kästchen zu visualisieren. Genau das macht das Firefox-Add-on *View Source Chart* direkt im Browser, dessen Installation im Teil X über nützliche Werkzeuge ab Seite 773 beschrieben wird.

4.5 Über Block- und Inline-Elemente

Wie Sie bereits gesehen haben, gibt es verschiedene Arten von HTML-Elementen, die sich unterschiedlich verhalten. Die beiden wichtigsten sind Block- und Inline-Elemente.

Block-Elemente werden so breit, wie es geht

Block-Elemente ähneln Absatzformaten in Word:

- Der Kasten eines Block-Elements wird automatisch so breit, wie es geht.
- Nachfolgende Elemente stehen unterhalb des Kastens in der nächsten Zeile.

Block-Elemente enthalten normalen Text, Inline-Elemente und manchmal auch andere Block-Elemente. Beispiele für Block-Elemente sind die Überschriften h1 bis h6, Fließtextabsätze mit p sowie die Listenelemente ul, ol und li, die Sie gleich ab Seite 93 kennenlernen.

Inline-Elemente werden nur so breit wie ihr Inhalt

Inline-Elemente ähneln den Zeichenformaten aus Word:

- Der Kasten eines Inline-Elements wird nur so breit wie sein Inhalt.
- Nachfolgender Text fließt direkt nach dem Element weiter.

Inline-Elemente erzeugen keine neue Zeile und sind den Block-Elementen untergeordnet. Sie dürfen normalen Text und andere Inline-Elemente enthalten, aber keine Block-Elemente. Beispiele für Inline-Elemente sind strong und em sowie Hyperlinks (a) und Grafiken (img), die Sie im nächsten Kapitel kennenlernen.

Block- und Inline-Elemente sichtbar machen

In Abbildung 4.3 sind die auf der Beispielseite bisher vorhandenen Block- und Inline-Elemente sichtbar gemacht worden und gekennzeichnet.

Abbildung 4.3:
Block- und Inline-
Elemente sichtbar
gemacht

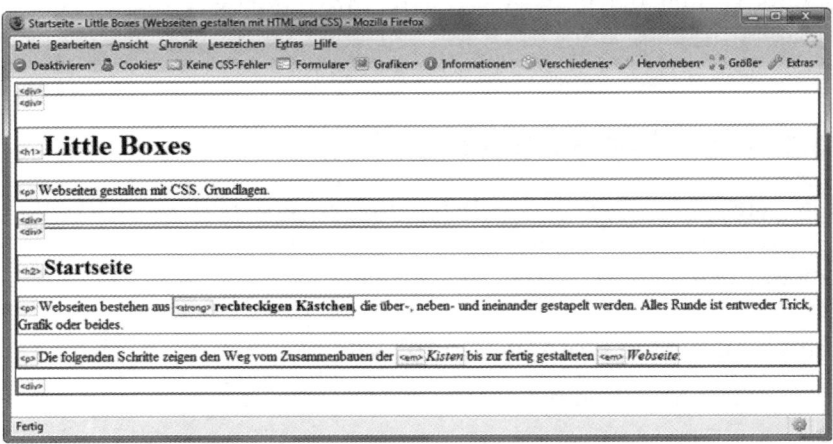

In der Abbildung sehen Sie sehr deutlich, dass Block-Elemente so breit werden, wie es geht, die Inline-Elemente strong und em aber nur so breit wie ihr Inhalt.

Falls Sie die Abbildung in Ihrem Browser nachbauen möchten, benötigen Sie das Add-on *Web Developer*, das Sie bereits kennengelernt haben:

1. Aktivieren Sie in der Symbolleiste Web Developer im Menü HERVORHEBEN ganz unten die Option ELEMENTNAMEN BEIM HERVORHEBEN EINBLENDEN.

2. Um Block-Elemente hervorzuheben, wählen Sie im selben Menü die Option BLOCK-LEVEL-ELEMENTE HERVORHEBEN.

3. Zur Hervorhebung der Inline-Elemente rufen Sie die Option BENUTZERDEFINIERTE ELEMENTE HERVORHEBEN ... auf und tragen neben den gewünschten Farben die Namen der hervorzuhebenden Elemente (z. B. strong oder em) ein.

4.6 Listen: Aufzählungen und Nummerierungen

Geordnete und ungeordnete Listen sind ein wichtiges Stilmittel zur Strukturierung von Text auf Webseiten, die nicht nur in Word *Aufzählung* bzw. *Nummerierung* genannt werden.

Aufzählungen: ungeordnete Listen mit »ul« und »li«

Eine Aufzählung besteht in HTML aus *zwei* Elementen:

- <ul> und </ul> kennzeichnen Beginn und Ende der Aufzählung.

- <li> und </li> markieren jedes Listenelement innerhalb der Aufzählung.

ul steht übrigens für »unordered list«, zu Deutsch »ungeordnete Liste«.

ToDo: Eine Aufzählung (ungeordnete Liste) erstellen

1. Erstellen Sie folgende ungeordnete Liste, und zwar *unterhalb* der auf Seite 90 eingefügten Absätze und *innerhalb* von #textbereich:

```
<ul>
  <li>So funktioniert HTML</li>
  <li>Wichtige HTML-Elemente</li>
  <li>Gestalten mit CSS</li>
</ul>
```

2. Speichern Sie die Seite, und betrachten Sie sie in e nem Browser.

<ul> sagt dem Browser: »Hier beginnt eine ungeordnete Liste.« Zwischen <li> und </li> stehen dann die einzelnen Listenelemente, bevor die Liste mit </ul> beendet wird. Im Browserfenster sieht die Aufzählung so aus wie in Abbildung 4.4.

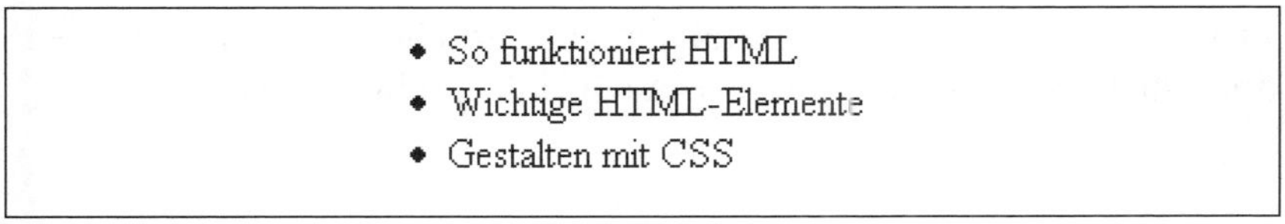

- So funktioniert HTML
- Wichtige HTML-Elemente
- Gestalten mit CSS

Abbildung 4.4:
Ungeord-
nete Liste im
Browserfenster

Beachten Sie, dass im HTML nichts über das zu verwendende Aufzählungszeichen steht. Der Quelltext sagt, dass der Text eine Aufzählung *ist*, aber nicht, wie sie *aussieht*. Das wird momentan dem eingebauten Stylesheet des Browsers überlassen (siehe Seite 98).

Tipp

Ungeordnete Listen als Grundlage für die Navigation

Ungeordnete Listen bilden oft die Grundlage für die Navigation einer Seite. Weiter hinten im Buch erstellen Sie eine solche Navigationsliste für die Beispielseiten, die Sie per CSS zuerst *horizontal* (siehe Seite 209) und dann *vertikal* (ab Seite 355) gestalten.

Nummerierungen: geordnete Listen mit »ol« und »li«

Geordnete Listen (»Ordered lists«) sind besser bekannt als *Nummerierungen* und werden verwendet, wenn die Reihenfolge der Listenelemente zwingend so erforderlich ist, wie es in der Liste vorgegeben wird, was ja durch die Nummern davor ersichtlich wird.

Der Aufbau einer Nummerierung ist identisch mit ungeordneten Listen, lediglich das ul wird durch ol ersetzt:

```
<ol>
  <li>So funktioniert HTML</li>
  <li>Wichtige HTML-Elemente</li>
  <li>Gestalten mit CSS</li>
</ol>
```

Zwei Buchstaben geändert, und schon ist eine Aufzählung eine Nummerierung:

Abbildung 4.5:
Nummerierung
im Browser-
fenster

1. So funktioniert HTML
2. Wichtige HTML-Elemente
3. Gestalten mit CSS

Probieren Sie es einfach einmal aus, nehmen Sie für die Beispielseite aber die ungeordnete Liste, da diese inhaltlich besser passt.

Die Nummerierung mit den Attributen »start« und
»type« kontrollieren

Sie können dem Element ol mit dem Attribut start einen anderen
Startwert geben:

```
<ol start="5"> ... </ol>
```

In diesem Fall beginnt die Liste nicht mit »1«, sondern mit, ja, genau,
»5«. Außerdem können Sie mit dem Attribut type die Art der Nummerierung beeinflussen:

```
<ol start="5" type="A"> ... </ol>
```

Eine solche Nummerierung würde mit »E« beginnen. Gültige Werte
für type sind »1« oder »a« oder »A« oder »i« oder »I«, sodass Sie auch
eine römische Nummerierung machen können. Mit <li value="...">
können Sie innerhalb einer Nummerierung bei Bedarf sogar bestimmte Aufzählungspunkte auslassen.

4.7 Verschachtelte Listen

Listen können ineinander verschachtelt werden, und dabei sind im
HTML ein paar Dinge zu beachten, die vielleicht nicht ganz selbstverständlich sind.

Eine verschachtelte Liste erstellen

Achten Sie im folgenden ToDo darauf, dass das <li> am Anfang des
zweiten Listenelements, »Wichtige HTML-Elemente«, erst einige
Zeilen tiefer geschlossen wird, und zwar *nach* Beendigung der verschachtelten, inneren Liste.

Dieser Aufbau ist zwar logisch, denn die innere Liste ist ja ein Teil
dieses Listenelements, aber es ist irgendwie ungewohnt, und viele
HTML-Autoren schließen das Listenelement bereits *vor* der inneren
Liste, aber das ist und bleibt falsch.

ToDo: Erstellen Sie eine verschachtelte Liste

1. Ergänzen Sie die Liste auf der Beispielseite um die fett gedruckte ungeordnete Liste:

```
<ul>
  <li>So funktioniert HTML</li>
  <li>Wichtige HTML-Elemente
  <ul>
    <li>Überschriften</li>
    <li>Absätze und Listen</li>
    <li>Links und Grafiken</li>
  </ul>
  </li><!-- beginnt VOR "Wichtige HTML-Elemente"-->
  <li>Gestalten mit CSS</li>
</ul>
```

2. Speichern Sie die Webseite, und betrachten Sie sie im Browser.

Die verschachtelte Liste sieht im Browser so aus wie in Abbildung 4.6.

Abbildung 4.6:
Eine verschachtelte ungeordnete Liste im Browserfenster

- So funktioniert HTML
- Wichtige HTML-Elemente
  - Überschriften
  - Absätze und Listen
  - Links und Grafiken
- Gestalten mit CSS

Bei der Verschachtelung von Listen können Sie ungeordnete und geordnete Listen natürlich auch mischen.

Schematische Darstellung der verschachtelten Liste

Zum besseren Verständnis zeigt Abbildung 4.7 ein Schema der Listenkisten aus dem Beispiel oben.

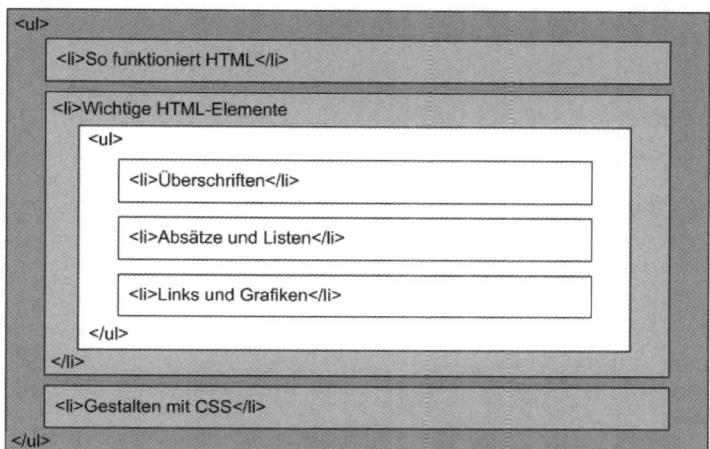

Abbildung 4.7:
Listenkisten –
schematische
Darstellung der
verschachtelten
Liste

Bei der Gestaltung mit CSS ist die korrekte Verschachtelung der Kisten im HTML-Quelltext wichtig, um später einzelne Listenkisten gezielt gestalten zu können.

Verschachtelte Listen und visuelle Editoren   **Tipp**

Falls Sie einen visuellen Editor wie *Dreamweaver* benutzen, sollten Sie nach der Erstellung einer verschachtelten Liste den Quelltext überprüfen, denn viele visuelle Editoren schreiben be verschachtelten Listen falschen Quelltext.

Im Browser sieht dabei zunächst alles okay aus, aber beim Gestalten mit CSS kann es später wichtig werden, dass verschachtelte Listen *korrekt* verschachtelt sind.

4.8 Jeder Browser hat ein eingebautes Stylesheet

Die Startseite sieht bis jetzt ungefähr so aus wie in Abbildung 4.8.

Abbildung 4.8:
Die Übungsseite
mit Überschrif-
ten, Absätzen,
Hervorhebungen
und Listen

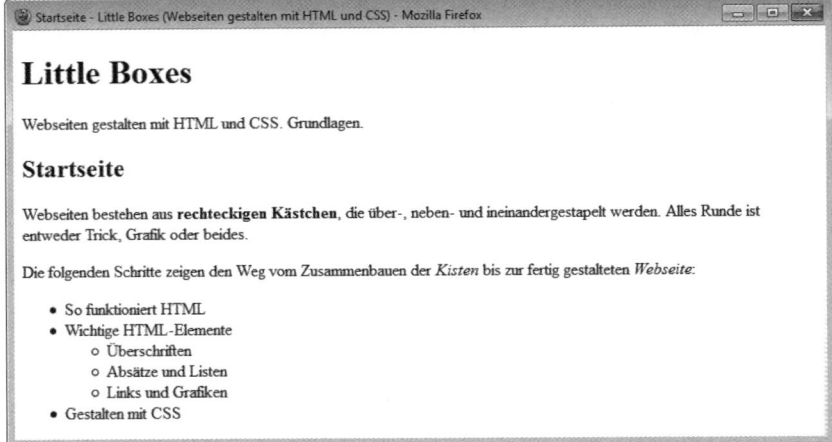

In Abbildung 4.8 sehen Sie, dass die Elemente im Browserfenster bereits Formatierungen haben:

▨ Überschriften sind fett und groß.

▨ Zwischen Absätzen stehen scheinbar Leerzeilen.

▨ strong wird fett und em kursiv.

▨ Die Listen haben bereits Aufzählungspunkte.

Im Quelltext steht nichts dergleichen. Woher kommen also die Formatierungen?

Des Rätsels Lösung ist, dass jeder Browser fest eingebaute Gestaltungsanweisungen hat. Wenn er eine h1-Überschrift sieht, denkt er: »Mmmh. h1 ist eine wichtige Überschrift. Hier steht nicht, wie sie aussehen soll, also mach ich den Text mal groß und fett.«

Solche gespeicherten Gestaltungsanweisungen heißen in vielen Programmen *Formatvorlagen* oder auf Englisch *style*. Eine Sammlung von Styles heißt *Stylesheet,* und in jedem Browser ist ein solches Stylesheet fest eingebaut.

Mit CSS (Cascading Style Sheets) erstellen Sie eigene Formatvorlagen, die die eingebauten Formatvorlagen der Browser überschreiben

Alles, was Sie nicht definieren, wird jedoch weiterhin von den Style-sheets der Browser formatiert.

4.9 Auf einen Blick

Hier sind noch einmal die wichtigsten Punkte dieses Kapitels im Überblick:

- Beim Gestalten mit CSS wird die Webseite mit `div` in verschiedene Bereiche eingeteilt.

- Text auf Webseiten wird meist überflogen. Bieten Sie dem Auge des Lesers Landeplätze an: Überschriften, kurze Absätze, Hervor-hebungen und Listen.

- Benutzen Sie Überschriften (`h1` bis `h6`), und wählen Sie die Gliede-rungsebene nicht aufgrund der Schriftgröße.

- Normale Absätze im Fließtext stehen in einem `p`-Element, und Text kann mit `strong` und `em` hervorgehoben werden.

- Bei der Verschachtelung von HTML-Elementen dürfen sich die Elemente nicht überlappen: Das zuerst geöffnete Element wird zuletzt wieder geschlossen.

- Die beiden wichtigsten Arten von HTML-Elementen sind *Block* und *Inline*:

  - Block-Elemente erzeugen einen Zeilenumbruch und werden so breit, wie es geht (`div`, `h1` bis `h6`, `p`, `ul`, `ol`, `li` und andere).

  - Inline-Elemente erzeugen keinen Zeilenumbruch und werden nur so breit wie der Inhalt des Elements (`strong`, `em` und andere).

- Listen sind ein wichtiges Stilmittel zur Auflockerung des Textes:

  - Ungeordnete Listen (Aufzählungen) bestehen aus `ul` und `li`.

  - Geordnete Listen (Nummerierungen) bestehen aus `ol` und `li`.

  - Bei verschachtelten Listen wird das `li`-Element erst *nach* der eingeschobenen Liste beendet.

- Browser haben ein eingebautes Stylesheet, das durch eigene Styles außer Kraft gesetzt wird.

Kapitel 5

HTML-Elemente für Links, Bilder und mehr

Worin Sie weitere wichtige HTML-Elemente für Hyperlinks und Grafiken kennenlernen. Am Ende des Kapitels haben Sie zwei korrekte Webseiten, die mit einem vom W3C geliehenen Stylesheet gestaltet werden.

Die Themen im Überblick:

In diesem Kapitel komplettieren Sie den kurzen HTML-Grundkurs und erweitern die Beispiel*seite* durch das Erstellen einer Kontaktseite zu einer kleinen Beispiel*site*.

5.1 Hyperlinks: das Besondere am World Wide Web

Hyperlinks sind das *Hyper* in Hypertext und sind bildlich gesprochen die Fäden, mit denen dieses weltweite Gewebe namens Web gesponnen wird. In gewisser Weise typisch für HTML ist, dass das wichtigste Element in dem ganzen Laden nicht hyperlink heißt, sondern schlicht und einfach a (wie Anker). Es gibt übrigens tatsächlich ein Element namens link, aber das macht etwas anderes und tritt erst gegen Ende des Kapitels in Aktion.

Anatomie eines Hyperlinks

Hyperlinks haben immer denselben Aufbau:

```
<a href="..." title="...">Sichtbarer Text</a>
```

Hier das Beispiel im Detail:

- Das Element zum Erstellen eines Hyperlinks heißt einfach nur a.

- Das Attribut href steht kurz für *Hypertext* Reference und enthält die Wegbeschreibung zu einer Datei, die nach einem Klick im selben Browserfenster angezeigt wird. Hier kann ein Dateiname oder auch eine komplette URL stehen.

- Zwischen <a> und </a> steht der Text, der vom Browser standardmäßig blau und unterstrichen hervorgehoben wird.

- </a> beendet den Hyperlink.

Im folgenden ToDo erstellen Sie einen einfachen Hyperlink zur Website zum Buch.

ToDo: Erstellen Sie einen Hyperlink

1. Erstellen Sie folgenden Quelltext auf der Beispielseite *unterhalb* der verschachtelten Liste und *innerhalb* von #textbereich:

   ```
   <p>Besuchen Sie <a href="http://little-boxes.de/">die Website
      zum Buch</a> für weitere Informationen.</p>
   ```

2. Speichern Sie die Seite, und betrachten Sie sie in einem Browser.

So sieht der Hyperlink im Browser aus:

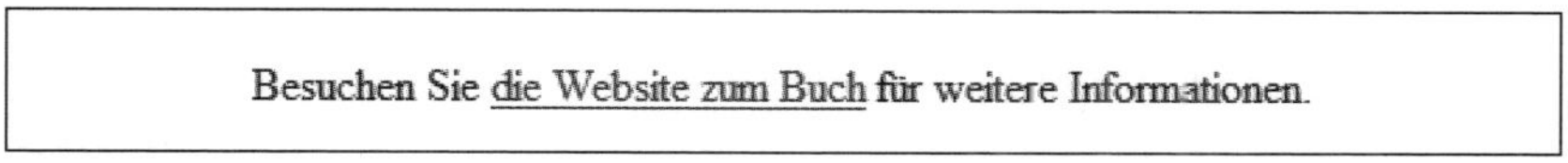

Besuchen Sie <u>die Website zum Buch</u> für weitere Informationen.

Abbildung 5.1:
Ein Hyperlink im
Browser – blau
und unterstrichen

Hyperlinks verfeinern: »title« und »rel="external"«

Sie können einem Hyperlink mit dem Attribut title noch zusätzliche Informationen mit auf den Weg geben. title erzeugt bei Berührung mit dem Mauszeiger im Browserfenster ein kleines gelbes Quickinfo, in dem der Wert des Attributs dargestellt wird.

Eine zweite Möglichkeit zur Verfeinerung von Hyperlinks ist die Kennzeichnung von externen Hyperlinks mit dem Zusatz rel="external". Externe Links sind Links, die auf eine Seite verweisen, die nicht zu Ihrer Site gehört. Im Browserfenster ändert sich durch das neue Attribut zunächst einmal nichts, aber später im CSS können Sie mit einem Attributselektor die so gekennzeichneten Links auswählen und anders gestalten als interne Links. Wie das geht, erfahren Sie in Kapitel 24 ab Seite 465.

ToDo: Den Hyperlink mit »title« und »rel="external"« verfeinern

1. Ändern Sie den Hyperlink auf der Startseite wie folgt :

```
<p>Besuchen Sie <a href="http://little-boxes.de/"
  rel="external" title="little-boxes.de – mit Infos zum
  Buch">die Website zum Buch</a> für weitere Informationen.</p>
```

2. Speichern Sie die Seite, und betrachten Sie sie in einem Browser.

So sieht der Absatz mit Hyperlink und Quickinfo im Browser aus:

Besuchen Sie <u>die Website zum Buch</u> für weitere Informationen.

little-boxes.de - mit Infos zum Buch

Abbildung 5.2:
Ein Hyperlink
mit dem Attribut
»title«

Tipp

Die Navigation: eine ungeordnete Liste mit Hyperlinks

Eine *Navigation* ist im Prinzip eine Auflistung von Hyperlinks, und
aus diesem Grund wird sie oft als ungeordnete Liste notiert. Das Aussehen der Liste wird später per CSS geregelt.

Der Link zur Seite *kontakt.html* funktioniert noch nicht, da die Seite
erst am Ende dieses Kapitels erstellt wird, aber der Link kann trotzdem schon eingebaut werden.

Der obere Bereich der Beispielseite sieht im Browser jetzt so aus wie
in Abbildung 5.3. Gestaltet wird die Navigationsliste per CSS ab
Seite 209.

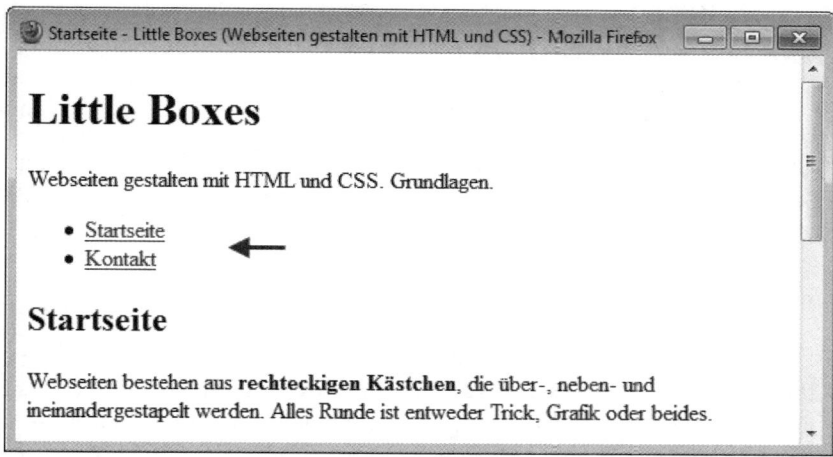

Mit dem Attribut `title` könnten Sie natürlich auch den Hyperlinks in der Navigation zusätzliche Informationen mit auf den Weg geben. Zum Beispiel so:

```
<a href="kontakt.html" title="Zu unserem Kontaktformular">Kontakt</a>
```

Links auf andere Dateien: PDF, MP3 etc.

Hyperlinks müssen nicht unbedingt auf andere Webseiten zeigen. Das Ziel des Hyperlinks kann auch ein PDF, ein MP3 oder irgendeine andere Datei sein, die Sie dem Besucher zum Download anbieten möchten. Dazu benutzen Sie einen ganz normalen Hyperlink, dem Sie im Attribut `href` den Namen der gewünschten Datei geben.

Im Linktext sollten Sie dem Besucher ein paar Informationen über Dateityp und -größe geben, damit er schon vor dem Anklicken weiß, was ihn erwartet. Für ein PDF könnte das so aussehen:

```
<a href="leseprobe.pdf">Leseprobe (PDF, 1,2Mb)</a>
```

Was genau nach dem Anklicken eines solchen Links im Browser des Besuchers passiert, können Sie nicht kontrollieren, denn ob der Browser ein Dialogfeld zum Speichern der Datei anbietet oder das PDF sofort darstellt, hängt von der Konfiguration des Browsers ab. Öffnen und lesen kann ein Besucher das PDF aber in jedem Fall nur, wenn er auch ein entsprechendes Programm wie den Adobe Reader installiert hat.

Tipp

Hyperlinks in einem neuen Fenster öffnen: target="_blank"

Normalerweise ersetzt ein Link die vorhandene Seite im Browser, sodass der Benutzer mit dem Zurück-Button wieder auf die vorherige
Seite gelangt. Wenn ein Link in einem neuen Fenster erscheinen soll,
können Sie dazu das Attribut target benutzen:

```
<a href="http://little-boxes.de/" target="_blank">die Website zum
  Buch</a> (in neuem Fenster)
```

Sie sollten target allerdings sparsam einsetzen, denn im neuen Fenster funktioniert zum Beispiel der Zurück-Button nicht, was besonders
ungeübte Surfer verwirrt. Außerdem kann der Benutzer bei Bedarf den
Link über das Kontextmenü selbst in einem neuen Tab oder Fenster
öffnen. Mit target lassen Sie ihm keine Wahl.

5.2 Die Wegbeschreibung zur Grafik: »img«

Das Element zum Einfügen einer Grafik heißt img, kurz für *Image*
(»Bild«). Hier ein Beispiel:

```
<img src="logo.gif" alt="Little Boxes" width="222" height="32">
```

Der <img>-Tag im Quelltext der Webseite enthält lediglich die Wegbeschreibung zur Grafikdatei. Er wird auf der Webseite einfach durch
die Grafik oder den Inhalt des Attributs alt ersetzt, weswegen man
img auch als »ersetztes Element« bezeichnet. Aus diesem Grunde gibt
es auch kein Ende-Tag </img>. Im Web bleiben Grafik und Webseite
also immer – anders als auf Papierseiten – getrennte Dateien.

Die Attribute zu »img«

Das Element img kennt jede Menge Attribute, hier eine kurze Erklärung der wichtigsten:

■ src="bildname.jpg"

Das erste und wichtigste Attribut zu <img> sind die Buchstaben src,
was für *Source* steht und »Quelle« heißt. src enthält die Wegbeschreibung zur Grafikdatei. Nur ein Dateiname bedeutet, dass die
Grafikdatei im selben Ordner liegt wie die Webseite.

■ **alt**="Alternativer Text"

Die Eingabe eines *alternativen* Textes ist Pflicht. Er wird angezeigt, wenn die Grafik nicht (oder *noch* nicht) dargestellt wird. Möchten Sie aus irgendeinem Grund keinen alternativen Text angeben, schreiben Sie einfach alt="".

■ **width** und **height**: Breite und Höhe der Grafik

width und height sagen dem Browser, wie viel Platz er für die Grafik reservieren soll, schon *bevor* er sie erhalten hat. Die Werte für width und height sollten der tatsächlichen Pixelgröße der Grafik entsprechen.

■ **title**="Text für die kleine gelbe Quickinfo"

Das Attribut title ist optional und sorgt wie bei den Hyperlinks für ein kleines gelbes Quickinfo-Kästchen, wenn der Mauscursor das Bild berührt.

img hat keinen integrierten Zeilenumbruch, sondern fließt wie ein Inline-Element einfach in der Zeile mit.

In der folgenden Übung ergänzen Sie die Beispielseite um eine einfache Grafik, die anstelle des Textes »Little Boxes« als h1-Überschrift in die Seite eingebunden wird. Die im Beispiel verwendete Grafik finden Sie in den Beispieldateien oder links oben im Kopfbereich auf der Website *little-boxes.de*.

ToDo: Eine Grafik als Überschrift einbinden

1. Speichern Sie die Grafik *little_boxes_logo.gif* im selben Ordner wie die Startseite *index.html*.

2. Ändern Sie dazu den Quelltext der Seite wie folgt:

```
<h1>
<img src="little_boxes_logo.gif" id="logo" alt="Little Boxes"
  width="222" height="32">
</h1>
```

3. Speichern Sie die Seite, und betrachten Sie sie in einem Browser.

Die Grafik bekommt im HTML eine `id` mit einem aussagekräftigen Namen (`id="logo"`). Dies ist nicht zwingend notwendig, erleichtert es aber später im CSS, das Logo auszuwählen und zu gestalten. Die Beispielseite sieht jetzt im Browser ungefähr so aus wie in Abbildung 5.4.

Abbildung 5.4:
Die Startseite mit einer Grafik als Überschrift

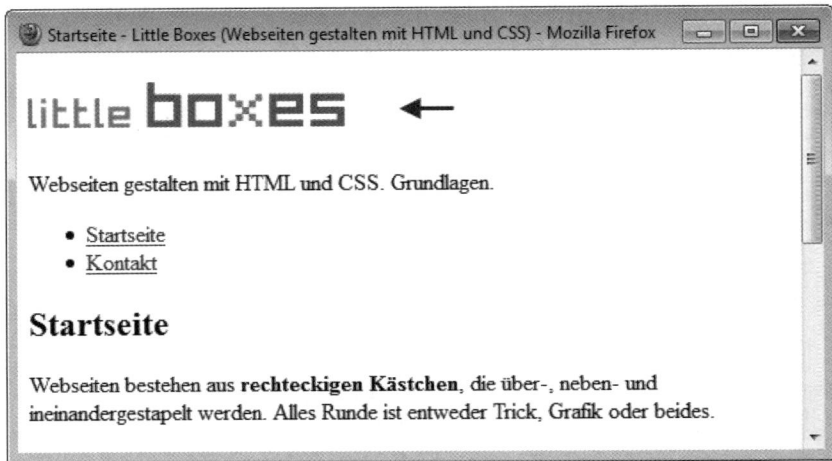

Ein Logo als Überschrift?

Wenn das Logo aus dem Beispiel nicht angezeigt wird, stellen einige Browser den alternativen Text als `h1`-Überschrift dar. Auf diese Weise bleibt das Logo der Site auch ohne Grafik als solches erkennbar:

Abbildung 5.5:
Der »alt«-Text des Logos wird in einigen Browsern als »h1«-Überschrift dargestellt.

Dekorationsgrafiken per CSS als Hintergrundbild einbinden

Tipp

Beim Einfügen von Grafiken lautet eine Grundregel, dass inhaltlich relevante Grafiken wie das Logo im Beispiel per `img` in den HTML-Quelltext eingebunden werden sollten. Grafiken, die eher zur Dekoration dienen, werden im CSS als Hintergrundgrafik eingebunden (siehe ab Seite 186).

Wissenswert: das Wichtigste zu Attributen

Bei Hyperlinks und Grafiken haben Sie jede Menge *Attribute* kennengelernt, wie zum Beispiel `href`, `src` oder `width`. Attribute sind Ergänzungen zum HTML-Element und bestimmen dessen konkrete Eigenschaften. Sie sind sozusagen das Salz in der Suppe der Tags.

Folgende Aufzählung enthält die wichtigsten Regeln zum Einsatz von Attributen:

- Attribute stehen *immer im Anfangs-Tag*, das Ende-Tag ändert sich nicht.

- Nach dem Namen des Attributs folgen *ohne Leerstelle* ein Gleichheitszeichen und der in Anführungsstrichen stehende Wert. Genau genommen muss der Wert in HTML5 nicht unbedingt in Anführungsstrichen stehen, aber das ist eine ziemlich gute Angewohnheit:

  ```
  <a href="index.html">Startseite</a>
  ```

- Zwischen Attributname, Gleichheitszeichen, Anführungsstrichen und Wert sollte *wirklich keine Leerstelle* stehen.

- Wenn in einem Anfangs-Tag *mehrere Attribute* stehen, werden diese durch *Leerstellen* voneinander getrennt. Die Reihenfolge der Attribute spielt keine Rolle.

Alles klar? Dann geht es weiter mit nützlichen HTML-Elementen.

5.3 Weitere nützliche HTML-Elemente

Diese kurze HTML-Einführung ist keine komplette Referenz und zeigt nur die wichtigsten Elemente. Zur Abrundung lernen Sie hier noch ein paar nützliche Vertreter kennen.

Mit »br« eine neue Zeile beginnen

Falls Sie an einer bestimmten Stelle im Textfluss einen Zeilen-umbruch wünschen, können Sie diesen mit br erzeugen, was für *Break* steht (»Umbruch«):

```
<br>
```

br ist ein sogenanntes *leeres Element*, ein Element ohne Inhalt und hat deshalb kein Ende-Tag. Das br-Element ist nicht dazu gedacht, um Abstände in Layouts zu erzeugen. Dafür gibt es die CSS-Eigen-schaften margin und padding (siehe Seite 170).

Auch als Zeilenumbruch sollten Sie br sehr sparsam einsetzen, da der Textfluss auf Webseiten durch eine Vielzahl von Faktoren bestimmt wird und anders als auf Papierseiten vom Autor nicht wirklich kont-rolliert werden kann.

»address« für Kontaktadressen

Wenn Sie auf einer Webseite eine Kontaktadresse darstellen, bietet es sich an, dafür das Element address zu benutzen, denn es ist eines der wenigen HTML-Elemente, bei denen man am Namen zumindest halbwegs sehen kann, was der Inhalt bedeutet.

Achten Sie im HTML auf die Schreibweise: address, mit Doppel-d *und* Doppel-s.

ToDo: Eine Adresse (mit Zeilenumbruch) erstellen

1. Öffnen Sie gegebenenfalls die Beispielseite *index.html*.
2. Ergänzen Sie den folgenden Quelltext im Fußbereich:

```
<address>
    Little Boxes &middot; Kästchenweg 12 &middot; 01234 Boxberg
    <br>
    Tel: 01234 567890 &middot; Fax: 01234 567891
</address>
```

3. Speichern Sie die Seite, und betrachten Sie sie in einem Browser.

· ergibt übrigens einen kleinen runden Punkt, der in der Mitte der Zeile steht. Die meisten Browser stellen das Element address kursiv dar, aber das können (und werden) Sie per CSS ändern (ab Seite 138):

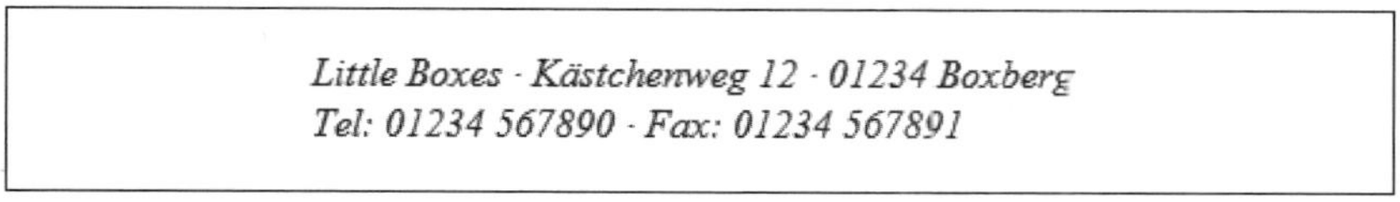

Little Boxes · Kästchenweg 12 · 01234 Boxberg
Tel: 01234 567890 · Fax: 01234 567891

Abbildung 5.6:
Das Element
»address« wird im
Browserfenster
kursiv dargestellt.

»address« ist nicht für normale Post- oder Mailadressen

Tipp

address sollte nicht für alle Post- oder Mailadressen benutzt werden, sondern nur für Kontaktadressen. Unter der fiktiven Beispieladresse im Fußbereich würden Sie also jemanden erreichen, der etwas mit der Erstellung der Beispielseite zu tun hat. Normale Post- oder Mailadressen im Fließtext können Sie mit einen ganz normalen p-Element auszeichnen und Zeilenumbrüche darin mit einem br.

»span« ist ein neutrales Inline-Element

Das neutrale Block-Element div zur Gruppierung von anderen Elementen kennen Sie bereits. span (»umspannen«) ist ein neutrales Inline-Element, mit dem Sie bei Bedarf beliebigen Fließtext markieren können, wobei Sie im Browserfenster keinerlei Veränderung sehen werden:

```
<h1><span>Dieser Text ist von span umgeben</span><h1>
```

Sie können damit zum Beispiel einem Wort eine Sprache mit auf den Weg geben, damit es von einem Screenreader korrekt ausgesprochen wird:

```
<span lang="en">Homepage</span>
```

Im Quelltextalltag werden Sie span nicht so häufig sehen wie div, aber gerade bei der Gestaltung mit CSS ist es manchmal sinnvoll, bestimmte Textpassagen mit span zu markieren. Genau wie div wird auch span häufig zusammen mit den Attributen id und class benutzt (mehr zu id und class finden Sie ab Seite 158).

ToDo: Ein Wort mit »span« umspannen

1. Öffnen Sie gegebenenfalls die Beispielseite *index.html*, und fügen Sie in den Kopfbereich das Element span ein:

```
<p id=slogan">Webseiten gestalten mit HTML und CSS.
    <span>Grundlagen</span>.</p>
```

2. Speichern Sie die Seite.

Wenn Sie die Seite im Browser betrachten, werden Sie keine Änderung feststellen, aber wer weiß, vielleicht brauchen Sie das span ja später noch (z. B. zur Hervorhebung des Wortes *Grundlagen* ab Seite 156).

»blockquote« und »cite« für Zitate

Wie der Name schon andeutet, ist blockquote ein Block-Element für Zitate. Das Element ist ideal für längere Zitate geeignet. Der Text innerhalb von blockquote sollte zusätzlich von anderen Block-Elementen wie z. B. p umschlossen werden.

Mithilfe des Inline-Elements cite können Sie kurze Zitate im Fließtext markieren oder wie im folgenden Beispiel am Ende eines Block-Zitats eine Quelle angeben:

Listing 5.1:
Beispiel für
die Verwendung
von »blockquote«
und »cite«

```
01 <p>Der folgende Absatz ist ein Block-Zitat mit Quellenangabe:</p>
02 <blockquote>
03 <p>Sie können Zitate von Fremdautoren in einem eigenen, anders
      formatierten (zumeist eingerückten) Absatz hervorheben.</p>
```

```
04 <p>Es handelt sich dabei jedoch um eine logische, inhaltliche
   Auszeichnung. Wie diese Absätze genau formatiert werden, bestimmt
   letztlich der Webbrowser. Die Vorgabe ist jedoch, solche Absätze
   auffällig und vom übrigen Text unterscheidbar anzuzeigen.
05 <cite>(Quelle:
06 <a href="http://de.selfhtml.org/html/text/zitate_adressen.htm">
   SelfHTML</a>)</cite></p>
07 </blockquote>
```

blockquote wird von den meisten Browsern etwas eingerückt, während cite in der Regel kursiv dargestellt wird. Das Browser-Stylesheet des Firefox formatiert dieses HTML so wie in Abbildung 5.7.

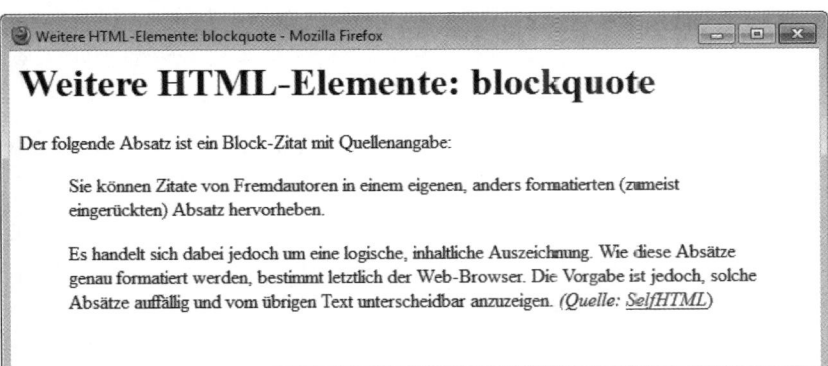

Abbildung 5.7: »blockquote« mit zwei Absätzen und »cite«

5.4 Character Entities: allgemeine Sonderzeichen

Wenn ein Übersetzer die Bedeutung eines Wortes nicht genau kennt, wird es oft einfach »eingedeutscht«, und wahrscheinlich wurden so *Entities* zu *Entitäten*. Entitäten? Sonderzeichen.

Wie so oft bei Computern gibt es auch auf Webseiten Probleme mit Sonderzeichen aller Art. Streng genommen ist die Kodierung der Umlaute bei Angabe des richtigen Zeichensatzes per meta (siehe Seite 71) nicht unbedingt notwendig. Um aber sicher zu sein, dass die Sonderzeichen im Browser der Besucher Ihrer Seiten korrekt erscheinen, können Sie sie trotzdem noch kodieren. Vielleicht macht Ihr Editor das auch bereits für Sie.

Die Kodierung der Sonderzeichen im HTML-Quelltext geschieht in einer besonderen Form: Sie beginnen mit &, gefolgt von einem Kürzel, das eine Buchstaben- oder Zahlenkombination sein kann, und enden mit einem *Semikolon*:

■ €

Im Browserfenster wird das Kürzel € durch das Eurosymbol € ersetzt. Wenn ein Browser das & sieht, weiß er: »Hier beginnt ein Sonderzeichen.« Danach erwartet er ein definiertes Kürzel wie euro. Das Semikolon schließlich beendet das Sonderzeichen. Tabelle 5.1 zeigt eine Übersicht der wichtigsten Entities.

Tabelle 5.1:
Einige häufig
benötigte Sonder-
zeichen

Zeichen	Im Quelltext	Englisch
<	&lt;	less than
>	&gt;	greater than
&	&amp;	Ampersand
"	&quot;	quotation marks
€	&euro;	Euro
©	&copy;	Copyright
®	&reg;	registered trademark
·	&middot;	mittlerer Punkt (vertikal zentriert)
geschützte Leerstelle		non breakable space

Tabelle 5.2 zeigt – der Vollständigkeit halber – die Kodierung für die »German Umlauts«, wie die Amerikaner das nennen.

Tabelle 5.2:
»German Um-
lauts« als Sonder-
zeichen in HTML

Zeichen	Im Quelltext	Englisch
Ö	&Ouml;	O umlaut
ö	&ouml;	o umlaut
Ä	&Auml;	A umlaut
ä	&auml;	a umlaut
Ü	&Uuml;	U umlaut
ü	&uuml;	u umlaut
ß	&szlig;	sz ligature

Sonderzeichen übersichtlich dargestellt

Eine schöne Site zum Kennenlernen der HTML-Sonderzeichen ist:

■ *nice-entity.com*

Sie ist sehr übersichtlich und anschaulich gemacht.

5.5 Stimmt die Statik? HTML mit dem Validator überprüfen

Die Startseite sieht im Firefox etwa so aus wie in Abbildung 5.8.

Abbildung 5.8:
Die Startseite im
Firefox

Zum Abschluss der Arbeiten sollten Sie den HTML-Quelltext von einem amtlich geprüften Grammatikkenner begutachten lassen, um zu sehen, ob die HTML-Kästchen solide gebaut sind. Das geht zum Beispiel unter folgender Adresse:

■ *validator.w3.org*

Das Validieren des HTML-Quelltextes ist nicht nur eine gute Angewohnheit, sondern hilft auch beim Finden von Flüchtigkeitsfehlern.

ToDo: HTML validieren mit dem Add-on »Web Developer«

1. Öffnen Sie gegebenenfalls die Beispielseite *index.html* im Mozilla Firefox.

2. Aktivieren Sie im Add-on *Web Developer* das Menü EXTRAS.

3. Klicken Sie ganz unten auf den Befehl LOKALES HTML VALIDIEREN.

Dieser Befehl schickt den Quelltext direkt zum Validator zur Überprüfung. Wenn der Validator keine Fehler findet, sehen Sie folgende Meldung:

Abbildung 5.9:
Der Validator
hat alles für gut
befunden.

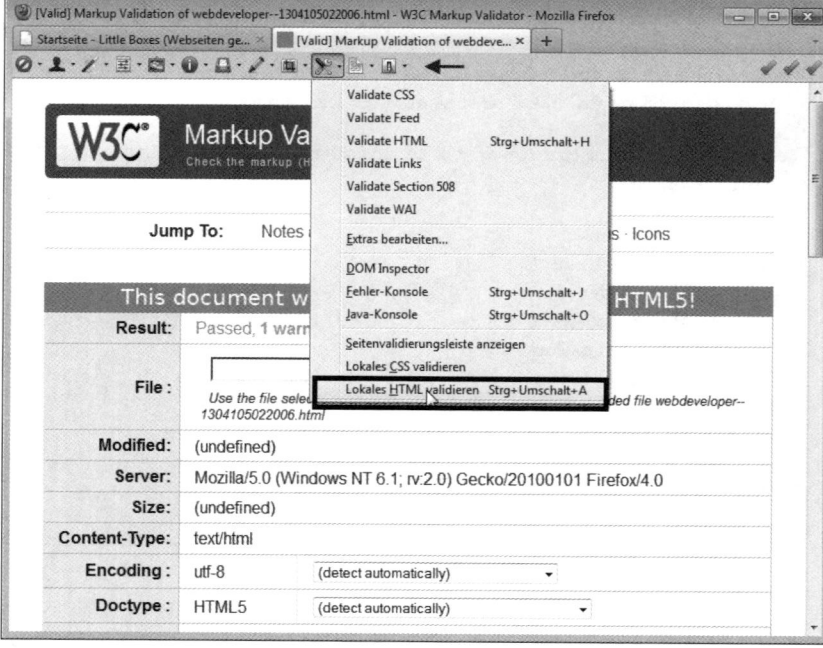

Damit ist gewissermaßen amtlich zertifiziert, dass das HTML auf der geprüften Webseite keine Grammatikfehler enthält, und die Formatierung kann beginnen. Falls Sie keinen grünen Balken haben, vergleichen Sie Ihren Quelltext mit dem in den ToDo-Kästchen oder der Beispieldatei für dieses Kapitel. Die Meldung »1 warning(s)« bezieht sich übrigens darauf, dass der HTML5-Validator sich selbst noch vorsichtig als »experimental feature« einstuft.

Der Validator ist ein sehr hilfreiches Werkzeug, um Fehler zu finden, aber kein Selbstzweck. Er überprüft nur die Grammatik, nicht die Eleganz des Quelltextes. Das ist ähnlich wie bei normalen Texten. Wenn ein Aufsatz keinerlei Rechtschreibfehler hat, muss er deswegen noch lange kein guter Aufsatz sein. Und umgekehrt kann es durchaus passieren, dass ein Autor, der weiß, was er tut, Dinge manchmal absichtlich *föllig valsch* schreibt. Das ist dann zwar nicht valide, unter Umständen aber trotzdem sinnvoll.

5.6 CSS zum Ausprobieren: die W3C Core Styles

Das W3C hat vor vielen Jahren acht Stylesheets erstellt, mit denen man zu Übungs- und Demonstrationszwecken Webseiten per CSS formatieren kann, ohne selbst eine Zeile CSS schreiben oder kennen zu müssen. Eines dieser Stylesheets verbinden Sie im folgenden ToDo mit Ihrer Übungsseite.

ToDo: Formatieren Sie die Webseiten mit dem Core Style »Traditional«

1. Öffnen Sie gegebenenfalls *index.html* in einem Editor.
2. Fügen Sie den fett gedruckten Quelltext in den head der Webseite ein:

```
<head>
   <!-- meta-Elemente und title unverändert lassen -->
   <link href="http://www.w3.org/StyleSheets/Core/Traditional"
   rel="stylesheet" media="screen">
</head>
```

3. Speichern Sie die Seite, und betrachten Sie sie in einem Browser.

Das große
little **boxes** Buch
Webseiten gestalten mit HTML & CSS.
Grundlagen, Navigation, Inhalte, YAML & mehr

Wenn alles funktioniert, hat sich die Seite optisch etwas verändert:

Abbildung 5.10:
Die Startseite mit
dem W3C-Style-
sheet »Tradi-
tional«

Das HTML-Element link lernen Sie zu Beginn des nächsten Kapitels noch genauer kennen. Im ToDo verbindet es eine Webseite mit einem Stylesheet, und in diesem Fall liegt dieses Stylesheet auf den Computern des W3C und heißt *Traditional*.

Statt *Traditional* können Sie übrigens noch ein paar andere Varianten ausprobieren:

Midnight, Ultramarine, Chocolate, Oldstyle, Modernist, Steely und Swiss

Zum Ausprobieren ersetzen Sie im link-Element einfach das Wort *Traditional* durch den gewünschten Namen. Speichern. Anschauen. Staunen.

5.7 Die Kontaktseite: von der Seite zur Site

Bevor es im nächsten Kapitel mit CSS losgeht, benötigen Sie noch eine zweite Webseite. Die Kontaktseite *kontakt.html* erstellen Sie am besten als Kopie der Startseite *index.html*, die Sie anschließend ein wenig bearbeiten. Die Beschreibung der Seite in <meta name="description"> kann dabei unverändert bleiben.

ToDo: Erstellen Sie die Kontaktseite (auf Grundlage der Startseite)

1. Erstellen Sie eine Kopie der Startseite *index.html* unter dem Namen *kontakt.html*.

2. Öffnen Sie *kontakt.html* im Editor.

3. Ändern Sie den Titel der Seite wie folgt:

   `<title>`**Kontaktseite** `- Little Boxes (Webseiten gestalten mit HTML und CSS)</title>`

4. Ändern Sie die h2-Überschrift im Textbereich:

   `<h2>`**Kontaktseite**`</h2>`

5. Entfernen Sie den Fließtext (Absätze und Listen) aus dem Textbereich, und schreiben Sie stattdessen folgenden Absatz:

   `<p>Hier kommt das Kontaktformular hin.</p>`

6. Der Fußbereich bleibt unverändert.

7. Speichern Sie die Seite, und betrachten Sie sie in einem Browser.

8. Um Flüchtigkeitsfehler auszuschließen, sollten Sie auch *kontakt.html* validieren.

Fertig. Im Browser sollte die Kontaktseite ungefähr so aussehen wie in Abbildung 5.11.

Abbildung 5.11:
Die Kontaktseite,
auch mit dem
W3C Core Style
»Traditional«

Schon haben Sie eine aus zwei Webseiten bestehende Minisite und können mit der kleinen, aber feinen Navigation zwischen beiden Seiten hin- und herspringen. Diese beiden Seiten werden Sie in den folgenden Kapiteln gestalten.

5.8 Der Quelltext der Webseiten im Überblick

Bevor es gleich mit dem Gestalten per CSS losgeht, sehen Sie hier noch einmal den Quelltext der beiden Beispieldateien im Überblick.

Der Quelltext der Startseite »index.html«

Listing 5.2:
Der Quelltext der
Startseite »index.
html«

```
01 <!DOCTYPE html>
02 <html lang="de">
03 <head>
04   <meta charset="utf-8">
05   <title>Startseite - Little Boxes (Webseiten gestalten mit HTML
     und CSS)</title>
06   <meta name="description" content="Little Boxes führt Sie
     durch das Labyrinth von HTML und CSS, von den ersten
     Schritten bis zur professionell gestalteten Webseite.">
07   <link href="http://www.w3.org/StyleSheets/Core/Traditional"
     rel="stylesheet" media="screen">
08 </head>
09
10 <body>
11 <div id="wrapper">
12 <div id="kopfbereich">
13 <h1><img src="little_boxes_logo.gif" id="logo" alt="Little Boxes"
   width="222" height="32"></h1>
14 <p id="slogan">Webseiten gestalten mit HTML und CSS.
   <span>Grundlagen</span>.</p>
15 </div> <!-- Ende kopfbereich -->
16
17 <div id="navibereich">
18 <ul>
19   <li><a href="index.html">Startseite</a></li>
20   <li><a href="kontakt.html">Kontakt</a></li>
21 </ul>
22 </div> <!-- Ende navibereich -->
```

```
23
24 <div id="textbereich">
25 <h2>Startseite</h2>
26 <p>Webseiten bestehen aus <strong>rechteckigen Kästchen</strong>,
   die über-, neben- und ineinandergestapelt werden. Alles Runde ist
   entweder Trick, Grafik oder beides.</p>
27
28 <p>Die folgenden Schritte zeigen den Weg vom Zusammenbauen der
   <em>Kisten</em> bis zur fertig gestalteten <em>Webseite</em>:</p>
29
30 <ul>
31   <li>So funktioniert HTML</li>
32   <li>Wichtige HTML-Elemente
33   <ul>
34     <li>Überschriften</li>
35     <li>Absätze und Listen</li>
36     <li>Links und Grafiken</li>
37   </ul>
38   </li><!-- beginnt VOR "Wichtige HTML-Elemente" -->
39   <li>Gestalten mit CSS</li>
40 </ul>
41
42 <p>Besuchen Sie <a href="http://little-boxes.de/" rel="external"
   title="little-boxes.de – mit Infos zum Buch'>die Website zum Buch
   </a> für weitere Informationen.</p>
43 </div> <!-- Ende textbereich -->
44
45 <div id="fussbereich">
46 <address>
47 Little Boxes &middot; Kästchenweg 12 &middot; 01234 Boxberg
48 <br>
49 Tel: 01234 567890 &middot; Fax: 01234 567891
50 </address>
51 </div> <!-- Ende fussbereich -->
52 </div> <!-- Ende wrapper -->
53 </body>
54 </html>
```

Der Quelltext der Kontaktseite »kontakt.html«

Der Quelltext der Kontaktseite sieht zurzeit etwa so aus:

Listing 5.3:
Der Quelltext
der Startseite
»kontakt.html«

```
01 <!DOCTYPE html>
02 <html lang="de">
03 <head>
04   <meta charset="utf-8">
05   <title>Kontaktseite - Little Boxes (Webseiten gestalten mit HTML
     und CSS)</title>
06   <meta name="description" content="Little Boxes führt Sie
     durch das Labyrinth von HTML und CSS, von den ersten
     Schritten bis zur professionell gestalteten Webseite.">
07   <link href="http://www.w3.org/StyleSheets/Core/Traditional"
     rel="stylesheet" media="screen">
08 </head>
09
10 <body>
11 <div id="wrapper">
12 <div id="kopfbereich">
13 <h1><img src="little_boxes_logo.gif" id="logo" alt="Little Boxes"
   width="222" height="32"></h1>
14 <p id="slogan">Webseiten gestalten mit HTML und CSS.
   <span>Grundlagen</span>.</p>
15 </div> <!-- Ende kopfbereich -->
16
17 <div id="navibereich">
18 <ul>
19   <li><a href="index.html">Startseite</a></li>
20   <li><a href="kontakt.html">Kontakt</a></li>
21 </ul>
22 </div> <!-- Ende navibereich -->
23
24 <div id="textbereich">
25 <h2>Kontaktseite</h2>
26
27 <p>Hier kommt das Kontaktformular hin.</p>
28
29 </div> <!-- Ende textbereich -->
30
```

```
31 <div id="fussbereich">
32 <address>
33 Little Boxes &middot; Kästchenweg 12 &middot; 01234 Boxberg
34 <br>
35 Tel: 01234 567890 &middot; Fax: 01234 567891
36 </address>
37 </div> <!-- Ende fussbereich -->
38 </div> <!-- Ende wrapper -->
39 </body>
40 </html>
```

Ab Seite 231 erstellen Sie übrigens ein Kontaktformular, das den Absatz in Zeile 27 ersetzt.

5.9 Auf einen Blick

Hier sind noch einmal die wichtigsten Punkte dieses Kapitels im Überblick:

◼ Hyperlinks werden mit dem Element a erstellt.

◼ Eine Navigation ist eine normale ungeordnete Liste mit Hyperlinks, deren Aussehen mit CSS gestaltet wird.

◼ Webseiten enthalten keine Grafiken, nur die Wegbeschreibung dorthin.

◼ Falls nötig, können Sie mit <br> einen Zeilenumbruch erzwingen.

◼ Für Adressen gibt es das Element address, mit zwei d und zwei s.

◼ Für Zitate gibt es unter anderem die Elemente blockquote und cite.

◼ span ist für Inline-Elemente, was div für Block-Elemente ist.

◼ Sonderzeichen heißen *Entities* und folgen dem Schema &kürzel;.

◼ Eine HTML-Grammatikprüfung finden Sie unter der folgenden Adresse: *validator.w3.org*

◼ Mit den Core Styles vom W3C kann man die Möglichkeiten von CSS ausprobieren, ohne CSS selbst schreiben zu müssen.

Teil III

CSS-Grundlagen –
Kästchen gestalten

Kapitel 6

CSS kennenlernen: Schriften, Farben und Hyperlinks

Worin Sie Cascading Style Sheets kennenlernen, Schriften und Farben definieren und Hyperlinks gestalten.

Die Themen im Überblick:

CSS (kurz für *Cascading Style Sheets*) ist eine Sprache, die speziell zur Gestaltung von HTML-Elementen erfunden wurde.

6.1 Ein Stylesheet ist eine Sammlung von Formatvorlagen

Was genau sind diese *Cascading Style Sheets*? Ein Blick auf die einzelnen Teile hilft, das Ganze besser einzuordnen:

- Ein *Style* ist eine *Formatvorlage*, eine gespeicherte Gestaltungsanweisung.

- Ein *Sheet* ist ein Blatt Papier, oder im übertragenen Sinn eine *Sammlung*.

Ein *Stylesheet* ist also eine *Sammlung von Formatvorlagen für HTML-Elemente*. Und *Cascading*? Laut Duden ist eine »Kaskade« unter anderem ein »stufenförmiger Wasserfall« oder ein »wagemutiger Sprung«. Beides stimmt, sagt aber wenig. Was es mit dem *Cascading* auf sich hat, ist vorab schwierig zu erklären, weshalb ich dieses Unterfangen auf später verschiebe und ihm dann dafür gleich ein ganzes Kapitel widme (ab Seite 265).

6.2 CSS und die HTML-Kästchen auf der Webseite

CSS gestaltet die mit HTML erstellten rechteckigen Kästchen. Die Gestaltungsmöglichkeiten von CSS kann man grob in folgende Bereiche unterteilen:

1. *Schriften und Farben*: den Inhalt der Kästchen gestalten

2. *Abstände und Rahmenlinien*: die Kästchen selbst gestalten

3. *Positionierung*: die Kästchen auf der Webseite verschieben

4. *Mehrspaltige Layouts*: die Kästchen auf der Webseite in Spalten anordnen

In dieser Reihenfolge werden Sie CSS auf den folgenden Seiten kennenlernen:

- Kästchen gestalten:

  - In Kapitel 6 und 7 geht es zunächst um den Inhalt – Text, Farben und Links innerhalb der Kästchen.

  - Ab Kapitel 8 lernen Sie die Abstände und Rahmenlinien mit dem Box-Modell kennen.

▪ Kästchen verschieben:

- In den Kapiteln 14 bis 16 lernen Sie die Grundlagen der Positionierung der Kästchen auf einer Webseite.

- In den Kapiteln 17 bis 19 folgt die Erstellung von mehrspaltigen Layouts.

Zwischendurch gibt es immer mal wieder Wissenswertes zu den grundlegenden Konzepten von CSS, um das Gelernte auch wirklich zu *verstehen*. Aber los geht es ganz sinnig mit dem ersten eigenen Stylesheet.

6.3 Das erste eigene Stylesheet

In diesem Abschnitt erstellen Sie ein leeres Stylesheet, schreiben einen CSS-Kommentar hinein und verbinden es dann mit den Beispielseiten *index.html* und *kontakt.html*.

Ein Stylesheet erstellen und einen CSS-Kommentar schreiben

Zunächst erstellen Sie eine leere Datei, in der später die CSS-Regeln (= Styles) gespeichert werden.

ToDo: Ein Stylesheet und einen CSS-Kommentar erstellen

1. Erstellen Sie mit Ihrem Lieblingseditor eine leere Datei.
2. Speichern Sie die Datei unter dem Namen *bildschirm.css*, und zwar im selben Ordner wie die HTML-Seiten.
3. Fügen Sie in der ersten Zeile der Datei folgenden CSS-Kommentar ein:

   ```
   /* Stylesheet für die Beispielsite aus "Little Boxes" */
   ```
4. Speichern Sie die Datei.

Der Dateiname sollte den üblichen Regeln für Dateinamen auf Webseiten entsprechen (keine Leerstellen, keine Sonderzeichen und Kleinschreibung) und die Endung *.css* haben.

Die Datei darf kein HTML-Grundgerüst enthalten. CSS ist eine eigene Sprache, und es gibt darin weder ein HTML-Grundgerüst noch HTML-Tags.

Kommentare stehen in CSS anders als in HTML zwischen /* und */ (Schrägstrich – Sternchen und Sternchen – Schrägstrich) und dürfen *nicht verschachtelt* werden. Innerhalb eines Kommentars darf also kein weiterer Kommentar stehen.

Tipp

CSS-Kommentare ganz einfach

Wenn Sie auf der Tastatur einen Ziffernblock haben, geht das Erstellen von CSS-Kommentaren wirklich einfach:

■ Der Schrägstrich ⟨/⟩ ist das Symbol für »geteilt durch« (Division).

■ Das Sternchen ⟨*⟩ ist das Malzeichen (Multiplikation) direkt daneben.

Die Verbindung zwischen HTML und CSS: »link«

Im letzten Kapitel haben Sie die beiden Beispielseiten mit einem vom W3C geliehenen Stylesheet verbunden. Wenn Sie jetzt Ihr eigenes Stylesheet erstellen, müssen Sie nur noch die Wegbeschreibung im `link`-Element ändern, um die Seiten mit Ihrem eigenen Stylesheet zu gestalten.

ToDo: Die Webseite mit Ihrem (noch leeren) Stylesheet verbinden

1. Öffnen Sie die beiden HTML-Dateien *index.html* und *kontakt.html*.
2. Ändern Sie auf *beiden* HTML-Seiten die Wegbeschreibung zum Stylesheet wie folgt:

   `<link href="bildschirm.css" rel="stylesheet" media="screen">`

3. Speichern Sie die beiden Webseiten, und betrachten Sie sie in einem Browser.

Die Formatierungen des am Ende des vorigen Kapitels eingebauten W3C-Stylesheets sollten nicht mehr zu sehen sein, und die beiden Webseiten sind somit wieder völlig ohne Styling.

Die Attribute im `link`-Element haben übrigens folgende Bedeutung:

- `href` gibt (wie immer) den Pfad zu einer Datei an. Nur ein Dateiname bedeutet wie immer »ist im selben Ordner gespeichert«.

- `rel` ist kurz für »relation« (Beziehung). `rel="stylesheet"` heißt: »Diese Datei ist ein Stylesheet für mich.«

- `media` besagt, dass der Browser das Stylesheet nur für ein bestimmtes Ausgabemedium benutzen soll, in diesem Fall für die Ausgabe auf einem Bildschirm (`screen`).

Die in *bildschirm.css* gespeicherten Styles gelten für *alle* HTML-Dateien, die mit dem Stylesheet verbunden sind, egal ob das zwei oder zweihundert oder zweitausend sind.

Das Attribut »type« ist nicht mehr notwendig   **Tipp**

In früheren HTML-Versionen war das Attribut `type="text/css"`, das dem Browser mitteilt, dass *bildschirm.css* eine in CSS geschriebene Textdatei ist, Pflichtprogramm. Dieses Attribut ist in HTML5 nicht mehr nötig, wenn Ihr Stylesheet in CSS geschrieben ist.

6.4 Hintergrund- und Schriftfarben definieren

Im ersten Schritt definieren Sie die Hintergrund- und Schriftfarben für body und danach für den »Schutzumschlag« `<div id="wrapper">`.

Hintergrund- und Schriftfarbe für »body«

Das folgende ToDo gestaltet die Schrift- und die Hintergrundfarbe für das Element body. Um ein Element zu gestalten, müssen Sie es im CSS zunächst auswählen, und dazu schreiben Sie einfach den Namen des Elements hin, also schlicht und einfach body. Die gewünschten Gestaltungsanweisungen folgen dann zwischen geschweiften Klammern. Es empfiehlt sich übrigens beim Schreiben der Styles, die schließende geschweifte Klammer direkt nach der öffnenden zu

schreiben. Dann vergisst man sie nicht so leicht. Achten Sie auch darauf, dass jede Anweisung mit einem Semikolon endet.

Die Hintergrundfarbe eines Elements wird mit der CSS-Eigenschaft `background-color` gestaltet, die Eigenschaft für die Schriftfarbe heißt einfach nur `color` und nicht *text-color* oder *font-color*.

ToDo: Schrift- und Hintergrundfarbe für »body« gestalten

1. Schreiben Sie die folgenden Zeilen unterhalb des Kommentars. Die `/* Kommentare */` am Ende der Zeile dienen lediglich zur Erläuterung und müssen nicht abgetippt werden:

```
/* Gestalte das HTML-Element mit dem Namen body */
body {
    background-color: #8c8c8c; /* Hintergrundfarbe */
    color: white; /* Schriftfarbe */
}
```

2. Speichern Sie das Stylesheet, und betrachten Sie die beiden Webseiten *index.html* und *kontakt.html* (und *nicht* das Stylesheet!) in einem Browser.

Nach diesem Schritt sieht die Startseite im Browser ungefähr so aus wie in Abbildung 6.1.

Abbildung 6.1:
»body« mit grauer Hintergrundfarbe und weißer Schrift

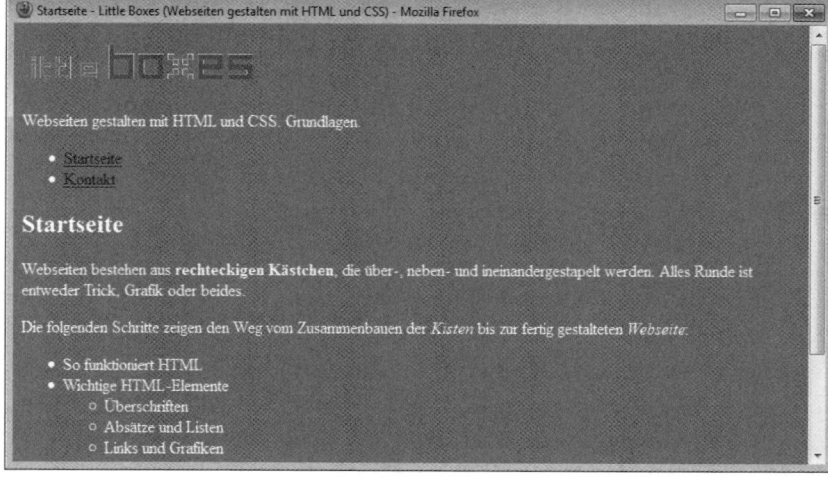

Das ist nicht besonders hübsch, aber die Veränderung ist deutlich zu sehen.

Ein Wort noch zur Definition von Farben: Hexadezimale Farbangaben wie #8c8c8c kennen Sie vielleicht bereits aus HTML, aber in CSS dürfen Sie für einige Farben englische Farbnamen wie *white* oder *black* benutzen. Mehr dazu erfahren Sie ab Seite 166.

Hintergrund- und Schriftfarbe für »div#wrapper«

Um den »Schutzumschlag« <div id="wrapper"> innerhalb von body zu gestalten, müssen Sie im CSS zunächst wieder den Namen des Elements hinschreiben. Da es auf der Seite aber mehrere div-Elemente gibt, ergänzen Sie danach noch die ID, die mit einem #-Zeichen an den Elementnamen gehängt wird. »Das div-Element mit der ID wrapper« heißt in CSS also div#wrapper.

ToDo: Schrift- und Hintergrundfarbe für »#wrapper« gestalten

1. Schreiben Sie die folgenden Zeilen unterhalb des Styles für body:

```
/* Gestalte das div mit id="wrapper" */
div#wrapper {
  background-color: white;
  color: black;
}
```

2. Speichern Sie das Stylesheet, und betrachten Sie die beiden Webseiten im Browser.

Wenn alles geklappt hat, sind die Start- und die Kontaktseite jetzt wieder etwas besser lesbar (siehe Abbildung 6.2).

Der Text sitzt sehr dicht am Rand, und auch sonst ist die Seite noch nicht besonders hübsch, aber es ist ein Anfang.

Abbildung 6.2:
»body« in Grau,
»#wrapper«
in Weiß

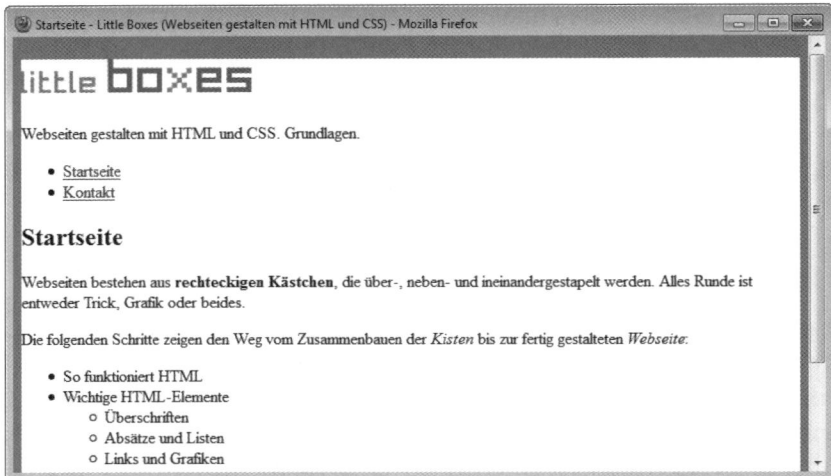

Vielleicht ist Ihnen aufgefallen, dass die für body mit der Eigenschaft color definierte Schriftfarbe auf der Seite gar nicht benutzt wird, weil der gesamte Text innerhalb von div#wrapper steht und deshalb schwarz wird. Es ist aber eine gute Angewohnheit, Schrift- und Hintergrundfarbe *immer* zusammen zu definieren, damit sich nicht durch seltsame Zufälle unbeabsichtigte Kombinationen wie »weiße Schrift auf weißem Grund« ergeben.

Übrigens: Da die ID wrapper auf jeder Webseite nur ein einziges Mal vorkommen darf, können Sie das div davor auch weglassen und einfach nur #wrapper schreiben, aber zumindest am Anfang ist es mit dem div davor deutlicher. Mehr dazu folgt ab Seite 158.

Tipp | **Die doppelte Rolle der Raute (#)**

Das Rautenzeichen # (engl.: *Number sign*) hat in unserem Alltag viele unterschiedliche Namen und Bedeutungen, so auch im CSS:

■ *Vor* den geschweiften Klammern steht im Beispiel div#wrapper. Hier heißt das Rautenzeichen »Gestalte das div-Element mit dem Attribut id="wrapper"«.

■ *Innerhalb* der geschweiften Klammern findet sich die Zeichenfolge *background-color: #8c8c8c*. Das Rautenzeichen vor einer Farbangabe bedeutet lediglich: »Es folgt ein hexadezimaler Wert.«

Hintergrund- und Schriftfarben im Kopfbereich

Der auf beiden Webseiten vorhandene Kopfbereich `<div id="kopfbereich">` soll ebenfalls eine Hintergrundfarbe bekommen, und wie eben gesehen definieren Sie die Schriftfarbe gleich mit. Danach erscheint der Kopfbereich auf beiden Seiten in einem gelborange Ton.

ToDo: Eine Hintergrundfarbe für den Kopfbereich definieren

1. Fügen Sie am Ende des Stylesheets folgende CSS-Regel ein:

```
div#kopfbereich {
  background-color: #f3c600; /* Gelb-Orange */
  color: black;
}
```

2. Speichern Sie das Stylesheet, und betrachten Sie die Webseiten im Browser.

Die Logo-Grafik ist ein transparentes GIF-Bild und wurde für einen weißen Hintergrund optimiert. Deshalb ist bei dem etwas dunkleren Hintergrund momentan um die Buchstaben herum ein leichter »Heiligenschein« zu sehen. Per CSS können Sie dem HTML-Element img einen weißen Hintergrund geben, der dann im Browser sichtbar wird, weil das Logo wie gesagt transparent ist.

Die Grafik hat im HTML auf Seite 107 die id logo bekommen:

```
<img src="little_boxes_logo.gif" id="logo" alt="Little Boxes"
  width="222" height="32">
```

Listing 6.1:
Das HTML zum
Einfügen der
Logo-Grafik

Im CSS können Sie das Logo deshalb ganz einfach mit img#logo selektieren und anschließend gestalten.

> **ToDo: Eine Hintergrundfarbe für die Grafik im Kopfbereich definieren**
>
> 1. Fügen Sie am Ende des Stylesheets folgende CSS-Regel ein:
>
>    ```
>    img#logo { /* Gestalte die Grafik mit id="logo" */
>      background-color: white;
>      color: black;
>    }
>    ```
>
> 2. Speichern Sie das Stylesheet, und betrachten Sie die Webseiten im Browser.

Abbildung 6.3 zeigt, wie der Kopfbereich der Beispielseiten jetzt im Browser aussieht.

Abbildung 6.3:
Kopfbereich und
Grafik mit Hinter-
grundfarbe

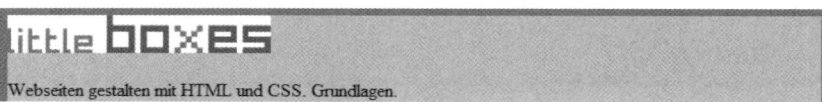

6.5 Schriftart und -größe gestalten

In diesem Abschnitt gestalten Sie die Schriftart und die Schriftgröße für die gesamte Webseite und für die Überschriften.

Grundlegende Schriftformatierung für die ganze Seite

Webseiten bestehen aus ineinander verschachtelten Kästchen, und für diese Kästchen gilt in CSS das sogenannte *Vererbungsprinzip*:

■ Alle Kästchen innerhalb von body erben die Schriftformatierungen, die Sie für body festgelegt haben.

body eignet sich also hervorragend zur Einstellung der grundlegenden Schriftgestaltung, denn sie wird an alle anderen Elemente weitergegeben.

ToDo: Schrifteinstellungen für die Webseite definieren

1. Ergänzen Sie die vorhandene CSS-Regel für body wie folgt:

```
body {
    background-color: #8c8c8c;
    color: white;
    font-family: Verdana, Arial, Helvetica, sans-serif;
    font-size: small; /* Schriftgröße */
}
```

2. Speichern Sie das Stylesheet, und betrachten Sie die Webseiten im Browser.

Auf beiden Webseiten haben sich die Schrifteinstellungen geändert, und zwar für (fast) alle HTML-Elemente. Hier die beiden neuen Eigenschaften im Detail:

- font-family definiert die *Schriftart*.

  Da Sie als Autor des Stylesheets nicht wissen, welche Schriftarten der Browser des Betrachters zur Verfügung hat, äußern Sie einfach mehrere Wünsche, jeweils durch Komma getrennt.

- font-size gestaltet die *Schriftgröße*.

  Über die beste Methode zur Definition der Schriftgröße gibt es im Web intensive Diskussionen, aber für den Anfang ist small eine gute Grundlage. Die Browser haben fast immer eine Standard-schriftgröße von 16px, und small reduziert diesen Wert auf gut lesbare 13px. In Prozent ausgedrückt entspricht das dem Wert 81.25%.

Mehr zur Vererbung von CSS-Eigenschaften erfahren Sie im Abschnitt 13.6, »Die Vererbung (inheritance)«, ab Seite 275.

Schriftgröße für Überschriften ändern

Alle Elemente haben eine andere Schriftgröße bekommen, mit Ausnahme der Überschriften. In den Browser-Stylesheets werden Überschriften größer formatiert als normaler Text, und da wir bis jetzt für die Überschrift nichts definiert haben, gilt noch immer das im Browser eingebaute Stylesheet.

Im folgenden ToDo definieren Sie die Schriftgröße für alle Überschriften der ersten und zweiten Gliederungsebene.

ToDo: Schriftgröße für die Überschriften ändern

1. Schreiben Sie folgende Zeilen an das Ende des Stylesheets:

```
h1 { font-size: 150%; }
h2 { font-size: 130%; }
```

2. Speichern Sie das Stylesheet, und betrachten Sie die Webseiten im Browser.

Die 150% für h1 haben momentan kaum sichtbare Auswirkungen, weil im Beispiel davon nur die Logo-Grafik betroffen ist, aber bei h2 können Sie die Änderung der Schriftgröße direkt sehen.

Die Prozentangabe bezieht sich übrigens auf die Schriftgröße für das betreffende Element. Falls nirgendwo etwas definiert wurde, wird diese von einem umgebenden Element geerbt. Im Beispiel bezieht sich die Prozentangabe auf die für body definierte Schriftgröße. Die Angabe in Prozent bewirkt also, dass das Größenverhältnis zwischen Text und Überschriften automatisch erhalten bleibt, wenn Sie die Schriftgröße für body ändern.

6.6 Die Kontaktadresse im Fußbereich gestalten

Am Ende der Webseite steht im Element address eine (fiktive) Kontaktadresse. Die meisten Browserstylesheets stellen dieses Element kursiv dar, aber das muss natürlich nicht so bleiben. Das folgende ToDo zentriert die Kontaktadresse, verfeinert die Schriftgestaltung und verändert den Zeilenabstand.

Am besten speichern Sie im ToDo nach jeder Anweisung (also nach jedem Semikolon, aber vergessen Sie nicht die schließende geschweifte Klammer) und betrachten die Webseiten kurz im Browser. Dann können Sie die Auswirkungen Schritt für Schritt nachvollziehen.

ToDo: Die Schrift für das Element »address« gestalten

1. Schreiben Sie folgende CSS-Regel an das Ende des Stylesheets:

```
address {
    text-align: center;   /* zentrieren */
    font-size: 80%;       /* etwas kleiner als der Rest */
    font-style: normal;   /* normale Schrift, nicht kursiv */
    letter-spacing: 2px;  /* Abstand zwischen den Buchstaben */
    line-height: 1.5;     /* Zeilenabstand, ohne Einheit */
}
```

2. Speichern Sie das Stylesheet, und betrachten Sie die Webseiten im Browser.

Der Text von address ist jetzt zentriert, etwas kleiner als der Rest der Seite (80%), nicht mehr kursiv, der Zeichenabstand zwischen den einzelnen Buchstaben ist um 2 Pixel vergrößert, und der Zeilenabstand wurde auf das Anderthalbfache der Schriftgröße erhöht. Einheiten wie px lernen Sie übrigens im nächsten Kapitel ab Seite 163 noch genauer kennen.

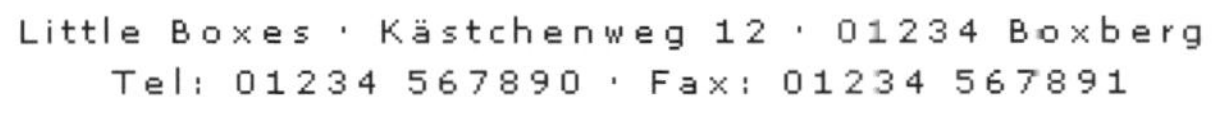

Little Boxes · Kästchenweg 12 · 01234 Boxberg
Tel: 01234 567890 · Fax: 01234 567891

Abbildung 6.4:
»address« mit
Formatierungen

Etwas gewöhnungsbedürftig ist das Kursiv- und Fettformatieren von Zeichen:

- *kursiv* bekommen Sie einen Text mit font-style: italic;.

- **fett** erreichen Sie z. B. mit font-weight: bold;.

Tipp

CSS-Referenzen von »TheStyleworks« und »Sitepoint«

Falls Sie weitere Details zu den im Beispiel benutzten CSS-Eigenschaften wie z. B. `text-align` suchen, führen die folgenden Links zu zwei CSS-Referenzen im Web:

- *thestyleworks.de/ref/*
- *reference.sitepoint.com/css*

Sitepoint ist zwar auf Englisch, aber dafür haben Sie eine HTML- und eine JavaScript-Referenz quasi gleich um die Ecke. Und die sind alle wirklich gut.

6.7 Hyperlinks gestalten

Die Gestaltung von Hyperlinks mit CSS ist ein sehr beliebtes Thema. Hier finden Sie zunächst eine kleine Einführung. Später geht es mit der Gestaltung der Navigationsliste weiter.

Hyperlinks: das HTML-Element »a«

Hyperlinks werden im Quelltext mit dem Element a markiert. Mit CSS können Sie Hyperlinks völlig neu gestalten, zum Beispiel könnten Sie die Unterstreichung der Links entfernen.

ToDo: Die Unterstreichung für alle Hyperlinks entfernen

1. Fügen Sie am Ende von *bildschirm.css* die folgende CSS-Regel ein:

   ```
   a { text-decoration: none; } /* Unterstreichung entfernen */
   ```

2. Speichern Sie das Stylesheet, und betrachten Sie die Webseiten im Browser.

Diese Regel entfernt auf beiden Webseiten die Unterstreichung von allen Hyperlinks. Viele Designer lieben diesen Trick, aber Sie sollten immer darauf achten, dass Hyperlinks trotzdem noch als solche zu erkennen sind.

Während die Unterstreichung von Hyperlinks in einem optisch abgesetzten Navigationsbereich meist nicht nötig ist, sollten Sie besonders im Textbereich überprüfen, ob die Links auch ohne Unterstreichung deutlich erkennbar sind. Ab Seite 155 erfahren Sie, wie Sie die Hyperlinks im Textbereich selektieren und gestalten.

Besuchte und nicht besuchte Hyperlinks

Links können je nach Zustand ihr Aussehen verändern: Unbesuchte Hyperlinks werden vom Browser traditionell blau dargestellt, besuchte hingegen lila. Für die verschiedenen Zustände eines Hyperlinks kennt CSS sogenannte *Pseudo-Klassen*, die mit einem Doppelpunkt hinter den Elementnamen a gehängt werden.

Tabelle 6.1 zeigt die beiden wichtigsten Link-Zustände und die entsprechenden CSS-Selektoren:

Hyperlink	CSS-Selektor
zu noch nicht besuchter Seite	a:link
zu besuchter Seite	a:visited

Tabelle 6.1: Besuchte und nicht besuchte Hyperlinks und die entsprechenden CSS-Selektoren

Wie das Rautenzeichen hat auch der Doppelpunkt in CSS eine doppelte Funktion:

- Ein Doppelpunkt *vor* den geschweiften Klammern verbindet den Namen eines Elements mit einer Pseudo-Klasse: a:link. Hier darf vor oder nach dem Doppelpunkt *keine Leerstelle* stehen.

- *Innerhalb* der geschweiften Klammern trennt der Doppelpunkt Eigenschaft und Wert, z. B. color: #d90000. Leerstellen davor und dahinter sind in diesem Fall optional.

Details zum Aufbau eines Styles folgen gleich ab Seite 152. Hier sehen Sie erst einmal ein Beispiel für die Formatierung von besuchten und nicht besuchten Hyperlinks:

> ### ToDo: Die Farben für besuchte und unbesuchte Links ändern
>
> **1.** Fügen Sie am Ende des Stylesheets die folgenden CSS-Regeln hinzu:
>
> ```
> a:link { color: #d90000; }
> a:visited { color: #cc6666; }
> ```
>
> **2.** Speichern Sie das Stylesheet, und betrachten Sie die Webseiten im Browser.

Unbesuchte Hyperlinks werden jetzt dunkelrot eingefärbt und besuchte etwas blasser. Beim Ändern der Farben für Hyperlinks sollten Sie darauf achten, dass die Unterscheidung von besuchten und unbesuchten Hyperlinks möglich bleibt, sofern dies von Ihnen gewünscht wird.

Wenn die Maus darüber schwebt: »a:hover« und Kollegen

CSS kennt noch drei weitere Pseudo-Klassen für Hyperlinks, die in Tabelle 6.2 aufgelistet werden.

Tabelle 6.2:
Weitere Pseudo-
Klassen für Links

Hyperlink	CSS-Selektor
wenn der Mauszeiger darüber schwebt	a:hover
beim Durchsteppen per ⇆-Taste	a:focus
der gerade angeklickt wird	a:active

Die ersten beiden Pseudo-Klassen ähneln sich in gewisser Weise, die dritte macht etwas ganz anderes:

■ :hover verändert den Hyperlink, während der Mauszeiger darüber schwebt.

■ :focus gestaltet den Hyperlink, wenn der Link per Tastatur ausgewählt wird.

■ :active formatiert den Hyperlink, wenn die Maustaste über dem Link gedrückt wird, also im Moment des Klicks.

In der Praxis bedeutet das, dass Sie :hover und :focus häufig gemeinsam deklarieren, da :focus in gewisser Weise die Tastaturentsprechung zu :hover ist. Schreiben Sie dazu die beiden Selektoren wie im folgenden ToDo durch ein Komma getrennt vor den Deklarationsblock, am besten jeweils auf einer eigenen Zeile (Details zur Gruppierung von Selektoren finden Sie ab Seite 153).

ToDo: Pseudo-Klassen für Hyperlinks definieren

1. Ergänzen Sie am Ende des Stylesheets die folgenden CSS-Regeln:

```
a:hover,
a:focus {
    text-decoration: underline;
}
a:active {
    color: white;
    background-color: #d90000;
}
```

2. Speichern Sie das Stylesheet, und betrachten Sie die Webseiten im Browser.

Diese Regeln bewirken, dass bei :hover und :focus die Links wieder ihre typische Unterstreichung bekommen, die mit der Anweisung text-decoration: underline aktiviert wird. Im zweiten Style werden mit der Pseudo-Klasse :active im Moment des Klicks Hintergrund- und Schriftfarbe geändert, was mit ein bisschen Fantasie so aussieht, als ob ein Schalter gedrückt wird.

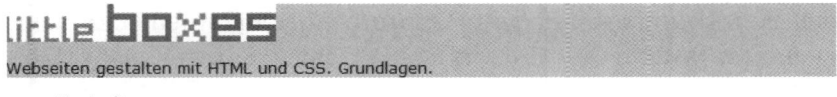

Abbildung 6.5:
Startseite mit
Link im Moment
des Klicks

Im folgenden ToDo verfeinern Sie die Unterstreichung der Links und benutzen statt text-decoration die Eigenschaft border-bottom, die Sie im Kapitel über das Box-Modell ab Seite 169 genauer kennenlernen werden.

ToDo: Hyperlinks mit »border-bottom« unterstreichen

1. Ändern Sie im folgenden Style die fett gedruckte Deklaration:

   ```
   a:hover,
   a:focus {
       border-bottom: 1px solid #d90000;
   }
   ```

2. Speichern Sie das Stylesheet, und betrachten Sie die Webseiten im Browser.

`border-bottom` hat gegenüber `text-decoration: underline` zwei Vorteile:

- Sie haben bei der Gestaltung mehr Möglichkeiten und können z. B. für die Unterstreichung eine andere Farbe wählen als für den Link selbst.

- Die Unterstreichung ist etwas weiter vom Text entfernt, der dadurch besser lesbar wird.

Bei `:focus` und `:active` erhalten Hyperlinks vom Browser-Stylesheet übrigens oft eine unschöne gepunktete Umrisslinie. Diese können Sie für einige Browser entfernen, indem Sie dem Selektor `a` in Ihrem Stylesheet die Deklaration `outline: none;` hinzufügen:

```
a {
    text-decoration: none;
    outline: none;
}
```

Das sollten Sie allerdings nur tun, wenn der Rahmen wirklich stört und die beiden Link-Zustände aufgrund anderer Styles trotzdem deutlich erkennbar sind, denn Tastaturbenutzer können beim Navigieren per Tastatur (z. B. mit ⇆) sonst nicht erkennen, welcher Link gerade hervorgehoben ist.

Die Reihenfolge der Pseudo-Klassen im Stylesheet ist wichtig

Beim Definieren der Pseudo-Klassen in Ihrem Stylesheet müssen Sie die richtige Reihenfolge beachten:

1. `a:link`

2. `a:visited`

3. `a:hover` und `a:focus` (Reihenfolge egal)

4. `a:active`

Ein Merkspruch dazu wäre **love-ha**te. `:focus` müssen Sie sich dabei einfach denken.

Detaillierte Informationen zu Pseudo-Klassen   **Tipp**

Details zum Umgang mit Pseudo-Klassen finden Sie bei *The Style-works*:

■ *thestyleworks.de/ref/index_pc.shtml*

6.8 Styles können an drei verschiedenen Stellen definiert werden

Bis jetzt kennen Sie nur CSS-Regeln in einem externen Stylesheet, aber es gibt drei verschiedene Möglichkeiten, CSS-Regeln zu speichern.

1. CSS-Regeln in einer externen CSS-Datei

CSS-Regeln werden – wie Sie am Anfang dieses Kapitels gesehen haben – meistens in einer eigenen Datei mit der Endung *.css* gespeichert. Die Verbindung zwischen Webseite und CSS-Datei erfolgt im head des HTML-Quelltextes mithilfe des Elements link:

```
<head>
  <!-- Andere HTML-Elemente -->
  <link href="dateiname.css" rel="stylesheet">
</head>
```

Listing 6.2:
Die Verbindung
zum Stylesheet
mit dem Element
»link«

2. Zwischen ‹head› und ‹/head›: das Element »style«

Wie Sie im Schnelldurchlauf in Kapitel 2 bereits gesehen haben, können CSS-Regeln mit dem HTML-Element style auch im head einer HTML-Datei gespeichert werden:

Listing 6.3:
Das HTML-Ele-
ment »style«
im »head« einer
Webseite

```
<head>
  <!--  Andere HTML-Elemente  -->
  <style>
    body { background-color: yellow; /* nur für diese eine Webseite */ }
  </style>
</head>
```

Zwischen den Tags ‹style› und ‹/style› stehen ganz normale CSS-Regeln, die nur für diese eine Webseite gelten. In früheren HTML-Version benötigte das Anfangs-Tag noch das Attribut type="text/css", aber das kann in HTML5 fehlen.

3. Direkt im HTML-Element: das Attribut »style«

Die dritte Methode besteht darin, CSS-Regeln direkt in das Anfangs-Tag eines HTML-Elements zu schreiben. Diese Methode wird manchmal auch *Inline-Style* genannt, weil die CSS-Deklarationen direkt im HTML-Element stehen (ohne geschweifte Klammern drum herum):

Listing 6.4:
Das Attribut
»style« im
Anfangs-Tag eines
HTML-Elements

```
<p style="background-color: #c0c0c0; color: red;">Rot auf grau!</p>
```

Roter Text und grauer Hintergrund. Diese beiden Deklarationen gelten nur für diesen einen Absatz. Besonders zum Experimentieren während der Erstellung einer Webseite sind Inline-Styles sehr praktisch.

Vorfahrt: Welche Styles gewinnen?

Die Dreiteilung von Styles als externe Datei, als Element im HTML-Head und als Attribut direkt im Anfangs-Tag des Elements ist hierarchisch gestaffelt, sodass der Browser immer genau weiß, welche Regel er anwenden muss.

Der Grundsatz lautet »Je dichter am zu gestaltenden Text, desto wichtiger«:

■ CSS-Regeln im *HTML-Element* haben Vorrang vor denen im head einer Seite.

■ Bei CSS-Regeln im head ist die Reihenfolge im Quelltext wichtig: Die im head deklarierten Styles »gewinnen«, sofern sie *nach* dem per link eingebundenen externen Stylesheet stehen.

Durch diese Staffelung können Sie in einer separaten CSS-Datei ein einheitliches Aussehen für die ganze Site festlegen und Abweichungen davon für jede einzelne Webseite und sogar für jedes einzelne HTML-Element definieren.

Bei der Einbindung von CSS empfiehlt sich folgende Vorgehensweise:

■ Schreiben Sie so viel wie möglich in eine *externe CSS-Datei*.

■ Benutzen Sie Styles im HTML-Quelltext so sparsam wie möglich.

Tipp

Die Teilung der Styles ist Teil der Kaskade

Die Speicherung der Styles an drei verschiedenen Orten ist Teil der *Kaskade*. Details zur kompletten Kaskade finden Sie im Kapitel über »Kaskade, Vererbung oder Standardwert« ab Seite 265.

6.9 Das Stylesheet im Überblick

Am Ende dieses Kapitels sieht das Stylesheet *bildschirm.css* so aus:

```
01 /* Stylesheet für die Beispielsite aus "Little Boxes" */
02
03 body {
04   background-color: #8c8c8c;
05   color: white;
06   font-family: Verdana, Arial, Helvetica, sans-serif;
07   font-size: small;
08 }
09 div#wrapper {
10   background-color: white;
11   color: black;
12 }
13 div#kopfbereich {
14   background-color: #f3c600;   /* Gelb-Orange */
15   color: black;
16 }
```

Listing 6.5:
Das Stylesheet
im Überblick

```
17 img#logo {    /* Die Grafik mit der id="logo" */
18   background-color: white;
19   color: black;
20 }
21 h1 { font-size: 150%; }
22 h2 { font-size: 130%; }
23 address {
24   text-align: center;   /* zentrieren */
25   font-size: 80%;       /* etwas kleiner */
26   font-style: normal;   /* normale Schrift, nicht kursiv */
27   letter-spacing: 2px;  /* Abstand zwischen den Buchstaben */
28   line-height: 1.5;     /* Zeilenabstand */
29 }
30 a {    /* Unterstreichung entfernen */
31   text-decoration: none;
32   /* outline: none; */ /* nur wenn es echt stört */
33 }
34 a:link { color: #d90000; }
35 a:visited { color: #cc6666; }
36 a:hover,
37 a:focus {
38   border-bottom: 1px solid #d90000;
39 }
40 a:active {
41   color: white;
42   background-color: #d90000;
43 }
```

6.10 Auf einen Blick

Hier sind noch einmal die wichtigsten Punkte dieses Kapitels im Überblick:

- Ein Stylesheet ist eine Sammlung von Formatvorlagen.

- Die Gestaltungsmöglichkeiten von CSS lassen sich in drei Gruppen unterteilen:

  - *Schriften und Farben*: den Inhalt der Kästchen gestalten

  - *Abstände und Rahmenlinien*: die Kästchen selbst gestalten

- *Positionierung*: die Kästchen auf der Webseite verschieben

- *Mehrspaltige Layouts*: die Kästchen auf der Webseite in Spalten anordnen

■ Das Element `link` verbindet eine HTML-Datei mit einem Stylesheet.

■ Häufig genutzte CSS-Eigenschaften zur Gestaltung von Elementen sind u. a.:

  - `background-color` für die Hintergrundfarbe

  - `color` für die Schriftfarbe

  - `font-family` für die gewünschte Schriftart

  - `font-size` für die gewünschte Schriftgröße

■ Der Style `a { text-decoration: none; }` entfernt die Unterstreichung von allen Links und sollte vorsichtig eingesetzt werden.

■ Zur Gestaltung der verschiedenen Zustände von Links gibt es in CSS diverse *Pseudo-Klassen*:

  - `a:link` und `a:visited`

  - `a:hover` und `a:focus`

  - `a:active`

■ Zur Speicherung von Styles gibt es drei Möglichkeiten:

  - in einer externen CSS-Datei

  - im `head` zwischen `<style>` und `</style>`

  - im HTML-Element selbst mit dem Attribut `style="…"`

■ Empfohlene Vorgehensweise ist, die CSS-Regeln möglichst in externen Dateien zu speichern.

Kapitel 7

Selektoren, Einheiten und Farben

Worin Sie verschiedene Arten von Selektoren und ein einfaches Punktesystem kennenlernen, das den schwierigen Namen »Spezifität« trägt. Außerdem erfahren Sie, welche Einheiten Sie in CSS verwenden können und wie man Farben definiert.

Die Themen im Überblick:

Der Umgang mit Selektoren ist eine der wichtigsten Fertigkeiten beim Erlernen von CSS, und deshalb bekommen Selektoren ein eigenes Kapitel. Danach erfahren Sie das Wichtigste zu Maßen und Einheiten sowie zu Farbdefinitionen in CSS.

7.1 Style: der Aufbau einer CSS-Regel

CSS ist eine Sprache, und jede Sprache kennt Vokabeln und Grammatik. Nachdem Sie ein paar Beispiele gesehen haben, folgt jetzt der schematische Aufbau einer CSS-Regel und die wichtigsten Vokabeln dazu:

```
Selektor {
  Eigenschaft: Wert;
  Eigenschaft: Wert;
}
```

Eine CSS-Regel (engl.: *style* oder *css rule*) besteht aus folgenden Einzelteilen:

■ **Selektor** (*selector*)

Der *Selektor* steht vor der geschweiften Klammer und wählt aus (*selektiert*), welche Kästchen auf der Seite gestaltet werden sollen.

■ **Deklaration** (*declaration*)

Zwischen geschweiften Klammern stehen eine oder mehrere *Deklarationen*, auch *Anweisungen* genannt. Sie beschreiben die Gestaltung der Elemente, auf die der Selektor zutrifft. Jede Deklaration besteht aus einem Eigenschaft-Wert-Paar und wird mit einem Semikolon beendet.

■ **Eigenschaft** (*property*)

Die zu gestaltende *Eigenschaft* (Farbe, Schriftart etc.) des Elements steht vor dem Doppelpunkt. Leerstellen vor und nach dem Doppelpunkt sind optional.

Es ist eine gute Angewohnheit, Eigenschaft und Doppelpunkt direkt aneinanderzuhängen, zwischen dem Doppelpunkt und dem Wert aber eine Leerstelle zu setzen. Das entspricht der allgemeinen Rechtschreibung.

■ **Wert** (*value*)

Der *Wert*, den die Eigenschaft annehmen soll, steht nach dem Doppelpunkt. Danach folgt ein Semikolon, um die Deklaration zu beenden.

Die Begriffe *Style*, *CSS-Regel*, *Gestaltungsanweisung* und *Formatvorlage* werden übrigens mehr oder weniger synonym gebraucht. Manche Autoren und Programme verwenden auch »Stil« oder »Stilregel«.

7.2 Ein Selektor wählt das zu gestaltende Kästchen aus

Jede CSS-Regel beginnt also mit mindestens einem *Selektor*. Selektoren wählen aus, welches Kästchen auf der Webseite gestaltet werden soll, und beziehen sich auf eines von drei Dingen (oder eine Kombination davon):

- den Namen eines HTML-Elements

- eine ID (id)

- eine Klasse (class)

Ein einfacher Selektor: der Name des Kästchens

Eine CSS-Regel wie die folgende kennen Sie bereits:

```
h2 { font-size: 130%; }
```

Listing 7.1:
Ein einfacher
Selektor

Der einfachste Selektor ist der Name des Kästchens, das gestaltet werden soll, und wird auch *Element-Selektor* oder *Typ-Selektor* genannt, weil er alle Elemente eines bestimmten Typs auswählt: Der Selektor h2 selektiert auf den zu gestaltenden Webseiten also *alle* Überschriften der zweiten Ebene.

Mehrere Kästchen auf einmal: Selektoren mit Komma trennen

Schauen Sie sich die folgenden zwei Regeln zur Gestaltung von Überschriften an:

```
h1 {
    font-family: Verdana, Arial, Helvetica, sans-serif;
    font-size: 150%;
}
h2 {
    font-family: Verdana, Arial, Helvetica, sans-serif;
    font-size: 130%;
}
```

Listing 7.2:
Zwei einfache
Selektoren mit
einer identischen
Deklaration

Für beide Überschriften wird dieselbe Schriftartfamilie definiert, nur die Schriftgröße ist unterschiedlich. Durch *Gruppierung* der Selektoren mit einem Komma können Sie sich ein bisschen Tipparbeit sparen und die Übersichtlichkeit erhöhen:

Listing 7.3:
Gruppierte Selek-
toren plus zwei
einfache

```
h1, h2 { font-family: Verdana, Arial, Helvetica, sans-serif; }
h1 { font-size: 150%; }
h2 { font-size: 130%; }
```

Wenn Sie den Überschriften eine andere Schriftart zuweisen möchten, brauchen Sie nur noch eine Zeile zu ändern.

Tipp **Bei der Gruppierung das Komma nicht vergessen**

Bei der Gruppierung von Selektoren dürfen Sie das Komma zwischen den einzelnen Selektoren nicht vergessen, sonst erhalten Sie *versehentlich verschachtelte* Selektoren, die etwas völlig anderes bewirken.

Alle Kästchen auf der Seite: der Universalselektor *

Sie werden ihn nur selten benutzen, aber es gibt ihn: das Sternchen * als universellen Selektor, der »alle Kästchen« auf einer Webseite selektiert:

Listing 7.4:
Das Sternchen
als universeller
Selektor

```
* {
    padding: 0;
    margin: 0;
}
```

Dieses Beispiel setzt die Eigenschaften padding und margin für alle HTML-Elemente auf null und wird im Kapitel 8, »Das Box-Modell«, im Abschnitt »Kalibrierung: Abstände auf null setzen« genauer erklärt (ab Seite 176).

7.3 Nur in diesem Bereich: Selektoren verschachteln

Die Verschachtelung von Selektoren ist eine sehr nützliche Sache und wird in der Praxis ausgiebig eingesetzt, denn sie ermöglicht es, Elemente nur in einem bestimmten Bereich der Seite zu gestalten.

Nur die Hyperlinks im Textbereich: »#textbereich a«

Schauen Sie sich im folgenden ToDo die CSS-Regel etwas genauer an, insbesondere die Selektoren am Anfang.

ToDo: Hyperlinks wieder unterstreichen, aber nur im Textbereich

1. Fügen Sie am Ende des Stylesheets folgende CSS-Regel ein:

```
div#textbereich a {
    border-bottom: 1px dotted #cc0000;
}
div#textbereich a:hover,
div#textbereich a:focus {
    border-bottom: 1px solid #d90000;
}
```

2. Speichern Sie das Stylesheet, und betrachten Sie die Webseiten in einem Browser.

Die beiden Selektoren div#textbereich und a werden durch eine Leerstelle getrennt. Diese Regel betrifft somit nur Hyperlinks, die in einer div-Kiste mit dem Attribut id="textbereich" stehen. Alle anderen Hyperlinks auf der Webseite sind davon nicht betroffen. Diese Selektoren für verschachtelte HTML-Elemente werden als *Nachfahrenselektor* (engl.: *descendant*) bezeichnet.

In der ersten Regel bekommt der Link statt der normalen Unterstreichung eine 1 Pixel dicke, gepunktete (dotted) Rahmenlinie, die im zweiten Style bei Mausberührung zu einer durchgezogenen Linie wird.

Tipp

IE6 macht Striche ...

Der Internet Explorer bis inklusive Version 6 kennt das dotted nicht und nimmt stattdessen dashed. Das ist nicht ganz so hübsch, hat ansonsten aber keinerlei Risiken oder Nebenwirkungen.

Schriftgestaltung für den Slogan im Kopfbereich

In diesem Abschnitt soll das Wort »Grundlagen« im Kopfbereich rot eingefärbt werden. Der Trick dabei ist – wie so oft – der Selektor zur Auswahl des Elements. Erinnern Sie sich noch an das span aus der HTML-Einführung von Seite 111? Das kommt jetzt zur Geltung.

Falls Ihnen das span nicht mehr ganz gegenwärtig ist, zeige ich hier noch einmal kurz den etwas verkürzten HTML-Quelltext für den Kopfbereich:

Listing 7.5:
HTML – das
»span« im Kopf-
bereich

```
<div id="kopfbereich">
  <h1><img src="logo.gif" ...></h1>
  <p id="slogan">Webseiten gestalten mit HTML und CSS.
  <span>Grundlagen</span>.</p>
</div>
```

Das folgende ToDo gestaltet nur das Wort »Grundlagen«.

ToDo: Das Wort »Grundlagen« im Slogan rot hervorheben

1. Schreiben Sie die folgenden Styles an das Ende von *bildschirm.css*:

    ```
    p#slogan span {
      color: #d90000; /* Schriftfarbe */
    }
    ```

2. Speichern Sie das Stylesheet, und betrachten Sie die Webseiten im Browser.

Der Selektor p#slogan span wählt auf der Beispielseite nur das Wort »Grundlagen« aus. Abbildung 7.1 zeigt den fertigen Kopfbereich im Browser, auch wenn das Rot in der Schwarz-Weiß-Abbildung nicht wirklich gut rauskommt.

Abbildung 7.1:
Das Wort »Grund-
lagen« wird rot
hervorgehoben.

Aufzählungszeichen in ungeordneten Listen gestalten: »ul li«

Ein anderes Beispiel: Sie möchten statt der üblichen runden Aufzählungszeichen gerne quadratische verwenden. Um das zu erreichen,
schreiben Sie:

```
li { list-style-type: square; }
```

Listing 7.6:
Quadratische Auf-
zählungszeichen
– auch in Num-
merierungen

Auf den ersten Blick scheint alles okay zu sein, und Aufzählungen
mit ul bekommen tatsächlich ein kleines Quadrat. li ist aber ein einfacher Typ-Selektor und selektiert *alle* Kisten vom Typ li, und so bekommt eine Nummerierung (ol) statt einer Zahl ebenfalls ein kleines
Quadrat. Hoppla. Eine Lösung bietet auch hier die Verschachtelung
von Selektoren:

```
ul li { list-style-type: square; }
```

Listing 7.7:
Quadratische
Aufzählungs-
zeichen nur für
ungeordnete
Listen

Dieser Selektor beschränkt das Wirkungsgebiet der quadratischen
Aufzählungszeichen auf ungeordnete Listen.

Unterschiedliche Nummerierung bei geordneten Listen

Die Verschachtelung von Selektoren ist nicht auf eine Ebene begrenzt. Um Ihnen einen kleinen Vorgeschmack auf die Möglichkeiten zu geben, hier ein Beispiel zur Nummerierung von Listen:

```
ol li { list-style-type : decimal; }
ol ol li { list-style-type : lower-alpha; }
```

Listing 7.8:
Unterschiedliche
Nummerierung
mit verschachtel-
ten Selektoren

Die mit den obigen beiden Styles gestalteten nummerierten Listen
sehen übrigens so aus wie in Abbildung 7.2.

1. Dieser Punkt hat eine arabische Ziffer
   a. Dieser Punkt hat einen Kleinbuchstaben
   b. Dieser Punkt hat einen Kleinbuchstaben
2. Dieser Punkt hat wieder eine arabische Ziffer

Abbildung 7.2:
Unterschiedliche
Nummerierung in
geordneten Listen

7.4 Eigene Namen vergeben: »id« und »class«

Mit der Gruppierung und Verschachtelung von Typ-Selektoren kann man schon einiges erreichen. Richtig praktisch wird die Sache aber erst durch die Möglichkeit, einzelnen oder mehreren Elementen im HTML eigene Namenszusätze geben und diese dann im CSS gestalten zu können.

Um eigene Namenszusätze für bestehende Elemente zu ergänzen, gibt es im HTML zwei sogenannte Universalattribute, die Sie fast allen Elementen zuweisen können: id und class.

Es kann nur einen geben: »id«, der Selektor mit der Raute

ID ist die Kurzform für *Identität* und im Englischen unter anderem die Abkürzung für »Personalausweis«. Frei nach dem Highlander-Prinzip »Es kann nur einen geben« darf ein und dieselbe ID pro Webseite nur ein einziges Mal vorkommen:

Listing 7.9:
Der Kopfbereich – ein
HTML-Element mit
dem Attribut »id«

```
<div id="kopfbereich"> ... </div>
```

Um dieses Element im CSS zu gestalten, benutzen Sie den Namen des Elements und das Rautenzeichen (#) gefolgt von der ID als Selektor:

Listing 7.10:
Gestalte das »div«-
Element mit dem
Attribut »id="kopf-
bereich"«

```
div#kopfbereich { ... }
```

Sie können ID-Selektoren übrigens auch ohne den Namen des Elements davor schreiben, denn eine ID darf ja pro Seite nur einmal auftauchen:

Listing 7.11:
Gestalte das
Element mit
dem Attribut
»id="kopf-
bereich"«

```
#kopfbereich { ... }
```

Gruppenbildung: »class«, der Selektor mit dem Punkt

Stellen Sie sich vor, dass Sie auf Ihren Webseiten grau hinterlegte und mit einem Rahmen versehene Infoboxen haben möchten. Um mehrere Absätze auf der Seite gleich zu gestalten, ist ein einfacher Selektor wie p zu ungenau und eine ID nicht geeignet, weil der Wert einer ID pro Webseite nur einmal vorkommen darf. In solchen Situationen benutzen Sie *Klassen*.

Jeder Absatz, der wie eine solche Infobox aussehen soll, bekommt im HTML das Attribut `class`:

```html
<p class="infobox">Dieser Text ist eine Infobox.</p>
```

Listing 7.12:
Ein HTML-Element mit dem Attribut »class«

Um alle so markierten Absätze auszuwählen, schreiben Sie im CSS nach dem Namen des Elements einen Punkt, gefolgt vom Namen der Klasse:

```css
p.infobox {
  color: black;
  background-color: #8c8c8c;
  border: 3px solid #ecf7dd;
}
```

Listing 7.13:
Der Selektor mit dem Punkt wählt Elemente einer Klasse aus.

Wichtig ist der unscheinbare kleine Punkt. Dadurch weiß der Browser, dass diese Regel für alle p-Elemente mit dem Attribut `class="infobox"` gilt. Ein Beispiel für den Einsatz von Klassen sehen Sie im Abschnitt über das Floaten von Bildern ab Seite 305.

Sie können im CSS den Elementnamen auch einfach weglassen, sodass der Selektor mit dem Punkt beginnt:

```css
.infobox {
  color: black;
  background-color: #8c8c8c;
  border: 3px solid #ecf7dd;
}
```

Listing 7.14:
Der Selektor mit dem Punkt, ohne den Namen des Elements

Sinnvoll ist dies unter anderem, wenn verschiedene HTML-Elemente wie zum Beispiel ul und ol dieselbe Klasse haben sollen.

Man kann ein HTML-Element übrigens auch mit mehreren Klassen gestalten. Die einzelnen Klassen werden dabei jeweils durch eine Leerstelle getrennt. Im folgenden Beispiel werden dem div-Element die beiden Klassen galerie und clearing zugewiesen:

```html
<div class="galerie clearing"> ... </div>
```

Listing 7.15:
Mehrere CSS-Klassen für ein HTML-Element

Wundersamerweise verstehen das alle gängigen Browser.

ID oder Klasse – wann nimmt man was?

Der Unterschied zwischen class und id bereitet vielen CSS-Einsteigern Probleme, ist aber im Grunde ganz einfach:

- Beide bieten die Möglichkeit, eigene Namenszusätze für HTML-Elemente zu vergeben.
- Eine id ist *einmalig* und darf auf einer Webseite nur einmal vorkommen.
- Eine class darf auf einer Webseite mehrfach verwendet werden.

Die Hauptbereiche der Beispielseite wie #kopfbereich oder #textbereich bekommen eine id, weil sie pro Seite einmalig sind. Infoboxen hingegen können auf einer Seite mehrfach auftreten und bekommen deshalb eine class.

Tipp

IDs, Klassen und Content-Management-Systeme (CMS)

Auf vielen Webseiten wird der HTML-Quelltext nicht von Hand geschrieben, sondern von einem Content-Management-System wie WordPress, Contao, Joomla! oder Drupal automatisch erzeugt. Dabei werden für die HTML-Elemente meist auch entsprechende Klassen und IDs vergeben, damit sie per CSS leichter gestaltet werden können.

Die Werte von »id« und »class« sollten die Bedeutung des Elements beschreiben

Der Vorteil der Vergabe von eigenen Namen ist, dass Sie damit wirklich jedes Element auf einer Seite ansprechen können. Ein möglicher Nachteil ist, dass eine Änderung der Namen im HTML *und* im CSS erfolgen muss, sodass es sich lohnt, über die Vergabe von Namen für IDs und Klassen ein bisschen nachzudenken.

Oberster Grundsatz bei der Auswahl der Namen ist, dass diese die *Bedeutung* des Elements beschreiben und nicht dessen *Gestaltung*. Hier ein Beispiel:

- Sie wollen die Schrift in einigen Absätzen rot hervorheben, weil diese wichtig sind, und weisen diesen Absätzen deshalb class="rot" zu.

▓ Falls Sie die Schriftfarbe später ändern, haben Sie eine Klasse namens rot, die den Text dann blau oder gelb oder sonstwie färbt.

Das ist Täuschen und Tarnen. Ein Name sollte nicht das Aussehen des Elements beschreiben, sondern dessen *Bedeutung*: Ein besserer Klassenname wäre beispielsweise wichtig.

7.5 Spezifität: das Punktesystem für Selektoren

Sobald Stylesheets ein bisschen länger werden, gibt es früher oder später für ein HTML-Element mehrere CSS-Regeln, die sich zum Teil widersprechen. Die Frage ist, wie der Browser in solchen Konfliktfällen entscheidet.

Einer wird gewinnen: So funktioniert Spezifität

Die Lösung für dieses Entscheidungsproblem ist ganz einfach: Der Browser berechnet anhand eines einfachen Punktesystems, welcher Selektor der wichtigste ist.

Im CSS-Jargon heißt dieses Punktesystem *specificity*, auf Deutsch *Spezifität* oder manchmal auch *Spezifizität* – ein komisches Wort für eine einfache Sache.

Tabelle 7.1 zeigt die Punkteverteilung:

Selektortyp	Beispiel	Punkte
Einfacher Typ-Selektor	p	1
Klasse	.infobox	10
Pseudo-Klasse	:visited	10
ID	#navibereich	100
Attribut style=" "	style="color: red;"	1000

Tabelle 7.1:
Spezifität – das
Punktesystem
für Selektoren

Bei verschachtelten Selektoren werden die Punktezahlen für die einzelnen Selektoren addiert, bei mit einem Komma gruppierten Selektoren nicht.

Ein paar Beispiele für die Punktewertung

Tabelle 7.2 zeigt ein paar Beispiele für die Spezifität von Selektoren.

Tabelle 7.2:
Spezifität –
Punkteverteilung
für Selektoren

Selektor	Beschreibung	Punkte	Gesamt
body	Typ-Selektor	1	1
h1, h2	gruppiert	1	1
a:visited	Typ + Pseudo-Klasse	1 + 10	11
.infobox	ungebundene Klasse	10	10
p.infobox	gebundene Klasse	1 + 10	11
#navibereich	ID	100	100
div#navibereich	Typ-Selektor + ID	1 + 100	101
#navibereich a	ID + Typ	100 + 1	101
#navibereich a:visited	ID + Typ + Pseudo-Klasse	100 + 1 + 10	111
#startseite #navibereich	ID + ID	100 + 100	200
<p style="color: red;">	Attribut style	1000	1000

Bei einem Unentschieden gibt es übrigens weder Verlängerung noch Elfmeterschießen. Bei gleichem Punktestand entscheidet die Reihenfolge im Stylesheet: Es gewinnt die am weitesten unten notierte Regel, ganz nach dem biblischen Motto »Die Letzten werden die Ersten sein«.

Im Abschnitt über die Gestaltung eines horizontalen Navigationsbereichs erleben Sie dieses Punktesystem in Aktion (ab Seite 214) und im Kapitel über die namensstiftende Kaskade erfahren Sie, welche Rolle die Spezifität in der Kaskade spielt (ab Seite 273).

Tipp

Die Spezifität ist in Wirklichkeit eine Matrix ...

In CSS 1 hat das W3C die Spezifität tatsächlich als ein Punktesystem (»score«) behandelt:

◼ *w3.org/TR/CSS1/#cascading-order*

In CSS 2.1 wird die Berechnung der Spezifität etwas abstrakter als eine Matrix aus vier voneinander getrennten Werten beschrieben:

◼ *w3.org/TR/CSS21/cascade.html#specificity*

Dieser Unterschied ist aber zumindest für Einsteiger eher akademischer Natur, denn solange ein Selektor nicht mehr als 10 IDs oder 10 Klassen aufweist, kommt man mit beiden Methoden zum selben Ergebnis, und das Punktesystem ist für die meisten Einsteiger einfacher zu begreifen. Falls Sie die Matrix-Variante genauer interessiert, hat Klaus Langenberg von *The Styleworks* das wunderbar erklärt:

■ *thestyleworks.de/basics/specificity.shtml*

Andy Clark benutzt Figuren aus »Star Wars«, um die Spezifität zu erklären:

■ *stuffandnonsense.co.uk/archives/css_specificity_wars.html*

Sehr anschaulich.

Sparsam benutzen: !important

Wenn Sie möchten, dass der Browser eine ganz bestimmte Eigenschaft auf jeden Fall verwendet, egal was bei der Berechnung der Spezifität herauskommt, können Sie dieser Eigenschaft sagen, dass sie wichtig ist:

```
h2 { color: red !important; }
```

Beachten Sie, dass nach dem Wert eine Leerstelle folgt, die Zeichenfolge !important aber noch *vor* dem abschließenden Semikolon steht. In Kapitel 13.3 ab Seite 271 erfahren Sie, warum Eigenschaften mit !important im Punktesystem quasi außer Konkurrenz mitlaufen und trotzdem immer gewinnen.

Listing 7.16:
Eine »wichtige«
Eigenschaft

Weitere Selektoren

Tipp

In diesem Kapitel haben Sie die wichtigsten Selektoren kennengelernt, aber es gibt noch einige mehr. Kommen in Kapitel 24 ab Seite 489.

7.6 Werte und Maße in CSS: die Qual der Wahl

CSS kennt jede Menge verschiedene Maßeinheiten. Diese Wahl kann besonders anfangs leicht zur Qual werden, weshalb ich Ihnen auf den folgenden Seiten ein paar Entscheidungshilfen geben möchte.

Grundregeln: die Leerstelle, die Null und der Anführungsstrich

Einige grundlegende Regeln vorweg:

- Bei CSS steht zwischen dem Wert und einer Maßeinheit **keine Leerstelle**: Es heißt 130% und *nicht* 130 %, 12px und *nicht* 12 px. Das ist anfangs wohl der häufigste Fehler.

- Wenn ein Wert *0* (null) ist, muss danach keine Einheit folgen. Null ist null, egal ob Pixel oder Kilometer, und die Angaben 0px und 0 sind in CSS identisch.

- Werte werden im Gegensatz zu HTML nicht in Anführungsstriche gesetzt. Es heißt also color:black und *nicht* color: "black".

Eine Ausnahme von der letzten Regel sind Schriftnamen, die aus mehreren Worten bestehen, wie z. B. *Times New Roman*, die in einfachen oder doppelten Anführungsstrichen stehen sollten:

Listing 7.17:
Mehrteilige
Schriftnamen
stehen in Anfüh-
rungsstrichen.

```
body { font-family: "Times New Roman", Times, serif; }
```

Für den Bildschirm: relative Einheiten

Relative Einheiten eignen sich vorzüglich für die Darstellung von Webseiten am Bildschirm: Pixel (px), Emms (em) und Prozent (%).

Die Einheit px (Pixel)

Ein Pixel ist ein Bildpunkt und relativ zur Bildschirmauflösung: Bei 800 x 600 gibt es 480 000 Pixel auf dem Monitor, bei 1024 x 768 sind es bereits 768.432. Da sich der Monitor nicht vergrößern kann, werden bei einer höheren Auflösung die Pixel kleiner. Die Größe eines Pixels ist also relativ zu der verwendeten Bildschirmauflösung.

Trotzdem ist die Einheit *Pixel* relativ leicht zu verstehen und zu berechnen. Für Schriftgrößen waren px aber lange verpönt, weil erstens die Pixel bei hohen Auflösungen immer kleiner werden und zweitens Surfer im Internet Explorer bis inklusive Version 6 die Schriftgröße dann nicht mehr zoomen können.

Die Einheit em (»emm« gesprochen)

em ist relativ zur Schriftgröße, die ein Benutzer eingestellt hat. Es bezieht sich auf die Größe des Buchstabens *M* und wird wirklich »emm« ausgesprochen.

Die Einheit em ist sehr flexibel und ändert sich, wenn der Benutzer die Schriftgröße im Browser verändert. Abstände mit em zu gestalten ist sehr flexibel, anfangs aber ein bisschen schwer zu fassen, etwa so wie ein Stück Seife in der Badewanne.

»em« und »em«

Die in CSS verfügbare Einheit em hat außer den Buchstaben *e* und *m* nichts, aber auch gar nichts mit dem auf Seite 39 vorgestellten HTML-Element em zur Hervorhebung von Text zu tun.

Tipp

Die Einheit % (Prozent)

Die Einheit *Prozent* ist definitiv relativ, und zwar zu verschiedenen Dingen, und so ist bei *Prozent* immer sofort die erste Frage: »Prozent von was?« Bei CSS ist die Bezugsgröße meist die umgebende Kiste, auch *Eltern-Element* genannt. Die Deklaration width: 50% bedeutet also: die Hälfte der Breite des Eltern-Elements.

Falls irgendwas bei der Angabe von Prozenten überhaupt nicht klappt, schauen Sie am besten in einer CSS-Referenz wie *TheStyle-Works.de* nach, worauf genau sich die Prozentangabe bei der verwendeten CSS-Eigenschaft bezieht.

Für den Drucker: absolute Einheiten

Absolute Einheiten sind für Bildschirm-Stylesheets ungeeignet und in erster Linie für Stylesheets zum Ausdrucken der Webseite gedacht:

- cm ist ein Zentimeter.

- in steht für *Inch*, eine Maßeinheit, die auf Deutsch *Zoll* heißt und 2,54 cm lang ist.

■ pt (kurz für *Punkt*) ist die traditionelle Einheit zur Angabe einer Schriftgröße im Printbereich und entspricht in CSS 1/72 Inch.

Wie gesagt: Für den Ausdruck sind absolute Einheiten okay, für den Bildschirm sind sie ungeeignet.

7.7 Farben definieren: hexadezimal, dezimal und Namen

Am Bildschirm werden alle Farben aus Rot, Grün und Blau gemischt. Zur Definition der jeweiligen Farbanteile gibt es in CSS einige Möglichkeiten:

■ Hexadezimal, normal: `#rrggbb` (**r**ot **r**ot **g**rün **g**rün **b**lau **b**lau)

Nach der Raute kommen jeweils zwei Zeichen für Rot, Grün und Blau. Knallgelb ist in dieser Schreibweise zum Beispiel `#ffff00`: So viel Rot und Grün wie möglich und überhaupt kein Blau. Hier ein paar einfache Merkhilfen:

– `ff` steht für *folles Fund*. »Alle Farben folles Fund« ist Weiß.

– `00` (*Doppelnull*) steht für *Licht aus*. »Alles aus« ist Schwarz.

■ Hexadezimal, kurz: `#rgb`

Knallgelb ist `#ff0`. Jedes Zeichen wird gedoppelt. Diese Schreibweise ist praktisch, funktioniert aber natürlich nur für bestimmte Farbwerte.

■ Dezimal: *rgb(rrr, ggg, bbb)*

Mit Werten zwischen 0 und 255. Gelb wäre also `rgb(255, 255, 0)`.

■ Prozentual: *rgb(rrr%, ggg%, bbb%)*

Knallgelb entspricht in dieser Schreibweise `rgb(100%, 100%, 0%)`.

Außerdem sind die in Tabelle 7.3 genannten siebzehn Farbnamen erlaubt.

Eine ausführliche Übersicht über Farbwerte mit Beispielen für die jeweilige Farbe finden Sie bei *The Styleworks*:

thestyleworks.de/basics/colors.shtml

Farbname	Farbton	Hexadezimal normal	Hexadezimal kurz
white	Weiß	#ffffff	#fff
black	Schwarz	#000000	#000
red	Knallrot	#ff0000	#f00
maroon	Dunkelrot	#800000	-
lime	Knallgrün	#00ff00	#0f0
green	Dunkelgrün	#008000	-
blue	Knallblau	#0000ff	#00f
navy	Dunkelblau	#000080	-
gray	Dunkelgrau	#808080	-
silver	Hellgrau	#c0c0c0	-
yellow	Knallgelb	#ffff00	#ff0
orange	Orange	#ffa500	-
olive	Oliv	#808000	-
purple	Dunkellila	#800080	-
fuchsia	Helllila	#ff00ff	#f0f
aqua	Türkis	#00ffff	#0ff
teal	Aquamarin	#008080	-

Tabelle 7.3:
Alle 17 Farbnamen
und ihre hexa-
dezimalen Ent-
sprechungen

Die Qual der Wahl: Farbschema erstellen

Tipp

Eine Schwalbe macht noch keinen Sommer und eine Farbe noch kein Design. *ColorSchemer Studio* ist ein tolles, aber nicht kostenloses Programm (Win und Mac) zum Mischen und Zusammenstellen von Farben:

■ *colorschemer.com*

Ebenfalls einen Besuch wert sind die folgenden Sites:

■ *colorschemedesigner.com* (Farbschema erstellen)

■ *kuler.adobe.com* (Farbschema erstellen)

■ *colorlovers.com* (Allgemeine Site mit Farbschemata und mehr)

■ *degraeve.com/color-palette/* (Farbschema aus Foto generieren)

7.8 Auf einen Blick

Hier sind noch einmal die wichtigsten Punkte dieses Kapitels im Überblick:

- Die folgenden Begriffe zur Syntax einer CSS-Regel sind wichtig:
  - Ein *Selektor* wählt aus, welcher Teil einer Webseite gestaltet werden soll.
  - Eine *Deklaration* ist eine Gestaltungsanweisung und besteht aus einer *Eigenschaft* und einem *Wert* für diese Eigenschaft.

- Selektoren beziehen sich auf eines von drei Dingen (oder eine Kombination davon):
  - Name eines HTML-Elements
  - ID
  - Klasse (`class`)

- Selektoren können mit einem Komma gruppiert werden: `h1, h2`.

- Selektoren können mit einer Leerstelle verschachtelt werden, um den Wirkungsbereich einzuschränken: `#textbereich a`.

- Mit `ID`- und `class`-Selektoren können Sie eigene Namen vergeben.
  - Jede ID gibt es pro Seite nur einmal.
  - Eine Klasse kann auf jeder Seite beliebig oft verwendet werden.

- Ein Punktesystem namens Spezifität (*specificity*) hilft dem Browser, bei Konfliktfällen die Wichtigkeit von Selektoren zu bewerten.

- Für die Gestaltung am Bildschirm werden die Einheiten `px`, `em` und `%` empfohlen, für die Ausgabe auf den Drucker `cm`, `in` und `pt`.

- In CSS gibt es zahlreiche Methoden, Farbangaben zu definieren. Hexadezimal und Farbnamen sind am weitesten verbreitet.

Kapitel 8

Das Box-Modell

Worin Sie das Box-Modell kennenlernen, eine der wichtigsten Grundlagen für das Gestalten mit CSS. Neben Details zu padding, border *und* margin *erfahren Sie noch einiges über das Einbinden von Hintergrundgrafiken.*

Die Themen im Überblick:

Der Schnelldurchlauf am Anfang des Buches begann auf Seite 53 mit der Feststellung, dass Webseiten aus rechteckigen Kästchen bestehen. *Alle* Texte und Grafiken einer Webseite liegen in solchen Käst-

chen. Ohne Ausnahme. Man kann so ein Kästchen wie gesagt auch *Kiste* oder *Container* nennen. Auf Englisch heißt es *Box*.

8.1 Potenzielle Probleme beim Gestalten der Kästchen

Kästchen alias Boxen sind die Bausteine einer Webseite und das A und O beim Gestalten von Webseiten. Boxen können aber auch zum Hauptproblem werden, wofür es im Wesentlichen zwei Gründe gibt:

- *Mangelnde CSS-Kenntnisse des Seitenbauers*

  Viele Webseitenbauer wissen wenig über das Verhalten von Boxen in der freien Wildbahn. Dieses Kapitel bietet daher eine Anleitung zur Aufzucht und Hege.

- *Mangelnde CSS-Kenntnisse der Browser*

  Die Browser haben CSS auch erst nach und nach gelernt. Moderne Browser setzen CSS inzwischen recht zuverlässig um, ältere haben so ihre Probleme.

Die Quintessenz ist, dass Sie sich des Öfteren in einer Situation wiederfinden werden, in der Sie sich fragen: »Hab ich das jetzt falsch gemacht oder spinnt der Browser?«

Testen Sie Ihre Webseiten also am besten zuerst in einem modernen Browser und erst dann in den älteren Versionen 6 und 7 des Internet Explorer. Firefox, Opera, Safari, Chrome und auch der Internet Explorer 8 und 9 beherrschen CSS sehr gut, und wenn die Seiten darin gut aussehen, haben Sie wahrscheinlich alles richtig gemacht.

8.2 Das Box-Modell in der Übersicht

Alle Boxen sind nach einem bestimmten Schema aufgebaut, das *Box-Modell* genannt wird.

Alle Boxen sind gleich: das Modell

Abbildung 8.1 zeigt eine schematische Darstellung des Box-Modells.

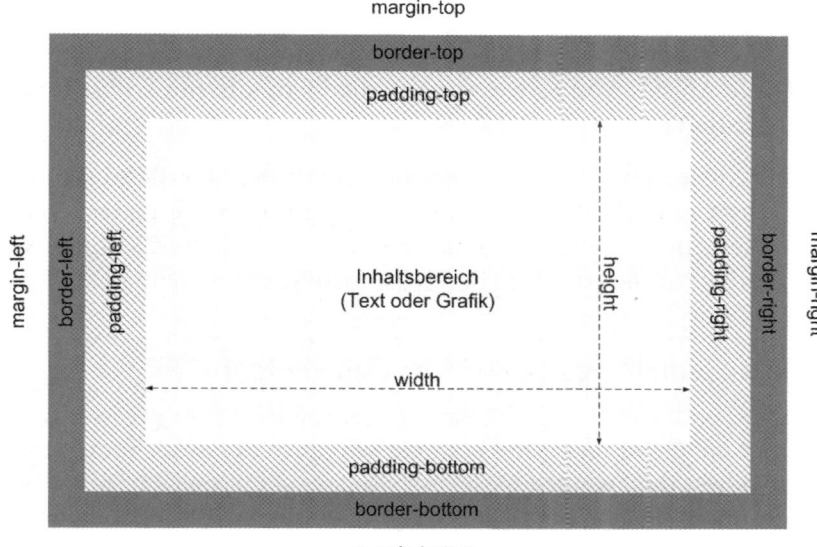

Abbildung 8.1:
Das Box-Modell
– Grundlage des
Gestaltens mit
CSS

Fast alle HTML-Elemente haben die Eigenschaften width, height, padding, border und margin. Je besser Sie dieses Box-Modell verstehen, desto leichter wird Ihnen das Gestalten von Webseiten mit CSS fallen.

Tabelle 8.1 zeigt eine kleine Übersicht der zentralen Begriffe und einiger Übersetzungen, die mir im Laufe der Zeit in verschiedenen Dokumentationen und Programmen begegnet sind.

Englisch	Deutsch
content	Inhalt, Inhaltsbereich
width	Breite, Inhaltsbreite
padding	Innenabstand, Polsterung, Auffüllung Füllung
border	Rahmen, Rahmenlinie
margin	Außenabstand, Rand

Tabelle 8.1:
Begriffe rund um
das Box-Modell

Der Inhaltsbereich: »width« (Breite) und »height« (Höhe)

Text und Grafiken stehen im Inhaltsbereich eines Elements, dessen Breite mit width und dessen Höhe mit height definiert wird. Wenn diese Angaben nicht explizit im Stylesheet auftauchen, gelten die folgenden Grundregeln:

- Ohne Angabe von `width` werden *Block-Elemente* so breit wie das umgebende Element.

- Ohne Angabe von `height` werden alle Elemente nur so hoch wie ihr Inhalt.

Beachten Sie, dass `width` die Breite des Inhaltsbereichs definiert und *nicht* die Gesamtbreite des Elements. Eigentlich wäre `content-width` (also Breite des Inhalts) ein genauerer Name. Auf Seite 175 finden Sie ein Beispiel zur Berechnung der Gesamtbreite eines Elements.

Der Innenabstand: »padding« (Polsterung)

Nach dem Inhaltsbereich folgt in jeder Box der Innenabstand (`padding`). Das `padding` liegt *innerhalb* der Box und übernimmt die Hintergrundfarbe des Inhaltsbereichs.

`padding` kann für alle vier Seiten einer Box einzeln definiert werden. Die Eigenschaften heißen dann wie folgt:

- `padding-top` für den oberen Innenabstand

- `padding-right` für den rechten Innenabstand

- `padding-bottom` für den unteren Innenabstand

- `padding-left` für den linken Innenabstand

Das `padding` funktioniert übrigens bei Block- und Inline-Elementen absolut identisch.

Der Rahmen drum herum: »border« (Rahmenlinien)

Um das padding legt sich der Rahmen (border), der Rand der Kiste, der eine eigene Breite (width), Linienart (style) und Farbe (color) annehmen kann.

Auch border kann für alle vier Seiten unterschiedlich sein. Die Eigenschaften heißen dann:

- border-top für die Rahmenlinie oben
- border-right für die rechte Rahmenlinie
- border-bottom für die untere Rahmenlinie
- border-left für die linke Rahmenlinie

border ist sehr flexibel und kann für jede dieser vier Seiten eine gesonderte Breite, Linienart und Farbe erhalten. Macht summa summarum maximal *zwölf* mögliche border-Deklarationen für *eine* CSS-Regel, die dann so wunderschöne Namen wie border-top-width, border-right-color oder border-left-style haben.

Die Regeln zur Erstellung von Rahmenlinien mit border gelten ohne Einschränkung auch für Inline-Elemente.

Der Außenabstand: »margin« (Rand)

Jede Box kann einen Außenabstand (margin) haben, der ebenfalls für alle vier Seiten einzeln definiert werden kann:

- margin-top für den oberen Außenabstand
- margin-right für den rechten Außenabstand
- margin-bottom für den unteren Außenabstand
- margin-left für den linken Außenabstand

Der Außenabstand liegt außerhalb der Box und übernimmt die Hintergrundfarbe des umgebenden Elements.

margin darf – im Gegensatz zu border und padding – übrigens auch negative Werte haben.

Tipp ## Inline-Elemente ohne »margin-top« und »margin-bottom«

Kleine, aber feine Einschränkung: Inline-Elemente kennen weder `margin-top` noch `margin-bottom`. Links und rechts funktioniert mit `margin-left` und `margin-right` alles wie gewohnt, aber oben und unten gibt es bei Inline-Elementen keinen Außenabstand. Details dazu finden Sie ab Seite 456 im Abschnitt 23.3 »Das Box-Modell für Inliner«.

Vertikale Außenabstände kollabieren: »collapsing margins«

Eine kleine Besonderheit von `margin` bereitet oft Kopfzerbrechen und soll deshalb gleich kurz erwähnt werden:

- Horizontale Außenabstände sich berührender nebeneinanderstehender Boxen werden ganz normal addiert.

- *Vertikale* Außenabstände sind schreckhafter: Wenn sich `margin-bottom` und `margin-top` zweier untereinanderstehender Boxen berühren, kollabieren sie.

Pfft. Luft raus. Der größere Außenabstand bleibt bestehen, der kleinere verschwindet:

Abbildung 8.2:
Wenn zwei vertikale »margins«
sich berühren,
kollabieren sie.

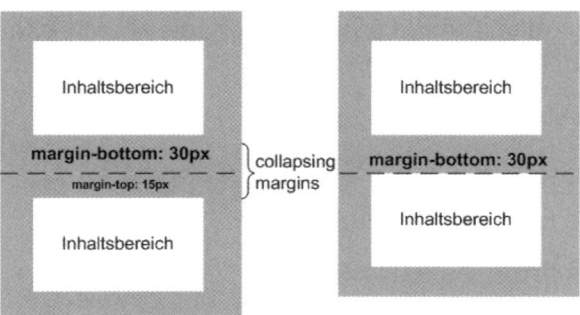

Das klingt zunächst abstrus, ist im Alltag aber meist ganz praktisch, wenn zum Beispiel mehrere Absätze aufeinanderfolgen.

Tipp

Details über zusammenfallende Abstände

Weitere Informationen über zusammenfallende Abstände alias *collapsing margins* finden Sie bei *The Styleworks* auf der folgenden Seite:

- *thestyleworks.de/ref/margin.shtml#collaps*

Wenig intuitiv: die Gesamtbreite einer Box berechnen

Auf den ersten Blick ungewöhnlich ist die Berechnung der Gesamtbreite einer Box. width heißt zwar »Breite«, damit ist aber wie erwähnt nicht die Gesamtbreite der Box gemeint, sondern die Breite des *Inhaltsbereichs*.

Zur Erklärung ein Beispiel, dem folgende CSS-Regel zugrunde liegt:

```
div {
    width: 720px;
    padding: 20px;
    border: 0;
    margin: 10px;
}
```

Listing 8.1:
CSS-Beispiel zur
Berechnung der
Gesamtbreite einer Box

Die Gesamtbreite der Box setzt sich aus width, padding, border und margin zusammen. Tabelle 8.2 zeigt die Berechnung für das CSS aus Listing 8.1.

Berechnung	Beispiel
width	720px
+ padding-right	+ 20px
+ padding-left	+ 20px
+ border-right-width	+ 0
+ border-left-width	+ 0
+ margin-right	+ 10px
+ margin-left	+ 10px
===============	===============
Gesamtbreite der Box	780px

Tabelle 8.2:
Berechnung der
Gesamtbreite
einer Box

Man muss manchmal wirklich rechnen, bis alles passt.

Für die Höhe gilt übrigens dasselbe: Die Gesamthöhe eines Elements setzt sich zusammen aus `height` plus `padding-top` plus `padding-bottom` plus `border-top-width` plus `border-bottom-width` plus `margin-top` plus `margin-bottom`.

8.3 Kalibrierung: Abstände auf null setzen

Alle Browser haben ein eingebautes Stylesheet, und eine ziemlich nervige Sache beim Lernen von CSS ist, dass die Browser für `padding` und `margin` zum Teil sehr unterschiedliche Standardvorgaben haben.

Die Abstände der eingebauten Browser-Stylesheets annullieren

Um nicht jedes Mal wieder auf Fehlersuche gehen zu müssen, greifen viele Webdesigner zu einer Maßnahme, die auf den ersten Blick radikal erscheinen mag, die sich aber bewährt hat:

padding und *margin werden für alle HTML-Elemente auf 0 (null) gesetzt.*

Betrachten Sie es als Kalibrierung, denn durch diese Maßnahme, die auch unter dem Begriff *CSS-Reset* bekannt ist, werden die unterschiedlichen Werte der eingebauten Browser-Stylesheets außer Kraft gesetzt, wodurch eine einheitliche Ausgangssituation geschaffen wird.

Im folgenden ToDo erledigen Sie gleich noch eine Sache, die in gewisser Weise auch etwas mit Kalibrierung zu tun hat: Einige Browser blenden die Bildlaufleiste am rechten Fensterrand nur ein, wenn die Seite wirklich länger ist als das Browserfenster. Dadurch »springt« das Layout beim Übergang von einer Seite mit Scrollbar zu einer Seite ohne (und umgekehrt). Mit einer einfachen CSS-Regel bringen Sie den Browser dazu, die Scrollbar immer einzublenden:

```
html { overflow-y: scroll; }
```

Die Eigenschaft `overflow-y` wird zwar offiziell erst in CSS3 eingeführt, bereitet aber keinerlei Probleme und hat auch keine Nebenwirkungen.

Das Sternchen als Selektor bedeutet »alles«. Erschrecken Sie nicht,
wenn Sie die Seite nach dieser Änderung im Browser betrachten, es
wird alles wieder gut.

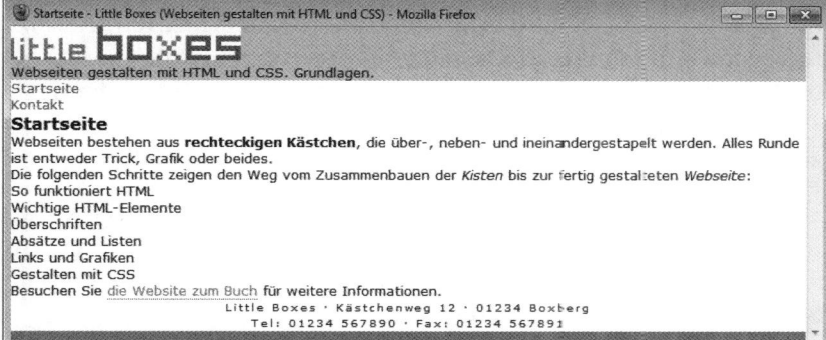

Abbildung 8.3:
Radikale
Kalibrierung

Überschriften, Absätze, Listen und sogar die verschachtelte Liste –
alle Elemente sitzen ohne Abstand dicht aufeinander.

Die Abstände für die wichtigsten Elemente neu definieren

Die Abstände für Absätze und ungeordnete Listen werden in der folgenden Regel wieder auf akzeptable Werte gesetzt.

Das große
little **boxes** Buch
Webseiten gestalten mit HTML & CSS.
Grundlagen, Navigation, Inhalte, YAML & mehr

ToDo: Abstände für Absätze und Listen restaurieren

1. Definieren Sie am Ende des Stylesheets die folgenden CSS-Regeln:

```
/* Abstand nach unten */
h2, p, ul, ol { margin-bottom: 1em; }

/* Verschachtelte Listen ohne Abstand */
ul ul { margin-bottom: 0; }

/* Abstand von links */
li { margin-left: 1em; }
```

2. Speichern Sie das Stylesheet, und betrachten Sie die Webseiten im Browser.

Mit diesen Regeln definieren Sie für alle h2-Überschriften, Absätze und Listen einen Außenabstand nach unten von 1em. Alle li-Elemente bekommen einen Abstand nach links von ebenfalls 1em, damit sie etwas eingerückt werden und das Aufzählungszeichen wieder sichtbar wird.

Erwähnenswert ist noch der Selektor ul ul, der eine Liste in einer Liste auswählt und den direkt vorher definierten margin-bottom für ul für die inneren Listen wieder entfernt, damit auf der Startseite unterhalb der verschachtelten Liste keine Lücke entsteht.

Abbildung 8.4:
Absätze und
Listen mit restauriertem »margin«

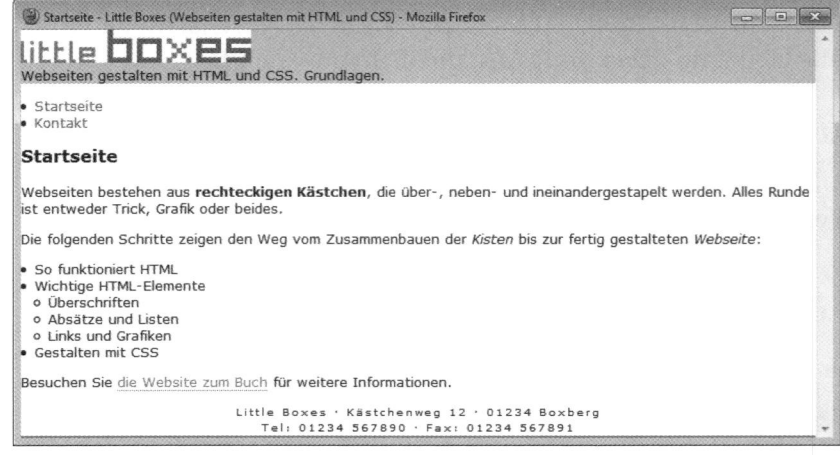

Tipp

Noch mehr Abstände zum Restaurieren

Falls Sie auf Ihren Webseiten weitere Elemente wie ol oder blockquote verwenden, denken Sie daran, auch für diese Elemente die gewünschten Abstände zu restaurieren.

8.4 Webseite zentrieren mit »width« und »margin«

In diesem Schritt definieren Sie mit der Eigenschaft width zunächst eine feste Breite für den Bereich #wrapper und zentrieren diesen dann im Browserfenster.

Die Breite eines Elements: »width«

Das folgende ToDo begrenzt die Breite des Wrappers auf 720px.

ToDo: Eine feste Breite für »#wrapper« definieren

1. Ergänzen Sie den Style für den Wrapper um die fett gedruckte Zeile zur Definition einer festen Breite:

```
div#wrapper {
  color: black;
  background-color: white;
  width: 720px; /* feste Breite definieren */
}
```

2. Speichern Sie das Stylesheet, und betrachten Sie die Webseiten im Browser.

Die Breite von 720 Pixel ist so gewählt, dass die Seite auch bei einer Bildschirmauflösung von 800 x 600 Pixel noch akzeptabel aussieht. Da auf den Beispielseiten nicht so viel Inhalt ist, reicht das völlig aus. Falls Ihnen die Seiten mit 720px zu schmal sind: 760px (oder für mehrspaltige Layouts auch 960px) sind im wahrsten Sinne des Wortes weit *verbreitet*.

Mit einer festen Breite nehmen Sie der Webseite zwar ein Stück ihrer natürlichen Flexibilität, weil die Seite sich dem Browserfenster nicht

mehr anpasst, aber feste Layouts mit Pixelangaben sind zum Lernen gut geeignet.

Tipp

> ## Flexible Breiten
>
> Wenn Sie Lust auf Experimente haben, ersetzen Sie 720px einfach durch eine Prozentangabe wie 70%. In dem Fall hat #wrapper immer eine Breite von 70% des umgebenden Elements, und das ist body.

Die Seite zentrieren mit »margin: auto«

Da es leider keinen Befehl wie »Zentriere das Element auf der Seite« gibt, benutzen Sie einen kleinen Trick: Wenn die Außenabstände (margin) für links und rechts auf *automatisch* gesetzt werden, sind sie immer gleich groß und das Element erscheint zentriert.

Gleichzeitig geben Sie div#wrapper einen oberen und unteren Außenrand von 10 Pixel, damit der Bereich nicht ganz oben am Rand des Browserfensters klebt.

> ### ToDo: »#wrapper« auf der Webseite zentrieren
>
> 1. Ergänzen Sie den Style für div#wrapper um die fett gedruckten Zeilen zur Definition von margin:
>
> ```
> div#wrapper {
>     color: black;
>     background-color: white;
>     width: 720px;
>     margin-top: 10px;
>     margin-right: auto; /* Abstand rechts automatisch */
>     margin-bottom: 10px;
>     margin-left: auto; /* Abstand links automatisch */
> }
> ```
>
> 2. Speichern Sie das Stylesheet, und betrachten Sie die Webseiten im Browser.

Nach diesem Schritt sieht die Startseite in etwa folgendermaßen aus wie in Abbildung 8.5.

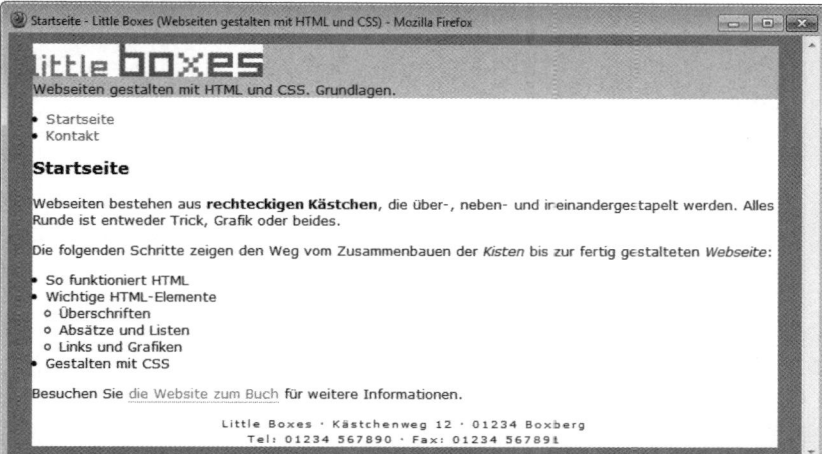

Abbildung 8.5:
Zentriert
und oben ein
»margin« von
10px

margin liegt wie gesagt außerhalb der Box und übernimmt die Farbe des umgebenden Elements, sodass in diesem Fall rechts und links von div#wrapper die Hintergrundfarbe von body sichtbar wird.

8.5 Rahmenlinien erstellen: »border«

Mit *border* können Sie Rahmenlinien definieren. Im folgenden ToDo geben Sie dem Fußbereich auf den Beispielseiten eine obere Rahmenlinie und gestalten die Abstände darunter (padding-top) und darüber (margin-top).

ToDo: Eine obere Rahmenlinie für #fussbereich erstellen

1. Erstellen Sie zwischen den Styles für Kopfbereich und für das Logo den folgenden Style für den Fußbereich:

```
div#fussbereich {
   padding-top: 10px;  /* unterhalb der Rahmenlinie */
   border-top: 1px solid #8c8c8c; /* Rahmenlinie oben */
   margin-top: 20px; /* oberhalb der Rahmenlinie */
}
```

2. Speichern Sie das Stylesheet, und betrachten Sie die Webseiten im Browser.

Die drei Deklarationen beschreiben die Abstände wie folgt:

- `padding-top` ist der Abstand zwischen dem Text von `address` und der Rahmenlinie darüber.

- `border-top` erzeugt eine Rahmenlinie oben: 1 Pixel dick, durchgezogen (`solid`) und farbig.

- `margin-top` regelt den Abstand zwischen der Linie und dem Element darüber.

8.6 Ein bisschen Abstand drum herum: »padding«

Ein Problem beim Gestalten mit CSS ist, dass man manchmal nicht genau weiß, welcher Box man welche Eigenschaft zuweisen muss, um einen gewünschten Effekt zu erreichen.

Um zwischen dem Text und dem Rand von `div#wrapper` ein kleines Polster zu erzeugen, läge es nahe, `div#wrapper` ein `padding` von zum Beispiel 20 Pixel zu geben. Diese Maßnahme hat allerdings nicht wirklich den gewünschten Effekt, denn dadurch erscheint auch um den Kopfbereich ein weißer Abstand (siehe Abbildung 8.6).

Abbildung 8.6: »#wrapper« mit 20px »padding« – nicht wirklich gelungen

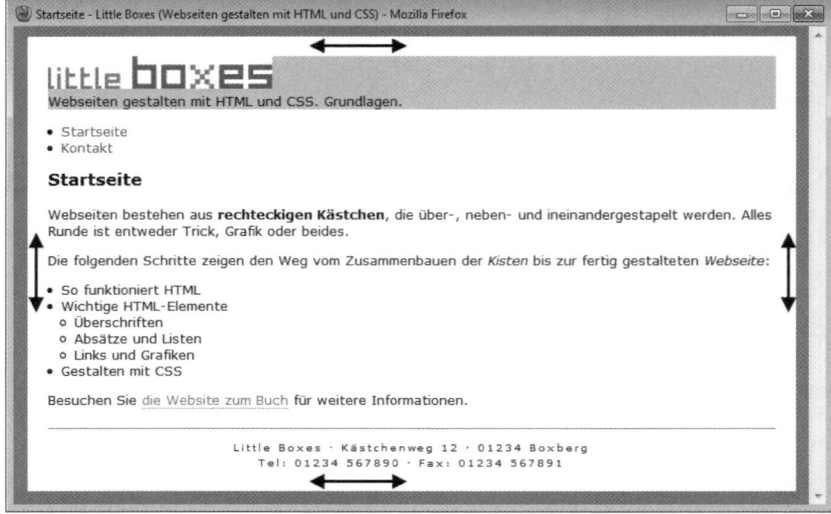

Eine bessere Lösung ist es in diesem Fall, für die div-Bereiche jeweils ein individuelles padding zu definieren.

ToDo: Einen Innenabstand für die div-Bereiche definieren

1. Ergänzen Sie das Stylesheet um die fett gedruckten Zeilen:

```
div#kopfbereich {
    color: black;
    background-color: #f3c600;
    padding-top: 10px;
    padding-right: 20px;
    padding-bottom: 0;
    padding-left: 20px;
}
div#navibereich {
    padding-top: 5px ;
    padding-right: 20px;
    padding-bottom: 5px;
    padding-left: 20px;
}
div#textbereich {
    padding-top: 20px ;
    padding-right: 20px;
    padding-bottom: 20px;
    padding-left: 20px;
}
div#fussbereich {
    padding-top: 10px;
    padding-right: 20px;
    padding-bottom: 20px;
    padding-left: 20px;
    border-top: 1px solid #8c8c8c;
    margin-top: 0; /* war vorher 20px */
}
```

2. Speichern Sie das Stylesheet, und betrachten Sie die Webseiten im Browser.

Alle drei Bereiche haben ein leicht unterschiedliches padding bekommen, und insgesamt sieht das Ergebnis schon ganz brauchbar aus.

Abbildung 8.7:
Startseite mit
»padding« für die
»div«-Bereiche

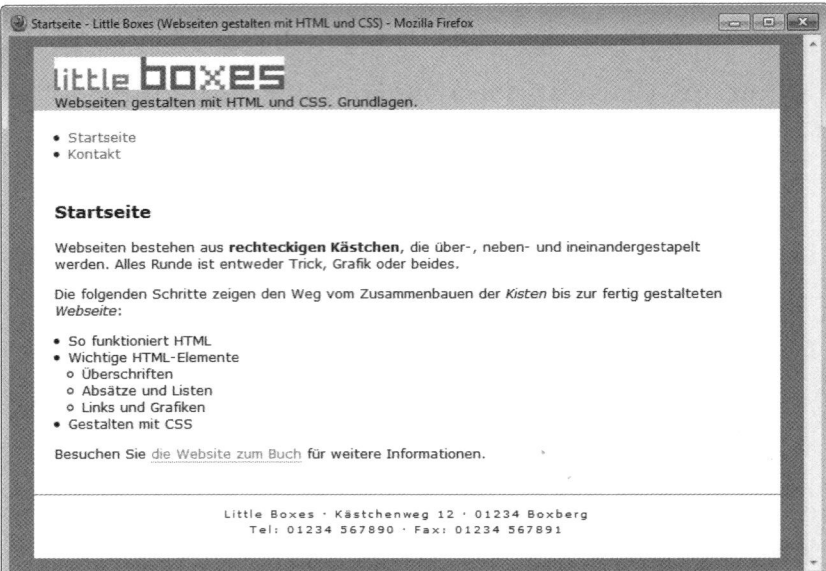

Tipp | **Kurzschreibweise für »padding« und »margin«**

Bei der Definition des padding für die div-Bereiche haben Sie alle vier Seiten einzeln geschrieben. Das ist zwar sehr anschaulich, aber auf Dauer sehr viel Getippe. In Abschnitt 9.5 »Effektiv: Kurzschreibweisen für »padding« und »margin«« ab Seite 202 lernen Sie diverse Kurzschreibweisen für padding und margin kennen.

8.7 Das Box-Modell und die farbliche Gestaltung

Bei der farblichen Gestaltung der Flächen auf einer Webseite ist das Box-Modell besonders wichtig. Deshalb zeigt Tabelle 8.3 eine explizite Zusammenfassung.

Eigenschaft	Verhalten
background-color	Definiert die Hintergrundfarbe für den Inhaltsbereich der Box.
padding	Die Polsterung *in* der Kiste übernimmt die *Farbe* von background-color.
border	Die Begrenzung der Kiste hat eine *eigene Farbe*, Linienart und Breite.
margin	Der Abstand *außerhalb* der Kiste übernimmt die *Farbe der umgebenden Box* (Eltern-Element).

Tabelle 8.3:
Die farbliche
Gestaltung und
das Box-Modell

Die Hintergrundfarbe des Inhaltsbereichs geht übrigens bis *unter* die Rahmenlinie. Wenn die Rahmenlinie also wie bei den Linienarten dashed, dotted, double Lücken aufweist, sollte darin die Hintergrundfarbe des Elements durchscheinen.

Klingt alles gut, aber ein Bild sagt mehr als tausend Worte. Im folgenden Beispiel wird das transparente GIF-Logo im Kopfbereich mit einem hellgrauen Rahmen umgeben, und zwar nur mit Eigenschaften aus dem Box-Modell:

ToDo: Die Grafik im Kopfbereich farblich gestalten

1. Ergänzen Sie die Regel von img#logo wie folgt:

```
img#logo {
    background-color: white;
    color: black;
    padding: 10px;
    border: 10px solid #d9d9d9;
}
```

2. Speichern Sie das Stylesheet, und betrachten Sie die Webseiten im Browser.

So sieht die Logo-Grafik jetzt aus:

Abbildung 8.8:
Logo-Grafik
mit weißem
Hintergrund und
grauem Rahmen

Tipp **Firebug und das Box-Modell**

Mit dem Firebug können Sie die Box-Modell-Eigenschaften `width`, `height`, `padding`, `border` und `margin` sehr einfach untersuchen:

- Wenn Sie im Firebug links im HTML-Baum mit dem Mauszeiger auf ein Element zeigen, wird es im Browserfenster farblich hervorgehoben. Dabei wird der Inhaltsbereich eines Elements hellblau, das `padding` dunkler in Lila und ein `margin` hellgelb gekennzeichnet.

- Noch genauer können Sie das Box-Modell in der rechten CSS-Hälfte des Firebug untersuchen. Wenn Sie dort rechts neben dem Register STYLES auf LAYOUT klicken, erscheint darunter eine grafische Darstellung des Box-Modells. Zeigen Sie mit dem Mauszeiger auf das Box-Modell, und achten Sie dabei auf die Hervorhebung des Elements oben im Browserfenster. Es erscheint mit einem Lineal und allem Drum und Dran.

- Im Box-Modell können Sie auf einen Wert doppelklicken und diesen dann ändern. Firefox zeigt die Änderung live im Browserfenster darüber.

Aktivieren Sie einfach ab und an mal den Firebug und spielen Sie mit ihm herum – das hilft beim Verstehen.

8.8 Hintergrundgrafiken per CSS

Grafiken mit Informationsgehalt wie z. B. das Logo im Kopfbereich werden mit dem Element `img` in den HTML-Quelltext eingebunden. Ziergrafiken hingegen werden im CSS als Hintergrundgrafiken eingebaut.

Hintergrundgrafik einbinden: »background-image«

Wenn Sie zum Beispiel dem Kopfbereich einen Farbverlauf geben wollen, erreichen Sie das mithilfe einer Hintergrundgrafik. Um eine Grafik zu erstellen, gibt es mehrere Möglichkeiten:

Wenn Sie mit einem Bildbearbeitungsprogramm vertraut sind, können Sie Ihre eigene Hintergrundgrafik erstellen. Falls nicht, ist die Erstellung einer Grafik mit Farbverlauf (engl.: *gradient*) wahrscheinlich am einfachsten online per Browser mit dem *Gradient Image Maker* zu bewerkstelligen:

tools.dynamicdrive.com/gradient/

Mit den genauen Werten können Sie ruhig etwas experimentieren. Die Beispielgrafik ist genauso breit wie #wrapper (720px), 5px hoch, und der Farbverlauf geht von der aktuellen Hintergrundfarbe #f3c600 bis zu einem helleren Gelbton mit dem Wert #ffe574:

Sie finden die fertige Hintergrundgrafik auch in den Beispieldateien.

Abbildung 8.9:
Lang und dünn –
Hintergrundgrafik
mit Farbverlauf

ToDo: Fügen Sie eine Hintergrundgrafik für den Kopfbereich ein

1. Ergänzen Sie das Stylesheet um die fett gedruckte Zeile:

```
#kopfbereich {
   color: black;
   background-color: #f3c600;
   background-image: url(farbverlauf.jpg);
   padding-top: 10px;
   padding-right: 20px;
   padding-bottom: 0;
   padding-left: 20px;
}
```

2. Speichern Sie das Stylesheet, und betrachten Sie die Webseiten im Browser.

Die Hintergrundgrafik legt sich über die Hintergrundfarbe, sodass diese nur sichtbar wird, wenn die Grafik aus irgendeinem Grund nicht (oder nicht mehr) angezeigt wird.

Die Wegbeschreibung zur Hintergrundgrafik

Tipp

Die Pfadangabe zur Grafikdatei bezieht sich immer auf den *Speicherort der CSS-Datei*. Pro HTML-Element können Sie in CSS2.1 nur eine Hintergrundgrafik einbinden.

Hintergrundgrafiken kacheln: »background-repeat«

Wie im HTML wird eine Hintergrundgrafik horizontal und vertikal so lange gekachelt, bis der zur Verfügung stehende Raum aufgebraucht ist. Im CSS gibt es allerdings viel mehr Möglichkeiten.

Sie können die Grafik z. B. nur in eine Richtung kacheln, wobei es drei Variationen gibt:

- Eine vertikale Kachelung entlang der y-Achse (untereinander) erzielen Sie mit `background-repeat: repeat-y`.

- Eine horizontale Wiederholung entlang der x-Achse (nebeneinander) geben Sie mit `background-repeat: repeat-x` an.

- Wenn eine Hintergrundgrafik gar nicht gekachelt werden soll, benutzen Sie den Wert `background-repeat: no-repeat`.

Die Beispielseiten haben eine feste Breite von 720px, und deshalb ist die Angabe von `background-repeat` nicht nötig.

Bei einem flexiblen Design hingegen wissen Sie nicht im Voraus, wie breit die Webseite sein wird, und die 720px breite Grafik würde ab dem 721. Pixel wieder von vorne beginnen, was meistens eher nicht so toll aussieht.

Abbildung 8.10:
Die Hintergrundgrafik beginnt rechts wieder von vorne.

Um dieses Problem zu lösen, gibt es zwei verschiedene Ansätze:

- Sie machen die Grafik breiter. Das grundlegende Problem bleibt dabei allerdings erhalten, denn Sie wissen nie wirklich, wie breit die Grafik sein muss, weshalb viele Webdesigner über 2000px breite Hintergrundgrafiken benutzen.

- Sie kacheln die Grafik nur vertikal (mit `repeat-y`) und ändern die Hintergrundfarbe in die Farbe des Farbverlaufs, die ganz rechts ist, sodass der Farbverlauf nach der Grafik nahtlos in eine konstante Hintergrundfarbe übergeht.

Mit der zweiten Möglichkeit sieht der Kopfbereich so aus:

Dieser Effekt wird mit folgendem CSS erreicht (wobei ich `padding` und andere Eigenschaften der Übersichtlichkeit halber weggelassen habe):

Abbildung 8.11:
Nahtloser Über-
gang in eine
konstante Hinter-
grundfarbe

```
01 #kopfbereich {
02   background-color: #ffe574;
03   background-image: url(farbverlauf.jpg);
04   background-repeat: repeat-y; /* nur vertikal (untereinander) */
05 }
```

Listing 8.2:
Hintergrund-
grafik nur unter-
einanderkacheln

Hintergrundgrafik positionieren: »background-position«

Hintergrundgrafiken können auch innerhalb des Elements positioniert werden. Im folgenden Beispiel beginnt die Grafik links oben:

```
01 #kopfbereich {
02   background-color: #ffe574;
03   background-image: url(farbverlauf.jpg);
04   background-repeat: repeat-y; /* nur vertikal (untereinander) */
05   background-position: top left;
06 }
```

Listing 8.3:
Hintergrund-
grafik im Element
positionieren

Die Position der Hintergrundgrafik kann mit den Worten `left`, `right`, `top`, `bottom` oder `center` bestimmt werden. Wenn zwei Werte verwendet werden, steht der erste für die horizontale und der zweite für die vertikale Position.

Zentrieren können Sie eine Grafik einfach mit dem Wert `center`:

■   `background-position: center;`

Details zu »background-position«

Weitere Informationen und Beispiele zur Anwendung von `background-position` finden Sie zum Beispiel bei CSS4You:

■ *css4you.de/background-position.html*

Tipp

Hintergrundgrafik fixieren: »background-attachment«

Normalerweise scrollt eine Hintergrundgrafik mit der Seite mit, aber Sie können die Grafik auch fest positionieren:

Listing 8.4:
Hintergrundgrafik
fest positionieren

```
01 #kopfbereich {
02    background-color: #ffe574;
03    background-image: url(farbverlauf.jpg);
04    background-repeat: repeat-y; /* nur vertikal (untereinander) */
05    background-position: top left;
06    background-attachment: fixed;
07 }
```

Wenn die Hintergrundgrafik fixiert ist, rollt der Inhalt beim Scrollen über die Hintergrundgrafik hinweg, was zum Teil wirklich verblüffende Effekte ergibt.

Tipp

Mozart und der fixierte Hintergrund

Ein wunderschönes Beispiel dafür ist die Mozart-Variante des Zen Garden:

- *csszengarden.com/?cssfile=189/189.css*

Achten Sie beim Scrollen auf die Noten im Hintergrund.

Die Kurzschreibweise: »background«

Es gibt zur Definition der Hintergrundformatierung mit der Eigenschaft background auch eine Kurzschreibweise. Für die Beispielseiten würde das etwa so aussehen:

Listing 8.5:
Die Kurzschreib-
weise für »back-
ground«

```
01 #kopfbereich {
02    background: #ffe574 url(farbverlauf.jpg) repeat-y left top;
03 }
```

Mit dieser Schreibweise legen Sie alle Formatierungen für den Hintergrund in einer einzigen Zeile fest: zuerst die Farbe, dann die Grafik und deren Wiederholung und Positionierung.

Falls in der Kurzschreibweise für background statt der Schlüsselworte top, bottom, left oder right zwei Zahlenwerte angegeben werden, steht der erste für die horizontale und der zweite für die vertikale Ausrichtung. So gesehen wäre es eine gute Angewohnheit, diese Reihenfolge auch bei den Schlüsselwörtern einzuhalten, und die Angabe von left bottom wäre sinnvoller als die von bottom left, auch wenn es dem Browser egal ist.

8.9 Das Stylesheet im Überblick

Am Ende dieses Kapitels wird das Stylesheet langsam, aber sicher etwas unübersichtlich. Hier der aktuelle Stand der Dinge:

```
01 /* Stylesheet für die Beispielsite aus "Little Boxes" */
02 * { padding: 0; margin: 0; }
03 html { overflow-y: scroll; }
04 body {
05    background-color: #8c8c8c;
06    color: white;
07    font-family: Verdana, Arial, Helvetica, sans-serif;
08    font-size: small;
09 }
10 div#wrapper {
11    background-color: white;
12    color: black;
13    width: 720px;
14    margin-top: 10px;
15    margin-right: auto;
16    margin-bottom: 10px;
17    margin-left: auto;
18 }
19 div#kopfbereich {
20    background: #ffe574 url(farbverlauf.jpg) repeat-y left top;
21    color: black;
22    padding-top: 10px;
23    padding-right: 20px;
24    padding-bottom: 0;
25    padding-left: 20px;
26 }
27 div#navibereich {
28    padding-top: 5px ;
29    padding-right: 20px;
30    padding-bottom: 5px;
31    padding-left: 20px;
32 }
```

Listing 8.6:
Alle bisher
benutzten Styles
im Überblick

```
33 div#textbereich {
34   padding-top: 20px ;
35   padding-right: 20px;
36   padding-bottom: 20px;
37   padding-left: 20px;
38 }
39 div#fussbereich {
40   padding-top: 10px;
41   padding-right: 20px;
42   padding-bottom: 20px;
43   padding-left: 20px;
44   border-top: 1px solid #8c8c8c;
45   margin-top: 0;
46 }
47 img#logo {
48   background-color: white;
49   color: black;
50   padding: 10px;
51   border: 10px solid #d9d9d9;
52 }
53
54 h1 { font-size: 150%; }
55 h2 { font-size: 130%; }
56 address {
57   text-align: center;
58   font-size: 80%;
59   font-style: normal;
60   letter-spacing: 2px;
61   line-height: 1.5;
62 }
63 a {
64    text-decoration: none;
65    /* outline: none; */
66 }
67 a:link { color: #d90000; }
68 a:visited { color: #cc6666; }
69 a:hover, a:focus {
70   border-bottom: 1px solid #d90000;
71 }
```

```
72 a:active {
73   background-color: #d90000;
74   color: white;
75 }
76 #textbereich a {
77    border-bottom: 1px dotted #cc0000;
78 }
79 #textbereich a:hover,
80 #textbereich a:focus {
81    border-bottom: 1px solid #d90000;
82 }
82 }
83 p#slogan span {
84  color: #d90000; /*Schriftfarbe */
85 }
86 h2, p, ul, ol { margin-bottom: 1em ; }84
87 /* Verschachtelte Listen ohne Abstand */
88 ul ul { margin-bottom: 0; }
89
80 /* Abstand von links */
90 li { margin-left: 1em; }
```

8.10 Auf einen Blick

Hier sind noch einmal die wichtigsten Punkte dieses Kapitels im Überblick:

■ Das Box-Modell ist das Schema, nach dem alle Kästchen auf der Webseite aufgebaut sind.

■ Das Box-Modell dient zur Gestaltung von Abständen und Farbflächen.

■ Jedes Kästchen besteht aus folgenden Eigenschaften:

   – Inhaltsbereich mit width und height

   – Innenabstand (padding)

   – Rahmen (border)

   – Außenabstand (margin)

- Vertikale Außenabstände werden zusammengefasst (*collapsing margins*).

- Die Gesamtbreite einer Box ist `width` plus `padding` plus `border` plus `margin`.

- Um Probleme mit unterschiedlichen Browsereinstellungen zu vermeiden, sollte man die Abstände kalibrieren und `padding` sowie `margin` für alle Elemente auf null setzen.

- Die horizontale Zentrierung eines Bereichs erreichen Sie mit `margin: auto`.

- Ziergrafiken werden mit der Eigenschaft `background-image` als Hintergrundgrafik im CSS eingebunden.

Kapitel 9

Ordnung halten im Stylesheet

Worin Sie einige Anregungen zur Organisation Ihrer Styles bekommen, Kurzschreibweisen für padding *und* margin *kennenlernen und am Ende das aufgeräumte CSS validieren.*

Die Themen im Überblick:

Das Stylesheet wird langsam, aber sicher immer länger und unübersichtlicher, und in diesem Kapitel möchte ich Ihnen ein paar Beispiele zur Organisation eines Stylesheets und zum effektiveren Schreiben von CSS-Regeln geben.

Wie ausführlich Sie die Vorschläge aus diesem Kapitel umsetzen, hängt unter anderem von Ihrem persönlichen Ordnungsbedürfnis ab. Wichtig ist, dass *Sie* den *Überblick* behalten, und ich hoffe, Ihnen dafür ein paar brauchbare Anregungen geben zu können.

9.1 Der Kommentar am Anfang

Am Dateinamen eines Stylesheets kann man nicht immer erkennen, zu welcher Site es gehört und welchen Zweck es erfüllt. Darum empfiehlt es sich, am Anfang jeder CSS-Datei die wichtigsten Informationen in einem Kommentar festzuhalten.

Wie ausführlich dieser Kommentar ausfällt, hängt von Ihren persönlichen Vorlieben ab, Ihrem Ordnungsbedürfnis und der Komplexität des Projekts. Im Folgenden sehen Sie zwei Beispiele zur Anregung.

Zunächst eine Minimalvariante:

Listing 9.1:
CSS-Kommentar
am Anfang –
Minimalvariante

```
/* Stylesheet für die Beispielsite aus "Little Boxes", Juni 2011*/
```

Wenn Sie dieses Stylesheet in ein paar Wochen oder Monaten wieder öffnen, wissen Sie wenigstens noch, wann und wofür es geschrieben wurde.

Die folgende Variante erledigt im Grunde genommen dieselbe Aufgabe, ist aber etwas ausführlicher:

Listing 9.2:
CSS-Kommentar
am Anfang – aus-
führliche Variante

```
/*  ============================================================
Stylesheet für die Beispielsite aus "Little Boxes"
Stand: Ende Kapitel "Ordnung halten im Stylesheet"
Datei: bildschirm.css
Datum: 28. Juni 2011
Autor: Peter Müller


Aufbau: 1. Kalibrierung und Restauration
        2. Allgemeine Styles
        3. Styles für Layoutbereiche
        4. Sonstige Styles
============================================================ */
```

Je nach Lust und Laune können Sie zum Beispiel auch noch das verwendete *Farbschema* oder eine Liste der im CSS eingebundenen *Grafikdateien* dokumentieren.

9.2 Das Stylesheet in Abschnitte unterteilen

Stylesheets sind nicht selten mehrere hundert Zeilen lang. Deshalb sollten Sie von Beginn an versuchen, das CSS so übersichtlich wie möglich zu schreiben. Dazu bietet es sich an, das Stylesheet mit mehrzeiligen Kommentaren in verschiedene Abschnitte zu unterteilen.

Im folgenden Beispiel habe ich das bisherige Stylesheet, wie im Anfangskommentar oben angedeutet, in vier Teile untergliedert:

```
/* =====================================
   1. Kalibrierung und Restauration
   ===================================== */


/* =====================================
   2. Allgemeine Styles
   ===================================== */

/* =====================================
   3. Styles für die Layoutbereiche
   ===================================== */

/* =====================================
   4. Sonstige Styles
   ===================================== */
```

Listing 9.3:
Das Stylesheet
in Abschnitte
unterteilen

Statt des Gleichheitszeichens können Sie innerhalb der Kommentare auch eine Raute (#) oder ein beliebiges anderes Zeichen nutzen. Wichtig ist nur, dass die gesamte Konstruktion jeweils mit /* beginnt und mit */ endet.

Teil 1 – Kalibrierung und Restauration

Dieser oft eher kurze Abschnitt enthält die Regeln zur Kalibrierung und zur Restaurierung der wichtigsten Abstände.

Teil 2 – Allgemeine Styles

Im zweiten Abschnitt legen Sie die allgemeinen, für die ganze Seite geltenden Einstellungen fest. Die meisten Selektoren in diesem Teil gelten für die gesamte body-Kiste, wobei sich folgende Reihenfolge anbietet:

1. die Elemente `html` und `body`

2. *Block-Elemente* wie Überschriften, Absätze, Listen, Zitate etc.

3. *Inline-Elemente*: Hyperlinks, Bilder und Elemente wie `strong` und `em`

4. allgemeine *Klassen* und *IDs* wie `.infobox` oder `img#logo`

Im Zweifelsfall ordnen Sie die Selektoren einfach nach dem Punktesystem für Selektoren in umgekehrter Spezifität: Styles mit einem Punkt zuerst, IDs zuletzt.

Teil 3 – Styles für die Layoutbereiche

Im dritten Abschnitt folgen Selektoren, die nur in einem bestimmten Bereich der Seite gelten. Die Reihenfolge entspricht dabei der des Auftretens im HTML-Quelltext, von oben nach unten.

Verschachtelte Selektoren, die nur für einen bestimmten Bereich gelten, können Sie dabei leicht einrücken, sodass leicht erkennbar wird, wo der folgende Bereich beginnt.

Im Beispiel-Stylesheet könnte das im Überblick so aussehen:

Listing 9.4:
Verschachtelte
Selektoren für
Layoutbereiche
werden leicht
eingerückt.

```
/* ======================================
     3. Styles für die Layoutbereiche
   ====================================== */
#wrapper { ... }
#kopfbereich { ... }
  p#slogan span { ... }
#navibereich { ... }
#textbereich { ... }
#fussbereich { ... }
```

Teil 4 – Sonstige Styles

Teil 4 ist im Beispiel-Stylesheet momentan noch leer und fungiert als Platzhalter für alle Selektoren, die in den ersten beiden Abschnitten keinen Platz gefunden haben.

Zum großen Teil sind dies Styles, die *nur auf bestimmten Seiten* Anwendung finden, wie zum Beispiel das CSS zur Gestaltung eines Kontaktformulars, das Sie ab Seite 231 erstellen.

9.3 Verschiedene Schreibweisen für Styles

In diesem Abschnitt lesen Sie ein paar Gedanken und Empfehlungen zum übersichtlichen Aufbau von Styles.

Eine typische CSS-Regel

Eine typische CSS-Regel sieht ungefähr so aus:

```
body {
  background-color: #8c8c8c;
  color: white;
  font-family: Verdana, Arial, Helvetica, sans-serif;
  font-size: small;
}
```

Listing 9.5:
Ein typischer Style

Der Aufbau dieses Styles ist recht übersichtlich und folgt einigen bisher unausgesprochenen Konventionen:

■ In der ersten Zeile steht nur der Selektor und die öffnende geschweifte Klammer.

■ Auf jeder Zeile steht – leicht eingerückt – nur *eine* Deklaration, und *jede* Deklaration endet mit einem Semikolon.

■ Eigenschaft und Wert werden durch einen Doppelpunkt getrennt. Nach dem Doppelpunkt folgt eine Leerstelle. Sie ist zwar nicht zwingend erforderlich, entspricht aber unserer Rechtschreibung und erhöht die Lesbarkeit.

■ Die schließende geschweifte Klammer steht auf einer eigenen Zeile, bündig mit dem ersten Buchstaben des Selektors.

Alles in einer Zeile

Ausnahmen bestätigen die Regel, und so liegt es bei Styles mit nur einer Deklaration nahe, alles in einer Zeile zu schreiben. Der Einzeiler spart Platz und ist übersichtlich:

```
h1 { font-size: 150%; }
```

Listing 9.6:
Der Einzeiler

Manche Autoren schreiben auch Styles mit einer Deklaration konsequent nach dem mehrzeiligen Schema, andere hingegen setzen sogar mehrere Deklarationen in eine Zeile, weil es Platz spart. Das ist

eine Frage des Stils und manchmal auch einfach nur von der Tages-
form abhängig.

Verschachtelte und gruppierte Selektoren

Verschachtelte Selektoren wie `#textbereich a` stehen immer in einer
Zeile. Bei mit Kommata gruppierten Selektoren hingegen empfiehlt
es sich, pro Zeile nur eine Selektorengruppe zu notieren. Nach dem
letzten Selektor folgt statt des Kommas die öffnende geschweifte
Klammer:

Listing 9.7:
Gruppierte
Selektoren

```
#textbereich a:hover,
#textbereich a:focus {
  ...
}
```

9.4 Die Reihenfolge der Deklarationen im Style

In diesem Abschnitt möchte ich Ihnen zwei Möglichkeiten zeigen,
um die Deklarationen zwischen den geschweiften Klammern zu ordnen.

Probieren Sie aus, welche der beiden Methoden Ihnen besser gefällt.
Oder denken Sie sich etwas völlig Neues aus, aber irgendwann sollten Sie sich entscheiden. Konsistenz ist in diesem Fall eine Tugend ...

Die Reihenfolge orientiert sich am Aufbau der Boxen

Schauen Sie sich folgende fiktive CSS-Regel an:

Listing 9.8:
Ein fiktiver Style
für den Kopf-
bereich

```
#kopfbereich {
  position: relative;
  font-size: 100%;
  letter-spacing: 2px;
  background-color: white;
  padding-top: 10px;
  border-top: 1px solid black;
  margin-top: 20px;
}
```

Die Reihenfolge der Deklarationen orientiert sich am Aufbau der Boxen:

■ Positionsangaben wie `float` oder `position` und dazugehörige Deklarationen wie `top`, `right`, `bottom` und `left` bestimmen die Position der Box auf der Seite und stehen ganz am Anfang.

■ Danach folgen die Eigenschaften für den Inhaltsbereich des Kästchens: `font-size`, `font-style`, `letter-spacing` und eventuell noch andere.

■ Am Ende des Styles werden die Definitionen für das Kästchen selbst aufgelistet: `width`, `height`, `background`, `padding`, `border` und `margin`.

In dieser Sortierung beschreiben die Deklarationen also zuerst die Positionierung auf der Seite und dann das Element selbst, *von innen nach außen*.

So verinnerlichen Sie beim Ordnen der Deklarationen ganz nebenbei den Aufbau des Box-Modells und können die Gestaltung des Elements schneller visualisieren.

Alphabetisch sortiert

Eine andere weit verbreitete Methode zur Notierung von Deklarationen ist die alphabetische Sortierung. Hier sehen Sie dieselbe CSS-Regel wie oben, aber alphabetisch sortiert:

```
#kopfbereich {
  background-color: white;
  border-top: 1px solid #003399;
  font-size: 100%;
  letter-spacing: 2px;
  margin-top: 20px;
  padding-top: 10px;
  position: relative;
}
```

Listing 9.9:
Ein fiktiver Style
für den Kopfbe-
reich – alphabe-
tisch sortiert

Der Vorteil der alphabetischen Sortierung ist, dass sie immer eindeutig und leicht einzuhalten ist.

Nachteilig hingegen ist, dass verwandte Eigenschaften wie background und padding weit auseinandergerissen werden und wichtige Positionsangaben wie float oder position mitten zwischen den anderen Eigenschaften vergraben liegen.

9.5 Effektiv: Kurzschreibweisen für »padding« und »margin«

Im Folgenden noch ein paar Hinweise zur effektiveren Schreibweise von Deklarationen für padding und margin.

Alle vier Seiten gleich

Die beiden folgenden CSS-Regeln bewirken dasselbe:

Tabelle 9.1:
Kurzschreibweise
– alle vier Seiten
haben den gleichen Wert

Ausführliche Schreibweise	Kurzschreibweise

`#kopfbereich {`
`    padding-top: 20px;`
`    padding-right: 20px;`
`    padding-bottom: 20px;`
`    padding-left: 20px;`
`}`
	`#kopfbereich {`
	`    padding: 20px;`
	`}`

Die Reihenfolge entscheidet: nur eine Seite anders

Das folgende Beispiel sorft für ein padding von 20px rundherum, nur unten soll das Element keines haben. Dabei machen Sie sich die Tatsache zunutze, dass bei mehreren gleichwertigen Definitionen die jeweils zuletzt notierte gilt:

Tabelle 9.2:
Kurzschreibweise
– eine Seite hat
einen anderen
Wert.

Ausführliche Schreibweise	Kurzschreibweise

`#kopfbereich {`
`    padding-top: 20px;`
`    padding-right: 20px;`
`    padding-bottom: 0;`
`    padding-left: 20px;`
`}`
	`#kopfbereich {`
	`    padding: 20px;`
	`    padding-bottom: 0;`
	`}`

Bei der Kurzschreibweise wird in der ersten Zeile ein padding von 20 Pixel definiert, und in der Zeile direkt darunter wird das padding-bottom auf 0 gesetzt. Bei sich widersprechenden Anweisungen gilt die zuletzt definierte.

Beachten Sie, dass der Kopfbereich im folgenden Beispiel ein padding-bottom von 20 Pixel haben wird, obwohl padding-bottom explizit auf 0 gesetzt wurde.

Der Grund liegt darin, dass padding-bottom aus Zeile 2 in Zeile 3 gleich wieder überschrieben wird:

```
#kopfbereich {
    padding-bottom: 0; /* wird in der folgenden Zeile überschrieben */
    padding: 20px;
}
```

Listing 9.10:
Der Kopfbereich
wird ein »pad-
ding-bottom« von
20px haben.

Unterschiedliche Werte für alle vier Seiten

Im folgenden Beispiel deklarieren Sie für die vier Seiten eines Elements zum Teil unterschiedliche Werte:

Ausführliche Schreibweise	Kurzschreibweise
```#kopfbereich { padding-top: 10px; padding-right: 20px; padding-bottom: 0; padding-left: 20px; }```	```#kopfbereich { padding: 10px 20px 0 20px; }```

Tabelle 9.3:
Kurzschreibweise
– unterschiedli-
che Werte für alle
vier Seiten

Der Vorteil der ausführlichen Schreibweise ist, dass sie sehr leicht verständlich ist. Die Kurzschreibweise hingegen ist weniger Tipparbeit.

Die Reihenfolge der vier Angaben ist einfach zu merken, denn es geht immer *oben los* und dann *im Uhrzeigersinn* weiter:

- top (oben) – right (rechts) – bottom (unten) – left (links)

Paarweise: »oben = unten« und »links = rechts«

Noch kürzer können Sie eine Deklaration schreiben, wenn für rechts und links sowie für oben und unten gleiche Werte stehen:

Tabelle 9.4:
Kurzschreibweise
– oben/unten und
rechts/links gleich

Ausführliche Schreibweise	Kurzschreibweise
```#wrapper { margin-top: 10px; margin-right: auto; margin-bottom: 10px; margin-left: auto; }```	```#wrapper { margin: 10px auto; }```

9.6 Das aufgeräumte Stylesheet im Überblick

So könnte das Stylesheet aus dem vorherigen Kapitel nach einer kleinen Aufräumaktion aussehen:

Listing 9.11:
Das aufgeräumte
Stylesheet

```
01 /* ====================================================
02 Stylesheet für die Beispielsite aus "Little Boxes"
03 Stand: Ende Kapitel "Ordnung halten im Stylesheet"
04 Datei: bildschirm.css
05 Datum: 28. Juni 2011
06 Autor:  Peter Müller
07 Aufbau: 1. Kalibrierung und Restauration
08         2. Allgemeine Styles
09         3. Styles für Layoutbereiche
10         4. Sonstige Styles
11 ================================================ */
12
13 /* ==================================
14   1. Kalibrierung und Restauration
15   ================================== */
16
17 *  { padding: 0; margin: 0; }
18 html { overflow-y: scroll; }
19
20 h2, p, ul, ol { margin-bottom: 1em; }
21 ul ul { margin-bottom: 0; }
22 li { margin-left: 1em ; }
23 /* hier ggfs. Abstände für weitere Elemente restaurieren */
24
```

```
25 /* =======================================
26    2. Allgemeine Styles
27    ==================================== */
28 body {
29    background-color: #8c8c8c;
30    color: white;
31    font-family: Verdana, Arial, Helvetica, sans-serif;
32    font-size: small;
33 }
34 h1 { font-size: 150%; }
35 h2 { font-size: 130%; }
36 address {
37    text-align: center;
38    font-size: 80%;
39    font-style: normal;
40    letter-spacing: 2px;
41    line-height: 1.5;
42 }
43 a {
44    text-decoration: none;
45    /* outline: none; */ /* nur wenn es Sie wirklich stört */
46 }
47 a:link { color: #d90000; }
48 a:visited { color: #cc6666; }
49 a:hover,
50 a:focus {
51    border-bottom: 1px solid #d90000;
52 }
53 a:active {
54    color: white;
55    background-color: #d90000;
56 }
57 /* Allgemeine Klassen und IDs */
58 img#logo {
59    background-color: white;
60    color: black;
61    padding: 10px;
62    border: 10px solid #d9d9d9;
63 }
64
65 /* =======================================
66    3.  Styles für die Layoutbereiche
67    ==================================== */
```

```
68 #wrapper {
69   background-color: white;
70   color: black;
71   width: 720px;
72   margin: 10px auto;
73 }
74 #kopfbereich {
75   background: #ffe574 url(farbverlauf.jpg) repeat-y left top;
76   color: black;
77   padding: 10px 20px 0 20px;
78 }
79   p#slogan span {
80     color: #d90000;
81   }
82 #navibereich {
83   padding: 5px 20px 5px 20px;
84 }
85 #textbereich {
86   padding: 20px;
87 }
88   #textbereich a {
89   border-bottom: 1px dotted #cc0000;
90 }
91   #textbereich a:hover,
92   #textbereich a:focus {
93     border-bottom: 1px solid #d90000;
94   }
95 #fussbereich {
96   padding: 10px 20px 20px 20px;
97   border-top: 1px solid #8c8c8c;
98   margin-top: 0;
99 }
100 /* ====================================
101    4. Sonstige Styles
102    ==================================== */
103
104
105
106 /* ====================================
107    E N D E   D E S   S T Y L E S H E E T S
108    ==================================== */
```

9.7 Der CSS-Validator

Nach einer solchen Aufräumaktion empfiehlt es sich, das CSS einmal von einem echten Kenner überprüfen zu lassen. Am Ende des Kapitels über wichtige HTML-Elemente haben Sie bereits den Validator für HTML kennengelernt, und das W3C stellt auch für CSS einen Validator zur Verfügung:

▓ *jigsaw.w3.org/css-validator/*

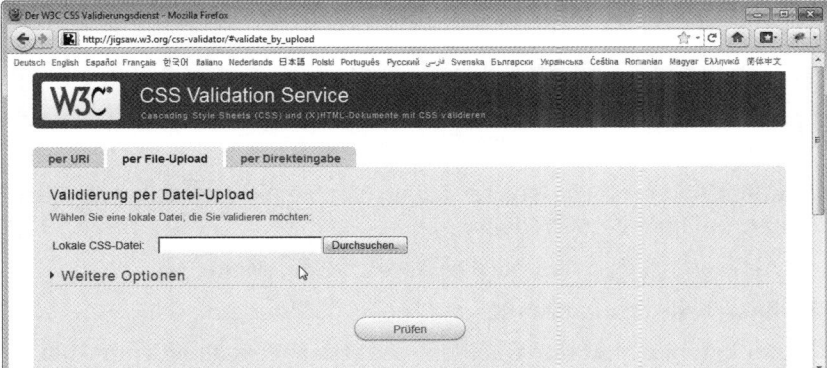

Abbildung 9.1:
Der CSS-Validator
des W3C

Der Validator bietet drei gut zugängliche Möglichkeiten zur Überprüfung des CSS:

▓ PER URI, wenn Ihr Stylesheet bereits im Web verfügbar ist. Wundern Sie sich nicht über das »I« am Ende. Gemeint ist das, was Sie als URL kennen.

▓ PER FILE-UPLOAD, wenn das Stylesheet auf Ihrer Festplatte gespeichert ist. Klicken Sie zum Suchen der Datei auf die Schaltfläche DURCHSUCHEN.

▓ PER DIREKTEINGABE, wenn Sie die Styles per Copy & Paste einfügen möchten.

Wie alle Grammatikprüfer ist auch der CSS-Validator ziemlich penibel, und eine Eins plus mit Sternchen bekommen Sie nur selten.

Wenn der Validator aber wie in Abbildung 9.2 nur einen Fehler zu overflow-y ausgibt, der noch dazu bewusst eingesetzt wurde (siehe Abschnitt 8.3, »Kalibrierung: Abstände auf null setzen«, ab Seite 176), ist das Stylesheet frei von wirklich schlimmen Tipp- und Grammatikfehlern.

Abbildung 9.2:
Der CSS-Validator
in Aktion

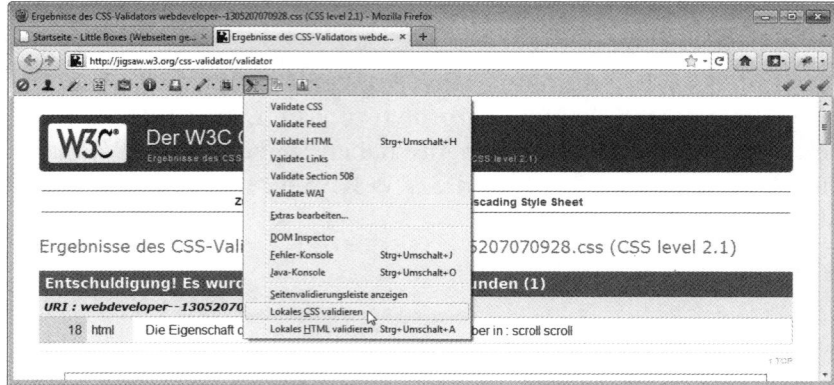

Tipp   ## CSS validieren mit der Web Developer

Mit dem Add-on *Web Developer* brauchen Sie nicht erst zum W3C zu surfen, um Ihr CSS zu validieren:

■ Aktivieren Sie im Add-on *Web Developer* das Menü Extras.

■ Klicken Sie fast ganz unten auf Lokales CSS validieren.

Dieser Befehl schickt den Quelltext des Stylesheets direkt zum Validator.

9.8 Auf einen Blick

Hier sind noch einmal die wichtigsten Punkte dieses Kapitels im Überblick:

■ Beginnen Sie das Stylesheet mit einem Kommentar, indem Sie das Stylesheet kurz beschreiben.

■ Teilen Sie das Stylesheet in sinnvolle Abschnitte ein.

■ Schreiben Sie die Styles so, dass Sie sie übersichtlich finden.

■ Ordnen Sie die Deklarationen innerhalb der Styles systematisch.

■ Für padding und margin gibt es diverse Kurzschreibweisen.

■ Das W3C bietet auch für CSS einen Validator, der Ihre Styles auf korrekte Syntax überprüft.

Kapitel 10

Horizontale Navigation mit »display:inline«

Worin Sie den Navigationsbereich gestalten und die Listenelemente darin nebeneinanderstellen – zuerst in einer einfachen und dann in einer etwas aufwendigeren Version mit Registern, in der der aktuelle Navigationspunkt optisch hervorgehoben ist.

Die Themen im Überblick:

10.1 Einfache horizontale Navigation mit »display: inline«

In diesem Abschnitt erstellen Sie eine einfache horizontale Navigation, indem Sie die Listenelemente nebeneinanderstellen und dann gestalten.

Die folgende Methode ist nicht die einzige Möglichkeit, das Ziel von nebeneinanderstehenden Listenelementen zu erreichen, aber sie hat den Vorteil, dass Sie alles dazu Notwendige bereits wissen. Die kreative Anwendung von einfachen Sachverhalten ist beim Gestalten mit CSS oft der Schlüssel zum Erfolg.

Der verschachtelte Selektor »#navibereich li«

Die Grundlage für Navigationen bilden wie erwähnt meist ganz normale ungeordnete Listen, auch wenn man dies den gestalteten Navigationsleisten nicht mehr ansieht.

Listenelemente sind Block-Elemente und stehen deshalb normalerweise untereinander. Mit der CSS-Eigenschaft display können Sie die Art der Anzeige ändern, z. B. ein Block- als Inline-Element darstellen lassen oder umgekehrt.

Die Anweisung display: inline bedeutet im Klartext ungefähr Folgendes:

»Liebe Listenelemente, ihr seid zwar Block-Elemente, aber bitte verhaltet euch im Browser doch ausnahmsweise einmal wie Inline-Elemente, damit ihr nebeneinanderstehen könnt. Vielen Dank und bis bald. Euer Seitenbauer.«

Um die Änderungen an den Listenelementen auf den Navigationsbereich zu beschränken, benutzen Sie den verschachtelten Selektor #navibereich li, sprich »alle Listenelemente im Navigationsbereich«. Vorher wird im folgenden ToDo noch die Hintergrundfarbe für den Navigationsbereich definiert.

ToDo: Listenelemente in der Navigation nebeneinanderstellen

1. Fügen Sie die fett gedruckten Zeilen in das Stylesheet ein:

```
#navibereich {
    background-color: #ffeda0;
    padding: 5px 20px 5px 20px;
}

#navibereich li {
    display: inline;        /* li nebeneinander anzeigen */
    list-style-type: none; /* ohne Aufzählungspunkte */
}
```

2. Speichern Sie das Stylesheet, und betrachten Sie die Webseiten im Browser.

So sieht der Navigationsbereich mit diesen Anweisungen aus:

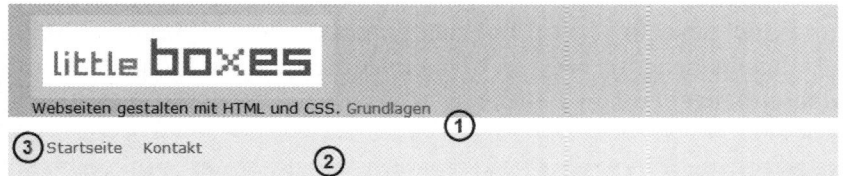

Abbildung 10.1:
Listenelemente
nebeneinander –
schon fast gut

Drei Dinge bleiben noch zu tun, und diese Fehler sind so typisch für das Gestalten mit HTML und CSS, dass sie einzeln vorgestellt werden:

1. Zwischen dem Kopf- dem und Navigationsbereich klafft eine weiße Lücke.

2. Der Navigationsbereich hat einen zu großen Abstand nach unten.

3. Der erste Navigationspunkt hat eine ungewollte Einrückung von links.

Für alle drei Mängel stehen im Stylesheet Anweisungen, die sich hier ungewollt bemerkbar machen. Die Schwierigkeit ist, die jeweiligen Verursacher zu finden. Aber der Reihe nach:

▪ Der weiße Zwischenraum entsteht durch das `margin-bottom` von 1em für die Absätze. Dadurch erhält auch das p im *Kopfbereich* diesen Außenabstand.

■ Der große Abstand nach unten im Navigationsbereich wird durch das `margin-bottom` der ungeordneten Listen `ul` verursacht.

■ Die ungewollte linke Einrückung des ersten Navigationspunkts entsteht, weil die Listenelemente `li` einen linken `margin` von `1em` haben.

Firebug und das Finden von Fehlern

Mit dem Firebug können Sie die im vorherigen Abschnitt gezeigten typischen Fehler relativ leicht finden: Klicken Sie einfach mit der rechten Maustaste auf die fehlerhafte Stelle, und zeigen Sie dann im HTML mit dem Mauszeiger nacheinander auf verschiedene Elemente.

Auf der Suche nach der Ursache für die Lücke Nr. 1 zwischen Kopf- und Navigationsbereich zeigen Sie im Firebug-HTML-Baum früher oder später auf den Absatz `p` im Kopfbereich. In dem Moment markiert Firebug oben im Browserfenster das entsprechende Element, und die Lücke Nr. 1 wird hellgelb markiert (siehe Abbildung 10.2). »Hellgelb« bedeutet `margin`, »hellgelb« unterhalb des Elements heißt dementsprechend `margin-bottom`.

Abbildung 10.2: Fehler finden im Firebug – die Lücke zwischen Kopf- und Navibereich

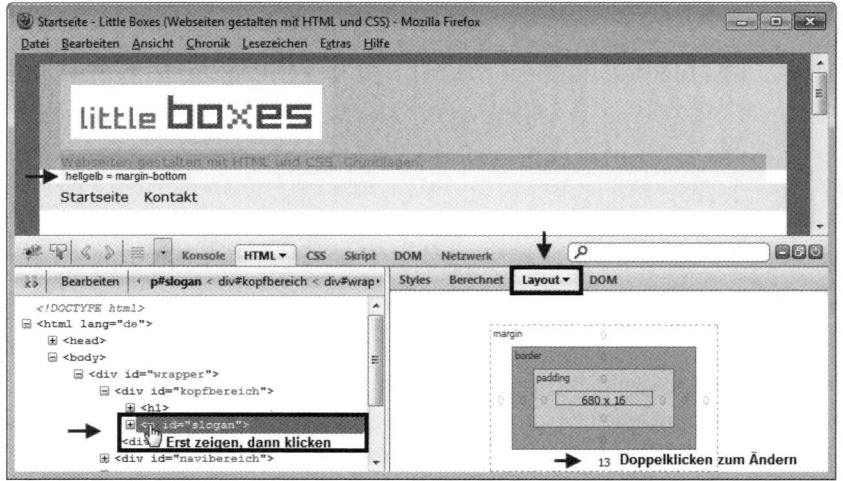

Haben Sie auf diese Weise einen Verdächtigen gefunden, klicken Sie auf das HTML-Element (im Beispiel `<p id="slogan">`) und wechseln in der rechten Hälfte des Firebug-Fensters auf das Register LAYOUT. Dort

sehen Sie für margin-bottom den Wert 13px. Doppelklicken Sie auf den Wert, und setzen Sie ihn auf 0.

Firefox setzt die Änderungen im Firebug sofort im Browserfenster um, und wenn die Lücke im Browserfenster verschwindet, haben Sie den Verdächtigen quasi überführt und können im Stylesheet eine entsprechende Anweisung hinzufügen. Das erledigen Sie im folgenden Abschnitt.

Feineinstellungen: Abstände und Hyperlinks anpassen

Zur Korrektur aller drei Fehler benutzen Sie verschachtelte Selektoren, die die Änderungen auf den jeweiligen Bereich beschränken. Im ToDo wird zusätzlich die Schriftfarbe für Hyperlinks in der Navigation auf Schwarz gesetzt. Am besten speichern Sie nach jedem Schritt das Stylesheet einmal kurz und überprüfen die Änderungen im Browser.

ToDo: Abstände und Hyperlinks für den Navigationsbereich ändern

1. Fügen Sie unterhalb des Styles für #kopfbereich folgende Regel in das Stylesheet ein:

   ```
   p#slogan {
       padding: 5px 0 5px 0;
       margin-bottom: 0; /* war 1em */
   }
   ```

2. Fügen Sie unterhalb des Styles für #navibereich die fett gedruckten Zeilen ein:

   ```
   #navibereich ul { margin-bottom: 0; }
   #navibereich li {
       display: inline;
       list-style-type: none;
       margin: 0 10px 0 0;     /* rechts 10px, sonst 0 */
   }
   #navibereich a { color: black; }
   ```

3. Speichern Sie das Stylesheet, und betrachten Sie die Webseiten im Browser.

So sieht es schon etwas ansprechender aus:

10.2 Punktsieg: Spezifität in der Praxis

Im Abschnitt 7.5, »Spezifität: das Punktesystem für Selektoren«, ab Seite 161 haben Sie bereits etwas über *Spezifität* gelesen. Bei der Gestaltung der Navigationsliste ist dieses Punktesystem in voller Aktion.

»margin-bottom« für »ul«

Schauen Sie sich zum Beispiel die Regeln für ul an:

- ul { margin: 0 0 1em 0; } ist ein einfacher Selektor und bekommt 1 Punkt.

- #navibereich ul { margin: 0; } ist eine ID plus einfacher Selektor, macht zusammen 101 Punkte.

Mit 101 zu 1 ist #navibereich ul also klarer Punktsieger, und die ungeordnete Liste im Navigationsbereich bekommt *keinen* margin-bottom.

Die Farbe der Hyperlinks

Bei der Farbe für die Hyperlinks sieht es ähnlich aus:

- a:link und a:visited bekommen jeweils 11 Punkte: 1 für a und 10 für die Pseudo-Klasse :link bzw. :visited.

- Die Deklarationen für #navibereich a haben 101 Punkte und gewinnen.

Die Hyperlinks im Navigationsbereich bekommen also die Schriftfarbe *Schwarz*.

Feineinstellungen für die Hyperlinks

Wenn Sie mit der Maus über einen Link in der Navigation fahren, werden Sie sehen, dass für den Hover-Effekt immer noch die für a:hover definierte rote Unterstreichung per border-bottom gilt. Diesem Effekt fügen Sie jetzt noch einen roten Hintergrund und weiße Schrift hinzu. Außerdem wird im folgenden ToDo noch ein Style für a:active im Navigationsbereich definiert.

ToDo: Feineinstellungen für die Hyperlinks in der Navigation

1. Fügen Sie unterhalb des Styles für #navibereich a folgende Regel hinzu:

   ```
   #navibereich a:hover,
   #navibereich a:focus {
     color: white;
     background-color: #d90000;
   }
   #navibereich a:active {
     color: black;
     background-color: white;
     border-bottom-color: white;
   }
   ```

2. Speichern Sie das Stylesheet, und betrachten Sie die Webseiten im Browser.

Auch diese Einstellungen gewinnen aufgrund einer höheren Spezifität gegenüber den Einstellungen für einfache Selektoren im ersten Teil des Stylesheets.

10.3 »Tabbed Navigation« – Navigation mit Registern

Tabs haben auf Webseiten nichts mit Corega zu tun, sondern sind die gängige Bezeichnung für das, was man auf Deutsch *Karteireiter* oder *Register* nennt. Tabs werden gerne zur Navigation eingesetzt, weil sie die einzelnen Optionen deutlich hervorheben und vielen Anwendern vertraut sind.

Schritt 1: Vorbereitende Maßnahmen für »#navibereich«

Quasi zur Vorbereitung ändern Sie ein paar Einstellungen für #navibereich:

- Der Text im Navigationsbereich wird mithilfe der Eigenschaft text-align:right rechtsbündig ausgerichtet.

- Der Hintergrund wird dem des Kopfbereichs angepasst, damit Kopf- und Navigationsbereich wie ein Bereich aussehen.

- Das padding wird ein wenig geändert, damit der Bereich hübscher aussieht.

- Der Navigationsbereich erhält zur optischen Abgrenzung eine hellgraue, untere Rahmenlinie.

ToDo: Den Navigationsbereich für die Register vorbereiten

1. Ändern Sie den Navigationsbereich im CSS wie folgt:

```
#navibereich {
    text-align: right;    /* rechtsbündig */
    color: black;
    background: #ffe574 url(farbverlauf.jpg) repeat-y left top;
    padding: 5px 20px 4px 20px;
    border-bottom: 1px solid #8c8c8c;
}
```

2. Speichern Sie das Stylesheet, und betrachten Sie die Webseiten im Browser.

Nach diesen Änderungen sieht der obere Bereich der Webseite in etwa so aus:

Abbildung 10.4:
Text rechts, Farbe
anders, dunkle
Rahmenlinie
unten

Eine Anmerkung noch zur Ausrichtung der Listenelemente: text-align ist eine Eigenschaft zur Ausrichtung von Text und Inline-Elementen innerhalb eines Block-Elements. Da Listenelemente aber von Haus aus Block-Elemente sind, dürfte text-align hier eigentlich gar nicht funktionieren. text-align funktioniert nur deshalb, weil die li-Elemente im Navigationsbereich per display:inline gebeten wurden, sich wie Inline-Elemente zu verhalten.

Statt des Werts right können Sie für text-align auch left (Standardwert) oder center ausprobieren.

Schritt 2: Die Hyperlinks im Navigationsbereich zu Tabs machen

Die Hyperlinks im Navigationsbereich müssen ebenfalls etwas angepasst werden:

- Die Links bekommen eine eigene Hintergrundfarbe.

- Das padding wird erhöht, damit der Text etwas Abstand vom Kistenrand hat.

- Die Hyperlinks bekommen rundherum die gleiche Rahmenlinie wie der Navigationsbereich unten.

Da die Hyperlinks jetzt ein eigenes padding bekommen, ist der rechte Außenrand für die Listenelemente nicht mehr nötig und wird im ToDo von 10px auf 0 gesetzt.

ToDo: Die Hyperlinks im Navigationsbereich vorbereiten

1. Ändern Sie das CSS für den Navigationsbereich wie folgt:

```
#navibereich li {
  display: inline;
  list-style-type: none;
  margin: 0; /* war vorher 10px für rechts */
}
#navibereich a {
  color: black;
  background-color: #ffeda0;
  padding: 4px 8px 4px 8px;
  border: 1px solid #8c8c8c;
}
```

2. Speichern Sie das Stylesheet, und betrachten Sie die Webseiten im Browser.

Nach diesen Änderungen sieht der obere Bereich der Webseite etwa so aus:

Abbildung 10.5:
Mit geänderten
Hyperlinks –
schon fast fertig

Schritt 3: Einen Rollover-Effekt für die Tabs definieren

Die Hyperlinks in der Navigation sollen einen Rollover-Effekt mit folgenden Gestaltungsmerkmalen bekommen. Sobald der Mauszeiger über den Links weilt,

- wird die Unterstreichung der Links in jedem Fall entfernt,
- bekommen die Hyperlinks schwarze Schrift auf weißem Hintergrund,
- verschwindet die untere Rahmenlinie, sodass der Tab sich scheinbar nach unten öffnet.

Das Verschwinden der Rahmenlinie erreichen Sie durch eine einfache, aber geniale Variation: Wenn der Mauszeiger über dem Hyperlink schwebt, wird die untere Rahmenlinie weiß statt grau.

ToDo: Rollover-Effekt für die Links im Navigationsbereich definieren

1. Ändern Sie das CSS für den Navigationsbereich wie folgt:

```
#navibereich a:hover,
#navibereich a:focus {
  color: black;
  background-color: white;    /* war #d90000 */
  border-bottom-color: white;
}
```

2. Speichern Sie das Stylesheet, und betrachten Sie die Webseiten im Browser.

Nach diesen Änderungen sieht der obere Bereich der Webseite ungefähr so aus:

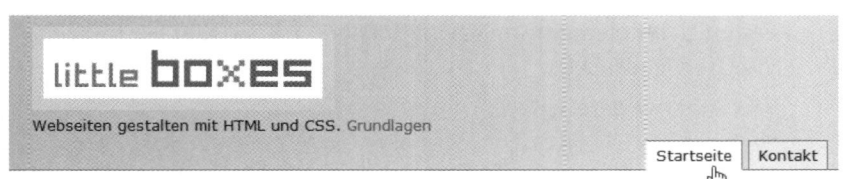

Abbildung 10.6:
Gar nicht schlecht
– die Navigation
mit Rollover-
Effekt

Schritt 4: »Sie sind hier«: aktuelle Seite hervorheben

Was jetzt noch fehlt, ist das, was viele in der Stadt aufgestellte Stadtpläne mit einem roten Punkt und der Beschriftung »Sie sind hier« anbieten: die optische Rückmeldung an den Besucher, wo er sich gerade befindet.

Und wie so oft ist die Lösung einfach, wenn man weiß, wie. Zuerst geben Sie dem jeweils aktiven Menüpunkt im HTML eine zusätzliche Klasse, die Sie zum Beispiel sie-sind-hier nennen können. Auf der Startseite bekommt im Navigationsbereich das Listenelement mit dem Link zur Startseite diese Klasse:

```
<li class="sie-sind-hier"><a href="index.html">Startseite</a></li>
```

Auf der Kontaktseite hingegen vergeben Sie die Klasse an das andere Listenelement:

```
<li class="sie-sind-hier"><a href="kontakt.html">Kontakt</a></li>
```

Das geschieht völlig ohne Programmierung, nur mit CSS.

ToDo: Den aktuellen Navigationspunkt optisch hervorheben

1. Öffnen Sie die Datei *index.html* im Editor, und geben Sie dem ersten Listenelement im Navigationsbereich die Klasse sie-sind-hier (fett gedruckt):

```
<div id="navibereich">
<ul>
  <li class="sie-sind-hier"><a href="index.html">Startseite</a>
</li>
  <li><a href="kontakt.html">Kontakt</a></li>
</ul>
</div>
```

2. Öffnen Sie die Datei *kontakt.html* im Editor, und geben Sie dem zweiten Listenelement im Navigationsbereich die Klasse sie-sind-hier:

```
<div id="navibereich">
<ul>
  <li><a href="index.html">Startseite</a></li>
  <li class="sie-sind-hier"><a href="kontakt.html">Kontakt</a>
</li>
</ul>
</div>
```

3. Speichern Sie die beiden Dateien.

4. Öffnen Sie das Stylesheet *bildschirm.css* im Editor, und fügen Sie nach der Regel für #navibereich a den folgenden Style hinzu:

```
#navibereich li.sie-sind-hier a {
  color: black;
  background-color: white;
  border-bottom-color: white;
}
```

5. Speichern Sie das Stylesheet, und betrachten Sie die Webseiten im Browser.

Die CSS-Anweisungen sind identisch mit denen für den Rollover-Effekt, und man könnte den Style zur Hervorhebung des aktiven Menüpunktes und für den Rollover-Effekt auch in einem Style zusammenfassen. Durch die Definition von zwei Styles bleiben Sie aber flexibler und können bei Bedarf die Hervorhebung für »Sie sind hier« und den Effekt beim Hovern sehr einfach getrennt gestalten.

Der eigentliche Trick zur Hervorhebung des aktuellen Menüpunktes ist nicht schwer zu verstehen:

▪ Auf der Startseite gestaltet der Selektor `#navibereich li.sie-sind-hier a` den ersten Menüpunkt.

▪ Auf der Kontaktseite gestaltet derselbe Selektor den zweiten Menüpunkt.

Das ist einfach, aber pfiffig. Nach diesen Änderungen sieht der obere Bereich der Webseite so aus wie in Abbildung 10.7.

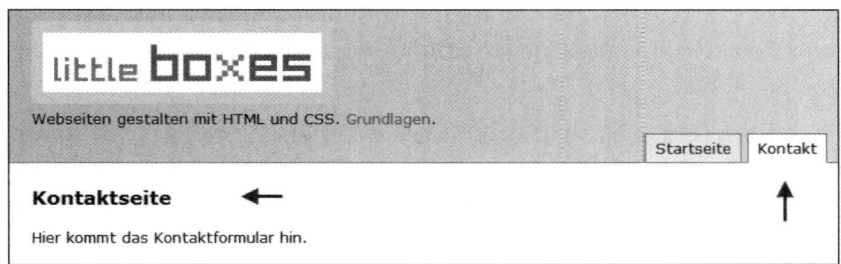

Abbildung 10.7: Navigation mit Tabs; der aktuelle Menüpunkt ist hervorgehoben.

Standardkonform, barrierefrei und flexibel

Mit wenigen CSS-Regeln haben Sie eine ganz normale ungeordnete HTML-Liste in eine recht ansehnlich horizontale Navigation mit Registern verwandelt. Wo Webdesigner früher diverse Grafiken und Tabellenzellen benötigten, reichen heute ein paar Zeilen CSS, und das Ergebnis wird den Möglichkeiten des Mediums gerecht:

▪ *Standardkonform* – HTML und CSS entsprechen den W3C-Standards.

▪ *Barrierefrei* – ohne CSS bleibt eine einfache Linkliste, die von einem Screenreader problemlos vorgelesen werden kann.

▪ *Flexibel* – wenn die Schrift vergrößert wird, wächst die Navigation einfach mit.

Abbildung 10.8:
Die Navigation
mit ziemlich
großer Schrift im
Firefox

littLe **boxes**

Webseiten gestalten mit HTML und CSS. Grundlagen

Startseite | Kontakt

Kontaktseite

Hier kommt das Kontaktformular hin.

Der einzige potenzielle Nachteil einer horizontalen Navigation mit `display: inline` ist, dass die Breite und die Höhe der Register von der Beschriftung abhängen. Da die `li`-Elemente sich im Browser wegen `display:inline` wie Inline-Elemente verhalten, kennen sie kein `width` und `height` und können demzufolge auch keine feste Breite oder Höhe haben.

Eine horizontale Navigation mit fest definierten Breiten geht natürlich auch, aber nicht mit `display:inline`, sondern mit einer Eigenschaft namens `float`, die Sie weiter hinten im Buch noch kennenlernen. Ab Seite 503 wandeln Sie das hier gezeigte Inline-Beispiel in eine float-basierte Navigation um.

Tipp

IE7: Und es hat *Zoom* gemacht

Der Internet Explorer 7 kann viel besser CSS als seine Vorgänger, hat aber eine neue Zoom-Funktion, die beim Vergrößern von Inline-Elementen oft Probleme bereitet. In der Navigation aus dem Beispiel fühlt sich das Wort »Kontakt« beim Zoomen plötzlich einsam, springt aus seinem Kästchen und schmiegt sich an die »Startseite«. Dieser Fehler wird im Kapitel 20.3 »Conditional Comments in Aktion« behoben, und zwar ab Seite 406.

Die Styles zur »Tabbed Navigation« im Überblick

Im Folgenden finden Sie das komplette CSS für den Kopfbereich und zur Erstellung der horizontalen Navigation mit Tabs, inklusive Hervorhebung des aktuellen Menüpunkts:

```
74  #kopfbereich {
75    background: #ffe574 url(farbverlauf.jpg) repeat-y left top;
76    color: black;
77    padding: 10px 20px 0 20px;
78  }
79    p#slogan {
80      padding: 5px 0 5px 0;
81      margin-bottom: 0;
82    }
83    p#slogan span {
84      color: #d90000;
85    }
86
87  #navibereich {
88    text-align: right;
89    color: black;
90    background: #ffe574 url(farbverlauf.jpg) repeat-y left top;
91    padding: 5px 10px 4px 10px;
92    border-bottom: 1px solid #8c8c8c;
93  }
94    #navibereich ul { margin-bottom: 0; }
95    #navibereich li {
96      display: inline;
97      list-style-type: none;
98      margin: 0;
99    }
100   #navibereich a {
101     color: black;
102     background-color: #ffeda0;
103     padding: 4px 8px 4px 8px;
104     border: 1px solid #8c8c8c;
105   }
106   #navibereich li.sie-sind-hier a {
107     color: black;
108     background-color: white;
109     border-bottom-color: white;
110   }
```

Listing 10.1:
Das CSS zur
Gestaltung
der Navigation
mit Tabs

Das große
little **boxes** Buch
Webseiten gestalten mit HTML & CSS.
Grundlagen, Navigation, Inhalte, YAML & mehr

```
111   #navibereich a:hover,
112   #navibereich a:focus {
113     color: black;
114     background-color: white;
115     border-bottom-color: white;
116   }
117   #navibereich a:active {
118     color: black;
119     background-color: white;
120     border-bottom-color: white;
121   }
```

10.4 Know-how: Whitespace – der Leerstellenpakt

Zum Abschluss dieses Kapitels noch ein paar Worte zum Thema *Whitespace* (wörtlich: »weißer Raum«), die auf einem ganz ähnlichen Fall beruhen, der vor ein paar Jahren in einer CSS-Mailingliste intensiv diskutiert wurde. Besonderer Dank gebührt Nils Poker (*pookerart. de*), Rainer Wagener (*rohschnitt.de*) und Henrike Döding für den "Mut zur Lücke" und die Ideen zur Lösung.

Ein Zwischenraum hindurchzuschaun ...

In der mit `display:inline` erstellten Navigation der Beispielseiten ist zwischen den Listenelementen ein Zwischenraum, den man in Abbildung 10.9 gut erkennen kann:

Abbildung 10.9:
Ein Zwischen-
raum hindurch-
zuschaun

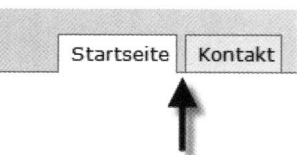

Zwischen den Tabs für Startseite und Kontakt sind etwa 5px Abstand. Dieser Zwischenraum ist in das Layout integriert und fällt nicht unangenehm auf, aber trotzdem bleibt die Frage, warum er überhaupt vorhanden ist, denn Innen- und Außenabstände aller beteiligten Elemente stehen definitiv auf 0.

Bevor Sie lange grübeln: Der Grund für den mysteriösen Abstand ist der Umgang der Browser mit *Whitespace,* dem Thema dieses Abschnitts.

Whitespace: Leerstellen, ⇆ und ↵

Whitespace ist eine Sammelbezeichnung für nicht sichtbare Zeichen, die von Webautoren benutzt werden, um den Quelltext übersichtlich zu strukturieren. Dazu gehören:

- mit der Leertaste erzeugte Leerstellen

- mit der Taste ⇆ erzeugte Tabulatoren

- mit ↵ bzw. ⇧+↵ erzeugte Zeilenumbrüche

Geschützte Leerstellen ( ) gelten übrigens nicht als Whitespace.

Whitespace wird vom Browser besonders behandelt:

- *Außerhalb von Block-Elementen* wird im Quelltext vorhandener Whitespace ignoriert.

- *Innerhalb von Block-Elementen* werden alle Whitespace-Zeichen in Leerstellen umgewandelt.

Bei dieser Umwandlung werden mehrere aufeinanderfolgende Leerstellen zu einer einzigen Leerstelle reduziert. Bei der Reduzierung von Leerstellen schaut der Browser sich das allererste Leerzeichen genauer an und übernimmt dessen Schriftformatierungen (font-size, font-family, letter-spacing etc.).

<pre>Das Reservat für Whitespace</pre>　Tipp

Innerhalb des Block-Elements pre wird der im Quelltext vorhandene Whitespace konserviert. Das ist manchmal sehr praktisch, zum Beispiel bei Programmlistings auf Webseiten.

So entsteht der mysteriöse Zwischenraum

Hier ist zur Erinnerung der Quelltext der Navigationsliste von der Startseite:

Listing 10.2:
Der HTML-
Quelltext für die
Navigationsliste

```
<ul>
    <li class="sie-sind-hier"><a href="index.html">Startseite</a></li>
    <li><a href="kontakt.html">Kontakt</a></li>
</ul>
```

Nach dem Anfangs-Tag `<ul>` und den beiden Ende-Tags `</li>` folgt im Quelltext jeweils ein mit ⌐↵ erstellter Zeilenumbruch und die beiden `<li>`-Tags wurden der Übersichtlichkeit halber jeweils mit zwei Leerstellen eingerückt. Es gibt also jede Menge »white space« im HTML.

Aber wie entsteht nun die Lücke zwischen den Tabs? Ganz einfach:

1. *Außerhalb* von Block-Elementen wird Whitespace im Quelltext normalerweise ignoriert.

2. Die Listenelemente `li` sind im CSS mit `display:inline` nebeneinandergestellt worden und verhalten sich daher wie Inline-Elemente.

3. Dadurch wird der Zeilenumbruch nach dem ersten `</li>` nicht mehr ignoriert, sondern in eine Leerstelle umgewandelt und zusammen mit den beiden einrückenden Leerstellen vor dem zweiten `<li>` zu einer einzigen Leerstelle zusammengefasst.

Und genau diese Leerstelle sehen Sie in Abbildung 10.9 zwischen den Tabs.

Sechs Möglichkeiten zur Entfernung der Lücke

Die Lücke ist wie gesagt perfekt ins Layout integriert und stört nicht. Falls sie aber einmal entfernt werden soll, bestehen dazu wie fast immer im Webdesign mehrere Möglichkeiten.

Möglichkeit eins wäre es zunächst einmal, den Whitespace im HTML wegzulassen und die gesamte Liste ohne Zeilenumbrüche und einrückende Leerstellen einfach hintereinander zu schreiben:

```
<ul><li class="sie-sind-hier"><a href="index.html">Startseite</a></
li><li><a href="kontakt.html">Kontakt</a></li></ul>
```

Listing 10.3:
Die Naviga-
tionsliste ohne
Zeilenumbrüche
und Leerstellen

Zwischen den Elementen gibt es in Listing 10.3 keinerlei Leerstellen mehr und die Leerstellen vor und nach den Attributen innerhalb der Elemente zählen nicht.

Probieren Sie es einmal aus. Entfernen Sie auf der Startseite *index. html* alle Zeilenumbrüche und Leerstellen aus der Navigationsliste, speichern Sie die Datei, und betrachten Sie sie im Browser:

Abbildung 10.10:
Keine Leerstellen:
Der Zwischen-
raum ist weg.

Eine zweite Methode zur Vermeidung der Leerstelle sieht auf den ersten Blick etwas seltsam und irgendwie kaputt aus: Die schließende spitze Klammer des Ende-Tags (das erste </li>) wird in eine neue Zeile geschrieben, und das zweite Listenelement beginnt direkt danach:

```
<ul class="navibereich">
  <li class="navi01"><a href="#">Startseite</a></li
  ><li class="navi02"><a href="#">Kontakt</a></li>
</ul>
```

Listing 10.4:
Die schließende
spitze Klammer
steht in der
nächsten Zeile.

Listing 10.4 erzeugt keinen Leerraum, und die Lesbarkeit bleibt erhalten. Das ist ziemlich pfiffig, denn Whitespace *innerhalb* eines Tags wird ignoriert und *zwischen* den Tags ist kein Whitespace mehr.

Die dritte Möglichkeit klingt zunächst noch verrückter: Durch das Hinzufügen einer weiteren Leerstelle am Ende der Hyperlinks verschwindet die vorhandene Leerstelle zwischen den Tabs – frei nach dem Motto »Eine Leerstelle und noch eine Leerstelle gibt gar keine Leerstelle«. Oder auf Englisch: *Set a space to fix a space.*

Probieren Sie es aus; ich habe es zuerst auch nicht geglaubt. Fügen Sie in beiden Links vor das schließende </a> eine ganz normale Leerstelle ein:

Listing 10.5:
Die Navigations-
liste mit einer
zusätzlichen Leer-
stelle vor </a>

```
<ul>
  <li class="sie-sind-hier"><a href="index.html">Startseite  </a></li>
  <li><a href="kontakt.html">Kontakt  </a></li>
</ul>
```

Und wieder ist der Zwischenraum weg. Magic. Aber genau genommen ist die Leerstelle natürlich nicht wirklich verschwunden. Man sieht sie nur nicht mehr, weil sie Teil der Navigationslinks geworden ist und somit nicht mehr zwischen den Tabs erscheint. Wie hieß es etwas weiter oben? »Wenn mehrere Leerstellen zusammengefasst werden, wird die Formatierung der ersten übernommen«, in diesem Fall also die des Hyperlinks.

Die vierte Möglichkeit zur Eliminierung des Zwischenraums ist einfach ein negativer margin-right für die Listenelemente:

Listing 10.6:
Ein negativer
rechter »margin«
für die Listen-
elemente

```
#navibereich li { margin-right: -5px; }
```

Dadurch wird das benachbarte Listenelement dichter herangezogen und die Lücke überdeckt.

Lösung Nr. 5 wäre es, die Listenelemente statt mit display:inline mit float:left nebeneinanderzustellen. Das Floaten lernen Sie erst ab Seite 301 kennen, aber es sei schon mal verraten, dass gefloatete Elemente immer Block-Boxen erzeugen. Dadurch würde der Zwischenraum verschwinden, weil Whitespace außerhalb von Block-Boxen ignoriert wird.

Und last but not least könnte man die Listenelemente auch mit der Anweisung display:table-cell nebeneinanderstellen. Dadurch würden die Listenelemente wie beim Floaten Block-Elemente bleiben und trotzdem in einer Zeile stehen, aber leider verstehen ältere Internet Explorer diese Anweisung überhaupt gar nicht.

Tja. Oder Sie lassen den Zwischenraum so, wie er ist. Schließlich stört er ja nicht.

10.5 Auf einen Blick

Hier sind noch einmal die wichtigsten Punkte dieses Kapitels im Überblick:

- Die Grundlage für viele Navigationsbereiche ist eine ganz normale ungeordnete HTML-Liste.

- Mit `display: inline` können Sie Listenelemente nebeneinanderstellen.

- Mit CSS können Sie eine horizontale Navigation sehr unterschiedlich gestalten:

  - Navigation mit den Listenelementen nebeneinander

  - horizontale Navigation mit Tabs (Register)

  - Rollover-Effekte für Hyperlinks in der Navigation

  - Hervorhebung des aktuellen Menüpunkts

- Zur Hervorhebung des aktuellen Menüpunkts können Sie eine spezielle Klasse einsetzen.

- Whitespace im Quelltext führt manchmal zu überraschenden Effekten.

Kapitel 11

Ein Kontaktformular erstellen

Worin Sie HTML-Formulare kennenlernen und auf der Kontaktseite ein funktionierendes Kontaktformular einbauen.

Die Themen im Überblick:

Von der Wiege bis zur Bahre – Formulare, Formulare. Im analogen Alltag haben Formulare einen eher negativen Beiklang, im Web basieren alle Interaktionen mit dem Besucher darauf.

- In Schritt 1 bis 3 erstellen und gestalten Sie das Kontaktformular.

- In Schritt 4 bis 6 bringen Sie das Formular ohne eigene Programmierung dazu, Ihnen die eingegebenen Daten per E-Mail zuzuschicken.

In diesem Kapitel erstellen Sie ein ganz einfaches Kontaktformular. Weiter hinten im Buch erfahren Sie ab Seite 677 mehr zur Erstellung und Gestaltung von Formularen.

11.1 Schritt 1: Das HTML für das Kontaktformular

Die Kontaktseite wartet bereits seit geraumer Zeit auf ein Kontaktformular, das sie jetzt bekommen soll. Die Erklärungen für die Formularelemente folgen nach dem ToDo.

ToDo: Das HTML für das Kontaktformular erstellen

1. Öffnen Sie die Beispielseite *kontakt.html* im Editor.

2. Fügen Sie im Textbereich unterhalb der h2-Überschrift *Kontakt* die folgenden Zeilen ein (der dort vorhandene Absatz kann weg):

```
<form id="kontaktformular" action="#">
<div>
  <label for="besuchername">Ihr Name:</label>
  <input type="text" id="besuchername" name="besuchername">
</div>
<div>
  <label for="besuchermail">Ihre E-Mail-Adresse:</label>
  <input type="email" id="besuchermail" name="besuchermail">
</div>
<div>
<label for="nachricht">Ihre Nachricht:</label>
<textarea id="nachricht" name="nachricht"
  cols="20" rows="5"></textarea>
</div>
<div>
<input type="submit" value="Abschicken">
</div>
</form>
```

3. Speichern Sie die Webseite, und betrachten Sie sie im Browser.

Dieser Quelltext erzeugt ein Formular mit einem einzeiligen Eingabefeld für die E-Mail-Adresse, einem mehrzeiligen Bereich für den

Text und einer Schaltfläche zum Abschicken des Formulars. Abbildung 11.1 sieht noch ziemlich durcheinander aus, aber es ist alles da.

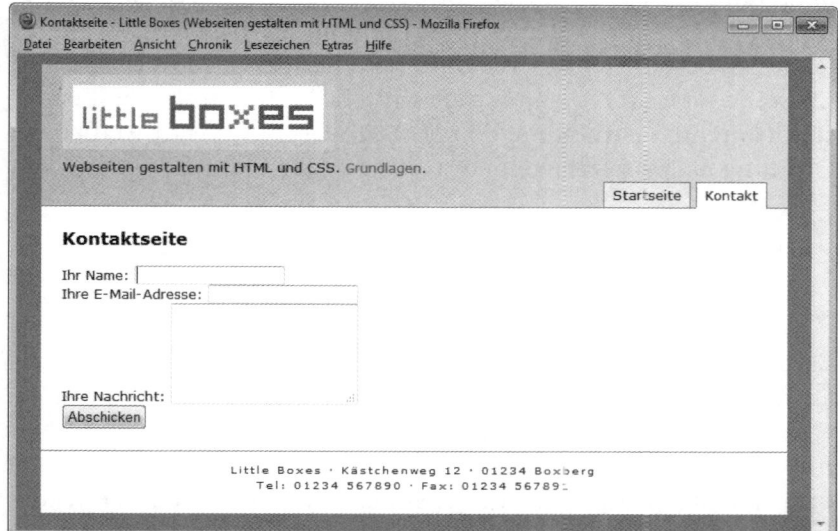

Abbildung 11.1:
Das noch unge-
staltete Formular

Das Element »form« definiert ein Formular

Das Element form umschließt das gesamte Formular. Durch das Anfangs-Tag <form> weiß der Browser, dass ein Formular beginnt, und durch das Ende-Tag </form> wird es beendet.

```
<form id="kontaktformular" action="#"> ... </form>
```

Jedes Formular hat im Anfangs-Tag ein Attribut namens action, das dem Browser sagt, wohin er die Formulardaten schicken soll. Da das Reiseziel für die Formulardaten erst in Schritt 3 festgelegt wird, dient das Rautezeichen # vorübergehend als Platzhalter. Zwischen <form> und </form> stehen die Formularelemente, mit denen der Besucher Daten eingeben und abschicken kann.

Fast alle Formularfelder haben übrigens sowohl eine ID (id="") als auch einen Namen (name="") mit identischen Werten. Die ID benutzen Sie für die Beschriftung mit label und zur Gestaltung per CSS in Schritt 2, das Attribut name hingegen wird zur Auswertung der Formulardaten auf der Serverseite benötigt.

Listing 11.1:
Das Element
»form« mit den
Attributen »id«
und »action«

Beschriftung der Formularfelder mit »label«

Jedes Formularfeld benötigt eine Beschriftung, damit der Besucher überhaupt weiß, was er in das Formular eingeben soll. Diese Beschriftung steht im HTML-Element `label`, dessen Attribut `for` sich auf die ID des zu beschriftenden Formularfelds bezieht. Dadurch wird eine logische, auch für Programme ersichtliche Verbindung zwischen Beschriftung und Formularfeld hergestellt. `label` und `input` werden der Ordnung halber noch in einem `div` gruppiert.

Listing 11.2:
Beschriftung von
Formularfeldern
mit »label«

```
<div>
  <label for="besuchername">Ihr Name:</label>
  <input type="text" id="besuchername" name="besuchername">
</div>
```

Ein netter Nebeneffekt dieser Vorgehensweise ist, dass der Benutzer auf die *Beschriftung* klicken kann, um den Cursor in das Formularfeld zu setzen. Besonders zum Aktivieren von Optionsfeldern und Kontrollkästchen ist das sehr praktisch. Da der Mauszeiger sich aber über der Beschriftung nicht wie bei einem Link in eine Hand mit Klickfinger verändert, merkt das kaum ein Benutzer. Da werden Sie bei der Formulargestaltung in Schritt 2 ein klein wenig nachhelfen.

Ein ganz normales einzeiliges Eingabefeld

Das erste Formularelement ist ein ganz normales einzeiliges Eingabefeld:

Listing 11.3:
Ein ganz norma-
les einzeiliges
Eingabefeld

```
<input type="text" id="besuchername" name="besuchername">
```

Diese Eingabefelder sind echte Allzweckwaffen und können für alle möglichen Informationen benutzt werden. Die Werte für `id` und `name` sind frei wählbar, sollten aber keine Leerstellen, Umlaute oder sonstige Sonderzeichen enthalten.

Ein spezielles Eingabefeld für E-Mail-Adressen

Listing 11.4:
Spezielles Einga-
befeld für E-Mail-
Adressen

Im Kontaktformular folgt ein einzeiliges Eingabefeld für eine E-Mail-Adresse:

```
<input type="email" id="besuchermail" name="besuchermail">
```

Es ist schwer zu glauben, aber ein Formularelement speziell für E-Mail-Adressen gibt es erst seit Kurzem. Durch das Attribut `type="email"` weiß der Browser, dass die Daten in diesem Formularfeld eine E-Mail-Adresse sind, und könnte entsprechend darauf reagieren und zum Beispiel gleich die Gültigkeit der Mailadresse überprüfen.

Die meisten Browser nutzen diese Information momentan noch nicht, aber das ist nur eine Frage der Zeit, und Ihr Kontaktformular kann das schon jetzt. Auf einem iPhone zum Beispiel zeigt der Safari auf der virtuellen Tastatur automatisch das ansonsten nicht sichtbare @-Zeichen an, wenn der Cursor in ein `input`-Feld vom Typ `email` springt.

Browser, die das neue Formularelement (noch) nicht kennen, benutzen stattdessen automatisch das ganz normale einzeilige Eingabefeld `<input type="text" ...>`, sodass es keinerlei Nachteile gibt.

Tipp

Neue Eingabefelder für URLs und Telefonnummern in HTML5

Neben `<input type="email">` gibt es in HTML5 auch noch `<input type="url">` für Webadressen und `<input type="tel">` zur Eingabe von Telefonnummern. Sie können die neuen Input-Typen bereits problemlos einsetzen, denn Browser, die sie noch nicht kennen, benutzen automatisch `<input type="text">`.

Ein mehrzeiliges Eingabefeld mit »textarea«

Ein mehrzeiliges Eingabefeld erstellen Sie mit dem Element `textarea`.

```
<textarea id="nachricht" name="nachricht" cols="20" rows="5">
  </textarea>
```

Listing 11.5:
Ein mehrzeiliges
Eingabefeld

Im Anfangs-Tag einer `textarea` müssen Sie mit den Attributen `cols` (Spalten, kurz für *columns*) und `rows` (Zeilen) die Größe des Eingabefeldes angeben. Diese beiden Attribute sind Pflichtangaben. Die Zahlen stehen übrigens für die ungefähre Anzahl von Zeichen bzw. Zeilen, die in das Feld passen sollen. Später im CSS können Sie die Größe des Eingabefeldes mit den Eigenschaften `width` und `height` bei Bedarf genauer definieren.

Zwischen dem Anfangs-Tag <textarea ...> und dem Ende-Tag </textarea> sollte nichts stehen. Kein Leerzeichen, kein Zeilenumbruch, kein gar nichts. Viele Browser setzen den Cursor sonst beim Ausfüllen des Formulars nicht an den Anfang des Felds, sondern mitten hinein, was ziemlich nerven kann.

Submit: Eine Schaltfläche zum Abschicken der Formulardaten

Jedes Formular benötigt mindestens eine Schaltfläche zum Abschicken der Formulardaten:

Listing 11.6:
Eine Schaltfläche
zum Abschicken
der Formulardaten

```
<input type="submit" value="Abschicken">
```

Diese Schaltfläche, die oft auch als »Button« bezeichnet wird, schickt die Daten zur Verarbeitung an das im Attribut action eingetragene Programm. Mit dem Attribut value können Sie die Beschriftung der Schaltfläche definieren. Diese darf beliebig lang sein und auch Umlaute oder sonstige Sonderzeichen enthalten.

Tipp
Weitere HTML-Formularelemente

Das Kontaktformular benötigt nicht mehr Formularfelder, aber es gibt natürlich noch jede Menge andere: runde Optionsfelder, eckige Kontrollkästchen und herausklappende Auswahllisten. Mehr zu diesen Elementen erfahren Sie weiter hinten im Buch bei der Erstellung eines Bestellformulars ab Seite 677.

11.2 Schritt 2: Das Formular per CSS gestalten

Mit ein paar einfachen CSS-Regeln gestalten Sie das Formular ein wenig ansprechender. Die Erklärung der einzelnen Definitionen folgt nach dem ToDo.

ToDo: Das Kontaktformular per CSS gestalten

1. Öffnen Sie das Stylesheet *bildschirm.css*, und fügen Sie ganz unten in Abschnitt 4 für sonstige Styles die folgenden Zeilen hinzu:

```
form {
    input:focus, textarea:focus
    background-color: #ffeda0;
    width: 370px; /* Breite des Formulars */
    padding: 20px;
    border: 1px solid #8c8c8c;
}
label { /* Beschriftung auf eigener Zeile */
    display: block;
    cursor: pointer;   /* Mauszeiger wird zur Hand */
}
input#besuchername,
input#besuchermail,
textarea {
    width: 300px;
    border: 1px solid #8c8c8c;
    margin-bottom: 1em;
}
textarea {
    height: 7em;
}
input:focus,
textarea:focus {
    background-color: #d9d9d9;
}
```

2. Speichern Sie das Stylesheet, und betrachten Sie die Webseite im Browser.

Nach diesem ToDo sollte das Formular etwa so aussehen wie in Abbildung 11.2.

Abbildung 11.2:
Das gestaltete
Formular

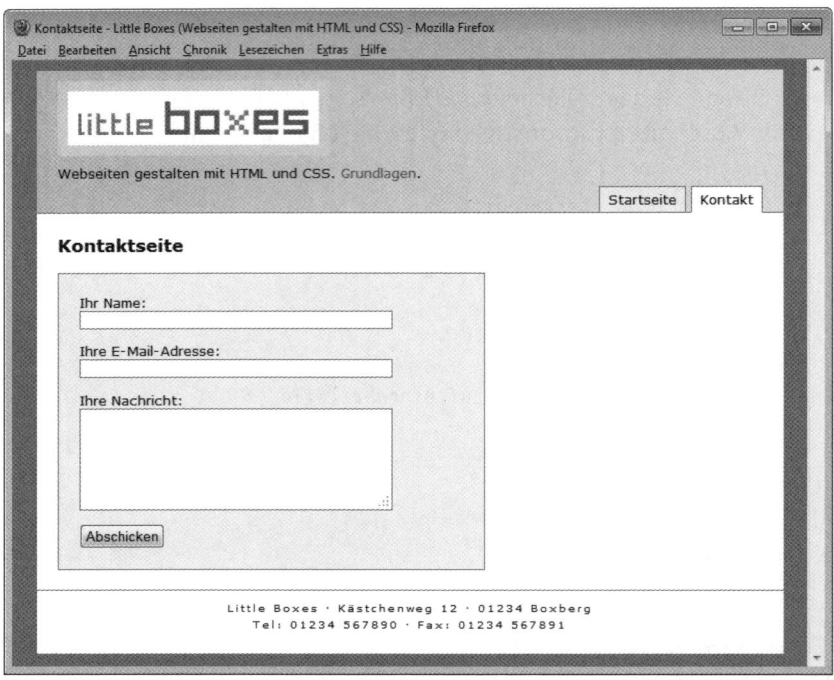

Und hier sind die CSS-Regeln im Überblick:

▨ Als Selektor für das Formular nehmen Sie den Typ-Selektor form. Gestaltet werden Hintergrundfarbe, Breite, Polsterung und Rahmenlinie – alles inzwischen schon fast alte Bekannte.

▨ In der zweiten Regel wird das Inline-Element label zum Block-Element befördert. Das ist ein ganz einfacher Trick zur Ordnung der Formularfelder, denn dadurch rutschen die Eingabefelder in eine neue Zeile unter die Beschriftung. Block-Elemente haben automatisch einen integrierten Zeilenumbruch (siehe Seite 91).

▨ Die Deklaration cursor:pointer; bewirkt, dass der Mauszeiger wie bei einem Hyperlink zur Hand wird, wenn er über der Beschriftung schwebt. So wird dem Benutzer signalisiert, dass er auch auf die Beschriftung klicken kann, um den Cursor in das Formularfeld zu setzen.

■ Die beiden einzeiligen Eingabefelder input#besuchername und input#besuchermail und das Kommentarfeld textarea werden gemeinsam formatiert: 300 Pixel breit, mit einer dünnen Rahmenlinie und einem Außenabstand nach unten von 1em.

■ Die letzte Regel weist den Eingabefeldern mit der Pseudo-Klasse :focus eine Hintergrundfarbe zu, wenn der Benutzer etwas in das Formularfeld schreibt. Das funktioniert zwar nicht in allen Browsern, verursacht aber, wenn es nicht funktioniert, keinerlei nachteilige Effekte.

Tipp

Mehr zur Gestaltung von Formularen

Mehr über die Gestaltung von Formularen erfahren Sie im Kapitel 33 »Formulare für Fortgeschrittene« ab Seite 677. Dort erstellen Sie ein etwas komplexeres Bestellformular mit der Beschriftung *vor* den Eingabefeldern.

11.3 Schritt 3: Den Cursor in das erste Feld setzen

Zum Abschluss der Formulargestaltung setzen Sie noch ein kleines i-Tüpfelchen: Mit einem einzeiligen JavaScript vereinfachen Sie die Benutzung des Formulars für Ihre Besucher, indem Sie den Cursor beim Laden der Seite gleich in das erste Formularfeld setzen.

ToDo: Den Cursor im ersten Formularfeld positionieren

1. Ändern Sie das <body>-Tag auf *kontakt.html* wie folgt (das gesamte Anfangs-Tag sollte *in einer Zeile* stehen).

```
<body onload="document.getElementById('besuchername').
focus();">
```

2. Speichern Sie die Webseite, und betrachten Sie sie im Browser.

Nach dem Laden der Webseite sollte der Cursor direkt im ersten Formularfeld blinken (siehe Abbildung 11.3).

Abbildung 11.3:
Der Cursor
springt automatisch in das erste
Formularfeld.

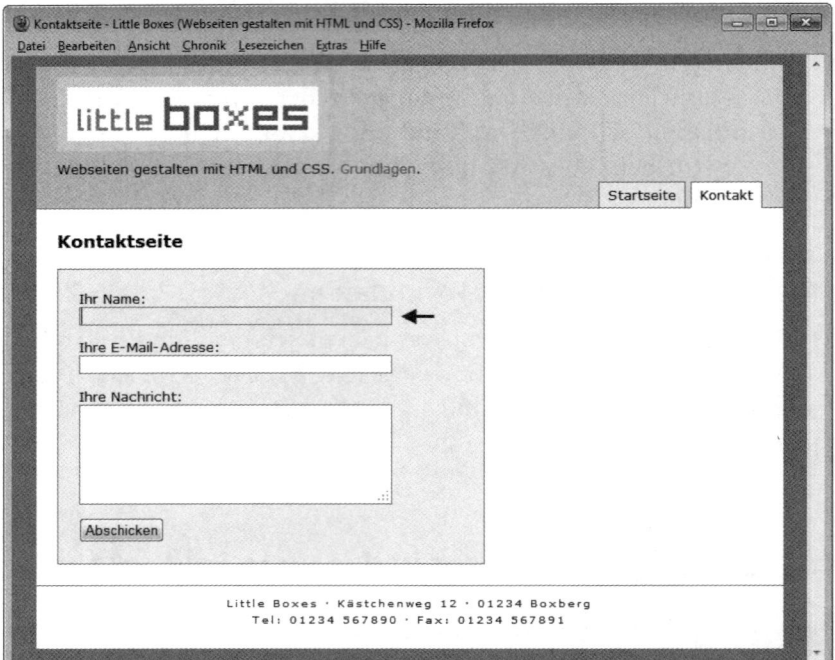

Und hier ist die Erklärung für die Zeile JavaScript:

- onload sagt dem Browser, dass er die folgende Anweisung beim Laden der Webseite ausführen soll.

- Die Anweisung document.getElementById('besuchername').focus(); heißt im Klartext:

  - Suche auf der angezeigten Webseite (document) ein Element mit der ID besuchername.

  - Setze den Cursor in dieses Feld, und lass ihn blinken (focus).

Falls JavaScript im Browser ausgestellt sein sollte, passiert einfach gar nichts.

Tipp

In HTML5 gibt es das Attribut »autofocus«, ...

... aber das versteht momentan noch kein Browser. Irgendwann werden Sie die Zeile JavaScript aus diesem Abschnitt weglassen können und stattdessen einfach das Attribut autofocus in das gewünschte Formularelement schreiben:

```
<input type="text" id="besuchername" name="besuchername"
  autofocus>
```

Aber noch ist es nicht so weit ...

11.4 Schritt 4: Das Reiseziel für die Formulardaten festlegen

Ein Klick auf die Schaltfläche Abschicken sendet die Formulardaten zur Verarbeitung an ein Programm auf einem Webserver-Computer. Dieses Programm könnte zum Beispiel die Formulardaten überprüfen, in einer Datenbank speichern oder per E-Mail verschicken.

Falls Sie momentan keinen Webspace oder zumindest keinen Zugriff auf ein solches Programm haben, bietet der Formular-Chef von *nettz. de* eine einfache und sichere Alternative ohne Registrierung und ohne Verpflichtungen:

- *formular-chef.de*

Falls Sie bereits Webspace haben und Ihr Webhoster Ihnen ein Programm zum Versenden von Formulardaten zur Verfügung stellt, können Sie natürlich statt des Formular-Chefs gerne dieses Programm benutzen und das folgende ToDo überspringen.

Das Attribut `action` gibt das Reiseziel der Formulardaten an, also das Programm, das die Formulardaten verarbeitet. Hier tragen Sie die komplette URL zum Formular-Chef ein.

Beim Formular-Chef müssen Sie außerdem noch `method="post"` angeben. Dieses Attribut stellt unter anderem sicher, dass die Formulardaten unsichtbar verschickt werden.

Optional ist im Anfangs-Tag von `form` das Attribut `enctype="multipart/form-data"`, das bei einem Formular mit Datei-Upload dafür sorgt, dass dieser reibungslos funktioniert.

nettz.de betreibt den Formular-Chef übrigens bereits seit 1998, und in dieser Zeit hat es nach eigener Aussage keine rechtlichen oder sonstigen Probleme gegeben. *nettz.de* verbürgt sich außerdem dafür, dass keinerlei Adressen oder Daten gesammelt oder protokolliert werden.

Tipp

Formulare oder Links mit »mailto:« sind nicht wirklich eine Alternative

Das Attribut `action="mailto:ihre@email.de"` wird manchmal als Alternative zu einem serverseitigen Programm eingesetzt. Der Browser schickt die Formulardaten dann an das Standard-Mailprogramm des Besuchers. Voraussetzung für das Funktionieren von `mailto:` ist, dass der Besucher ein korrekt konfiguriertes Mailprogramm auf seinem Rechner hat. In Zeiten von GMX, Gmail & Co. ist dies häufig nicht mehr der Fall.

Wenn Sie Pech haben, erschreckt sich der Besucher ob des ihm unbekannten Mailprogramms, das ein Konto einrichten möchte und lauter unverständliche Dinge fragt. Mit ein bisschen Glück kann der Besucher die Mail sogar abschicken – vielleicht liegt sie aber auch noch lange nach Beendigung des Programms im Postausgang. Der Besucher glaubt dann, er habe Ihnen eine Mail geschickt, aber Sie wissen davon nichts.

11.5 Schritt 5: Dem Formular-Chef die E-Mail-Adresse mitteilen

Sie sind fast fertig: Sie müssen dem Formular-Chef nur noch Ihre E-Mail-Adresse mitteilen, damit er Ihnen die Daten per E-Mail zuschicken kann. Dazu bauen Sie im folgenden ToDo ein unsichtbares Formularfeld in das Formular ein.

ToDo: Dem Formular-Chef Ihre E-Mail-Adresse mitteilen

1. Ergänzen Sie die fett gedruckte Zeile im Quelltext von *kontakt. html*. Ersetzen Sie dabei bitte die Zeichenfolge *IHRE_EMAIL* durch Ihre E-Mail-Adresse:

```
<form id="kontaktformular" action="http://www.formular-chef.de/
 fc.cgi" method="post">

<input type="hidden" name="empfaenger" value="IHRE_EMAIL">
```

2. Haben Sie beim Attribut `value` den Wert `"IHRE_EMAIL"` wirklich durch Ihre eigene E-Mail-Adresse ersetzt?

3. Speichern Sie die Datei.

Das neue HTML-Element erzeugt ein im Browserfenster nicht sichtbares (hidden) Formularfeld mit dem Namen empfaenger. Der Formular-Chef erwartet die benötigte E-Mail-Adresse in einem Formularfeld mit *genau diesem Namen.*

Tipp

> ### Formular-Chef: So schützen Sie sich vor Spam
>
> Damit die im Quelltext notierten E-Mail-Adressen nicht für Spam-Zwecke missbraucht werden können, bietet der Formular-Chef eine einfache Verschleierung. Ersetzen Sie dazu einfach das »@«-Zeichen durch die Zeichenfolge »X§X« – so können Spam-Roboter und Suchmaschinen Ihre Mailadresse im Quelltext der Webseite nicht so leicht erkennen. Statt
>
> ```
> <input type="hidden" name="empfaenger" value="beispiel@test.de">
> ```
>
> schreiben Sie:
>
> ```
> <input type="hidden" name="empfaenger" value="beispielX§Xtest.de">
> ```
>
> Trotzdem sollten Sie für ein im Web veröffentlichtes Kontaktformular eine gesonderte E-Mail-Adresse nutzen, denn die Spam-Programme werden beim automatisierten Einsammeln der Adressen auch immer pfiffiger.

11.6 Schritt 6: Das fertige Formular testen

Sie können das Formular direkt von Ihrer Festplatte im Browser aufrufen und testen, sofern Sie eine Verbindung zum Internet haben:

- Rufen Sie die Kontaktseite im Browser auf.

- Füllen Sie das Formular aus.

- Klicken Sie auf ABSCHICKEN.

Der Formular-Chef schickt die eingegebenen Formulardaten an die E-Mail-Adresse im versteckten Formularfeld, und der Besucher erhält im Browser eine Antwortseite, auf der *nettz.de* in der kostenlosen Version des Formular-Chefs ein Werbebanner einblendet.

11.7 Auf einen Blick

Hier sind noch einmal die wichtigsten Punkte dieses Kapitels im Überblick:

■ HTML-Formulare beginnen mit <form> und enden mit </form>.

■ Formularelemente werden mit label beschriftet. Das Attribut for enthält den Wert der ID des betreffenden Formularelements: <label for="besuchername">.

■ Einzeilige Eingabefelder werden mit <input type="text"> definiert.

■ HTML5 führt neue Feldtypen für E-Mail (email), Webadressen (url) und Telefonnummern (tel) ein. Browser, die das nicht verstehen, benutzen ein Feld vom Typ text.

■ Jedes Formular hat mindestens einen »Submit-Button«, also eine Schaltfläche zum Abschicken.

■ Mit CSS kann man leicht ansprechende Kontaktformulare gestalten.

■ Zur Verarbeitung der Formulardaten wird ein serverseitiges Programm benötigt.Der Formular-Chef ist eine werbefinanzierte Alternative, wenn keine solchen Skripte zur Verfügung stehen.

Kapitel 12

HTML-Tabellen und Druckversion

Worin Sie lernen, wie man HTML-Tabellen erstellt und gestaltet, und eine Druckversion für die Webseiten erstellen.

Die Themen im Überblick:

In diesem Kapitel wird der erste Teil dieses »CSS-Grundkurses« durch die Erstellung und Gestaltung einer HTML-Tabelle und einer Druckversion für die Beispielsite abgerundet.

12.1 Tabellen sind nicht verboten

Wie im ersten Kapitel gezeigt wurde, waren Tabellen lange Zeit die einzige Möglichkeit, Objekte auf einer Webseite zu positionieren. CSS hat diese Rolle übernommen, und inzwischen werden Tabellen mehr entsprechend ihrer ursprünglichen Aufgabe eingesetzt, nämlich zur Darstellung tabellarischer Daten.

Eine einfache Tabelle: »table«, »tr« und »td«

Es gibt nur wenige HTML-Elemente, die zum Erstellen einer einfachen Tabelle benötigt werden:

- Die Tabelle: table

  Beginn und Ende der Tabelle werden mithilfe der Tags `<table>` und `</table>` markiert.

- Die Tabellenzeilen: tr

  tr steht für *table row*. `<tr>` und `</tr>` kennzeichnen den Beginn und das Ende einer Zeile.

- Die Tabellenzellen: td

  td heißt *table data* und enthält die Daten der Tabelle. Die Tags `<td>` und `</td>` begrenzen die einzelnen Zellen in der Tabelle. *Alle* Textzeichen und Grafiken in der Tabelle stehen zwischen `<td>` und `</td>`.

Tabellen sind nicht schwierig, sie werden im Quelltext nur sehr schnell sehr unübersichtlich. Achten Sie bei Tabellen von Anfang an auf korrekte Einrückungen, um den Quelltext lesbar und übersichtlich zu halten. Während der Bearbeitung einer Tabelle bietet es sich der Einfachheit halber an, die Rahmenlinien mit dem eigentlich veralteten Attribut border sichtbar zu machen:

Listing 12.1:
Eine einfache
Tabelle mit zwei
Zeilen und zwei
Spalten

```
01 <table border="1">
02 <tr>
03   <td>Zeile 1, Spalte 1</td>
04   <td> Zeile 1, Spalte 2</td>
05 </tr>
06 <tr>
07   <td>Zeile 2, Spalte 1</td>
08   <td> Zeile 2, Spalte 2</td>
09 </tr>
10 </table>
```

Im Firefox sieht diese Tabelle nur mit dem Browser-Stylesheet so aus wie in Abbildung 12.1.

Zeile 1, Spalte 1	Zeile 1, Spalte 2
Zeile 2, Spalte 1	Zeile 2, Spalte 2

Abbildung 12.1:
Tabelle mit
zwei Zeilen und
zwei Spalten

Es gibt noch das Element th wie *table heading*, das für Überschriftenzeilen in einer Tabelle benutzt wird. Die meisten Browser-Stylesheets stellen den Zellinhalt zwischen <th> und </th> fett und zentriert dar, wenn er von Ihnen nicht anders gestaltet wird.

Tipp

Im Quelltext stehen die Spalten *untereinander*

Die Unübersichtlichkeit des Quelltextes von Tabellen kommt daher, dass die Darstellung im Quelltext nicht der Darstellung im Browser entspricht.

Während im Browser eine Tabelle aus waagerechten Zeilen und senkrechten Spalten besteht, gibt es im Quelltext nur waagerechte Zeilen (tr) und Zellen (td). Es gibt kein Element zur Erstellung von Spalten, denn die Spalten ergeben sich aus der Anzahl der Zellen innerhalb der Zeilen. Tabellen sind im Quelltext verwirrend:

- Im Browserfenster stehen die Spalten einer Tabelle *nebeneinander*.
- Im Quelltext stehen die Spalten einer Tabelle *untereinander*.

Kopf, Fuß und Körper einer Tabelle

In HTML können Sie eine Tabelle in die logischen Bereiche Kopf, Fuß und Rumpf unterteilen. Dadurch gibt es einige neue Möglichkeiten:

- Die logischen Bereiche der Tabelle lassen sich in einem Stylesheet ganz einfach selektieren und unterschiedlich gestalten.

- Beim Ausdruck einer langen Tabelle könnte ein Browser auf jeder Seite die Spaltenüberschriften im Tabellenkopf wiederholen.

Die Elemente zur logischen Einteilung heißen (in der Reihenfolge des Auftretens) thead, tfoot und tbody. Bemerkenswert ist dabei die den Grundsätzen der Anatomie widersprechende Reihenfolge: Kopf, Fuß, Körper.

In Kopf und Fuß stehen Informationen über die Tabellenspalten, zum Beispiel die Überschriften, und im Rumpf stehen die eigentlichen Daten.

Listing 12.2:
Einfache Tabelle
mit Kopf, Fuß und
Rumpf

```
01 <table border="1">
02 <thead>
03    <tr>
04      <th>thead, Spalte 1</th>
05      <th>thead, Spalte 2</th>
06    </tr>
07 </thead>
08 <tfoot>
09    <tr>
10      <td>tfoot, Spalte 1</td>
11      <td>tfoot, Spalte 2</td>
12    </tr>
13 </tfoot>
14 <tbody>
15    <tr>
16      <td>tbody, Zeile 1, Spalte 1</td>
17      <td>tbody, Zeile 1, Spalte 2</td>
18    </tr>
19    <tr>
20      <td>tbody, Zeile 2, Spalte 1</td>
21      <td>tbody, Zeile 2, Spalte 2</td>
22    </tr>
23 </tbody>
24 </table>
```

Diese Tabelle sieht im Browser so aus:

Abbildung 12.2:
Einfache Tabelle
mit Kopf, Fuß
und Rumpf

thead, Spalte 1	thead, Spalte 2
tbody, Zeile 1, Spalte 1	tbody, Zeile 1, Spalte 2
tbody, Zeile 2, Spalte 1	tbody, Zeile 2, Spalte 2
tfoot, Spalte 1	tfoot, Spalte 2

Mit dem Attribut colspan (kurz für das englische *column span*, auf Deutsch etwa *über Spalten erstrecken*) kann eine Zelle mehrere Spalten oder Zeilen »überspannen«. Eine Zelle mit colspan="2" steht dabei für zwei Tabellenzellen, sodass man manchmal ein bisschen zählen muss, bis alles passt.

Um die Fußzeile aus dem Beispiel oben über zwei Spalten laufen zu lassen, müssen Sie den Quelltext wie folgt ändern:

```
08 <tfoot>
09   <tr>
10     <td colspan="2">tfoot über 2 Spalten mit colspan</td>
11     <!-- Das zweite td muss weg -->
12   </tr>
13 </tfoot>
```

Listing 12.3:
»tfoot« läuft über
zwei Spalten.

Im Browserfenster sieht die Tabelle dann so aus:

thead, Spalte 1	thead, Spalte 2
tbody, Zeile 1, Spalte 1	tbody, Zeile 1, Spalte 2
tbody, Zeile 2, Spalte 1	tbody, Zeile 2, Spalte 2
tfoot über 2 Spalten mit colspan	

Abbildung 12.3:
Tabelle mit
durchlaufendem
Fußbereich

Wenn eine Zelle sich über zwei *Zeilen* erstrecken soll, heißt das Attribut dazu rowspan und funktioniert im Prinzip genau wie colspan.

Weitere Informationen zu HTML-Tabellen   **Tipp**

Falls Sie mehr zu Tabellen wissen möchten (oder müssen), finden Sie weitere Informationen z. B. in Michael Jendryschiks Einführung:

▪ *jendryschik.de/wsdev/einfuehrung/auszeichnung/tabellen*

Beispiel: Tabellen gestalten per CSS

Im Prinzip können Sie alle in HTML-Tabellen verwendeten Elemente wie gewohnt gestalten. Probieren Sie einmal, in Ihrem Editor die Tabelle aus Abbildung 12.4 zu erstellen. Hier sind noch ein paar hilfreiche Hinweise:

▪ table hat das (veraltete) Attribut border="1", um die Struktur der Tabelle sichtbar zu machen. Bei der Gestaltung wird dieses Attribut später nicht benötigt und kann dann wieder entfernt werden.

- Die Kopfzeile soll als thead ausgezeichnet werden.

- Die Fußzeile soll als tfoot ausgezeichnet werden und über alle drei Spalten gehen (colspan="3").

Und so soll die Tabelle aussehen:

Abbildung 12.4:
Beispieltabelle
mit Kopf, Rumpf
und Fuß

Nr.	Titel	Erstausstrahlung
1.	Jim Knopf und Lukas der Lokomotivführer	1961
2.	Jim Knopf und die Wilde 13	1962
3.	Kater Mikesch	1964
4.	Der Löwe ist los	1965
5.	Kommt ein Löwe geflogen	1966
6.	Gut begrüßt Löwe	1967
7.	Bill Bo und seine Kumpane	1968
8.	Urmel aus dem Eis	1969
9.	Kleiner König Kalle Wirsch	1970
Zum Teil wurden die Stücke in den 70er Jahren neu aufgelegt		

Das folgende Listing zeigt den Grundaufbau der Tabelle:

Listing 12.4:
Das HTML der
zu gestaltenden
Tabelle

```
01 <table border="1">
02 <thead>
03   <tr>
04     <th>Nr. </th>
05     <th>Titel</th>
06     <th>Erstausstrahlung</th>
07   </tr>
08 </thead>
09 <tfoot>
10   <tr>
11     <td colspan="3">Zum Teil [...] neu aufgelegt</td>
12   </tr>
13 </tfoot>
14 <tbody>
15   <tr>
16     <td>1.</td>
17     <td>Jim Knopf und Lukas der Lokomotivführer</td>
18     <td>1961</td>
19   </tr>
```

```
20    <tr>
21      <td>2.</td>
22      <td>Jim Knopf und die Wilde 13</td>
23      <td>1962</td>
24    </tr>
25
26  <!-- Noch ein paar Tabellenzeilen -->
27
28  </tbody>
29  </table>
```

Diese Tabelle soll so gestaltet werden, dass sie Abbildung 12.5 gleicht:

Nr.	Titel	Erstausstrahlung
1.	Jim Knopf und Lukas der Lokomotivführer	1961
2.	Jim Knopf und die Wilde 13	1962
3.	Kater Mikesch	1964
4.	Der Löwe ist los	1965
5.	Kommt ein Löwe geflogen	1966
6.	Gut gebrüllt, Löwe	1967
7.	Bill Bo und seine Kumpane	1968
8.	Urmel aus dem Eis	1969
9.	Kleiner König Kalle Wirsch	1970

Zum Teil wurden die Stücke in den 70er Jahren neu aufgelegt

Abbildung 12.5:
Die Beispieltabelle, fertig gestaltet

Dazu sind die folgenden Schritte nötig:

- Entfernen Sie das Attribut border aus dem Anfangs-Tag von table.

- table bekommt eine Hintergrundfarbe (z. B. #ffeda0).

- Danach werden mit der Anweisung border-collapse: collapse die Zwischenräume zwischen den Tabellenzellen entfernt. Im HTML hieß das früher cellspacing="0".

■ thead und tfoot bekommen jeweils eine Hintergrundfarbe (z. B. #f3c600 bzw. #f7f1d4).

■ Alle Zellen werden links ausgerichtet (text-align: left) und bekommen ein leichtes Padding.

Abschließend sehen Sie hier noch das CSS im Überblick, das in einem Styleblock im head-Bereich der Übungsseite steht:

Listing 12.5:
Das CSS für die
zu gestaltende
Tabelle

```
01 table {
02   background-color: #ffeda0;
03   border-collapse: collapse;
04   border: none;
05 }
06 thead {
07   background-color: #f3c600;
08 }
09 tfoot {
10   background-color: #F7F1D4;
11   font-size: 80%;
12   border-top: 1px solid #999;
13 }
14 td, th {
15   vertical-align: top; /* Ausrichtung oben (Standard ist mittig) */
16   text-align: left;
17   padding: 0.5em 1em;
18 }
```

Tipp

Benimmregeln für Datentabellen

Falls Sie mehr über Tabellen wissen möchten, hat Tomas Caspers einen sehr guten Dreiteiler namens »Benimmregeln für Datentabellen« geschrieben:

■ *einfach-fuer-alle.de/artikel/barrierefreie-datentabellen/*

12.2 Eine Druckversion für die Beispielseiten

Haben Sie schon einmal eine Webseite ausgedruckt und dann festgestellt, dass auf dem Ausdruck rechts am Rand ein Stück Text fehlt? Erinnern Sie sich an die auf Seite 45 beschriebene Tatsache, dass sowohl Zwiebeln als auch Webseiten aus Schichten bestehen.

Stylesheet nur für die Anzeige am Bildschirm

Zu Beginn eine gute Nachricht, denn genau genommen haben Sie sogar schon eine Druckversion. Um Papier zu sparen, drucken Sie zum Testen die Beispielseiten nicht jedes Mal aus, sondern betrachten sie einfach in der Druckvorschau des Browsers, die Sie irgendwo im Menü Datei finden:

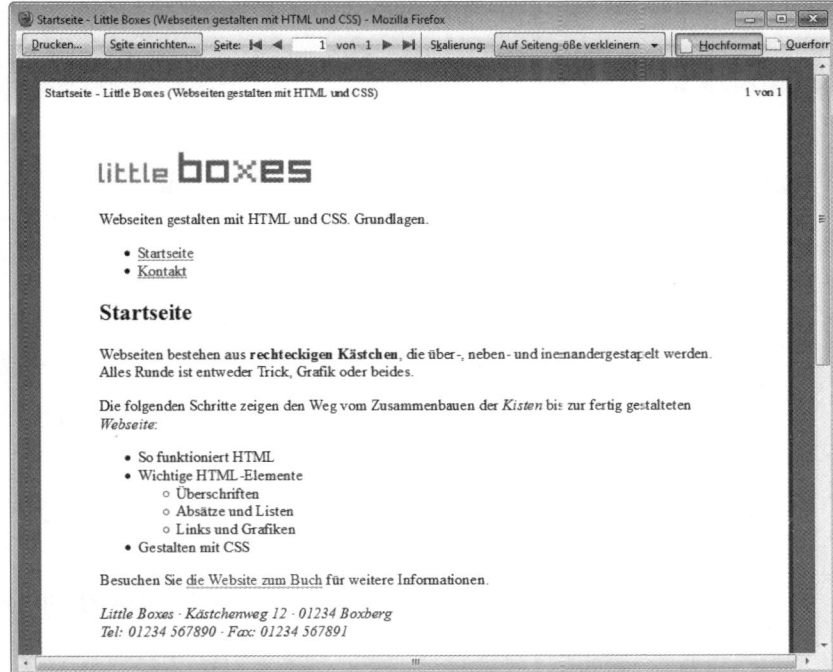

Abbildung 12.6: Genau genommen gibt es schon eine Druckversion.

In der Druckvorschau zeigt der Firefox die Beispielseiten ungestaltet, komplett ohne CSS. So sehen sie zwar nicht hübsch aus, passen sich aber den Gegebenheiten beim Ausdruck flexibel an, sodass rechts am Rand nichts vom Text fehlen wird.

Ein Blick in den HTML-Quelltext der Beispielseiten zeigt, warum das so ist:

```
<link href="bildschirm.css" rel="stylesheet" type="text/css"
  media="screen">
```

Das Attribut media definiert, für welche Medien das Stylesheet gilt. media="screen" beschränkt die Gestaltung auf den Bildschirm. Das bisher erstellte Stylesheet *bildschirm.css* wird also vom Browser für den Ausdruck der Webseite nicht verwendet.

Ein zweites Stylesheet nur für den Ausdruck

In diesem Abschnitt erstellen Sie ein zweites Stylesheet mit dem passenden Namen *druckversion.css* und binden es im HTML mit einem zweiten link-Element ein. Durch die Angabe von media="print" wird dieses Stylesheet nur zum Ausdrucken der Seite verwendet.

Erstellen Sie zunächst ein zweites Stylesheet mit dem Namen *druckversion.css*.

ToDo: Ein zweites Stylesheet für den Ausdruck erstellen

1. Erzeugen Sie mit einem Editor eine leere Datei.

2. Fügen Sie am Anfang der Datei folgenden Kommentar ein:

```
/* =================================================
Stylesheet für die Beispielsite aus "Little Boxes"
Stand:  Druckversion
Datei:  druckversion.css
Media:  print
Datum:  ...
Autor:  ...
================================================= */
```

3. Speichern Sie die Datei unter dem Namen *druckversion.css* in Ihrem Übungsordner.

Jetzt müssen Sie im HTML der beiden Beispielseiten noch ein zweites link-Element einbauen. Im nächsten ToDo erfahren die Browser, dass es dieses Stylesheet gibt und dass es für den Ausdruck bestimmt ist.

ToDo: Ein zweites »link«-Element für den Ausdruck einbinden

1. Öffnen Sie die Webseiten *index.html* und *kontakt.html* in einem Editor, und fügen Sie das zweite, fett gedruckte link-Element ein:

   ```
   <head>
     <!-- Andere HTML-Elemente unverändert lassen -->
     <link href="bildschirm.css" rel="stylesheet" media="screen">
     <link href="druckversion.css" rel="stylesheet" media="print">
   </head>
   ```

2. Speichern Sie beide Dateien, und schließen Sie sie wieder.

Damit sind die Vorbereitungen erledigt, und es kann losgehen.

Grundlegende Schriftgestaltung

Sie beginnen die Gestaltung der Druckversion mit einer einfachen CSS-Regel zur Schriftgestaltung.

ToDo: Die grundlegende Schriftgestaltung für »body« erstellen

1. Öffnen Sie das Stylesheet *druckversion.css* in einem Editor, und geben Sie unterhalb des Kommentars die folgende CSS-Regel ein:

   ```
   body {
     font-family: Georgia, "Times New Roman", Times, serif;
     font-size: 11pt;
   }
   ```

2. Speichern Sie die Änderungen im Stylesheet.

Testen Sie die Druckversion in der Druckvorschau des Browsers:

Abbildung 12.7:
Die Druckversion
mit formatierter
Schrift

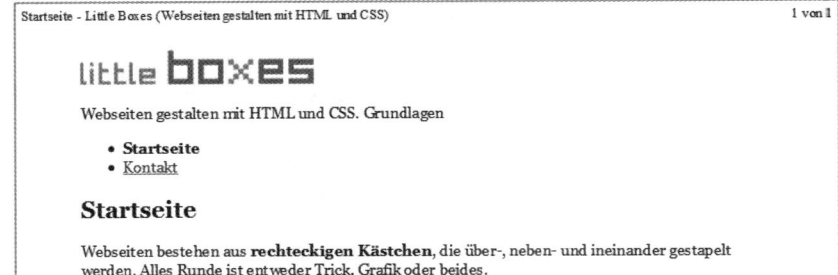

Die Eigenschaften `font-family` und `font-size` kennen Sie bereits, und doch ist einiges neu:

- `font-family` definiert eine Serifenschrift für die Druckausgabe. Auf dem Monitor sind wie gesagt serifenlose Schriften besser lesbar, auf Papier hingegen, besonders für den Fließtext, sind Schriften mit Serifen wie Georgia oder Times New Roman einfacher zu erfassen.

- `font-size` definiert die Schriftgröße, aber mit der Einheit `pt`. Am Bildschirm ist die Skalierbarkeit der Schrift wichtig, daher werden relative Einheiten wie `em` oder `%` bevorzugt. In einem Druckstylesheet können Sie genau wie in Word die Einheit `pt` benutzen.

Auf diese Weise können Sie die Schrift für alle gewünschten HTML-Elemente speziell für den Ausdruck formatieren.

Gestaltung der Überschriften

Die Anweisungen für Schriftart und -grad werden – wie in CSS üblich – an alle Elemente zwischen `<body>` und `</body>` vererbt, sofern für sie nicht etwas anderes definiert wurde.

Mit den folgenden Regeln gestalten Sie die Überschriften auf den Beispielseiten.

ToDo: Die Überschriften für den Ausdruck gestalten

1. Geben Sie am Ende des Stylesheets die folgenden CSS-Regeln ein:

```
h1, h2 { font-family: Verdana, Arial, Helvetica, sans-serif; }
h1 {font-size: 24pt; }
h2 {
   font-size: 18pt;
   padding-top: 6pt; /* Abstand zwischen Text und Rahmenlinie */
   border-top: 3pt solid #d90000; /* rote Rahmenlinie oben */
   margin-top: 12pt;
}
```

2. Speichern Sie das Stylesheet, und betrachten Sie die Webseiten in der Druckvorschau eines Browsers.

Abbildung 12.8 zeigt die Druckversion in der Druckvorschau des Firefox.

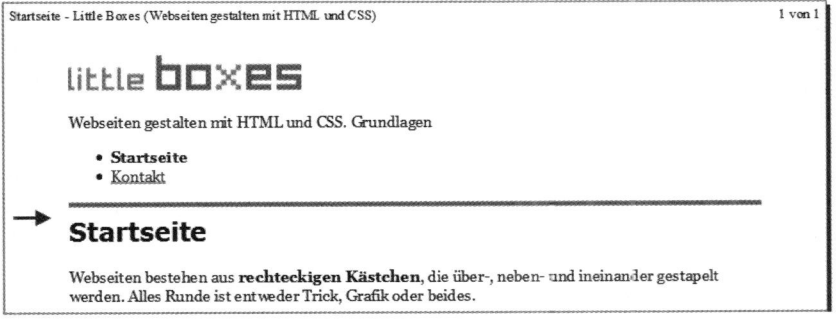

Abbildung 12.8:
Die Druckversion
mit formatierter
Überschrift

Auch hier gilt, dass Sie alle HTML-Elemente im Text wie gewohnt gestalten können. Sollen z. B. Zitate eingerückt und kursiv erscheinen, verwenden Sie eine CSS-Regel wie die folgende:

```
blockquote {
  font-style: italic;
  padding-left: 2cm;
  padding-right: 2cm;
}
```

Listing 12.6:
Zitate einrücken
für die Druck-
version

Zentimeter. Sie haben richtig gelesen. In einem Druckstylesheet können Sie die Einheit cm zur Gestaltung von Abständen problemlos einsetzen, am Bildschirm nicht.

Navigation ausblenden

In einer Druckversion ist die Navigation ziemlich nutzlos und kann deshalb einfach ausgeblendet werden.

ToDo: Navigation ausblenden

1. Geben Sie am Ende des Stylesheets die folgenden CSS-Regeln ein:

```
#navibereich {
  display: none;
}
```

2. Speichern Sie das Stylesheet, und betrachten Sie die Webseiten in der Druckvorschau eines Browsers.

Zum Testen rufen Sie wieder die Druckvorschau des Browsers auf.

Abbildung 12.9:
Die Druckversion
ohne Navigation

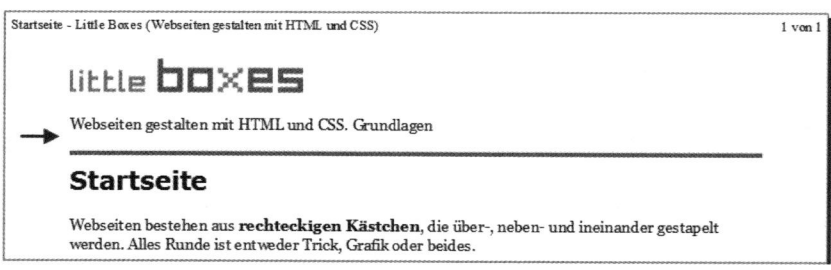

URL der Hyperlinks sichtbar machen

Hypertext gibt es nicht auf Papier, sondern nur in elektronischen Medien. Sobald Sie eine Webseite ausdrucken, verliert der Hypertext das »Hyper« und wird ganz normaler Text. Die Links auf einer ausgedruckten Webseite sind dann zwar nach wie vor unterstrichen, aber Sie können draufdrücken, so viel Sie wollen, Sie springen nirgendwo hin.

Die folgenden CSS-Regeln gestalten die Hyperlinks und machen in einigen Browsern die URL des Hyperlinks auf dem Ausdruck sichtbar.

ToDo: URLs der Hyperlinks sichtbar machen

1. Geben Sie am Ende des Stylesheets die folgenden CSS-Regeln ein:

   ```
   a {
     color: black ;
     text-decoration: none;
   }
   a[href]:after {
     content:" [Adresse: "attr(href)"] "; /* [URL] nach Linktext */
   }
   ```

2. Speichern Sie das Stylesheet, und betrachten Sie die Webseiten in der Druckvorschau eines Browsers.

Die erste Regel ist einfach, die zweite hingegen wirkt auf den ersten Blick eher unübersichtlich. In Browsern, die :after verstehen, gibt sie direkt hinter dem Text in eckigen Klammern die URL des Links aus:

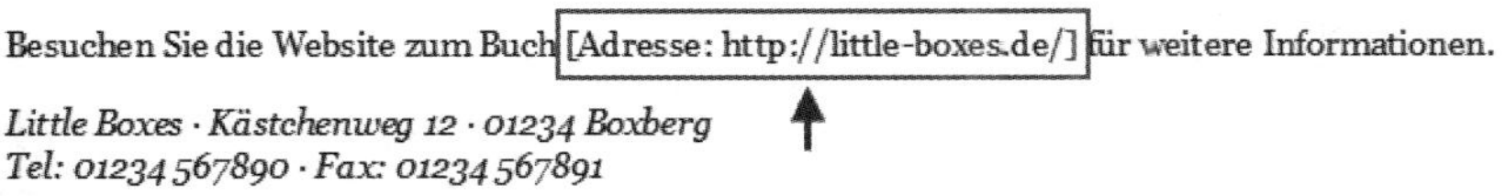

Besuchen Sie die Website zum Buch [Adresse: http://little-boxes.de/] für weitere Informationen.

Little Boxes · Kästchenweg 12 · 01234 Boxberg
Tel: 01234 567890 · Fax: 01234 567891 ↑

Abbildung 12.10:
Die URL steht
in eckigen
Klammern auf
dem Papier.

Der Selektor a[href]:after enthält gleich zwei neue Dinge:

- a[href] ist ein sogenannter Attribut-Selektor und selektiert alle Hyperlinks, die das Attribut href enthalten.

- :after ist ein Pseudo-Element, mit dem Sie beliebigen Inhalt einfügen können, der mit der Eigenschaft content definiert wird. Dieser Inhalt wird ganz am Ende des Elements eingefügt, *nach* dem Inhalt, aber noch *innerhalb* des Elements.

Die Deklaration content:" [Adresse: "attr(href)"] "; ist auf den ersten Blick etwas unübersichtlich und wird deshalb im Folgenden Stück für Stück erklärt:

▨ Die Eigenschaft content sagt dem Browser einfach nur, dass er im Quelltext ein bisschen Inhalt einfügen soll.

▨ Welcher Inhalt eingefügt werden soll, steht nach dem Doppelpunkt: " [Adresse: "attr(href)"] "

Dieser Block besteht wiederum aus drei Teilen. Zeichen, die der Browser direkt in den Quelltext schreiben soll, stehen dabei in Anführungsstrichen. Diese Zeichen werden von Programmierern auch als »String« bezeichnet.

▨ Teil 1 steht in Anführungsstrichen: " [Adresse: ". Der Browser soll eine Leerstelle, eine öffnende eckige Klammer und das Wort *Adresse* ausgeben, gefolgt von einem Doppelpunkt und einer Leerstelle.

▨ Teil 2 ist attr(href). Das heißt auf Deutsch so viel wie »Schreibe an dieser Stelle den Wert des Attributs href hin«, also die URL des Hyperlinks. Die Funktion steht nicht innerhalb von Anführungsstrichen, da der Browser das *Ergebnis* der Funktion in den Quelltext schreiben soll.

▨ Teil 3 ist wieder von Anführungsstrichen umgeben: "] ". Der Browser soll eine schließende eckige Klammer und anschließend noch eine Leerstelle ausgeben.

Zum Beenden der Deklaration folgt nur noch das in CSS übliche Semikolon.

Tipp **Internet Explorer 6 und 7 kennen kein »:after«**

Der Internet Explorer versteht bis inklusive Version 7 das für diesen Trick benötigte Pseudo-Element :after nicht und ignoriert daher den betreffenden Style. Nix ist's mit URLs im Ausdruck. Aber es hat auch keinerlei Nebenwirkungen. Ab Version 8 kann er es dann.

12.3 Auf einen Blick

▨ HTML-Tabellen dienen zur Darstellung von tabellarischen Daten und nicht zum Layouten.

▨ Eine Tabelle besteht mindestens aus den Elementen `table`, `tr` und `td`.

▨ Mit CSS kann man die Tabellen überaus hübsch und übersichtlich gestalten.

▨ Durch Definition des Ausgabemediums `print` für das HTML-Element `link` können Sie per CSS ganz einfach eine Druckversion erstellen.

▨ In Stylesheets für den Ausdruck können Sie problemlos HTML-Elemente per `display:none` ausblenden oder absolute Einheiten wie `pt` oder `cm` benutzen.

Kapitel 13

Kaskade, Vererbung oder Standardwert

Worin Sie die Webseite aus der Sicht eines Browsers betrachten. Der Browser erstellt einen Dokumentenstammbaum und sucht für jede Eigenschaft eines jeden Elements nach einem Wert, mit dem er es gestalten soll. Dabei benutzt er drei Konzepte namens Kaskade, Vererbung und Standardwert.

Die Themen im Überblick:

Dieses Kapitel ist eher theoretischer Natur, und wenn Sie gerade keine Lust auf Theorie haben, können Sie es gern erst einmal überspringen.

Falls Sie in Ihrem Stylesheet vor scheinbar unlösbaren Phänomenen stehen, die Sie an den Rand des Wahnsinns treiben, kommen Sie

zurück, und lesen Sie dieses Kapitel über die Kaskade ganz in Ruhe durch. Es ist die Antwort auf viele Rätsel.

13.1 Überblick: DOM und Kaskade

Eine HTML-Datei ist im Grunde genommen nichts anderes als eine hierarchische Verschachtelung von HTML-Elementen. Wenn ein Browser vom Webserver einen Quelltext bekommt, versucht er als Erstes, sich eine Übersicht über diese Hierarchie zu verschaffen, und erstellt dazu ein Modell.

Der Browser nennt dieses Modell des Quelltextes das *Document Object Model* (abgekürzt DOM), weil es ein Modell der Objekte, also der Dinge auf einer Webseite ist. Wie bei Computern üblich, steht auch dieser Baum auf dem Kopf:

- Das oberste Element einer jeden Webseite ist html. Das Stammelement. Abraham. Der Urvater aller Elemente auf dieser Seite.

- Von html gehen zwei Elemente ab: head und body. Man kann also sagen, dass sowohl head als auch body Kinder von html und somit Geschwister sind.

Und so ist das ganze HTML-Dokument eine schrecklich nette Familie mit diversen verwandtschaftlichen Beziehungen und Al Bundy in der Rolle des body.

Der DOM-Baum für die Startseite

In Abbildung 13.1 sehen Sie einen Ausschnitt aus dem Baum für die Startseite *index.html*.

Sie sind kein Browser und müssen nicht für jede Webseite einen solchen Stammbaum entwerfen, aber bei der Planung des Stylesheets oder wenn etwas partout nicht klappen will, ist so ein DOM-Baum manchmal durchaus hilfreich.

Ob Sie ihn auf Papier skizzieren oder gedanklich im Kopf entwerfen, spielt dabei keine Rolle, wobei für Einsteiger die Papiervariante einfacher sein dürfte.

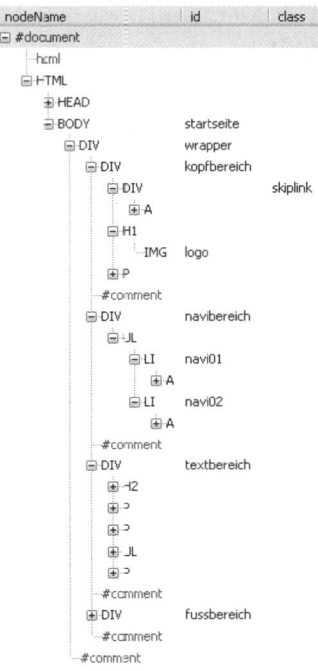

Abbildung 13.1:
Der Stammbaum
der Startseite im
DOM-Inspector

DOM Inspector: Der Stammbaum als Firefox-Add-on   **Tipp**

Der DOM Inspector ist für den Firefox als Add-on erhältlich:

■ *https://addons.mozilla.org/de/firefox/addon/dom-inspector-6622/*

Nach der Installation können Sie im Menü EXTRAS den Befehl DOM-INS-
PECTOR aufrufen und sich den Baum anschauen, den der Firefox aus dem
HTML gebaut hat.

Ein kleines Tutorial zum DOM Inspector hat Thomas Stich geschrieben:

■ *stichpunkt.de/mozilla/moz-inspector.html*

Drei Konzepte: Kaskade, Vererbung und Standardwert

Nachdem der Browser den Dokumentenstammbaum erstellt hat,
versucht er herauszufinden, wie er die HTML-Elemente im Browserfenster darstellen soll. Dabei muss er für jedes zu gestaltende Element
jeder CSS-Eigenschaft einen eindeutigen Wert zuweisen.

Sollte er dabei für eine bestimmte CSS-Eigenschaft genau einen Wert finden, nimmt er ihn. Klare Sache. Wenn es hingegen keinen oder mehrere Werte gibt, helfen dem Browser drei Konzepte bei seiner Entscheidung:

- Kaskade
- Vererbung
- Standardwert

Diese drei Konzepte werden im Folgenden vorgestellt und erläutert.

Beispiel: »margin-bottom« für »#navibereich ul«

Im folgenden Abschnitt ermitteln Sie für die Navigationsliste ul der Beispielsite, wie viel `margin-bottom` sie bekommt.

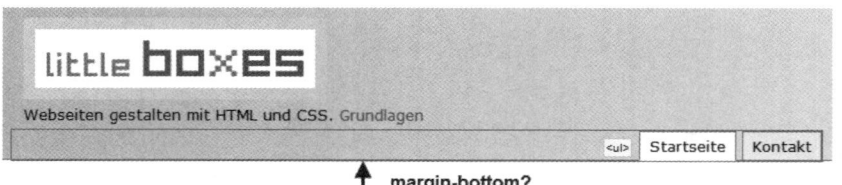

Die Frage lautet also: »Wie viel unteren Außenrand bekommt die ungeordnete Liste im Navigationsbereich?« Los geht's. Sie sind der Browser. Sie beginnen zunächst mit der Sammlung aller relevanten Anweisungen.

Tipp

Begrifflichkeiten: Deklaration (Anweisung), Eigenschaft und Wert

Nur zur Erinnerung: Eine *Deklaration* ist die Kombination aus *Eigenschaft* und *Wert* – getrennt durch einen Doppelpunkt, beendet mit einem Semikolon, zum Beispiel so:

- `margin-bottom: 1em;`

Anders ausgedrückt: Eine Deklaration ist eine Zeile in einem Style. Ein anderes Wort für Deklaration ist *Anweisung*.

13.2 Sammle alle relevanten Deklarationen

Bei der Gestaltung eines Elements sammelt der Browser zunächst für jede CSS-Eigenschaft alle relevanten Deklarationen und schreibt sie auf einen metaphorischen Zettel. *Relevant* ist eine CSS-Deklaration dann, wenn der Medientyp zutrifft und der Selektor des Styles das zu gestaltende HTML-Element auswählt.

Relevante Deklarationen sammeln: keine, eine oder mehrere

Nach der Sammlung aller relevanten Deklarationen gibt es für jede Kombination von HTML-Element und CSS-Eigenschaft drei Möglichkeiten:

- **Keine Deklaration.** Findet der Browser gar keine Deklaration, prüft er, ob die Eigenschaft vererbt wird. Wird nichts vererbt, nimmt er den Standardwert.

- **Eine Deklaration.** Findet der Browser genau eine Deklaration, nimmt er diese zur Gestaltung des Elements.

- **Mehrere Deklarationen.** Findet der Browser mehrere Deklarationen, werden diese in der Kaskade nach *Wichtigkeit*, *Spezifität* und *Reihenfolge* sortiert, bis ein eindeutiger Gewinner feststeht.

Schematisch dargestellt sieht dieser Sachverhalt etwa so aus wie in Abbildung 13.3.

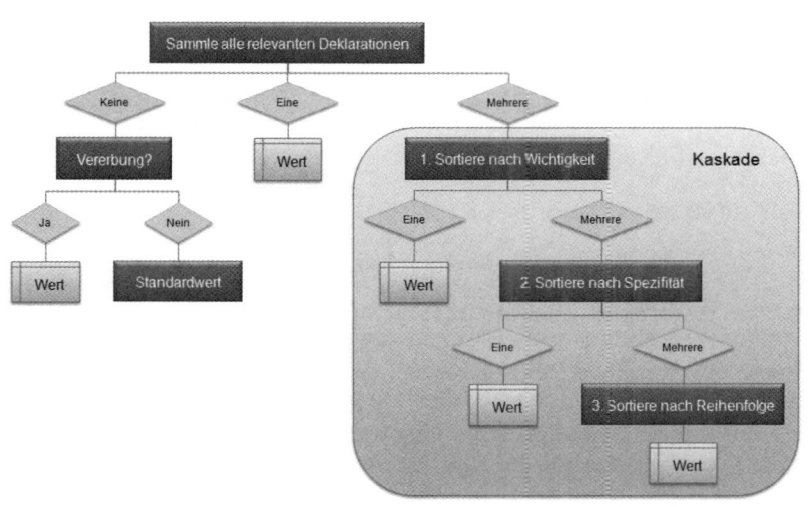

Abbildung 13.3:
Der Browser auf der Suche nach einem Wert für eine CSS-Eigenschaft

Diese Schritte muss der Browser wie gesagt für jedes Element im Baum erledigen, und er muss für *jedes* Element einen Wert für *jede* CSS-Eigenschaft finden. Viel zu tun. Los geht's.

Mögliche Quellen sind Stylesheets von Browser, Autor und Benutzer

Bei der Sammlung relevanter Deklarationen muss ein Browser folgende Quellen berücksichtigen:

- *Browser-Stylesheet*: sein eigenes, fest eingebautes Stylesheet

- *Autoren-Stylesheet*: Der Autor der Webseite kann CSS in externen Stylesheets oder im HTML-Quelltext einer Webseite definieren.

- *Benutzer-Stylesheet*: Der Benutzer, also der Besucher der Webseite, kann seinem Browser ein eigenes Stylesheet mit auf den Weg geben.

Zuerst schaut der Browser in sein eigenes Stylesheet. Beim Mozilla Firefox heißt es *html.css* und liegt im Programmordner des Firefox im Unterorder */res* (wie *resources*). In diesem Browser-Stylesheet steht für `ul` folgende CSS-Regel:

- `ul { display: block; margin: 1em 0; }`

Der Selektor `ul` passt, und `margin-bottom` ist `1em`. Treffer. Diese Regel notiert der Browser auf seinen Zettel. Der Internet Explorer ist übrigens nicht ganz so offenherzig und behält seine eingebauten Styles für sich.

Weiter geht's. Im `head` der Webseite findet der Browser eine Verknüpfung zum Stylesheet *bildschirm.css*. Er untersucht dieses Stylesheet und findet für die `ul` drei Styles, die alle eine Deklaration zu `margin-bottom` enthalten:

- `* {padding: 0; margin: 0; }`

- `h2, p, ul, ol { margin-bottom: 1em; }`

- `#navibereich ul { margin-bottom: 0; }`

Da es im HTML-Quelltext der Startseite keine weiteren Styles gibt und der Benutzer ebenfalls keine speziellen CSS-Anweisungen gegeben hat, beendet der Browser seine Suche. Insgesamt wurden vier

Anweisungen gefunden, von denen zwei einen margin-bottom von 1em definieren und die anderen beiden jeweils eine 0.

13.3 Stufe 1: Sortiere nach Wichtigkeit (importance)

Bei der Sammlung wurden mehrere Deklarationen gefunden, und dementsprechend versucht der Browser mithilfe eines »Kaskade« genannten Prozesses einen eindeutigen Wert zu finden. Dabei wird zunächst geschaut, ob die gefundenen Deklarationen mit dem Zusatz !important (engl. für »wichtig«) als ganz besonders wichtig gekennzeichnet wurden.

Normal: Deklarationen ohne »!important«

Bei normalen Deklarationen ohne den Zusatz !important gilt, dass Angaben im Browser-Stylesheet durch Angaben im Benutzer-Stylesheet überschrieben werden, die wiederum von Anweisungen aus einem Autoren-Stylesheet außer Kraft gesetzt werden. Oder kürzer:

- Bei Deklarationen ohne !important gilt *Autor* vor *Benutzer* vor *Browser*.

Bei solchen Deklarationen haben Sie als Autor also das letzte Wort. Wenn der Benutzer oder der Browser einen anderen Wert definiert haben sollte, gewinnt *Ihre* Anweisung.

Wichtig: Deklarationen mit »!important«

Bei der Auswertung von Deklarationen mit dem Zusatz !important sieht das hingegen anders aus. Im Browser-Stylesheet gibt es per Definition keine als wichtig gekennzeichneten Deklarationen, bleiben also Autor und Benutzer als mögliche Quelle. Wenn nun sowohl der Autor als auch der Benutzer eine Deklaration als !important markiert haben, gewinnt der *Benutzer*:

- Bei Deklarationen *mit* !important gilt *Benutzer* vor *Autor*.

Im Zweifelsfall haben Sie als Autor der Webseite bei der Gestaltung gegenüber den Besuchern Ihrer Webseite also tatsächlich das Nachsehen. Fazit: Wenn ein Benutzer in seinem Stylesheet eine Anweisung mit !important kennzeichnet, wird diese vom Browser genommen – egal, was Sie als Autor der Webseite sich gewünscht haben.

Die Sortierung nach Wichtigkeit im Überblick

Aus dem Gesagten ergibt sich folgende Abstufung für die Sortierung der Deklarationen, von wichtig nach unwichtig:

- Wichtigkeit 1: Deklarationen aus einem Benutzer-Stylesheet *mit* `!important` sind am wichtigsten.

- Wichtigkeit 2: Vom Autor definierte Deklarationen *mit* `!important` sind etwas weniger wichtig.

- Wichtigkeit 3: Vom Autor definierte Deklarationen *ohne* `!important` sind sehr häufig vertreten.

- Wichtigkeit 4: Deklarationen aus einem Benutzer-Stylesheet *ohne* `!important` gibt es seltener.

- Wichtigkeit 5: Deklarationen aus dem Browser-Stylesheet sind am wenigsten wichtig.

Tabelle 13.1 zeigt die Sortierung nach Wichtigkeit für den unteren `margin` der ungeordneten Liste im Navigationsbereich auf der Beispielseite.

Tabelle 13.1:
Das Beispiel,
sortiert nach
Wichtigkeit

Deklaration	Relevante Deklarationen	Sortiere nach Wichtigkeit

Nr. 1	`ul {`
	  `display: block;`
	  `margin: 1em 0;`
	`}`
		Wichtigkeit 5

Nr 2	`* {`
	  `padding: 0;`
	  `margin: 0;`
	`}`
		Wichtigkeit 3

Nr. 3	`h2, p, ul, ol {`
	  `margin-bottom: 1em;`
	`}`
		Wichtigkeit 3

Nr. 4	`#navibereich ul {`
	  `margin-bottom: 0;`
	`}`
		Wichtigkeit 3

Konkret bedeutet diese Tabelle Folgendes:

◼ Der Benutzer hat keinerlei CSS-Angaben gemacht.

◼ Die Deklaration Nr. 1 stammt aus dem Browser-Stylesheet.

◼ Die Deklarationen Nr. 2 bis 4 stammen aus dem Autoren-Stylesheet (*bildschirm.css*).

◼ Keine der Deklarationen hat den Zusatz !important.

Da Autoren-Styles in jedem Fall über Browser-Styles stehen, scheidet Anweisung Nr. 1 in dieser Runde aus. Nummer 2 bis 4 stammen alle aus dem Autoren-Stylesheet *bildschirm.css*, haben alle die Wichtigkeit 3 und ziehen gemeinsam in die nächste Runde der Kaskade.

13.4 Stufe 2: Sortiere nach Spezifität (specificity)

In dieser Runde entscheidet die *Spezifität*, das bereits bekannte Punktesystem für Selektoren:

◼ Der Universalselektor * ist ein Sonderfall und bekommt gar keinen Punkt. No points.

◼ ul ist ein Typ-Selektor und bekommt einen Punkt. One point.

◼ #navibereich ul hingegen bekommt nicht nur twelve points, sondern gleich 101.

Tabelle 13.2 zeigt den Überblick.

Deklaration	Relevante Deklarationen	Sortiere nach Spezifität

Nr. 2	`* {`
	`    padding: 0;`
	`    margin: 0;`
	`}`
		0 Punkte

Nr. 3	`h2, p, ul, ol {`
	`    margin-bottom: 1em;`
	`}`
		1 Punkt

Nr. 4	`#navibereich ul {`
	`    margin-bottom: 0;`
	`}`
		101 Punkte

Tabelle 13.2:
Das Beispiel,
sortiert nach
Spezifität

Klarer Punktsieger ist also der Selektor `#navibereich ul`, und deswegen hat die ungeordnete Liste im Navigationsbereich einen unteren Außenabstand von 0 (null).

Mit dieser Feststellung ist also bereits eine eindeutige Entscheidung gefallen, und die letzte Stufe der Kaskade findet für das Beispiel eigentlich gar nicht mehr statt.

Tipp

Inline-Styles bekommen 1000 Punkte

Ein mit dem Attribut `style` im Anfangs-Tag der ul-Liste definierter Inline-Style hätte auf dieser Stufe übrigens 1000 Punkte erhalten und locker gewonnen.

13.5 Stufe 3: Sortiere nach Reihenfolge (order)

Für das Beispiel ist die Suche für den Browser wie gesagt eigentlich erledigt, aber es kann noch eine weitere Stufe der Kaskade geben, nämlich die Sortierung nach der Reihenfolge des Auftretens im Quelltext.

Schauen Sie sich folgenden fiktiven Style an:

Listing 13.1: »margin-bottom« wird genau genommen zweimal definiert.

```
01 #navibereich ul {
02     margin: 20px;
03     margin-bottom: 0;
04 }
```

In diesem Fall wird `margin-bottom` genau genommen gleich zweimal beschrieben. In Zeile 2 werden in Kurzschreibweise `20px` unterer Außenabstand definiert, in Zeile 3 hingegen explizit 0. Da beide Deklarationen dieselbe Wichtigkeit (Stufe 3) und eine gleich hohe Spezifität (101 Punkte) haben, sortiert der Browser nach der Reihenfolge:

Wenn zwei Deklarationen aus demselben Stylesheet stammen und sowohl die gleiche Wichtigkeit als auch die gleiche Spezifität haben, gewinnt die zuletzt notierte Anweisung.

Die zuletzt notierte Anweisung. Je dichter also die Deklaration am zu gestaltenden Element steht, desto vorrangiger ist sie. Dabei liest der Browser von links nach rechts und von oben nach unten. In Listing 13.1 gilt also der Wert `margin-bottom: 0`.

Nach dieser Runde gibt es *in jedem Fall* eine Entscheidung, und die Kaskade ist beendet.

Tipp

Quellen zur Kaskade

Zum Abschluss noch ein paar Lesetipps zur Kaskade. Zuerst eine sehr gute Erklärung des Konzepts von Tommy Olsson (auf Englisch):

- *dev.opera.com/articles/view/28-inheritance-and-cascade/*

Die offizielle CSS-Spezifikation vom W3C ist etwas unzugänglicher:

- *w3.org/TR/CSS21/cascade.html#cascade*

Auf Deutsch wird die Kaskade von Klaus Langenberg erklärt:

- *thestyleworks.de/basics/cascade.shtml*

13.6 Die Vererbung (inheritance)

Wenn der Browser bei der Sammlung relevanter Deklarationen überhaupt keine gefunden hat, tritt die Vererbung auf den Plan. Vererbung bedeutet, dass bestimmte Eigenschaften (z. B. `font-family`) von Vorfahren (z. B. `body`) an Nachfahren (z. B. `#navibereich ul`) weitergegeben werden.

Auch wenn Sie von den mendelschen Gesetzen aus dem Biologie-Unterricht nicht mehr viel wissen, sollten Sie sich die Vererbungslehre für CSS etwas genauer anschauen.

Vererbung macht ein Stylesheet übersichtlicher

Auf der Startseite haben Sie das Prinzip der Vererbung bereits benutzt, zum Beispiel bei der Deklaration der Schriftart und -größe. Eine der ersten Regeln im Stylesheet für die Beispielseiten sieht – etwas verkürzt – so aus:

```
body {
    font-family: Verdana, Arial, Helvetica, sars-serif;
}
```

Listing 13.2:
Alle Nachfahren
von »body« erben
die Schriftart.

Diese Deklaration gilt nicht nur für `body`, sondern auch für alle Nachfahren. Da im Prinzip alle Elemente einer Webseite Nachfahren von `body` sind, gilt die Schriftart für alle Elemente dieser Webseite, sofern im Rahmen der Kaskade nicht bereits etwas anderes definiert wurde.

Wenn es das Prinzip der Vererbung nicht geben würde, müssten Sie alle Elemente namentlich erwähnen, und die gleiche Deklaration könnte ungefähr so aussehen:

```
body, h1, h2, p, ul, li, a, strong, em, address {
    font-family: Verdana, Arial, Helvetica, sans-serif;
}
```

Das ist deutlich umständlicher als vorher. Der geschickte Einsatz von Vererbung macht ein Stylesheet übersichtlicher.

Bestimmte Eigenschaften werden nicht vererbt

Einige Eigenschaften werden nicht vererbt. Das gilt zum Beispiel für die Box-Modell-Eigenschaften wie width, padding, border und margin. Der Grund liegt auf der Hand:

- Stellen Sie sich ein Dokument vor, in dem für body eine 2 Pixel breite rote Rahmenlinie definiert wurde.

- Jetzt stellen Sie sich die Webseite vor, wenn die Eigenschaft border an alle Kind-Elemente vererbt würde: Sie müssten für *jedes Element* auf der Seite explizit border: none deklarieren, damit nicht alle Elemente einen roten Rahmen bekommen.

Die wichtigsten *nicht vererbbaren Eigenschaften* sind:

- padding, border und margin

- alle Eigenschaften für background

- width und height (auch in den Varianten min- und max-)

- position, top, right, bottom, left

- float und clear

- display

Eine komplette Übersicht finden Sie in der hervorragenden Schnellreferenz von Klaus Langenberg:

- *thestyleworks.de/quickref/*

Diese Schnellreferenz gibt es dort auch als PDF zum Download.

Tipp

Mit »inherit« können Sie Vererbung erzwingen

Mit der Deklaration von inherit kann ein Webautor erreichen, dass der vom Browser errechnete Wert für das Elternelement übernommen wird. Allerdings verstehen nicht alle Browser inherit, und deshalb sollte es eher vorsichtig eingesetzt werden.

Potenzielle Probleme bei der Vererbung relativer Werte

Wie Sie im Abschnitt über Werte und Maße gesehen haben, gibt es in CSS absolute und relative Werte. Während absolute Werte wie top oder pt oder auch Farbwerte wie orange unabhängig von den Werten anderer Elemente und somit immun gegen eine Veränderung durch Vererbung sind, ist das bei relativen Werten wie Prozent oder em anders:

- Eine in em definierte Schriftgröße orientiert sich an der Schriftgröße für das Elternelement. Eine Angabe von 0.8em wird also von Vererbung zu Vererbung ein bisschen kleiner.

- Ebenso geht eine in Prozent definierte Breite von der Breite des umgebenden Elements aus.

Falls beim Umgang mit relativen Werten also seltsame Effekte wie zu kleine Schriftgrößen oder zu schmale Elemente auftreten, denken Sie an die Vererbung, und denken Sie anschließend noch einmal gründlich drüber nach, was da genau passiert sein könnte.

Tipp

Vererbt wird der berechnete Wert

Vererbt wird nicht der im Stylesheet definierte Wert (*specified value*), sondern der vom Browser berechnete Wert (*computed value*). Im Falle einer Schriftgröße ist das also z. B. nicht der angegebene Wert 80%, sondern die vom Browser berechnete Schriftgröße, z. B. 12px.

Mit dem fantastischen Firefox-Add-on *Firebug* können Sie sich genau anschauen, welchen Wert der Browser für welche Eigenschaft berechnet hat.

13.7 Der Standardwert (initial value)

Wenn trotz Vererbung kein Wert für eine bestimmte Eigenschaft gefunden wurde, nimmt der Browser den in der CSS-Spezifikation festgelegten Standardwert, den Sie bei Bedarf auf den Webseiten des W3C in einer unansehnlichen, aber nützlichen Tabelle mit dem schönen Namen *Full Property Table* nachlesen können:

▓ *w3.org/TR/CSS21/propidx.html*

13.8 Auf einen Blick

Hier sind noch einmal die wichtigsten Punkte dieses Kapitels im Überblick:

▓ Wenn ein Browser den Quelltext einer Webseite erhält, erstellt er zuerst einen Stammbaum des Dokuments (DOM, *Document Object Model*), der die verschachtelte Hierarchie der HTML-Elemente abbildet.

▓ Bei der Gestaltung eines Elements sammelt der Browser für jede CSS-Eigenschaft zunächst alle relevanten Deklarationen.

▓ **Kaskade**. Findet er mehrere Deklarationen, sortiert er diese nach:

    – der Wichtigkeit (!important)

    – der Spezifität des Selektors

    – der Reihenfolge des Auftretens

▓ **Vererbung**. Findet der Browser keine Deklaration, prüft der Browser, ob er durch *Vererbung* einen Wert findet. Die meisten Eigenschaften des Box-Modells (und einige andere) werden nicht vererbt.

▓ **Standardwert**. Wird auch nichts vererbt, kommt der in der CSS-Spezifikation festgelegte *Standardwert* zur Anwendung.

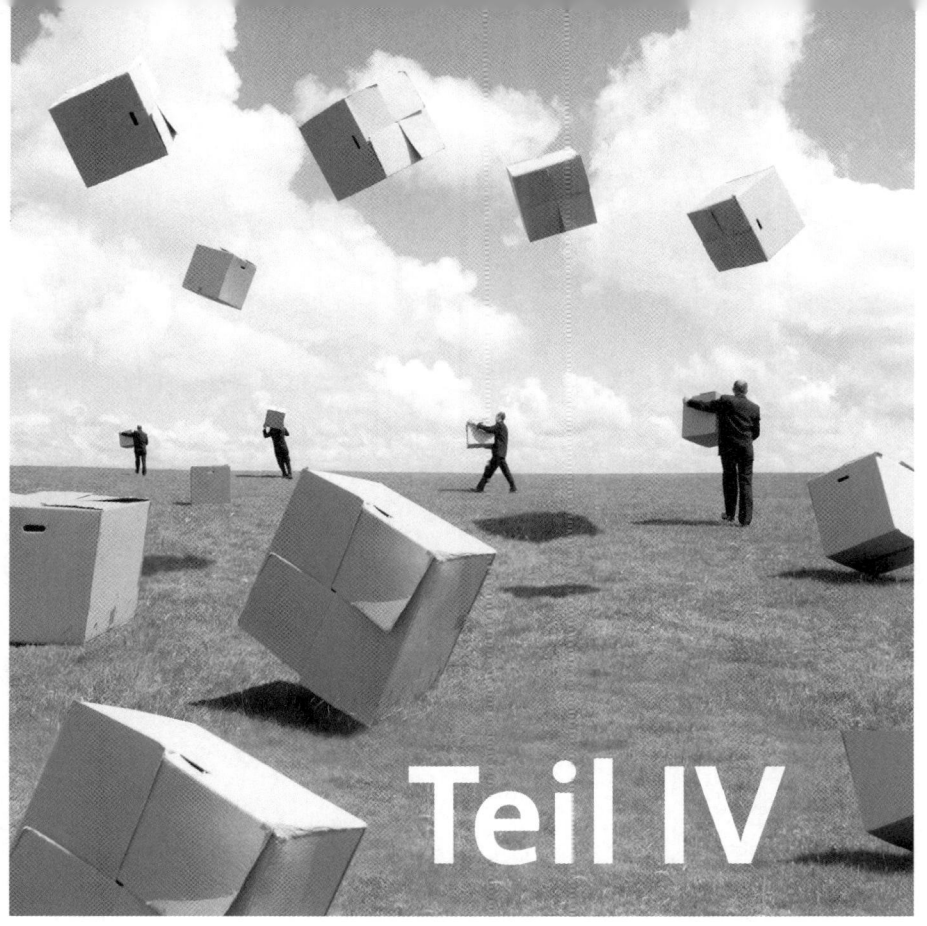

Teil IV

CSS-Positionierung –
Kästchen verschieben

Kapitel 14

Der Flow und »position«

Worin Sie sehen, dass die Kästchen auf einer Seite einem natürlichen Fluss folgen. Überdies lernen Sie, wie Sie den Verlauf dieses Flusses manipulieren und die Kästchen mit einer Eigenschaft namens »position« verschieben können.

Die Themen im Überblick:

Es gibt drei Möglichkeiten, Boxen auf einer Webseite zu positionieren:

1. **Normaler »Flow«:** Die Boxen werden in der Reihenfolge ihres Vorkommens im Quellcode dargestellt. Dafür gibt es die Eigenschaften `position: static` (der Standardwert) und `position: relative`.

2. **Absolute Positionierung:** Absolut positionierte Elemente werden aus dem Fluss herausgehoben und sind für die anderen Elemente nicht vorhanden. Dazu zählen `position:absolute` und `position:fixed`.

3. **Float:** Schwebende – im CSS-Jargon *gefloatete* – Elemente sind ein Zwischending. Zuerst wird die Box normal positioniert, dann wird sie zum Teil aus dem Fluss herausgehoben und schwebt so weit wie möglich nach rechts oder links.

Zunächst lernen Sie die Grundlagen der Positionierung mit `position` kennen, danach die Grundlagen zu `float` und anschließend wenden Sie all dieses Wissen in mehrspaltigen Layouts praktisch an. Aber los geht es zunächst mit ein paar Erläuterungen zum Normalzustand einer Webseite, dem *document flow*.

14.1 »Flow«: Die Seite ist ein langer, ruhiger Fluss

Normalerweise folgen die Elemente im sichtbaren Bereich des Browserfensters dem *document flow*, dem »Fluss des Dokuments«. Alle HTML-Elemente schwimmen in diesem Fluss. Er ist der natürliche Zustand einer Webseite und für Webdesigner so wichtig wie die Schwerkraft für Architekten. Man unterscheidet dabei wie gehabt zwischen Block- und Inline-Elementen.

Zunächst zu den Block-Elementen:

- Das erste Block-Element wird so weit wie möglich links und oben platziert.

- Block-Elemente werden immer so breit wie möglich, also so breit wie das umgebende Element, und haben immer einen integrierten Zeilenumbruch. Nachfolgende Block-Elemente stehen immer *unterhalb* des vorhergehenden Block-Elements.

Inline-Elemente verhalten sich etwas anders:

- Das erste Inline-Element wird ebenfalls so weit wie möglich links und oben platziert.

- Folgende Inline-Elemente werden jeweils rechts davon angeordnet, und zwar so lange, bis kein Platz mehr ist.

- Wenn rechts kein Platz mehr ist, rutschen sie eine Zeile tiefer und beginnen wieder ganz links.

Panta rhei – alles fließt. Der Flow macht Webseiten so flexibel wie die im ersten Kapitel auf Seite 44 beschriebene Zeitung. Als Webdesigner sollten Sie diesen Flow *verstehen* und versuchen, mit ihm zu arbeiten, nicht gegen ihn.

14.2 Der normale Fluss der Boxen

Um ein bisschen Gefühl für den Flow zu bekommen, studieren Sie vor der Zähmung der Widerspenstigen beim Layouten zunächst das natürliche Verhalten der Boxen in freier Wildbahn.

Drei Boxen im Fluss

Schauen Sie sich folgendes HTML und CSS an:

HTML	CSS

```<body>```
``` <div>Box 1</div>```
``` <div>Box 2</div>```
``` <div>Box 3</div>```
```</body>```
	```body {```
	``` color: black;```
	``` background-color: gray;```
	``` padding: 0;```
	``` margin:0;```
	```}```
	```div {```
	``` background-color: white;```
	``` padding: 10px;```
	``` border: 1px solid black;```
	``` margin: 5px;```
	```}```

Tabelle 14.1:
Drei Boxen
in Fluss des
Dokuments

Weil div ein Block-Element ist, stehen die drei Kästen in Abbildung 14.1 untereinander, auch wenn sie nur wenig Inhalt haben.

Abbildung 14.1:
Block-Elemente
werden so breit,
wie es geht, und
stehen unter-
einander.

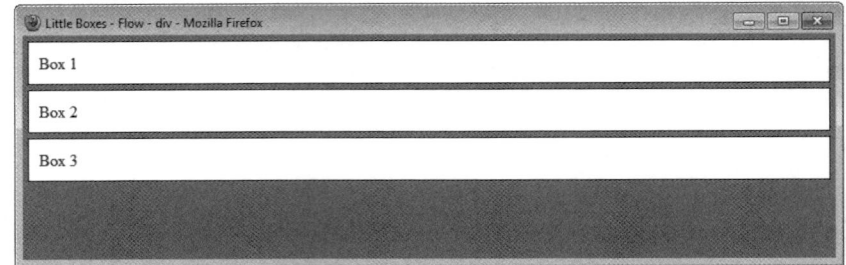

Ein Block-Element ist von Natur aus raumgreifend veranlagt und nimmt immer die verfügbare Breite des Eltern-Elements ein, in diesem Fall also von body.

Drei verkürzte Boxen im Fluss

Im nächsten Schritt werden die drei div-Geschwister mit width auf 20% verkürzt:

Listing 14.1:
Verkürzung von
»div« auf 20%

```
div {
    width: 20%;
    background-color: white;
    padding: 10px;
    border: 1px solid black;
    margin: 5px;
}
```

Alles andere bleibt unverändert. 3 mal 20 sind 60. Stehen die Boxen jetzt nebeneinander? Nein, das tun sie nicht. Abbildung 14.2 zeigt, dass auch die drei kurzen Boxen untereinander stehen. div ist ein Block-Element, und Block-Elemente haben einen integrierten Zeilenumbruch. Die Eigenschaft width verkürzt die Box zwar, der Zeilenumbruch aber bleibt.

Abbildung 14.2:
Auch die kurzen
Boxen bleiben
untereinander
stehen.

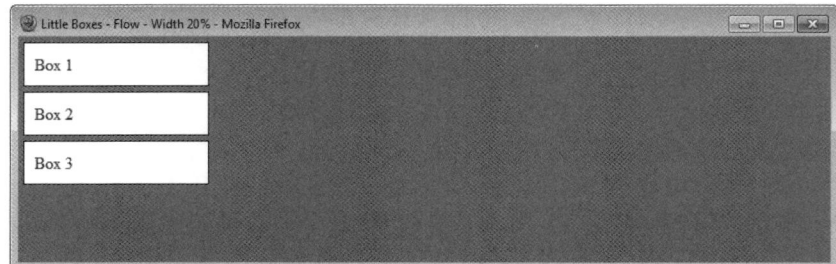

Dieses normale Verhalten der Boxen im Flow wird wie erwähnt auch als position:static bezeichnet. Ausgerechnet die Positionierung, die dem natürlichen Fluss der Elemente freien Lauf lässt, bekommt den Namen *static*. So spielt das Leben.

14.3 Versetzt weiterfließen: »position: relative«

Die relative Positionierung mit position: relative macht zwei Dinge:

■ Sie verschiebt die Box von ihrer normalen Position im Fluss.

■ Sie markiert den ursprünglichen Platz des Elements als geschützt.

Die anderen Elemente im Dokument verhalten sich so, als ob das Element noch an seinem *ursprünglichen* Platz im normalen Fluss stehen würde.

HTML und CSS werden für dieses Beispiel ein klein wenig geändert:

HTML	CSS

``
<body>
  <div id="anders">Box 1</div>
  <div>Box 2</div>
  <div>Box 3</div>
</body>
``
	``
	body {
	    color: black;
	    background-color: gray;
	    padding: 0;
	    margin:0;
	}
	div {
	    width: 20%;
	    background-color: white;
	    padding: 10px;
	    border: 1px solid black;
	    margin: 5px;
	}
	#anders {
	    position: relative;
	    top: 25px;
	    right: 25px;
	    background-color: #f3c600;
	}
	``

Tabelle 14.2:
Relative
Positionierung

Abbildung 14.3 zeigt das Ergebnis dieser Änderung im Browserfenster.

Beachten Sie, dass Box 2 und 3 sich überhaupt nicht verändert haben. Bei der relativen Positionierung bleibt die ursprüngliche Position des Elements wie gesagt geschützt und wird nicht von den nachfolgenden Elementen beansprucht.

Ein positioniertes Element bekommt seine genauen Koordinaten mit den Eigenschaften top, right, bottom und left, die bei der relativen Positionierung von der ursprünglichen Position der Box im Flow aus gemessen werden:

- top:25px drückt die Box nach *unten*. An der normalen Position der Box werden oben 25 Pixel eingefügt.

- right:25px schiebt die Box nach *links*, sodass sie zum Teil verschwindet. Die Box wird also von rechts um 25 Pixel verschoben.

Die Eigenschaften top, right, bottom und left geben die Position in einem Koordinatensystem an, und der Bezugspunkt ist bei der relativen Positionierung die ursprüngliche Position der Box im Flow. Das ist in sich ganz logisch, aber trotzdem wirkt position:relative auf den ersten Blick ein bisschen wie von hinten durch die Brust ins Auge.

14.4 Raus aus dem Fluss: »position: absolute«

Im Gegensatz zur relativen nimmt die *absolute Positionierung* das Element komplett aus dem Fluss heraus. Das Element wird – bildlich gesprochen – hochgezogen, und alle anderen Elemente auf der Seite verhalten sich so, als ob es gar nicht da wäre.

Das HTML für dieses Beispiel ist absolut identisch mit dem für die relative Positionierung, und im CSS wird genau ein Wort geändert:

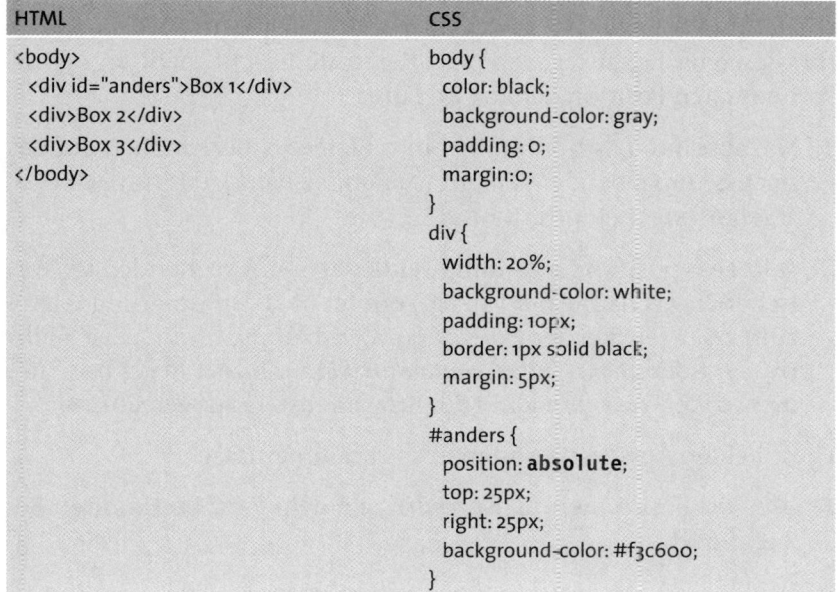

HTML	CSS

`<body>`
　`<div id="anders">Box 1</div>`
　`<div>Box 2</div>`
　`<div>Box 3</div>`
`</body>`
	`body {`
	　`color: black;`
	　`background-color: gray;`
	　`padding: 0;`
	　`margin:0;`
	`}`
	`div {`
	　`width: 20%;`
	　`background-color: white;`
	　`padding: 10px;`
	　`border: 1px solid black;`
	　`margin: 5px;`
	`}`
	`#anders {`
	　`position: `**`absolute`**`;`
	　`top: 25px;`
	　`right: 25px;`
	　`background-color: #f3c600;`
	`}`

Tabelle 14.3:
Absolute
Positionierung

Nur ein einziges Wort wurde im CSS geändert, aber die Wirkung ist enorm. Box 1 steht plötzlich rechts, und bemerkenswerterweise rutschen die Boxen 2 und 3 nach oben:

Abbildung 14.4:
Nur ein einziges
Wort geändert –
absolute Positio-
nierung

Absolut positionierte Elemente werden aus dem Fluss herausgehoben und liegen *über* den anderen Elementen. Bei normal fließenden Elementen ist der Browser dafür verantwortlich, dass die Boxen sich nicht überlappen, bei absolut positionierten Elementen hingegen ist

der Webdesigner verantwortlich, der die absolute Positionierung veranlasst hat.

Die genaue Position eines absolut positionierten Elements wird wieder durch `top`, `right`, `bottom` oder `left` angegeben, aber die Werte für diese vier Eigenschaften orientieren sich nicht mehr an der ursprünglichen Position der Box im Fluss:

1. Die absolute Positionierung eines Elements bezieht sich auf das nächste umgebende Element (*containing block*), das mit `relative`, `absolute` oder `fixed` positioniert ist.

2. Falls kein positioniertes umgebendes Element vorhanden ist (was in der Praxis häufig der Fall ist), erfolgt die Positionierung relativ zum obersten Element des Dokumentbaums, und das ist nicht `body`, sondern `html` (*initial containing block*). In der Regel bedeutet dies so viel wie »vom Rand des Browerfensters aus gerechnet«.

Diese beiden Aussagen kann man so zusammenfassen:

- *Absolute* Positionierung ist *relativ* zu einem ganz bestimmten Bezugspunkt.

- Es gibt *zwei verschiedene* mögliche Bezugspunkte:

    – ein umgebendes positioniertes Element

    – das Stammelement `html` (der Rand des Browserfensters)

Diese Tatsachen sorgen im Alltag für viel Verwirrung und sollen deshalb im Folgenden anhand eines Beispiels genauer unter die Lupe genommen werden.

Tipp

Überlappungen kontrollieren mit »z-index«

Falls sich absolut positionierte Elemente überlappen, können Sie mithilfe der Eigenschaft `z-index` festlegen, welche Elemente vorne und welche hinten liegen. Mehr dazu finden Sie ab Seite 296.

14.5 Absolute Positionierung auf der Beispielsite

In diesem Abschnitt möchte ich Ihnen zeigen, wie Sie die absolute Positionierung in der Praxis einsetzen können.

Auf der »Little Boxes«-Startseite steht das Logo im Kopfbereich zwischen <h1> und </h1>. Darunter steht der Absatz »Webseiten gestalten mit HTML und CSS. Grundlagen.«, der in diesem Abschnitt mithilfe absoluter Positionierung rechts neben die Grafik verschoben werden soll.

1. Absolute Positionierung relativ zum Rand des Browserfensters

In der ersten Variante ist keines der umgebenden Elemente relativ positioniert, und daher werden die Werte für top und left im folgenden ToDo vom Rand des Browserfensters aus berechnet – oder genauer gesagt: vom Stammelement html.

ToDo: Positionierung des Absatzes relativ zum Stammelement html

1. Ändern Sie die Regel für p#slogan wie folgt:

```
p#slogan {
   position:absolute;
   top: 25px ;
   left: 50%;
   padding: 5px 0 5px 0;
   margin-bottom: 0;
}
```

2. Speichern Sie das Stylesheet, und betrachten Sie die Webseiten im Browser.

Die Webseite sieht mit dieser Regel im Browser ungefähr so aus:

Abbildung 14.5:
Absolut positio-
niert, scheinbar
okay

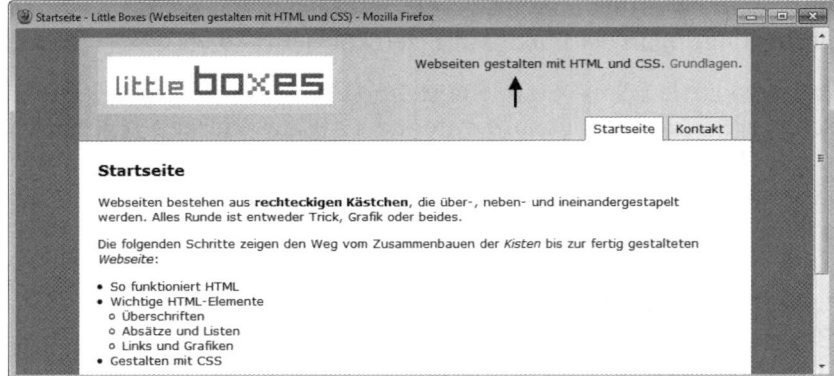

Auf den ersten Blick sieht die Seite ganz okay aus. Die folgenden Dinge sind passiert:

■ Zuerst wird `p#slogan` komplett aus dem Fluss herausgehoben und ist somit für andere Elemente nicht mehr vorhanden. Dadurch rutscht der Navigationsbereich ein Stück nach oben.

■ Da es kein umgebendes positioniertes Element gibt, beziehen sich die Angaben `top:25px` und `left:50%` auf das Stammelement `html`. Der Absatz beginnt 25px von oben und genau auf der Hälfte des Browserfensters.

Die vertikale Positionierung vom oberen Rand des Browserfensters ist auf diese Weise noch einigermaßen genau möglich, aber die horizontale Positionierung mit 50% von links beruht auf Versuch und Irrtum und ist reine Glückssache.

Auch wenn die Webseite in Abbildung 14.5 okay aussieht, ist sie ein Kartenhaus und nicht besonders stabil. Abbildung 14.6 zeigt, was passiert, wenn zum Beispiel der Wrapper nicht mehr im Browserfenster zentriert wird. Dem positionierten Absatz sind solche Änderungen egal. Er bleibt horizontal einfach bei 50% des Browserfensters stehen, weil sein Bezugspunkt das Stammelement `html` ist. Er weiß nichts von einem Kopfbereich.

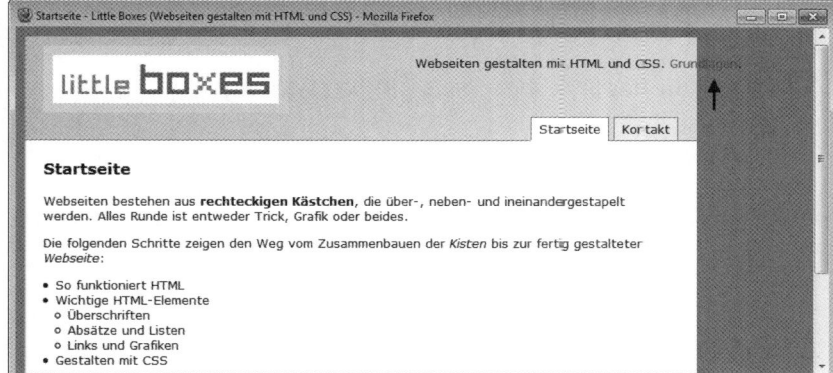

Abbildung 14.6:
Absolut posi-
tioniert, nicht
mehr okay

Um Missverständnissen vorzubeugen: Die absolute Positionierung zum Stammelement html hat durchaus ihre Berechtigung, zum Beispiel in den ab Seite 343 gezeigten mehrspaltigen Layouts mit absoluter Positionierung, aber in diesem Beispiel ist die im folgenden Abschnitt gezeigte Kombination von absoluter Positionierung mit einem relativ positionierten umgebenden Element die bessere Lösung.

2. Absolute Positionierung mit einem umgebenden, relativ positionierten Element

Besser und vor allem zuverlässiger wäre es im vorliegenden Fall, den Absatz *relativ zum Kopfbereich* zu positionieren, und genau das erreichen Sie durch einen einfachen Trick. Wie hieß es etwas weiter oben so schön:

Die absolute Positionierung eines Elements bezieht sich auf das nächste umgebende Element (containing block), das mit relative, absolute *oder* fixed *positioniert ist.*

Und jetzt der Trick: Wenn Sie den Kopfbereich mit position:relative versehen, ihm aber keinerlei Werte für top & Co mit auf den Weg geben, bleibt er im Flow, wird nicht verschoben und wird zum neuen Bezugspunkt für die absolute Positionierung von p#slogan.

Klingt kompliziert? Probieren Sie es aus. Dieser Trick ist eine echte Basistechnik beim Layouten mit CSS. Im folgenden ToDo wird p#slogan positioniert, und durch das position:relative bekommen die Werte für top und right den Kopfbereich als neuen Bezugspunkt.

ToDo: Positionierung des Absatzes relativ zum Kopfbereich

1. Ändern Sie das Stylesheet *bildschirm.css* wie folgt:

```
#kopfbereich {
    position: relative; /* positioniert, aber bleibt im Fluss */
    background: #ffe574 url(farbverlauf.jpg) repeat-y left top;
    color: black;
    padding: 10px 20px 0 20px;
}

p#slogan {
    position:absolute;
    top: 10px ;
    right: 20px;     /* war vorher left: 50%; */
    padding: 5px 0 5px 0;
    margin-bottom: 0;
}
```

2. Speichern Sie das Stylesheet, und betrachten Sie die Webseiten im Browser.

Auf den ersten Blick sieht das Ergebnis in Abbildung 14.7 gar nicht so viel anders aus als in Abbildung 14.5.

Abbildung 14.7:
Absolut positio-
niert, relativ zum
Kopfbereich

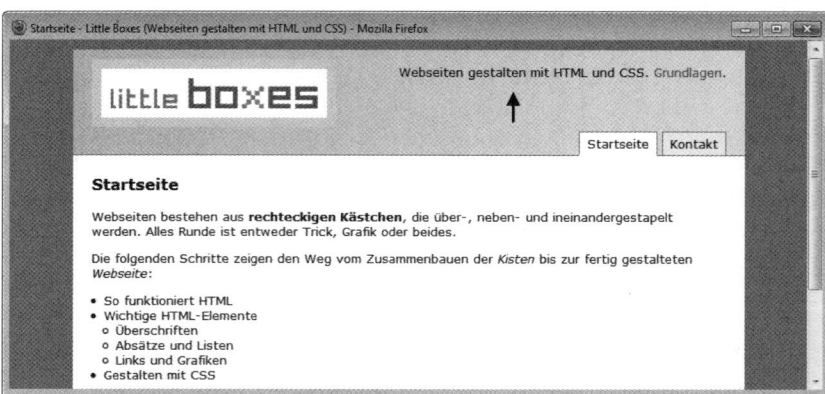

Die Kombination von absoluter und relativer Positionierung bietet einige Vorteile:

Der Bezugspunkt für den Absatz ist jetzt nicht mehr der Rand des Browserfensters, sondern #kopfbereich, *und zwar genau genommen die äußere Kante des* padding *(»the padding edge«) oben und rechts.*

Wenn zum Beispiel die Seite selbst nicht mehr zentriert wird, macht das nichts, der Absatz wird den Kopfbereich niemals verlassen. Die *absolute* Positionierung wird durch diesen kleinen Trick sehr nützlich und flexibel einsetzbar.

Wenn der Wrapper nicht mehr im Browserfenster zentriert wird, bleibt der Absatz trotzdem innerhalb des Kopfbereichs (siehe Abbildung 14.8).

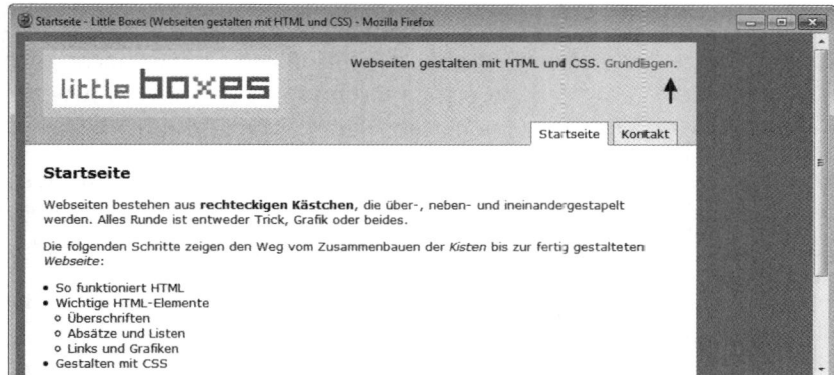

Abbildung 14.8:
Absolut positioniert, relativ zum Kopfbereich

Falls Sie das rot eingefärbte Wort »Grundlagen« eine Zeile tiefer setzen möchten, sollten Sie den Punkt nach dem Wort entweder in das span setzen oder ganz entfernen. Und mit einem text-align: right für das umgebende p#slogan werden beide Zeilen rechts ausgerichtet werden. Probieren Sie es ruhig einmal aus.

Grundlagentechnik: absolute und relative Positionierung kombinieren

Tipp

Die in diesem Beispiel gezeigte Kombination von absoluter Positionierung in Verbindung mit einem umgebenden, relativ positionierten Element ist eine sehr nützliche Grundlagentechnik zur Positionierung, die auf Webseiten häufig eingesetzt wird.

14.6 Wie ein Fels in der Brandung: »position: fixed«

Die feste Positionierung mit position:fixed verhält sich fast genau wie position:absolute, mit einem kleinen, aber feinen Unterschied: Ein fixiertes Element scrollt nicht mit.

Absolut positionierte Elemente sind relativ zu einem Bezugspunkt im Dokument und scrollen daher mit. Bei fixierten Elementen ist das anders:

Das umgebende Element (containing block) ist für fixierte Elemente immer das Browserfenster (der sogenannte »Viewport«) und nicht das Stammelement html *innerhalb dieses Fensters.*

Da das Browserfenster selbst nicht mitscrollt, bleiben auf der Seite fixierte Elemente stehen. Wie bei der absoluten Positionierung ist nicht mehr der Browser, sondern der Webdesigner dafür verantwortlich, dass fixierte Elemente sich nicht danebenbenehmen.

Der Internet Explorer 6 ignoriert position:fixed übrigens komplett, was für das gewünschte Layout zum Teil drastische Folgen haben kann. Hier sehen Sie ein kleines Beispiel. Gegeben sei folgendes HTML, in dem das fett gedruckte div-Element per CSS fixiert wird.

Listing 14.2:
Ein bisschen
HTML mit zu
fixierendem
»div«-Element

```
<body>
<div id="fixiert">Fixierte Box</div>
<p>Absatz 1. Lorem ipsum dolor sit amet, consectetuer adipiscing
elit. Morbi rhoncus volutpat nisl. Praesent elementum odio ac nibh.
Duis at quam nec dolor consequat blandit. Sed libero. Vivamus
faucibus purus non purus. Suspendisse id ante ut nulla facilisis
porta.</p>
<p>Absatz 2. Nullam vulputate hendrerit nunc. Nullam dapibus blandit
orci. Nunc metus. Sed sed ante. Cras interdum, erat at pharetra
sodales, elit ligula nonummy nisi, sit amet auctor purus leo vel
urna. Pellentesque ac augue sit amet ipsum nonummy sodales. Sed
libero augue, ultricies et, tristique ut, posuere commodo, ligula.
Integer aliquet. Donec varius lectus. </p>
</body>
```

Und hier ist das CSS dazu:

```
p { margin-left: 25%; }
#fixiert {
    position: fixed;
    top: 10px;
    left: 10px;
    background-color: #f3c600;
    width: 15%;
    padding: 10px;
    border: 1px solid black;
}
```

Listing 14.3:
Das CSS zur Fixierung des »div«-Elements

Diese beiden Quelltext-Schnipsel ergeben folgendes Bild, links im Firefox, rechts im Internet Explorer 6:

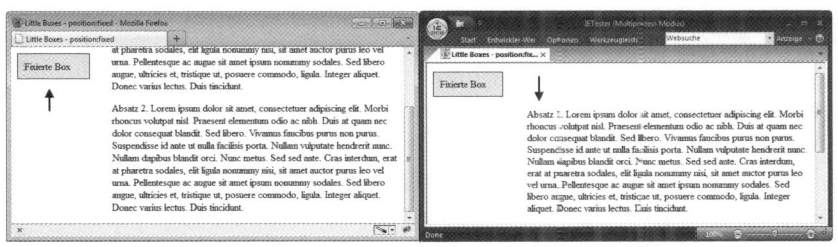

Abbildung 14.9:
»position-fixed«
im Firefox (links)
und im Internet
Explorer 6 (rechts)

Wie Sie sehen, ignoriert der Internet Explorer 6 position:fixed komplett, und die HTML-Elemente fließen ganz normal weiter. Diese Tatsache macht den Einsatz von position:fixed zwar nicht prinzipiell unmöglich, erhöht den Aufwand aber doch beträchtlich. Ab Version 7 interpretiert der IE die Anweisung position: fixed übrigens korrekt.

Workarounds für IE6 und »position: fixed«

Tipp

Wenn Sie trotzdem nicht auf den Einsatz von fixierten Bereichen verzichten möchten, gibt es im Web zahlreiche Tutorials zu Workarounds, zum Beispiel bei *The Styleworks*:

■ *thestyleworks.de/tut-art/iewinfixed.shtml*

14.7 Positionierte Boxen und der »z-index«

Absolut positionierte Boxen haben zwei bemerkenswerte Eigenschaften:

1. Sie existieren, wie Sie gesehen haben, unabhängig von allen anderen Boxen und werden von deren Fluss überhaupt nicht beeinflusst – völlig losgelöst, sozusagen.

2. Absolut positionierte Boxen können sich überlappen und haben deshalb eine zusätzliche Dimension, die mit der Eigenschaft z-index geregelt werden kann.

Sie wissen bereits, dass der Autor einer Webseite bei einer absolut positionierten Box selbst dafür verantwortlich ist, dass diese sich nicht unabsichtlich mit anderen ins Gehege kommt. Was hat es aber nun mit diesem z-index auf sich?

In mathematischen Diagrammen gibt es neben der x-Achse (die von links nach rechts verläuft) und der y-Achse (von oben nach unten) noch eine z-Achse, die sich von vorne nach hinten erstreckt, also bildlich gesprochen vom Betrachter aus ins Papier hinein. Positionierte Elemente können einen z-index bekommen, der die Position des Elements auf dieser z-Achse beschreibt. Ohne z-index liegen innere Elemente *vor* äußeren, weshalb zum Beispiel die Hintergrundfarbe von #wrapper die von body überdeckt.

Die Eigenschaft z-index hat zwei Besonderheiten:

▨ z-index gilt *nur* für positionierte Elemente.

▨ z-index ist *nur* relevant, wenn Elemente sich überlappen.

Je höher der Wert von z-index ist, desto dichter ist das Element am Leser.

Hier sehen Sie ein Beispiel:

HTML	CSS

`<div id="eins">Box 1</div>`
`<div id="zwei">Box 2</div>`
`<div id="drei">Box 3</div>`
	```body {```
	`    color: black;`
	`    background-color: gray;`
	`    padding: 0;`
	`    margin:0;`
	`}`
	`div {`
	`    position: absolute;`
	`    font-weight: bold;`
	`    width: 200px;`
	`    height: 50px;`
	`    padding: 10px;`
	`    border: 1px solid black;`
	`    margin: 5px;`
	`}`
	`#eins {`
	`    top: 0;`
	`    left: 0;`
	`    z-index: 100;`
	`    background-color: #fff;`
	`}`
	`#zwei {`
	`    top: 50px;`
	`    left: 50px;`
	`    z-index: 200;`
	`    background-color: #ddd;`
	`}`
	`#drei {`
	`    top: 100px;`
	`    left: 100px;`
	`    z-index: 300;`
	`    background-color: #aaa;`
	`}`

Listing 14.4:
HTML und CSS
für die drei
Beispielboxen

Im Browser sieht dieses Beispiel so aus:

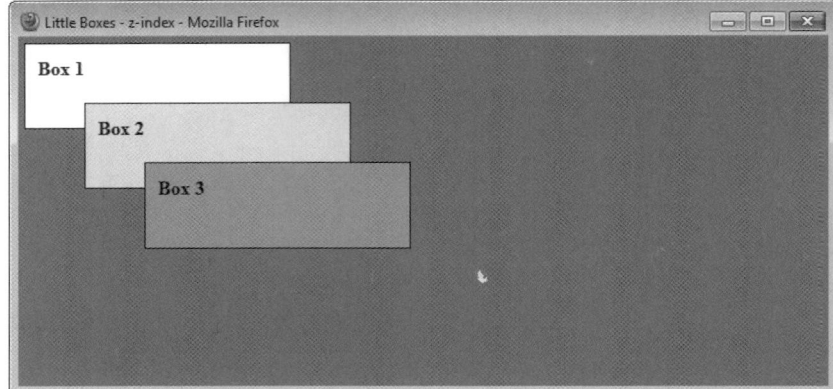

Box 3 hat den höchsten z-index und ist dementsprechend am dichtesten am Leser. Die Werte für z-index können übrigens beliebige ganze Zahlen sein, sogar negative sind erlaubt. Anstelle von 100, 200 und 300 hätten 1, 2 und 3 im Beispiel denselben Effekt. Der Vorteil der Hunderter ist, dass man noch ein bisschen Raum hat, um später eventuell Elemente dazwischen zu positionieren.

14.8 Auf einen Blick

Hier sind noch einmal die wichtigsten Punkte dieses Kapitels im Überblick:

- Die HTML-Elemente einer Webseite folgen dem *document flow*, dem natürlichen Fluss des Dokuments:

  - Ein einzelnes Element beginnt so weit wie möglich links und oben.

  - Weitere Elemente werden rechts davon angeordnet, bis kein Platz mehr ist.

  - Falls kein Platz ist, rutschen sie eine Zeile tiefer und beginnen wieder links.

- Block-Elemente haben einen integrierten Zeilenumbruch und beanspruchen unabhängig von ihrer Breite immer eine ganze Zeile.

- Es gibt drei Werte zur CSS-Eigenschaft position, und zwar relative, absolute und fixed. Die genauen Koordinaten zur Positionierung werden jeweils mit den Eigenschaften top, right, bottom und left angegeben.

- Relative Positionierung verschiebt das Element relativ zu seiner ursprünglichen Position im *flow*. Die ursprüngliche Position bleibt geschützt.

- Absolute Positionierung nimmt das Element aus dem Fluss. Die Werte für top, right, bottom und left beziehen sich entweder auf das Stammelement html oder auf das nächste umgebende Element, das ebenfalls positioniert ist.

- Fixierte Elemente bleiben an ihrer Position stehen, scrollen nicht mit und sollten sehr vorsichtig eingesetzt werden.

- Der Internet Explorer 6 versteht position: fixed nicht und lässt fixierte Elemente normal weiterfließen.

- Positionierte Boxen können einen z-index bekommen, der ihre Position auf der z-Achse beschreibt.

Kapitel 15

Kästchen verschieben mit »float«

Worin Sie eine schwebende Grafik von Text umfließen lassen, den Schwebezustand per clear beenden und anschließend ein paar Übungen zum Floaten mit mehreren Boxen machen.

Die Themen im Überblick:

Neben den vier Positionierungsarten static, relative, absolute und fixed, die Sie in Kapitel 14 kennengelernt haben, gibt es noch die Eigenschaft float, mit der Sie ebenfalls die Positionierung eines Elements verändern können. float ist eine eigenständige CSS-Eigenschaft und kann die Werte left oder right bekommen.

»To float« heißt »schweben«, und eine schwebende Box macht drei Bewegungen: Sie erhebt sich aus dem normalen Fluss, schwebt wie ein losgelassener Heliumluftballon in der umgebenden Kiste auf der

einen Seite nach oben und driftet dann je nach Windrichtung so weit es geht auf die andere Seite.

15.1 Text um Bilder fließen lassen

Das klassische Einsatzgebiet für float ist die Positionierung von Bildern in einem Fließtext. Um zu zeigen, wie float funktioniert, binden Sie auf der Startseite ein Foto ein und lassen den Text auf der Seite um es herumfließen.

Die Grafik einbinden

Als Beispielfoto bietet sich ein schwebender Luftballon an. Sie können für das folgende Beispiel eine beliebige eigene Grafik benutzen oder die Beispieldatei *ballon.jpg* aus den Beispieldateien nehmen.

ToDo: Eine Grafik auf der Startseite einbinden

1. Kopieren Sie die Grafik *ballon.jpg* in den Übungsordner, in dem auch die Startseite *index.html* liegt.

2. Öffnen Sie die Startseite *index.html*, und fügen Sie die Grafik an den Anfang des ersten Fließtextabsatzes ein:

```
<div id="textbereich">
  <h2>Startseite</h2>
  <p>
  <img src="ballon.jpg" alt="Roter Luftballon" width="78"
  height="100"> Webseiten bestehen aus <strong>rechteckigen
  Kästen</strong>, ...
  </p>
```

3. Speichern Sie die Webseite, und betrachten Sie sie im Browser.

Das Bild ist drin, aber so besonders hübsch sieht es in Abbildung 15.1 noch nicht aus.

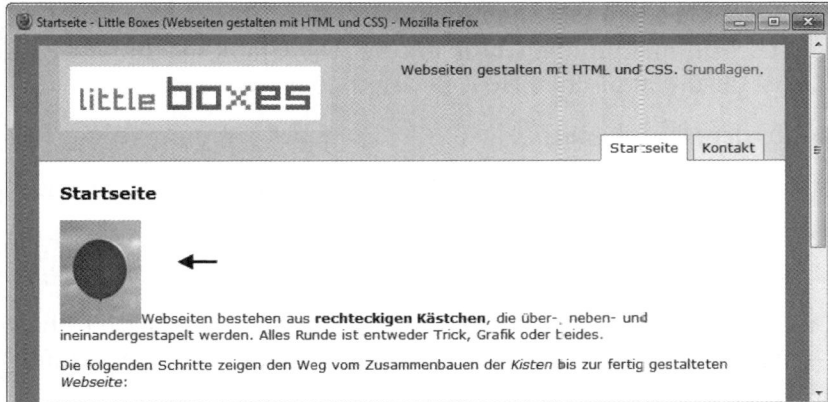

Abbildung 15.1:
Der Ballon ist
drin, schwebt
aber noch nicht

Die Grafik floaten

Die Eigenschaft float kann wie gesagt die Werte left oder right bekommen, um das Element nach links (float: left) oder nach rechts (float: right) schweben zu lassen. Nur der Vollständigkeit halber: In die Mitte schweben lassen geht nicht, es gibt kein float: center. Versuchen Sie es gar nicht erst.

Um den Ballon nach rechts schweben zu lassen, können Sie die Deklaration float: right mit dem Attribut style direkt in das img-Element schreiben.

ToDo: Die eingebundene Grafik auf der Startseite nach rechts floaten

1. Öffnen Sie die Startseite *index.html*, und ändern Sie den Quelltext wie folgt:

```
<h2>Startseite</h2>
<p><img src="ballon.jpg" alt="Roter Luftballon" width="78"
  height="100" style="float:right;">Webseiten bestehen aus ...
```

2. Speichern Sie die Webseite, und betrachten Sie sie im Browser.

Das Ergebnis ist immer noch nicht besonders hübsch, aber der Text fließt schon mal um die Grafik herum. Die Grafik macht dabei zunächst die drei typischen Float-Bewegungen:

■ aus dem Fluss heraus,

■ in der umgebenden p-Kiste (am linken Rand) ganz nach oben und dann

■ so weit wie möglich nach rechts.

Da die Grafik in der p-Kiste sitzt, schwebt sie nicht höher als die obere Grenze des Absatzes, ragt aber nach unten heraus (siehe Abbildung 15.2).

Abbildung 15.2:
Der Ballon
schwebt nach
rechts.

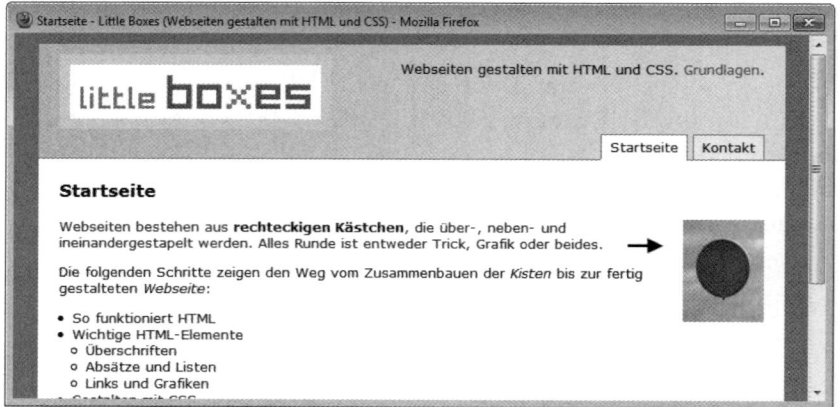

Wichtig beim Floaten ist unter anderem die folgende Tatsache:

■ Der Text im Inhaltsbereich des Absatzes umfließt die Grafik.

■ background, padding, border und margin des Absatzes hingegen fließen *nicht* um die Grafik, sondern rutschen unter sie.

Mit anderen Worten: Nur der Text im Inhaltsbereich des Absatzes fließt um die Grafik, die Eigenschaften background, padding, border und margin reichen bis unter die gefloatete Grafik und befinden sich tatsächlich *dahinter*.

Einen Abstand zwischen Grafik und Text definieren

Um einen bestimmten Abstand zwischen Text und Grafik zu definieren, weisen Sie ihn am einfachsten nicht dem Absatz zu, sondern der schwebenden Grafik.

ToDo: Abstand zwischen der Grafik und umfließendem Text festlegen

1. Öffnen Sie die Startseite *index.html*, und ändern Sie den Quelltext wie folgt:

```
<h2>Startseite</h2>
<p><img src="ballon.jpg" alt="Roter Luftballon" width="78"
  height="100" style="float:right; margin-left: 15px;">
  Webseiten bestehen aus ...
```

2. Speichern Sie die Webseite, und betrachten Sie sie im Browser.

Jetzt ist durch das `margin-left` ein Abstand von 15px zwischen dem umfließenden Text und der gefloateten Grafik. Falls kein Unterschied sichtbar wird, spielen Sie einfach ein bisschen mit dem Wert für `margin-left` und probieren zum Beispiel einmal 150px. Dann sollte sich etwas ändern.

15.2 Praktisch: CSS-Klassen zum Floaten

Zum Testen ist es völlig in Ordnung, wie im vorherigen ToDo Inline-Styles direkt in den HTML-Quelltext zu schreiben, aber unter dem Gesichtspunkt der Wiederverwendbarkeit bietet es sich an, im Stylesheet jeweils eine Klasse für nach links und nach rechts schwebende Bilder einzurichten. Passende Namen wären zum Beispiel `.bildlinks` und `.bildrechts`.

Diese Klassen können Sie den Grafiken auf den Webseiten nach Belieben zuweisen:

- Soll ein Element nach links schweben, bekommt es im HTML `class="bildlinks"`.

- Soll es nach rechts floaten, bekommt es entsprechend `class="bildrechts"`.

Das große
little **boxes** Buch
Webseiten gestalten mit HTML & CSS.
Grundlagen, Navigation, Inhalte, YAML & mehr

Im folgenden ToDo wird mithilfe von padding und border gleich noch ein einfacher Rahmen definiert.

ToDo: CSS Klassen erstellen und der Grafik zuweisen

1. Öffnen Sie gegebenenfalls das Stylesheet *bildschirm.css* im Editor.

2. Definieren Sie am Ende von Abschnitt 2 für »Allgemeine Styles« folgende Regeln:

   ```
   .bildlinks {
     float:left;
     padding: 3px;
     border: 5px solid #ccc;
     margin-right: 10px;
     margin-bottom: 10px;
   }
   .bildrechts {
     float:right;
     padding: 3px;
     border: 5px solid #ccc;
     margin-bottom: 10px;
     margin-left: 10px;
   }
   ```

3. Speichern Sie das Stylesheet.

4. Entfernen Sie auf der Startseite *index.html* das Attribut style für die Grafik, und fügen Sie stattdessen die Klasse bildrechts hinzu:

   ```
   <p><img src="ballon.jpg" alt="Roter Luftballon" width="78"
     height="100" class="bildrechts">Webseiten bestehen aus ...
   ```

5. Speichern Sie die Webseite, und betrachten Sie sie im Browser.

So sieht die Seite mit einer per .bildrechts formatierten Grafik jetzt im Browser aus:

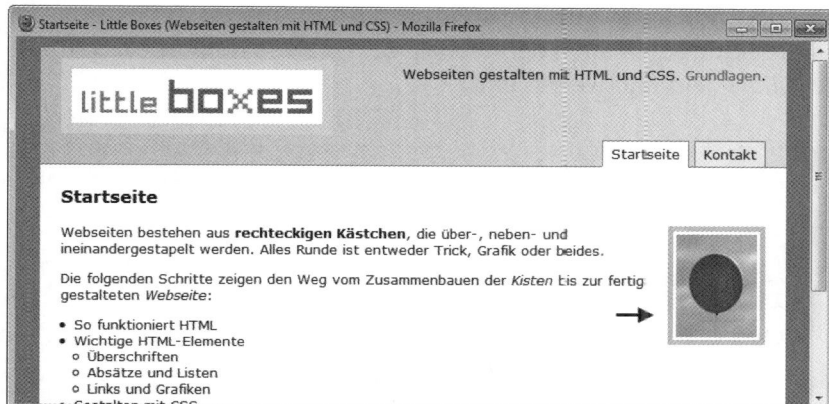

Doppelter Außenabstand im Internet Explorer 6? **Tipp**

Wenn ein gefloatetes Element einen horizontalen margin hat, verdoppelt der IE6 diesen manchmal einfach. Dieser »double-margin float bug« lässt sich leicht beheben, indem Sie dem gefloateten Element die Deklaration display: inline; zuweisen.

Diese Anweisung ist eigentlich völlig sinnlos, denn ein gefloatetes Element ist *immer* ein Block-Element, auch wenn display:inline dabei steht, aber der Trick hat keine bekannten Nebenwirkungen in anderen Browsern und veranlasst den IE6 mysteriöserweise zur korrekten Berechnung von margin.

15.3 Floats beenden mit »clear«

In Abbildung 15.3 sehen Sie, dass nicht nur der erste Absatz die Grafik umfließt, sondern auch alle folgenden. Das liegt daran, dass die gefloatete Grafik aus dem ersten Absatz nach unten herausragt.

Um diesen Sachverhalt zu verdeutlichen, bekommt der Absatz mit der Grafik vorübergehend einen farbigen Hintergrund (z. B. `<p style="background-color: pink">`). Dadurch wird sichtbar, dass die Grafik wirklich nach unten aus diesem Absatz herausragt. Achten Sie in Abbildung 15.4 auch darauf, dass die Hintergrundfarbe des Absatzes *hinter* dem Bild weitergeht.

Abbildung 15.4:
Der Ballon ragt
unten aus dem
ersten Absatz
heraus.

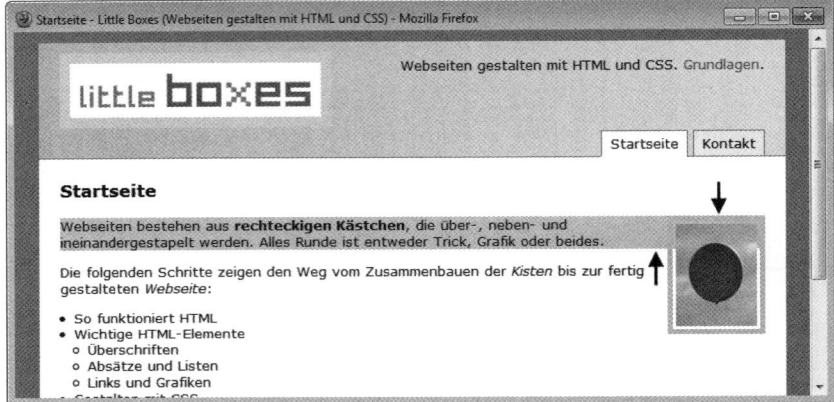

Wenn dieses Verhalten nicht gewünscht ist, muss der durch float ausgelöste Schwebezustand für die folgenden Elemente mit der Eigenschaft `clear` beendet werden.

`clear` zwingt ein folgendes Element, *unterhalb* eines gefloateten Elements zu beginnen, und nicht daneben. `clear` kann die Werte `left`, `right` oder `both` bekommen:

▓ `clear:left` beendet ein `float:left`.

▓ `clear:right` ein `float: right`.

▓ `clear:both` beendet sowohl `float: right` als auch `float:left`.

Es spricht nicht viel dagegen, fast immer `clear: both` zu verwenden, und auch hierzu kann man gleich eine Klasse im CSS einrichten, die Sie später noch einsetzen werden. Im ToDo heißt diese Klasse *clearing*, aber der Name ist beliebig wählbar.

ToDo: CSS-Klasse zum Clearen von Elementen erstellen

1. Öffnen Sie gegebenenfalls das Stylesheet *bildschirm.css*.
2. Definieren Sie im Stylesheet unterhalb der Klasser `bildlinks` und `bildrechts` den folgenden Style:

   `.clearing { clear: both; }`

3. Speichern Sie das Stylesheet.

Wenn der zweite Textabsatz auf der Beispielseite nicht mehr *neben*, sondern *unter* der Grafik beginnen soll, weisen Sie ihm im HTML die eben definierte Klasse zu:

`<p class="clearing">Die folgenden Schritte zeigen ...</p>`

Listing 15.1:
Einem Absatz die
Klasse ».clearing«
zuweisen

Im Browser würde das so wie in Abbildung 15.5 aussehen, wobei der Absatz mit der Grafik zur Verdeutlichung des Sachverhalts wie in Abbildung 15.4 eine Hintergrundfarbe bekommen hat. Der »geclearte« Absatz wird oberhalb seines `margin-top` so weit aufgefüllt, dass der Text erst unterhalb des gefloateten Ballons beginnt.

Bemerkenswert ist in Abbildung 15.5 noch, dass der farblich hervorgehobene Absatz die Grafik nicht umschließt. Sie ragt nach wie vor nach unten heraus. Besonders beim Layouten hängt die Kunst des *Floatens* oft vom richtigen Einsatz von `clear` an strategisch wichtigen Punkten ab.

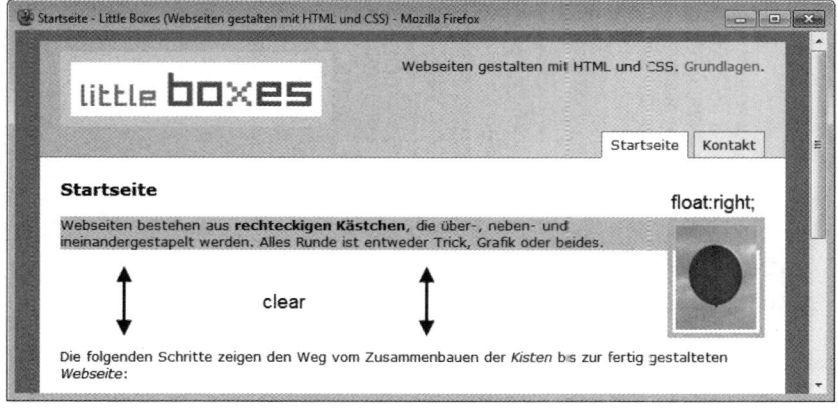

Abbildung 15.5:
Der geclearte
Absatz beginnt
unterhalb des
gefloateten
Ballons.

15.4 Floats mit mehreren Boxen

Im folgenden Abschnitt machen Sie ein paar Trockenübungen, um das manchmal etwas seltsame Verhalten von Floats besser verstehen zu können, bevor Sie im nächsten Kapitel bei der Erstellung einer kleinen Bildergalerie mit Floats jonglieren.

Das Beispiel: drei Boxen ohne »float«

Die Grundlage für die folgenden Beispiele bilden drei einfache, nicht gefloatete div-Boxen:

Tabelle 15.1:
HTML und CSS
für die drei
Beispielboxen

HTML	CSS

```<div id="eins">Box 1</div>```
```<div id="zwei">Box 2</div>```
```<div id="drei">Box 3</div>```
	```body {```
	``` color: black;```
	``` background-color: gray;```
	``` padding: 0;```
	``` margin:0;```
	```}```
	```div {```
	``` font-weight: bold;```
	``` width: 200px;```
	``` height: 50px;```
	``` padding: 10px;```
	``` border: 1px solid black;```
	``` margin: 5px;```
	```}```
	```#eins {```
	``` background-color: #fff;```
	```}```
	```#zwei {```
	``` background-color: #ddd;```
	```}```
	```#drei {```
	``` background-color: #aaa;```
	```}```

Die drei Beispielboxen haben verschiedene Hintergrundfarben, eine Breite von 200px, eine Höhe von 50px und sehen im Browser so aus:

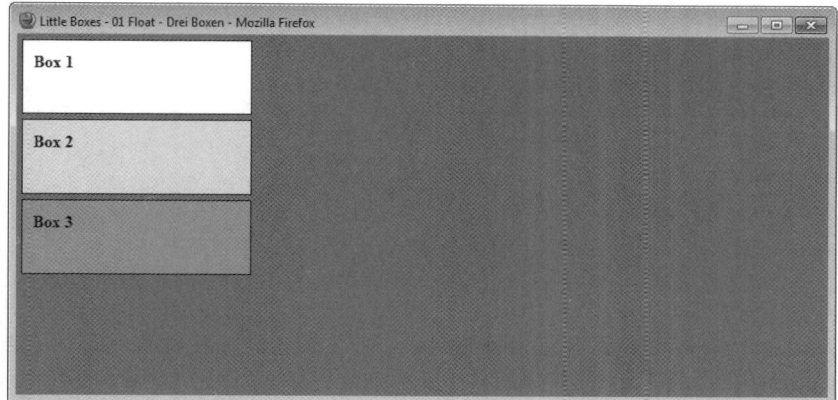

Abbildung 15.6:
Die drei unge-
floateten Boxen
im normalen Flow

Beim Layouten nutzen Sie »float« fast immer mit »width«

Tipp

Die Boxen im Beispiel haben alle eine mit width definierte Breite. Das ist kein Zufall. Gefloatete Elemente sind zwar Block-Elemente, schrumpfen aber ohne Angabe von width und werden nur so breit wie ihr Inhalt. »Shrinkwrap« heißt das im Englischen.

In bestimmten Situationen wie bei einer Navigationsleiste kann dies nützlich und beabsichtigt sein, aber beim Layouten wird die Breite von gefloateten Boxen ohne width unberechenbar. Bei gefloateten Grafi-ken ist width nicht nötig, weil Grafiken immer eine feste Breite haben.

Drei Kästchen nach links floaten

In der ersten Übung werden alle drei Boxen nach links gefloatet. Das CSS dazu ist simpel:

```
div {
    float: left;
    font-weight: bold;
    width: 200px;
    height: 50px;
    padding: 10px;
    border: 1px solid black;
    margin: 5px;
}
```

Listing 15.2:
Alle drei Boxen
nach links floaten

Im Browser stehen die drei Boxen jetzt *nebeneinander*:

Abbildung 15.7:
Mit »float: left«
schweben die
Boxen neben-
einander.

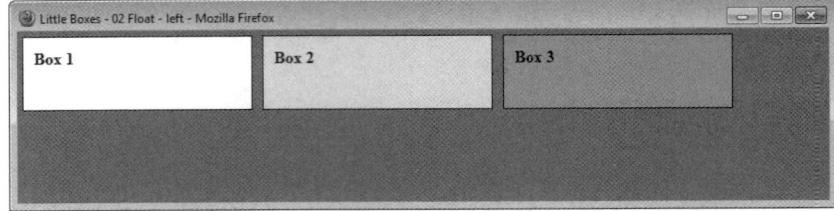

Das erste div schwebt an der *rechten* Seite der umgebenden Box (in diesem Fall also body) so weit es geht nach oben und schwebt dann so weit es geht nach *links* hinüber. Jede folgende Box macht genau dasselbe, sodass die drei Boxen auf der Seite nebeneinanderstehen.

Drei Kästchen nach rechts floaten

Im nächsten Schritt lassen Sie die drei Boxen nach rechts schweben. Dazu muss im CSS nur ein einziges Wort geändert werden:

Listing 15.3:
Alle drei Boxen
floaten nach
rechts.

```
div {
    float: right;
    font-weight: bold;
    width: 200px;
    height: 50px;
    padding: 10px;
    border: 1px solid black;
    margin: 5px;
}
```

Auch hier stehen die drei Boxen nebeneinander, aber achten Sie auf die Reihenfolge:

Abbildung 15.8:
Mit »float: right«
wird die Reihen-
folge umgedreht.

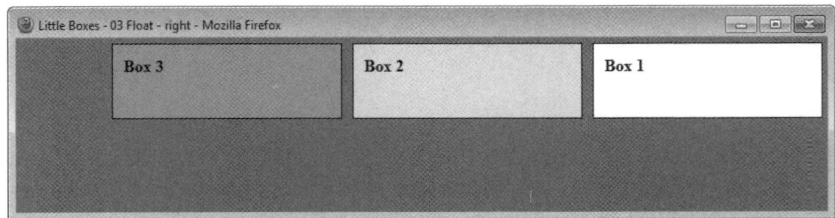

3 – 2 – 1. Die umgekehrte Reihenfolge der drei Boxen kommt daher, dass Box 1 an der *linken* Seite des umgebenden Elements ganz nach oben schwebt und dann so weit wie möglich nach *rechts* hinüberschwebt, und die anderen beiden Boxen machen genau dasselbe.

Dieses Verhalten der Boxen ist eigentlich logisch, aber in der Praxis nicht immer das, was man gerne hätte.

»float drop«: zu wenig Platz im Browserfenster

Wenn eine gefloatete Box im Browserfenster nicht genug Platz findet, springt sie automatisch eine Zeile tiefer. Abbildung 15.9 zeigt die drei nach links gefloateten Boxen in einem verkleinerten Browserfenster. Box 3 sitzt unterhalb der anderen beiden Boxen in der nächsten Zeile. Das ist eigentlich völlig normal, aber beim Layouten per float ist dieses »float drop« genannte Verhalten ein großes Problem.

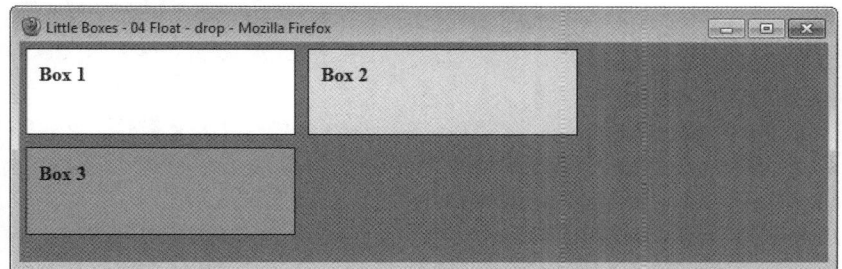

Abbildung 15.9:
Bei Platzmangel
rutscht die Box in
die nächste Zeile.

Stellen Sie sich zum Beispiel ein zweispaltiges Layout mit zwei Boxen vor. In der linken Box befindet sich eine Navigation, in der rechten der Inhalt der Seite. Wenn der Browser der Meinung ist, dass die berechneten Breiten aus welchem Grund auch immer nicht mehr nebeneinanderpassen, steht der Inhalt plötzlich *unterhalb* der Navigation – eine Katastrophe.

Das große
little boxes Buch
Webseiten gestalten mit HTML & CSS.
Grundlagen, Navigation, Inhalte, YAML & mehr

»float« und verschieden hohe Boxen

Wenn gefloatete Boxen verschiedene Höhen haben, kann es passieren, dass einige Boxen an anderen hängen bleiben. Für das Beispiel dazu steigern Sie die Höhe von Box 1 auf 75 Pixel:

Listing 15.4:
Die erste Box
wird ein bisschen
höher.

```
#eins {
    background-color: #fff;
    height: 75px;
}
```

Wenn das Browserfenster zu klein wird, schwebt Box 3 nicht an den linken Rand des Browserfensters, sondern bleibt an Box 1 hängen:

Abbildung 15.10:
Box 3 bleibt an
Box 1 hängen.

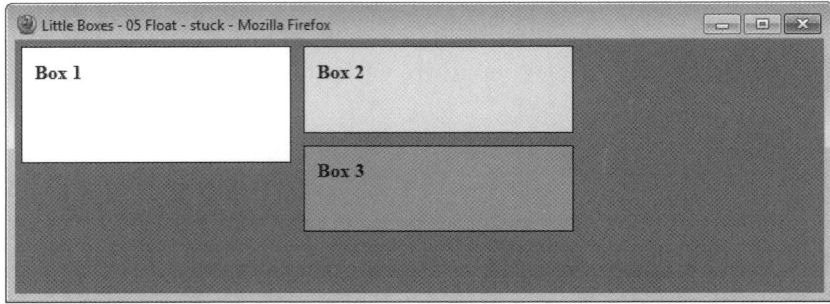

Der Grund liegt darin, dass gefloatete Boxen zuerst auf der der float-Richtung gegenüberliegenden Seite ganz nach oben schweben. Bei float: left steigen sie also auf der *rechten* Seite des Eltern-Elements nach oben, bei float: right auf der *linken* Seite. Erst wenn sie oben sind, schweben sie so weit es geht in die im float angegebene Richtung:

- Box 3 schwebt auf der *rechten* Seite so hoch es geht, im Beispiel bis unter Box 2, weil daneben nicht genug Platz ist.

- Anschließend floatet Box 3 unterhalb von Box 2 *nach links*, bis sie an Box 1 stößt und dort hängen bleibt.

Auch dieses Verhalten ist eigentlich logisch, aber weder erwartet noch besonders praktisch beim Layouten. Wenn Sie zum Beispiel auf Ihren Webseiten eine Reihe von verschieden hohen Bildern floaten, bleiben diese unter Umständen aneinander hängen.

Es gibt noch ein paar mehr Verhaltensregeln für »float«   Tipp

Vorerst reicht es, sich die float-Bewegung wie im Text beschrieben vorzustellen, aber um auch in komplexen Float-Umgebungen keine Mehrdeutigkeiten entstehen zu lassen, gibt es in der CSS-Spezifikation noch ein paar Bestimmungen, die das Verhalten von gefloateten Elementen genauestens regeln:

■ *w3.org/TR/CSS21/visuren.html#propdef-float*

Eine deutsche Übersetzung dieser nicht ganz leicht verdaulichen Lektüre gibt es von Stefan Mintert:

■ *edition-w3c.de/TR/1998/REC-CSS2-19980512/*
   kap09.html#heading-9.5.1

15.5 »float« ohne »width«: schweben und schrumpfen

Ein gefloatetes Element erzeugt *immer* eine Block-Box. Immer. Auch dann, wenn es ein Inline-Element ist, und auch, wenn `display:inline` definiert wurde. Die gefloateten Block-Boxen haben aber zwei Besonderheiten:

■ Die vertikalen Außenabstände kollabieren bei gefloateten Boxen nicht.

■ Ohne Angabe einer Breite wird eine gefloatete Box nur so breit wie ihr Inhalt.

Besonders der zweite Punkt ist wichtig, denn aus diesem Grund wird man float beim Layouten meistens mit einer definierten `width` benutzen, es sei denn, man möchte explizit erreichen, dass das Element auf die minimale Breite schrumpft. Im Englischen wird dieses Schrumpfen wie erwähnt als *shrinkwrap* bezeichnet.

Das größte Problem bei float-Layouts ist die Tatsache, dass eine Float-Box sich nicht mehr im Fluss des Dokuments befindet und deshalb ohne weiteres Zutun nach unten aus der umgebenden Box herausragt. Die Probleme beim Einschließen von gefloateten Elementen (*containing floats*) sowie zahlreiche Browserbugs im Zusammenhang mit float haben eine Zeit lang dafür gesorgt, dass die Eigenschaft zum

Layouten eher zögerlich benutzt wurde, aber inzwischen gibt es dafür diverse Lösungen, die im folgenden Kapitel ausführlich geschildert werden.

15.6 Auf einen Blick

Hier sind noch einmal die wichtigsten Punkte dieses Kapitels im Überblick:

- *float* heißt »schweben« und ist eine eigenständige Eigenschaft mit den möglichen Werten `left` und `right`. Gefloatete Elemente schweben über der Seite und machen drei Bewegungen:
  - Sie erheben sich aus dem Fluss des Dokuments.
  - Sie schweben innerhalb des Eltern-Elements so weit wie möglich nach oben.
  - Sie driften innerhalb des Eltern-Elements so weit wie möglich nach links oder rechts.
- Die Inhaltsbereiche aller nachfolgenden Elemente umfließen das gefloatete Element, die Box-Modell-Eigenschaften `background`, `padding`, `border` und `margin` rutschen aber darunter.
- CSS-Klassen zum Links- und Rechtsschweben von Elementen sind praktisch.
- Um den durch `float` ausgelösten Schwebezustand zu beenden, wird einem nachfolgenden Element die Eigenschaft `clear` zugewiesen, die die Werte `left`, `right` oder `both` annehmen kann.
- Gefloatete Elemente erzeugen immer eine Block-Box.
- Ohne Angabe von `width` schrumpfen sie auf die minimal benötigte Breite.

Kapitel 16

Containing Floats: Gefloatete Elemente umschließen

Worin Sie eine einfache Bildergalerie erstellen und dabei diversen Problemen mit dem Einschließen von gefloateten Elementen begegnen. Anschließend lernen Sie fünf verschiedene Methoden kennen, um dieses Probleme zu lösen. Zum Schluss bauen Sie die Galerieseite in die Beispielsite ein.

Die Themen im Überblick:

float bereitet beim Layouten oft Probleme, weil gefloatete Elemente von ihrem Eltern-Element nicht automatisch eingeschlossen werden, sondern nach unten herausragen.

16.1 Die Beispielseite zum Umschließen von Floats

Als Beispiel für den Umgang mit Problemen, die beim Floaten auftauchen, dient eine ganz einfache Bildergalerie mit zwei Landschaftsbildern, neben denen jeweils eine Überschrift und ein beschreibender Absatz stehen sollen. Die fertige Beispielseite am Ende des Kapitels soll etwa so aussehen wie Abbildung 16.1.

Abbildung 16.1:
Die fertige Bei-
spielseite – Über-
schrift und Text
stehen neben der
Grafik.

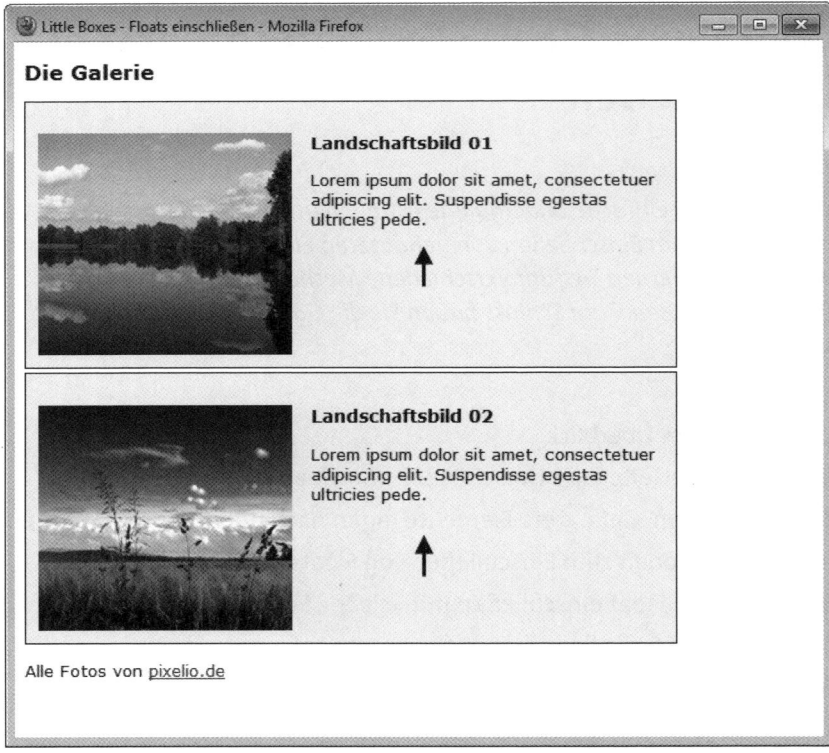

Als Ausgangspunkt dient in diesem Kapitel die in Abbildung 16.2 dargestellte Beispieldatei *floats_umschliessen.html*.

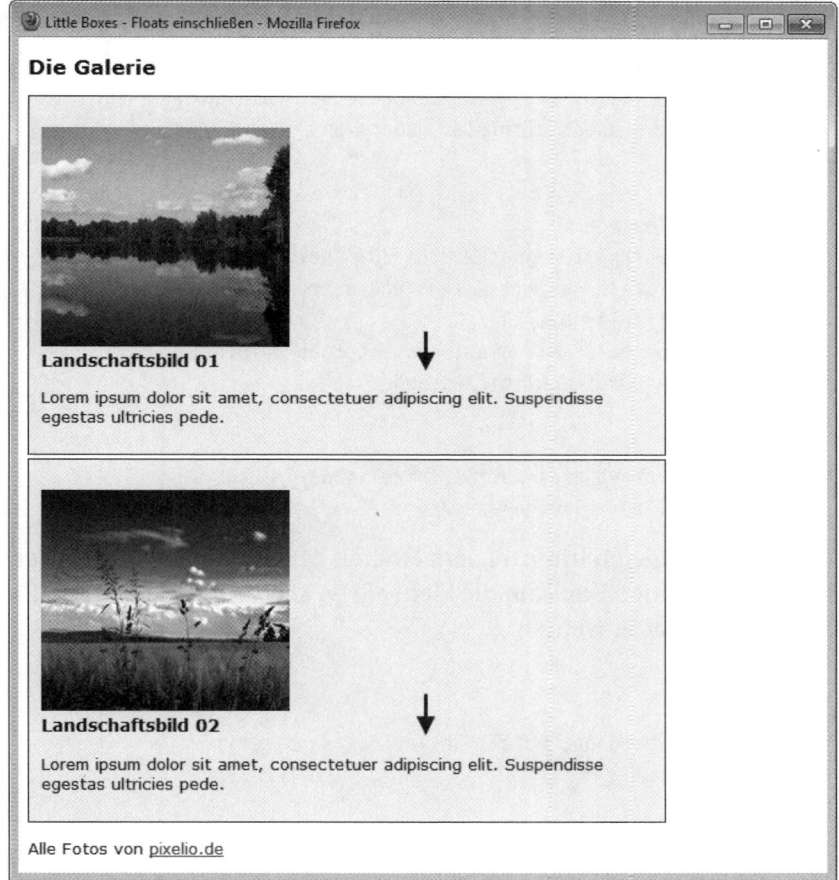

Abbildung 16.2:
Der Ausgangs-
punkt – Über-
schrift und Text
unter der Grafik

Das HTML und CSS in dieser Datei wird im Folgenden kurz vorgestellt. Es gäbe viele HTML-Wege zur Umsetzung dieser Vorgabe, aber die folgende Variante ist einfach und stabil: Eine h2-Überschrift und darunter jeweils eine Grafik, h3-Überschrift und Absatz in einem div.

Listing 16.1:
Das HTML für die
Beispielseite

```
<h2>Die Galerie</h2>

<div class="galerie">
  <img src="landschaft01.jpg" width="203" height="180"
    alt="Von Bäumen umstandener See, in dem sich Wolken spiegeln">
  <h3>Landschaftsbild 01</h3>
  <p>Lorem ipsum dolor sit amet, consectetuer adipiscing elit.
    Suspendisse egestas ultricies pede.</p>
</div>

<div class="galerie">
  <img src="landschaft02.jpg" width="203" height="180"
    alt="Weite Grasfläche mit Wolken und Halmen im Vordergrund">
  <h3>Landschaftsbild 02</h3>
  <p>Lorem ipsum dolor sit amet, consectetuer adipiscing elit.
    Suspendisse egestas ultricies pede.</p>
</div>

<p>Alle Fotos von <a href="http://pixelio.de/"
  rel="external">pixelio.de</a></p>
```

Bevor Sie sich gleich intensiv dem Floaten der Grafiken widmen, werfen Sie noch einen Blick auf die kleine Prise CSS, mit der diese HTML-Elemente gestaltet werden:

Listing 16.2:
Das Basis-CSS für
die Beispielseite

```
<style>
body {
  font-family: Verdana, Arial, Helvetica, sans-serif;
  font-size: small;
}
h2 { font-size: 130%; }
h3 {
  font-size: 110%;
  margin: 0  0 1em 0;
}
div.galerie {
  background-color: #eee;
  width: 500px;
  padding: 10px;
  padding-top: 25px;
  border: 1px solid black;
  margin: 0 3px 3px 0;
}
</style>
```

So viel zur Beispieldatei *floats_umschliessen.html*, die wie gesagt als Ausgangspunkt dient. Eigentlich müssen Sie jetzt »nur noch eben schnell« die Überschrift und den Text neben die Bilder setzen. Und genau das ist das Thema dieses Kapitels.

16.2 Das Problem: Gefloatete Elemente ragen nach unten heraus

Der naheliegendste Weg, um Text und Grafiken nebeneinanderzustellen, wäre es, einfach die Grafiken zu floaten. Das führt nicht zum gewünschten Ergebnis, aber der im folgenden ToDo inszenierte »Float-Unfall« ist sehr typisch und treibt viele Webdesigner schlicht zur Verzweiflung.

Im folgenden ToDo floaten Sie die Grafiken innerhalb der div-Elemente nach links.

ToDo: Die Bilder nach links floaten

1. Öffnen Sie die Beispieldatei *floats_umschliessen.html* im Editor.
2. Fügen Sie an das Ende des Style-Blocks die folgende CSS-Regel zum Floaten der Grafiken ein:

```
div.galerie img {
   float: left;
   margin-right: 15px;
}
```

3. Speichern Sie die Webseite, und betrachten Sie sie im Browser.

CSS-Einsteiger erwarten an dieser Stelle meist, dass damit alles erledigt ist, aber das Ergebnis in Abbildung 16.3 entspricht – gelinde gesagt – nicht ganz den Erwartungen.

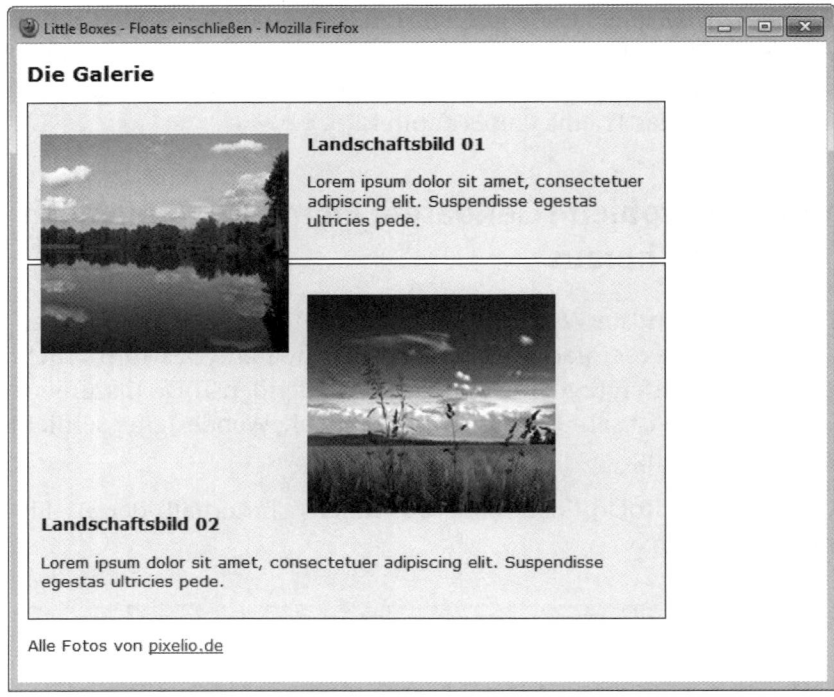

Das scheinbare Chaos in Abbildung 16.3 entsteht, weil die gefloateten Grafiken nicht von den umgebenden div-Elementen eingeschlossen (umschlossen) werden, sondern nach unten aus dem umgebenden Element herausragen (siehe Seite 307). Dadurch nimmt das Unglück seinen Lauf:

- Das umgebende div-Element weiß nichts von der Grafik, weil diese gefloatet ist und sich deshalb nicht mehr im Flow befindet.

- Das erste div-Element wird nur so hoch wie der darin enthaltene Text, weil es die Grafik wie gesagt gar nicht sieht und deshalb auch nicht einschließt.

- Die erste gefloatete Grafik ragt also nach unten aus dem div heraus, und die zweite gefloatete Grafik bleibt an der ersten hängen.

Und so kommt eines zum anderen. Spätestens in Momenten wie diesen tendieren altgediente Webdesigner zu dem Satz »Mit Tabellen geht das alles einfacher!«, zumal das Problem weder ein Browser-Bug noch eine CSS-Macke, sondern beabsichtigt ist:

Das ursprüngliche Einsatzgebiet von float *war es, Text um Bilder fließen zu lassen, und dabei ist es sehr sinnvoll, dass die gefloateten Bilder nicht vom umgebenden Element eingeschlossen werden.*

Leider gibt es in CSS keine Option zum automatischen Einschließen von Floats, und die Schwierigkeit, gefloatete Objekte zuverlässig in ein umgebendes Element einbetten zu können, hat Webworker anfangs manchmal davon abgehalten, float-Umgebungen für komplexere Layoutzwecke zu benutzen. Stattdessen haben Sie mit position:absolute gearbeitet.

Im IE6 ist seltsamerweise (scheinbar) alles okay

Tipp

Falls Sie das Beispiel im viel gescholtenen Internet Explorer 6 testen, werden Sie feststellen, dass die Galerie dort momentan völlig korrekt aussieht. Das ist aber reines Glück und liegt an der Definition einer festen Breite für die div-Elemente. Dadurch bekommen die div-Elemente etwas, das ein älterer IE »hasLayout« nennt.

Ohne width sieht's im IE6 auch so aus wie in Abbildung 16.3. Mehr zum IE6 und seinen Problemen erfahren Sie am Ende dieses Kapitels ab Seite 338.

16.3 Fünf Methoden zum Einschließen von Floats

Alle fünf im Folgenden gezeigten Methoden haben dasselbe Ziel: Das umgebende div-Element soll die gefloatete Grafik einschließen, sodass diese nicht nach unten herausragt. Im Englischen nennt man das »containing floats«.

Hier sind alle im Folgenden gezeigten Tricks im Überblick:

1. Vor dem schließenden </div> wird ein HTML-Element hr eingefügt und im CSS gecleart.

2. Das umgebende div-Element wird ebenfalls gefloatet (»Set a float ...«).

3. Dem umgebenden div-Element wird die Eigenschaft overflow:hidden zugewiesen.

4. Dem umgebenden div-Element wird die Eigenschaft display:table zugewiesen.

5. Per CSS wird nach dem div ein einzelner Punkt erzeugt und gecleart (»Clearfix«).

Alle fünf Lösungen haben verschiedene Vor- und Nachteile, erreichen aber dasselbe Ziel, nämlich dass die gefloateten Bilder wie in Abbildung 16.1 vom umgebenden div eingeschlossen werden.

Ausgangssituation für alle Beispiele ist das HTML und CSS von Abbildung 16.3: Die Grafiken sind gefloatet, aber alles ist durcheinander. Den Quelltext dazu finden Sie in den Beispieldateien in der Datei *floats_umschliessen.html*.

Tipp | **Floats umschließen in mehrspaltigen Layouts**

Die verschiedenen Vor- und Nachteile der fünf Methoden zum Umschließen von Floats werden erst in mehrspaltigen Layouts so richtig relevant. Eine Übersicht dazu finden Sie im Abschnitt über den »Block Formatting Context« ab Seite 369.

In Abschnitt 28.4 »Know-how: Floats einschließen in der Praxis« ab Seite 581 werden die Vor- und Nachteile verschiedener Methoden bei der Erstellung einer Dropdown-Navigation gezeigt.

16.4 Methode 1: Float einschließen mit »clear«

Die erste Lösung besteht darin, kurz vor dem Ende des div-Elements ein gecleartes HTML-Element einzufügen. Im folgenden ToDo ergänzen Sie dazu eine horizontale Trennlinie hr, die im CSS unsichtbar gemacht und gecleart wird. hr ist ein leeres Element und hat deshalb kein Ende-Tag.

ToDo: Methode 1 – Float einschließen mit clear

1. Öffnen Sie die Beispieldatei *floats_umschliessen.html* im Editor.

2. Speichern Sie die Datei unter dem Namen *floats_umschliessen01.html*.

3. Ergänzen Sie jeweils vor dem `</div>` eine horizontale Linie `hr`:

```
<div class="galerie">
   <img src="landschaft01.jpg" width="203" height="180" ...>
   <h3>Landschaftsbild 01</h3>
   <p>Lorem ipsum dolor sit amet, ...</p>
   <hr>
</div>

<div class="galerie">
   <img src="landschaft02.jpg" width="203" height="180" ...>
   <h3>Landschaftsbild 02</h3>
   <p>Lorem ipsum dolor sit amet, ...</p>
   <hr>
</div>
```

4. Geben Sie der horizontalen Linie im Style-Block ein `clear:both` mit auf den Weg und machen Sie sie anschließend unsichtbar:

```
div.galerie hr {
   clear: both;
   width: 0;
   height: 0;
   font-size: 0;
   line-height: 0;
}
```

5. Speichern Sie die Webseite, und betrachten Sie sie im Browser.

Das geclearte `hr` sitzt *innerhalb* des umgebenden `div`, und deshalb wird das `div` bis unter das gefloatete Bild erweitert – einfach, aber wirkungsvoll. Statt einer horizontalen Linie können Sie natürlich auch jedes andere HTML-Element nehmen, zum Beispiel ein schlichtes `br`.

Ein Nachteil dieser Lösung ist das zusätzliche HTML-Element, das Sie für jedes Bild Ihrer Galerie hinzufügen müssen. Ein weiteres potenzielles Problem beim Verwenden dieser Methode hängt mit der glo-

Das große
little **boxes** Buch
Webseiten gestalten mit HTML & CSS.
Grundlagen, Navigation, Inhalte, YAML & mehr

balen Wirkung von `clear` zusammen, die bei mehrspaltigen Layouts wirklich ärgerlich sein kann und die weiter hinten im Buch an einem konkreten Beispiel erklärt wird (ab Seite 369).

16.5 Methode 2: Set a float to fix a float

In CSS 2.1 ist definiert, dass ein gefloatetes Element ein darin enthaltenes gefloatetes Element immer einschließt. In der Literatur ist diese im Jahre 2003 vom CSS-Guru Eric Meyer vorgestellte Methode als »Set a float to fix a float« bekannt geworden, was frei übersetzt so viel heißt wie »Füge einen Float hinzu, um einen Float zu reparieren«.

Dieses »doppelte Floatchen« kommt zunächst mit nur einer einzigen Zeile CSS aus:

ToDo: Methode 2 – Set a float to fix a float

1. Öffnen Sie die Beispieldatei *floats_umschliessen.html* im Editor.

2. Speichern Sie die Datei unter dem Namen *floats_umschliessen02. html*.

3. Ergänzen Sie die fett gedruckte Deklaration zum Floaten der `div`-Elemente:

```
div.galerie {
    float: left;   /* Set a float to fix a float */
    background-color: #eee;
    width: 500px;
    padding: 10px;
    padding-top: 25px;
    border: 1px solid black;
    margin: 0 3px 3px 0;
  }
```

4. Fügen Sie irgendwo im Style-Block eine Klasse namens `clearing` ein:

```
.clearing { clear: both; }
```

5. Ergänzen Sie im Absatz mit der Quellenangabe die Klasse zum Clearen, damit er unterhalb der Galerie bleibt:

```
<p class="clearing">Alle Fotos von ...</p>
```

6. Speichern Sie die Webseite, und betrachten Sie sie im Browser.

Die gefloateten Grafiken werden wunderbar eingeschlossen, und es wird kein zusätzliches HTML-Element benötigt. Der Grund dafür ist, dass das Floaten des div-Elements einen neuen sogenannten *Block Formatting Context* definiert und alle gefloateten Elemente darin eingeschlossen werden. Mehr zum »Block Formatting Context« erfahren Sie ab Seite 369.

Aber natürlich ist auch diese Lösung nicht perfekt, denn wenn das Browserfenster groß genug ist, stehen die gefloateten div-Elemente plötzlich *nebeneinander*:

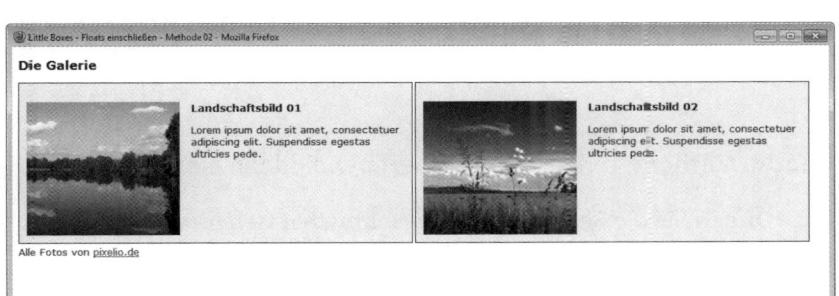

Abbildung 16.4:
Die gefloateten »div«s stehen nebeneinander!

Sofern dieses Verhalten vom Layout her nicht beabsichtigt ist, müssen mit Ausnahme des allerersten alle nachfolgenden div-Elemente ebenfalls *gecleart* werden:

```
<div class="galerie clearing">
  <img src="landschaft02.jpg" width="203" height="180" ...>
  <h3>Landschaftsbild 02</h3>
  ...
</div>
```

Listing 16.3:
Clearen der nachfolgenden »div«-Elemente

Und schon haben Sie genau wie bei der ersten Methode in einem mehrspaltigen Layout das potenzielle globale Clearing-Problem wieder am Hals (siehe ab Seite 369).

Der Hauptnachteil des »float to fix« ist aber, dass in einem komplexen Layout das Verhalten der nachfolgenden Elemente vor dem gefloateten div beeinflusst wird. Um das Problem zu lösen, floatet man früher oder später fast alle Elemente auf der Seite, weshalb manche Designer auch von *FnE* sprechen: »Floating nearly Everything«. Außerdem bekommen ältere Browser (na, welcher wohl?) bei komplexen Float-Verschachtelungen Probleme mit der korrekten Darstellung, und so kämpfen Sie manchmal mehr mit Browser-Bugs als mit dem Layout.

Kurzum: Mit dem Floaten ist es wie mit dem Jonglieren. Ein Ball ist einfach, zwei gehen noch, aber ab dreien muss man richtig üben ...

16.6 Methode 3: Ohne »float« und »clear« – »overflow: hidden«

Anfang 2005 verbreitete sich die Kunde, dass der britische Web-designer Paul O'Brien (*pmob.co.uk*) eine verblüffend simple Lösung für das Problem einzuschließender Floats gefunden hat:

■ Das umgebende div-Element erhält die Eigenschaft overflow:hidden.

Und genau das wird im folgenden ToDo gemacht.

ToDo: Methode 3 – Floats mit »overflow:hidden« einschließen

1. Öffnen Sie die Beispieldatei *floats_umschliessen.html* im Editor.
2. Speichern Sie die Datei unter dem Namen *floats_umschliesseno3.html*.
3. Ergänzen Sie im folgenden Style die fett gedruckte Deklaration:

```
div.galerie {
    overflow: hidden;
    background-color: #eee;
    width: 500px;
    padding: 10px;
    padding-top: 25px;
    border: 1px solid black;
    margin: 0 3px 3px 0;
}
```

4. Speichern Sie die Webseite, und betrachten Sie sie im Browser.

Sie benötigen weder ein zusätzliches HTML-Element noch muss etwas gefloatet oder gecleart werden. Die Lösung scheint verblüffend einfach, und das ist sie auch. Aber natürlich gibt es auch für overflow:hidden ein paar gut versteckte Nachteile.

Die Eigenschaft overflow sagt dem Browser, wie er mit Inhalt umgehen soll, der nicht in das ihn umgebende HTML-Element passt. Dies ist besonders wichtig, wenn ein Element mit `width` oder `height` eine feste Breite oder Höhe bekommen hat.

Mögliche Werte von `overflow` sind:

- **visible:** Der Standardwert. Der überfließende Inhalt wird angezeigt, die Größe des Elements wird aber *nicht* verändert. Der Inhalt läuft also einfach über den Rand des Elements hinweg. IE6 *vergrößert* das Element übrigens. Das ist zwar nett gemeint, aber nicht korrekt und seit Version 7 behoben.

- **scroll:** Der überfließende Inhalt wird abgeschnitten, aber das Element bekommt Scrollbalken, damit der Inhalt zugänglich bleibt.

- **auto:** Überlässt es dem Browser, wie er den überfließenden Inhalt behandelt. Die meisten Browser entscheiden sich für `scroll`.

- **hidden:** Gefährlich. Überfließender Inhalt wird schlicht und einfach abgeschnitten.

In der CSS-Spezifikation vom W3C ist nun festgelegt, dass `overflow`, sofern es einen anderen Wert als `visible` hat, einen neuen »Block Formatting Context« (BFC) erzeugt, in dem darin enthaltene gefloatete Elemente automatisch eingeschlossen werden. Aus genau diesem Grund reicht im Beispiel ein einziges `overflow:hidden` zum Einschließen der gefloateten Grafiken. Mehr zum BFC gibt es wie gesagt später ab Seite 369.

Floats einschließen mit `overflow:hidden` ist so, als ob Sie ein Medikament nur wegen der Nebenwirkungen schlucken. Die eigentliche Wirkung ist es, überfließenden Inhalt abzuschneiden. Bei der gleichzeitigen Verwendung von `position:relative` für dasselbe Element oder in Verbindung mit einer fest definierten Höhe ist diese Methode riskant und kann zu abgeschnittenen Inhalten führen.

Ein weiterer potenzieller Nachteil von `overflow:hidden` zeigt sich bei der Verwendung von CSS3-Eigenschaften wie `box-shadow` (siehe Seite 478). Der Schatten liegt außerhalb der eigentlichen Box und würde durch `overflow:hidden` einfach abgeschnitten.

Im Umkehrschluss ist `overflow:hidden` eine wirklich einfache Methode zum Einschließen von Floats, wenn

- die betroffenen Elemente keine feste Höhe oder Breite haben.

- Sie für das betroffene Element keine CSS3-Schatten mit `box-shadow` einsetzen möchten.

Tipp

16.7 Methode 4: Auch ohne »float« und »clear« – »display:table«

Die Methode mit overflow:hidden ist wie gesagt einfach und hat außer dem potenziellen Problem mit den Schatten drumherum keinerlei Nachteile.

Als Alternative gibt es mit display:table noch eine andere Möglichkeit, die fast genauso einfach zu handhaben ist wie overflow:hidden und die Sie im folgenden ToDo ausprobieren.

ToDo: Methode 4 – Floats einschließen mit »display:table«

1. Öffnen Sie die Beispieldatei *floats_umschliessen.html* im Editor.
2. Speichern Sie die Datei unter dem Namen *floats_umschliesseno4. html*.
3. Ergänzen Sie im folgenden Style die fett gedruckte Deklaration:
   ```
   div.galerie {
     display: table;
     background-color: #eee;
     width: 500px;
     padding: 10px;
     padding-top: 25px;
     border: 1px solid black;
     margin: 0 3px 3px 0;
   }
   ```
4. Speichern Sie die Webseite, und betrachten Sie sie im Browser.

Die Eigenschaft display:table verstehen alle modernen Browser und der IE ab Version 8. Da das betreffende Elemente in IE6 und IE7 durch die mit width vergebene feste Breite ohnehin *hasLayout* bekommt, ist das in der Regel kein Problem.

display:table sollte übrigens immer mit einer durch width definierten festen Breite benutzt werden, denn ohne Angabe einer festen Breite wird eine Tabelle nur so breit wie der darin enthaltene Inhalt, und das kann unter Umständen zu unerwünschten Nebeneffekten führen. Ein Nebeneffekt ist, dass in Verbindung mit display:table eine eventuelle Angabe von position:relative wirkungslos ist.

16.8 Methode 5: EasyClearing – die Sache mit dem Punkt

Es gibt noch eine weitere Möglichkeit zum Clearen von Floats. Sie wird *EasyClearing* oder auch *Clearfix*-Methode genannt und ist relativ komplex:

■ Entwickelt wurde die Methode von Tony Aslett (*csscreator.com/*)

■ Erweitert wurde sie von Holly 'n John (*positioniseverything.net*)

Gleich zu Anfang zeigt das folgende ToDo einmal das gesamte *Easy-Clearing* in Aktion. Die Erklärung folgt danach.

ToDo: Methode 5 – Floats mit EasyClearing einschließen

1. Öffnen Sie die Beispieldatei *floats_umschliessen.html* im Editor.
2. Speichern Sie die Datei unter dem Namen *floats_umschliesseno5. html*.
3. Fügen Sie an das Ende des Style-Blocks die folgenden Styles ein:

```
/* Der Kern von Clearfix */
.clearfix:after {
  content: ".";
  display: block;
  clear: both;
  font-size: 0;
  height: 0;
  visibility: hidden;
}
```

> **ToDo: Methode 5 – Floats mit EasyClearing einschließen (Forts.)**
>
> ```
> /* Patch für IE7 */
> *:first-child+html .clearfix { min-height: 0; }
>
> /* Patch für IE6 */
> * html .clearfix { height: 1%; }
> ```
>
> **4.** Ergänzen Sie im HTML bei *beiden* div-Elementen die Klasse clearfix:
>
> ```
> <div class="galerie clearfix">
> ```
>
> **5.** Speichern Sie die Webseite, und betrachten Sie sie im Browser.

Funktionieren sollte es bereits, auch wenn Sie beim Abtippen wahrscheinlich nicht jedes Detail sofort verstanden haben. Der Name *EasyClearing* entbehrt nicht einer gewissen Ironie, denn die Syntax ist doch eher komplex. Das »Easy« bezieht sich wohl mehr auf die Tatsache, dass man das CSS einsetzen kann, ohne es wirklich verstehen zu müssen:

■ Sie speichern die im ToDo gezeigten Styles in Ihrem Stylesheet.

■ Im HTML vergeben Sie bei Bedarf die Klasse clearfix.

■ Fertig.

Es folgt die detaillierte Erklärung dieser Methode. Die Lektüre ist freiwillig.

Teil 1: Der Kern von Clearfix

Im HTML bekommt das Element, das das gefloatete Element umschließen soll, die Klasse clearfix. Im Beispiel sind das die beiden div-Elemente mit der Klasse galerie:

Listing 16.4: Das umgebende Element bekommt die Klasse »clearfix«

```
<div class="galerie clearfix">
```

Im CSS wird dazu passend eine Regel für die Klasse clearfix definiert und um das Pseudo-Element :after ergänzt, das Sie schon von der Druckversion kennen (siehe Seite 260):

```
01 .clearfix:after {
02   content: ".";
03   display: block;
04   clear: both;
05   font-size: 0;
06   height: 0;
07   visibility: hidden;
08 }
```

Listing 16.5:
Die CSS-Regel
für die Klasse
»clearfix«

Und das macht dieser Style, Zeile für Zeile:

1. Das Pseudo-Element :after fügt am Ende des Elements einen beliebigen Inhalt ein, der im Style mit der Eigenschaft content definiert wird. Im Beispiel ist dies ein einfacher Punkt.

2. content: "." erzeugt am Ende des Elements mit der Klasse clearfix im Quelltext einen einfachen Punkt, genau genommen *nach* dem Inhalt, aber noch *innerhalb* des Elements.

3. display: block erzeugt eine Blockbox für den Punkt, weil clear für Inline-Boxen keine Wirksamkeit hat.

4. clear: both cleart den mit content erzeugten Punkt und sorgt so für das Umschließen des gefloateten Elements.

5. font-size: 0 definiert eine Schriftgröße von 0, damit der Punkt im Browserfenster nicht sichtbar ist.

6. height: 0 schrumpft den Punkt auf eine Höhe von null Pixel, damit er im Browserfenster nicht sichtbar ist.

7. visibility: hidden macht den geschrumpften Punkt noch unsichtbarer.

Kurzform: Mit dem Pseudo-Element :after wird nach dem zu clearenden Element ein ganz simpler Punkt erzeugt, der anschließend geblockt, gecleart und unsichtbar gemacht wird.

Im Grunde funktioniert diese Methode ganz ähnlich wie die allererste mit dem geclearten hr-Element, nur dass Sie das zusätzliche HTML-Element nicht selbst in den Quelltext schreiben müssen. Das macht dieser Style für Sie.

Das große
little boxes Buch
Webseiten gestalten mit HTML & CSS.
Grundlagen, Navigation, Inhalte, YAML & mehr

Teil 2: Patches für diverse Internet Explorer

Alle Internet Explorer bis inklusive Version 7 wissen nichts von einem Pseudo-Element :after und ignorieren somit den in Teil 1 mühsam erstellten Style. Dafür haben diese Internet Explorer noch eine andere Eigenwilligkeit, die in diesem Fall aber äußerst willkommen ist.

Hier ist zunächst noch einmal der zweite Teil des EasyClearing im Überblick:

Listing 16.6:
Die IE-Patches für
den Clearfix

```
01 /* Patch für IE7 */
02 *:first-child+html .clearfix { min-height: 0; }
03
04 /* Patch für IE6 */
05 * html .clearfix { height: 1%; }
```

Und hier ist der zweite Teil des EasyClearing im Detail:

1. Der IE7 unter Windows lässt sich mit der Anweisung aus Zeile 2 dazu bringen, gefloatete Elemente einzuschließen. Der Selektor *:first-child+html .clearfix bewirkt, dass die Zeile nur vom IE7 gelesen wird, und die Anweisung min-height: 0; gibt dem Element *hasLayout*.

2. Für den IE6 gibt es in Zeile 5 einen Sternchen-Hack, der dem Element eine feste Höhe gibt und so für das Umschließen der Floats sorgt. Mehr zu dieser Zeile finden Sie am Ende des Kapitels.

Natürlich gibt es für die IE-Patches zahlreiche Varianten, von denen eine jede Vor- und Nachteile hat:

▪ Einige Autoren bevorzugen zum Triggern von *hasLayout* die Eigenschaft zoom:1, die nur der IE kennt. Vorteil: zoom hat definitiv keinerlei Auswirkungen auf das Layout, während das bei min-height und height zumindest theoretisch denkbar ist. Potenzieller Nachteil: Das Stylesheet validiert nicht mehr, da zoom nicht zum CSS-Standard gehört.

▪ Die Ultrakurzform der IE-Patches benutzt ebenfalls zoom und fasst Patches für IE6 und IE7 in einer Zeile zusammen: .clearfix { *zoom: 1;}. Ein Sternchen direkt vor einer Eigenschaft wie zoom bewirkt, dass diese nur von IE6 und IE7 gelesen wird.

Alle diese Ausführungen zur Funktionsweise von Clearfix sind aber wie gesagt optional. Einfach kopieren und einfügen geht auch.

In der Originalversion des Easy Clearing wurde übrigens noch der IE5/Mac berücksichtigt, aber den hat in der freien Webwildbahn schon seit Jahren niemand mehr zu Gesicht bekommen, sodass modernere Clearfix-Versionen ohne den IE5/Mac daherkommen. Wer heute noch mit dem Ding surft, hat wahrscheinlich noch ganz andere Probleme als ein paar kaputte Floats...

16.9 Die Galerieseite in die Beispielsite einbauen

Das Beispiel mit der kleinen Galerie ist so gewählt, dass es relativ problemlos in die vorhandene Site aus den vorherigen Kapiteln eingebaut werden kann (vgl. Abbildung 16.5). Mit ein bisschen Überlegen sollten Sie das ohne Schritt-für-Schritt-Anleitung hinkriegen. Probieren Sie es einfach einmal.

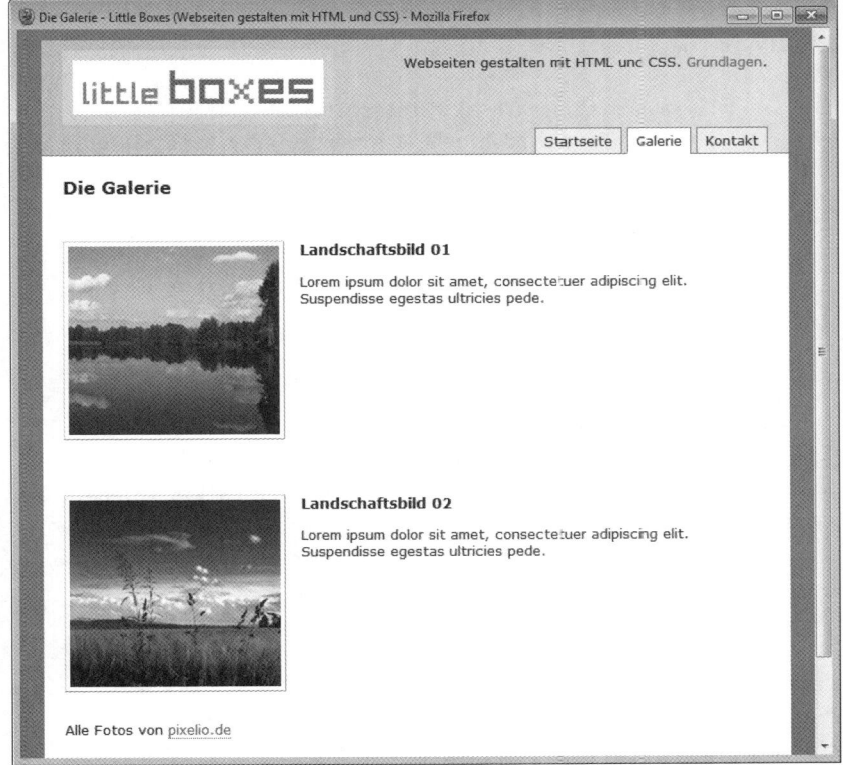

Abbildung 16.5:
Die Beispielsite
mit eingebauter
Galerieseite

Kopieren Sie die Beispieldateien aus dem Basisordner für diesen Abschnitt in einen Übungsordner, und legen Sie dann einfach mal los. Zum Einschließen der Floats verwende ich im Beispiel übrigens die Methode Nr. 3, overflow:hidden, aber spielen Sie ruhig auch mit den anderen drei Methoden, denn nur so lernen Sie deren Anwendung

In den folgenden Abschnitten finden Sie eine kurze Beschreibung der Änderungen, die die im Ordner *fertig* gespeicherten Dateien bereits enthalten.

Die Beispielseite »galerie.html«

Die Datei *galerie.html* wird wie die Kontaktseite auf Seite 118 als Kopie der *index.html* erzeugt. Die fett gedruckten Stellen werden anschließend geändert:

Listing 16.7:
Ausschnitt aus
dem HTML-
Quelltext von
»galerie.html«

```
01 ...
02    <title>Die Galerie – Little Boxes ... </title>
03 ...
04 <body>
05 ...
06 <div id="navibereich">
07    <ul>
08       <li><a href="index.html">Startseite</a></li>
09       <li class="sie-sind-hier"><a href="galerie.html">Galerie
          </a></li>
10       <li><a href="kontakt.html">Kontakt</a></li>
11    </ul>
12 </div> <!-- Ende navibereich -->
13 ...
14 <div id="textbereich">
15 <h2>Die Galerie</h2>
16
17 <div class="galerie">
18 <img src="landschaft01.jpg" width="203" height="180"
19    alt="Von Bäumen umstandener See, in dem sich Wolken spiegeln" />
20 <h3>Landschaftsbild 01</h3>
21 <p>Lorem ipsum dolor sit amet, consectetuer adipiscing elit.
22    Suspendisse egestas ultricies pede...</p>
23 </div><!-- Ende .galerie 01 -->
24
25 <div class="galerie">
26 <img src="landschaft02.jpg" width="203" height="180"
27    alt="Weite Grasfläche mit Wolken und Halmen im Vordergrund" />
```

```
28 <h3>Landschaftsbild 02</h3>
29 <p>Lorem ipsum dolor sit amet, consectetuer adipiscing elit.
30    Suspendisse egestas ultricies pede</p>
31 </div><!-- Ende .galerie 02 -->
32
33 <p>Alle Fotos von <a href="http://pixelio.de/">pixelio.de</a></p>
34 </div> <!-- Ende textbereich -->
36 ...
```

Auf den anderen beiden Webseiten müssen Sie lediglich die Navigation um das dritte Listenelement für die Galerieseite ergänzen.

Das CSS zur Gestaltung der Seite im Überblick

In *bildschirm.css* wurden ebenfalls einige Änderungen vorgenommen. Am Anfang des Stylesheets wurden Styles für h3 ergänzt:

```
01 h2, h3, p, ul, ol { margin-bottom: 1em; }
02
03 /* Nach den Styles für h1 und h2 folgenden Style einfügen */
05 h3 { font-size: 110%; }
```

Listing 16.8:
Änderungen
am Anfang von
»bildschirm.css«

Im letzten Teil am Ende des Stylesheets wird nach der Gestaltung des Kontaktformulars das CSS für die kleine Galerie hinzugefügt, wobei der hellgraue Hintergrund entfernt und die Grafiken um einen dezenten Rahmen ergänzt wurden.

```
01 /* Die kleine Galerie */
02 div.galerie {
03    overflow: hidden; /* zum Einschließen der gefloateten Fotos */
04    padding: 25px 10px 10px 0;
05    margin: 0 3px 3px 0;
06 }
07 div.galerie img {
08    float: left;
09    padding: 4px;
10    border: 1px solid #ddd;
11    border-right-color: #aaa;
12    border-bottom-color: #aaa;
13    margin-right: 15px;
14    margin-bottom: 15px;
15 }
```

Listing 16.9:
Änderungen im
letzten Teil von
»bildschirm.css«

Achten Sie darauf, dass im Listing beim Style für div.galerie die per width definierte feste Breite von 500px entfernt wurde. Dadurch passt sich die Galerie flexibel in andere Layouts ein.

Durch diese kleine Änderung ergeben sich aber auch einige Konsequenzen für ältere Internet Explorer, denn das div-Element hat ohne *width* plötzlich kein *hasLayout* mehr. Die Auflösung folgt im nächsten Abschnitt.

Tipp

Schatten für die Bilder in der Galerie

In Kapitel 24 ab Seite 465 erfahren Sie, wie Sie den Bildern in der Galerie mit wenigen CSS3-Anweisungen einen hübschen Schatten verpassen.

Ein Patch für den Internet Explorer 6

Haben Sie die fertige Galerieseite schon einmal im Internet Explorer 6 betrachtet? Erschrecken Sie sich nicht, falls die Galerieseite so aussieht wie in Abbildung 16.6.

Abbildung 16.6:
Die Galerie in
einem IE6-Tab
im IETester

Das `overflow:hidden` versteht der IE6 wie gesagt nicht. Solange mit `width:500px` eine feste Breite definiert war, hatten die `div`-Elemente *hasLayout*, und der IE6 hat die Floats eingeschlossen. Die feste Breite ist aber in Listing 16.9 entfernt worden, damit die Galerie sich besser in ein vorhandenes Layout einfügt.

Aber keine Panik. Man muss dem IE6 nur ein bisschen auf die Sprünge helfen. Als Ersatz für `width` wird im folgenden ToDo eine feste Höhe von 1% eingebaut, die der IE6 netterweise nicht wörtlich nimmt, sondern als Mindesthöhe interpretiert.

ToDo: Patch für den Internet Explorer 6 einbauen

1. Öffnen Sie das Stylesheet *bildschirm.css* im Editor.

2. Fügen Sie nach dem Style für `div.galerie` folgende Regel hinzu:

```
/* Sternchen-Hack und Holly-Hack
   bewirken hasLayout im IE6 */
* html div.galerie { height: 1%; }
```

3. Speichern Sie das Stylesheet, und betrachten Sie die Seite im Internet Explorer 6.

Diese Zeile kombiniert zwei bekannte Patches:

- Durch die Zuweisung von `height: 1%` merkt der IE6, dass die Galerie-`div`s wichtig sind, gibt ihnen etwas, das er *hasLayout* nennt, und stellt dann alles korrekt dar. Bekannt geworden ist dieser Trick als *Holly-Hack*. Alternativ können Sie, wie in Methode 4 beim Clearfix erwähnt wurde, auch die Eigenschaft `zoom: 1` benutzen.

- Gleichzeitig stellt der Selektor `* html` sicher, dass nur der Internet Explorer bis inklusive Version 6 diese Anweisung überhaupt liest. Alle anderen Browser ignorieren sie. Das ist der *Sternchen-Hack*.

Mehr über diese Hacks erfahren Sie in Kapitel 20 »Patchwork: Flicken im CSS«, und zwar auf Seite 400 zum Sternchen-Hack und auf Seite 402 zu *hasLayout*.

16.10   Auf einen Blick

Hier sind noch einmal die wichtigsten Punkte dieses Kapitels im Überblick:

■ Das Einschließen von Floats (»Containing floats«) ist eine wichtige Technik, um floatbasierte-Layouts zu erstellen.

■ Zum Einschließen von gefloateten Elementen gibt es fünf verschiedene Methoden:

- ein (zusätzliches) HTML-Element innerhalb des umgebenden Elements zum Clearen

- Floaten des umgebenden Elements

- Zuweisen von `overflow: hidden` an das umgebende Element

- Zuweisen von `display: table` an das umgebende Element (mit fester Breite)

- die »Clearfix«-Methode, auch »EasyClearing« genannt

■ Der IE6 benötigt zum Einschließen von Floats *hasLayout* für das umgebende Element.

Teil V

Mehrspaltige Layouts mit CSS

Kapitel 17

Mehrspaltige Layouts mit »position: absolute«

Worin Sie erfahren, wie man mit position: absolute ganz ohne Tabellen stabile mehrspaltige Layouts erstellt. Außerdem lernen Sie die Grenzen dieser Methode kennen.

Die Themen im Überblick:

17.1 Das »Nebeneinander«: CSS und mehrspaltige Layouts

In der aktuellen CSS-Version 2.1 ist kein Spaltensatz für mehrspaltige Layouts vorgesehen, und so mussten sich Webdesigner im Laufe der Jahre einiges einfallen lassen, um dieses Manko zu beheben. Auf Ihren Streifzügen durch das Web werden Sie viele Beispiele finden, die mehrspaltige Layouts auf zum Teil völlig verschiedene Weisen realisieren, und diese Vielfalt ist anfangs eher verwirrend als hilfreich.

Das Problem beginnt mit der einfachen Tatsache, dass normale Block-Boxen nicht nebeneinanderstehen können, da sie einen integrierten Zeilenumbruch haben. Nebeneinander, das können nur Inline-Boxen.

Für eine einfache horizontale Navigation ist `display: inline`, wie Sie in Kapitel 10 ab Seite 209 gesehen haben, durchaus geeignet und wegen der geringen Risiken und Nebenwirkungen besonders für Einsteiger zu empfehlen. Aber mehrspaltige Layouts kann man mit Inline-Boxen nicht erstellen.

Für das Nebeneinander von Block-Boxen kennt CSS zwei Möglichkeiten, deren Handhabung Sie in den vorangehenden Kapiteln kennengelernt haben und die beide unterschiedliche Vor- und Nachteile haben:

1. **Absolute Positionierung:** Absolut positionierte Elemente wissen nichts vom Flow. HTML-Elemente auf Webseiten sind von Natur aus sehr rücksichtsvoll und gehen sich gegenseitig aus dem Weg, sodass zwei im Flow befindliche Elemente sich niemals überlappen. Für ein absolut positioniertes Element ist hingegen der Autor verantwortlich, nicht der Flow.

2. **Float:** Gefloatete Elemente liegen zwar auch nicht im Flow, sehen sich aber wenigstens ein bisschen. Beim Layouten kommt ein Float selten allein, und verschachtelte Floats führen oft zu unliebsamen Überraschungen – besonders in Browsern, die zu einer Zeit programmiert wurden, als man `float` für eine eher selten genutzte Eigenschaft zum Umfließen von Grafiken hielt.

Fazit: Immer wenn auf einer Webseite Block-Boxen nebeneinander-stehen, wurde das entweder mit absoluter Positionierung oder float erreicht. Etwas anderes gibt es nicht, wenn man die nicht sonderlich weit verbreitete Eigenschaft display:table einmal außen vorlässt.

Es gibt also nicht *die perfekte Methode* für ein mehrspaltiges Layout, denn alle Ansätze haben Vor- und Nachteile. Während die Webwelt auf den heiligen Gral des CSS-Layouts wartet, können Sie sich die Wartezeit aber mit den zwar nicht perfekten, aber durchaus funktio-nierenden Möglichkeiten verkürzen.

In diesem Kapitel geht es mit einigen Übungen zu mehrspaltigen Layouts mit position:absolute los. Wenn Ihnen diese Methode gefällt, können Sie die Beispiele gern als Grundlage für eigene Layouts be-nutzen.

Röntgenblick mit dem Add-on »Web Developer«   **Tipp**

Wenn Sie bei Ihren Streifzügen durch das Web herausfinden möchten, ob ein Layout mit float oder mit position:absolute erstellt wurde, brau-chen Sie nicht den Quelltext zu analysieren.

Im Firefox-Add-on *Web Developer* gibt es im Menü HERVORHEBEN ein Un-termenü POSITIONIERTE ELEMENTE HERVORHEBEN mit den vier Optionen ABSOLUTE, FIXED, FLOAT und RELATIVE. Sind auf der Webseite entsprechende Elemente vorhanden, werden diese rot umrandet.

17.2 Ein einfaches zweispaltiges Layout

Der Spaltensatz mit position: absolute basiert auf der Grundidee, ei-nem div-Bereich einen großen margin zu geben und einen anderen div-Bereich mithilfe absoluter Positionierung in diesen großen margin zu platzieren.

Das erste Beispiel in Abbildung 17.1 ist ein einfaches zweispaltiges Layout.

Abbildung 17.1:
Einfaches zwei-
spaltiges Layout
mit »position:
absolute«

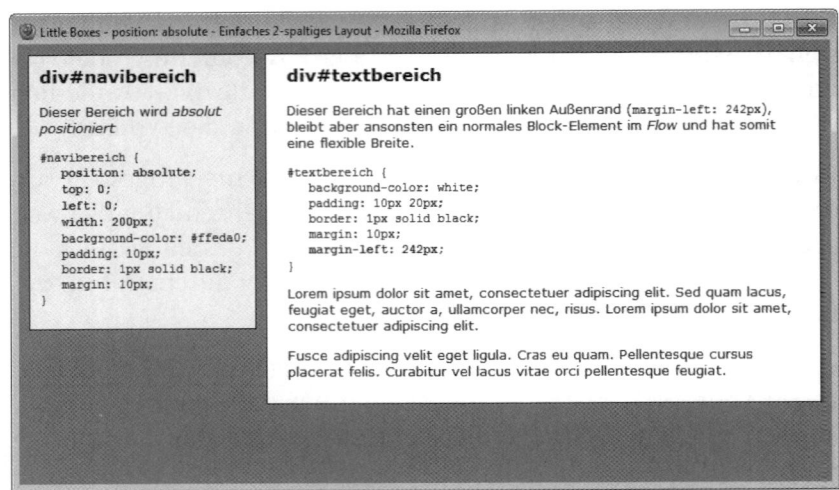

Im Beispiel gibt es die zwei div-Bereiche #textbereich und #navibereich:

- div#textbereich bekommt einen großen linken Rand von 242px und bleibt ansonsten ein ganz normales Block-Element im Flow, das sich der Größe des Browserfensters flexibel anpasst.

- div#navibereich hat eine Gesamtbreite von 242px und wird in dem großen linken margin von #textbereich absolut positioniert.

Der Wert 242px entsteht übrigens durch das horizontale padding und margin von div#navibereich: 200px Breite plus jeweils links und rechts 10px margin, 10px padding und 1px border. Die genaue Pixelanzahl für den linken margin von #textbereich hängt ein bisschen vom gewünschten Layout ab, aber er muss auf jeden Fall groß genug sein, um Platz für das absolut positionierte Element zu bieten.

Absolute Positionierung ist stabil, recht einfach zu bauen und auch flexibel:

- Die Reihenfolge der div-Bereiche im HTML-Quelltext ist beliebig. Es macht nichts aus, ob der Navigationsbereich oder der Textbereich zuerst kommt.

- Um die Spalte rechts zu platzieren, geben Sie #textbereich einen großen margin-right und ersetzen für #navibereich left: 0 durch right: 0.

Tipp

Breite auch in Prozent oder »em«

Die Breite können Sie statt in Pixel problemlos auch in Prozent oder em angeben, solange Sie voneinander abhängige Abstände in der gleichen Einheit definieren. Falls also die Breite für #navibereich in Prozent (oder em) angegeben wird, muss auch das margin-left für #textbereich auf % (oder auf em) lauten.

17.3 Ein einfaches dreispaltiges Layout

Eine dritte Spalte ist mit dieser Methode ebenfalls sehr einfach zu realisieren:

- Die statische Spalte #textbereich bekommt auch auf der rechten Seite einen breiten Außenrand.

- In diesen Rand wird ein dritter Bereich ebenfalls mit absoluter Positionierung platziert.

Im Browser sieht das dann ungefähr so aus wie in Abbildung 17.2.

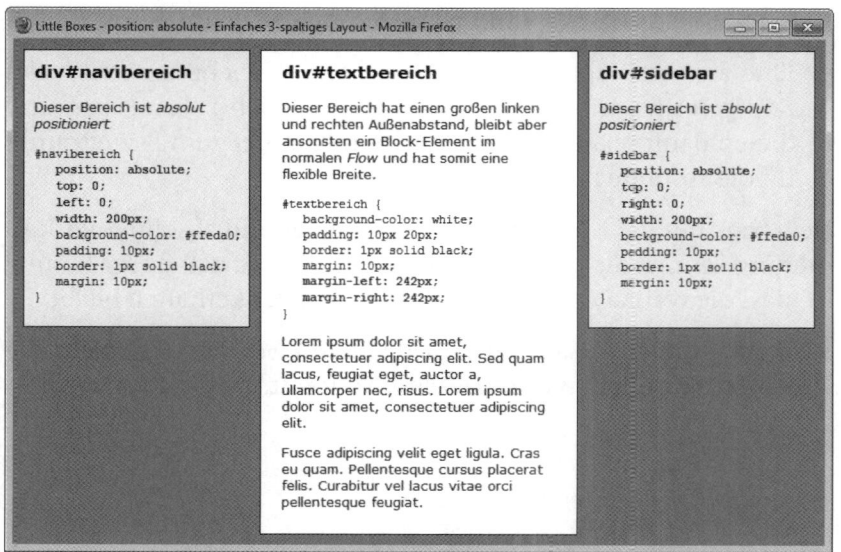

Abbildung 17.2:
Ein einfaches drei-spaltiges Layout mit »position: absolute«

Die Bereiche rechts und links außen sind absolut positioniert. Der weiße Textbereich in der Mitte ist nach wie vor im Flow und passt sich dem Browserfenster flexibel an (siehe Abbildung 17.3).

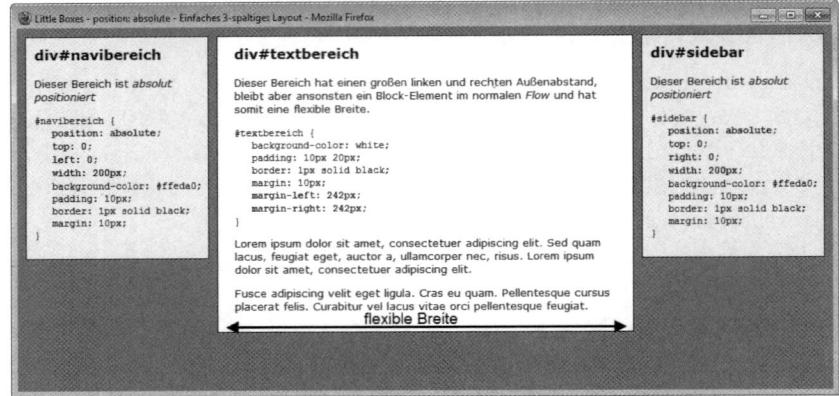

17.4 Ein dreispaltiges Layout mit Kopfbereich

Wenn Ihr Layout einen Kopfbereich über alle Spalten haben soll, ist es schwierig, den oberen Anfangspunkt (top) für den oder die absolut positionierten Bereiche festzulegen.

◼ Eine Lösung bestünde darin, für den Kopfbereich eine feste Höhe (wie z. B. height: 80px) anzugeben und für absolut positionierte Bereiche als Anfangspunkt oben top: 81px zu definieren.

◼ Eine andere Möglichkeit wäre, die drei Bereiche unterhalb des Kopfbereichs mit einem zusätzlichen Bereich zu umgeben und diesen dann relativ zu positionieren, damit er zum Bezugspunkt für die absolute Positionierung wird.

Den Trick mit der Kombination von relativer und absoluter Positionierung kennen Sie bereits von Seite 291. Der Vorteil dieser Lösung ist, dass die vertikale Flexibilität des Kopfbereichs erhalten bleibt.

Wenn Sie diesen zusätzlichen Bereich #wrapper nennen, sieht die HTML-Struktur für das dreispaltige Layout mit Header etwa so aus:

Listing 17.1:
Das HTML für ein
dreispaltiges Lay-
out mit Header

```
<div id="kopfbereich"> ... </div>
<div id="wrapper">
    <div id="navibereich"> ... </div>
    <div id="sidebar"> ... </div>
    <div id="textbereich"> ... </div>
</div> <!-- Ende wrapper -->
```

Im CSS wird der Wrapper relativ positioniert und dient somit als Bezugspunkt für die absolute Positionierung der darin enthaltenen div-Elemente:

```
#wrapper { position: relative; }
```

Im Browser sieht dieses Layout wie folgt aus, wobei der unsichtbare #wrapper durch eine gestrichelte weiße Linie markiert ist:

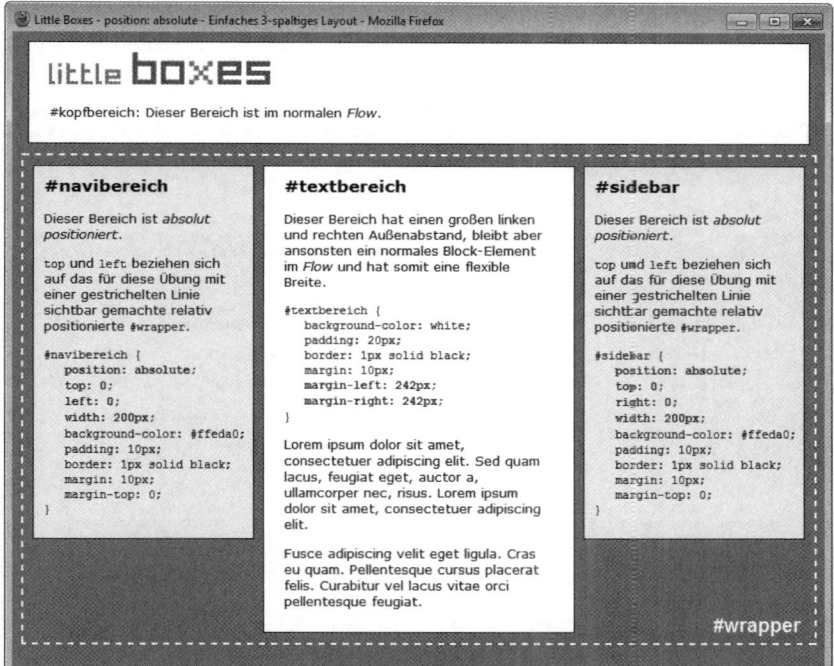

Abbildung 17.4: Dreispaltig, absolut positioniert mit flexiblem Kopfbereich

---

Im IE6: Relative Positionierung nur mit »hasLayout«   **Tipp**

Das im Beispiel relativ positionierte #wrapper benötigt im IE6 noch »hasLayout«, damit die Werte für top, right, bottom und left korrekt berechnet werden. Das könnte z. B. so gehen:

```
* html #wrapper { height: 1px; }
```

Statt mit dem *Sternchen-Hack* kann man diesen Style natürlich auch per *Conditional Comment in einem speziellen Stylesheet* ausliefern.

Das große
little **boxes** Buch
Webseiten gestalten mit HTML & CSS,
Grundlagen, Navigation, Inhalte, YAML & mehr

17.5 Das Problem: kein durchgehender Fußbereich

So weit, so gut. Kommen wir zum buchstäblichen Pferdefuß: Es gibt keinen durchgehenden Fußbereich, denn es gibt keine zuverlässige Möglichkeit, eine Zeile *unterhalb* der vorhandenen Spalten über die gesamte Breite der Seite laufen zu lassen.

Aber der Reihe nach: Zunächst ergänzen Sie das HTML um einen Fußbereich, und im Browserfenster aus Abbildung 17.5 sieht alles ganz manierlich aus.

Abbildung 17.5:
Dreispaltiges
Layout mit Fußbe-
reich – scheinbar
okay

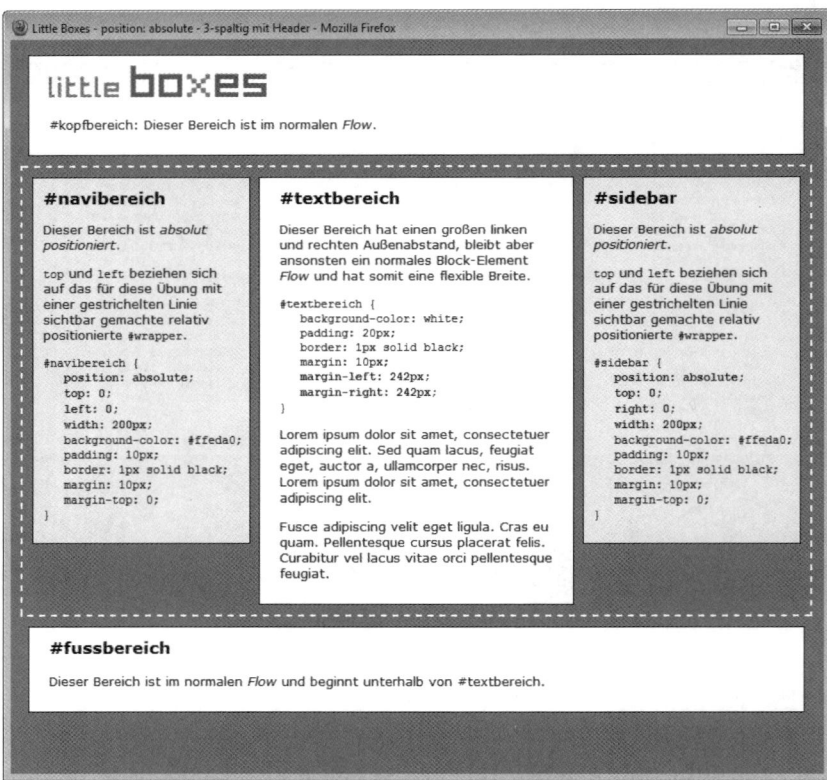

Sobald aber einer der absolut positionierten Bereiche länger als der mittlere Textbereich wird, ragt er wie in Abbildung 17.6 über den Fußbereich.

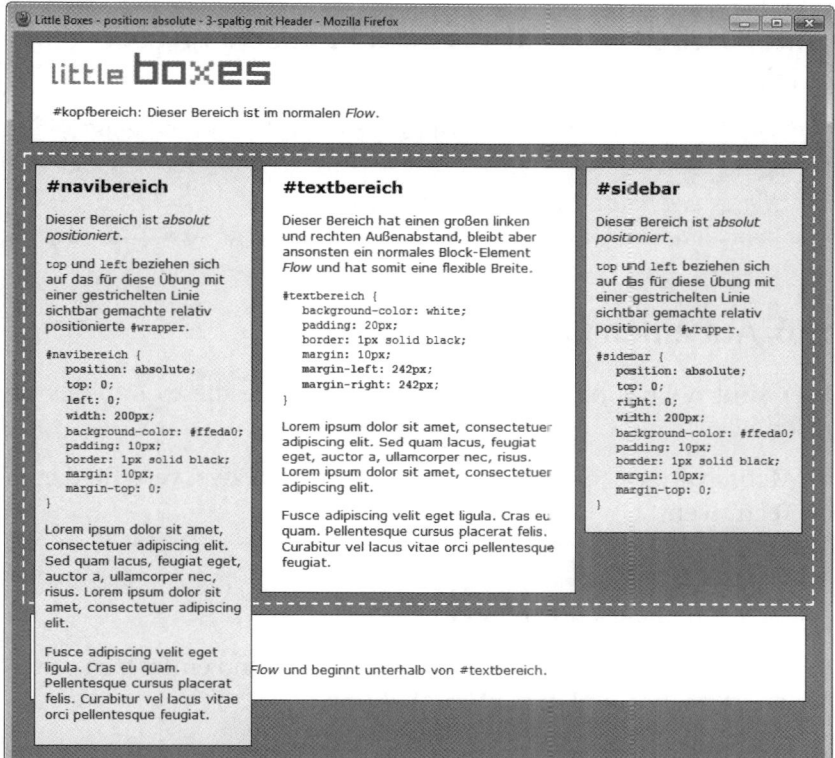

Abbildung 17.6:
Die absolut posi-
tionierte Spalte
sieht den Fuß-
bereich nicht.

Tja. Nicht so schön. Und es gibt kein wirklich zuverlässiges Verfahren, um das zu verhindern. Absolut positionierte Spalten sind nicht mehr im *Flow* und ignorieren alle anderen Elemente völlig, und für `position: absolute` gibt es kein `clear`.

Der Fußbereich beginnt immer unterhalb der statischen mittleren Spalte, und sobald eine der absolut positionierten Spalten länger als der Textbereich ist, läuft sie einfach durch die Fußzeile hindurch.

Fazit: Absolute Positionierung ist stabil, recht einfach zu verstehen und hat nur einen wirklichen Nachteil, der aber nicht immer relevant ist. Solange im gewünschten Layout keine Fußzeile über die gesamte Breite der Seite gehen soll, spricht nichts gegen mehrspaltige Layouts mit absoluter Positionierung.

Tipp

**Tutorial zu Layouts mit absoluter Positionierung bei
»The Styleworks«**

Ein sehr ausführliches deutschsprachiges Tutorial zum Spaltensatz
mit `position:absolute` finden Sie bei *The Styleworks*:

▪ *thestyleworks.de/tut-art/layout_div.shtml*

17.6 Auf einen Blick

Hier sind noch einmal die wichtigsten Punkte dieses Kapitels im
Überblick:

▪ Mehrspaltige CSS-Layouts basieren meist auf zwei verschiedenen
Techniken:

– `position:absolute` und `margin`

– `float` in diversen Varianten

▪ Mehrspaltige Layouts mit `position:absolute` sind einfach zu erstellen und sehr stabil in der Handhabung.

▪ Der einzige wirkliche Nachteil ist, dass Sie mit `position: absolute`
keine über alle Spalten reichende Fußzeile erstellen können.

Kapitel 18

Floatbasierte mehrspaltige Layouts mit fester Breite

Worin Sie erfahren, wie man mit der Eigenschaft »float« mehrspaltige Layouts mit fester Breite erzeugt. Dabei lernen Sie zwei verschiedene Methoden kennen, mit denen Sie jeweils ein zwei- und ein dreispaltiges Layout erstellen. Außerdem gibt es zwischendurch einen Exkurs zur globalen Wirkung von »clear« und dem »Block Formatting Context«.

Die Themen im Überblick:

Wie Sie in Kapitel 16 auf Seite 317 gesehen haben, gibt es inzwischen einige brauchbare Lösungen für das Problem mit dem Einschließen von Floats, das bei der Erstellung der kleinen Galerie ab Seite 321 aufgetaucht ist. Deshalb benutzen immer mehr Webdesigner float-

basierte Layouts, denn damit können sie auch eine durchgehende Fußzeile erstellen.

Im Folgenden möchte ich Ihnen zwei Methoden vorstellen, um mehrspaltige floatbasierte Layouts mit einer festen Breite zu erstellen:

- float und margin

- entgegengesetzte Floats (»opposing floats«)

Im Laufe dieses Kapitels erstellen Sie vier fertige Layouts, die Sie gerne als Grundlage für eigene Layouts benutzen können.

18.1 Zweispaltiges Layout mit »float« und »margin«

Mit float können Sie nicht nur Grafiken schweben lassen, sondern auch ganze div-Bereiche, und das HTML bleibt so, wie es ist. In diesem Abschnitt erstellen Sie das in Abbildung 18.1 gezeigte einfache zweispaltige Layout mit einer farbig hinterlegten Navigation in der linken Spalte.

Abbildung 18.1:
Das fertige zwei-
spaltige Layout

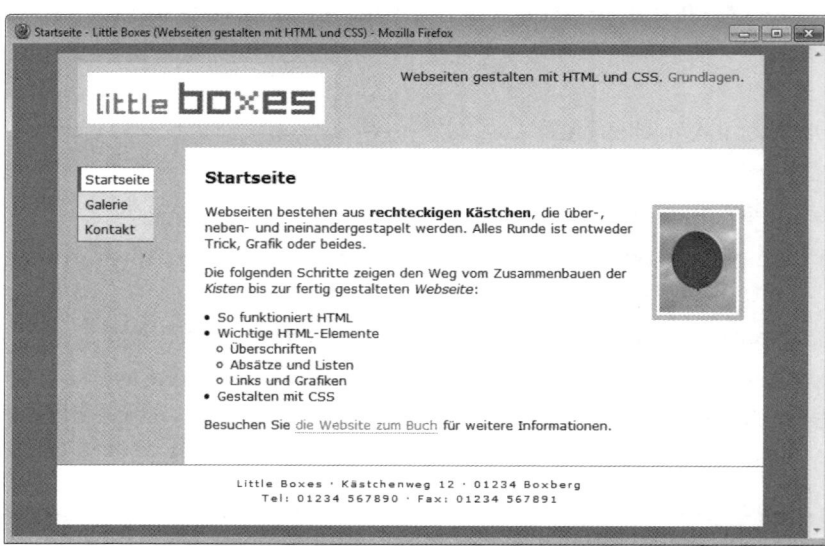

Die Erstellung dieses Layouts erfolgt in sieben Schritten:

1. Floaten des Navigationsbereichs

2. Textbereich mit einem großen linken Rand versehen

3. Vorbereitung der ungeordneten Liste

4. Gestaltung der Hyperlinks in der Liste

5. Aktuellen Navigationspunkt hervorheben

6. Hintergrundfarbe für die Navigation

7. Clearen des Fußbereichs

Das Layout in diesem Abschnitt basiert auf der Beispielsite nach der Integration der Galerieseite in Abschnitt 16.9, »Die Galerieseite in die Beispielsite einbauen«, ab Seite 335. Bei der Umwandlung dieses einspaltigen Layouts mit horizontaler Navigation in ein zweispaltiges Layout mit vertikaler Navigation bleibt das HTML völlig unverändert. Alle Änderungen in diesem Abschnitt erfolgen im CSS. Und los geht's.

Schritt 1: Den Navigationsbereich floaten

Die zwei Layoutspalten erreichen Sie durch einen kleinen Trick, ähnlich dem bei der absoluten Positionierung in Kapitel 17 ab Seite 346:

▨ Zuerst wird #navibereich mit float:left ganz nach links positioniert.

▨ Danach bekommt #textbereich einen breiten linken margin.

Da der breite linke margin des Textbereichs *unter* den gefloateten Navigationsbereich rutscht, sieht es so aus, als ob die beiden Bereiche nebeneinanderstehen. Im folgenden ToDo floaten Sie den Navigationsbereich. Der margin für den Textbereich folgt in Schritt 2.

ToDo: Den Navigationsbereich nach links floaten

1. Kopieren Sie die Beispieldateien aus dem Basisordner für diesen Abschnitt in einen Übungsordner.

2. Öffnen Sie das Stylesheet *bildschirm.css* im Editor. Dort sind zur Vorbereitung alle Deklarationen zur Gestaltung von #navibereich bereits entfernt worden.

3. Fügen Sie die fett gedruckten Anweisungen hinzu:

```
#navibereich {
  float: left;
  width: 110px;
  padding-left: 20px;
  padding-top: 20px;
}
  #navibereich ul {

  }
  #navibereich li {
    list-style-type: none;
  }
  #navibereich a {

  }
  #navibereich li.sie-sind-hier a {

  }
  #navibereich a:hover,
  #navibereich a:focus {

  }
  #navibereich a:active {

  }
```

4. Speichern Sie das Stylesheet, und betrachten Sie die Webseiten im Browser.

Im Browser sieht es momentan ungefähr so aus wie in Abbildung 18.2.

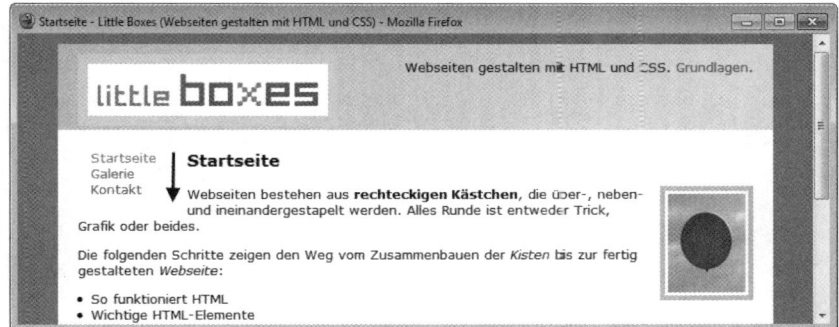

Abbildung 18.2:
Der Inhalt
umfließt die
Navigation.

Tja. Schon fast gut. Die Navigation befindet sich senkrecht am linken Rand, die Listenpunkte sind weg, und der Textbereich umfließt sie. Aber eigentlich sollte unterhalb der Navigation alles frei bleiben und der Text ordentlich in einer Spalte daneben stehen. Außerdem klebt das Logo am unteren Rand des Kopfbereiches. Auf zu Schritt 2.

Schritt 2: Den Textbereich mit einem großen Rand versehen

In diesem Schritt polstern Sie den Kopfbereich ein wenig und geben dem Textbereich einen großen linken Außenabstand.

ToDo: Dem Textbereich einen linken Außenrand geben

1. Erhöhen Sie das `padding-bottom` für den Kopfbereich von 0 auf 10px:

```
#kopfbereich {
  position: relative;
  background: #f3c600 url(gradient.jpg) repeat-x left top;
  color: black;
  padding: 10px 20px 10px 20px;
}
```

2. Geben Sie dem Textbereich einen großen `margin-left`:

```
#textbereich {
  padding: 20px;
  margin-left: 130px;
}
```

3. Speichern Sie das Stylesheet, und betrachten Sie die Webseiten im Browser.

Die Seite sieht nach diesem ToDo ungefähr so aus wie in Abbildung 18.3.

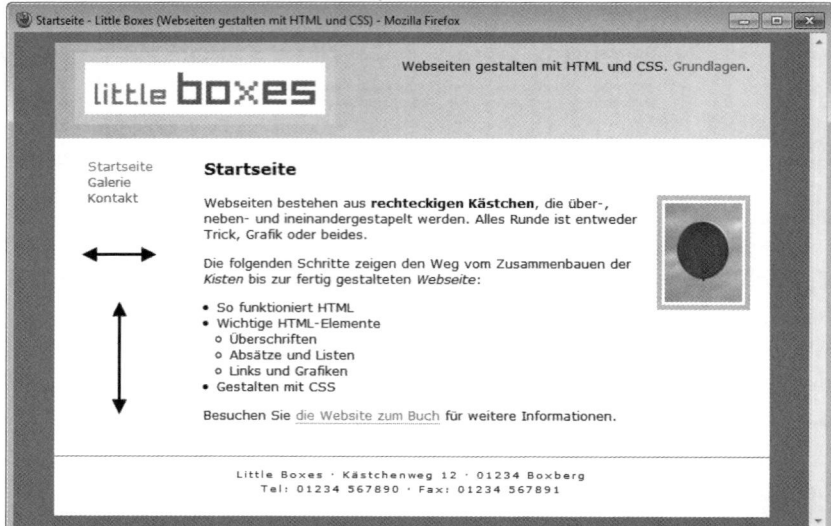

Die 130px für `margin-left` entsprechen der Gesamtbreite des Navigationsbereiches (`width` plus `padding-left`).

Schritt 3: Die Listenelemente in der Navigation gestalten

Sie beginnen mit der Vorbereitung der Box-Modell-Eigenschaften für die ungeordnete Liste und deren Bestandteile.

Zunächst bekommt die `ul`-Liste eine Breite, mit der Sie die Länge der roten Rahmenlinien kontrollieren können. Damit diese Linien auch bei einem Textzoom um ein paar Stufen mitwachsen, wird die Breite in der Einheit `em` definiert, die auf Seite 165 kurz vorgestellt wurde und auf der Schriftgröße basiert. `1em` entspricht der für das Element definierten Schriftgröße, und die Liste erbt `font-size:small` von `body`. Das sind ausgehend von der in allen Browsern üblichen Standardgröße 16px genau 13px. Der Wert `6em` entspricht im Beispiel also einer Breite von `78px` (6 * 13).

Die roten Linien für die Navigation werden geschickt aufgeteilt, sodass keine der horizontalen Linien gedoppelt wird:

- Die obere Linie wird mit border-top an das ul gegeben (und nicht an die Listenelemente).

- Die Linien links und unten bekommen die Listenelemente li.

Alles das und noch ein bisschen mehr passiert im folgenden ToDo.

ToDo: Die Listenelemente in der Navigation gestalten

1. Ergänzen Sie die CSS-Regeln für ul und li im Navigationsbereich wie folgt:

```
#navibereich ul {
    width: 6em;
    border-top: 1px solid #d90000;
}
#navibereich li {
    list-style-type: none;
    border-left: 1px solid #d90000;
    border-bottom: 1px solid #d90000;
    margin: 0;
}
```

2. Speichern Sie das Stylesheet, und betrachten Sie die Webseiten im Browser.

Die Seite sieht danach im Browser ungefähr so aus wie in Abbildung 18.4.

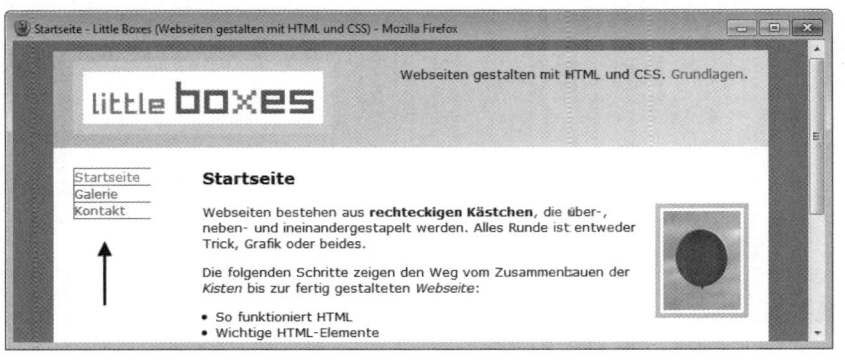

Abbildung 18.4:
Navigation mit
gestalteter Liste

Schritt 4: Die Hyperlinks in der Navigation gestalten

In diesem Schritt geht es um die Gestaltung der Hyperlinks im Navigationsbereich.

ToDo: Die Hyperlinks in der Navigation gestalten

1. Ergänzen Sie die Regel für Hyperlinks im Navigationsbereich wie folgt:

```
#navibereich a {
    display: block;    /* ganze Fläche anklickbar machen*/
    text-decoration: none;
    color: black;
    background-color: #ffe574;
    padding: 4px;
    border-left: 3px solid #ffe574; /* nicht sichtbar */
}
```

2. Speichern Sie das Stylesheet, und betrachten Sie die Webseite im Browser.

In der ersten Deklaration werden die Hyperlinks zum Block-Element befördert, wodurch der Hyperlink so breit wie das umgebende li und somit der gesamte Navigationspunkt anklickbar wird. Ein kleines padding und eine nicht sichtbare 3 Pixel breite Rahmenlinie links in derselben Farbe wie der Hintergrund runden die Sache ab. Was das mit der unsichtbaren Rahmenlinie soll, wird im nächsten Schritt klar.

Abbildung 18.5:
Die Navigation
mit gestalteten
Hyperlinks

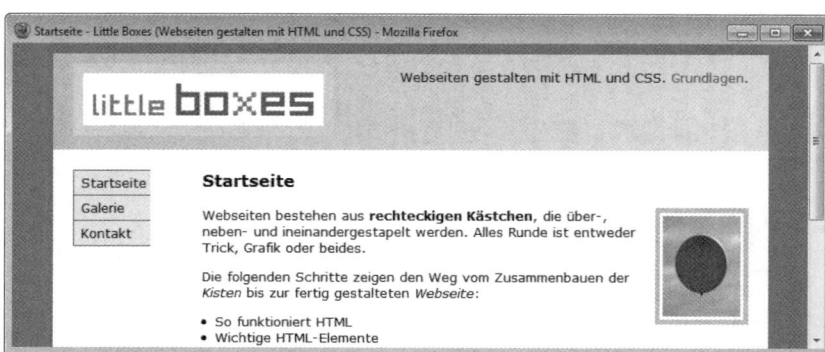

Schritt 5: Den aktuellen Navigationspunkt hervorheben

In diesem Schritt geht es um die Rollover-Effekte und die Hervorhebung des aktuellen Navigationspunkts. Die Deklarationen im folgenden ToDo sind für sich genommen nicht schwierig. Der Trick besteht darin, dass die linke 3 Pixel breite Rahmenlinie eine andere Farbe bekommt. Zum Schluss wird noch die untere Rahmenlinie auf none gesetzt, damit sie nicht doppelt erscheint.

ToDo: Den aktuellen Navigationspunkt hervorheben

1. Ergänzen Sie die vorhandenen Regeln wie folgt:

```
#navibereich li.sie-sind-hier a {
    color: black;
    background-color: white;
    border-left-color: #d90000;  /* ersetzt #ffe574 */
    border-bottom: none; /* Unterstreichung aus */
}
#navibereich a:hover,
#navibereich a:focus {
    color: black;
    background-color: white;
    border-left-color: #d90000;
    border-bottom: none;
}
#navibereich a:active {
    color: black;
    background-color: #d9d9d9;
}
```

2. Speichern Sie das Stylesheet, und betrachten Sie die Webseiten im Browser.

Voilà! Fertig ist die Navigation. Oder zumindest fast.

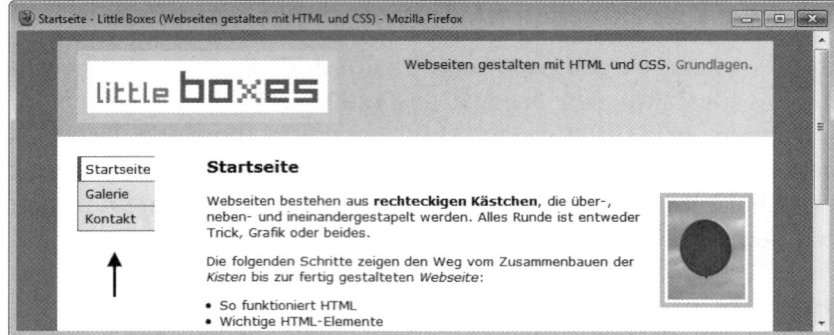

Schritt 6: »Faux Column« – Hintergrundfarbe für die Navigation

Im ersten Schritt auf Seite 355 haben Sie gesehen, dass die Navigationsspalte eigentlich gar keine Spalte ist, denn der Navigationsbereich ist immer nur so hoch wie sein Inhalt. Wenn Sie #navibereich eine Hintergrundfarbe wie z. B. pink zuweisen, wird das mehr als deutlich, wie Abbildung 18.7 zeigt.

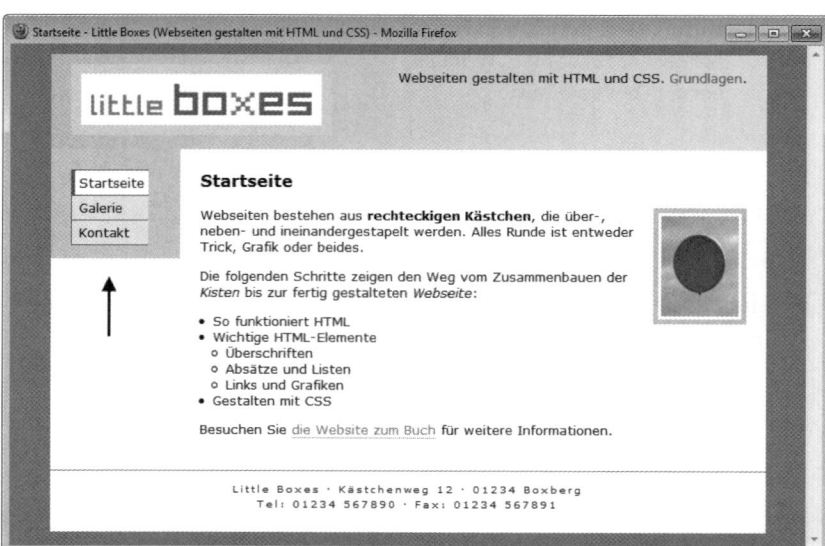

Der zuverlässigste Weg zur Einfärbung der gesamten Fläche bis hinunter zum Fußbereich ist die Verwendung einer farbigen Hintergrundgrafik. Diese Grafik wird einem Element zugewiesen, das *in jedem Fall* bis hinunter zum Fußbereich reicht, und das ist #wrapper. Der CSS- und Design-Guru Dan Cederholm hat diese Technik »faux column« (»falsche Spalte«) getauft.

Für das folgende ToDo benötigen Sie eine farbige Grafik, die so breit ist, wie der Navigationsbereich erscheinen soll. 130 x 5 Pixel wären im Beispiel eine gute Größe. Die Datei heißt *fauxcolumn_2col.jpg* und ist eine bei 130px Breite abgeschnittene Kopie der Datei *farbverlauf. jpg* aus dem Kopfbereich.

Damit der Fußbereich nicht auch farbig hinterlegt wird, weisen Sie ihm explizit die Hintergrundfarbe Weiß zu.

ToDo: Eine Hintergrundfarbe für die Navigationsspalte

1. Ergänzen Sie die vorhandene Regel für #wrapper wie folgt:

```
#wrapper {
    background: white url(fauxcolumn_2col.jpg) repeat-y left top;
    color: black;
    width: 720px;
    margin: 10px auto;
}
```

2. Geben Sie dem Fußbereich eine weiße Hintergrundfarbe:

```
#fussbereich {
    color: black;
    background-color: white;   /* Deckweiß */
    padding: 10px 20px 20px 20px;
    border-top: 1px solid #8c8c8c;
    margin-top: 0
}
```

3. Speichern Sie das Stylesheet, und betrachten Sie die Webseiten im Browser.

Und fertig ist das zweispaltige Layout auf der Basis von float und margin. Na ja, fast fertig jedenfalls.

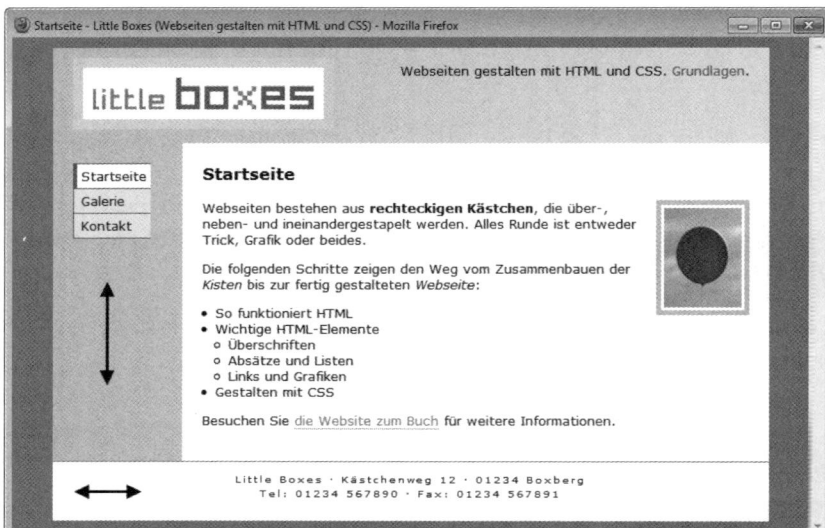

Tipp | **Einfache Farbe statt spezieller Grafik für den Hintergrund?**

Statt der speziell zugeschnittenen, 130px breiten Grafik könnten Sie für die Einfärbung der Navigationsspalte auch eine einfache Hintergrundfarbe oder die Grafik *farbverlauf.jpg* aus dem Kopfbereich nehmen. In beiden Fällen wäre der Wrapper durchgehend farbig, von ganz links bis ganz rechts, und Sie müssten dem Textbereich eine weiße Hintergrundfarbe geben, um das zu überdecken. Auf den ersten Blick sieht das Layout genauso aus wie im Beispiel. Potenzieller Nachteil: Sollte der Textbereich einmal kürzer sein als der Navibereich, scheint unten zwischen Textbereich und Fußbereich der Wrapper durch, und der wäre dann farbig.

Schritt 7: Den Fußbereich clearen

Die Navigationsspalte reicht optisch bis nach unten an den Fußbereich, und im Browser sieht alles so aus wie gewollt. Aber fehlt da nicht noch etwas? Richtig. Der Fußbereich muss gecleart werden, damit er definitv unterhalb der gefloateten Navigation bleibt und nicht unter ungünstigen Umständen daneben rutscht. Das würde ohne das Clearen zum Beispiel passieren, wenn die Navigationsspalte länger ist als der Textbereich.

ToDo: Den Fußbereich clearen

1. Ergänzen Sie die vorhandene Regel für `#fussbereich` wie folgt:

```
#fussbereich {
    clear: both;
    color: black;
    background-color: white;
    padding: 10px 20px 20px 20px;
    border-top: 1px solid #8c8c8c;
}
```

2. Speichern Sie das Stylesheet.

Im Browser ändert sich rein optisch gar nichts, aber so bleibt die Fußzeile immer unterhalb der Navigation, egal wie lang diese wird.

18.2 Dreispaltiges Layout mit »float« und »margin«

Das eben erstellte zweispaltige Layout lässt sich relativ leicht in ein dreispaltiges abändern, das dann wie folgt aussehen könnte:

Abbildung 18.9:
Ein dreispaltiges
Layout mit »float«
und »margin«
und farbigen
Randspalten

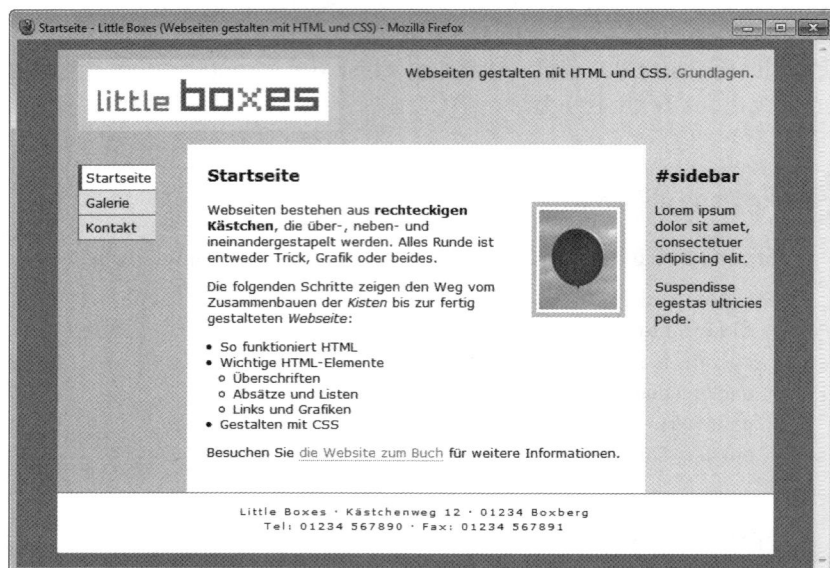

Das HTML für die dritte Spalte

Im HTML benötigen Sie dazu eine dritte Spalte, die im Quelltext *vor* dem Textbereich stehen muss:

ToDo: Ein zusätzliches div-Element im HTML einfügen

1. Fügen Sie in allen drei HTML-Dateien zwischen `#navibereich` und `#textbereich` das `div`-Element mit der ID `sidebar` ein:

```
...
</div> <!-- Ende navibereich -->

<div id="sidebar">
  <h2>#sidebar</h2>
  <p>Lorem ipsum dolor sit amet, consectetuer adipiscing
    elit.</p>
```

ToDo: Ein zusätzliches div-Element im HTML einfügen (Forts.)

```
    <p>Suspendisse egestas ultricies pede.</p>
</div>

<div id="textbereich">
...
```

2. Speichern Sie die drei Webseiten, und betrachten Sie sie im Browser.

Die Anpassungen im CSS

Die im HTML neu erzeugte Spalte wird mit einem neuen Style und einem rechten Außenrand für #textbereich in das vorhandene Layout eingefügt.

Da #sidebar keine eigene Hintergrundfarbe hat, scheint die von #wrapper durch, und deshalb wäre #sidebar eigentlich Weiß. Eine eigene Farbe kann die Spalte nicht so ohne Weiteres bekommen, da kein HTML-Element vorhanden ist, an das man eine »falsche Spalte« aufhängen könnte. Am einfachsten wäre es also, der Sidebar keine eigene Farbe zu geben.

Falls Sie der dritten Spalte trotzdem einen farbigen Hintergrund geben wollen, benötigen Sie eine neue Hintergrundgrafik:

Abbildung 18.10:
Hintergrundgrafik
für ein dreispaltiges Layout

Diese Grafik ist 720px breit, links 130px farbig, in der Mitte 460px weiß und rechts 130px farbig. Am einfachsten erstellen Sie dazu eine Kopie von *farbverlauf.jpg* und färben den mittleren Bereich weiß. Sie können natürlich auch einfach *fauxcolumn_3col.jpg* aus dem Basisordner für diesen Abschnitt in den Übungsordner kopieren.

Das große
little **boxes** Buch

Webseiten gestalten mit HTML & CSS.
Grundlagen, Navigation, Inhalte, WML & mehr

ToDo: Die dritte Spalte im CSS gestalten

1. Ändern Sie in *bildschirm.css* den Style für #wrapper:

```
#wrapper {
  color: black;
  background: white url(fauxcolumn_3col.jpg) repeat-y left top;
  width: 720px;
  margin: 10px auto;
}
```

2. Fügen Sie nach den Styles für den #navibereich einen Style für #sidebar ein:

```
#sidebar {
  float: right;
  width: 110px;
  padding: 10px;
  padding-top: 20px;
}
```

3. Ändern Sie den Style für #textbereich wie folgt:

```
#textbereich {
  padding: 20px 10px 20px 20px;
  margin-left: 130px;
  margin-right: 130px;
}
```

4. Speichern Sie das Stylesheet, und betrachten Sie die Webseiten im Browser.

Im ersten Style weisen Sie #wrapper die neue Hintergrundgrafik zu, im zweiten wird die dritte Spalte mit einer Breite von 110px nach rechts gefloatet. Dazu kommen noch die 2 x 10px padding rechts und links, sodass die Spalte genau in 130px margin-right passt.

Das Ergebnis ist optisch ein dreispaltiges Layout. Bemerkenswert ist dabei die unterschiedliche Reihenfolge der drei Spalten im Quelltext und auf dem Bildschirm:

- Auf dem Bildschirm ist die Reihenfolge #navibereich – #textbereich – #sidebar, also 1–2–3.

- Im Quelltext hingegen ist sie #navibereich – #sidebar – #textbereich, also 1–3–2.

Tutorial bei »The Styleworks«

Tipp

Auch für floatbasierte Layouts gibt es bei *The Styleworks* ein deutschsprachiges Tutorial:

■ *thestyleworks.de/tut-art/layout_div_2.shtml*

18.3 Die globale Wirkung von »clear« und der Block Formatting Context

Die CSS-Eigenschaft `clear` hat in mehrspaltigen, floatbasierten Layouts manchmal seltsame Nebenwirkungen, die mit einem Ding namens »Block Formatting Context« zusammenhängen. Beides wird in diesem Abschnitt erklärt.

Die globale Wirkung von »clear«

In diesem Abschnitt möchte ich Ihnen zunächst ein Beispiel zeigen, das Ihnen bei eigenen Experimenten eine Menge Kopfschmerzen ersparen kann. Im Zusammenhang mit Float habe ich bereits »die globale Wirkung von clear« erwähnt. Dahinter verbirgt sich ein potenzielles Problem bei mehrspaltigen Float-Layouts:

■ Wenn `clear` für ein HTML-Element definiert wird, das sich in einem statisch positionierten (also im Flow befindlichen) Eltern-Element befindet, gilt das `clear` für *alle* auf der Seite vorhandenen float-Umgebungen.

■ Das nennt man »die globale *Wirkung* von `clear`«.

Vereinfacht gesagt gilt ein `clear` im Normalfall spaltenübergreifend, also für alle Spalten auf der Webseite. Dieser Sachverhalt ist überhaupt nicht schlimm und oft sogar sehr nützlich. Bei der Erstellung des zweipaltigen Layouts in diesem Kapitel haben Sie zum Beispiel in Schritt 7 auf Seite 365 den Fußbereich gecleart. In diesem Fall ist die spaltenübergreifende Wirkung des Clearings absolut erwünscht, damit der Fußbereich immer unterhalb der anderen Spalten bleibt.

Aber das ist nicht immer so. Im Folgenden möchte ich Ihnen das an einem Beispiel demonstrieren, denn dieser Effekt wird Ihnen beim Gestalten von Webseiten in ähnlicher Form früher oder später be-

gegnen und Sie dann an den Rand der Verzweiflung und darüber hinaus treiben, wenn Sie das Problem nicht erkennen.

In Kapitel 16 ab Seite 328 haben Sie bei der Erstellung der kleinen Bildergalerie dem Element `<div class="galerie">` die Eigenschaft `overflow: hidden` gegeben, damit es die gefloateten Grafiken umschließt. Diese Methode Nr. 3 habe ich gewählt, weil dadurch ein im Textbereich auftretendes `clear` auf den Textbereich beschränkt bleibt.

In der Beispieldatei *galerie_overflow-hidden.html* wurde der nach links gefloatete Navigationsbereich farblich hervorgehoben und nach unten verlängert. Abbildung 18.11 zeigt, das es dabei keinerlei Veränderungen bei den Bildern im Textbereich gibt.

Abbildung 18.11: Alles okay. Die Navigation ist länger, das Layout bleibt stabil.

Hätten Sie für `div.galerie` zum Umschließen der gefloateten Bilder statt `overflow:hidden` Methode Nr. 1 oder 4 mit einem `clear` genommen, hätte das in einem mehrspaltigen Layout unter Umständen unerwünschte Auswirkungen auf das Layout. Abbildung 18.12 zeigt die Beispieldatei *galerie_hr-gecleart.html*, in der gemäß Methode Nr. 1 ein gecleartes HTML-Element benutzt wird.

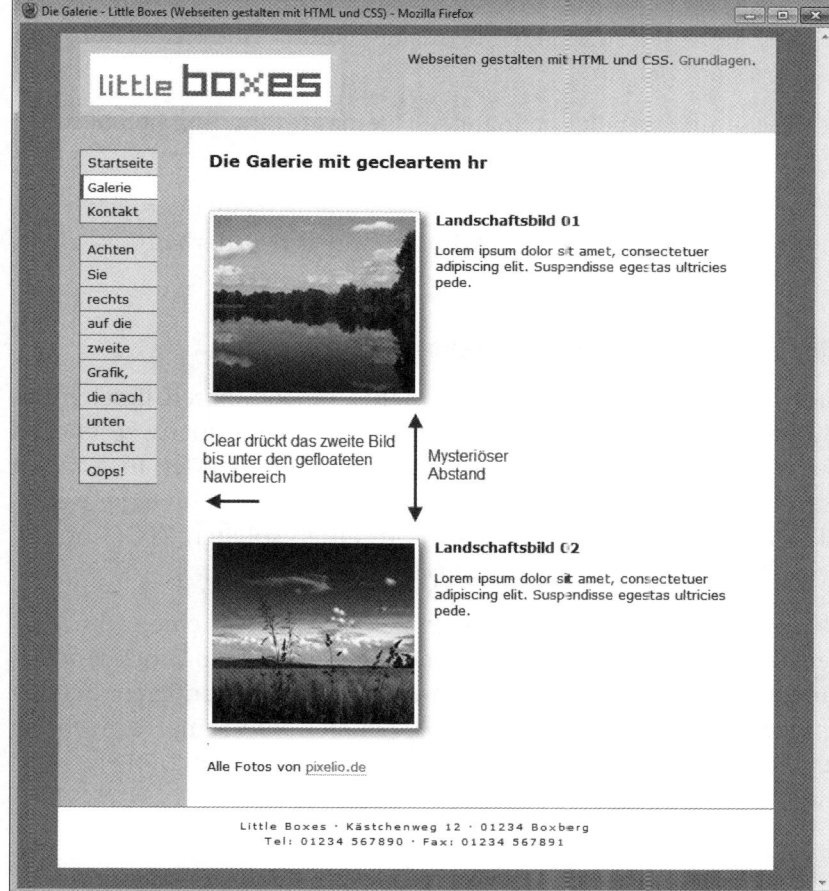

Abbildung 18.12:
Ein mysteriöser
Abstand ober-
halb der zweiten
Grafik

Oberhalb der zweiten Grafik entsteht ein mysteriöser Zwischenraum. Wenn man genau hinschaut, erkennt man, dass die Grafik bis unter den gefloateten Navigationsbereich geschoben wird. Dieser Effekt tritt auf, weil `div.galerie` sich im Texbereich befindet – und somit in einem statischen (nicht positionierten) Element – und das `clear`

deshalb eine globale, spaltenübergreifende Wirkung entfaltet. Im Klartext: Das `clear` gilt für *alle* gefloateten Elemente in *allen* Spalten, und somit nicht nur wie beabsichtigt für die gefloateten Grafiken im Textbereich, sondern auch für den gefloateten Navigationsbereich. Aus diesem Grund beginnt das geclearte zweite `div.galerie` unterhalb des nach links gefloateten Navigationsbereichs.

Im Grunde genommen gibt es für diese Situation drei Lösungen:

- Sie schließen die gefloateten Elemente im Textbereich mit `overflow:hidden` ein.

- Sie schließen die gefloateten Elemente im Textbereich mit `display:table` ein.

- Sie floaten das umgebende Element (`div.galerie`) oder gleich den gesamten Textbereich, damit das `clear` nur innerhalb der Float-Umgebung gilt.

Der Block Formatting Context (BFC)

Sie wissen bereits, dass Block-Elemente im sichtbaren Bereich des Browserfenster von links oben beginnend angeordnet werden. Ein solcher Bereich, in dem Blockelemente untereinander angeordnet werden, nennt man *Block Formatting Context (BFC)*. Auf einer reinen HTML-Webseite ohne CSS gibt es nur einen solchen BFC, und der wird durch das Stammelement `html` erzeugt.

Beim Gestalten einer Webseite mit CSS kann es in einem Browserfenster mehrere BFC-Bereiche geben. Einen solchen Block Formatting Context können Sie sich wie einen eigenständigen Bereich innerhalb der Webseite vorstellen, der sich von seiner Umgebung kaum beeinflussen lässt. Die folgenden CSS-Eigenschaften erzeugen einen neuen Block Formatting Context:

- `float`

- `position` mit den Werten `absolute` und `fixed`

- `overflow` mit den Werten `auto`, `scroll` und `hidden`

- `display` mit den Werten `table`, `table-cell`, `table-caption` oder `inline-block`.

Wichtig ist das deshalb, weil clear immer nur innerhalb des BFC gilt, in dem es erzeugt wurde, und das kann in einem mehrspaltigen Layout wie gesehen ungewünschte Konsequezen haben:

■ Wenn clear innerhalb von statisch positionierten (also im Flow befindlichen) Elementen definiert wird, gilt clear für alle auf der Seite vorhandenen Floats, denn der aktuelle BFC ist die gesamte Webseite. Man spricht dabei wie gesagt auch von einer *globalen Wirkung*.

■ Steht das gecleartes Element hingegen in einem Eltern-Element mit overflow:hidden, gilt das clear nur in diesem Element, weswegen man von einer *lokalen Wirkung* spricht.

Die Ursache für diesen Unterschied ist also, dass bestimmte CSS-Eigenschaften einen neuen Block Formatting Context erzeugen und dass clear nur in diesem BFC gilt. Tabelle 18.1 zeigt eine Übersicht der vier Methoden zum Umschließen von Floats und deren Verhalten bezüglich eines neuen Block Formatting Contexts:

Methode	Neuer BFC	Globale Wirkung
1. HTML-Element mit clear	Nein	Ja
2. Float to fix	Ja	Nein
3. overflow: hidden	Ja	Nein
4. display:table	Ja	Nein
5. Clearfix	Nein	Ja

Tabelle 18.1:
Die Methoden
zum Umschließen
von Floats und
der BFC

Tipp

Floats einschließen in der Praxis

In Kapitel 28.4 »Know-how: Floats einschließen in der Praxis« ab Seite 581 erfahren Sie, welche Vor- und Nachteile einige der gezeigten Methoden in der Praxis haben.

18.4 Zweispaltiges Layout mit entgegengesetzten Floats

Die Mischung aus float und margin zur Erstellung mehrspaltiger Layouts ist stabil, übersichtlich und einfach zu realisieren, hat aber zwei potenzielle Nachteile:

▨ Ein clear im statischen (nicht positionierten) Textbereich kann durch seine globale Wirkung wie gesehen zu Problemen führen.

▨ Die mittlere Spalte #textbereich muss im Quelltext zwingend *nach* den gefloateten Randbereichen stehen.

Aus diesem Grund möchte ich Ihnen im Folgenden noch kurz eine andere Methode zur Erstellung von float-basierten Layouts vorstellen.

Zunächst erstellen Sie damit wieder ein zweispaltiges Layout:

▨ Die erste Spalte schwebt mit float:left nach links.

▨ Die zweite Spalte geht mit float:right nach rechts.

Weil die Floats in verschiedene Richtungen gehen, wird diese Methode auch *entgegengesetzte Floats* (*opposing floats*) genannt.

Eine andere Reihenfolge im HTML

Ein Vorteil der entgegengesetzten Floats ist, wie gesagt, dass Sie im HTML die Reihenfolge von #textbereich und #navibereich einfach umdrehen können, ohne dass das Layout sich ändert.

Letztendlich ist es also egal, in welcher Reihenfolge die beiden Layoutbereiche im Quelltext stehen, aber in den drei HTML-Dateien aus dem Basisordner für diesen Abschnitt habe ich die Reihenfolge einmal geändert:

Listing 18.1: Geänderte Reihenfolge im HTML der drei Webseiten

```
<div id="wrapper">
  <div id="kopfbereich"> ...</div>
  <div id="textbereich">

  </div> <!-- Ende #textbereich -->

  <div id="navibereich">
```

```
</div> <!-- Ende #navibereich -->

<div id="fussbereich"> ...</div>
</div>
```

Einige Webdesigner bevorzugen diese Quelltext-Reihenfolge, da für Suchmaschinen und im Rahmen der Barrierefreiheit der Inhalt vor der Navigation steht. Screenreader müssen sich so nicht erst durch die Navigation kämpfen, um den Inhalt zu finden. Andere Designer belassen die Navigation vor dem Inhalt, bieten aber einen Skiplink (siehe Seite 415). Beides sind diskutierbare Meinungen, keine unumstößlichen Tatsachen, und eigentlich nicht wichtig genug für Glaubenskriege.

Das CSS für entgegengesetzte Floats anpassen

Für die entgegengesetzten Floats muss gegenüber dem Beispiel mit float und margin nur der Style für #textbereich ein bisschen geändert werden:

- Der linke Außenrand wird nicht mehr benötigt und kann gelöscht werden.

- Der gesamte Textbereich wird nach rechts gefloatet und bekommt deshalb eine feste Breite.

Und los geht's.

ToDo: Den Textbereich nach rechts floaten

1. Kopieren Sie die Übungsdateien aus dem Basisordner für diesen Abschnitt in einen Übungsordner.

2. Ändern Sie in *bildschirm.css* den Style für den Textbereich wie folgt:

   ```
   #textbereich {
     float: right;
     width: 550px; /* plus je 20px padding links und rechts */
     padding: 20px;
   }
   ```

3. Speichern Sie das Stylesheet, und betrachten Sie die Webseiten im Browser.

Optisch hat sich in Abbildung 18.13 nichts geändert, nur im Quelltext kann der Textbereich jetzt vor dem Navigationsbereich stehen, und ein `clear` im Textbereich hätte keine Auswirkungen mehr auf den Navigationsbereich, weil es durch das Floaten in einem neuen Block Formatting Context steht.

Abbildung 18.13:
Entgegengesetzte
Floats – optisch
kein Unterschied

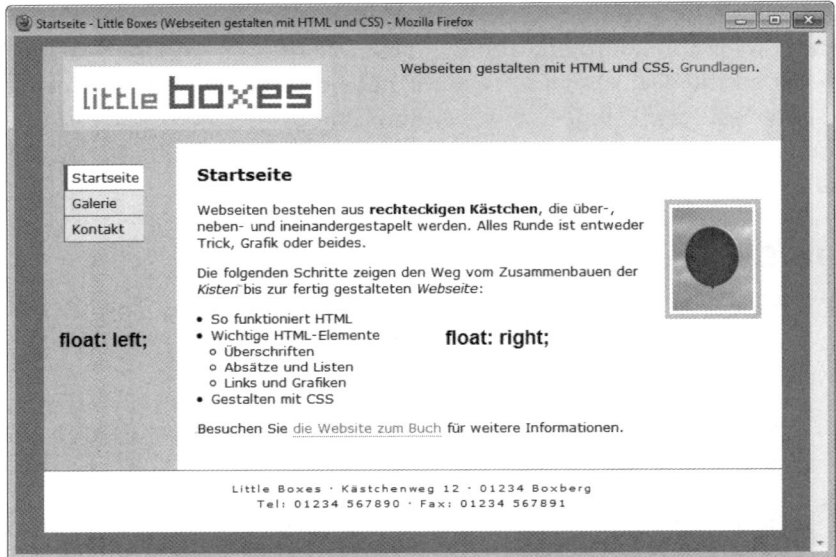

Patch für den Internet Explorer 6

Wie bereits angedeutet wurde, kommt der Internet Explorer 6 bei komplexeren Float-Umgebungen des Öfteren ins Schleudern. Die Seite sieht im IE6 momentan ungefähr so aus wie in Abbildung 18.14.

Der IE6 berechnet die Spalten nicht ganz korrekt und kommt deshalb total durcheinander. Eine Lösung ist es, ihm per Sternchen-Hack ein paar Pixel weniger Breite für den Navigationsbereich zu geben.

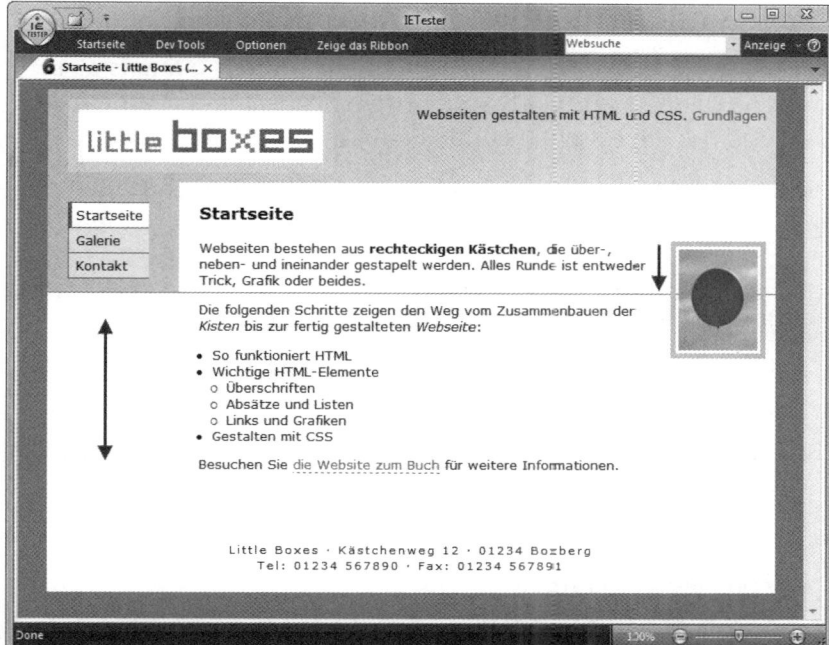

Abbildung 18.14:
Die Beispielseite
im IE6 bedarf
einer kleinen
Nachbesserung

ToDo: Patch für den IE6

1. Fügen Sie in *bildschirm.css* direkt unter dem Style für #navibereich den folgenden Style ein:

```
/* Patch für IE6 */
* html #navibereich { width: 100px; }
```

2. Speichern Sie das Stylesheet, und betrachten Sie die Webseiten im IE6.

18.5 Dreispaltiges Layout mit entgegengesetzten Floats

Die Erweiterung von 2 auf 3 Spalten ist bei der Variante mit entgegengesetzten Floats etwas aufwendiger, denn Sie benötigen innerhalb des Textbereichs zwei div-Bereiche, die dann auch wieder nach links bzw. rechts gefloatet werden.

Zwei zusätzliche Bereiche im HTML einfügen

Der bisherige Inhalt steht dann in einem Bereich namens #inhalt, während der Bereich #sidebar zur dritten Spalte auf der rechten Seite wird und nur ein bisschen Fülltext erhält.

Die Reihenfolge der beiden Bereiche im Quelltext spielt keine Rolle, da sie wieder mit entgegengesetzten Floats positioniert werden.

ToDo: Das HTML für das dreispaltige Layout vorbereiten

1. Kopieren Sie die Dateien aus dem Beispielordner für diesen Abschnitt in einen Übungsordner.

2. Ändern Sie die HTML-Struktur auf allen drei Webseiten wie folgt:

```
<div id="wrapper">
<div id="kopfbereich"> ...</div>

<div id="textbereich">

<div id="inhalt">
  <!-- Bisheriger Inhalt aus #textbereich -->
</div> <!-- Ende inhalt -->

<div id="sidebar">
  <h2>#sidebar</h2>
  <p>Lorem ipsum dolor sit amet, consectetuer adipiscing
    elit.</p>
  <p>Suspendisse egestas ultricies pede.</p>
</div>  <!-- Ende sidebar -->

</div> <!-- Ende #textbereich -->

<div id="navibereich"> ...</div>
<div id="fussbereich"> ...</div>
</div>
```

3. Speichern Sie die Webseiten und betrachten Sie sie im Browser.

Die beiden neuen Spalten im CSS gestalten

Jetzt werden die beiden neuen Spalten im CSS gestaltet. Der Textbereich hat eine Breite von 590px, die Sie im Stylesheet zwischen den beiden neuen Bereichen beliebig aufteilen können.

Die Hintergrundfarbe für die dritte Spalte wird wieder durch die #wrapper zugewiesene Hintergrundgrafik *fauxcolumn_3col.jpg* erzeugt.

ToDo: Die beiden neuen Spalten per CSS gestalten

1. Ändern Sie gegebenenfalls die Hintergrundgrafik für #wrapper:

```
#wrapper {
  color: black;
  background: white url(fauxcolumn_3col.jpg) repeat-y ;
  width: 720px;
  margin: 10px auto;
}
```

2. Entfernen Sie das Padding von #textbereich, und verbreitern Sie ihn auf 590px.

```
#textbereich {
  float: right;
  width: 590px;
}
```

3. Ergänzen Sie die folgenden Styles in *bildschirm.css* wie folgt, am besten nach den Styles für #textbereich:

```
#inhalt {
  float: left;
  width: 420px;
  padding: 20px;
}
#sidebar {
  float: right;
  width: 110px;
  padding: 10px;
}
```

4. Speichern Sie das Stylesheet, und betrachten Sie die Webseiten im Browser.

Im Browser sieht das dann so aus wie in Abbildung 18.15.

Abbildung 18.15:
Drei-Spalten-
Layout mit
doppeltem
»float:left« und
»float:right«

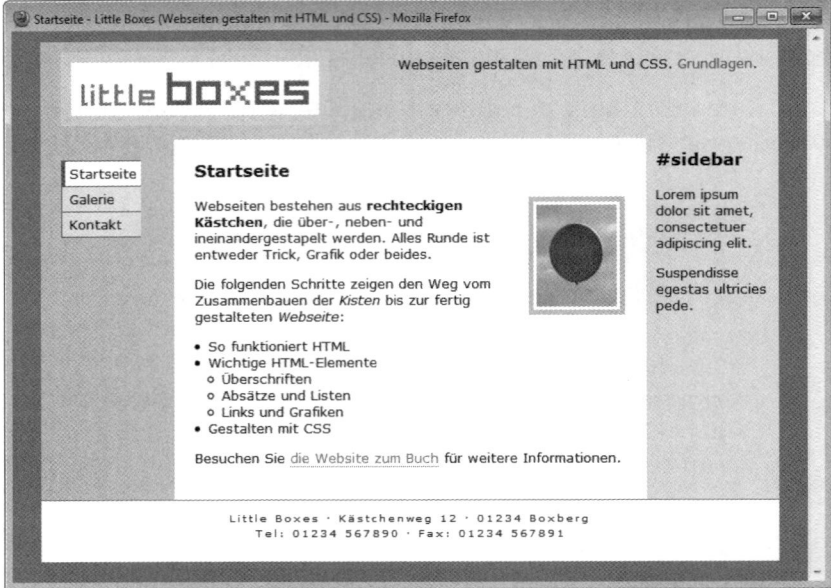

18.6 Auf einen Blick

Hier sind noch einmal die wichtigsten Punkte dieses Kapitels im Überblick:

- Zwei Methoden für float-basierte Layouts sind:
  - float und margin
  - float: left und float: right (entgegengesetzte Floats)
- In beiden Varianten kann man problemlos zwei- oder dreispaltige Layouts erstellen.
- float und margin sind einfach zu handhaben, aber die Reihenfolge der div-Bereiche im HTML-Quelltext ist festgelegt.
- In floatbasierten mehrspaltigen Layouts spielt die globale Wirkung von clear manchmal eine wichtige Rolle.

- Auf einer reinen HTML-Seite gibt es nur einen »Block Formatting Context«, der vom Stammelement `html` erzeugt wird. In diesem Bereich werden Block-Elemente untereinander angeordnet.

- Einige CSS-Eigenschaften wie `float` oder `overflow:hidden` erzeugen einen neuen Block Formatting Context, der insbesondere beim Floaten und Clearen von Bedeutung ist.

- Bei entgegengesetzten Floats ist die Reihenfolge der Bereiche im HTML zum Teil beliebig.

Kapitel 19

Floatbasierte mehrspaltige Layouts mit flexibler Breite

Worin Sie flexible Layouts kennenlernen – zunächst welche mit festen Randspalten und danach solche mit flexiblen Randspalten und doppelten »div«-Elementen.

Die Themen im Überblick:

Bis jetzt haben Sie alle Breitenangaben in Pixel gemacht, weil das Layouten mit CSS mit festen Pixelangaben besonders für den Einstieg leicht zu berechnen und einfach zu verstehen ist. In diesem Kapitel ändern Sie ein festes Layout Schritt für Schritt in ein flexibles, bei denen die Breite nicht mehr nur in Pixel angegeben wird.

Tipp

Flüssig, elastisch, flexibel, frustriert

Im Web finden Sie zahlreiche Informationen über flexible Layouts und dabei Begriffe wie »liquid«, »fluid«, »elastic« und viele andere. Lassen Sie sich davon nicht verwirren. Hier folgt eine kurze Übersicht:

- Flüssige Layouts (*liquid* oder *fluid*) haben Breitenangaben in Prozent.
- Elastische Layouts (*elastic*) haben Breitenangaben in em.
- Hybride Layouts (*hybrid*) haben gemischte Angaben und kommen in der Realität wohl am häufigsten vor.

Sie sollten flexible Layouts erst ausprobieren, wenn Sie feste pixelbasierte Layouts gut im Griff oder eine ausgeprägte Frustrationstoleranz haben, denn bei flexiblen Layouts passiert nicht immer genau das, was man gerade erwartet.

19.1 Zweispaltiges, teilweise flexibles Layout

Bei flexiblen Layouts orientieren sich die div-Bereiche für das Layout an der Größe des Browserfensters. Mit der Anweisung width:80% für #wrapper hat dieser immer eine Breite von 80% des Browserfensters, egal wie groß oder klein es gerade ist. Alternativ dazu können Sie mit width:auto auf eine Vorgabe der Breite auch völlig verzichten.

Der Vorteil einer flexiblen Breite ist es, dass bei großen Bildschirmen die zur Verfügung stehende Bildschirmfläche besser ausgenutzt wird. Dieser Vorteil kann aber natürlich auch zum Nachteil geraten, denn bei sehr breiten Browserfenstern erschwert die zu große Zeilenlänge des Textes das Lesen und auf sehr kleinen Bildschirmen wird das Layout oft ineinander geschoben und so unbenutzbar. Die Definition einer maximalen (max-width) bzw. einer minimalen Breite (min-width) kann diesen Problemen entgegenwirken.

Im Folgenden wird der auf float und margin basierende Zweispalter aus Kapitel 18.1 ab Seite 354 so geändert, dass die Webseiten eine flexible Breite haben. Gleichzeitig bekommt das Layout noch eine minimale und eine maximale Breite.

Der Navigationsbereich behält vorerst seine feste Breite, während der Textbereich als Block-Element ohne Breitenangabe immer den zur

Verfügung stehenden Platz ausfüllt. Schematisch dargestellt, sieht dieses Layout so aus wie in Abbildung 19.1.

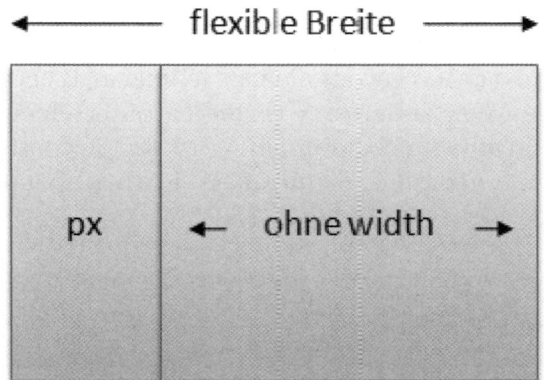

Abbildung 19.1:
Schema für ein
teilweise flexibles
zweispaltiges
Layout

Zur Umsetzung dieses Layouts sind im CSS nur wenige Änderungen erforderlich, die im folgenden ToDo erledigt werden. Die Erklärungen folgen danach.

ToDo: Zweispaltiges, teilweise flexibles Layout

1. Kopieren Sie die Dateien aus dem Basisordner für diesen Abschnitt in einen Übungsordner.

2. Öffnen Sie das Stylesheet *bildschirm.css* in einem Editor.

3. Ändern Sie den Style für #wrapper wie folgt:

```
#wrapper {
  background: white url(farbverlauf_zweispaltig.jpg) repeat-y
    left top;
  color: black;
  width: 80%;   /* Breite in Prozent */
  min-width: 660px; /* Minimale Breite in px */
  max-width: 72em; /* Maximale Breite in em */
  margin: 10px auto;
}
```

4. Speichern Sie die Webseiten, und betrachten Sie sie im Browser.

Das CSS benutzt für drei Eigenschaften drei verschiedene Einheiten. Mit width: 80% wird erreicht, dass die Webseite (oder genau genommen #wrapper) normalerweise 80% des sichtbaren Bereichs vom Browserfenster (auch *Viewport* genannt) einnimmt.

Die zweite Anweisung min-width:660px schränkt dies ein und sorgt dafür, dass das Layout niemals schmaler als 660px wird. So verhindern Sie unter anderem, dass die Layoutbereiche ineinandergeschoben und unbenutzbar werden. Wird der Viewport kleiner als 660px, wird ein horizontaler Scrollbalken sichtbar, aber das Layout bleibt erhalten (siehe Abbildung 19.2).

Abbildung 19.2:
Schmaler wird's
nicht – das Layout
in einem kleinen
Browserfenster

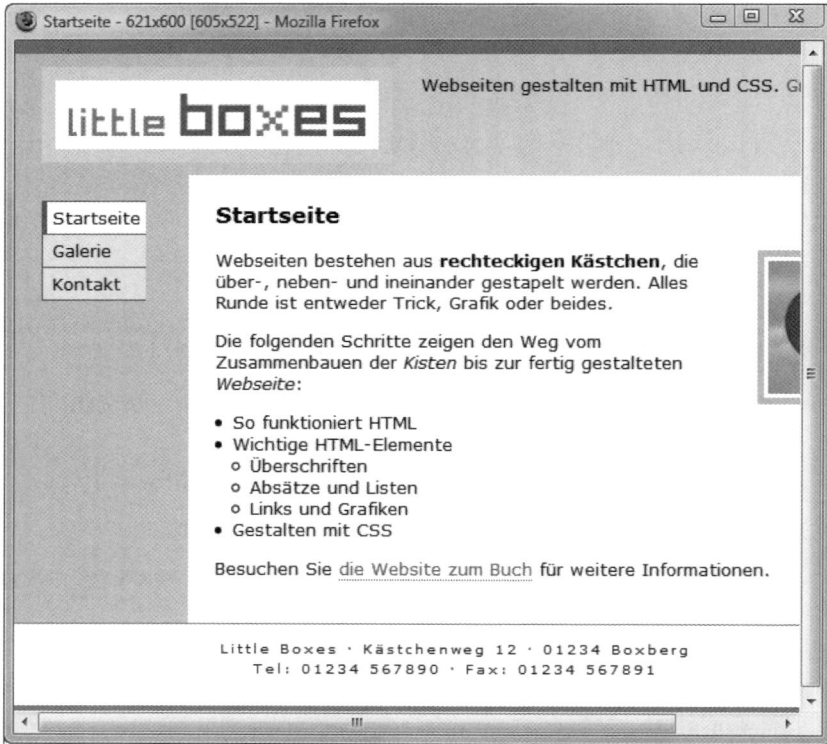

Last but not least folgt mit max-width:72em noch eine maximale Breite, die durch die Einheit em an die Schriftgröße des HTML-Elements gekoppelt ist. Bei einer Schriftgröße von 13px ergibt das im Beispiel eine maximale Breite von 72 x 13 Pixel. Das macht summa summarum 936 Pixel. Mit dieser Angabe verhindern Sie ein Stück weit, dass

Zeilen im Textbereich gar zu lang und somit schlecht lesbar werden (siehe Abbildung 19.3).

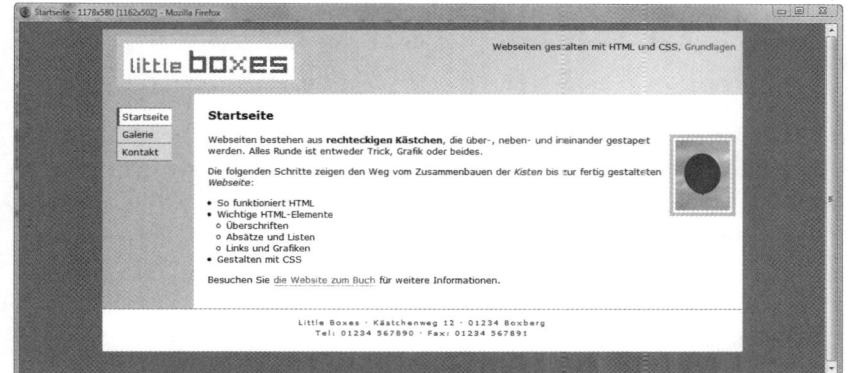

Abbildung 19.3:
Breiter wird's
nicht – das Layout
in einem großen
Browserfenster

Diese Mischung aus verschiedenen Einheiten für die drei Eigenschaften zur Definition der Breite ist ideal, um das Verhalten der Webseite in verschiedenen Situationen zu optimieren, wobei die genauen Werte für die drei Eigenschaften von dem zu gestaltenden Layout und der Menge des auf den Webseiten vorhandenen Inhalts abhängen. Nebenbei bemerkt: In diesem Beispiel wird der ab Seite 186 vorgestellte Trick zur scheinbaren Verlängerung der Hintergrundgrafik zum ersten Mal richtig nützlich.

Eine alternative Vorgehensweise zur Erstellung flexibler Layouts wäre es, mit der Standardeinstellung width:auto für den Wrapper keine bestimmte Breite vorzugeben. width:auto bewirkt, dass der Wrapper sich über die gesamte Breite des Viewport erstreckt. Bei großen Bildschirm wird dies durch die Definition von max-width verhindert. Das folgende Listing zeigt ein Beispiel:

```
#wrapper {
  background: white url(farbverlauf_zweispaltig.jpg) repeat-y left
  top;
  color: black;
  width: auto;  /* keine Breite vorgeben */
  min-width: 660px; /* Minimale Breite in px */
  max-width: 72em; /* Maximale Breite in em */
  margin: 10px auto;
}
```

Listing 19.1:
Ein flexibles
Layout ohne
Angabe einer
Breite in Prozent

Tipp

Internet Explorer 6 und die Breite einer Webseite

Der IE6 versteht weder `min-width` noch `max-width` und benötigt dementsprechend eine Sonderbehandlung. Am einfachsten ist es, ihm im CSS mit einem Sternchen-Hack eine feste Breite zu geben:

```
* html #wrapper { width: 720px; } /* Feste Breite für IE6 */
```

Etwas aufwendigere Lösungen bestehen in der Verwendung von JavaScript oder IE-eigenen »Expressions« (Berechnungen) im CSS. Eine Google-Suche nach `ie6 max-width min-width` zeigt den Weg zu aktuellen Lösungsansätzen.

19.2 Dreispaltiges, teilweise flexibles Layout

In diesem Abschnitt wird das teilweise flexible zweispaltige Layout aus dem vorherigen Abschnitt um eine dritte Spalte erweitert, die wie der Navigationsbereich ebenfalls eine feste Breite erhält.

Abbildung 19.4:
Schema für ein
teilweise flexibles
dreispaltiges
Layout

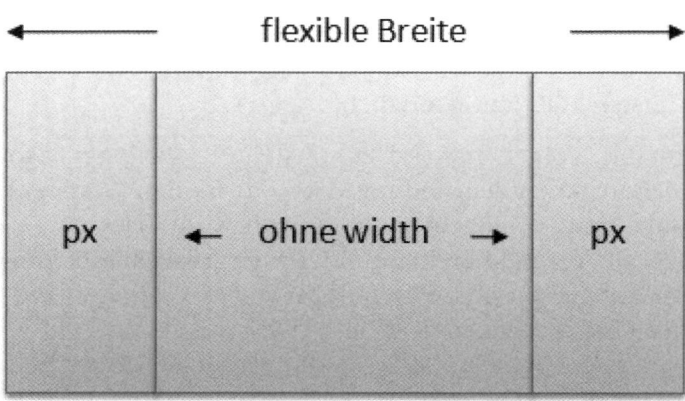

Die Breite für »#wrapper« ändern

Als Basis dient das dreispaltige, auf float und margin basierende Beispiel aus Kapitel 18.2 ab Seite 366. Um dieses Beispiellayout flexibel
zu gestalten, werden im folgenden ToDo zunächst einige Änderungen an #wrapper vorgenommen, ähnlich wie im vorherigen Abschnitt,
nur mit etwas anderen Werten. Allerdings taucht danach beim Testen ein Problem mit der Sidebar am rechten Rand auf.

ToDo: Dreispaltiges, teilweise flexibles Layout (1)

1. Kopieren Sie die Dateien aus dem Basisordner für diesen Abschnitt
   in einen Übungsordner.

2. Öffnen Sie das Stylesheet *bildschirm.css* in einem Editor.

3. Ändern Sie den Style für #wrapper wie folgt:

```
#wrapper {
   background: white url(farbverlauf_dreispaltig.jpg) repeat-y
   left top;
   color: black;
   width: 80%;
   min-width: 660px;
   max-width: 80em;
   margin: 10px auto;
}
```

4. Speichern Sie die Webseiten, und betrachten Sie sie im Browser.

Wenn Sie Glück haben und das Browserfenster genau die richtige
Größe hat, sieht die Seite zunächst sogar okay aus, aber spätestens
wenn Sie das Browserfenster verkleinern, zeigen sich die angekün-
digten Probleme mit der Sidebar (siehe Abbildung 19.5).

Auch in einem größeren Browserfenster macht die Sidebar keine gute
Figur (siehe Abbildung 19.6).

Diese beiden Probleme werden im nächsten Abschnitt gelöst.

Abbildung 19.5:
Die Sidebar passt
nicht – das Layout
in einem kleinen
Browserfenster

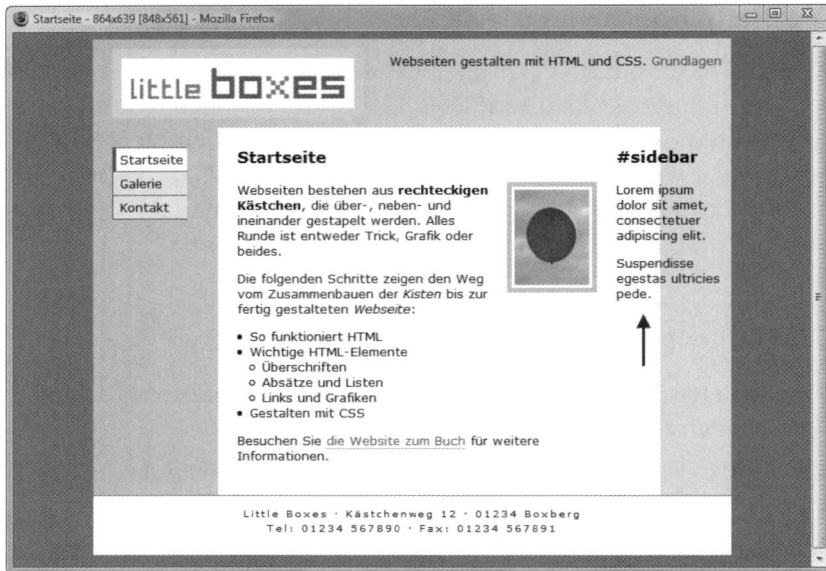

Abbildung 19.6:
Die Sidebar passt
nicht – das Layout
in einem großen
Browserfenster

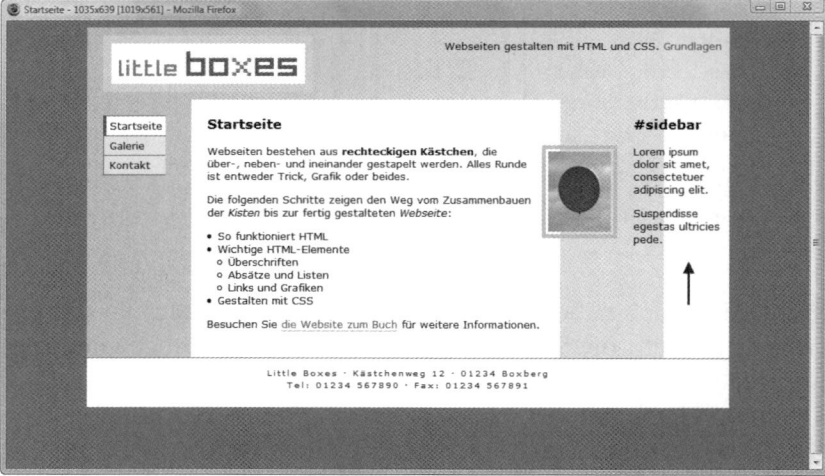

Die Hintergrundgrafik vom Wrapper anpassen

Die Ursache für die Probleme mit der Sidebar ist die Hintergrundgrafik:
Die auf Seite 367 vorgestellte Grafik *farbverlauf_dreispaltig.jpg* hat eine
feste Breite von 720px mit links und rechts jeweils 130 eingefärbten

Pixeln. Dazwischen liegen genau 460 weiße Pixel. Wenn der Textbereich also zufällig 460px breit ist, dann passt auch die Hintergrundgrafik, ansonsten eher nicht.

Da man den weißen Bereich in der Grafik nicht flexibilisieren kann, müssen Sie eine andere Technik benutzen, die im Tipp-Kasten auf Seite 364 bereits angesprochen wurde:

- Der Wrapper bekommt die Hintergrundgrafik *farbverlauf.jpg* aus dem Kopfbereich. Wenn Sie keinen Farbverlauf benötigen, können Sie statt einer Hintergrundgrafik auch einfach nur eine bestimmte Farbe definieren.

- Der Textbereich bekommt einen weißen Hintergrund, damit der Text lesbar bleibt.

Dies wird im folgenden ToDo gemacht.

ToDo: Dreispaltiges, teilweise flexibles Layout (2)

1. Öffnen Sie das Stylesheet *bildschirm.css* in einem Editor.

2. Ändern Sie den Style für #wrapper wie folgt:

```
#wrapper {
    background: #ffe574 url(farbverlauf.jpg) repeat-y left top;
    color: black;
    width: 80%;
    min-width: 660px;
    max-width: 80em;
    margin: 10px auto;
}
```

3. Geben Sie dem Textbereich einen weißen Hintergrund:

```
#textbereich {
    background-color: white; /* weißer Hintergrund */
    padding: 20px 10px 20px 20px;
    margin-left: 130px; /* Platz für #navibereich */
    margin-right: 130px; /* Platz für #sidebar */
}
```

4. Speichern Sie die Webseiten, und betrachten Sie sie im Browser.

Mit dieser einfachen Änderung passt sich das Layout einem kleinen Browserfenster flexibel an:

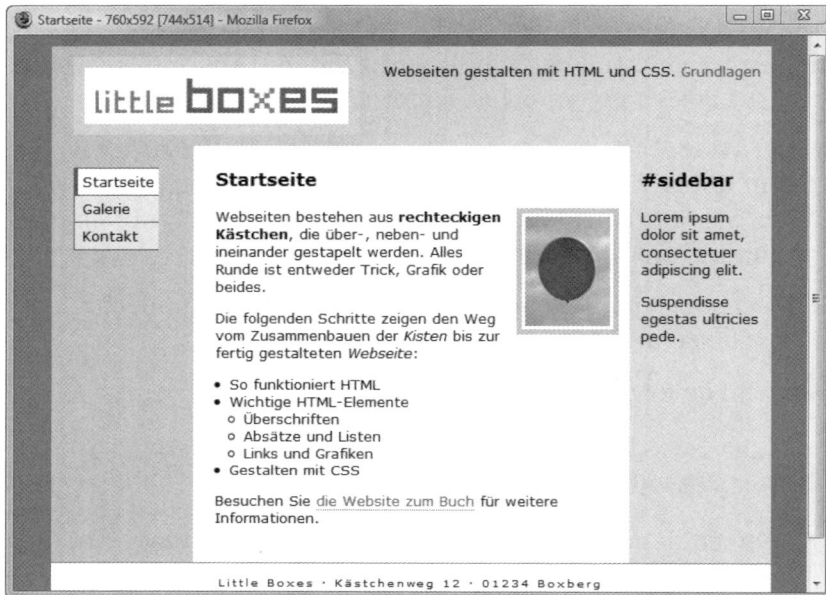

Und auch in einem größeren Browserfenster ist die Sidebar farblich hinterlegt:

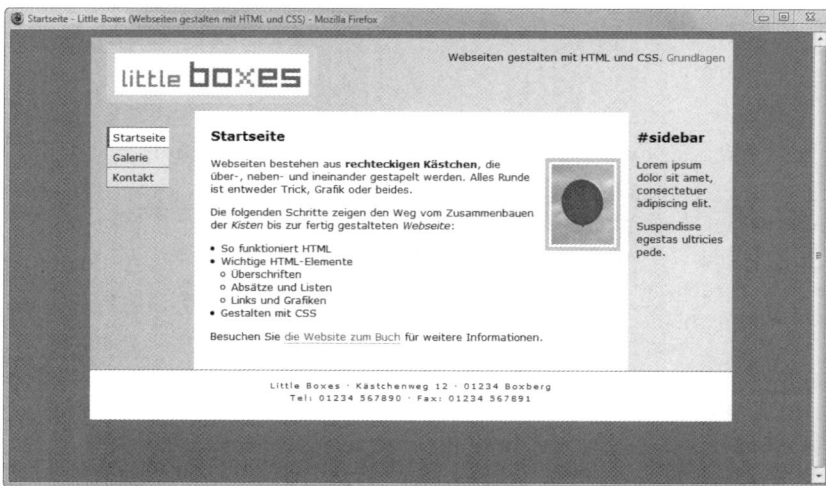

Der einzige Nachteil dieser Technik ist, wie gesagt, dass der farbige Wrapper zwischen Text- und Fußbereich durchscheint, wenn der Textbereich kürzer als eine der gefloateten Randspalten ist.

Genau genommen könnte man im Style für den Kopfbereich die Deklaration für den background übrigens entfernen, denn sie ist identisch mit der im Wrapper. Da der Kopfbereich innerhalb des Wrappers sitzt, wird der Farbverlauf auch im Kopfbereich sichtbar, sofern für den Kopfbereich kein eigener Hintergrund definiert wurde.

Spalten ohne Hintergrundfarbe machen weniger Probleme

Nachdem das Problem mit dem farbigen Hintergrund für die beiden Randspalten gelöst ist, soll hier der Hinweis nicht fehlen, dass Randspalten ohne Hintergrundfarbe dieses Problem gar nicht erst gehabt hätten. Achten Sie bei den nächsten Surfgängen mal darauf, welche Randspalten farblich abgesetzt sind und welche nicht.

Tipp

19.3 Zweispaltiges, vollständig flexibles Layout

In diesem Abschnitt wird auch der Navigationsbereich seine feste Pixelbreite gegen eine prozentuale eintauschen. Abbildung 19.9 zeigt ein entsprechendes Schema.

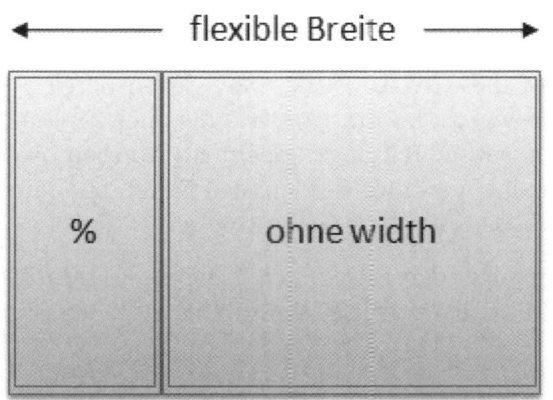

Abbildung 19.9: Schema für ein vollständig flexibles zweispaltiges Layout

Dazu möchte ich Ihnen zunächst einen Trick vorstellen, der sich bei flexiblen Layouts aller Art bewährt hat: die Doppelung der betroffenen div-Bereiche.

HTML vorbereiten: das doppelte »div«chen

Das Box-Modell in CSS ist in seiner aktuellen Fassung auf die Arbeit mit festen Pixelbreiten oder zumindest mit einer durchgängig einheitlichen Einheit (px, % oder em) ausgerichtet. Sobald für ein HTML-Element die Angaben für Breite, Padding, Border oder Margin in verschiedenen Einheiten erfolgen, lässt sich die Gesamtbreite des Elements nicht mehr zuverlässig bestimmen:

- Aufgabe: #navibereich soll eine Breite von 20% und ein Padding von 10px bekommen.

- Frage: Wie breit muss der margin-left von #textbereich werden, damit der Navigationsbereich genau da rein passt?

- Antwort: Keine Ahnung. Das kann man nicht berechnen.

Damit flexible Layouts nun aber nicht zu einer Lotterie verkommen, gibt es den Trick mit dem doppelten div:

- Direkt innerhalb von #navibereich wird ein zweites div erstellt, das zum Beispiel #navibereich_innen heißen könnte.

- Das äußere Element #navibereich bekommt eine Breite zugewiesen, zum Beispiel width: 20%.

- Das innere Element #navibereich_innen erhält eventuelle Angaben für padding oder border, zum Beispiel padding: 10px.

Auf diese Weise ist der Navigationsbereich *immer* 20% breit, egal wie viel padding und border (oder auch margin) das innere Element bekommt. Durch das doppelte div können die Spalten einerseits sehr flexibel gestaltet werden und haben andererseits trotzdem eine genau berechenbare Gesamtbreite.

Im folgenden ToDo bereiten Sie das HTML der drei Webseiten für den Einsatz in flexiblen Layouts vor.

ToDo: HTML – das doppelte »div« einbauen

1. Kopieren Sie die Dateien aus dem Basisordner für diesen Abschnitt in einen Übungsordner.

2. Öffnen Sie die drei HTML-Dateien in einem Editor.

3. Ergänzen Sie das innere div für den Navigationsbereich:

```
<div id="navibereich">
  <div id="navibereich_innen">

    ...

  </div> <!-- Ende navibereich_innen -->
</div> <!-- Ende navibereich -->
```

4. Ergänzen Sie das innere div für den Textbereich:

```
<div id="textbereich">
  <div id="textbereich_innen">

    ...

  </div> <!-- Ende textbereich_innen -->
</div> <!-- Ende textbereich -->
```

5. Speichern Sie die Webseiten, und betrachten Sie sie im Browser.

Im Browser hat sich durch diese Maßnahme nichts sichtbar verändert.

Das doppelte »div« verhindert den Box-Modell-Bug   **Tipp**

Quasi als kostenlose Dreingabe verhindert das doppelte div übrigens durch die Trennung von width und padding bzw. border auch den Box-Modell-Bug den der IE6 hat, wenn er nicht im Standardmodus arbeitet. Mehr dazu lesen Sie auf Seite 404.

Das CSS für die doppelten »div«s

Im CSS benutzen Sie das jeweils äußere Element für die Angabe der Breite und das jeweils innere Element für `padding` und `border`.

Da bei einer flexiblen Breite für den Navigationsbereich eine Hintergrundgrafik mit fester Pixelbreite nicht geeignet ist, bauen Sie im folgenden ToDo zunächst wieder *farbverlauf.jpg* für den Wrapper ein.

ToDo: Zweispaltiges flexibles Layout

1. Öffnen Sie das Stylesheet *bildschirm.css* in einem Editor.

2. Ändern Sie den Hintergrund für `#wrapper` wie folgt:

```
#wrapper {
  background: #ffe574 url(farbverlauf.jpg) repeat-y left top;
  color: black;
  width: 80%;  /* Breite in Prozent */
  min-width: 720px; /* Minimale Breite in px */
  max-width: 80em; /* Maximale Breite in em */
  margin: 10px auto;
}
```

3. Ändern Sie als Nächstes das Styling für den Navigationsbereich:

```
#navibereich {
  float: left;
  width: 20%;
  /* padding verschoben zu #navibereich_innen */
}
#navibereich_innen {
  padding-left: 20px;
  padding-top: 20px;
}
```

4. Ändern Sie jetzt noch das Styling für den Textbereich:

```
#textbereich {
  background-color: white;
  /* padding verschoben zu #textbereich_innen */
  margin-left: 20%; /* Platz für #navibereich */
}
#textbereich_innen {
  padding: 20px 10px 20px 20px;
}
```

5. Speichern Sie die Webseiten, und betrachten Sie sie im Browser.

Abbildung 19.10 zeigt die flexible Seite im Browser.

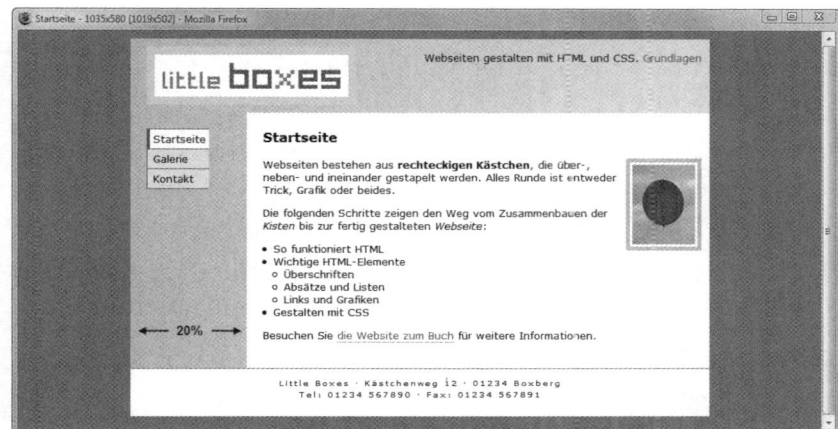

Abbildung 19.10:
Navigations-
bereich mit
20% Breite

Wirklich wichtig sind im CSS bei diesem Beispiel zwei Dinge:

- width für #navibereich muss denselben Wert haben wie margin-left für #textbereich.

- padding und border werden nur für die inneren div-Elemente vergeben.

19.4 Dreispaltiges, vollständig flexibles Layout

Die Erweiterung des zweispaltigen auf ein dreispaltiges Layout bringt keine neuen Tricks, sondern ist im Grunde genommen nur das Anwenden des bisher Gelernten. Das Schema sieht so aus wie in Abbildung 19.11.

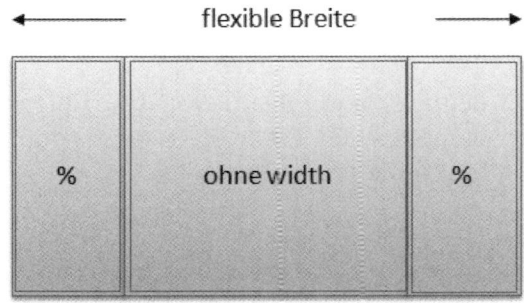

Abbildung 19.11:
Schema für
ein vollständig
flexibles dreispal-
tiges Layout

Probieren Sie es einfach einmal aus. Kopieren Sie die Dateien aus dem Basisordner für diesen Abschnitt, und versuchen Sie Ihr Glück. Hier noch ein paar Hinweise:

- Im HTML benötigen Sie doppelte `divs` für `#navibereich`, `#textbereich` und `#sidebar`.

- Im CSS müssen Sie die Hintergrundgrafik für `#wrapper` und sowohl die Breite als auch das Padding für die drei doppelten `div`-Elemente anpassen.

- Für `#textbereich` müssen Sie den Margin links und rechts ändern und den Hintergrund mit ein bisschen Deckweiß übertünchen.

- Für den IE6 vergeben Sie am einfachsten mit einen Sternchen-Hack für alle Prozentzahlen wieder feste Pixelbreiten.

Falls es gar nicht klappt, schauen Sie sich einfach die drei Webseiten und die *bildschirm.css* im Ordner *fertig* genauer an. Viel Spaß beim Probieren.

19.5 Auf einen Blick

Hier sind noch einmal die wichtigsten Punkte dieses Kapitels im Überblick:

- Layouts mit flexibler Breite orientieren sich an der Größe des Browserfensters.

- Sinnvoll ist die Begrenzung der Breite:
  - `min-width` legt eine minimale Breite fest, oft in Pixel.
  - `max-width` legt eine maximale Breite fest, oft in em.

- IE6 versteht weder `min-width` noch `max-width`. Wer keine Lust auf aufwendige Lösungen hat, gibt dem IE6 einfach eine feste Breite.

- Bei vollständig flexiblen Layouts bietet es sich an, die nebeneinanderstehenden `div`-Bereiche zu doppeln, um die Breite genau bestimmen zu können.

Kapitel 20

Patchwork: Flicken im CSS

Worin Sie erfahren, dass die Welt von CSS heil ist, die der Browser aber nicht.

Die Themen im Überblick:

Die Browser mussten im Laufe der letzten Jahre CSS erst mühsam lernen, und daher gilt die Grundregel: Je älter ein Browser ist, desto weniger und fehlerhafter unterstützt er CSS. Was ja gleichzeitig auch eine gute Nachricht ist, denn vielleicht fällt dieses Kapitel über Patchwork irgendwann einmal einfach weg.

20.1 Patches und Hacks

Ohne Patches (die übrigens dasselbe wie Hacks sind) wäre in den vergangenen Jahren das Layouten mit CSS in vielen Fällen unmöglich gewesen. Besonders in älteren CSS-Büchern ist dementsprechend der

Abschnitt über Patches umfangreicher als die Erklärung wichtiger Konzepte, wie z. B. der Kaskade.

Vor dem Einbau von Patches gründlich checken

Ganz verzichten kann man auf Patches immer noch nicht, aber es bleibt zu hoffen, dass mit dem langsamen Aussterben alter Browser die Notwendigkeit stets weiter abnimmt. Testen Sie die Seite in standardkonformen Browsern, und versuchen Sie auszuschließen, dass auf Ihrer Seite ein Denkfehler vorliegt. Erst dann sollten Sie patchen.

Inline-Patches und zusätzliche Stylesheets

Wann immer einige Browser eine Spezialbehandlung zur korrekten Darstellung von CSS benötigen, gibt es im Wesentlichen zwei Möglichkeiten:

1. *Inline-Patches*: Notieren Sie die Patches im Stylesheet selbst, direkt bei den betroffenen Styles.

2. *Zusätzliche Stylesheets*: Notieren Sie die Patches in einem zusätzlichen Stylesheet, das nur bestimmte Browser zu sehen bekommen.

Beide Varianten haben Vor- und Nachteile. Inline-Patches sind sehr praktisch zum Testen während der Entwicklungsarbeit und stehen direkt an der Stelle, an der der Patch erforderlich ist. So gerät der Patch nicht in Vergessenheit. Bei zusätzlichen Stylesheets hingegen vergisst man nach dem Motto »Aus den Augen, aus dem Sinn« die Patches manchmal. Andererseits haben sie den Vorteil, dass das eigentliche CSS besser zu lesen und die Verwaltung der Patches einfacher ist. Ein Beispiel zum Einsatz von zusätzlichen Stylesheets lernen Sie weiter unten mit den *Conditional Comments* kennen.

Inline-Patches: Sternchen & Co.

Als Vertreter der Inline-Patches möchte ich Ihnen den *Sternchen-Hack* kurz vorstellen, den Sie im Verlauf des Buches bereits kennengelernt haben:

```
* html div.galerie { height: 1%; }
```

Mit dem Sternchen-Hack kann man Styles explizit an den Internet Explorer bis Version 6 geben.

▦ Der Selektor * `html` wählt alle Elemente aus, in denen das Element `html` enthalten ist.

▦ Da `html` jedoch das Stammelement ist, ergibt die Anweisung keinen Sinn, und fast alle Browser ignorieren deswegen den kompletten Style.

▦ Wie gesagt: fast alle Browser, denn der Internet Explorer bis inklusive Version 6 ignoriert das Sternchen am Anfang und arbeitet den Rest der Zeile ab.

Zum Testen während der Entwicklung ist der Sternchen-Hack sehr praktisch. Sein Nachteil ist, dass die Patches über das ganze Stylesheet verteilt sind und man leicht die Übersicht verliert.

Einige CSS-Autoren scheinen nach dem Motto »Je mehr Patches, desto mehr Experte« zu arbeiten. Das Gegenteil ist der Fall: Sie sollten Patches nur einsetzen, wenn es gar nicht anders geht.

CSS-Voodoo – mehr über Inline-Hacks　　　　　　　　**Tipp**

Dirk Ginader hat in seinem Blog eine hervorragende Auflistung von Hacks veröffentlicht, um jeweils nur ganz bestimmte Browser anzusprechen:

▦ *bit.ly/css-voodoo* (die Kurz-URL führt zu *ginader.de*)

Falls Ihre Webseiten also in einem ganz bestimmten Browser Fehler zeigen, schauen Sie sich diese Liste einmal genauer an.

20.2 Der Internet Explorer

Alle Browser haben Bugs, aber der Internet Explorer hat scheinbar ein paar mehr als andere. Deshalb bekommt er im Kapitel über Patches auch einen eigenen Abschnitt.

Eine kurze Geschichte des Internet Explorer

Nachdem Microsoft den ersten großen Browserkrieg von 1996 bis 1998 gegen Netscape für sich entscheiden konnte, war der Internet Explorer lange Zeit das weltweit meistbenutzte Programm zum Betrachten von Webseiten:

- Die 5er-Serie des Internet Explorer wurde zwischen 1999 und 2001 gebaut und hat einige fundamentale Schwächen im Umgang mit CSS, gilt aber allgemein als ausgestorben.

- IE6 erschien im Herbst 2001 und hatte für damalige Verhältnisse eine recht gute CSS-Unterstützung. Allerdings wurde daran in den letzten Jahren nichts mehr verbessert.

IE 6 kennt – wie andere Browser auch – noch eine kleine Besonderheit, nämlich den sogenannten *Quirks-Modus* (»Pfusch-Modus«), der durch eine unvollständige oder fehlerhafte `doctype`-Angabe ausgelöst wird und in dem sich der IE6 so verhält wie sein Vorgänger IE5. Der Ende 2006 veröffentliche Internet Explorer 7 ist zwar nicht perfekt, aber einige Schwächen im Bereich CSS sind eliminiert worden. IE8 ist noch besser, und der IE9 ist, was die CSS-Unterstützung angeht, fast wirklich gut.

Vielleicht entsteht so nach dem langsamen Aussterben der alten Browser in absehbarer Zeit eine CSS-Welt mit weniger Patches und Flicken, aber jetzt kehren Sie erst mal in die Realität zurück.

Tipp

Wikipedia: Browserkrieg und Internet Explorer

Falls Sie zum Browserkrieg oder zur Geschichte des Internet Explorer mehr wissen möchten, ist die Wikipedia ein guter Ausgangspunkt:

- *de.wikipedia.org/wiki/Browserkrieg*
- *de.wikipedia.org/wiki/Internet_Explorer*

Der Internet Explorer und das »Layout«

Wenn der Internet Explorer den Quelltext in eine sichtbare Webseite verwandelt, benutzt er ein Konzept, das seine Entwickler »Layout« getauft haben.

Idealerweise würde ein Browser für alle Elemente auf der Webseite die Größe und Position gemäß der Angaben im Stylesheet berechnen. Da das sehr lange dauern kann, haben die Entwickler des Internet Explorer die Darstellung der Seite etwas beschleunigt:

- Die wichtigsten Elemente einer Seite bekommen das Merkmal *hasLayout*.

- Nur Elemente mit *hasLayout* werden wirklich komplett abgearbeitet.

- Für alle anderen Elemente werden Größe und Position durch das nächste Vorfahren-Element mit *hasLayout* bestimmt.

Viele Bugs des Internet Explorer, insbesondere solche in float-Umgebungen, gehen auf dieses Konzept zurück und lassen sich beheben, indem man einem Element explizit *hasLayout* zuweist. Ab IE8 ist *hasLayout* Geschichte, wie man so schön sagt. Das Problem beschränkt sich also auf die Versionen 6 und 7, ist dort aber um so nerviger. Im Folgenden finden Sie dazu einen kurzen Überblick.

Die folgenden HTML-Elemente bekommen in IE6 und 7 grundsätzlich *hasLayout*:

- `html` und `body`

- `table`, `tr`, `th` und `td`

- `img` und `hr`

- `input`, `button`, `select`, `textarea`, `fieldset`, `legend`

- `iframe`, `embed`, `object`, `applet` und `marquee`

Für alle anderen Elemente wie zum Beispiel `div` oder `ul` geschieht die Zuweisung von *hasLayout* durch die Deklaration unter anderem folgender CSS-Eigenschaften:

- `position: absolute`

- `float: left | right`

- `display: inline-block`

- `width` und `height` mit Angabe eines Werts (außer `auto`)

- `overflow: hidden | scroll | auto` (nur im IE7, also nicht im IE6)

- `zoom: 1` (nicht CSS-Standard, proprietäre IE-Eigenschaft)

Auf dieser Erkenntnis beruht der *Holly-Hack*, den Sie bei der Erstellung der kleinen Galerie ab Seite 338 bereits eingesetzt haben:

- Das Element `div.galerie` wurde vom Internet Explorer 6 nicht korrekt dargestellt, da die Eigenschaft `overflow` erst ab IE7 ein *hasLayout* auslöst.

- Durch die Anweisung `height: 1%` bekam `div.galerie` das Merkmal *hasLayout*, und schon verstand auch der Internet Explorer alles richtig.

Der IE6 gibt dem Element *hasLayout*, weil es die Eigenschaft `height` hat, ignoriert aufgrund eines anderen Bugs aber die Angabe von `1%` und stellt die Box in ihrer normalen Höhe dar. Einfach, aber effektiv.

Erwähnenswert ist noch die Deklaration `zoom:1`, die besonders bei der Fehlersuche hilfreich ist. Die Eigenschaft `zoom` wird nur vom Internet Explorer erkannt und gibt dort einem Element *hasLayout*. `zoom` gehört nicht zum CSS-Standard und ist nicht valide, manchmal aber trotzdem hilfreich.

Wenn ein CSS-Layout also nur im IE6 oder IE7 zerschossen wird, dann probieren Sie einfach, potenziell wichtigen HTML-Elementen *hasLayout* zu verpassen, indem Sie im entsprechenden Style die Deklaration `zoom:1` ergänzen. Oft reicht das bereits aus.

Tipp

On Having Layout

Wenn Sie ganz genau wissen wollen, was es mit *hasLayout* auf sich hat – in dem folgenden Artikel wird das Thema wirklich vertieft:

- *satzansatz.de/cssd/onhavinglayout.html*

- *onhavinglayout.fwpf-webdesign.de* (deutsche Übersetzung von Corina Rudel)

Das etwas andere Box-Modell der alten IEs

In Kapitel 8, »Das Box-Modell« haben Sie auf Seite 175 gelesen, dass die Berechnung der Gesamtbreite einer Box wenig intuitiv ist:

- In der realen Welt sind Innenabstand und Rahmenbreite in der Breitenangabe einer Kiste *enthalten*.

- Bei CSS-Boxen werden Innenabstand (padding) und Rahmenbreite (border-width) zur Breitenangabe (width) *hinzugefügt*.

Der Internet Explorer 6 berechnet die Boxen korrekt, solange er im Standardmodus ist. Im Quirks-Modus orientiert er sich wie seine Vorgängerversionen bei der Berechnung der Gesamtbreite einer Box an den intuitiveren Kästchen aus der realen Welt und liegt damit falsch. Im Klartext: Wenn für irgendeine Box sowohl width als auch horizontale Werte für padding oder border definiert worden sind, stellt IE6 im Quirks-Modus die Box zu klein dar.

Normalerweise müssen Sie an diesen Bug keinen Gedanken verschwenden, denn solange auf der Webseite in der allerersten Zeile ein korrekter DOCTYPE steht, arbeitet der IE6 im Standardmodus. Sie bestimmen also selbst, ob dieser Bug auftaucht oder nicht.

Das folgende Beispiel zeigt der Vollständigkeit halber, wie der Box-Modell-Bug sich auswirkt:

```
p#beispiel {
    width:400px;
    padding:10px;
    border:solid 10px #333;
}
```

Listing 20.1:
CSS-Beispiel zur
Berechnung der
Breite einer Box

Mit diesem CSS passiert Folgendes:

- Korrekt berechnet, hat dieser Absatz eine Breite von 440px: 400px width plus jeweils 10px padding-left, padding-right, border-left und border-right.

- Falsch berechnet, ist der Absatz nur noch **400px** breit: Die 400px width sind inklusive padding und border. Für den Inhalt bleiben nur noch 360px.

Sie können sich vorstellen, dass diese falsche Berechnung beim Layouten per CSS drastische Konsequenzen haben kann. Wie gesagt: Solange Sie auf Ihren Webseiten in der allerersten Zeile einen korrekten DOCTYPE angeben, arbeitet der IE6 im Standardmodus.

20.3 Conditional Comments in Aktion

Conditional Comments ermöglichen das gezielte Ansprechen des Internet Explorer, bei Bedarf sogar nur von bestimmten Versionen.

»Conditional Comments«: Styles nur für den IE

Conditional Comments sind <!-- Kommentare im HTML -->, die Sie mit bestimmten Bedingungen verknüpfen können. Solche Kommentare sind eine Erfindung von Microsoft und wurden erstmals im IE5 eingeführt. Alle anderen Browser behandeln die Anweisungen wie einen normalen Kommentar, was sich bei der Verwendung von Patches als sehr vorteilhaft erweist.

Um ein Stylesheet nur an einen Internet Explorer (egal welcher Versionsnummer) zu schicken, benutzen Sie auf den HTML-Seiten folgenden speziellen Kommentar. Beachten Sie, dass ein solches IE-Stylesheet *nach* anderen Stylesheets eingebunden werden muss. Ansonsten wird es im Rahmen der Kaskade eventuell wieder überschrieben, und die ganze Mühe war umsonst.

Listing 20.2:
Conditional Comment – Styles nur für den Internet Explorer

```
<!--[if IE]>
<link href="ie.css" rel="stylesheet">
<![endif]-->
```

Der folgende Kommentar schickt ein Stylesheet nur an Internet Explorer Version 6 und noch älter:

Listing 20.3:
Conditional Comment – nur für IE6 und älter

```
<!--[if lt IE 7]>
<link href="ie6.css" rel="stylesheet">
<![endif]-->
```

Die Buchstaben lt in der if-Bedingung stehen für »less than« (kleiner als). Die gesamte Bedingung bedeutet: »wenn die Versionsnummer des IE kleiner als 7 ist«. Andere mögliche Operatoren in Conditional Comments sind gt (»größer als«), lte (»kleiner oder gleich«) und gte (»größer oder gleich«).

Testen, ob Conditional Comments funktionieren

Mit folgendem Quelltext können Sie ganz leicht überprüfen, ob die Conditional Comments funktionieren oder ob noch irgendwo ein Tippfehler ist.

ToDo: Conditional Comments testen

1. Kopieren Sie die Dateien aus dem Basisordner für diesen Abschnitt in einen Übungsordner.

2. Öffnen Sie die Beispielseite *index.html* in einem Editor.

3. Schreiben Sie folgende Zeilen zwischen <head> und </head>, aber unterhalb der mit link eingebundenen Stylesheets:

```
<!--[if IE 6]>
<style>
  body { background-color: green; }
</style>
<![endif]-->

<!--[if IE 7]>
<style>
  body { background-color: yellow; }
</style>
<![endif]-->
```

4. Speichern Sie die Webseite, und betrachten Sie sie im Browser.

Wenn alles klappt, müsste die Seite im Firefox ganz normal aussehen, im IE6 einen dunkelgrünen und im IE7 einen knallgelben Hintergrund haben.

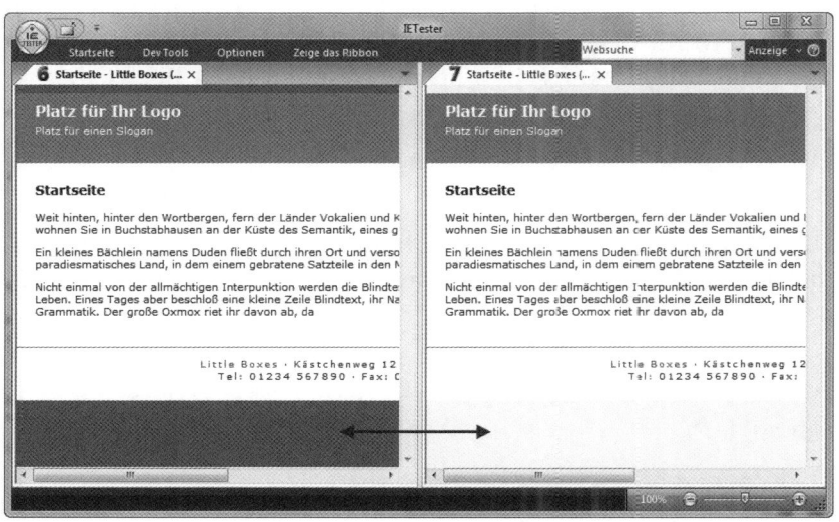

Abbildung 20.1:
Conditional
Comments testen
– verschiedene
Hintergrund-
farben in
verschiedenen
IE-Versionen

Tipp

> ## Conditional Comments sind auch im »body« erlaubt
>
> Sie können Conditional Comments nicht nur im head-Bereich der Seite nutzen, sondern auch im body. So ist es zum Beispiel leicht möglich, spezielle Hinweise für Benutzer von alten Internet Explorern einzubauen. Andere Surfer bekommen diese Hinweise nicht zu sehen.

Patches für IE6

Im Laufe des Buches haben Sie dem Internet Explorer manchmal mit einem Sternchen-Hack mitten im CSS auf die Sprünge geholfen. Falls Sie es übersichtlicher finden, können Sie alle Sternchen-Hacks in einem Stylesheet namens *ie6_patches.css* sammeln und diese per Conditional Comment nur an diese Browser ausliefern:

Listing 20.4:
Conditional
Comment für IE6
und älter

```
<!--[if IE 6]>
<link href="ie6_patches.css" rel="stylesheet" type="text/css" />
<![endif]-->
```

Denken Sie daran, dass der Conditional Comment *nach* den anderen externen Stylesheets kommen muss, weil die Patches sonst im Rahmen der Kaskade gleich wieder überschrieben werden.

Patches für den IE7

Bei der Erstellung der horizontalen Navigation habe ich auf Seite 222 einen Bug im Pagezoom des Internet Explorer 7 erwähnt. Der folgende Patch würde diesen Zoomfehler beheben, auch wenn es dabei zu leichten Unregelmäßigkeiten bei der Verteilung der Buchstaben in der Navigation kommt:

Listing 20.5:
Patch für den
Pagezoom des IE7

```
/* Patch für den PageZoom bei horizontaler Navigation */
#navibereich ul { word-spacing: 0; }
```

Diese Anweisungen speichern Sie in einem Stylesheet mit dem Namen *ie7_patches.css*, das Sie mit einem Conditional Comment nur an den IE7 ausliefern.

Listing 20.6:
Conditional
Comment
nur für IE7

```
<!--[if IE 7]>
<link href="ie7_patches.css" rel="stylesheet" type="text/css" />
<![endif]-->
```

20.4 Auf einen Blick

Hier sind noch einmal die wichtigsten Punkte dieses Kapitels im Überblick:

▩ Es gibt zahlreiche weitere Browserweichen, Hacks, Filter und Patches, die aber grundsätzlich so sparsam wie möglich eingesetzt werden sollten.

▩ Internet Explorer Version 6 und 7 kennen ein Konzept namens *hasLayout*, das für viele zerschossene CSS-Layouts verantwortlich ist.

▩ Der Internet Explorer Version 6 interpretiert im Quirks-Modus das Box-Modell falsch. Mit einem korrekten Doctype können Sie aber selbst dafür sorgen, dass der IE6 im Standardmodus arbeitet.

▩ Mit *Conditional Comments* können Sie Styles nur für den Internet Explorer definieren und ihn so in vielen Fällen trotz CSS-Fehlern zur korrekten Darstellung Ihrer Seiten überreden.

Teil VI

HTML und CSS – Vertiefung

Kapitel 21

Das HTML der Beispielseiten optimieren

Worin Sie Skiplinks erstellen, strukturelle Überschriften hinzufügen und etwas über ARIA Landmark Roles erfahren.

Die Themen im Überblick:

Zunächst optimieren Sie in diesem Kapitel ein paar Punkte zur *Barrierefreiheit*, die auch als *Accessibility*, zu Deutsch *Zugänglichkeit*, bezeichnet wird. Bei Gebäuden in der realen Welt ist die Barrierefreiheit erst in den letzten Jahrzehnten zum Thema geworden, was mitunter umfangreiche Umbaumaßnahmen erforderlich machte. Bei den Websites genannten Gebäuden im Web besteht die Chance, wichtige Aspekte der Barrierefreiheit gleich von vornherein mit zu berücksichtigen. Screenreader erfassen die Seite nicht auf einen Blick, sondern linear, also Zeile für Zeile. Maßnahmen wie Skiplinks, strukturelle Überschriften und ARIA Landmark Roles verbessern den Quelltext und helfen Nutzern bei der linearen Erfassung einer Webseite. Zum Abschluss erstellen Sie dann noch ein kleines FavIcon.

21.1 »Ihr CSS ist in Ordnung, aber Ihr HTML ...«

Kennen Sie die Reklame, in der eine sonore Männerstimme aus dem Off vermeldet: »Ihre Zähne sind in Ordnung«, nur um nach einer kurzen, aber dramatischen Pause hinzuzufügen: »Aber Ihr Zahnfleisch ...«?

Kernaussage des Spots ist, dass strahlend weiße Zähne ohne gesundes Zahnfleisch nicht viel wert sind, und mit HTML und CSS ist das ähnlich. CSS wäre ohne HTML genauso wenig möglich wie Zähne ohne Zahnfleisch, und doch wird HTML oft unterschätzt.

HTML ist eine streng hierarchische Verschachtelung von Elementen, deren Aufgabe es ist, den Inhalt einer Webseite zu strukturieren. Dieser Satz ist zwar korrekt, aber trocken wie Wüstensand und nicht gerade eine Einladung, sich eingehender mit HTML zu beschäftigen. Zudem winkt CSS am Horizont: bunt, attraktiv, sexy.

Aber HTML ist wichtig, denn eine fehlerhafte HTML-Struktur können Sie später auch durch ein noch so aufwendiges CSS nicht wieder auffangen. Das ist wie mit den Zähnen und dem Zahnfleisch.

HTML »sieht nicht aus«, sondern strukturiert nur. Gutes HTML zeichnet sich unter anderem durch drei Eigenschaften aus:

1. Es entspricht den gültigen Grammatikregeln, ist also *valide*.

2. HTML-Elemente sollten unabhängig von der Darstellung auf dem Bildschirm im Quelltext eine *logische Reihenfolge* haben.

3. HTML-Elemente sollten so weit wie möglich *semantisch* sein, das heißt, der Bedeutung des Inhalts entsprechen, der in ihnen aufbewahrt wird.

Außerdem ist mediengerechtes HTML im Idealfall auch ohne Zutaten wie CSS, JavaScript oder Mausbedienung sinnvoll nutzbar. Das HTML der Beispielseiten ist bereits valide und mediengerecht, wird aber im weiteren Verlauf dieses Kapitels noch weiter optimiert.

21.2 Skiplinks: Nützlich für Nicht-Mäuse-Schubser

Kennen Sie Skippy, das Buschkänguru? *To skip* heißt »hüpfen« oder »springen«, und daher wird ein Hyperlink, der zu einer anderen Stelle auf *derselben* Webseite springt, manchmal auch *Skiplink* genannt.

Skiplinks stehen am Anfang des Quelltextes

Für Besucher, die einer Webseite ohne den fast selbstverständlichen Luxus einer Maus begegnen, sind Skiplinks eine sehr nützliche Sache. Skiplinks helfen beim Navigieren innerhalb der Seite, da mit ihrer Hilfe zu bestimmten Stellen gesprungen werden kann.

In diesem Abschnitt erstellen Sie am Anfang der Seite zwei Skiplinks: einen zur Navigation und einen zum Inhaltsbereich. Auf den Beispielseiten wären diese Skiplinks vielleicht nicht wirklich notwendig, weil die Navigation extrem kurz ist, aber Skiplinks gehören zum guten Stil, und nach diesem Abschnitt wissen Sie, wie das geht.

Die Stelle auf einer Webseite, zu der der Hyperlink springt, wird *Sprungmarke* genannt und im Quelltext durch das Attribut `id` gekennzeichnet. Als Sprungziel für den Hyperlink benutzen Sie bereits vorhandene IDs, im Beispiel `#navibereich` und `#textbereich`.

ToDo: Erstellen Sie einen Skiplink zum Überspringen der Navigation

1. Kopieren Sie die Dateien aus dem Basisordner zu diesem Kapitel in einen Übungsordner.

2. Öffnen Sie die Seiten *index.html*, *galerie.html* und *kontakt.html* im Editor.

3. Ergänzen Sie auf allen Seiten die ungeordnete Liste mit den Skiplinks, wobei die Links in einer Zeile stehen können und sollten:

```
<body>
  <div id="wrapper">
  <div id="kopfbereich">
  <ul>
    <li><a href="#navibereich">
    Zur Navigation springen (ENTER drücken)</a></li>
    <li><a href="#textbereich">
    Zum Inhalt springen (ENTER drücken</a></li>
  </ul>
  <h1> ...
```

4. Speichern Sie die Webseiten, und betrachten Sie sie in einem Browser.

Im Browserfenster sehen diese Skiplinks so aus wie in Abbildung 21.1.

Abbildung 21.1:
Die Skiplinks
im Browser

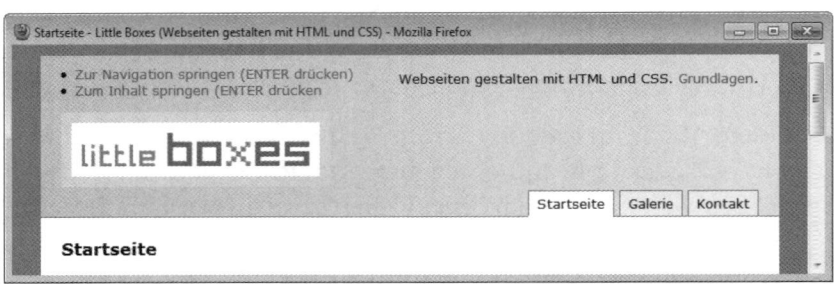

Die Hyperlinks springen zu den HTML-Elementen mit dem Attribut `id="navibereich"` bzw. `id="textbereich"`. Falls Sie den Sprung zum Navigations- bzw. Textbereich nicht sehen können, verkleinern Sie das Browserfenster einfach so weit wie nötig.

Weiterführende Informationen zu Skiplinks

Die Website *einfach-fuer-alle.de* ist eine hervorragende Anlaufstelle für alle Themen rund um die Barrierefreiheit von Webseiten. Der folgende Artikel enthält eine sehr schöne Einführung zu Skiplinks:

■ *einfach-fuer-alle.de/blog/id/2459/*

Skiplinks in visuellen Browsern ausblenden

Da ein Skiplink in erster Linie als Hilfe bei der Tastaturnavigation oder beim Vorlesen der Webseite im Screenreader gedacht ist, können Sie ihn mithilfe von CSS in einem visuellen Browser ausblenden.

Dazu geben Sie im folgenden ToDo der Liste die Klasse versteckmich, mit deren Hilfe Sie die Links im CSS ausblenden.

ToDo: Skiplinks ausblenden

1. Öffnen Sie die Seiten *index.html*, *galerie.html* und *kontakt.html* im Editor.

2. Ergänzen Sie auf allen Seiten bei den Links die Klasse versteckmich:

```
<body>
<div id="wrapper">
<div id="kopfbereich">
  <ul class="versteckmich">
    <li><a href="#navibereich">
    Zur Navigation springen(ENTER drücken)</a></li>
    <li><a href="#textbereich">
    Zum Inhalt springen (ENTER drücken</a></li>
  </ul>
  <h1> ...
```

3. Speichern Sie die Webseiten.

> ## ToDo: Skiplinks ausblenden (Forts.)
>
> 4. Öffnen Sie das Stylesheet *bildschirm.css,* und fügen Sie im Abschnitt für allgemeine Klassen und IDs folgende CSS-Regel ein:
>
> ```css
> .versteckmich {
>   position: absolute;
>   left: -32768px;
>   top: -32768px;
>   width: 0;
>   height: 0;
> }
> ```
>
> 5. Speichern Sie das Stylesheet, und betrachten Sie die Webseiten im Browser.

Nach diesem ToDo ist die Liste mit den Skiplinks im Quelltext zwar noch vorhanden, aber in einem visuellen Browser nicht mehr zu sehen, da sie durch die Angabe von `position` und `left` weit außerhalb des Bildschirms positioniert wird. `32768px` erscheint vielleicht etwas übertrieben, aber im Zeitalter immer größer werdender Bildschirmauflösungen sollte man lieber auf Nummer sicher gehen.

Die abschließenden Deklarationen für `width` und `height` stellen sicher, dass die Links wirklich so gut wie keinen Platz beanspruchen.

Tipp

Über das Verstecken von Skiplinks

Eine einfache Art, HTML-Elemente auf Webseiten auszublenden, wäre die Deklaration

`.versteckmich {display: none;}`

Leider hat `display:none` den entscheidenden Nachteil, dass einige Screenreader so unsichtbar gemachte Elemente ignorieren.

Skiplinks für Tastaturbenutzer wieder einblenden

In diesem Abschnitt machen Sie die Skiplinks für Tastaturbenutzer wieder sichtbar. Dazu bekommen die Links die Klasse `skiplink`, die unter Verwendung der Pseudo-Klassen `:focus` und `:active` im CSS eingeblendet wird.

Wenn ein Link per ⇆ den Fokus erhält, wird dieser Link absolut positioniert und links oben im Kopfbereich eingeblendet. Dies geschieht mithilfe der Werte für `left` und `top`. Sie erhalten genau die Anzahl Pixel, mit der sie weiter oben ausgeblendet wurden. Außerdem wird in dem Style `width` auf einen Wert gesetzt, der zum Layout passt, und die Skiplinks werden noch ein wenig gestaltet.

ToDo: Skiplinks für Tastaturbenutzer wieder einblenden

1. Öffnen Sie die Seiten *index.html*, *galerie.html* und *kontakt.html* im Editor.

2. Ergänzen Sie auf allen Seiten bei den Links die Klasse `skiplink`:

```
<body>
<div id="wrapper">
<div id="kopfbereich">
  <ul class="versteckmich">
    <li><a class="skiplink" href="#navibereich">
    Zur Navigation springen(ENTER drücken)</a></li>
    <li><a class="skiplink" href="#textbereich">
    Zum Inhalt springen (ENTER drücken</a></li>
  </ul>
  <h1> ...
```

3. Speichern Sie die Webseiten.

4. Öffnen Sie das Stylesheet *bildschirm.css*, und fügen Sie im Abschnitt für allgemeine Klassen und IDs folgende CSS-Regel ein:

```
a.skiplink:focus,
a.skiplink:active {
  position: absolute;
  left: 32768px;
  top: 32768px;
  width: 274px; /* je nach Layout anpassen */
  height: auto;
  color: black;
  background-color: white;
  border: 1px solid #d90000;
  padding: 3px
}
```

5. Speichern Sie das Stylesheet, und betrachten Sie die Webseiten im Browser.

Bei der Navigation per Tastatur werden die Links jetzt nacheinander wieder eingeblendet, sobald sie den Fokus erhalten (siehe Abbildung 21.2).

Abbildung 21.2:
Ein per ⇥
eingeblendeter
Skiplink

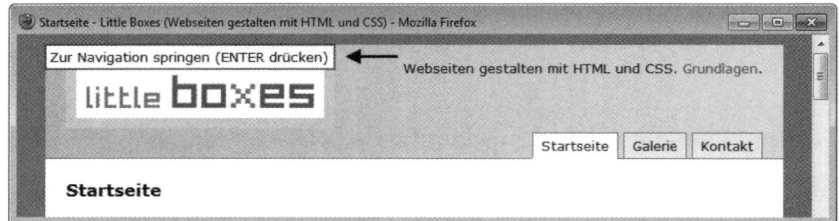

Tipp | **Skiplinks in Opera und in Webkit-basierten Browsern**

In Opera wird per Tastatur mit ⇧ + Pfeiltasten navigiert, aber die ausgeblendeten Links bleiben dabei ausgeblendet.

Im Safari müssen Sie die Navigation per ⇥ erst aktivieren. Dazu kreuzen Sie in den Einstellungen auf dem Register Erweitert die Checkbox mit der fantastischen Beschriftung Über Tabulator jedes Objekt auf der Seite hervorheben an.

Webkit-basierte Browser (Safari, Chrome) behalten nach dem Drücken von ⏎ den Tastaturfokus, was die Navigation auf der Webseite empfindlich stört. Dieses Problem beschreibt Dirk Jesse in seinem hervorragenden Artikel »Skiplinks - Best practices«:

■ *highresolution.info/weblog/entry/skiplinks_best_practices/*

Die Lösung beinhaltet auf jeden Fall JavaScript, aber vielleicht fixen die Hersteller ja auch irgendwann ihre Browser.

21.3 Übersichtlich: Strukturelle Überschriften

In diesem Abschnitt geben Sie jedem wichtigen Bereich auf den Webseiten eine Überschrift. Screenreader können diese Überschriften direkt anspringen. In einem visuellen Browser wird die Aufteilung der Seite durch das Layout deutlich. Die zusätzlichen Überschriften sind daher nicht notwendig und werden per CSS ausgeblendet.

Der Kopfbereich: Überschrift und Absatz

Der Kopfbereich gibt Ihren Webseiten eine unverwechselbare Identität und sollte einen gewissen Wiedererkennungswert haben:

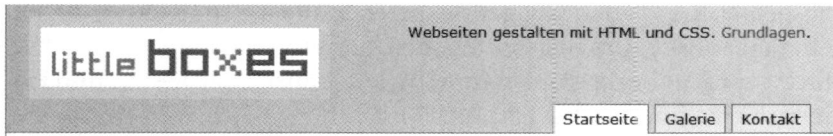

Abbildung 21.3:
Der Kopfbereich
der Beispielseiten
(mit CSS)

Auf englischen Webseiten wird der Kopfbereich oft als »masthead« oder »branding« bezeichnet:

- *Masthead* ist der obere Bereich der Titelseite einer Zeitung: ein Zeitungskopf, in dem der Name, grafische Elemente und eventuell eine kurze Charakterisierung stehen.

- *Branding* leitet sich von »brand« (dt.: »Marke«) ab und könnte als »Markenbildung« übersetzt werden.

Um Identität und Wiedererkennung zu gewährleisten, enthält der Kopfbereich in der Regel mindestens zwei Dinge:

- ein *Logo* zur Identifizierung der Site, das dem Besucher auf einen Blick sagt, wo er bei seiner Surftour gelandet ist

- einen *Slogan*, der dem Besucher kurz und knapp mitteilt, was ihn auf diesen Seiten erwartet. Der Slogan wird manchmal auch als *Claim* bezeichnet.

Die Beispielseiten enthalten beides. Das Logo ist die Hauptüberschrift der Seite, und der Slogan ist ein ganz normaler Textabsatz, auch wenn es kein vollständiger Satz ist.

Natürlich gäbe es andere Möglichkeiten für das Markup: Das Logo muss kein h1 sein, ein ganz normales div wäre auch nicht falsch. Oder wenn das Logo ein h1 ist, könnte der Slogan zum Beispiel ein h2 sein. Da gibt es verschiedene Vorlieben. Andererseites ist das vorhandene Markup der Beispielseite im Kopfbereich simpel, effektiv und kann erst einmal so bleiben.

Der Navigationsbereich: Überschrift und Navigationsliste

Um den Beginn der Navigation im Quelltext zu kennzeichnen, fügen Sie *vor* der Navigationsliste noch eine h2-Überschrift ein. Bei der CSS-Gestaltung wird diese Überschrift mit der Klasse .versteckmich ausgeblendet, da der Navigationsbereich im Layout deutlich als solcher erkennbar und die zusätzliche Überschrift in einem grafischen Browser nicht nötig ist, aber im HTML signalisiert sie Lesern und Hörern den Beginn der Navigation.

Im folgenden ToDo erledigen Sie diese beiden Dinge.

ToDo: Das HTML für den Navigationsbereich optimieren

1. Öffnen Sie die Seiten *index.html, galerie.html* und *kontakt.html* im Editor.

2. Ergänzen Sie im Navigationsbereich auf allen drei Seiten die Überschrift mit der Klasse versteckmich:

   ```
   <div id="navibereich">
   <h2 class="versteckmich">Navigation</h2>

   <!-- die Navigationsliste unverändert lassen -->

   </div> <!-- Ende navibereich -->
   ```

3. Speichern Sie die Webseiten, und betrachten Sie sie in einem Browser.

Das CSS blendet die Überschrift aus, aber ohne CSS ist für Leser und Hörer deutlich erkennbar, wo der Navigationsbereich beginnt (siehe Abbildung 21.4 auf Seite 425).

Der Textbereich: Überschrift und Inhalt

Der Textbereich wird auf jeder Seite mit anderem Inhalt gefüllt und mit einer h2-Überschrift eingeleitet. Diese h2-Überschrift bekommt im folgenden ToDo einen mit der Klasse versteckmich gekennzeichneten Zusatz, der Besuchern ohne CSS deutlich macht, dass diese Überschrift der Beginn des Inhaltsbereichs ist.

ToDo: Die Überschrift für den Inhaltsbereich optimieren

1. Öffnen Sie die Seiten *index.html, galerie.html* und *kontakt.html* im Editor.

2. Ergänzen Sie im Inhaltsbereich auf allen drei Seiten das span mit der Klasse versteckmich. Das folgende Listing zeigt als Beispiel die Startseite index.html:

   ```
   <h2><span class="versteckmich">Inhalt: </span>Startseite</h2>
   ```

3. Speichern Sie die Webseiten, und betrachten Sie sie in einem Browser.

Das CSS blendet das span-Element in einem visuellen Browser aus, aber ohne CSS erscheint der Zusatz »Inhalt: « als Teil der Überschrift (siehe Abbildung 21.4 auf Seite 425).

In Kapitel 30, »Fließtext gestalten«, lernen Sie ab Seite 609 diverse Methoden zur Auszeichnung und Gestaltung von Zitaten, Hinweisboxen, Bildbeschriftungen und anderen häufig vorkommenden Strukturen im Inhaltsbereich kennen.

Der Fußbereich: Überschrift und Infos

Der Fußbereich einer Webseite eignet sich ideal zur Darstellung von allgemeinen Informationen über die Site wie Kontaktadresse, eventuelle Copyright-Hinweise oder einen Link zum Impressum.

Wie die anderen Bereiche wird auch der Fußbereich mit einer per CSS versteckten Überschrift beginnen. Außerdem fügen Sie im folgenden ToDo noch einen Copyright-Hinweis hinzu.

ToDo: Das HTML für den Fußbereich optimieren

1. Öffnen Sie die Seiten *index.html*, *galerie.html* und *kontakt.html* im Editor.

2. Ergänzen Sie das HTML im Fußbereich wie folgt:

```
<div id="fussbereich">
<h2 class="versteckmich">Informationen über diese Website</h2>
<address>
Little Boxes &middot; Kästchenweg 12 &middot; 01234 Boxberg
<br />
Tel: 01234 567890 &middot; Fax: 01234 567891
</address>
<p>&copy; Ihr Name, 2011</p>
</div><!-- Ende fussbereich -->
```

3. Speichern Sie die Webseiten.

4. Ergänzen Sie im Stylesheet *bildschirm.css* die Gestaltung des Fußbereichs:

```
#fussbereich p {
   text-align: center;
   font-size: 80%;
   letter-spacing: 2px;
   line-height: 1.5;
}
```

5. Speichern Sie das Stylesheet, und betrachten Sie die Webseiten in einem Browser.

Der Copyright-Hinweis passt sich so der Kontaktadresse im Fußbereich optisch an.

Die Startseite mit strukturellen Überschriften im Überblick

Nach diesen Änderungen sieht die Startseite der Beispielsite ohne CSS im Browser so aus wie in Abbildung 21.4.

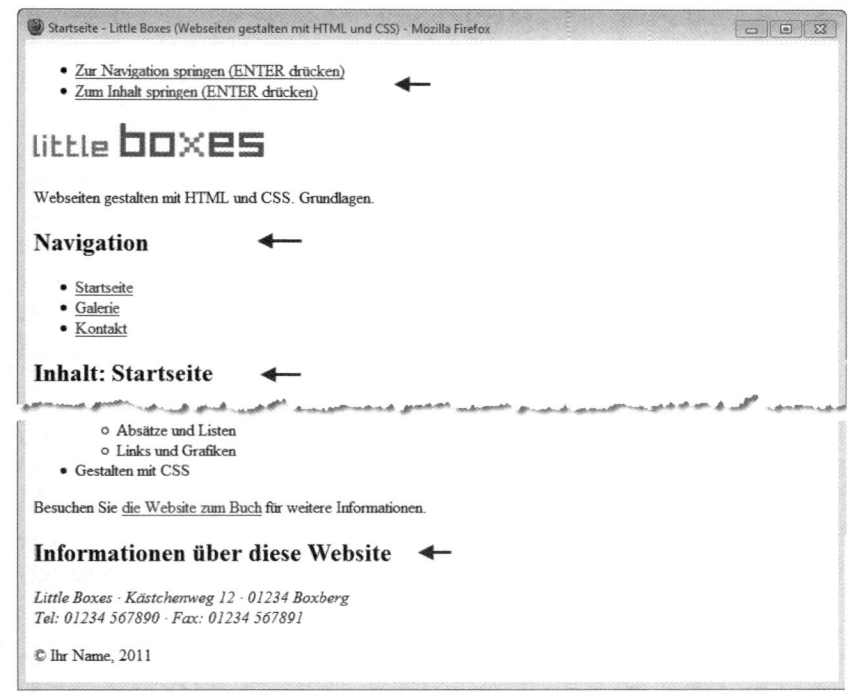

Abbildung 21.4:
Die Startseite
mit Skiplinks und
strukturellen
Überschriften

Beachten Sie, dass die Struktur der Seite durch die Überschriften deutlicher herauskommt als vorher. In einem visuellen Browser wird diese Struktur durch das Layout deutlich, und deshalb können die Überschriften ausgeblendet werden.

21.4 Orientierungshilfen: Die »ARIA Landmark Roles«

Die strukturellen Überschriften, die Sie im vorigen Abschnitt gesehen haben, geben einer Webseite eine im HTML sichtbare Grundstruktur. Die *ARIA Landmark Roles* hingegen bleiben im Browserfenster unsichtbar, bereichern den Quelltext aber um semantisch relevante Informationen. Das ist in der Praxis viel einfacher, als diese Beschreibung vielleicht klingt, aber immer der Reihe nach. Zunächst einmal werfen Sie einen kurzen Blick auf die beiden Begriffe.

»ARIA« und die Landmark Roles

ARIA hat nichts mit Opern zu tun, sondern ist die Abkürzung für *Accessible Rich Internet Applications* und Teil einer technischen Spezifikation der *Web Accessibility Initiative* (WAI), die sich um die Zugänglichkeit von im Web gespeicherten Informationen kümmert. Die *WAI-ARIA* ist eine sehr komplexe technische Spezifikation, die versucht, *Rich Internet Applications* zugänglich zu machen. Das *Rich* bedeutet frei übersetzt übrigens so viel wie »angereichert mit Technologien wie Ajax und JavaScript« und hat nichts mit »reich« im Sinne von »viel Geld« zu tun. Die Landmark Roles sind ein kleiner Teil dieser Spezifikation.

Was es mit *Landmarks* auf sich hat, zeigt ein kleiner Vergleich: Wenn Sie in einer fremden Stadt unterwegs sind, helfen bestimmte besonders auffällige Punkte im Stadtbild bei der Orientierung: ein Fernsehturm, ein Hochhaus, ein Fluss oder eine besonders breite Straße, die Sie bereits zum dritten Mal überqueren. Ein solcher »Orientierungspunkt« wird im Englischen als »landmark« bezeichnet.

Im Web sind Sie nicht in einer fremden Stadt unterwegs, sondern in fremdem Quelltext. Um die Orientierung darin zu erleichtern, wird der Quelltext einer Webseite mit `div`-Elementen strukturiert. Da ein reines `<div>` neutral und nichtssagend ist, beschriftet man die `div`-Elemente mit einer ID: `<div id="navibereich">`. Für Sie ist damit klar, was gemeint ist, für eine Maschine hingegen nicht. Der Name »navibereich« ist nirgendwo festgelegt, und andere Autoren verwenden vielleicht andere Namen und nennen den Navigationsbereich einfach nur `<div id="navi">`. Die Sache an sich ist gut, aber für Maschinen nicht ausreichend eindeutig.

Die in diesem Kapitel vergebenen strukturellen Überschriften verdeutlichen die Struktur der Webseite, ohne dass Sie einen Blick in den Quelltext werfen müssen, und vereinfachen die Navigation für Screenreader-Nutzer, aber das Problem der nicht eindeutigen Namensgebung bleibt. Die Überschrift »Navigation« könnte zum Beispiel auch für einen Artikel über die Seefahrt im 17. Jahrhundert gelten. IDs für HTML-Elemente und Überschriften sind semantisch nicht eindeutig und somit für Maschinen nur eingeschränkt nutzbar.

An dieser Stelle setzen die ARIA Landmark Roles an. Sie legen eindeutig fest, welche Rolle bestimmte Elemente auf der Webseite spielen. Dazu werden die entsprechenden HTML-Elemente einfach um das Attribut `role` erweitert, das einen fest definierten Wert erhält:

```
<div id="navibereich" role="navigation">
```

Alle Geräte und Programme, die die WAI-ARIA kennen, wissen jetzt, dass dieses `div` Navigationselemente für die Webseite beinhaltet. Das ist genial, einfach und effektiv. Auch Suchmaschinen könnten zum Beispiel Suchbegriffe in unterschiedlichen Rollen unterschiedlich bewerten.

Die Rollen der »ARIA«

Die ARIA Landmark Roles sind Bestandteil von HTML5 und somit valide. Die wichtigsten momentan definierten Rollen lauten wie folgt:

- **banner.** Diese Rolle kennzeichnet einen Bereich der Webseite, der den Titel, ein Logo und einen Slogan oder Ähnliches enthält. Im Beispiel ist das `<div id="kopfbereich">`.

- **navigation.** Kennzeichnet Haupt- und Untermenüs zur Navigation. Könnte aber auch für andere Elemente wie Inhaltsverzeichnis oder Sitemap eingesetzt werden. Auf den Beispielseiten ist das `<div id="navibereich">`.

- **main.** Der Hauptinhalt einer Seite, der auf den Beispielseiten in `<div id="textbereich">` steht.

- **contentinfo.** Informationen über den Inhalt der Webseite, wie z. B. Autor, Copyright, Fußnoten und dergleichen mehr. Im Beispiel wäre das `<div id="fussbereich">`.

- **complementary.** Ein solcher Bereich enthält ergänzende Informationen zum Hauptinhalt, die aber auch unabhängig davon verständlich sind. Typisch wäre eine Sidebar mit ergänzenden Infos. Ein solcher Bereich ist auf den Beispielseiten in diesem Kapitel nicht vorhanden.

- **search.** Eine Suchfunktion. Sie ist auch noch nicht eingebaut.

Im folgenden ToDo erweitern Sie den bestehenden Quelltext um diese ARIA Landmarks.

ToDo: Das HTML um ARIA Landmark Roles erweitern

1. Öffnen Sie die Seiten *index.html*, *galerie.html* und *kontakt.html* im Editor.

2. Ergänzen Sie auf jeder Seite für die wichtigen inhaltlichen Bereiche die folgenden Rollen:

```
<div id="kopfbereich" role="banner">
```

```
<div id="navibereich" role="navigation">
```

```
<div id="textbereich" role="main">
```

```
<div id="fussbereich" role="contentinfo">
```

3. Speichern Sie die Webseiten.

In einem visuellen Browser hat sich wie gesagt nichts verändert, aber Sie haben das HTML um eine wichtige semantische Komponente erweitert.

Weitere Infos zur WAI-ARIA finden Sie z. B. beim W3C. Sie sind trocken, aber korrekt:

- *w3.org/TR/wai-aria/roles#landmark_roles*

- *w3.org/WAI/intro/aria*

Etwas lebendiger beschrieben wird die Sache bei den folgenden Autoren:

- *bit.ly/eSc4VQ* (die Kurz-URL führt zu *VorsprungdurchWebstandards.de*)

- *www.marcozehe.de/2009/10/31/easy-aria-tip-4-landmarks/*

Elemente mit »role«-Attributen per CSS gestalten   **Tipp**

In Kapitel 24 ab Seite 465 lernen Sie Attributselektoren kennen, mit denen Sie HTML-Elemente gestalten können, die ein bestimmtes Attribut mit einem bestimmten Wert enthalten. Damit können Sie auch auf die gerade definierten role-Attribute zurückgreifen.

21.5 FavIcon: Das Minilogo für Ihre Seiten

Das »Favorites Icon« ist nicht unbedingt eine semantisch wertvolle Ergänzung der Beispielsite, aber trotzdem nützlich und ein kleines Phänomen. Ursprünglich im IE5 als Symbol für die Favoriten genannten Lesezeichen eingeführt, erfreuen sich diese 16 x 16 Pixel kleinen Kunstwerke inzwischen allgemeiner Beliebtheit und geben einer Site ein Stück Identität.

Im Browserfenster sieht man sie an den verschiedensten Stellen, und selbst außerhalb davon tauchen sie in der Taskleiste und bei Verknüpfungen zu den Webseiten wieder auf.

Zum Erstellen eines FavIcons gibt es bequeme Online-Möglichkeiten:

- Wenn Sie eine vorhandene Grafik zum FavIcon konvertieren möchten, surfen Sie zu *www.favicongenerator.com/*.

- Falls Sie sich schnell ein einfaches FavIcon basteln möchten, geht das zum Beispiel bei *www.antifavicon.com/*.

- Wenn Sie ein FavIcon Pixel für Pixel selbst entwerfen möchten, können Sie das bei *www.favicon.cc/*.

Sobald Sie ein FavIcon haben, zeigt Ihnen das folgende ToDo, wie Sie es einbauen. Falls Sie keine Lust haben, selbst eines zu bauen, können Sie natürlich auch das FavIcon aus den Beispielseiten benutzen.

ToDo: FavIcon auf Ihren Seiten einbauen

1. Speichern Sie Ihr FavIcon im Übungsordner als *favicon.ico*.
2. Öffnen Sie gegebenenfalls die drei Webseiten *index.html, galerie.html* und *kontakt.html* in einem Editor.
3. Ergänzen Sie die fett gedruckte Zeile zwischen `<head>` und `</head>`:

```
<head>
    <!-- andere Elemente im Head --- unverändert lassen -->

    <link href="favicon.ico" rel="shortcut icon">

    <link href="bildschirm.css" rel="stylesheet"
      media="screen">
    <link href="druckversion.css" rel="stylesheet"
      media="print">
</head>
```

4. Speichern Sie die Webseite.

Im Firefox sieht die Startseite mit einem FavIcon so aus wie in Abbildung 21.5.

Abbildung 21.5:
FavIcon – ein
Minilogo
im Adressfeld
und im Tab

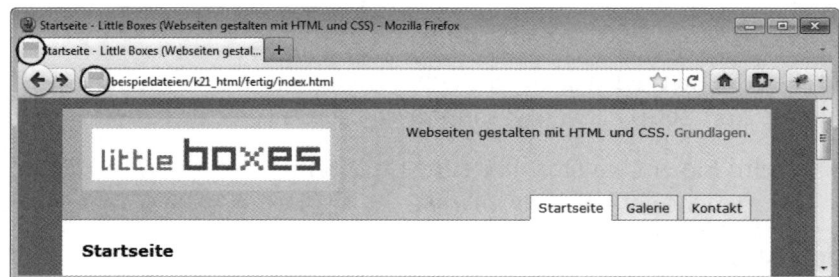

Tipp

Mehr zu FavIcons

Im Web gibt es viele Quellen mit weiteren Infos zu FavIcons. Eine FavIcon-Galerie und viele interessante Infos bietet die Site *www.favicons.de*.

21.6 Auf einen Blick

Hier sind noch einmal die wichtigsten Punkte dieses Kapitels im Überblick:

- Mediengerechtes HTML ist valide, hat eine logische Reihenfolge und ist möglichst semantisch.

- Skiplinks helfen Nichtmausbenutzern bei der Navigation auf Ihren Seiten.

- Strukturelle Überschriften kennzeichnen den Beginn der Bereiche im HTML und helfen Screenreader-Nutzern bei der Navigation innerhalb der Seite.

- Die ARIA Landmark Roles bereichern den Quelltext um semantisch relevante Informationen. Die wichtigsten Landmark Roles sind `banner`, `navigation`, `main`, `contentinfo`, `complementary` und `search`.

- Ein *FavIcon* ist schnell erstellt und gibt Ihren Seiten ein Stück Identität.

Kapitel 22

CSS: Zentralisierung und Fundament

Worin Sie ein zentrales Stylesheet und ein Fundament zur Gestaltung Ihrer Webseiten erstellen und anschließend die vorhandenen Stylesheets umstrukturieren.

Die Themen im Überblick:

In diesem Kapitel beginnen Sie die Optimierung des CSS für die Beispielseiten. Dazu erstellen Sie einige neue Stylesheets und ein zentrales Stylesheet namens *zentrale.css* zur Verwaltung derselben.

22.1 Ein zentrales Stylesheet

Wenn ein Stylesheet mehrere Hundert Zeilen lang wird, verliert man leicht den Überblick. Eine mögliche Antwort auf dieses Problem ist, die Styles auf mehrere Stylesheets zu verteilen.

Teile und herrsche: Aufteilung der Styles

Frei nach dem Motto »Teile und herrsche« erstellen viele Webautoren anstelle eines großen Stylesheets mehrere kleine und verwalten diese mit einem zentralen Stylesheet.

Dieses zentrale Stylesheet wird auf den Webseiten ganz normal mit dem link-Element eingebunden und ruft alle anderen benötigten Stylesheets auf:

Abbildung 22.1:
Ein zentrales
Stylesheet lädt
alle anderen.

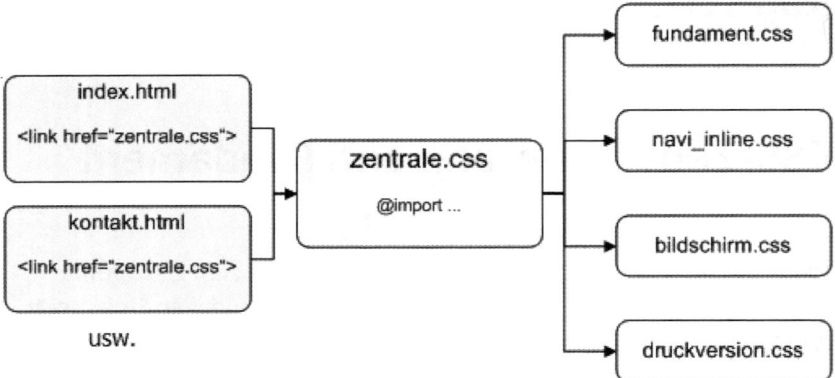

Das klingt vielleicht umständlich, ist aber nach kurzer Eingewöhnung sehr praktisch, denn die einzelnen Stylesheets werden entschlackt und übersichtlicher.

Für die Beispielseiten werden die Styles auf folgende Stylesheets verteilt:

- fundament.css enthält die Kalibrierung der Abstände für viele Elemente und eine grundlegende Formatierung. Dieses Stylesheet kann in vielen Projekten wiederverwendet werden.

- navi_inline.css enthält Styles zur Gestaltung der Navigation.

- bildschirm.css enthält Styles für die Ausgabe am Bildschirm.

- druckversion.css enthält Styles für die Druckversion der Seite.

Zumindest während der Entwicklung einer Website ist die Aufteilung von Styles eine sehr praktische Idee.

Eines, sie alle zu binden: »zentrale.css«

Im zentralen Stylesheet werden die anderen Stylesheets mit einer @import-Regel importiert, die konkret so aussieht:

```
@import url(fundament.css);
```

Ist Ihnen das Semikolon am Ende der Zeile aufgefallen? Falls nicht: Do not forget the Strichpunkt am Ende einer @import-Regel!

Im folgenden ToDo erstellen Sie zunächst das zentrale Stylesheet und schreiben die @import-Regel für das Stylesheet *fundament.css*, das im nächsten Abschnitt erstellt wird. Die Zeilen zur Einbindung der anderen Stylesheets können Sie auch bereits eintragen, diese bleiben aber vorerst auskommentiert.

Auf diese Weise werden die Beispielseiten vorerst nur vom Browserstylesheet formatiert, und Sie können die Entstehung des Stylesheets *fundament.css* in diesem Kapitel besser verfolgen.

ToDo: Ein zentrales Stylesheet erstellen

1. Kopieren Sie die Dateien aus dem Basisordner zu diesem Kapitel in einen Übungsordner.

2. Erstellen Sie eine neue Datei, und speichern Sie diese als *zentrale.css* im Ordner mit den Übungsdateien.

3. Erstellen Sie am Anfang und Ende der Datei einen Kommentar und dazwischen die folgenden, teilweise auskommentierten @import-Regeln:

```
/* =======================================================
Zentrales Stylesheet — wird im HEAD der Webseiten aufgerufen
Datei: zentrale.css
Datum: ...
Autor: ...
======================================================= */

@import url(fundament.css);
/*
@import url(navi_inline.css);
@import url(bildschirm.css);
```

Das große little **boxes** Buch
Webseiten gestalten mit HTML & CSS.
Grundlagen, Navigation, Inhalte, YAML & mehr

ToDo: Ein zentrales Stylesheet erstellen (Forts.)

```
@import url(druckversion.css);
*/


/* ======================================
   E N D E zentrale.css
   ====================================== */
```

4. Speichern Sie das Stylesheet.

Die zu importierenden Stylesheets gibt es zwar noch nicht, aber mit diesen Zeilen ist alles so weit vorbereitet, und ab Seite 438 beginnen Sie mit der Erstellung von *fundament.css*.

Einen Link zum zentralen Stylesheet erstellen

Im folgenden ToDo ändern Sie im HTML-Header der drei Webseiten den Link zu den Stylesheets. Danach sehen Sie vorerst kein CSS mehr, können aber dadurch die Änderungen in diesem Kapitel gut verfolgen.

ToDo: Link zum zentralen Stylesheet erstellen

1. Öffnen Sie die Webseiten *index.html*, *galerie.html* und *kontakt.html* in einem Editor.

2. Löschen Sie auf den Webseiten die Links zu den Stylesheets *bildschirm.css* und *druckversion.css*.

3. Fügen Sie stattdessen den folgenden Link zu *zentrale.css* ein:
```
<link href="zentrale.css" rel="stylesheet">
```

4. Speichern Sie alle drei Webseiten, und betrachten Sie sie in einem Browser.

Alles Styling ist futsch. Aber keine Bange, es kommt Schritt für Schritt wieder.

»@media«: Definition der Ausgabemedien

In den Beispielseiten wird das Ausgabemedium im link-Element mit dem Attribut media definiert (siehe auch Seite 130). Durch den Einbau des zentralen Stylesheets ist diese Angabe vorübergehend entfallen.

Ideal wäre die Definition eines Ausgabemediums am Ende der @import-Regel im zentralen Stylesheet, zum Beispiel so:

```
@import url(fundament.css) all;
@import url(navi_inline.css) screen;
@import url(bildschirm.css) screen;
@import url(druckversion.css) print;
```

Listing 22.1:
Definition des
Ausgabemediums
mit @import

Das ist einfach, übersichtlich, leicht zu verstehen und gültiges CSS. Leider findet der Internet Explorer das nicht, denn er ignoriert diesen Zusatz auch noch in der 7er-Version. Aus diesem Grund erfolgt die Definition der Ausgabemedien mithilfe der Anweisung @media *innerhalb* der einzelnen Stylesheets.

@media umschließt alle anderen Styles, sodass die öffnende Zeile *vor* allen Styles steht und die schließende geschweifte Klammer *danach*. Eine Beschränkung eines Stylesheets auf die Bildschirmausgabe sähe so aus:

```
@media screen {

    /* Styles zur Gestaltung */

} /* Ende @media – nicht löschen! */
```

Listing 22.2:
Definition des
Ausgabemediums
mit @media

Weil die schließende geschweifte Klammer unter Umständen Hunderte von Zeilen unterhalb der öffnenden steht, bekommt sie einen entsprechenden Kommentar, damit sie nicht nach dem Motto »Oh. Da ist ja eine Klammer zu viel.« versehentlich gelöscht wird.

22.2 Wiederverwendbares Basismodul: »fundament.css«

Das für die Beispielseiten verwendete Stylesheet *bildschirm.css* beginnt momentan mit einem auf Seite 176 definierten »Reset« der Innen- und Außenabstände für *alle* Elemente. Danach werden die wichtigsten Abstände für die auf den Beispielseiten verwendeten Elemente mit sinnvollen Werten definiert:

Listing 22.3: So beginnt das CSS der Beispielseiten in bildschirm.css

```
*   { padding: 0; margin: 0; }
html { overflow-y: scroll; }

h2, p, ul, ol { margin-bottom: 1em; }
ul ul { margin-bottom: 0; }
li { margin-left: 1em; }
/* hier ggfs. Abstände für weitere Elemente restaurieren */
```

Diese Restaurierung wird im Folgenden etwas auführlicher angelegt und auch für häufig verwendete Elemente definiert, die auf den Beispielseiten (noch) nicht benutzt werden. Im Anschluss an die Restaurierung folgen eine grundlegende Formatierung für die wichtigsten HTML-Elemente und ein paar allgemeine Klassen.

Reset, Restaurierung der Abstände und grundlegende Formatierung werden zusammen in einem Stylesheet namens *fundament.css* gespeichert, das Sie seinem Namen entsprechend auch als Fundament für andere Projekte verwenden können.

Reset: Abstände auf null setzen

Der Reset mit dem Universalselektor * ist zwar eine gute Basis für ein browserübergreifendes Layout, bedeutet aber für den Browser viel Arbeit, da er wirklich *alle* Elemente bearbeiten muss.

Im folgenden ToDo gehen Sie daher etwas spezifischer zu Werke und ersetzen den Universalselektor durch eine etwas längere Liste von Elementen. Davor sorgen Sie mit der Eigenschaft overflow-y noch dafür, dass in jedem Browser ein Scrollbalken erscheint, um ein Springen des Layouts bei kurzen Seiten zu verhindern (siehe Seite 176). Los geht's.

ToDo: Stylesheet *fundament.css* erstellen

1. Erstellen Sie eine leere Datei, und speichern Sie sie unter dem Namen *fundament.css* im Übungsordner.

2. Erstellen Sie am Anfang der Datei einen Kommentar, wobei Sie gerne zusätzliche oder andere Angaben machen können:

```
/*  =================================================
Basis-Stylesheet mit Reset, Restaurierung und
Basisformatierung
Datei:  fundament.css
Datum:  ...
Autor:  ...
========================================================  */
```

3. Definieren Sie nach dem Kommentar folgendes CSS:

```
@media all {

/*  ===========================================
    TEIL I – Reset
    =========================================== */

html { overflow-y: scroll; }

body, div,
h1, h2, h3, h4, h5, h6,
p, blockquote, pre, code,
ul, ol, li, dl, dt, dd,
table, th, td,
form, fieldset, legend, input, textarea {
  padding: 0; margin: 0;
}


} /* Ende @media - nicht löschen! */


/*  ===================================
    E N D E  fundament.css
    =================================== */
```

4. Speichern Sie das Stylesheet.

Diese beiden Maßnahmen kennen Sie so ähnlich bereits von Seite 176, und dort können Sie die Auswirkungen auch im Bild betrachten.

In den nächsten Abschnitten werden für die wichtigsten HTML-Elemente sinnvolle Abstände restauriert, sodass sie ohne weitere Gestaltung benutzbar sind.

Tipp

Über das Für und Wider von Resets

Der gezeigte Reset ist einfach und wirksam, aber über das definitive CSS-Reset wird im Web seit Jahren diskutiert. Eine sehr schöne Zusammenfassung gibt es bei *Six Revisions* in einer hervorragenden dreiteiligen Serie:

- *sixrevisions.com/css/the-history-of-css-resets/*
- *sixrevisions.com/css/a-comprehensive-guide-to-css-resets/*
- *sixrevisions.com/css/should-you-reset-your-css/*

Schauen Sie sich die Reset-Klassiker einmal genauer an:

- *meyerweb.com/eric/tools/css/reset/* (Eric Meyer)
- *developer.yahoo.com/yui/reset/* (Yahoo)
- *maxdesign.com.au/articles/css-reset/* (Russ Weakley)

Auf *cssresetr.com* können Sie sich die Auswirkungen verschiedener Reset-Varianten an einem Beispieltext anschauen. Es gibt übrigens auch Webdesigner, die bewusst *kein* CSS-Reset einsetzen:

- *snook.ca/archives/html_and_css/no_css_reset/*

Sie haben also die Qual der Wahl.

Nehmen Sie das, was Ihnen am besten gefällt, oder basteln Sie sich aus allen Varianten Ihr eigenes CSS-Reset. Aber Sie sollten auf keinen Fall einfach ein Reset übernehmen, ohne darüber nachgedacht zu haben, was es genau macht – auch nicht das aus diesem Buch.

Abstände für wichtige Elemente restaurieren

Nach dem Reset wird zunächst `margin-bottom` für die wichtigsten Elemente auf 1em gesetzt. Die Liste der Selektoren ist auf drei Zeilen verteilt:

- Am Anfang stehen alle Überschriftebenen, von `h1` bis `h6`.

- In Zeile 2 folgen Absätze, Zitate und Co. (`p`, `blockquote`, `pre`).

- In der dritten Zeile stehen Listen (`ul`, `ol`, `dl`).

Danach geht es weiter mit der Einrückung von Listen und Zitaten:

- Mit `blockquote` erstellte Zitate bekommen einen Einzug.

- Die Abstände für Listen und Listenelemente werden restauriert.

Bei den Listen werden auch Verschachtelungen berücksichtigt, sodass darin keine vertikalen Abstände entstehen. Das ist zwar etwas aufwendiger, aber nicht wirklich schwierig, sondern reine Fleißarbeit. Im folgenden ToDo setzen Sie dies alles um.

ToDo: »margin-bottom« für wichtige Elemente definieren

1. Definieren Sie in *fundament.css* nach dem eben erstellten Reset und vor der schließenden Klammer von `@media` die folgenden Kommentare und Regeln:

```
/* ==============================================
   TEIL II – Abstände restaurieren
   ============================================== */

/* margin-bottom für Überschriften, Absätze, Listen etc. */
h1, h2, h3, h4, h5, h6,
p, blockquote, pre,
ul, ol, dl {
    margin-bottom: 1em;
}

/* Zitate einrücken */
blockquote { margin: 1em 2em; }
```

ToDo: »margin-bottom« für wichtige Elemente definieren (Forts.)

```
/* Alle Listen etwas einrücken */
ul, ol, dl { margin-left: 1em; }

/* Listenelemente etwas mehr einrücken */
li { margin-left: 0.8em; }

/* Definitionen in Definitionslisten noch mehr einrücken */
dd { margin-left: 2em; }

/* Verschachtelte Listen ohne Außenabstand oben/unten */
ul ul, ul ol, ul dl,
ol ul, ol ol, ol dl,
dl ul, dl ol, dl dl {
    margin-top: 0;
    margin-bottom: 0;
}
```

2. Speichern Sie das Stylesheet.

Die Werte in diesem ToDo sollten Sie als Anregungen verstehen und nicht als gesetzlich festgelegte Richtwerte. Experimentieren Sie, und entscheiden Sie sich für Werte, die Ihren Vorlieben und Bedürfnissen am ehesten entsprechen.

Aufzählungszeichen für Listen und anderer Kleinkram

Nach den Abständen für Listenkisten sind jetzt die Aufzählungszeichen dran, und zwar runter bis zur dritten Ebene.

Danach definieren Sie noch grundlegende Einstellungen für Tabellen und entfernen die standardmäßig vorhandenen Rahmenlinien um verlinkte Bilder (a img) und das Element fieldset, das Sie später noch kennenlernen werden (siehe Seite 682). All das erledigt das folgende ToDo.

> **ToDo: Formatierung für Aufzählungszeichen und anderen Kleinkram**
>
> 1. Definieren Sie in Teil II von *fundament.css* die folgenden Styles:
>
>     ```
>     /* Aufzählungszeichen für Listenkisten */
>     /* Ebene 1 - ul: square (ausgefülltes Rechteck); ol:
>     Dezimalzahlen  */
>     ul { list-style-type: square; }
>     ol { list-style-type: decimal; }
>
>     /* Ebene 2 – ul: disc (ausgefüllter Kreis); ol: kleine
>     Buchstaben */
>     ul ul { list-style-type: disc; }
>     ol ol { list-style-type: lower-alpha; }
>
>     ul ol { list-style-type: decimal; }
>     ol ul { list-style-type: square; }
>
>     /* Ebene 3 - ul und ol mit circle (nicht ausgefüllter Kreis)
>     */
>     ol ol ol, ol ol ul, ol ul ul, ol ul ol,
>     ul ul ul, ul ul ol, ul ol ol, ul ol ul {
>        list-style-type: circle; }
>     ```
>
> 2. Definieren Sie darunter folgende Regeln:
>
>     ```
>     /* Tabellen benötigen noch cellspacing="0" im HTML */
>     table {
>       border-collapse: collapse;
>       border-spacing: 0;
>     }
>
>     /* Rahmen um fieldset und verlinkte Bilder entfernen */
>     fieldset, a img { border: none; }
>     ```
>
> 3. Speichern Sie das Stylesheet.

Sie können in Ihren Stylesheets natürlich gerne andere Aufzählungszeichen benutzen, falls Sie zum Beispiel bei den ol-Listen auch in der dritten Ebene noch eine Nummerierung haben möchten. Mit den Styles aus dem ToDo sehen Listen im Browser etwa so aus wie in Abbildung 22.4.

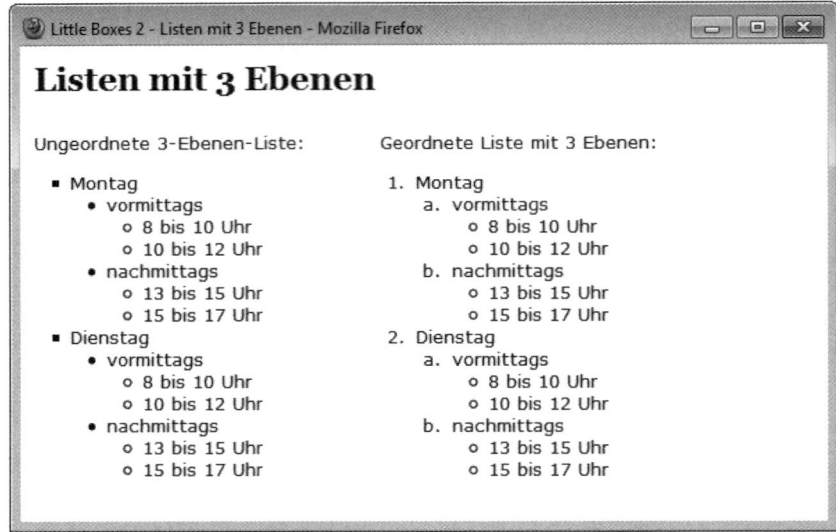

CSS kennt bisher leider keine wirkliche Möglichkeit, für Listen *eigene* Aufzählungszeichen zu verwenden, sodass Sie für ul auf die Werte square, disc und circle eingeschränkt sind. Eine simple Aufzählung mit Bindestrichen ist zum Beispiel nicht so ohne Weiteres möglich. Wie es trotzdem geht, erfahren Sie ab Seite 658.

Schrift formatieren: »body« und Überschriften

Nachdem Sie die Innen- und Außenabstände der wichtigsten Elemente vereinheitlicht haben, geht es mit einer grundlegenden Schriftgestaltung weiter. Betrachten Sie die im Folgenden gezeigten Styles als Anregungen, die Sie nach Belieben anpassen können.

Viele Webautoren gestalten Überschriften mit einer Serifenschrift, was im Wesentlichen zwei Gründe hat:

■ Schriften ohne Serifen wie Verdana & Co. wirken bei größerem Schriftgrad am Bildschirm oft sehr fett und kräftig.

■ Überschriften heben sich durch die Serifenschrift besser vom serifenlosen Fließtext ab.

Auch bei den Überschriften dürfen und sollten Sie Ihre eigenen Vorlieben einsetzen, sowohl bei der Schriftart als auch beim Schriftgrad, aber falls Sie noch keine bestimmten Vorstellungen haben, probieren Sie einmal die *Georgia* aus. Das ist eine von Microsoft speziell für den Bildschirm erfundene Serifenschrift (quasi das Gegenstück zur serifenlosen *Verdana*). Sie ist unter Windows und Mac verfügbar und gut lesbar.

Im folgenden ToDo geht es mit der allgemeinen Formatierung los.

ToDo: Schrift für »body« und Überschriften formatieren

1. Erstellen Sie in *fundament.css* zwischen Teil II und der schließenden Klammer von `@media` die folgenden Kommentare und Styles:

```
/* ==========================================
    TEIL III – Grundlegende Formatierung
   ======================================= */


/* ==========================================
    1. body */

body {
    background-color: white;
    color: black;
    font-family: Verdana, Arial, Helvetica, sans-serif;
    font-size: 81.25%;
}
```

2. Fügen Sie darunter die folgenden Regeln zur Formatierung von Überschriften ein:

```
/* ==========================================
    2. Schriftformatierung für Überschriften   */


/* Serifenschrift für Überschriften */
h1, h2, h3, h4, h5, h6 {
    font-family: Georgia, "Times New Roman", "Times Roman",
serif;
    font-weight: bold;
}
/*  Überschriftengrößen, auf Basis von 13px */
h1 { font-size: 200%; }      /* 26px */
h2 { font-size: 184.62%; }   /* 24px */
h3 { font-size: 153.85%; }   /* 20px */
h4 { font-size: 138.46%; }   /* 18px */
h5 { font-size: 123.08% }    /* 16px */
h6 { font-size: 107.69%; }   /* 14px */
```

3. Speichern Sie das Stylesheet.

Zur Schriftgröße: Browser haben meist eine Standardschriftgröße von 16 px, aber man sollte im Hinterkopf behalten, dass der Wert eine Annahme und nicht in Stein gemeißelt ist. Der Wert 81.25% macht den Text etwas kleiner als diese Standardeinstellung und ergibt dabei 13 px – einen auch im Zeitalter immer höher auflösender Bildschirme (besonders bei Notebooks) gut lesbaren Wert. Man könnte natürlich auch direkt font-size:13px definieren, aber dann können IE-Benutzer den Textzoom nicht mehr benutzen.

Für alle Fälle: Allgemeine Klassen für verschiedene Zwecke

Zum Abschluss des Basis-Stylesheets folgen noch ein paar Klassen, die Sie im Verlaufe des Buches bereits kennengelernt haben, die Sie aber wahrscheinlich in fast jedem Projekt benutzen werden. Im Einzelnen sind das die Styles für Clearfix, für das Umschließen von Floats per overflow:hidden, für das Verstecken von HTML-Elementen und für das Einblenden von Skiplinks bei Navigation per ⬌.

ToDo: Allgemeine Klassen für verschiedene Zwecke erstellen

1. Erstellen Sie in Teil III von *fundament.css* die folgenden Kommentare und Regeln:

```
/* ======================================
   TEIL IV – Allgemeine Klassen
   ====================================== */

/* =======================================
   1. Clearfix: Floats umschließen */

/* Der Kern von Clearfix */
.clearfix:after {
  content: ".";
  display: block;
  clear: both;
  font-size: 0;
  height: 0;
  visibility: hidden;
}
```

ToDo: Allgemeine Klassen für verschiedene Zwecke erstellen (Forts.)

```css
/* Patch für IE7 */
*:first-child+html .clearfix { min-height: 0; }

/* Patch für IE6 */
* html .clearfix { height: 1%; }

/* ===============================================
   2. Gefloatete Elemente umschließen */

.containingfloats {
  overflow: hidden;
}

/* ===============================================
   3. Floats clearen */

.clearing { clear: both; }
```

2. Erstellen Sie darunter den folgenden Style zum Verstecken von Elementen:

```css
/* ===============================================
   4. Elemente verstecken */
.versteckmich {
  position: absolute;
  left: -32768px;
  top: -32768px;
  width: 0;
  height: 0;
}
```

3. Es folgt ein Style zum Einblenden der Skiplinks bei Navigation per
   ⇄ :

```css
/* ===============================================
   5. Skiplinks aus .versteckmich wieder einblerden */
a.skiplink:focus, a.skiplink:active {
  position: absolute;
  left: 32768px;
  top: 32768px;
  width: 274px; /* je nach Layout anpassen */
```

ToDo: Allgemeine Klassen für verschiedene Zwecke erstellen (Forts.)

```
      height: auto;
      color: black;
      background-color: white;
      border: 1px solid #d90000;
      padding: 3px
   }
```

4. Speichern Sie das Stylesheet.

Falls Sie die Anregungen in diesem Kapitel in Ihr Basis-Stylesheet übertragen haben, sieht die Startseite nach diesem ToDo im Browser nur mit *fundament.css* ungefähr so aus wie in Abbildung 22.3.

Abbildung 22.3:
Die Startseite
der Beispiel-
site nur mit
fundament.css

22.3 Stylesheets für die Beispielsite komplettieren

Auf dem eben erstellten Fundament setzen die Styles für einzelne Projekte auf, wie z. B. für die in diesem Buch erstellte Site. Die Formatierung dieser Beispielsite wird dabei, wie eingangs bereits erwähnt wurde, auf die folgenden drei Stylesheets verteilt:

- auf `navi_inline.css` für die Styles zur Gestaltung der Navigation

- auf `bildschirm.css` für die Styles zur Gestaltung des Inhalts

- auf `druckversion.css` für die Styles zur Gestaltung eines Ausdrucks

Die Umstellung ist recht einfach und erfordert nur wenige Aktionen, die im Folgenden kurz beschrieben werden. Vergessen Sie nicht, in *zentrale.css* den Kommentar um die drei `@import`-Regeln zu entfernen.

Navigation: Die Styles in »navi_inline.css«

Zunächst erstellen Sie das Stylesheet *navi_inline.css* und verschieben alle Styles, die mit `#navibereich` beginnen, aus der existierenden *bildschirm.css* in dieses Stylesheet. Das Stylesheet soll nur für den Bildschirm gelten und beginnt mit `@media screen`.

Durch die Auslagerung der Styles in ein eigenes Stylesheet kann die Navigation sehr flexibel gestaltet werden. Bei der Erstellung verschiedener Navigationsvarianten ab Kapitel 25 werden Sie sehen, wie praktisch das ist. Dann können Sie die Stylesheets zur Gestaltung der Navigation ganz einfach austauschen.

Inhalt formatieren: Die Styles in »bildschirm.css«

Die Styles in *bildschirm.css* können fast so bleiben, wie sie sind. Das Stylesheet soll ebenfalls nur für den Bildschirm gelten und beginnt daher mit `@media screen`. Die Styles zur Gestaltung der Navigation sollten hier nicht mehr auftauchen, da sie bereits in *navi_inline.css* enthalten sind, und einige Styles sollten aus *bildschirm.css* entfernt werden, da sie bereits in *fundament.css* enthalten sind.

- Der gesamte Teil I mit den Styles zum Reset und zur Restaurierung ist bereits enthalten.

- Die beiden Anweisungen zur Schriftgestaltung für `body` können entfernt werden.

■ Die Klassen `clearing`, `versteckmich` und die Klassen zum Einblenden der Skiplinks sind ebenfalls schon da.

Ein Style muss noch hinzugefügt werden:

```
#kopfbereich h1 { margin-bottom: 0; }
```

Das `margin-bottom` für die `h1`-Überschrift wird zwar im Reset entfernt, bei der Restaurierung der Abstände aber wiederhergestellt. Wenn Sie den unteren Abstand mit diesem Style nicht erneut entfernen, klafft zwischen Kopfbereich und Navigation eine Lücke von genau 1em.

Druckversion: Die Styles in »druckversion.css«

In *druckversion.css* müssen Sie nur die Einschränkung auf das Medium `print` und die Klasse zum Verstecken von HTML-Elementen ergänzen, wodurch damit ausgeblendete Elemente auch in der Druckversion ausgeblendet bleiben. Alles andere funktioniert wie gehabt:

Listing 22.4:
Änderungen in
druckversion.css

```
@media print {

/* unverändert lassen */

#navibereich, .versteckmich {
  display: none;
}

/* alles unverändert lassen */

} /* Ende @media – nicht löschen! */

/* =====================================
   E N D E druckversion.css
   ===================================== */
```

Die Beispielsite – fast fertig

Haben Sie daran gedacht, in *zentrale.css* den Kommentar um die `@import`-Regeln zu entfernen? Dann sollte die Beispielsite jetzt ungefähr so aussehen wie in Abbildung 22.4.

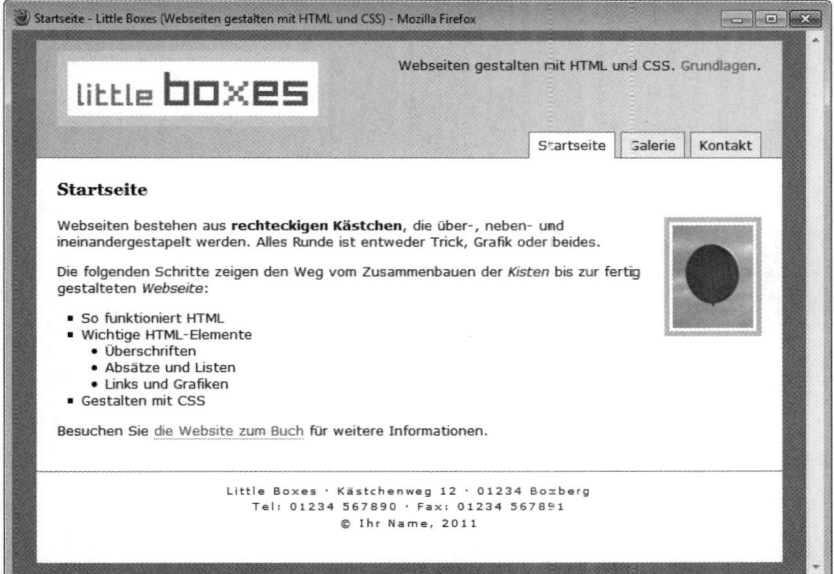

Abbildung 22.4:
Die wiederherge-
stellte Beispielsite

22.4 Auf einen Blick

Hier sind noch einmal die wichtigsten Punkte dieses Kapitels im Überblick:

▪ Man kann die CSS-Regeln auf mehrere Stylesheets verteilen, die mit einem zentralen Stylesheet verwaltet werden.

▪ Im zentralen Stylesheet mit dem treffenden Namen *zentrale.css* werden die anderen Stylesheets per @import eingebunden.

▪ Das Ausgabemedium wird mit @media innerhalb der eingebundenen Stylesheets definiert.

▪ Es empfiehlt sich, die unterschiedlichen Vorgaben der Browser-Stylesheets durch Reset und Restaurierung zu überschreiben.

▪ Das Reset, die Restaurierung und eine grundlegende Formatierung werden in *fundament.css* gespeichert. Dieses Stylesheet kann als Fundament in neuen Projekten eingesetzt werden.

▪ Die Navigation wird in ein eigenes Stylesheet ausgegliedert, das nach der darin verwendeten Technik *navi_inline.css* genannt wird.

Kapitel 23

Das Box-Modell für Fortgeschrittene

Worin Sie den Unterschied zwischen Elementen und Boxen kennenlernen sowie Details zu Inline-Elementen und deren teilweise kompliziertem Verhältnis zum klassischen Box-Modell erfahren.

Die Themen im Überblick:

In diesem Kapitel erfahren Sie ein paar Besonderheiten zum Box-Modell.

23.1 Von Elementen und Boxen

Um potenziellen Verwirrungen in Bezug auf Begriffe wie *Inline-Element* und *Inline-Box* vorzubeugen, möchte ich zunächst den Unterschied zwischen Element und Box deutlich machen.

Im Quelltext »Element«, am Bildschirm »Box«

Hatte ich schon erwähnt, dass HTML-Elemente am Bildschirm im Browser rechteckige *Boxen* erzeugen? Sie können es auch *Rechteck, Kästchen, Kiste, Container* oder sonst wie nennen. Im Englischen heißt es *Box*, denn dort wird fast jedes viereckige Ding mit was drin als *Box* bezeichnet, Zigarettenschachteln ebenso wie Häuser oder DVD-Hüllen.

Eine *Box* ist also das, was ein *Element* im Browserfenster am Bildschirm erzeugt. Unterschiedliche Arten von Elementen erzeugen unterschiedliche Arten von Boxen:

▓ Block-Elemente erzeugen Block-Boxen.

▓ Inline-Elemente erzeugen Inline-Boxen.

Der Aufbau aller Boxen orientiert sich am bekannten Box-Modell, aber zwischen Block-Boxen und Inline-Boxen gibt es einige wichtige Unterschiede.

»display« ändert nur die Box, nicht das Element

Um den Unterschied zwischen Elementen und Boxen zu verdeutlichen, hilft ein Blick auf die Inline-Navigation der Beispielsite:

▓ Im HTML-Quelltext steht eine ganz normale ungeordnete Liste.

▓ Am Bildschirm werden die Listenelemente per `display:inline` nebeneinandergestellt.

Listenelemente erzeugen von Haus aus *Block*-Boxen und stehen deshalb untereinander. Die Anweisung `display:inline` bittet ein *Block*-Element, am Bildschirm eine *Inline-Box* zu erzeugen. Inline-Boxen haben keinen integrierten Zeilenumbruch und stehen deshalb nebeneinander.

Die CSS-Eigenschaft `display` ändert aber nur die Darstellung am Bildschirm, nicht das HTML-Element selbst. Im Klartext: Block-Elemente erzeugen mit `display:inline` im Browserfenster zwar Inline-*Boxen*, bleiben aber trotzdem Block-*Elemente*. Bei der Gestaltung am Bildschirm gelten die Regeln für Inline-Boxen, im HTML-Quelltext die für Block-Elemente.

Zur Verdeutlichung dient folgende Frage, die in der einen oder anderen Variante manchmal in Foren auftaucht:

Ich würde gerne ein <h2> *innerhalb eines* <p> *platzieren. Wenn ich* <h2> *als* display:inline *definiere, müsste das doch gehen?*

Die Antwort ist ein eindeutiges »Nein«. h2 bleibt trotz display:inline ein Block-Element, und ein p darf kein Block-Element enthalten.

23.2 Das klassische Box-Modell

In Abschnitt 8.2 ab Seite 170 haben Sie das klassische Box-Modell bereits kennengelernt. Zur Erinnerung zeigt Abbildung 23.1 noch einmal die schematische Darstellung.

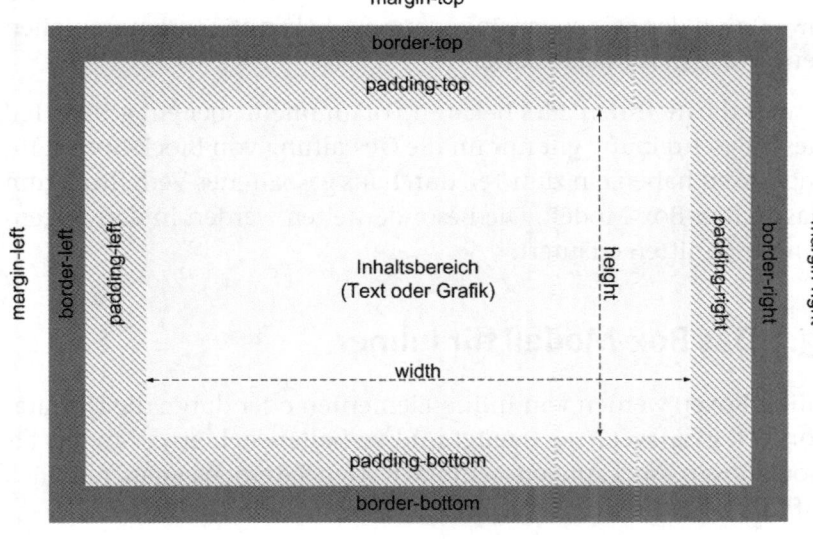

Abbildung 23.1:
Das klassische
Box-Modell für
Block-Elemente

Bevor Sie sich den Eigenheiten von Inline-Boxen zuwenden, folgt hier noch eine kurze Zusammenfassung der Eigenschaften, die ab Seite 170 bereits ausführlich beschrieben wurden:

■ Alle Boxen haben einen Inhaltsbereich. Dieser Bereich kann per width und height dimensioniert und mit Eigenschaften wie font und line-height gestaltet werden.

- Um diese innere Box herum versammeln sich mit padding, border und margin Innenabstände, Rahmenlinien und Außenabstände.

Beim Gestalten von Webseiten bereitet dieses Box-Modell nach kurzer Eingewöhnung nur wenige Probleme:

- width definiert die Breite des Inhaltsbereichs. Ohne Angabe »blockt« eine Block-Box die gesamte Breite des Eltern-Elements, eine Inline-Box hingegen wird nur so breit wie ihr Inhalt.

- height definiert die Höhe des Inhaltsbereichs. Ohne Angabe werden alle Boxen nur so hoch wie ihr Inhalt.

- border, padding und margin werden zur Breite bzw. Höhe der Box hinzugefügt.

Einzige Besonderheiten sind die gewöhnungsbedürftige Berechnung der Box-Dimensionen (width bzw. height plus padding, border und margin) und das als »collapsing margins« bekannte Zusammenfallen der vertikalen Außenabstände.

So weit dürfte Ihnen alles bekannt vorkommen, aber ein großer Teil dieser Beschreibung gilt nur für die Gestaltung von Block-Boxen. Inline-Boxen haben ein zum Teil durchaus gespaltenes Verhältnis zum klassischen Box-Modell. Die Besonderheiten werden in den folgenden Abschnitten erläutert.

23.3 Das Box-Modell für Inliner

Inline-Boxen werden von Inline-Elementen oder durch die Deklaration von display:inline erzeugt und verhalten sich etwas anders als Block-Boxen. Aber zunächst einmal werfen Sie einen genaueren Blick auf Inline-Elemente.

Es gibt verschiedene Arten von Inline-Elementen

Alle Inline-Elemente fließen innerhalb einer Zeile von links nach rechts. Sie können Text oder andere Inline-Elemente enthalten, aber keine Block-Elemente. Man kann dabei drei Gruppen von Inline-Elementen unterscheiden, die sich bei der Formatierung zum Teil sehr unterschiedlich verhalten:

1. **Semantische Inline-Elemente** beschreiben den enthaltenen Text gemäß seiner Bedeutung. Beispiele sind strong und a.

2. **Ersetzte Inline-Elemente** (engl. »replaced elements«) werden auf der Webseite durch ein Bild oder ein anderes Objekt ersetzt. Beispiel: img.

3. **Formularelemente** ermöglichen die Eingabe von Daten durch den Besucher (input, select, option, optgroup und textarea) oder helfen dabei (label, legend und button).

Formularelemente sind in gewisser Weise auch ersetzte Elemente, denn sie werden vom Browser auf der Webseite durch verschiedene Formularfelder und -schaltflächen ersetzt, weshalb sie überall unterschiedlich aussehen und bei der Gestaltung per CSS eher widerspenstig sind.

Tabelle 23.1 zeigt die wichtigsten Inline-Elemente der drei Gruppen:

Semantische	Ersetzte	Formular
span, em, strong	img	label, legend
a, cite, code, q		input, button
abbr, dfn, kbd, samp, var, tt		select, option, optgroup
sub, sup		textarea

Tabelle 23.1:
Die unterschiedlichen Arten von Inline-Elementen

Der Zeilenumbruch br ist zwar genau genommen auch ein Inline-Element, zählt aber in diesem Zusammenhang nicht wirklich mit, da er am Ort seines Auftauchens lediglich eine neue Zeile erzeugt und nicht gestaltet wird.

Inline-Boxen sind etwas anders als Block-Boxen

Semantische Inline-Elemente erzeugen Inline-Boxen, und auf den ersten Blick sieht das Box-Modell für Inline-Boxen (siehe Abbildung 23.2) dem klassischen Box-Modell (siehe Abbildung 23.1) sehr ähnlich. Aber Inline-Boxen haben gegenüber dem klassischen Box-Modell einige Besonderheiten.

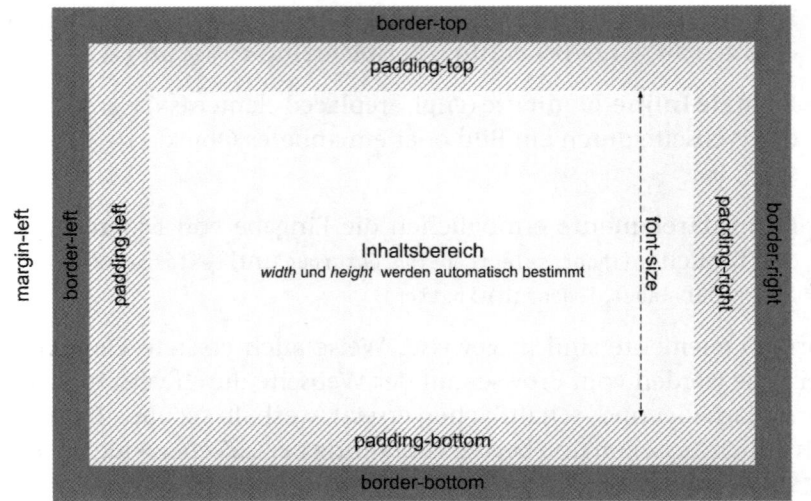

Zunächst einmal können Inline-Boxen keine feste Höhe oder Breite bekommen:

■ Inline-Boxen sind immer nur so breit und so hoch wie der darin enthaltene Inhalt. width und height sind bei Inline-Boxen wirkungslos.

■ Die Höhe einer Inline-Box kann durch font-size beeinflusst werden.

Auch bei Innen- und Außenabständen gibt es Unterschiede zu Block-Boxen. Links und rechts verhalten sich padding, border und margin wie gewohnt, aber oben und unten müssen Sie aufpassen:

■ margin-top und margin-bottom gibt es nicht. Außenabstände nach oben und unten haben bei Inline-Boxen keinerlei Effekt.

■ padding-top, padding-bottom, border-top und border-bottom funktionieren, aber die Zeilenhöhe wird dadurch *nicht* verändert.

Beim Einsatz von vertikalen Innenabständen und Rahmenlinien müssen Sie also aufpassen.

Das Verhältnis von Zeilenhöhe und Schriftgröße

Die Inline-Boxen, deren Höhe durch die Schriftgröße (font-size) definiert wird, sitzen innerhalb einer Zeile (engl. *line*), deren Höhe durch die Eigenschaft line-height für das umgebende Block-Element definiert wird. Um das besser zu verstehen, hilft folgendes Beispiel:

- Stellen Sie sich vor, dass jede Zeile mit dem fiktiven Element <zeile> beginnt und mit </zeile> endet. line-height regelt die Höhe dieser »Zeilenbox«.

- Innerhalb dieser »Zeilenbox« stehen Text und Inline-Elemente, deren Höhe von font-size geregelt wird.

Hier ein Beispiel zum Verhältnis von line-height und font-size:

- Gegeben ist ein bisschen Text mit einer fort-size von 12px.

- line-height ist mit 1.5 definiert worden, also dem Anderthalbfachen der Schriftgröße.

- Die Zeilenhöhe ist in diesem Fall 18px, und die Differenz von 6px wird je zur Hälfte ober- und unterhalb des Textes eingefügt.

Leerer Raum zwischen den Zeilen erhöht die Lesbarkeit des Textes enorm und bietet Platz für eventuelle vertikale Angaben zu padding oder border. Für Fließtext ist eine line-height von 1.5 bis 1.7 eine gute Wahl.

font-size und line-height gehören also eng zusammen, was sich auch in der Kurzschreibweise für font widerspiegelt, in der Schriftgröße und Zeilenhöhe nur durch einen Schrägstrich getrennt werden. Hier ein Beispiel:

```
body { font: small/1.5 Verdana, Arial, Helvetica, sans-serif; }
```

Was das alles in der Praxis bedeutet, zeigt das Beispiel im folgenden Abschnitt.

»line-height« ohne Einheit definieren

Tipp

Falls Sie sich wundern, warum der Wert 1.5 ohne Einheit ist: Dadurch beträgt die Zeilenhöhe *immer* genau das 1,5-Fache der Schriftgröße des Elements. Wenn Sie line-height mit einer Einheit wie em oder % definieren, kann es durch Vererbung zu seltsamen Effekten kommen. Details finden Sie bei Eric Meyer:

- *meyerweb.com/eric/thoughts/2006/02/08/unitless-line-heights/*

Zeilenhöhe und Schriftgröße – ein Beispiel

Im folgenden mehrzeiligen Absatz sind ein paar Worte durch das Inline-Element strong gekennzeichnet worden:

```
<p>Lorem ipsum dolor sit amet, ... <strong>Blindtext. Und mittendrin
ein <em>strong</em> mit <em>padding</em> und <em>border</em> oben und
unten.</strong> Sed commodo scelerisque sem. Nullam ... </p>
```

Dieses strong wird mit einem Innenabstand oben und unten sowie mit entsprechenden Rahmenlinien versehen:

```
strong {
    padding: 5px 0;
    border-top: 5px solid black;
    border-bottom: 5px solid black;
}
```

Im Browser sieht dieses Beispiel ungefähr so aus:

Abbildung 23.3:
Ein Inline-Element mit Rahmenlinien oben und unten

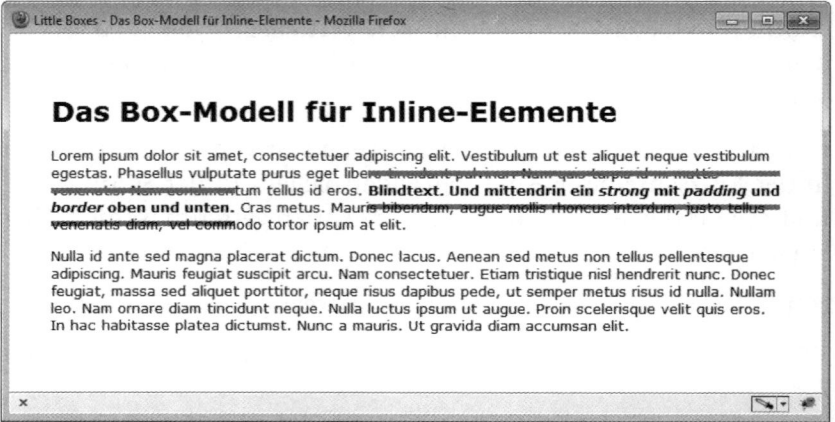

In Abbildung 23.3 ist deutlich zu sehen, dass padding und border zwar dargestellt werden, aber dass sich dadurch der Zeilenabstand nicht vergrößert. Inline-Boxen sind anders als Block-Boxen: Sie begnügen sich mit der ihnen zur Verfügung stehenden Zeilenhöhe und lassen die Zeilen darüber und darunter in Ruhe, auch wenn man nichts mehr lesen kann. Das ist sehr rücksichtsvoll, aber ein bisschen gewöhnungsbedürftig. Abhilfe schafft eine Erhöhung der Zeilenhöhe mit line-height:

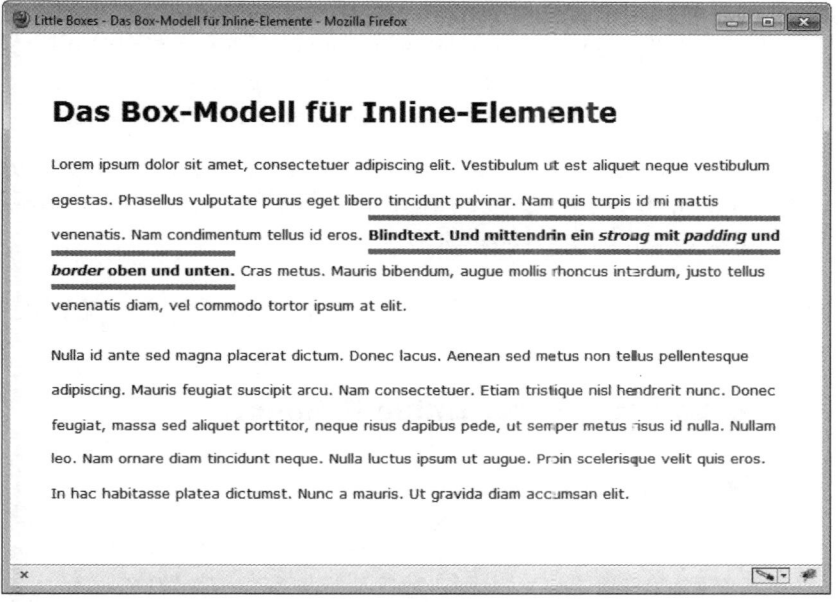

Das Box-Modell für Inline-Elemente

Abbildung 23.4:
Derselbe Absatz mit einer
`line-height` von
ungefähr 2.5

Der Schlüssel zur lesbaren Gestaltung von Fließtext ist die Höhe der Zeile, und die CSS-Eigenschaft dazu heißt `line-height`.

Inline-Boxen und die Navigation der Beispielseiten **Tipp**

Bei der Inline-Navigation, die in Kapitel 10 ab Seite 209 detailliert erklärt wird, spielt dieses Verhalten von Inline-Boxen eine wichtige Rolle – insbesondere dann, wenn es darum geht, dem aktuellen Tab eine weiße untere Rahmenlinie zu geben, damit er so aussieht, als sei er nach unten offen.

23.4 Inline-Block-Boxen sind ein Mittelding

Semantische Inline-Elemente wie `strong` oder `a` erzeugen *Inline*-Boxen. *Ersetzte* Inline-Elemente hingegen erzeugen *Inline-Block*-Boxen. Das ist nicht so schlimm, wie es klingt:

- `img` ist ein ersetztes Inline-Element, denn es wird im Browserfenster durch eine Grafik *ersetzt* (oder natürlich durch den `alt`-Text).

Im Fließtext blockiert die Grafik nach oben den benötigten Platz und schiebt die Zeilen darüber so weit weg wie nötig. Normale Inline-Boxen tun so etwas nicht. Sie schieben nichts weg. Das tun nur Block-Boxen. Aber die würden wiederum in einer eigenen Zeile stehen.

Die von img erzeugten Boxen sind also eine Mischung aus Inline- und Block-Boxen, und deswegen heißen sie *Inline-Block-Boxen*. Im Browser sieht das zum Beispiel so aus:

Abbildung 23.5:
Eine Inline-Block-
Box in Aktion

Inline-Block-Boxen können auch mit der Deklaration display:inline-block erzeugt werden und verhalten sich wie eine Mischung aus Inline und Block-Boxen:

- Inline-Block-Boxen fließen wie Inline-Boxen in der Zeile mit.

- Inline-Block-Boxen schieben aber wie Block-Boxen die Zeilen darüber und darunter so weit auseinander, dass sie selbst dazwischen passen.

Zur Gestaltung von Inline-Block-Boxen können Sie, abgesehen von zwei kleinen Unterschieden, das klassische Box-Modell benutzen:

- Ohne Angabe von `width` werden Inline-Block-Boxen nur so breit wie ihr Inhalt und *nicht* so breit, wie es geht.

- Es gibt keine kollabierenden vertikalen Außenabstände. `margin-top` und `margin-bottom` von zwei sich berührenden Inline-Block-Boxen verschmelzen *nicht*.

Die anderen Box-Modell-Eigenschaften `height`, `padding` und `border` funktionieren genau wie bei Block-Boxen.

23.5 Das Box-Modell ist ein bisschen 3D

Bildschirme sind flach, das Box-Modell nicht. Es hat zumindest ansatzweise eine dritte Dimension, denn `background`, `background-image`, `padding`, `border` und auch der Inhalt (`content`) werden innerhalb der Box übereinandergestapelt. Achten Sie in Abbildung 23.6 besonders darauf, dass Hintergrundgrafiken *unterhalb* von `border` liegen.

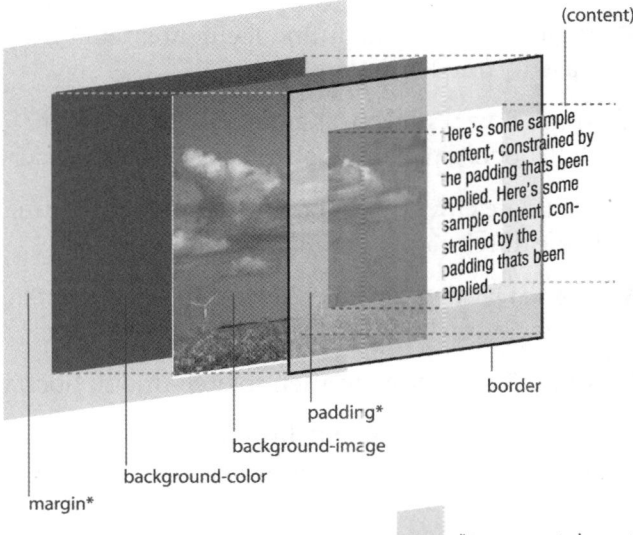

THE CSS BOX MODEL HIERARCHY

Abbildung 23.6: Das Box-Modell und die dritte Dimension

Dieses 3D-Box-Modell wurde übrigens von Jon Hicks entworfen, der es netterweise der Allgemeinheit zur Verfügung gestellt hat. Das Original finden Sie »in full colour« auf seiner Site:

▓ *hicksdesign.co.uk/boxmodel/*

Douglas Livingston hat dieses 3D-Box-Modell als Flash-Anwendung umgesetzt, bei der Sie im Browser den Ansichtswinkel ändern können:

▓ *redmelon.net/tstme/box_model/*

Das ist im wahrsten Sinne des Wortes sehr anschaulich.

23.6 Auf einen Blick

Hier sind noch einmal die wichtigsten Punkte dieses Kapitels im Überblick:

▓ Die CSS-Eigenschaft `display` ändert nur die auf dem Bildschirm dargestellte Box, nicht das Element selbst.

▓ Das Box-Modell für Inliner weicht etwas vom klassischen Box-Modell ab.

▓ Es gibt verschiedene Inline-Elemente: semantische, ersetzte (»replaced«) und Formularelemente.

▓ Inline-Boxen sind etwas anders als Block-Boxen. Sie kennen weder `width` noch `height` und haben kein `margin-top` oder `margin-bottom`.

▓ Die Breite einer Inline-Box wird durch ihren Inhalt bestimmt, die Höhe durch `font-size`.

▓ `line-height` definiert die Zeilenhöhe. Ein Wert zwischen 1.5 und 1.7 ist optimal für die Lesbarkeit von Fließtext.

▓ Inline-Block-Boxen werden so breit und so hoch wie ihr Inhalt.

▓ Das Box-Modell ist ein bisschen 3D, denn Eigenschaften wie `background`, `padding` und `border` liegen in Schichten übereinander.

Kapitel 24

CSS3 und Selektoren für Fortgeschrittene

Worin Sie lernen, was CSS3 ist und wie man auf Webseiten heute schon CSS3-Eigenschaften und Selektoren für Fortgeschrittene einsetzen kann.

Die Themen im Überblick:

Zuerst geht es in diesem Kapitel darum, was CSS3 ist und wie man es heute schon einsetzen kann. Danach folgen einige Beispiele für CSS3-Eigenschaften und fortgeschrittene Selektoren.

24.1 CSS3 im Hier und Jetzt

Das bisher in diesem Buch gezeigte CSS stammt aus den CSS-Spezifikationen 1 und 2. *CSS Level 1* bekam im Dezember 1996 den Status einer W3C-Empfehlung, *CSS Level 2* folgte im Mai 1998. CSS Level 2 wurde dann noch einmal überarbeitet und im August 2002 als *CSS Level 2 Revision 1* veröffentlicht, besser bekannt als CSS2.1. Die aktuell neueste Version der Spezifikation stammt vom 12. April 2011 und kann unter *w3.org/TR/CSS21/* abgerufen werden.

In den letzten Jahren liest man im Web des Öfteren Zeilen wie »Ich freu' mich schon drauf, wenn CSS3 endlich fertig ist und ich es einsetzen kann«. Für die Autoren solcher Zeilen gibt es eine gute und eine schlechte Nachricht:

■ Die schlechte Nachricht: Die Arbeit an *CSS Level 3* wurde bereits im April 2000 begonnen, und es wird noch viele Jahre dauern, bis CSS3 wirklich fertig ist.

■ Die gute Nachricht: Sie müssen nicht warten, bis CSS3 fertig ist. Sie können bereits heute anfangen, mit CSS3 zu arbeiten.

Kein Scherz. Sie können CSS3 heute schon auf Ihren Webseiten benutzen. Zumindest Teile davon, und es wird Ihnen viele stundenlange Grafikbasteleien ersparen. Erinnern Sie sich an das allererste Kapitel? Dort stand auf Seite 50 der Satz »Die Browser bestimmen, was geht«. Und das tun sie wirklich.

CSS3 besteht aus vielen verschiedenen Modulen

Zunächst einmal ist CSS3 nicht ein einziger Standard, der am Tag X für die Öffentlichkeit freigegeben wird. CSS3 besteht aus zahlreichen Modulen mit unterschiedlichen Prioritäten und unterschiedlichem Entwicklungstempo. Einige Module (wie *Selectors* oder *CSS Color*) sind so gut wie fertig, an anderen (wie *CSS Backgrounds and Borders*) wird fieberhaft gearbeitet, während wieder andere (wie *CSS Lists*) in eine Art Dornröschenschlaf gefallen zu sein scheinen.

Einen aktuellen Überblick über den Stand der verschiedenen Module bekommen Sie zum Beispiel auf der Seite *css3.info/modules/* (siehe Abbildung 24.1).

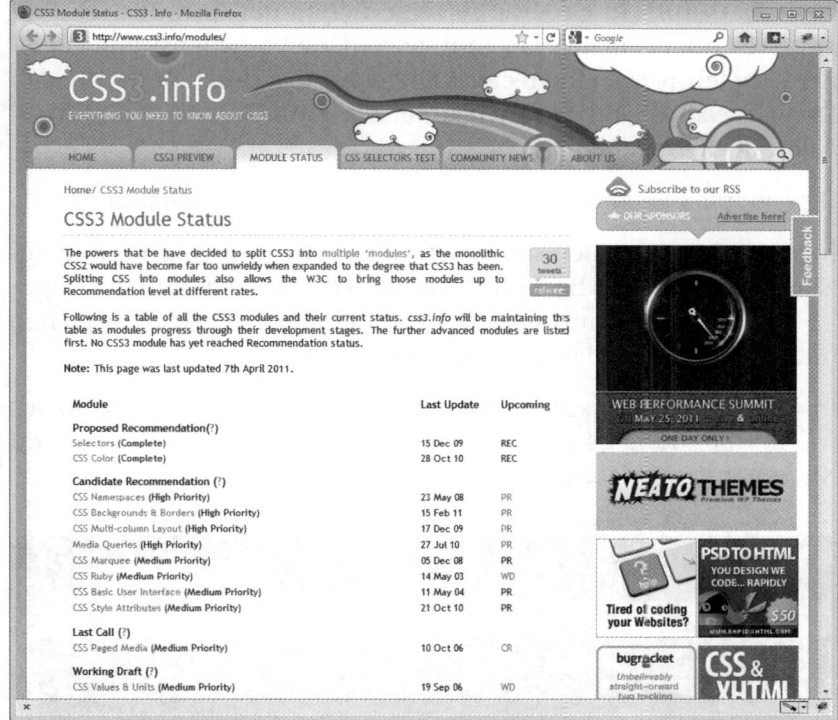

Abbildung 24.1:
Status der CSS3-
Module auf css3.
info/modules

Jeder so, wie er kann: »Progressive Enhancement«

Um CSS3 auf Ihren Webseiten einzusetzen, müssen Sie nicht warten,
bis alle Module fertig sind. Noch besser: Um CSS3 auf Ihren Webseiten einzusetzen, müssen Sie nicht einmal warten, bis ein bestimmtes Modul wirklich fertig ist. Die Browser bestimmen wie gesagt, was
geht.

Spätestens beim Einsatz von CSS3 sollten Sie sich vom Papierdenken
lösen und akzeptieren, dass eine Webseite nicht in jedem Browser
gleich aussehen muss. Dabei gilt es, zwei Grundsätze zu berücksichtigen:

■ Alte Browser verstehen die neuen CSS3-Eigenschaften nicht und
stellen die Webseiten ohne dar. Die Inhalte der Webseiten sollten
aber in jedem Browser zugänglich bleiben.

■ Moderne Browser zeigen mit CSS3 gestaltete Webseiten in ihrer
vollen Pracht. Das ist kein Bug, das ist ein Feature.

Das große
little boxes Buch
Webseiten gestalten mit HTML & CSS,
Grundlagen, Navigation, Inhalte, YAML & mehr

Der CSS-Guru Dan Cederholm zeigt diese unter dem Begriff »Progressive Enhancement« bekannt gewordene Vorgehensweise auf einer Beispielsite mit einem etwas längeren, aber durchaus treffenden Domain-Namen, die Sie auch unter der Kurz-URL *bit.ly/css3-cederholm* aufrufen können:

■ *dowebsitesneedtobeexperiencedexactlythesameineverybrowser.com*

In jedem Browser sehen Sie zunächst die Antwort auf die im Domain-Namen gestellte rhethorische Frage, und die lautet natürlich »Nope« – Nein. Webseiten müssen nicht in jedem Browser gleich aussehen und sich nicht in jedem Browser gleich verhalten.

In einem Internet Explorer 6 sieht Cederholms Beispielseite so aus wie in Abbildung 24.2, und sie ändert sich auch nach Hovern und Klicken mit der Maus nicht.

Abbildung 24.2:
Dan Cederholms
CSS3-Beispiel-
website im Inter-
net Explorer 6

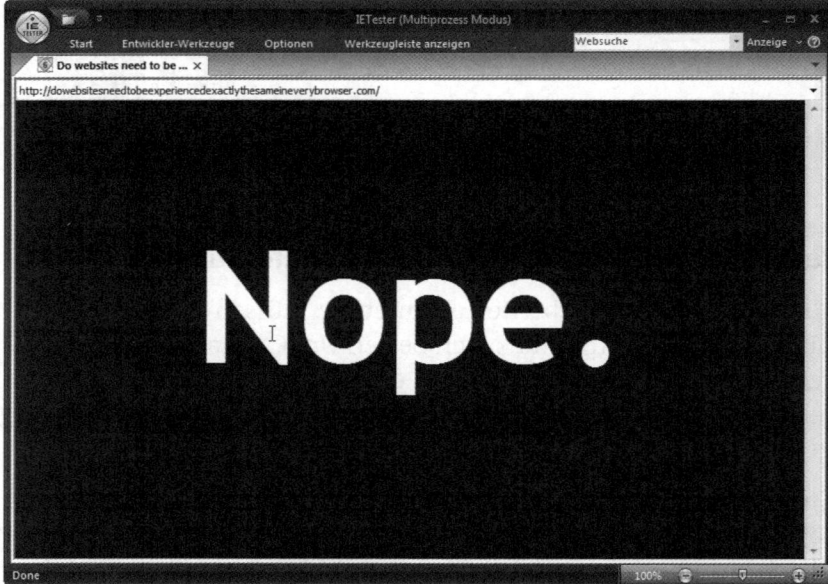

Für IE6-Benutzer ist das alles. Der Inhalt ist zugänglich, und IE6-Benutzer vermissen auch nichts. Sie wissen ja nicht, was in modernen Browsern alles passiert, wenn der Benutzer den Mauszeiger bewegt und auf das Wort »Nope« klickt: Plötzlich sieht er einen Sternenhimmel, abgerundete Ecken, transparente Hintergründe und eine Grußbotschaft an die Benutzer moderner Browser (siehe Abbildung 24.3).

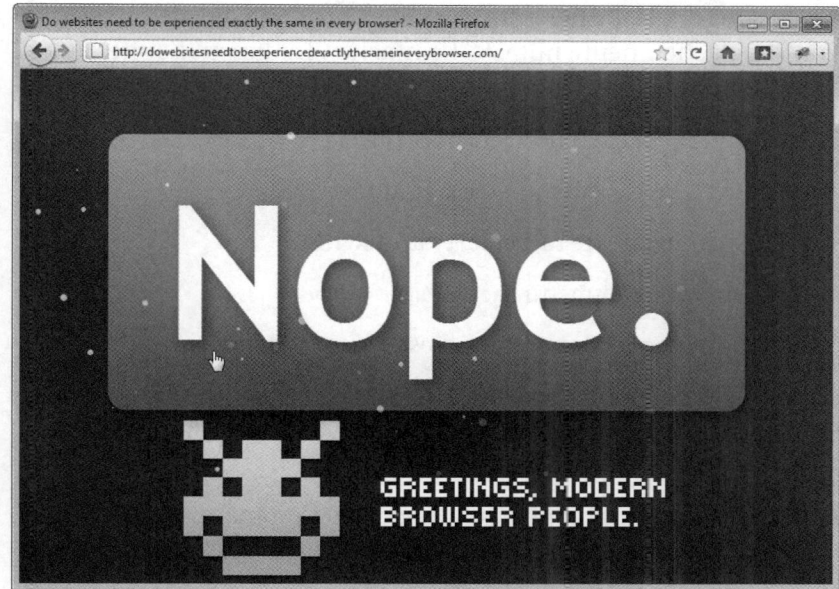

Das alles wurde mit CSS3 und ein paar Grafiken erstellt. Schrittweise Verbesserung. Progressive Enhancement: Schreiben Sie das HTML und CSS so, dass die Seiten in allen Browsern okay aussehen und der Inhalt zugänglich ist. Auf diesem Fundament bauen Sie auf und verbessern die Gestaltung für neuere Browser.

Wofür man CSS3 heute benutzen kann, und wofür besser nicht

Natürlich gibt es auf einer Website Dinge, bei denen man besser nicht experimentieren sollte. Beim Layout zum Beispiel. Die CSS3-Module für mehrspaltige Layouts sind noch lange nicht fertig, und die Browser verstehen davon entsprechend wenig. Float-basierte, mehrspaltige Layouts werden uns also noch eine ganze Weile begleiten.

Andererseits gibt es visuelle Verfeinerungen wie abgerundete Ecken oder Hover-Effekte, die das Aussehen und die Bedienung der Site verbessern, die aber für das Funktionieren der Website nicht wirklich wichtig sind. Ein Browser, der die Verfeinerungen nicht versteht, ignoriert sie einfach, aber er stellt die Seiten trotzdem fehlerfrei dar.

Viele Dinge, die bisher nur mithilfe von Grafiken gelöst werden konnten, gehen heute mit CSS3 einfacher. In diesem Kapitel lernen Sie einige davon kennen:

- abgerundete Ecken mit `border-radius`
- Schatteneffekte mit `box-shadow` und `text-shadow`
- Transparenzeffekte mit `opacity` und RGBA
- lineare Farbverläufe für `background`

Welche Browser verstehen nun diese Eigenschaften?

- Aktuelle Versionen Mozilla Firefox, Apple Safari, Opera, Google Chrome und deren mobile Ableger verstehen die CSS3-Eigenschaften im Allgemeinen recht gut.
- Der Internet Explorer kennt den ganzen Krempel erst ab Version 9. In der Regel bleiben IE6 bis inklusive IE8 also außen vor.

Die Grundregel lautet dabei: »Je neuer die Versionsnummer ist, desto besser ist die CSS3-Unterstützung.«

Die Browser-Präfixe: »-webkit-«, »-moz-«, »-o-« und »-ms-«

Da die Spezifikation für viele CSS3-Eigenschaften noch im Werden begriffen und nicht wirklich fertig ist, unterscheidet sich bei einigen die Umsetzung in den verschiedenen Browsern zum Teil erheblich. Die meisten modernen Browser können zum Beispiel Farbverläufe darstellen, aber die genaue Syntax dazu ist momentan noch sehr unterschiedlich. Die Browserhersteller sind deshalb dazu übergegangen, noch nicht fertige CSS3-Eigenschaften mit Browser-Präfixen zu versehen, mit denen man ganz gezielt bestimmte Browser ansprechen kann.

Tabelle 24.1 zeigt einen Überblick über die wichtigsten Browser-Präfixe und listet auch gleich den Namen der »Layout Engine« auf. Das ist der Kern des Browsers, also der Teil, der den Quelltext für die Ausgabe am Bildschirm aufbereitet.

Browser	Browser-Präfix	Layout Engine
Apple Safari	-webkit-	Webkit
Google Chrome	-webkit-	Webkit
Mozilla Firefox	-moz-	Gecko
Opera	-o-	Presto
Internet Explorer	-ms-	Trident

Tabelle 24.1:
Die wichtigsten
Browser-Präfixe
für CSS3-Eigen-
schaften

Die genaue Anwendung dieser Browservorsilben lernen Sie im weiteren Verlauf des Kapitels kennen. Momentan ist allein deren Existenz wichtig.

Browser-Präfixe sind eine gute Sache — Tipp

Eric Meyer hat in einem ausführlichem Artikel vom Juli 2010 erklärt, warum er Browser-Präfixe für eine gute Idee hält:

- *alistapart.com/articles/prefix-or-posthack/*

Die Beispielseiten vorbereiten: Ein Stylesheet für CSS3

Zur Vorbereitung der Beispiele in diesem Kapitel erstellen Sie im folgenden ToDo ein neues, anfangs noch leeres Stylesheet namens css3-eigenschaften.css.

ToDo: Ein neues Stylesheet für CSS3-Eigenschaften erstellen

1. Kopieren Sie die Dateien aus dem Basisordner zu diesem Kapitel in einen Übungsordner.

2. Erstellen Sie eine neue Datei, und speichern Sie diese als *css3-eigenschaften.css* im Ordner mit den Übungsdateien.

3. Erstellen Sie am Anfang und Ende der Datei einen Kommentar:

```
/* ==========================================================
Stylesheet für CSS3-Eigenschaften
Datei: css3-eigenschaften.css
Datum: ...
Autor: ...
========================================================== */
```

ToDo: Ein neues Stylesheet für CSS3-Eigenschaften erstellen (Forts.)

4. Definieren Sie nach dem Anfangskommentar folgendes CSS:

```
@media screen {



} /* Ende @media - nicht löschen */

/* =======================================
   E N D E  css3-eigenschaften.css
   ======================================= */
```

5. Speichern Sie das Stylesheet *css3-eigenschaften.css*.

6. Öffnen Sie das Stylesheet *zentrale.css* im Editor.

7. Fügen Sie eine `@import`-Regel für das eben erstellte Stylesheet ein:

```
@import url(fundament.css);
@import url(navi_inline.css);
@import url(bildschirm.css);
@import url(druckversion.css);
@import url(css3-eigenschaften.css)
```

8. Speichern Sie das Stylesheet *zentrale.css*.

Hier im Buch ist es übersichtlicher, alle CSS3-Styles aus diesem Kapitel in ein eigenes Stylesheet zu schreiben. Da das neue Stylesheet *css3-eigenschaften.css* nach den anderen Stylesheets eingebunden wird, überschreiben neue Deklarationen im Rahmen der Kaskade eventuell bereits vorhandene ältere.

Bei eigenen Projekten müssen Sie natürlich für CSS3-Eigenschaften kein spezielles Stylesheet erstellen. Es spricht überhaupt nichts dagegen, CSS3-Eigenschaften in die ganz normalen vorhandenen Stylesheets einzubauen.

24.2 Runde Rahmenlinien mit »border-radius«

In Kapitel 2, »HTML und CSS im Schnelldurchlauf«, stand auf Seite 53 folgender Absatz:

Webseiten bestehen aus rechteckigen Kästchen, die im Browserfenster übereinander-, nebeneinander- und ineinandergestapelt werden. Je eher Sie sich an diesen Gedanken gewöhnen, desto leichter wird Ihnen das Gestalten von Webseiten fallen. Alles Runde ist entweder Trick, Grafik oder beides.

Alles Runde ist entweder Trick, Grafik oder beides. Nun, hier kommt der erste Trick: Die CSS3-Eigenschaft, die Sie in diesem Abschnitt kennenlernen werden, heißt border-radius, und sie erstellt abgerundete Ecken.

So funktioniert »border-radius«

Der Einsatz von border-radius ist denkbar einfach. Sie beginnen mit einem einfachen div-Element mit abgerundeten Ecken (siehe Abbildung 24.4).

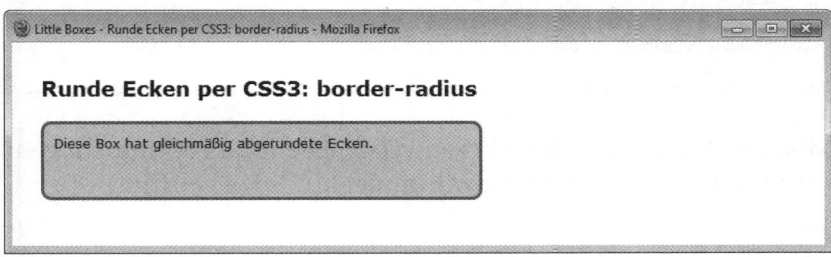

Abbildung 24.4:
Ein Element mit
Rahmenlinie und
border-radius:
10px

Dieser Abbildung liegt folgendes CSS zugrunde. Die abgerundeten Ecken werden durch die in CSS3 definierte Eigenschaft border-radius erzeugt:

```
div {
  background: #ccc;
  width: 400px;
  height: 50px;
  padding: 10px;
  border: 3px solid #666;
  border-radius: 10px;
}
```

Listing 24.1:
Runde Ecken mit
einem Radius von
10px

Das große
little **boxes** Buch
Webseiten gestalten mit HTML & CSS.
Grundlagen, Navigation, Inhalte, YAML & mehr

Die Syntax für `border-radius` ist ähnlich wie bei bereits bekannten CSS-Eigenschaften: ein Wert bedeutet »für alle vier Ecken«. Sie können `border-radius` auch einsetzen, ohne dass mit `border` eine Rahmenlinie definiert wurde:

Listing 24.2:
Runde Ecken mit
einem Radius
von 10px

```
div {
  background: #ccc;
  width: 400px;
  height: 50px;
  padding: 10px;
  border-radius: 10px;
}
```

Dieses Listing bewirkt im Browser, dass die Box nur mit der Hintergrundfarbe und abgerundeten Ecken erscheint (siehe Abbildung 24.5).

Abbildung 24.5:
Ein Element mit
`border-radius:`
10px, aber ohne
Rahmenlinie

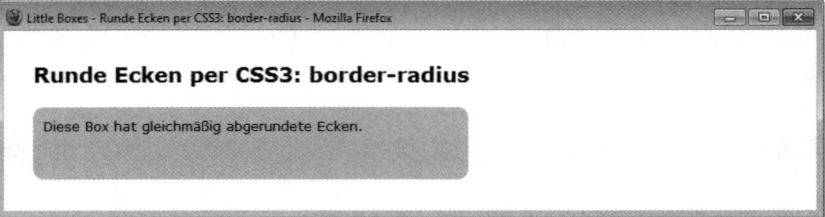

Möchten Sie die einzelnen Ecken verschieden stark abrunden, geht das natürlich auch, und zwar wie immer im Uhrzeigersinn:

Listing 24.3:
Runde Ecken mit
einem Radius von
5px und 50px

```
div {
  background: #ccc;
  width: 400px;
  height: 50px;
  padding: 10px;
  border-radius: 5px 50px 5px 50px;
}
```

Der erste Wert gilt für die Ecke oben links, und die weiteren gelten für oben rechts, unten rechts und unten links. Als Einheiten können Sie neben px auch alle anderen erlaubten Einheiten wie % oder em verwenden. Im Browserfenster sieht eine mit Listing 24.3 gestaltete Box so aus wie in Abbildung 24.6.

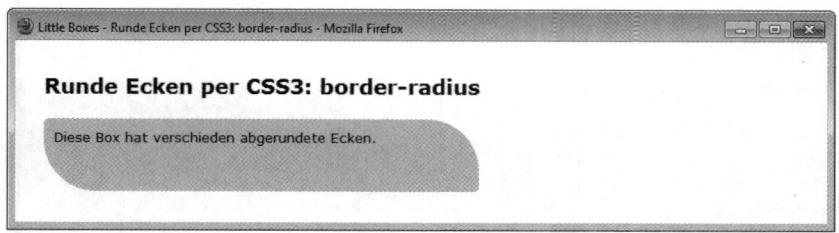

Die Eigenschaft border-radius ist ähnlich wie border eigentlich eine Kurzschreibweise. Falls Sie die Ecken einzeln ansprechen möchten, heißen die Eigenschaften dazu wie folgt:

- *border-top-left-radius*

- *border-top-right-radius*

- *border-bottom-right-radius*

- *border-bottom-left-radius*

Die Eigenschaft border-radius verstehen alle aktuellen Browser übrigens auch schon ohne ein Browser-Präfix.

Runde Ecken mit Browser-Präfix per Online-Generator

Wenn Sie zusätzlich noch ältere Versionen von Firefox und Safari bzw. Chrome ansprechen möchten, können Sie zusätzlich Anweisungen mit den entsprechenden Browser-Präfixen einbauen.

Dabei lassen Sie sich am besten von einem Online-Generator helfen, denn sonst ist das eine Menge Schreibarbeit. Außerdem unterscheidet sich die genaue Syntax ein bisschen, sodass Sie ziemlich aufpassen müssen.

Für runde Ecken gibt es auf der Website mit dem vielversprechenden Namen *border-radius.com* einen von Jacob Bijani programmierten Online-Generator (siehe Abbildung 24.7).

Kreuzen Sie zunächst unten an, welche Syntaxvarianten Sie wünschen. Danach tragen Sie die gewünschte Anzahl an Pixeln für die vier Ecken ein und kopieren den automatisch generierten Quelltext in Ihr Stylesheet. Fertig sind die runden Ecken.

Wenn Sie auf Ihren Webseiten beliebige HTML-Elemente mit abgerundeten Ecken darstellen möchten, geht das am einfachsten, indem Sie eine Klasse erstellen. Dabei ist es sinnvoll, die normale CSS3-
Eigenschaft ohne Browser-Präfix als letzte aufzulisten, damit sie im
Rahmen der Kaskade im Zweifelsfall gewinnt:

Listing 24.4:
Eine Klasse zum
Erstellen von
abgerundeten
Ecken

```
.rundebox {
  -webkit-border-radius: 10px;
  -moz-border-radius: 10px;
  border-radius: 10px;
}
```

Wenn Sie auf Ihren Webseiten die Ecken eines ganz normalen div-
Elements abrunden möchten, weisen Sie ihm einfach die eben erstellte Klasse zu:

Listing 24.5:
Die Klasse
rundebox einem
div-Element
zuweisen

```
<div class="rundebox">Diese Box hat gleichmäßig abgerundete Ecken.
  </div>
```

Runde Ecken für den Kopfbereich der Beispielsite

Zum Abschluss dieses Abschnitts geben Sie dem Kopfbereich der Beispielseiten oben links und oben rechts abgerundete Ecken mit einem Radius von jeweils 10px. Den dazu benötigten Quelltext können Sie sich einfach auf `border-radius.com` generieren lassen.

Da nach diesem Schritt oben links und rechts der weiße Hintergrund von `#wrapper` durchscheint, entfernen Sie den weißen Hintergrund vom Wrapper und geben ihn stattdessen an den Text- und Fußbereich.

ToDo: Abgerundete Ecken für den Kopfbereich der Beispielsite

1. Öffnen Sie das Stylesheet *css3-eigenschaften.css* im Editor.

2. Fügen Sie den folgenden Style ein (nach `@media screen { )`

   ```
   /* Abgerundete Ecken für den Kopfbereich */
   div#kopfbereich {
      border-top-left-radius: 10px;
      border-top-right-radius: 10px;
   }
   ```

3. Fügen Sie danach die folgenden Styles ein:

   ```
   div#wrapper { background: none; }
   div#textbereich, div#fussbereich { background: white; }
   ```

4. Speichern Sie das Stylesheet, und betrachten Sie die Webseiten im Browser.

Sie können natürlich auch gerne die Browser-Präfixe noch mit in das Stylesheet schreiben, um auch ältere Firefoxes und Safaris noch zu erwischen. In älteren Browsern (wie IE6 bis IE8) sehen die Beispielseiten genauso aus wie vorher. In modernen Browsern sieht die Startseite der Beispielsite nach diesem ToDo ungefähr so aus wie in Abbildung 24.8.

Abbildung 24.8:
Die Startseite der
Beispielsite mit
abgerundeten
Ecken oben links
und rechts

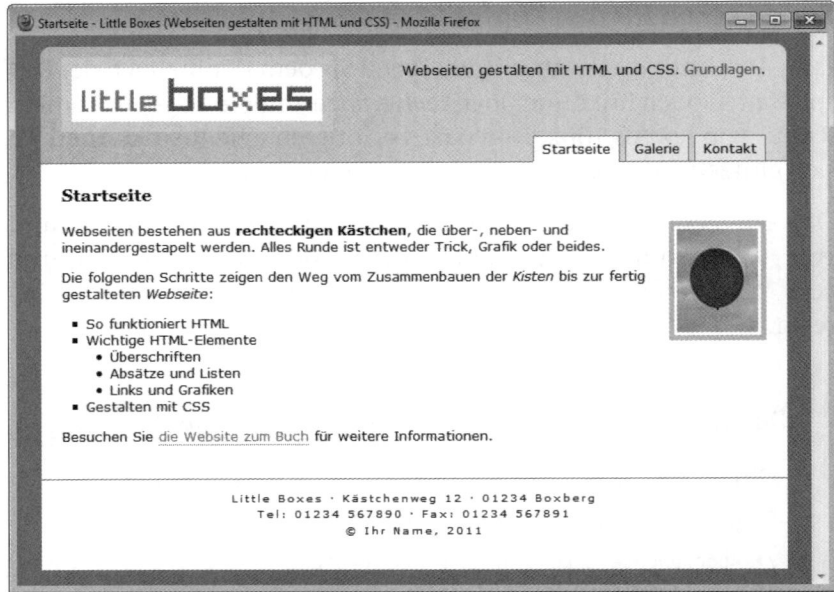

24.3 Schatten per CSS3 erstellen

Leichte Schattierungen verleihen Elementen und Texten auf Webseiten oft das gewisse Etwas. Mit CSS3 wird die Erstellung von Schatten fast ein Vergnügen, denn Sie benötigen keine Grafiken mehr.

Schattenboxen mit »box-shadow«

In CSS3 gibt es eine Eigenschaft namens box-shadow, die einen Schatten um eine Box zeichnet. Abbildung 24.9 zeigt ein normales div mit einem leichten Schatten.

Abbildung 24.9:
Eine Box mit
einem leichten
Schatten

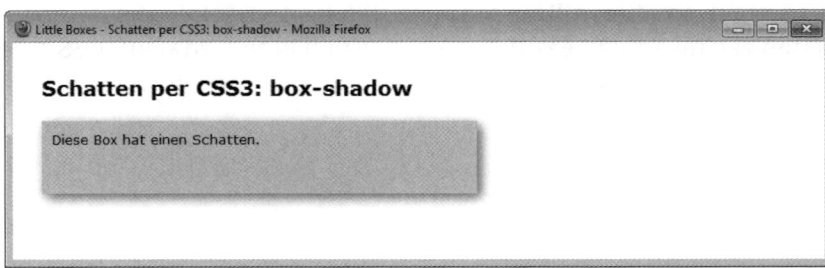

Diese Box wurde mit folgendem CSS gestaltet:

```
.schatten {
  box-shadow: 4px 4px 10px #888;
}
```

Listing 24.6:
Eine Klasse für
einen leichten
Schatten um
eine Box

Die beiden ersten Werte (je 4px) stehen für den horizontalen bzw. vertikalen Versatz des Schattens. Der dritte Wert gibt den »Blur« an, also den Grad der Unschärfe (10px), und zuletzt definieren Sie noch die Farbe des Schattens (#888).

Im folgenden ToDo geben Sie den Landschaftsbildern auf der Beispielseite *galerie.html* einen leichten Schatten und entfernen dabei die Eigenschaften padding und border, die Sie in Abschnitt 16.9, »Die Galerieseite in die Beispielsite einbauen«, ab Seite 335 vergeben haben.

ToDo: Ein Schatten für die Landschaftsbilder auf »galerie.html«

1. Öffnen Sie gegebenenfalls das Stylesheet *css3-eigenschaften.html* im Editor.

2. Fügen Sie nach den bestehenden Styles folgende CSS-Regel ein:

```
/* Schatten für die Fotos auf galerie.html */
div.galerie img {
  box-shadow: 4px 4px 10px #888;
  padding: 0;
  border: 0;
}
```

3. Speichern Sie das Stylesheet, und betrachten Sie *galerie.html* im Browser.

In einem modernen Browser sehen die Bilder jetzt etwa so aus wie in Abbildung 24.10.

Abbildung 24.10:
Landschaftsbil-
der mit Schatten
rechts und unten

Landschaftsbild 01

Lorem ipsum dolor sit amet, consectetuer adipiscing elit.
Suspendisse egestas ultricies pede.

Landschaftsbild 02

Lorem ipsum dolor sit amet, consectetuer adipiscing elit.
Suspendisse egestas ultricies pede.

Der IE bis einschließlich Version 8 versteht die Eigenschaft `box-shadow` nicht. Ansonsten gibt es aber keinerlei Nebenwirkungen. Wenn Sie Ihre Styles lieber mit einem Präfix für ältere Mozilla- und Webkit-Browser schreiben, lassen Sie sich am besten wieder von einem On-line-Generator helfen. Gut geeignet ist zum Beispiel die Site *css3gene-rator.com* von Randy Jensen.

Listing 24.7:
Die Syntax für
box-shadow mit
Browser-Präfix

```
-webkit-box-shadow: 4px 4px 10px #888;
-moz-box-shadow: 4px 4px 10px #888;
box-shadow: 4px 4px 10px #888;
```

Sie können Schatten und runde Ecken natürlich auch kombinieren. Abbildung 24.11 zeigt die Landschaftsfotos mit der zusätzlichen An-weisung `border-radius: 8px`.

Noch professioneller wirkt der Schatten übrigens, wenn Sie die Schattenfarbe nicht hexadezimal, sondern mit einem etwas weiter unten in diesem Kapitel vorgestellten RGBA-Wert angeben. Aber alles zu seiner Zeit.

Landschaftsbild 01

Lorem ipsum dolor sit amet, consectetuer adipiscing elit. Suspendisse egestas ultricies pede.

Landschaftsbild 02

Lorem ipsum dolor sit amet, consectetuer adipiscing elit. Suspendisse egestas ultricies pede.

Text mit Schatten: »text-shadow«

Die Eigenschaft text-shadow funktioniert fast genauso wie box-shadow:

```
h2 { text-shadow: 1px 1px 2px #888; }
```

Listing 24.8:
Schatten für
den Text in einer
Überschrift

Wie bei box-shadow stehen die beiden ersten Werte für den horizontalen bzw. vertikalen Versatz des Schattens, der dritte für den Grad der Unschärfe und der vierte für die Farbe des Schattens. Das folgende Listing zeigt einen etwas dezenteren Schatten mit weniger Versatz und einem dunkleren Grauton:

```
h2 { text-shadow: 0 0 1px  #555; }
```

Listing 24.9:
Dezenter Schatten für den Text in
einer Überschrift

Das folgende ToDo gibt den h2-Überschriften im Textbereich der Beispielseiten einen leichten Textschatten.

ToDo: Ein Schatten für den Text der Überschriften

1. Öffnen Sie gegebenenfalls das Stylesheet *css3-eigenschaften.html* im Editor.

2. Fügen Sie nach den bestehenden Styles folgende CSS-Regel ein:

   ```
   /* Überschriften im Textbereich mit Textschatten */
   #textbereich h2 { text-shadow: 1px 1px 2px #888; }
   ```

3. Speichern Sie das Stylesheet.

Die Überschrift auf den Beispielseiten sieht nach diesem ToDo etwas plastischer aus als ohne Schatten (siehe Abbildung 24.12).

Abbildung 24.12:
Die Überschrift
mit einem leich-
ten Textschatten

Der Internet Explorer kennt die Eigenschaft `text-shadow` überhaupt nicht und bietet als Alternative einen proprietären Filter an, den nur er kennt. Das Ergebnis sieht allerdings nicht besonders hübsch aus.

Falls Sie den Filter für IE ausprobieren oder den Anweisungen für Textschatten noch Browser-Präfixe hinzufügen möchten, empfiehlt sich eine kleine Surftour zu einem Online-Generator wie *css3generator.com*.

24.4 Lineare Farbverläufe per CSS3: »Linear Gradients«

Am Ende von Kapitel 8, »Das Box-Modell«, haben Sie ab Seite 186 mithilfe einer Hintergrundgrafik einen Farbverlauf für den Kopfbereich erzeugt. Sie ahnen es vielleicht, aber mit CSS3 benötigen Sie die Grafik nicht mehr. Farbverläufe werden in CSS3 mit dem Wert linear-gradient erstellt, der dem background eines Elements zugewiesen werden kann.

Der »Ultimate CSS Gradient Generator« von Colorzilla

Die in Kapitel 8 erstellte Farbverlaufsgrafik für den Kopfbereich beginnt links mit der Basisfarbe #f3c600 und endet rechts in einem hellen Gelbton, wie z. B. #ffe574. Dieser Farbverlauf wird in diesem Abschnitt nur mit CSS3 erstellt und dabei als kleine optische Erfrischung so geändert, dass er von oben nach unten verläuft. Oben erscheint das hellere #ffe574, und unten endet der Verlauf in der Basisfarbe #f3c600. Der Navigationsbereich bekommt keinen Verlauf mehr, sondern die feste Hintergrundfarbe #f3c600.

Da die Syntax zur Erstellung von CSS3-Farbverläufen in den Browsern momentan noch sehr unterschiedlich ist, sollten Sie bei der Erzeugung von CSS3-Gradients von Anfang an zu einem Online-Generator greifen. Sehr gut ist zum Beispiel der *Ultimate CSS Gradient Generator* von Alex Sirota, dem Programmierer des beliebten Firefox-Add-on *Colorzilla*:

■ *colorzilla.com/gradient-editor/*

Nach dem Aufruf der URL erscheint der Generator im Browser (siehe Abbildung 24.13).

Die Bedienung ist anfangs etwas gewöhnungsbedürftig, deshalb folgt hier zunächst eine kleine Anleitung zum in Abbildung 24.13 dargestellten *Ultimate CSS Gradient Generator*:

1. Zunächst legen Sie die Anzahl der Haltepunkte (STOPS) fest. Für den Anfang sind zwei völlig ausreichend, einer ganz am Anfang und einer ganz am Ende. Sie können vorhandene Haltepunkte einfach mit der Maus verschieben. Neue Haltepunkte erstellen Sie durch einfaches Klicken, und nicht benötigte Haltepunkte ziehen Sie mit gedrückter Maustaste vom Farbfeld weg.

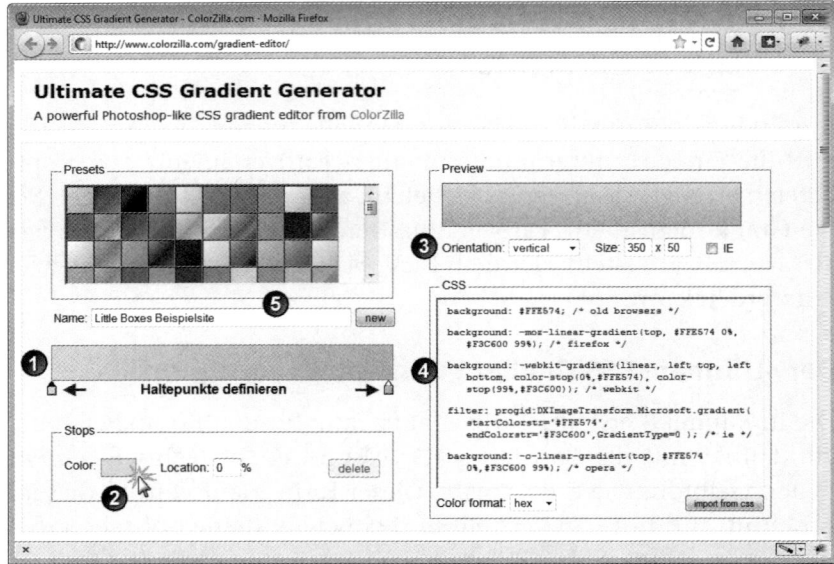

2. Klicken Sie zunächst auf den linken Haltepunkt, dessen Spitze daraufhin schwarz wird. Definieren Sie mit einem Klick auf die Farbe im Bereich Stops den gewünschten Farbwert. Für die Beispielsite wählen Sie für den ersten Haltepunkt FFE574 und für den zweiten F3C600.

3. Wählen Sie im Bereich Preview rechts oben die Art des Farbverlaufs (vertical) und die Größe des Vorschaufensters in Pixel (max. 350 x 350). Das Aktivieren der Checkbox IE ganz rechts zeigt den für den Internet Explorer erzeugten Filter in der Vorschau.

4. Unten links im Bereich CSS können Sie das gewünschte Farbformat einstellen (hex). Markieren Sie danach den Quellcode, kopieren Sie ihn, und fügen Sie ihn in Ihrem Stylesheet ein.

5. Um Ihren Farbverlauf im Bereich Presets zu speichern, geben Sie im Feld Name einen Namen ein und klicken dann auf die Schaltfläche New.

Die Schaltfläche import from css ganz rechts unten dient übrigens dazu, einen bereits vorhandenen Farbverlauf mit dem Gradient Generator zu bearbeiten. Eine kurze, englische Hilfe finden Sie unterhalb des Generators.

Der Internet Explorer kennt auch in der Version 9 keinen CSS3-Farbverlauf und benötigt stattdessen einen proprietären Filter. Den Code dazu erzeugt der Gradient Generator automatisch mit, allerdings hat dieser Filter den Nachteil, dass er den weiter oben in diesem Kapitel vergebenen border-radius für den Kopfbereich überschreibt. Im IE9 können Sie also momentan zwischen runden Ecken per CSS3 oder einem Farbverlauf per Filter wählen. Beides geht nicht. Microsoft hat angekündigt, im Internet Explorer ab Version 10 normale CSS3-Farbverläufe zu unterstützen.

Ein CSS3-Farbverlauf für den Kopfbereich der Beispielseiten

Im folgenden ToDo ersetzen Sie die Farbverlaufsgrafik für den Kopf- und Navigationsbereich durch einen CSS3-Farbverlauf. Den Code dafür lassen Sie sich, wie Sie eben gesehen haben, am besten vom *Ultimate CSS Gradient Generator* generieren.

ToDo: Einen CSS3-Farbverlauf für den Kopfbereich definieren

1. Öffnen Sie gegebenenfalls das Stylesheet *css3-eigenschaften.html* im Editor.

2. Fügen Sie nach den bestehenden Styles folgende CSS-Regel ein. Die Deklarationen werden wie beschrieben mit dem CSS Gradient Generator erstellt. Nur die Hintergrundfarbe für alte Browser muss noch geändert werden:

```
/* CSS3-Farbverlauf für Kopfbereich */
div#kopfbereich {
  background: #f3c600; /* old browsers */
  background: -moz-linear-gradient(top, #FFE574 0%, #F3C600
    99%); /* firefox */
  background: -webkit-gradient(linear, left top, left bottom,
    color-stop(0%,#FFE574), color-stop(99%,#F3C600));
    /* webkit */
  /* IE9 filter überschreibt border-radius, ggfs.
    auskommentieren oder löschen */
  filter: progid:DXImageTransform.Microsoft.gradient(
    startColorstr='#FFE574',
    endColorstr='#F3C600',GradientType=0 ); /* ie */
  background: -o-linear-gradient(top, #FFE574 0%,#F3C600 99%);
/* opera */
}
```

ToDo: Einen CSS3-Farbverlauf für den Kopfbereich definieren (Forts.)

3. Öffnen Sie das Stylesheet *navi_inline.css*, und ändern Sie den background für #navibereich wie folgt:

```
#navibereich {
    text-align: right;
    color: black;
    background: #f3c600;
    padding: 5px 20px 4px 20px;
    border-bottom: 1px solid #8c8c8c;
}
```

4. Speichern Sie das Stylesheet, und betrachten Sie die Webseiten im Browser.

Im IE9 können Sie wie gesagt zwischen abgerundeten Ecken oder einem Farbverlauf wählen. Falls Sie sich für die runden Ecken entscheiden, entfernen Sie die Zeile mit dem filter: aus dem Style.

In allen Browsern sieht der Farbverlauf in Abbildung 24.14 recht gut aus, nur dass jetzt keine Grafik mehr im Spiel ist und dass in alten Browsern statt des Verlaufs #f3c600 als feste Hintergrundfarbe angezeigt wird.

Abbildung 24.14:
Alles CSS3 – die
Galerieseite mit
runden Ecken,
Schatten und
Farbverlauf

24.5 Transparenz: »opacity« und »RGBA«

Mit opacity und RGBA gibt es zwei Möglichkeiten, Boxen transparent erscheinen zu lassen. In diesem Abschnitt möchte ich Ihnen die Funktionsweise und die Unterschiede der beiden Varianten kurz darlegen:

- opacity heißt auf Deutsch so viel wie »Deckkraft« und ist eine CSS-Eigenschaft, die Werte zwischen 0 und 1 haben kann. 1 entspricht dabei einer vollständigen Deckkraft und ist nicht durchsichtig, 0 hingegen steht für »vollständig durchsichtig«. Die Anweisung opacity: 0.7; erzeugt eine 70%ige Deckkraft, sodass der Hintergrund ein bisschen durchscheint.

- RGBA ist keine CSS-Eigenschaft, sondern ein in CSS3 definierter, neuer Farbraum, der neben Rot, Grün und Blau noch einen vierten Wert kennt, den »Alpha-Kanal«. Mit diesem wird mit Werten zwischen 0 und 1 die Transparenz der jeweiligen Farbe eingestellt.

Der wichtigste Unterschied zwischen opacity und RGBA wird an einem einfachen Beispiel deutlich (siehe Abbildung 24.15).

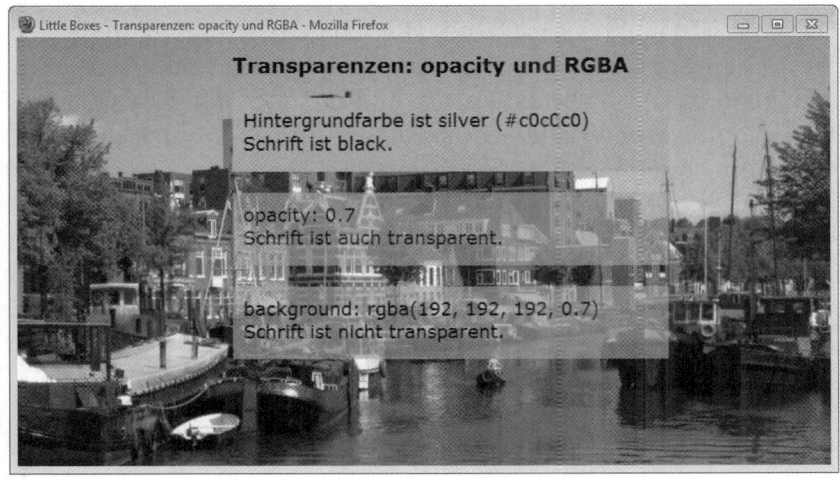

Abbildung 24.15: »opacity«, »RGBA« und der Noorderhaven in Groningen

In Abbildung 24.15 sehen Sie drei untereinanderstehende `div`-Elemente.

- Die oberste Box hat eine Hintergrundfarbe von `#c0c0c0` und schwarze Schrift. Dezimal entspricht dieser Grauton `rgb(192,192,192)`.

- Die mittlere Box bekommt zusätzlich die Anweisung `opacity: 0.7`. Wenn Sie genau hinsehen, fällt auf, dass sowohl der Hintergrund als auch die Schrift transparent sind, was die Lesbarkeit beeinträchtigt.

- Die unterste Box hat keine `opacity`, sondern eine per RGBA definierte Hintergrundfarbe. Der Hintergrund wird transparent, die Schrift aber bleibt schwarz und ist besser lesbar.

Wie Sie also sehen, hat `opacity` den Nachteil, dass die Transparenz für alle Elemente in der Box gilt. Per RGBA können Sie hingegen ganz gezielt nur eine bestimmte Farbe gestalten.

Momentan werden Farben im CSS oft als hexadezimaler Wert notiert, aber CSS kennt schon immer auch die dezimale Schreibweise `rgb(0,0,0)`. Für den Alphakanal in RGBA gibt es keine hexadezimale Schreibweise. Eine Anweisung wie `background: #c0c0c046` gibt es nicht.

Da RGBA sehr praktisch ist, würde es mich nicht wundern, wenn sich die dezimale Schreibweise in den nächsten Jahren weiter verbreitet. Nützliche Farbtools wie das Firefox-Add-on *Colorzilla* (*colorzilla.com*) zeigen schon immer alle Schreibweisen an und können auch gut zum Umrechnen von hexadezimalen in dezimale Farbangaben eingesetzt werden.

Tipp

Der CSS3 Generator

Erich Hoffman und Peter Funk haben einen *CSS3 Generator* erstellt, mit dem Sie (fast) alle bisher gesehenen Eigenschaften in einem Rutsch einstellen können. Und die Adresse ist auch noch gut zu merken:

- *www.css3.me*

Sie können diverse Einstellungen per Schieberegler definieren, bis alles nach Wunsch aussieht. Anschließend klicken Sie auf Get the Code, und schon haben Sie das fertige CSS.

24.6 Selektoren für Fortgeschrittene

In Kapitel 7, »Selektoren, Einheiten und Farben«, haben Sie ab Seite 151 bereits einige Selektoren kennengelernt, aber es gibt noch eine Menge mehr, und in diesem Abschnitt möchte ich Ihnen die wichtigsten vorstellen. Einen Teil dieser Selektoren gibt es bereits in CSS2.1, sie sind aber trotzdem nicht oft eingesetzt worden, da der IE6 sie nicht versteht.

Falls Sie beim Gestalten Ihrer Webseiten überlegen, welcher Browser welche Selektoren versteht, gibt es dazu eine geniale Website:

■ *css3.info/selectors-test/*

Surfen Sie mit einem Browser Ihrer Wahl auf diese Webseite, und starten Sie den Test, um herauszufinden, welche Selektoren dieser Browser versteht.

Abbildung 24.16 zeigt die Gegenüberstellung von IE6 (links, unterstützt acht Selektoren) und IE9 (rechts, kennt alle getesteten Selektoren).

Übersicht: Selektoren in CSS   Tipp

Stefan Münz hat in seinem HTML5-Handbuch eine sehr schöne Übersicht der wichtigsten Selektoren zusammengestellt:

■ *webkompetenz.wikidot.com/html-handbuch:selektoren*

Selektoren für Attribute

Attributselektoren erlauben es, ein Element auf der Webseite unter Berücksichtigung bestimmter Attribute auszuwählen. Man erkennt sie an den eckigen Klammern im Selektor. Die folgende CSS-Zeile selektiert alle h3-Überschriften, die das Attribut title haben, und gibt ihnen eine gepunktete rote Linie:

```
h3[title] { border-bottom: 1px dotted #d90000; }
```

Einige Attributselektoren gab es schon in CSS2, aber in CSS3 sind noch ein paar hinzugekommen. Tabelle 24.2 zeigt einen Überblick.

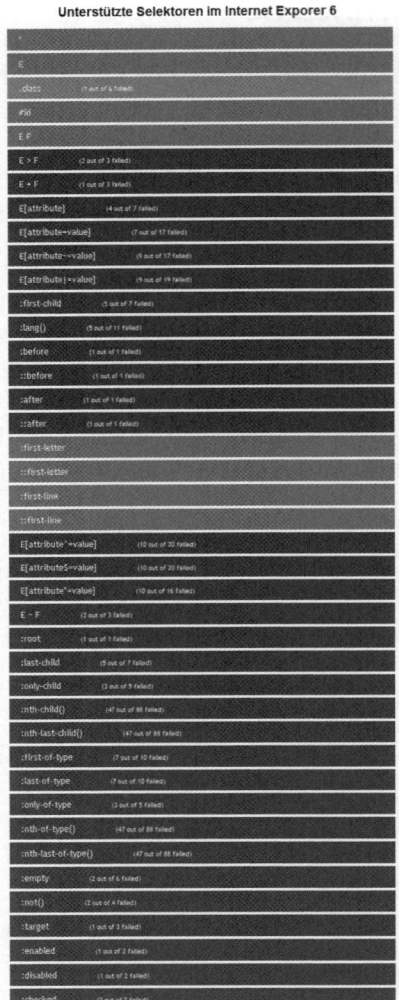

Abbildung 24.16:
Der Selektortest
bei css3.info
(Grafik in voller
Größe auf *http://
little-boxes.de/
downloads/bei-
spieldateien.html*)

Einige Anwendungsgebiete werden beim Überfliegen der Tabelle schon deutlich:

- Mit dem *Sternchen-Attributselektor* können Sie ganz einfach alle Links zu einer bestimmten Website mit einem entsprechenden Symbol versehen, sodass ein Besucher auf den ersten Blick erkennen kann, wohin der Link führt: Wikipedia, Amazon und so weiter.

Selektor	Bedeutung
*[title]	Selektiert alle Elemente mit dem Attribut title. CSS2.
a[title]	Selektiert alle Hyperlinks mit dem Attribut title. CSS2.
p[class="infobox"]	Element[Attribut – Gleichheitszeichen – »Wert«]
	CSS2. »Genauer Treffer«. Selektiert alle p-Elemente mit der Klasse infobox:
	<p class="infobox">
*[class~="warnung"]	Element[Attribut – Tilde – Gleichheitszeichen – »Wert«]
	Der Tilde-Attributselektor (CSS2). Selektiert alle Elemente, die die Klasse warnung haben, auch wenn mehrere Werte vorhanden sind:
	<p class="schatten infobox warnung">
a[href^="http"]	Element[Attribut – Caret – Gleichheitszeichen – »Wert«]
	Der Hütchen-Attributselektor (CSS3). »Beginnt mit«. Selektiert alle Links mit dem Attribut href, wenn der Wert mit http beginnt:
	<a href="http://w3.org/">Startseite des W3C</a> <a href="https://w3.org/">Startseite des W3C</a>
a[href*="wikipedia.org"]	Element[Attribut – Sternchen – Gleichheitszeichen – »Wert«]
	Der Sternchen-Attributselektor (CSS3). Selektiert alle Links, die im Attribut href die Zeichenfolge wikipedia.org enthalten:
	<a href="http://de.wikipedia.org/wiki/Html">...</a> <a href="http://en.wikipedia.org/wiki/Html">...</a>
a[href$=".pdf"]	Element[Attribut – Dollar – Gleichheitszeichen – »Wert«]
	Der Dollar-Attributselektor (CSS3). »Endet mit«. Selektiert alle Links, bei denen der Wert von href auf .pdf endet:
	<a href="http://little-boxes.de/errata.pdf">...</a>

■ Mit dem *Dollar-Attributselektor* können Sie mit einer CSS-Regel alle Links zu PDF-Dateien mit einem entsprechenden Symbol versehen.

Ebenso ist es mit Attributselektoren leicht möglich, externe Links, die auf eine andere Site zeigen, mit einer kleinen Grafik zu kennzeichnen (siehe Abbildung 24.17).

Das große
little **bOXES** Buch
Webseiten gestalten mit HTML & CSS.
Grundlagen, Navigation, Inhalte, YAML & mehr

Abbildung 24.17:
Kleine Grafiken
kennzeichnen
einen externen
Link.

> Eines Tages aber beschloß eine kleine Zeile Blindtext, ihr Name war ☐ Lorem Ipsum, hinaus zu gehen in die weite Grammatik. Der große Oxmox riet ihr davon ab, da es dort wimmele von bösen Kommata, wilden Fragezeichen und hinterhältigen Semikoli, doch das Blindtextchen ließ sich nicht beirren. Es packte seine sieben Versalien, schob sich sein Initial in den Gürtel und machte sich auf den Weg.

Genau das machen Sie im folgenden ToDo:

■ Ein Attributselektor selektiert alle Hyperlinks, bei denen der Wert des Attributs href mit http beginnt.

■ Diese Links bekommen ein linkes padding von 16px, was gerade groß genug ist, um darin eine kleine Hintergrundgrafik zu positionieren.

Um besuchten Links eine andere, leicht abgedunkelte Grafik zuzuweisen, ergänzen Sie in einem weiteren Schritt den Selektor um die Pseudoklasse :visited und weisen diesem eine andere Grafik zu.

ToDo: Externe Hyperlinks mit einer Grafik kennzeichnen

1. Kopieren Sie die Grafiken *linkinsweb.gif* und *linksinsweb_visited. gif* von den Beispieldateien in den Übungsordner.

2. Öffnen Sie das Stylesheet *bildschirm.css* aus dem Übungsordner.

3. Fügen Sie im Abschnitt zur Gestaltung der Hyperlinks den folgenden Style ein:

```
a[href^="http"]{
    background: url(linkinsweb.gif) no-repeat left center;
    padding-left: 16px;
}
```

4. Ergänzen Sie direkt darunter die folgende Regel:

```
a:visited[href^="http"]{
    background-image: url(linksinsweb_visited.gif) ;
}
```

5. Speichern Sie das Stylesheet, und betrachten Sie die Startseite im Browser.

Der Link zur Startseite von *little-boxes.de* auf der Startseite der Beispielsite sieht danach ungefähr so aus wie in Abbildung 24.18.

Besuchen Sie ⬀ die Website zum Buch für weitere Informationen.

Abbildung 24.18:
Externer Hyperlink mit Grafik

Eine alternative Vorgehensweise wäre es (wie Sie in Kapitel 5, »HTML-Elemente für Links, Bilder und mehr«, auf Seite 103 gesehen haben), alle externen Hyperlinks mit dem Attribut rel="external" zu versehen:

```
<a href="#" rel="external">Linktext</a>
```

Diese Links können Sie dann mit einem einfachen oder dem Tilde-Attributselektor selektieren und gestalten. Die Tilde bekommen Sie unter Windows übrigens mit [AltGr] + [+] und unter Mac OS X mit [⌥] + [n].

```
a[rel~="external"]{
    background: url(linkinsweb.gif) no-repeat left center;
    padding-left: 16px;
}
```

Um besuchten Links eine andere Grafik zuzuweisen, ergänzen Sie wie gesehen in einem zweiten Style den Selektor um die Pseudo-Klasse :visited und weisen eine andere Grafik zu:

```
a:visited[rel~="external"] {
    background-image: url(linkinsweb_visited.gif);
}
```

Spezifität: Attributselektoren bekommen 10 Punkte

Tipp

Attributselektoren haben die gleiche Spezifität wie Klassen und Pseudo-Klassen, bekommen in dem Punktesystem, das ab Seite 161 vorgestellt wurde, also 10 Punkte.

Kinder (>) und Geschwister (+ und ~) selektieren

Ab Seite 266 haben Sie den DOM-Baum kennengelernt und gesehen, dass eine Webseite eine hierarchische Verschachtelung von HTML-Elementen ist. Selektoren für verschachtelte HTML-Elemente kennen Sie bereits in Form der »Nachfahren-Selektoren«: Ein Selektor wie *#textbereich a* bezieht sich auf alle Hyperlinks, die im Dokumentenstammbaum Nachkommen von *#textbereich* sind, wobei es keine Rolle spielt, ob sie ein Kind, Enkel, Urenkel oder noch entfernter verwandt sind.

Nachfahren-Selektoren werden von allen Browsern verstanden und sind sehr praktisch, aber es gibt noch andere kontextabhängige Selektoren:

- Der Kind-Selektor (Child Selector): `Selektor > Selektor`

  `#textbereich > p` selektiert alle Absätze, die im Elemente-Stammbaum ein Kind von `#textbereich` sind, und zwar *nur* Kinder. Ein Absatz in einer Liste (`ul-li-p`) wäre ein Enkel und würde nicht selektiert.

- Der benachbarte Geschwister-Selektor: `Selektor + Selektor`

  `h2 + p` selektiert nur den ersten Absatz direkt nach einer `h2`-Überschrift. Das ist sehr praktisch zum Beispiel für einleitende Absätze, die im Printbereich oft kursiv dargestellt werden. Er heißt auf Englisch *Adjacent Sibling Selector*.

- Der allgemeine Geschwister-Selektor:

  Zwischen den Elementen steht eine Tilde ~. Sie selektiert alle nachfolgenden Geschwister und heißt auf Englisch *General Sibling Selector*.

Folgendes HTML-Beispiel verdeutlicht das unterschiedliche Verhalten der beiden Geschwister-Selektoren:

Listing 24.10:
Eine Überschrift
und zwei Absätze

```
<h2>Startseite</h2>
<p>Der erste Absatz nach der Überschrift.</p>
<p>Der zweite Absatz nach der Überschrift.</p>
```

Geschwister stehen im DOM-Baum auf derselben Hierarchiestufe. Der Selektor für benachbarte Geschwister `h2 + p` würde den ersten

Absatz selektieren, den zweiten hingegen nicht. Der zweite Absatz ist zwar Bruder oder Schwester, aber kein direkter Nachbar. Der Selektor für allgemeine Geschwister hingegen würde in Listing 24.10 beide Absätze selektieren, da beide auf h2 folgen und auf derselben Hierarchie-Ebene stehen.

Verschachtelte Selektoren können Sie übrigens auch ohne Leerstelle vor und nach dem Operator schreiben: #textbereich>p oder h2+p ist auch okay, beide sind aber beim Lesen der Styles etwas unübersichtlicher.

Tipp

Weitere Details zu verschachtelten Selektoren

In der CSS-Referenz von Sitepoint finden Sie bei Bedarf weitere Informationen zu verschachtelten Selektoren, die dort als *Combinators* bezeichnet werden:

- *reference.sitepoint.com/css/combinators*

Pseudo-Klassen und Pseudo-Elemente

Pseudo-Klassen kennen Sie bereits. Hyperlinks werden je nach Zustand mit den Pseudo-Klassen :link, :visited, :hover, :focus und :active unterschiedlich gestaltet.

Pseudo-Klassen heißen so, weil sie zwar wie eine Klasse eine Gruppe von Elementen auswählen, dies aber *ohne* das Attribut class machen. Pseudo-*Elemente* hingegen wählen keine ganzen Elemente aus, sondern nur einen Teil davon. Die folgende Liste, die Sie zum Teil bereits kennen, enthält die wichtigsten Pseudo-Elemente:

- :before fügt am Anfang eines Elements beliebigen Inhalt ein, und zwar *vor* dem eigentlichen Inhalt, aber *innerhalb* des Elements.

- :after fügt am Ende eines Element beliebigen Inhalt ein, und zwar *nach* dem eigentlichen Inhalt des Elements, aber noch *innerhalb* des Elements.

- :first-line wählt die erste Zeile Inhalt in einem Element.

- :first-letter selektiert den ersten Buchstaben eines Elements.

Pseudo-Elemente mit Pseudo-Klassen werden oft miteinander verwechselt, aber der folgende Unterschied hilft vielleicht, sich den Unterschied zu merken:

- Pseudo-*Elemente* wie `p:first-letter` wählen nur einen Teil eines Elements aus.

- Pseudo-*Klassen* wie `a:hover` selektieren immer ein ganzes Element.

Die bekanntesten Pseudo-Klassen sind zweifellos die Linkzustände wie `:hover`, die übrigens nicht nur an Hyperlinks gekoppelt sein können. Ein Selektor wie `li:hover` gestaltet zum Beispiel ein Listenelement, wenn der Mauszeiger darüber schwebt.

In CSS2 gab es noch zwei weitere Pseudo-Klassen:

- `:first-child` wählt nur das erste Kind-Element aus. Um zum Beispiel nur das erste Listenelement in einer Liste zu formatieren, können Sie `li:first-child` benutzen.

- `:lang(de)` wählt ein Element aufgrund der Sprache. Die Sprache muss dabei nicht unbedingt mit dem Attribut `lang` im Element selbst definiert werden, sondern kann auch geerbt sein.

In CSS3 gibt es zahlreiche neue Pseudo-Klassen wie `:last-child` (das Gegenstück zu `first-child`), `:first-of-type` und `:last-of-type`, die allesamt den Nachteil haben, dass der Internet Explorer sie erst ab der Version 9 versteht.

Erwähnt werden soll noch die Pseudo-Klasse `nth-child(n)`, mit der bestimmte Kindelemente ausgewählt werden können. Das in Klammern stehende `(n)` ist ein Platzhalter, der für eine Zahl, einen mathematischen Ausdruck oder die Wörter `odd` bzw. `even` stehen kann.

Dieser Selektor kann zum Beispiel benutzt werden, um in einer Tabelle gerade (`even`) oder ungerade (`odd`) Zeilen auszuwählen und diese unterschiedlich einzufärben:

Listing 24.11:
Alle ungeraden Tabellenzeilen mit der Pseudo-Klasse `:nth-child(odd)` gestalten

```
tr:nth-child(odd) { background-color: #ffeda0; }
```

Details zu CSS3-Pseudo-Klassen **Tipp**

Auch zu CSS3-Pseudo-Klassen finden Sie in der sehr guten CSS-Referenz von *Sitepoint* bei Bedarf weitere Informationen und Beispiele:

▪ *reference.sitepoint.com/css/css3psuedoclasses*

Die URL muss wirklich mit dem Tippfehler (»css3ps*ue*doclasses«) eingegeben werden.

24.7 Fazit: CSS3 – die Zukunft ist schon da

In diesem Kapitel haben Sie einen kurzen Blick auf CSS3 geworfen und gesehen, dass darin einige sehr nützliche Verbesserungen enthalten sind.

Die CSS3-Unterstützung der Browser wird buchstäblich von Tag zu Tag besser, da auch die Browserhersteller gemerkt haben, dass eine gute CSS3-Unterstützung für alle Seiten eine Win-Win-Situation darstellt, und in nicht allzu ferner Zukunft wird CSS3 im Webdesign vieles einfacher machen.

Einen guten Eindruck von weiteren Neuerungen in CSS3 vermittelt der Artikel »The Bright (Near) Future of CSS« von Eric Meyer, der im lesenswerten *Smashing Magazine* erschienen ist:

▪ *bit.ly/css3-meyer* (Kurz-URL, führt zu *smashing-magazine.com*)

Zum Abschluss dieses Kapitels möchte ich Ihnen mit *css3files.com* von Christian Krammer noch eine sehr schöne Site zum Lernen und Erforschen von CSS3 empfehlen (siehe Abbildung 24.19).

Die Site enthält viele Infos und Beispiele zum Einsatz von CSS3, und auf der Startseite steht ganz oben der schöne Satz »The time is now«. »Jetzt« ist der richtige Zeitpunkt, um mit CSS3 anzufangen, und nicht erst dann, wenn es »fertig« ist.

Abbildung 24.19:
Die Website
css3files.com mit
vielen Infos und
Beispielen

24.8 Das Stylesheet »css3-eigenschaften.css« im Überblick

Zum Abschluss dieses Kapitels finden Sie hier noch einmal die verwendeten CSS3-Eigenschaften im Überblick:

Listing 24.12:
Das Stylesheet
*css3-eigen-
schaften.css* im
Überblick

```
01 /*  ==========================================================
02 Stylesheet für CSS3-Eigenschaften
03 Datei: css3-eigenschaften.css
04 Datum: 28. Juni 2011
05 Autor: Peter Müller
06 ========================================================== */
07 @media screen {
08
```

```
09 /* Abgerundete Ecken für den Kopfbereich */
10 div#kopfbereich {
11   border-top-left-radius: 10px;
12   border-top-right-radius: 10px;
13 }
14 /* Das Weiß von den Ecken entfernen */
15 div#wrapper { background: none; }
16 div#textbereich,
17 div#fussbereich {
18   background: white;
19 }
20
21 /* Schatten für die Fotos auf galerie.html */
22 div.galerie img {
23   box-shadow: 4px 4px 10px #888;
24   padding: 0;
25   border: 0;
26   border-radius: 8px;
27 }
28
29 /* Überschriften im Textbereich mit Textschatten */
30 #textbereich h2 { text-shadow: 1px 1px 2px #888; }
31
32 /* CSS3-Farbverlauf für Kopfbereich */
33 div#kopfbereich {
34   background: #f3c600; /* old browsers */
35   background: -moz-linear-gradient(top, #FFE574 0%, #F3C600 99%);
     /* firefox */
36   background: -webkit-gradient(linear, left top, left bottom,
     color-stop(0%,#FFE574), color-stop(99%,#F3C600)); /* webkit */
37   /* IE-filter überschreibt border-radius im IE9 */
38   /* filter: progid:DXImageTransform.Microsoft.gradient(
     startColorstr='#FFE574',endColorstr='#F3C600',GradientType=0 );
     */ /* ie */
39   background: -o-linear-gradient(top, #FFE574 0%,#F3C600 99%);
     /* opera */
40 }
41
42 } /* Ende @media - nicht löschen */
43 /* ======================================
44    E N D E css3-eigenschaften.css
45    ====================================== */
```

24.9 Auf einen Blick

Hier sind noch einmal die wichtigsten Punkte dieses Kapitels im Überblick:

▨ CSS3 besteht aus zahlreichen Modulen mit unterschiedlichen Prioritäten und unterschiedlichem Entwicklungstempo.

▨ Zahlreiche CSS3-Eigenschaften können schon heute eingesetzt werden, zum Beispiel:

- border-radius für abgerundete Ecken

- box-shadow und text-shadow für Schatteneffekte

- Farbverläufe mit linear-gradient

- Transparenz mit opacity oder per RGBA

▨ Fortgeschrittene Selektoren und Pseudo-Elemente sind sehr praktisch:

- Mit Attributselektoren kann man HTML-Elemente aufgrund ihrer Attribute und darin enthaltener Werte auswählen.

- Kind-Selektoren ermöglichen die Auswahl aller DOM-Kinder.

- Geschwister-Selektoren ermöglichen die Auswahl des folgenden Elements.

▨ Pseudo-Klassen wie :hover gestalten komplette Elemente, Pseudo-Elemente wie :first-letter nur einen Teil davon.

Teil VII

Navigation gestalten

Kapitel 25

Floatbasierte Navigation mit Tabs

Worin Sie den Unterschied zwischen einer horizontalen Navigation per `display:inline` *und per* float *genauer kennenlernen.*

Die Themen im Überblick:

In diesem Kapitel analysieren Sie zunächst die in Kapitel 10 erstellte, auf `display:inline` basierende Navigation und bauen diese dann mit float von Grund auf neu, wobei Sie die Unterschiede der beiden Methoden genau kennenlernen.

25.1 Die Navigation mit »display:inline« im Detail

In diesem Abschnitt wird die ursprünglich in Kapitel 10 erstellte Navigation mit `display:inline` in einer vertiefenden Wiederholung Stück für Stück analysiert.

Das HTML für die aktuelle Navigation

Im HTML sind meist ungeordnete Listen mit Hyperlinks die Grundlage für eine Navigation:

- Sie haben eine ganz normale ungeordnete Liste ul, die alles umfasst.

- Sie haben ein Listenelement li für jeden Menüpunkt.

- In jedem Listenelement gibt es einen Hyperlink a zur entsprechenden Seite.

Manchmal ist noch ein div mit einer ID oder einer Klasse drum herum, aber der Kern einer Navigation sind Listen und Links. Auch die
Grundlage für die Beispielseiten ist da keine Ausnahme.

Abbildung 25.1:
Die aktuelle
Navigation mit
display:inline

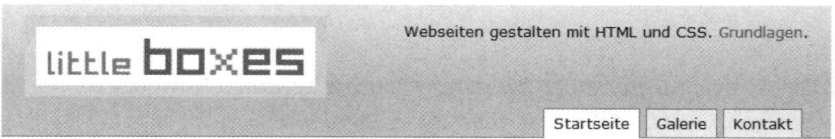

Hinter dieser Navigation steckt folgendes HTML:

Listing 25.1:
Das HTML für
die aktuelle
Navigation

```html
<div id="navibereich">
<ul>
  <li class="sie-sind-hier"><a href="index.html">Startseite</a></li>
  <li><a href="galerie.html">Galerie</a></li>
  <li><a href="kontakt.html">Kontakt</a></li>
</ul>
</div>
```

Das CSS für den Navigationsbereich

Im Stylesheet *navi_inline.css* wird zunächst einmal die Formatierung
für das umgebende div definiert:

Listing 25.2:
Das CSS für
#navibereich

```css
#navibereich {
  text-align: right;
  color: black;
  background: #f3c600
  padding: 5px 20px 4px 20px;
  border-bottom: 1px solid #8c8c8c;
}
```

Bemerkenswert an diesem Style sind die beiden fett gedruckten Zeichen:

▪ text-align:right richtet die Navigation rechtsbündig aus. Andere mögliche Werte wären left für linksbündig oder center zur Zentrierung.

▪ Das padding-bottom von 4px korrespondiert mit dem padding-bottom der Hyperlinks, wie es im Style für #navibereich a definiert ist (siehe etwas weiter unten). Wenn Sie einen der beiden Werte verändern, müssen Sie den anderen auch anpassen.

Die ursprünglich verwendete Grafik *farbverlauf.jpg* wurde in Kapitel 24, »CSS3 und Selektoren für Fortgeschrittene«, durch die feste Hintergrundfarbe #f3c600 ersetzt.

Die Listenelemente mit »display:inline« nebeneinander stellen

Das Nebeneinander der Listenpunkte wird mit einem simplen display:inline erreicht:

```
#navibereich li {
  display: inline;
  list-style-type: none;
  margin: 0 ;
}
```

Listing 25.3:
inline – Listenelemente nebeneinander darstellen

Die Anweisung list-style-type:none wäre genau genommen nicht nötig, denn durch display:inline verschwinden die Aufzählungszeichen sowieso. Nur HTML-Elemente mit der Eigenschaft display:list-item bekommen im Browser ein Aufzählungszeichen. Bei Listenelementen ist das die Standardeinstellung. Sobald der Wert für display aber verändert wird, verschwindet auch der Aufzählungspunkt.

Die Hyperlinks in der Navigation gestalten

Die optische Gestaltung der Navigationspunkte erfolgt größtenteils über die Hyperlinks:

```
#navibereich a {
  color: black;
  background-color: #ffeda0;
  padding: 4px 8px 4px 8px;
  border: 1px solid #8c8c8c;
}
```

Listing 25.4:
Das CSS für die Hyperlinks in der Navigation

Ein bisschen `padding`, ein bisschen `border` und ein paar Farben. Wichtig sind die unteren 4px für `padding`. Der Wert ist identisch mit dem unteren `padding` für `#navibereich`, sodass die untere Rahmenlinie *über* der von `#navibereich` liegt.

Als Nächstes kommt die Hervorhebung für den aktuellen Menüpunkt an die Reihe:

Listing 25.5:
Das CSS zur
Hervorhebung
des aktuellen
Menüpunktes

```
#navibereich li.sie-sind-hier a {
  color: black;
  background-color: white;
  border-bottom-color: white;
}
```

Last but not least werden die Pseudo-Klassen `:hover`, `:focus` und `:active` gestaltet:

Listing 25.6:
Das CSS für die
Link-Pseudo-
Klassen

```
#navibereich a:hover,
#navibereich a:focus {
  color: black;
  background-color: white;
  border-bottom-color: white;
}
#navibereich a:active {
  color: black;
  background-color: white;
  border-bottom-color: white;
}
```

Für die aktuellen Links wird eine weiße untere Rahmenlinie definiert. Diese Linie überdeckt die von `#navibereich`, da `border-bottom` von Inline-Boxen andere Elemente überlagert. Durch diesen Trick erscheint der aktuelle Tab nach unten offen: Deckweiß, im wahrsten Sinne des Wortes.

Die Elemente der Inline-Navigation im Überblick

Im Überblick sehen die wichtigsten Eigenschaften für die aktuelle Navigation so aus:

Tabelle 25.1:
Die wichtigsten
Eigenschaften der
Inline-Navigation
in der Übersicht

div#navibereich	ul	li	a	li.sie-sind-hier a
Block	Block	Inline	Inline	Inline
text-align:right padding-bottom border-bottom	-	display:inline	padding-bottom border-bottom	padding-bottom border-bottom

25.2 Die floatbasierte Navigation erstellen

Im Folgenden erstellen Sie eine Navigation, die optisch genauso aussieht wie die aktuelle, aber Sie benutzen dabei mit float eine völlig andere Technik und lernen jede Menge Details über das Verhalten von Block- und Inline-Boxen.

Horizontale, floatbasierte Navigationen sind zunächst etwas komplizierter zu erstellen als ihre Inline-Kollegen, sind danach aber wesentlich flexibler und vor allem besser erweiterbar: Eine feste Breite für die Menüpunkte, eine zweite Navigationsebene oder auch Dropdown-Menüs sind auf der Basis von float relativ einfach möglich.

Schritt 1: Die Listenelemente floaten

Sie beginnen, indem Sie im folgenden ToDo die Listenelemente ganz einfach nach links floaten.

ToDo: Die Listenelemente nach links floaten

1. Kopieren Sie die Dateien aus dem Basisordner zu diesem Kapitel in einen Übungsordner.

2. Erstellen Sie eine Kopie von *navi_inline.css,* und benennen Sie sie in *navi_float.css* um.

3. Öffnen Sie *zentrale.css,* und ändern Sie die *@import*-Regel für *navi_inline.css* wie folgt:

   ```
   @import url(navi_float.css);
   ```

4. Öffnen Sie das Stylesheet *navi_float.css* im Editor, und ändern Sie den Anfangskommentar:

   ```
   /*  ==========================================================
   Stylesheet für die Beispielsite aus "Little Boxes"
   Stand: Floatbasierte Navi, eingebunden via zentrale.css
   Datei: navi_float.css
   Datum: ...
   Autor: ...
   ========================================================== */
   ```

Das große
little boxes Buch
Webseiten gestalten mit HTML & CSS.
Grundlagen, Navigation, Inhalte, YAML & mehr

ToDo: Die Listenelemente nach links floaten (Forts.)

5. Ändern Sie den Style für die Listenelemente im Navigationsbereich wie folgt:

```
#navibereich li {
    float: left;
    width: auto;
    list-style: none;
    margin: 0 ;
}
```

6. Speichern Sie das Stylesheet, und betrachten Sie die Webseiten im Browser.

Durch diesen Schritt stehen die Listenelemente zwar immer noch nebeneinander, aber ansonsten stimmt beim Ansehen der Navigation in Abbildung 25.2 nicht mehr viel.

Abbildung 25.2:
Gefloatete Listen-
elemente – neben-
einander, aber
nicht wirklich gut

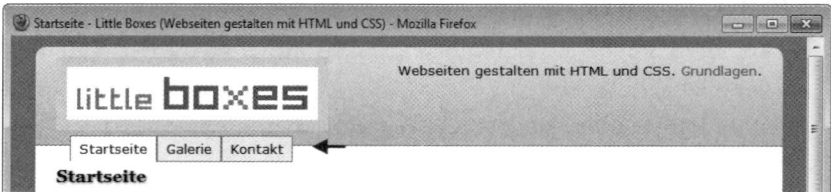

Bei genauerem Hinsehen ist Folgendes passiert:

■ Das umgebende div sieht die gefloateten Listenelemente nicht mehr und kollabiert daraufhin. Das div sollte die Listenelemente aber umschließen.

■ Die Räume zwischen den Listenelementen sind verschwunden. Der Grund dafür ist, dass ein gefloatetes Element *immer* eine Block-Box erzeugt und Whitespace um eine Block-Box ignoriert wird (siehe Seite 225ff.).

Also auf zur Reparatur!

Schritt 2: Der Navigationsbereich soll die Floats umschließen

Zunächst gestalten Sie den Navigationsbereich, also das umgebende div so, dass es die gefloateten Listenelemente umschließt. Dazu genügt in diesem Fall ein einfaches overflow:hidden.

Zusätzlich muss für den IE6 per Sternchen-Hack noch *hasLayout* für das Element #navibereich getriggert werden. Diesen Patch schreiben Sie der Einfachheit halber gleich hier in *navi_float.css*.

ToDo: Der Navigationsbereich soll die Floats umschließen

1. Ändern Sie in *navi_float.css* das CSS für #navibereich wie folgt:

```css
#navibereich {
    overflow: hidden;
    color: black;
    background: #f3c600;
    padding: 5px 20px 4px 20px;
    border-bottom: 1px solid #8c8c8c;
}
```

2. Fügen Sie danach die folgende Regel ein:

```css
/* Sternchen-Hack, hasLayout für IE6 */
* html #navibereich { height: 1%; }
```

3. Fügen Sie den Listenelementen einen rechten Außenabstand hinzu:

```css
#navibereich li {
    float:left;
    width: auto;
    list-style-type: none;
    margin: 0;
    margin-right: 5px;
}
```

4. Speichern Sie das Stylesheet, und betrachten Sie die Webseiten im Browser.

Nach dieser kleinen Reparatur ist das umgebende div#navibereich wieder zu sehen, und die Abstände zwischen den Listenelementen sind in Abbildung 25.3 auch wieder da.

Abbildung 25.3:
Navigation wie-
der mit Hinter-
grundfarbe und
Abständen

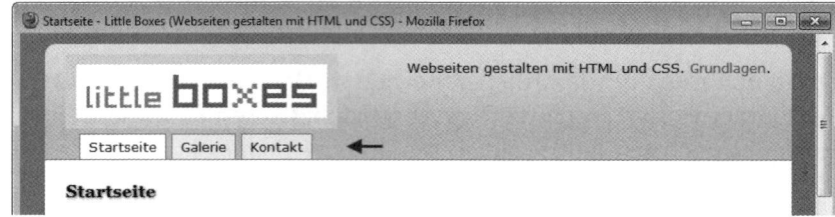

Tipp **Es gibt Alternativen zu »overflow:hidden«**

In Kapitel 16, »Containing Floats: Gefloatete Elemente umschließen«, haben Sie noch andere Lösungen zum Einschließen von Floats kennengelernt. Alle diese Methoden könnten Sie hier verwenden, aber overflow:hidden ist verlockend einfach.

Schritt 3: Die Navigation rechts ausrichten

In diesem Schritt wird die Navigation wieder nach rechts ausgerichtet. Da die li-Elemente durch das Floaten wieder zur Block-Box geworden sind, funktioniert ein einfaches text-align:right nicht mehr, denn text-align gilt nur für Text und Inline-Elemente.

Ein naheliegender Gedanke wäre es, die Listenelemente mit float:right nach rechts zu floaten, aber dabei kehrt sich die Reihenfolge der Navigationspunkte um.

Abbildung 25.4:
Falsch rum – nach
rechts gefloatete
Listenelemente

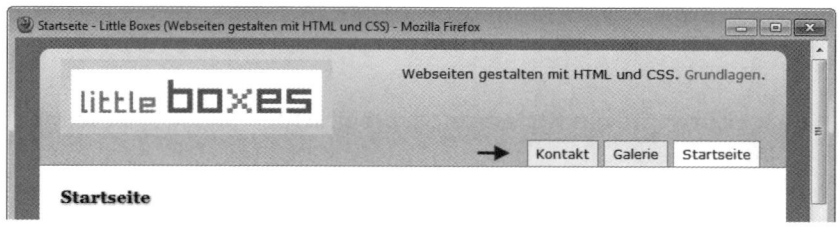

Sie könnten jetzt natürlich im HTML die Reihenfolge der Listenpunkte verändern und die Startseite zuletzt notieren. Dann würde
frei nach dem Motto »minus mal minus ist plus« die Reihenfolge der
Navigationspunkte im Browser wieder stimmen. Stattdessen bedienen Sie sich besser eines kleinen Tricks und floaten nicht die Listenelemente li, sondern die umgebende ul-Liste nach rechts:

■ Durch das Floaten schrumpft ul auf die Breite der darin enthaltenen Listenelemente, denn gefloatete Boxen werden ohne Angabe
   von width nur so breit wie ihr Inhalt (siehe Seite 315).

■ Die Liste wird innerhalb des umgebenden div#navibereich nach
   rechts gefloatet.

Frei nach dem Motto »Liebling, ich habe die Liste geschrumpft« erledigt das folgende ToDo genau diese Aufgabe.

ToDo: Die Navigation nach rechts floaten

1. Ergänzen Sie in *navi_float.css* den Style für #navibereich ul wie
   folgt:

   ```
   #navibereich ul {
     float: right;
     width: auto; /* schrumpft die Liste */
     margin-bottom: 0;
   }
   ```

2. Speichern Sie das Stylesheet, und betrachten Sie die Webseiten
   im Browser.

Jetzt ist die Navigation rechtsbündig, und die Reihenfolge der Listenelemente stimmt trotzdem.

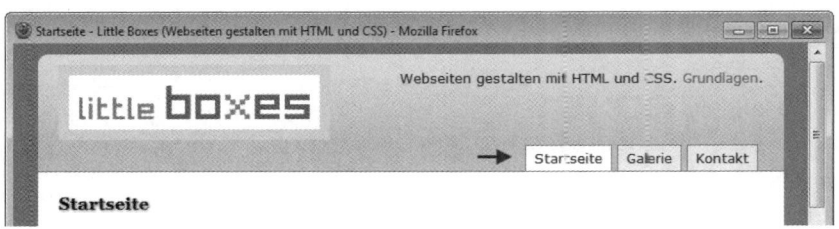

Abbildung 25.5:
Navigation
rechtsbündig und
richtig herum

Wir sind fast fertig. Es fehlt nur noch die Öffnung nach unten beim aktiven Menüpunkt. Allerdings werden Sie sehen, dass das nicht ganz so einfach ist wie gedacht, denn die bisherige Methode funktioniert nicht mehr.

Schritt 4: Die Hyperlinks »blocken«

In diesem Schritt werden zunächst die Links in der Navigation mit display:block zur Block-Box befördert. Eine Block-Box kann besser gestaltet werden als eine Inline-Box, denn sie akzeptiert z. B. mit width eine feste Breite. Das »Blocken« der Links verändert den Charakter der Navigation aber ganz entscheidend. Im folgenden ToDo entsteht zunächst eine unerwünschte Lücke unter den Links, die im übernächsten ToDo wieder beseitigt wird.

ToDo: Die Hyperlinks in der Navigation zur Block-Box machen

1. Ergänzen Sie in *navi_float.css* den Style für #navibereich a wie folgt:

```
#navibereich a {
    display: block;
    color: black;
    background-color: #ffeda0;
    padding: 4px 8px 4px 8px;
    border: 1px solid #8c8c8c;
}
```

2. Speichern Sie das Stylesheet, und betrachten Sie die Webseiten im Browser.

Nach diesem Schritt ist unter den Hyperlinks eine Lücke entstanden.

Abbildung 25.6:
Das Blocken der
Navigationslinks
erzeugt unten
eine Lücke.

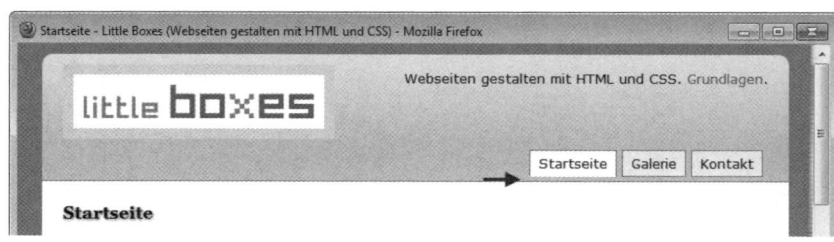

Diese Lücke ist eine Folge des Blockens:

- Als die Links noch Inline-Boxen waren, überlagerte das padding-bottom von 4px das gleich große padding-bottom von div#navibereich.

- Jetzt sind die Links aber eine *Block*-Box, und deshalb wird das padding-bottom nicht mehr überlagert. Deshalb wird das padding-bottom von #navibereich unter den Links sichtbar.

Zur Korrektur der Lücke entfernen Sie im folgenden ToDo einfach das padding-bottom von #navibereich.

ToDo: Den Abstand unterhalb der Links korrigieren

1. Setzen Sie in *navi_float.css* das padding-bottom für #navibereich auf null:

```
#navibereich {
   overflow:hidden;
   color: black;
   background: #f3c600;
   padding: 5px 20px 0 20px;   /* padding-bottom auf 0 */
   border-bottom: 1px solid #8c8c8c;

}
```

2. Speichern Sie das Stylesheet, und betrachten Sie die Webseiten im Browser.

Die Lücke unter den Tabs ist wieder weg, aber dafür haben Sie jetzt eine doppelte Rahmenlinie unter den beiden nicht aktiven Tabs. Um die kümmern Sie sich gleich im nächsten Schritt.

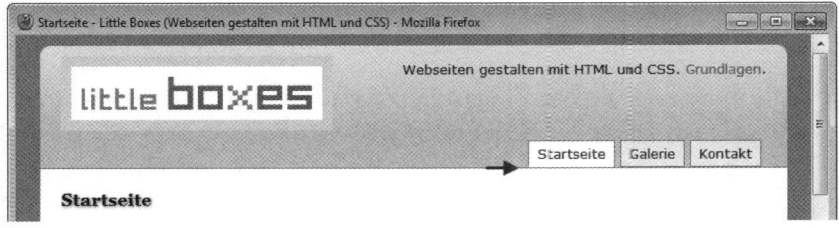

Abbildung 25.7:
Die Lücke unter
den Tabs ist (fast)
wieder weg.

Tipp

Block- und Inline-Boxen

Falls Ihnen das Verhalten von Block- und Inline-Boxen in diesem Schritt nicht ganz einleuchtet, schauen Sie ab Seite 456 in den Abschnitt über »Das Box-Modell für Inliner«. Dort werden die Unterschiede genau erklärt.

Schritt 5: Eine Grafik als untere Rahmenlinie

Das Blocken der Hyperlinks hat neben der bereits beseitigten Lücke darunter auch noch zur Folge, dass der Trick mit der weißen Linie für den aktuellen Tab nicht mehr funktioniert:

- Links und Listenelemente erzeugen jetzt Block-Boxen.

- Die untere weiße Linie des aktuellen Links überdeckt deshalb die graue Rahmenlinie von #navibereich nicht mehr, sondern schiebt sie nach unten.

Noch dabei? Ein Bild sagt mehr als viele Worte, und deshalb zeigt Abbildung 25.8 die Navigation mit einer übergroßen 10 Pixel dicken unteren Rahmenlinie für den aktuellen Tab (border-bottom-width: 10px).

Abbildung 25.8:
Die 10 Pixel
border-bottom
schieben alles
nach unten.

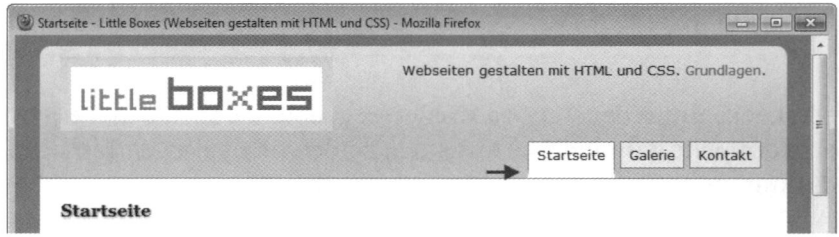

Der Grund dafür liegt im Verhalten von Inline- und Block-Boxen:

- Inline-Elemente vergrößern die Zeilenhöhe nicht. Diesen Sachverhalt nutzt das CSS der Inline-Navigation, indem es für die gehoverten Hyperlinks die graue Linie einfach mit einer weißen Linie überdeckt.

- Block-Elemente hingegen vergrößern die bestehende Zeile. Die graue Linie wird von der weißen nicht mehr überdeckt, sondern einfach weiter nach unten geschoben.

Was tun, sprach Zeus, und erstellte eine Hintergrundgrafik.

Sie entfernen die per `border-bottom` definierte untere Rahmenlinie für den `#navibereich` und bauen sie stattdessen als Hintergrundgrafik wieder ein. Die benötigte Grafik ist 1 Pixel hoch und hat eine Farbe, die zu Ihrem Design passt, im Beispiel #8c8c8c.

Im folgenden ToDo binden Sie die graue untere Rahmenlinie als Grafik ein. Sie finden die Grafik namens *border-bottom.gif* bei den Beispieldateien.

ToDo: Eine Hintergrundgrafik für den »#navibereich« einbinden

1. Kopieren Sie die Grafik *border-bottom.gif* in den Übungsordner.
2. Entfernen Sie in *navi_float.css* im Style für `#navibereich` die Deklaration für `border-bottom`, und fügen Sie die Grafik *border-bottom.gif* als Hintergrundgrafik ein:

```
#navibereich {
  overflow:hidden;
  color: black;
  background: #f3c600 url(border-bottom.gif) repeat-x left
    bottom;
  padding: 5px 20px 0 20px;
}
```

3. Speichern Sie das Stylesheet, und betrachten Sie die Webseiten im Browser.

Voilà! Abbildung 25.9 zeigt die fertige Navigation mit einer Grafik als Rahmenlinie.

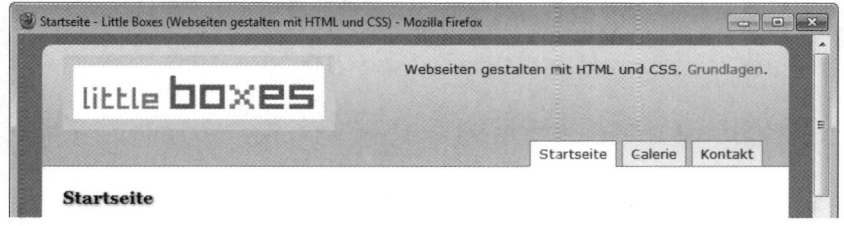

Abbildung 25.9: Fertig: Die horizontale Navigation mit float

Geschafft. Die floatbasierte Navigation sieht genauso aus wie die Inline-Navigation aus Kapitel 10.3 und basiert auf demselben HTML. Und doch wurde sie völlig anders gestaltet. Ihre Besonderheiten sind unter anderem:

- Die Hintergrundgrafik *border-bottom.gif* für `#navibereich` wird mit `repeat-x` über die gesamte Breite wiederholt.

- Beim Hovern und für die jeweils aktuellen Links überdeckt die weiße untere Rahmenlinie der Links die graue Hintergrundgrafik von `#navibereich`.

Der Trick beruht darauf, dass die Hintergrundgrafik *unter* der weißen `border-bottom` liegt. Das Box-Modell ist also tatsächlich ein bisschen 3D (siehe Seite 463).

Schritt 6: »Sie sind hier« für die Hyperlinks

Optisch ist die Navigation fertig, aber im Quelltext folgt noch eine kleine Änderung: Die Klasse `sie-sind-hier` soll nicht mehr an die Listenelemente (`li`), sondern an die Hyperlinks (`a`) vergeben werden.

Durch das Blocken der Hyperlinks in Schritt 4 sind Listenelemente und Hyperlinks von der Fläche her fast identisch. Das wiederum ermöglicht es, die Klasse `sie-sind-hier` von den Listenelementen an die Hyperlinks zu versetzen, denn im Grunde sind es ja die Links, die dem Besucher signalisieren, auf welcher Seite er sich gerade befindet.

Im HTML sieht die Navigation der Startseite dann so aus wie in Listing 25.7. Diese Änderung muss auf allen drei Webseiten erfolgen.

Listing 25.7:
Die Klasse `sie-sind-hier` wird dem Hyperlink zugewiesen, nicht dem Listenelement.

```
<div id="navibereich" role="navigation">
<h2 class="versteckmich">Navigation</h2>
<ul>
   <li><a href="index.html" class="sie-sind-hier">Startseite</a></li>
   <li><a href="galerie.html">Galerie</a></li>
   <li><a href="kontakt.html">Kontakt</a></li>
</ul>
</div> <!-- Ende navibereich -->
```

Im CSS reicht eine Änderung des Selektors für den Style, um den aktuellen Navigationspunkt in *navi_float.css* hervorzuheben:

```css
#navibereich li a.sie-sind-hier {
  color: black;
  background-color: white;
  border-bottom-color: white;
}
```

Listing 25.8:
Den Selektor zur Hervorhebung des aktuellen Navigationspunktes ändern

Diese beiden Änderungen werden im folgenden ToDo erledigt.

ToDo: Die Hervorhebung des aktuellen Hyperlinks erstellen

1. Öffnen Sie die drei Webseiten in einem Editor.

2. Ändern Sie auf jeder Seite das HTML für die Navigation so, dass die Klasse `sie-sind-hier` an den Hyperlink gegeben wird und nicht mehr an das Listenelement (siehe Listing 25.7).

3. Speichern Sie die drei Webseiten, und öffnen Sie das Stylesheet *navi_float.css* im Editor.

4. Ändern Sie den Style zur Hervorhebung des aktuellen Menü-punktes wie folgt:

```css
#navibereich li a.sie-sind-hier {
  color: black;
  background-color: white;
  border-bottom-color: white;
}
```

5. Speichern Sie das Stylesheet.

Optisch hat sich im Browser durch dieses ToDo nichts verändert, aber die Hervorhebung des aktuellen Menüpunktes erfolgt jetzt etwas zielgenauer als vorher.

Die Elemente der floatbasierten Navigation im Überblick

Der folgende Überblick zeigt, dass im Gegensatz zur Tabelle 25.1 auf Seite 506 jetzt alle Elemente Block-Boxen erzeugen:

Tabelle 25.2:
Horizontale Navigation per float

div#navibereich	ul	li	a	a.sie-sind-hier
Block	Block	Block	Block	Block
overflow:hidden border-bottom als Grafik	float:right width:auto	float:left width:auto	display:block padding border	display:block padding border-bottom

Die Vorteile einer floatbasierten Navigation werden erst später richtig deutlich. Alle Elemente erzeugen jetzt Block-Boxen, und somit bilden sie eine stabile Grundlage zur Gestaltung.

25.3 Die Navigation mit abgerundeten Ecken

Um die oberen Ecken der Tabs in der Navigation abzurunden, wäre nur eine einzige CSS-Anweisung nötig:

Listing 25.9:
Abgerundete
Ecken für die
Navigation

```
#navibereich a {
display: block;
  color: black;
  background-color: #ffeda0;
  padding: 4px 8px 4px 8px;
  border: 1px solid #8c8c8c;
  border-radius: 10px 10px 0 0;
}
```

Mit dieser zusätzlichen Zeile CSS3 werden die oberen Ecken der Registerkarten in der Navigation abgerundet (siehe Abbildung 25.10).

Abbildung 25.10:
Abgerundete
Ecken mit einer
Zeile CSS3

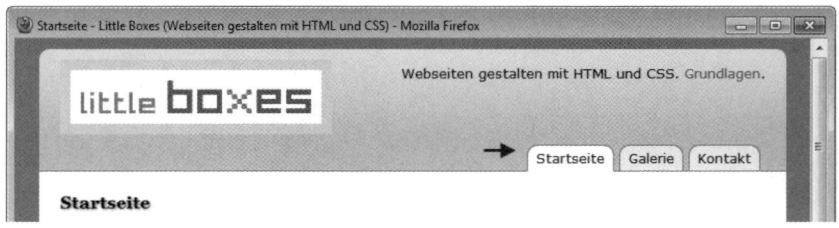

Nur zum Vergleich: Um denselben Effekt zu erreichen, musste man bis vor Kurzem diverse Grafiken erstellen und als Hintergrundgrafiken an verschiedene HTML-Elemente heften. Die Beschreibung dieser Technik hat in *Little Boxes Teil 2* vor wenigen Jahren ein 20-seitiges Kapitel in Anspruch genommen. Heute brauchen Sie nur noch eine Zeile CSS.

25.4 Das CSS der floatbasierten Navigation im Überblick

Zum Abschluss dieses Kapitels finden Sie hier noch einmal das CSS der floatbasierten Navigation im Überblick:

```
01 #navibereich {
02    overflow:hidden; /* Floats einschließen */
03    color: black;
04    background: #f3c600 url(border-bottom.gif) repeat-x left bottom;
      /* mit Grafik */
05    padding: 5px 20px 0 20px;  /* kein unterer margin */
06 }
07 * html #navibereich { height: 1%; } /* hasLayout-Patch für IE6 */
08   #navibereich ul {
09     float: right; /* Navigation rechts ausrichten */
10     width: auto;  /* Navigationsliste schrumpfen */
11     margin-bottom: 0;
12   }
13   #navibereich li {
14     float: left; /* Listenelemente floaten */
15     width: auto;
16     list-style-type: none;
17     margin: 0;
18     margin-right: 5px; /* Abstand zwischen den Listenelementen */
19   }
20   #navibereich a {
21     display: block; /* Hyperlinks als Block-Boxen */
22     color: black;
23     background-color: #ffeda0;
24     padding: 4px 8px 4px 8px;
25     border: 1px solid #8c8c8c;
26   }
```

Listing 25.10:
Das CSS für die floatbasierte Navigation im Überblick

```
27    #navibereich li a.sie-sind-hier {
28      color: black;
29      background-color: white;
30      border-bottom-color: white; /* Untere Rahmenlinie weiß */
31    }
32    #navibereich a:hover,
33    #navibereich a:focus {
34      color: black;
35      background-color: white;
36      border-bottom-color: white;
37    }
38    #navibereich a:active {
39      color: black;
40      background-color: white;
41      border-bottom-color: white;
42    }
```

25.5 Auf einen Blick

Hier sind noch einmal die wichtigsten Punkte dieses Kapitels im
Überblick:

- Eine horizontale Navigation per `display:inline` ist einfach und
  unkompliziert zu erstellen.

- Der Trick mit dem weißen, nach unten offenen Tab beruht darauf, dass die Rahmenlinien von Inline-Elementen umgebende
  Elemente überlagern.

- Bei einer horizontalen Navigation per float funktioniert dieser
  Trick nicht mehr, weil Hyperlinks und Listenelemente »geblockt«
  werden.

- Der Nachteil ist, dass die untere graue Rahmenlinie als Grafik eingebunden werden muss.

- Listenelemente und Links können als Block-Boxen besser gestaltet werden.

Kapitel 26

Floatbasierte Tab-Navigation mit zweiter Ebene

Worin Sie die Navigation um eine zweite Ebene erweitern und diese absolut positioniert unterhalb der ersten Ebene sichtbar machen. Dabei lernen Sie das Firefox-Add-on Firebug etwas näher kennen.

Die Themen im Überblick:

In diesem Kapitel erweitern Sie die in Kapitel 25 erstellte floatbasierte Navigation mit Tabs um eine zweite Ebene, die im Browser ungefähr so aussieht:

Abbildung 26.1:
Beispielsite mit
der Seite *Hobbys*
und einer zweiten
Navigationsebene

Zur Erweiterung der bestehenden Navigation gäbe es im HTML prinzipiell zwei Möglichkeiten:

- zwei getrennte Listen mit je einer Ebene, die unabhängig voneinander positioniert und gestaltet werden

- eine verschachtelte Liste mit zwei Ebenen

Da die Variante mit zwei getrennten Listen vom CSS her wenig Neues bringt, möchte ich Ihnen im Folgenden die Lösung mit einer verschachtelten Liste vorstellen.

26.1 Der Ausgangspunkt: Die Beispielsite erweitern

Für das Beispiel in diesem Kapitel benötigen Sie eine zweite Navigationsebene. Dazu wird die Beispielsite zunächst einmal um eine vierte Webseite namens *Hobbys* erweitert. Die Übungsdateien mit der vierten Seite *hobbys.html* und den Unterseiten *webdesign.html*, *fotografie. html* und *musik.html* finden Sie in den Beispieldateien im Basisordner für dieses Kapitel (siehe Abbildung 26.2).

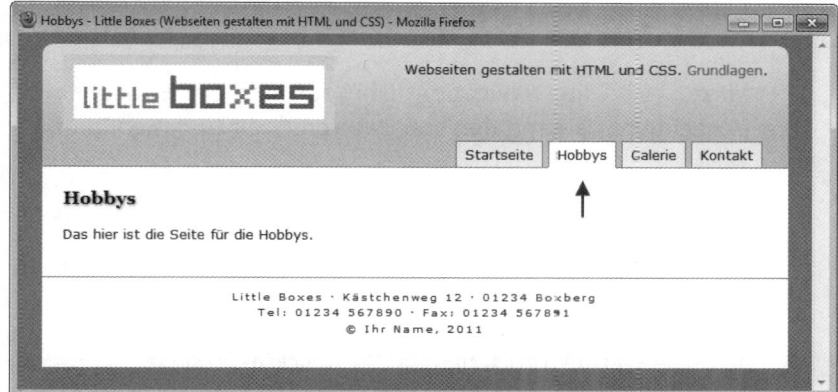

Die Navigation auf dieser neuen Seite *Hobbys* wird im folgenden ToDo um die drei Unterpunkte *Webdesign*, *Fotografie* und *Musik* erweitert. Die Menüpunkte werden auf diesen Seiten in einer verschachtelten Liste dargestellt.

Auf der Seite *hobbys.html* müssen Sie die Navigation noch ergänzen. Dem ul-Element in der zweiten Navigationsebene geben Sie dabei die Klasse level2, damit sie bei der Gestaltung der Navigation im weiteren Verlauf des Kapitels einfacher selektiert werden kann. Die Klasse muss nicht zwingend level2 heißen, und andere Namen wie ebene2 wären im Prinzip genauso okay.

Achten Sie bei der Komplettierung der Navigation darauf, dass das schließende </li> der äußeren Liste erst *nach* der inneren Liste kommt. Bei Bedarf schlagen Sie noch einmal im Abschnitt über »Verschachtelte Listen« in Kapitel 4.7 nach. Ab Seite 95 wird dort der Aufbau von verschachtelten Listen erklärt.

ToDo: Die Navigation auf der Seite *hobbys.html* erweitern

1. Kopieren Sie die Dateien aus dem Basisordner zu diesem Kapitel in einen Übungsordner.
2. Öffnen Sie die Datei *hobbys.html* im Editor.

ToDo: Die Navigation auf der Seite *hobbys.html* erweitern (Forts.)

3. Ergänzen Sie die Navigationsliste auf der Seite um eine verschachtelte Liste mit den drei Unterpunkten zum Menüpunkt *Hobbys*:

```html
<ul>
  <li><a href="index.html">Startseite</a></li>
  <li><a href="hobbys.html" class="sie-sind-hier">Hobbys</a>
    <ul class="level2">
      <li><a href="webdesign.html">Webdesign</a></li>
      <li><a href="fotografie.html">Fotografie</a></li>
      <li><a href="musik.html">Musik</a></li>
    </ul>
  </li>
  <li><a href="galerie.html">Galerie</a></li>
  <li><a href="kontakt.html">Kontakt</a></li>
</ul>
```

4. Speichern Sie die Datei, und betrachten Sie sie im Browser.

Die Seite sieht danach im Browser noch etwas durcheinander aus (siehe Abbildung 26.3).

Abbildung 26.3:
Die Seite *Hobbys*
mit drei Unter-
punkten – noch
durcheinander

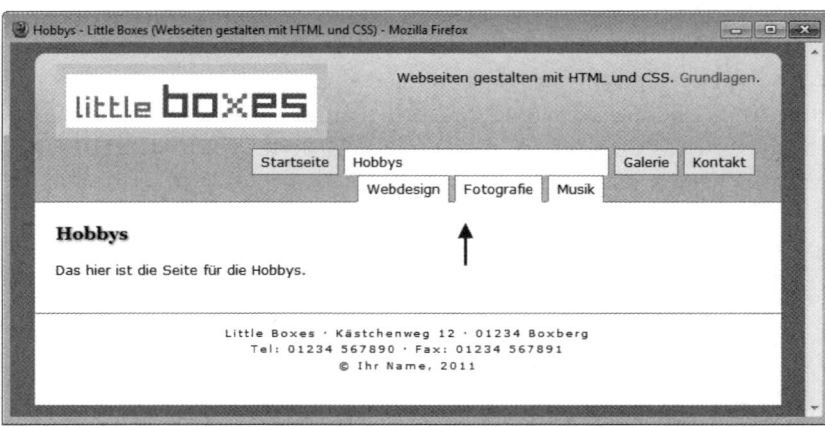

Auf den folgenden Seiten beheben Sie dieses Kuddelmuddel durch den gezielten Einsatz von ein paar Styles.

26.2 Schritt 1: Die zweite Navigationsebene positionieren

In diesem Schritt positionieren Sie die zweite Ebene. Um nur die jeweils innere verschachtelte Liste zu selektieren, benutzen Sie die vorsorglich vergebene Klasse level2.

Im folgenden ToDo wird die zweite Ebene auf der Seite *Hobbys* absolut positioniert.

Die horizontale Ausrichtung der Liste erfolgt mit der Anweisung right: 0. Damit die Position der Liste nicht vom rechten Rand des Browserfensters aus gemessen wird, bekommt das umgebende Element div#wrapper ein position:relative, um als Bezugspunkt für die absolute Positionierung der zweiten Ebene zu fungieren. Falls Ihnen der Trick mit dem Zusammenspiel von position:relative und position:absolute nicht bekannt vorkommt, werfen Sie noch mal einen Blick in Kapitel 14. Dort wird das ab Seite 291 erklärt.

ToDo: Die zweite Navigationsebene positionieren

1. Erstellen Sie eine Kopie von *navi_float.css,* und benennen Sie sie in *navi_2ebenen.css* um.

2. Öffnen Sie *zentrale.css,* und ändern Sie die @*import*-Regel für *navi_float.css* wie folgt:

   ```
   @import url(navi_2ebenen.css);
   ```

3. Öffnen Sie das Stylesheet *navi_2ebenen.css* im Editor, und ändern Sie den Anfangskommentar:

   ```
   /*  ========================================================
   Stylesheet für die Beispielsite aus "Little Boxes"
   Stand: Floatbasierte Navi mit 2 Ebenen, eingebuncen via
   zentrale.css
   Datei: navi_2ebenen.css
   Datum: ...
   Autor: ...
   ======================================================== */
   ```

ToDo: Die zweite Navigationsebene positionieren (Forts.)

4. Fügen Sie vor der schließenden Klammer von *@media* die folgenden CSS-Regeln ein:

```
/* Zweite Navigationsebene positionieren */

div#wrapper { position: relative; }

#navibereich ul.level2 {
    position: absolute;
    right: 0;
    top: auto;
    display: block;
    width: auto;
    height: auto;
    font-size: 90%;
    padding: 0.5em 0 0 0;
    margin: 0;
}
```

Eine simple Klasse, eine Prise absolute Positionierung, und schon wird die zweite Ebene nach Wunsch positioniert (siehe Abbildung 26.4).

Abbildung 26.4:
Die zweite
Navigations-
ebene sitzt an der
richtigen Stelle.

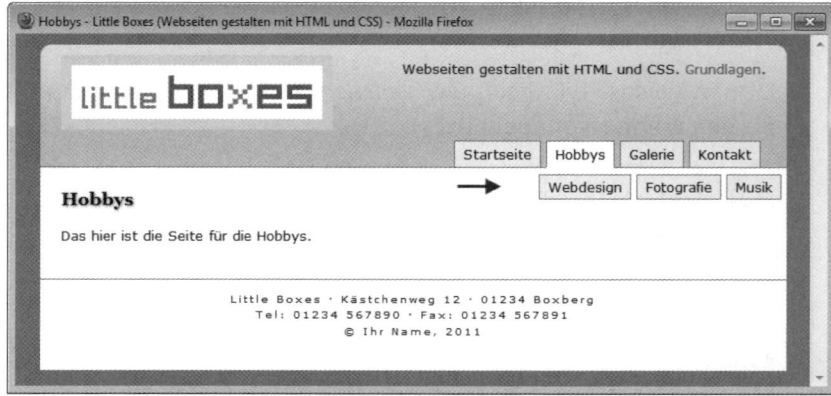

Der Rest ist eigentlich »nur« noch ein bisschen Gestaltung: Rahmen um die Links der zweiten Ebene entfernen, Abstände korrigieren und dergleichen Feinkram.

26.3 Schritt 2: Die Links der zweiten Ebene gestalten

In diesem Schritt werden die Hyperlinks in der zweiten Ebene gestaltet. Dazu benötigen Sie nur wenige CSS-Regeln, bei denen die Klasse level2 für die innere Liste wieder sehr praktisch wird.

Im ersten Style entfernen Sie die Hintergrundfarbe und Rahmenlinien von den Links der zweiten Ebene, und in der zweiten CSS-Regel ändern Sie die Schriftfarbe für die Pseudoklassen :hover und :focus auf #d9000.

ToDo: Die Links der zweiten Ebene gestalten

1. Ergänzen Sie in *navi_2ebenen.css* vor der schließenden Klammer von @media die folgenden zwei Styles:

```
/* Hyperlinks der zweiten Ebene gestalten */
#navibereich ul.level2 a {
  background: none;
  border: none;
}
#navibereich ul.level2 a:hover,
#navibereich ul.level2 a:focus {
  background: none;
  color: #d90000;
}
```

2. Speichern Sie das Stylesheet, und testen Sie die Webseiten im Browser.

Abbildung 26.5 zeigt die Seite *Hobbys* nach diesem Schritt.

Abbildung 26.5:
Die Seite *Hobbys*
mit gestalteten
Navigationslinks

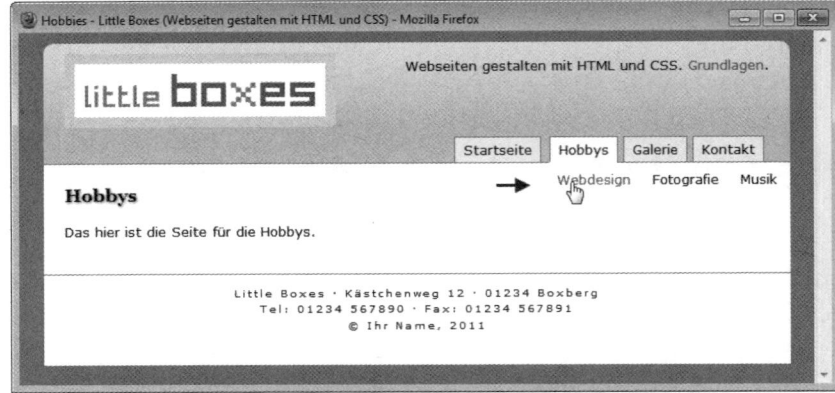

26.4 Schritt 3: Hervorhebung des aktuellen Links

Wenn eine der drei Unterseiten aufgerufen wird, soll dies sowohl in der ersten als auch in der zweiten Navigationsebene signalisiert werden. Konkret: Wenn die Unterseite "Webdesign" angezeigt wird, sollen sowohl der Tab HOBBYS als auch der Unterpunkt WEBDESIGN dem Besucher der Seite ein optisches Feedback geben, wo er sich gerade befindet. Gleiches gilt natürlich für die beiden anderen Unterseiten.

Für die erste Ebene wird das durch den weißen Hintergrund und die Öffnung nach unten bereits deutlich. Dies geschieht mithilfe der Klasse sie-sind-hier in folgendem Style:

Listing 26.1:
Der Style zur Her-
vorhebung der
ersten Naviga-
tionsebene

```
#navibereich li a.sie-sind-hier {
    color: black;
    background-color: white;
    border-bottom-color: white;
}
```

Mit einem ganz ähnlichen Trick können Sie auch den aktiven Link in der zweiten Navigationsebene hervorheben. Dabei ergänzen Sie zunächst im HTML den entsprechenden Navigationslink auf der Seite *webdesign.html* um die Klasse sie-sind-hier. Auf den anderen beiden Unterseiten ist dies bereits erledigt. Anschließend gestalten Sie die Links dann mithilfe der Klasse level2.

ToDo: Den aktuellen Link auf einer Unterseite hervorheben

1. Öffnen Sie die Datei *webdesign.html* im Editor, und ergänzen Sie in der Navigationsliste die Klasse *sie-sind-hier* für die zweite Navigationsebene:

```
<ul>
  <li><a href="index.html">Startseite</a></li>
  <li class="sie-sind-hier"><a href="hobbys.html">Hobbys</a>
    <ul class="level2">
      <li><a href="webdesign.html" class="sie-sind-hier">
        Webdesign</a></li>
      <li><a href="#">Fotografie</a></li>
      <li><a href="#">Musik</a></li>
    </ul>
  </li>
  <li><a href="galerie.html">Galerie</a></li>
  <li><a href="kontakt.html">Kontakt</a></li>
</ul>
```

2. Speichern Sie die Datei.

3. Öffnen Sie gegebenenfalls das Stylesheet *navi_2ebenen.css* im Editor, und ergänzen Sie am Ende den folgenden Style:

```
/* "Sie sind hier" für die zweite Navigationsebene */
#navibereich ul.level2 a.sie-sind-hier {
  background: none;
  color: #d90000;
}
```

4. Speichern Sie das Stylesheet, und testen Sie die Webseiten im Browser.

Im Browser sieht die Seite nach diesen Schritten ungefähr so aus wie in Abbildung 26.6.

Abbildung 26.6:
Die Seite *Web-design* mit
doppeltem
»Sie sind hier«

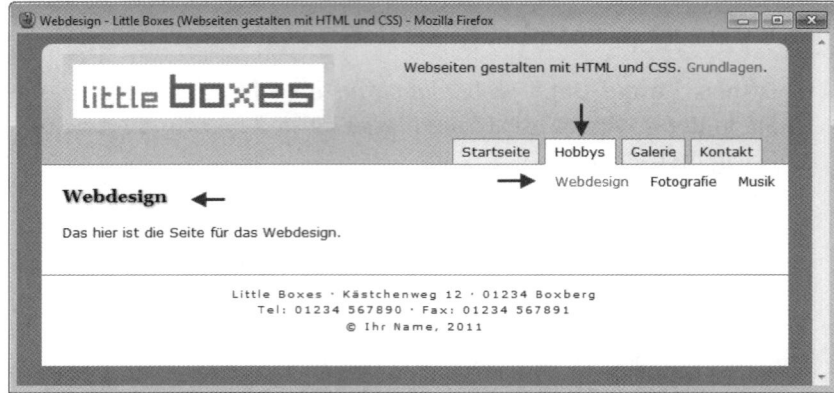

26.5 Schritt 4: Abstände mit dem Firebug analysieren

Die zweite Navigationsebene ist absolut positioniert worden, und das Element wird dadurch – bildlich gesprochen – aus dem in Kapitel 14 erklärten *document flow* gehoben. Alle anderen Elemente auf der Seite verhalten sich so, als ob es gar nicht da wäre. Dazu hieß es in Kapitel 14.4:

Bei normal fließenden Elementen ist der Browser dafür verantwortlich, dass die Boxen sich nicht überlappen, bei absolut positionierten Elementen hingegen der Webdesigner, der die absolute Positionierung veranlasst hat.

Wenn Sie die Seite *Webdesign* mit dem Firebug analysieren, werden Sie sehen, dass es bis jetzt mehr oder weniger Zufall ist, dass sich nichts in die Quere kommt (siehe Abbildung 26.7).

Um Abbildung 26.7 in Ihrem Firefox nachzustellen, starten Sie zunächst den Firebug und gehen dann die folgenden Schritte durch:

1. Klicken Sie links auf die Navigationsliste `<ul class="level2">`.

2. Aktivieren Sie dann rechts das Register LAYOUT.

3. Bewegen Sie den Mauszeiger über den Inhaltsbereich des Box-Modells.

4. In dem Moment erscheinen im Browser ein Lineal und ein Faden-kreuz, das die genaue Position des markierten Elements angibt. Die untere Linie geht ganz links mitten durch die Überschrift *Webdesign*.

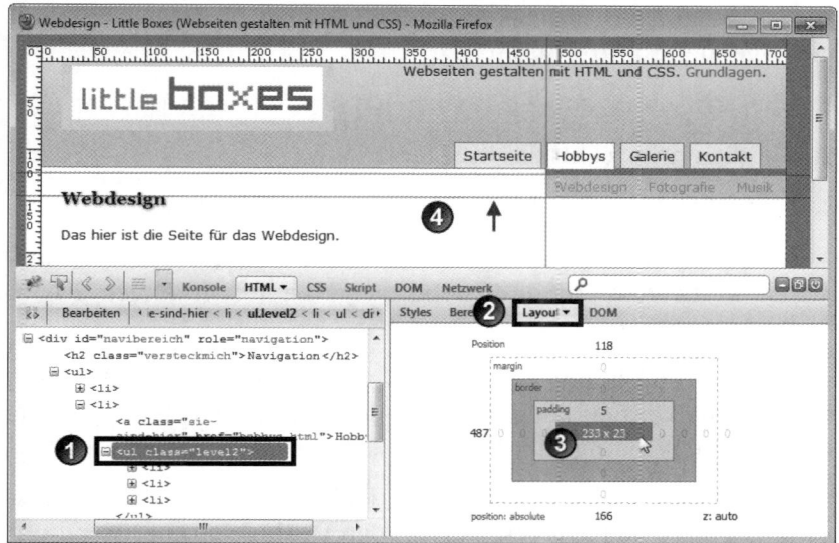

Abbildung 26.7:
Die Seite *Web-design* mit akti-viertem Firebug

Um potenziellen Problemen vorzubeugen, sollten Sie die Überschrift im Textbereich ein bisschen absenken. Der Firebug ist das ideale Werkzeug, um herauszufinden, wie Sie das am besten bewerkstelligen (siehe Abbildung 26.8).

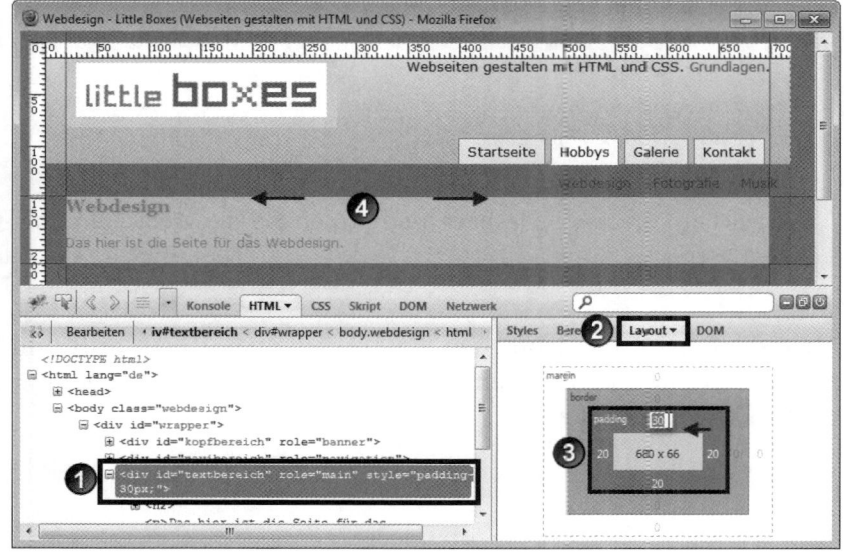

Abbildung 26.8:
Abstände
analysieren und
gestalten mit
dem Firebug

Starten Sie zunächst gegebenenfalls den Firebug, und gehen Sie dann die folgenden Schritte durch:

1. Klicken Sie links auf den Textbereich `<div id="textbereich">`.

2. Aktivieren Sie rechts das Register LAYOUT.

3. Doppelklicken Sie auf das obere `padding` im Box-Modell.

4. Im Box-Modell können Sie mit den Tasten ⬆ und ⬇ den aktuellen Wert verändern, und Firebug zeigt die Auswirkungen live im Browserfenster.

Auf diese Weise können Sie eine Webseite nicht nur analysieren, sondern Sie können auch herausfinden, welche Einstellungen die gewünschte Wirkung haben.

In diesem Falle steht die Überschrift *Webdesign* unterhalb der Navigationsliste, wenn das `padding-top` für den Textbereich auf `30px` erhöht wird. Im folgenden ToDo übertragen Sie diesen Befund in das Stylesheet.

ToDo: Das obere »padding« für den Textbereich erhöhen

1. Öffnen Sie das Stylesheet *bildschirm.css* im Editor.

2. Suchen Sie den Style für `#textbereich`, und erhöhen Sie das `padding-top` auf `30px`:

```
#textbereich {
    padding: 30px 20px 20px 20px;
}
```

3. Speichern Sie das Stylesheet, und prüfen Sie die Webseiten im Browser.

Nach diesem ToDo entsprechen die Abstände von Überschrift und zweiter Navigationsebene denen in Abbildung 26.8, und es geht mit dem nächsten Schritt weiter.

Firebug im eigenen Fenster **Tipp**

Am meisten Spaß macht die Arbeit mit dem Firebug, wenn er in einem eigenen Fenster geöffnet wird. Klicken Sie dazu im Firebug-Fenster rechts oben auf das mittlere der drei roten Symbole. Wenn dieses Firebug-Fenster dann auch noch auf einem zweiten Monitor Platz findet, ist die Arbeitsumgebung fast perfekt.

26.6 Schritt 5: Zweite Navigationsebene farblich abheben

Um die zweite Navigationsebene optisch vom Textbereich abzutrennen, könnte man sie mit einer anderen Hintergrundfarbe versehen. Die Idee ist gut, aber gar nicht so einfach umzusetzen.

Ein kurzer Blick in den Firebug von Abbildung 26.7 zeigt, dass die Navigationsliste selbst nur ca. 233px breit ist und nicht über die volle Breite der Seite reicht. Dadurch ist sie für eine farbige Hervorhebung der zweiten Ebene nicht sonderlich geeignet.

Es gibt – wie fast immer in CSS – viele Wege, die zum Ziel führen, aber dem Textbereich ein großes, farbiges border-top zu geben, ist durchaus einen Versuch wert. Auch dafür nutzen Sie zum Ausprobieren wieder den Firebug (Abbildung 26.9).

Die Styles können Sie im Firebug an Ort und Stelle editieren. Um das komplette Stylesheet selbst direkt im Firebug bearbeiten zu können, gibt es verschiedene Wege, aber der folgende führt Sie direkt zur richtigen Zeile und erspart unter Umständen eine Menge Sucherei:

1. Markieren Sie links im Firebug `<div id="textbereich" role="main">`.

2. Rechts sehen Sie die Styles, die das markierte Element gestalten. Klicken Sie dort mit der *rechten* Maustaste auf den Style mit dem Selektor `#textbereich`.

3. Wählen Sie im Kontextmenü den Befehl CSS IN TAB UNTERSUCHEN.

Abbildung 26.10 zeigt, was daraufhin passiert.

Abbildung 26.9:
CSS direkt im Fire-
bug bearbeiten

Abbildung 26.10:
CSS direkt im Fire-
bug ausprobieren

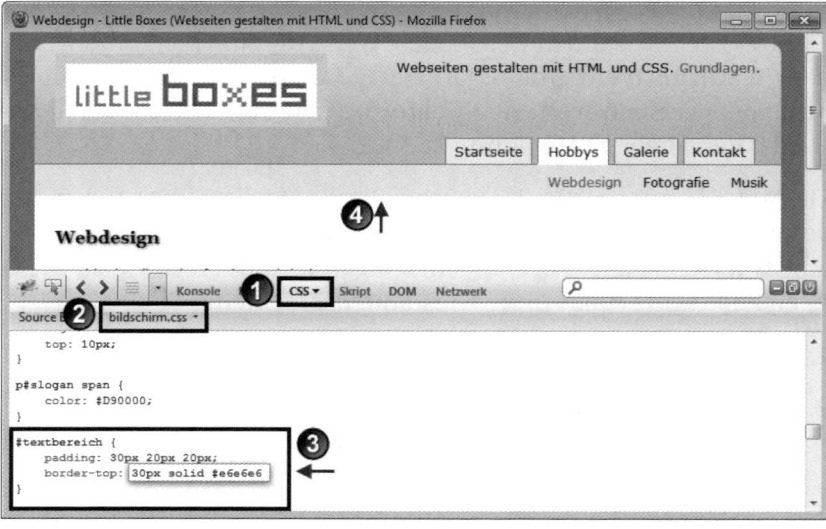

Firebug springt direkt in das Register CSS (1), lädt das Stylesheet *bild-schirm.css* (2) und springt zur Zeile 91, an der dieser Style definiert wurde (3). Mit einem Rechtsklick können Sie an Ort und Stelle eine neue Eigenschaft einfügen und direkt ausprobieren, ob die Idee mit dem farbigen border-top funktioniert (4) und auch gleich mit den Farben spielen. Theoretisch können Sie alle Styles hier editieren und das Ergebnis auch gleich markieren, in die Zwischenablage kopieren und in Ihrem Stylesheet wieder einfügen.

In Abbildung 26.10 können Sie sehen, dass die Idee zwar gar nicht so schlecht ist, dass Sie das padding-top für #textbereich aber in dem Fall wieder auf 10px zurücksetzen können, da der Abstand sonst ein bisschen sehr groß ist.

Im folgenden ToDo erledigen Sie die eben getesteten Maßnahmen und geben zusätzlich dem aktiven Tab in der Navigation noch die gleiche Hintergrundfarbe wie der zweiten Ebene.

ToDo: Farbiger Hintergrund für die zweite Navigationsebene

1. Öffnen Sie das Stylesheet *bildschirm.css* im Editor.

2. Suchen Sie den Style für #textbereich, und ändern Sie den Style wie folgt:

```
#textbereich {
    padding: 10px 20px 20px 20px;
    border-top: 30px solid #e6e6e6;
}
```

3. Speichern Sie *bildschirm.css*, und öffnen Sie *navi_2ebenen.css* im Editor.

4. Suchen Sie den Style für #navibereich li a.sie-sind-hier, und ändern Sie dort die Hintergrundfarbe und die untere Rahmenlinie:

```
#navibereich li a.sie-sind-hier {
    color: black;
    background: #e6e6e6;
    border-bottom-color: #e6e6e6;
}
```

ToDo: Farbiger Hintergrund für die zweite Navigationsebene (Forts.)

5. Ändern Sie ebenfalls die beiden Styles für die Linkzustände:

```
#navibereich a:hover,
#navibereich a:focus {
  color: black;
  background: #e6e6e6;
  border-bottom-color: #e6e6e6;
}
#navibereich a:active {
  color: red;
}
```

6. Speichern Sie das Stylesheet, und prüfen Sie die Webseiten im Browser.

Nach diesen Schritten sieht die Beispielsite im Browser ungefähr so aus wie in Abbildung 26.11.

Abbildung 26.11:
Navigation mit
zwei Ebenen und
farbiger Hervor-
hebung

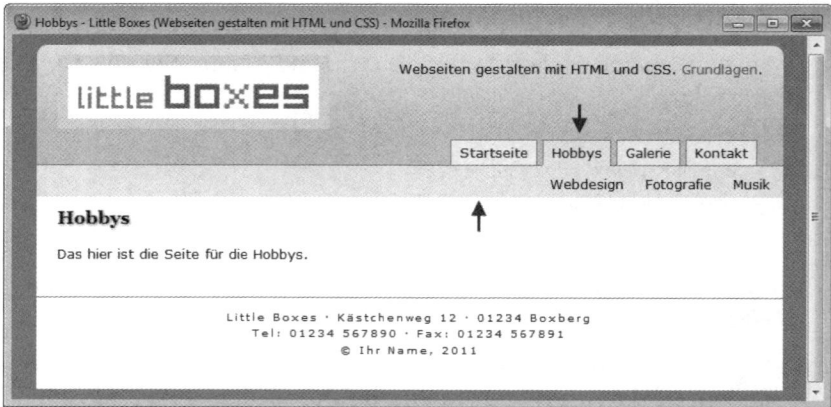

Wenn Sie möchten, können Sie sich für den aktuellen Tab noch einen leichten vertikalen Farbverlauf von #ffffff bis #e6e6e6 generieren lassen. Notiert wird das in *navi_2ebenen.css*:

```
#navibereich li a.sie-sind-hier {
  color: black;
  border-bottom-color: #e6e6e6;
  background: #e6e6e6; /* old browsers */
  background: -moz-linear-gradient(top, #FFFFFF 0%, #E6E6E6 100%);
    /* firefox */
  background: -webkit-gradient(linear, left top, left bottom,
    color-stop(0%,#FFFFFF), color-stop(100%,#E6E6E6)); /* webkit */
  filter: progid:DXImageTransform.Microsoft.gradient(
    startColorstr='#FFFFFF', endColorstr='#E6E6E6',GradientType=0 );
    /* ie */
  background: -o-linear-gradient(top, #FFFFFF 0%,#E6E6E6 100%); /*
opera */
}
```

Listing 26.2:
Ein CSS3-Farb-
verlauf für den
aktuellen Tab von
*colorzilla.com/
gradient-editor/*

26.7 Das Stylesheet für die Navigation im Überblick

Zum Abschluss des Kapitels finden Sie hier noch einmal den Quelltext von *navi_2ebenen.css* im Überblick. Die Styles aus diesem Kapitel
finden Sie ab Zeile 56.

```
01 /* ================================================
02 Stylesheet für die Beispielsite aus "Little Boxes"
03 Stand: Floatbasierte Navi mit 2 Ebenen, eingebunden via zentrale.
css
04 Datei: navi_2ebenen.css
05 Datum: 28. Juni 2011
06 Autor: Peter Müller
07 ================================================ */
08 @media screen {
09
10 #navibereich {
11   overflow: hidden;
12   color: black;
13   background: #f3c600 url(border-bottom.gif) repeat-x left bottom;
14   padding: 5px 20px 0 20px;
15 }
```

Listing 26.3:
Horizontale Navi-
gation mit zwei
Ebenen – das CSS

Das große
little **boxes** Buch
Webseiten gestalten mit HTML & CSS.
Grundlagen, Navigation, Inhalte, YAML & mehr

```
16 /* Sternchen-Hack, hasLayout für IE6 */
17 * html #navibereich { height: 1%; }
18
19 #navibereich ul {
20    float: right;
21    width: auto;
22    margin-bottom: 0;
23 }
24
25 #navibereich li {
26 float: left;
27 width: auto;
28    list-style-type: none;
29    margin: 0;
30 margin-right: 5px;
31 }
32 #navibereich a {
33 display: block;
34    color: black;
35    background-color: #ffeda0;
36    padding: 4px 8px 4px 8px;
37    border: 1px solid #8c8c8c;
38 }
39 #navibereich li a.sie-sind-hier {
40    color: black;
41    background: #e6e6e6;
42    border-bottom-color: #e6e6e6;
43 }
44 #navibereich a:hover,
45 #navibereich a:focus {
46    color: black;
47    background-color: #e6e6e6;
48    border-bottom-color: #e6e6e6;
49 }
50 #navibereich a:active {
51    color: red;
52    background-color: #e6e6e6;
53    border-bottom-color: #e6e6e6;
54 }
55
```

```
56 /* Zweite Navigationsebene positionieren */
57
58 div#wrapper { position: relative; }
59
60 #navibereich ul.level2 {
61     position: absolute;
62     right: 0;
63     top: auto;
64     display: block;
65     font-size: 90%;
66     padding-top: 5px;
67     margin: 0;
68 }
69
70 /* Hyperlinks der zweiten Ebene gestalten */
71 #navibereich ul.level2 a {
72   background: none;
73   border: none;
74 }
75 #navibereich ul.level2 a:hover,
76 #navibereich ul.level2 a:focus {
77   background: none;
78   color: #d90000;
79 }
80
81 /* "Sie sind hier" für die zweite Navigationsebene */
82 #navibereich ul.level2 a.sie-sind-hier {
83   background: none;
84   color: #d90000;
85 }
86
87 /* Zweite Navigationsebene farblich hinterlegen */
88 /* border-top für #textbereich in bildschirm.css, ca Zeile 92 */
89
90 } /* Ende @media - nicht löschen! */
91 /* =======================================
92   E N D E   D E S   S T Y L E S H E E T S
93   ======================================= */
```

26.8 Auf einen Blick

Hier sind noch einmal die wichtigsten Punkte dieses Kapitels im Überblick:

■ Navigationen mit mehreren Ebenen werden oft als verschachtelte Liste notiert.

■ Die zweite Ebene wird absolut positioniert, und zwar relativ zu `#wrapper`.

■ Klassen zur Kennzeichnung des aktuellen Menüpunktes sind sehr praktisch.

■ Wenn ein Element absolut positioniert wird, ist der Autor dafür verantwortlich, dass sich auf der Webseite nichts in die Quere kommt.

■ Das Firefox-Add-on Firebug ist bei der Analyse von HTML und CSS sowie beim Ausprobieren von Gestaltungsideen eine unentbehrliche Hilfe.

Kapitel 27

Floatbasierte horizontale Navigation mit Suchfeld

Worin Sie eine floatbasierte horizontale Navigation erstellen und dabei erfahren, was es mit Sprite-Grafiken auf sich hat. Rechts außen wird außerdem noch ein Suchfeld eingebaut.

Die Themen im Überblick:

- Der Ausgangspunkt: Die Webseiten im Überblick, Seite 542
- Eine floatbasierte horizontale Navigation erstellen, Seite 543
- CSS-Sprites: Mehrere Grafiken in einer, Seite 548
- Eine Suchfunktion für Ihre Site, Seite 552
- Die serverseitige Suchfunktion, Seite 558
- Das komplette CSS im Überblick, Seite 559
- Auf einen Blick, Seite 562

In diesem Kapitel erstellen Sie eine ganz normale gefloatete horizontale Navigation, die Sie als Ausgangspunkt für eigene Kreationen benutzen können. Der Farbverlauf in der Navigation wird mithilfe einer Sprite-Grafik erstellt.

In der zweiten Hälfte des Kapitels bauen Sie rechts außen eine Suchfunktion in die Navigationsleiste ein und gestalten diese. Abbildung 27.1 zeigt die fertige Navigation am Ende dieses Kapitels.

Abbildung 27.1:
Die fertige
Navigation mit
Suchfeld

27.1 Der Ausgangspunkt: Die Webseiten im Überblick

Das HTML für dieses Kapitel ist relativ unverändert. Es gibt die vier Seiten *Startseite, Hobbys, Galerie* und *Kontakt*, die Sie bereits aus den vorherigen Kapiteln kennen. Der Kopfbereich hat unten ein kleines padding von 8px bekommen, aber ansonsten hat sich nicht viel geändert.

Im zentralen Stylesheet *zentrale.css* wird ein leeres Stylesheet namens *navi_horizontal.css* eingebunden, sodass der Navigationsbereich noch ungestaltet ist. Dieses Stylesheet wird im Verlaufe dieses Kapitels mit den Styles zur Gestaltung der Navigationsleiste gefüllt.

Die Webseiten im Basisordner der Beispieldateien zu diesem Kapitel sehen etwa so aus wie in Abbildung 27.2.

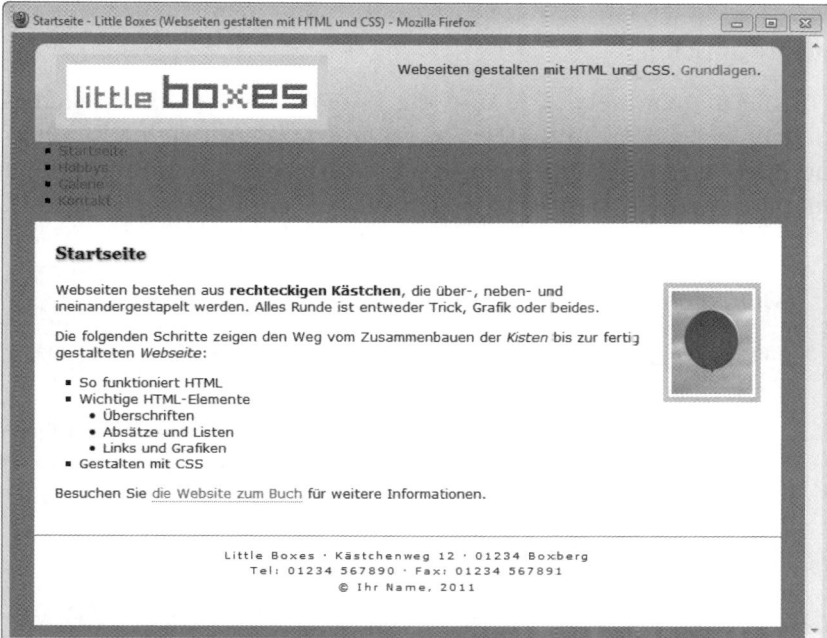

Abbildung 27.2:
Der Ausgangs-
punkt zur Gestal-
tung der horizon-
talen Navigation

27.2 Eine floatbasierte horizontale Navigation erstellen

Nachdem Sie sich kurz mit der Ausgangssituation vertraut gemacht haben, geht es gleich mit der Gestaltung der Navigation los. Die Farbverläufe für die Navigation werden in diesem Abschnitt übrigens ganz traditionell mit Grafiken realisiert, da sie den Zustand der Navigation signalisieren und deshalb auch in alten Browsern erscheinen sollen. Außerdem möchte ich Ihnen weiter unten im Kapitel eine Basistechnik namens »CSS-Sprites« zeigen, und das geht nicht ohne Grafiken.

Schritt 1: Den Navigationsbereich gestalten

In diesem Schritt gestalten Sie den Navigationsbereich. Er bekommt ein leichtes padding-left, damit der erste Navigationspunkt linksbündig mit dem Logo beginnt, und eine Hintergrundgrafik mit einem Farbverlauf, damit er optisch vom Kopfbereich etwas abgesetzt wird. Da die Listenelemente nach links gefloatet werden, bekommt der Na-

viationsbereich ein overflow:hidden, damit er die gefloateten Listenelemente umschließt.

Für die ungeordnete Liste und die Listenelemente werden sicher-
heitshalber padding und margin auf 0 gesetzt, damit sie nicht versehentlich dazwischenfunken. Die Gestaltung der Menüpunkte erfolgt
im nächsten Schritt mit den Hyperlinks.

ToDo: Den Navigationsbereich »#navibereich« gestalten

1. Kopieren Sie die Dateien aus dem Basisordner zu diesem Kapitel
   in einen Übungsordner.

2. Öffnen Sie das Stylesheet *navi_horizontal.css*, und erstellen Sie
   den folgenden Style zur Gestaltung von #navibereich:

   ```
   /* Schritt 1 Navibereich gestalten */
   div#navibereich {
     overflow:hidden;
     background: #f3c600 url("navi_bg.jpg") repeat-x left top;
     padding: 0;
     padding-left: 20px;
     margin: 0;
   }
   ```

3. Fügen Sie darunter die folgenden beiden Styles zur Gestaltung
   von Liste und Listenelementen ein:

   ```
   div#navibereich ul {
     padding: 0;
     margin: 0;
   }
   div#navibereich li {
     float: left;
     width: auto;
     list-style: none;
     padding: 0;
     margin: 0;
   }
   ```

4. Speichern Sie das Stylesheet.

Nach diesen Schritten sieht die Navigation etwa so aus wie in Abbildung 27.3 – noch ein bisschen dünn, aber es geht in die richtige Richtung.

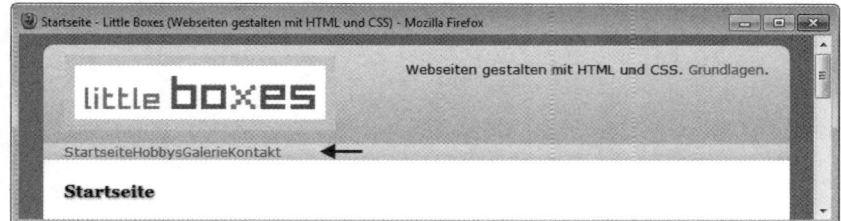

Abbildung 27.3:
Der Navigations-
bereich mit
gefloateten
Listenelementen

Schritt 2: Die Links in der Navigation gestalten

In diesem Schritt gestalten Sie mit einem einzigen Style die Hyperlinks. Diese werden geblockt und geben der Navigation durch ein padding rundherum ihren Charakter.

ToDo: Die Hyperlinks in der Navigation gestalten

1. Öffnen Sie gegebenenfalls das Stylesheet *navi_horizontal.css* im Editor.

2. Fügen Sie nach den vorhandenen Styles die folgende CSS-Regel zur Gestaltung der Hyperlinks ein:

```css
/* Schritt 2 Hyperlinks gestalten */
div#navibereich a {
  color: #000000;
  display: block;
  padding: 7px 13px 7px 10px;
  text-decoration: none;
}
```

3. Speichern Sie das Stylesheet.

545

Die Navigation sieht jetzt schon etwas ansprechender aus (siehe Abbildung 27.4).

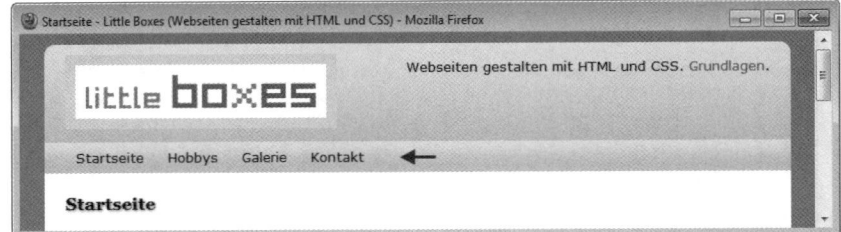

Schritt 3: Aktive Links hervorheben und Hover-Effekt erstellen

Was noch fehlt, ist die Kennzeichnung der aktuellen Seite und das Verhalten der Links beim Hovern, beim Durchtabben per ⇄ und im Moment des Klicks.

- Der Link, der die aktuelle Seite anzeigt, bekommt die Hintergrundgrafik *navi_hier.jpg*, die einen helleren Farbverlauf enthält.

- Beim Hovern und Durchtabben wird ebenfalls eine andere Hintergrundgrafik zugewiesen, und die Links bekommen vorübergehend `text-decoration:underline` zurück.

- Im Moment des Klicks wird der Link dunkelrot (#b80000) eingefärbt und die Schriftfarbe auf Weiß gesetzt. Durch diesen Effekt wird dem Besucher quasi das Drücken eines Schalters simuliert, und er sieht, dass sein Klick etwas bewirkt hat.

Der Lerneffekt ist am größten, wenn Sie nach jedem Schritt kurz speichern und die Navigation im Browser testen.

ToDo: Linkzustände gestalten

1. Öffnen Sie gegebenenfalls das Stylesheet *navi_horizontal.css* im Editor.

2. Fügen Sie nach den vorhandenen Styles die folgende CSS-Regel zur Gestaltung des aktuellen Hyperlinks ein:

```css
/* Schritt 3 Linkzustände gestalten */
div#navibereich li a.sie-sind-hier {
    background: #FFEDA0 url("navi_hier.jpg") repeat-x left top;
    color: #000000;
    font-weight: normal;
    text-decoration: none;
}
```

3. Der folgende Style gestaltet die Links beim Hovern und Durchtabben:

```css
div#navibereich ul a:hover,
div#navibereich ul a:focus {
    background: #428474 url("navi_hover.jpg") repeat-x left top;
    border-bottom: medium none;
    color: #000000;
    text-decoration: underline;
}
```

4. Last but not least folgt der Style, der den Link im Moment des Klicks gestaltet:

```css
div#navibereich ul a:active {
    background: none repeat scroll 0 0 #B80000;
    color: white;
}
```

5. Speichern Sie das Stylesheet, und testen Sie die Webseiten im Browser.

Im Browser sieht die fertige Navigation jetzt so aus wie in Abbildung 27.5: ausbaufähig und durch die Ausgestaltung der Linkzustände absolut gebrauchstauglich.

Abbildung 27.5:
Die fertige horizontale Navigation im Browser

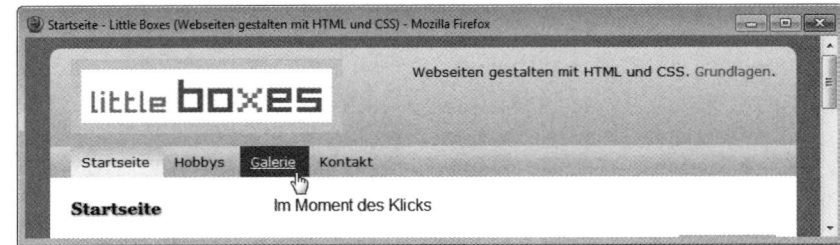

27.3 CSS-Sprites: Mehrere Grafiken in einer

Wenn Ihre erste Assoziation bei dem Wort »Sprite« momentan noch Zitronenlimonade in grünen Flaschen ist, ist das nicht weiter schlimm. »CSS Sprites« sind in gewisser Weise auch erfrischend, haben aber mit Zitronenlimonade eher weniger zu tun.

Momentan benutzen Sie zur Gestaltung der Navigation drei 20 x 30px große Grafiken, die im Einzelnen wie folgt aussehen:

Abbildung 27.6:
Die drei Navigationsgrafiken im Überblick

Jede dieser Grafiken muss einzeln vom Webserver angefordert werden. Praktischer wäre es, alle drei Grafiken in einer zu vereinen und dann mithilfe eines kleinen Positionierungstricks den richtigen Teil der Grafik einzublenden. Diese Technik ist unter dem Namen »CSS-Sprites« in die Geschichte des Webdesign eingegangen. Dadurch muss der Browser nur noch eine Grafik vom Webserver holen, was die Darstellung der Seiten besonders beim Hovern beschleunigt und bei gut besuchten Sites eine Menge Traffic sparen kann.

Das Wort »sprite« heißt wörtlich übersetzt übrigens so viel wie »Elfe«, »Kobold« oder »schemenartige Erscheinung«. Der Begriff wird für die CSS-Technik verwendet, weil die für den Hover-Effekt benötigte Grafik nicht erst beim Hovern nachgeladen werden muss, sondern schon im Browsercache vorhanden ist und sofort dargestellt werden kann – quasi wie eine »schemenartige Erscheinung«.

Die dazu benötigte Grafik heißt *navi_sprite.jpg*, enthält alle drei Grafiken untereinander und ist dementsprechend 20 x 90px groß:

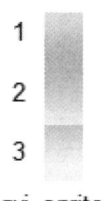

navi_sprite.jpg

Abbildung 27.7:
Die 3-in-1-Grafik

Diese 3-in-1-Grafik wird in allen drei Styles zur Gestaltung der Linkzustände als Hintergrundgrafik eingebunden. Gesteuert wird die Anzeige des richtigen Grafikabschnitts per CSS durch die vertikale Positionierung der Sprite-Grafik:

- Der normale Hintergrund für den Navigationsbereich entspricht den oberen 30px von *navi_sprite.jpg*. Die Positionierung der Grafik kann deshalb mit der Angabe von left top so bleiben, wie sie ist.

- Der Hintergrund zur Darstellung des Hover-Zustandes entspricht den mittleren 30px der Grafik. Im CSS wird die Grafik deshalb mit den Werten left -30px um dreißig Pixel angehoben.

- Der Hintergrund für den aktuellen Menüpunkt ist der untere Teil der Grafik. Um ihn einzublenden, wird die *navi_sprite.jpg* mit left -60px um sechzig Pixel angehoben.

Genau diese Schritte erledigen Sie im folgenden ToDo.

ToDo: Die Sprite-Grafik in das Stylesheet einbinden

1. Kopieren Sie die Grafik *navi_sprite.jpg* in den Übungsordner.

2. Öffnen Sie *navi_horizontal.css* im Editor, und binden Sie die Grafik in den Style zur Gestaltung des Navigationsbereiches ein:

```css
div#navibereich {
  overflow:hidden;
  background: #f3c600 url("navi_sprite.jpg") repeat-x left top;
  padding: 0;
  padding-left: 20px;
  margin: 0;
}
```

3. Ändern Sie den Style zur Gestaltung des aktuellen Menüpunktes wie folgt:

```css
div#navibereich li a.sie-sind-hier {
  background: #FFEDA0 url("navi_sprite.jpg") repeat-x left
    -60px;
  color: #000000;
  font-weight: normal;
  text-decoration: none;
}
```

4. Ändern Sie den Style zum Hovern und Durchtabben wie folgt:

```css
div#navibereich ul a:hover,
div#navibereich ul a:focus {
  background: #428474 url("navi_sprite.jpg") repeat-x left
    -30px;
  border-bottom: medium none;
  color: #000000;
  text-decoration: underline;
}
```

5. Speichern Sie das Stylesheet, und testen Sie die Webseiten im Browser.

Im Browser hat sich, wenn alles glatt gelaufen ist, durch diesen Eingriff nichts geändert. CSS-Sprites werden wie gesagt auf gut besuchten Websites zur Reduzierung des Traffics eingesetzt. Natürlich können Sie statt mit der Sprite-Grafik in diesem Fall auch einen CSS3-Gradient einsetzen.

Ein schönes Beispiel finden Sie auf *contao.org*, der Website zu dem pfiffigen Content-Management-System *Contao*. Auf der Site gibt es auf vielen Seiten unter den Menüpunkten verschiedene hübsche Symbole, die sich beim Hovern farblich verändern (siehe Abbildung 27.8).

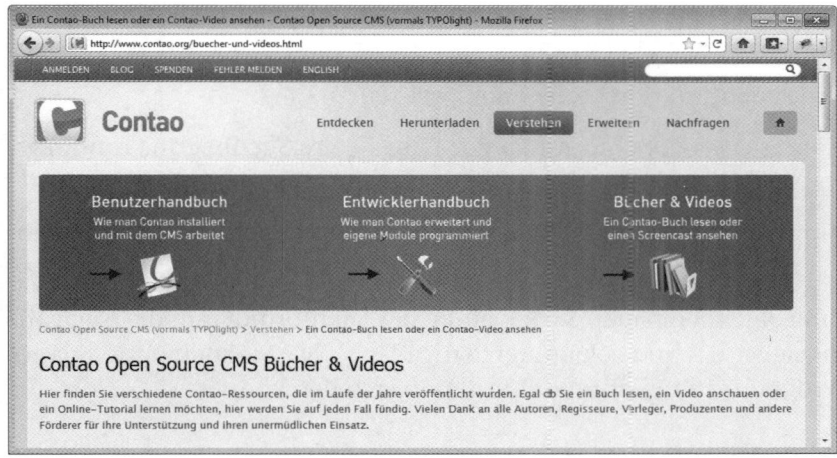

Abbildung 27.8:
Symbole zur
Illustration der
Menüpunkte auf
contao.org

Alle diese Symbole sind in einer Sprite-Grafik enthalten, die mit der Positionierung im Stylesheet jeweils an die richtige Stelle geschoben wird (siehe Abbildung 27.9).

Abbildung 27.9:
Die auf *contao.
org* verwendeten
Sprite-Grafiken

27.4 Eine Suchfunktion für Ihre Site

Die Aufgabe einer Navigation besteht darin, Ihre Besucher ans Ziel zu bringen, und eine Suchfunktion kann dabei helfen. So gesehen sind Suchfunktionen also Teil der Navigation, auch wenn das vielleicht zunächst seltsam erscheinen mag, denn auf Webseiten gibt es genau wie im Baumarkt zwei Sorten von Besuchern: Die einen irren auf der Suche nach einem bestimmten Produkt von einem Regal zum anderen, die anderen suchen sich den nächstbesten Mitarbeiter und fragen.

Eine Suchfunktion ist dieser nächstbeste Mitarbeiter, und sie erspart Ihren Besuchern auf der Suche nach bestimmten Inhalten unter Umständen lange Klickwege.

Jede Suchfunktion besteht aus zwei Teilen:

- aus einem Suchformular zur Eingabe des Suchbegriffs (im Browser)
- aus einem Programm zur Verarbeitung der Suche (auf einem Webserver)

Im Folgenden bauen Sie ein einfaches Suchformular in die Navigationsleiste ein und bekommen einige Tipps, wie Sie auch ohne eigenes Programm eine echte Suchfunktion erstellen können.

Schritt 1: Das HTML für das Suchformular

Der Platz für das Suchfeld ist in der Navigationsleiste ganz rechts außen. Um das Formularfeld dort einzubauen, benötigen Sie zunächst einmal ein Formular auf den HTML-Seiten, das dann per CSS gestaltet wird. Grundlegende Informationen zu Formularen, Eingabefeldern und Submit-Buttons erhalten Sie bei Bedarf in Kapitel 11 ab Seite 231.

In diesem kleinen Suchformular gibt es nicht viel Neues. Da die Beschriftung mit label für das Suchformular auf der gestalteten Webseite nicht nötig ist, wird sie mit der ebenfalls in *fundament.css* definierten Klasse versteckmich ausgeblendet. Der Vorteil dieser Vorgehensweise ist, dass aus dem HTML heraus auch ohne das CSS deutlich ist, um was es sich bei dem Formular handelt. Das fertige Suchformular sieht ohne CSS im Browser so aus wie in Abbildung 27.10.

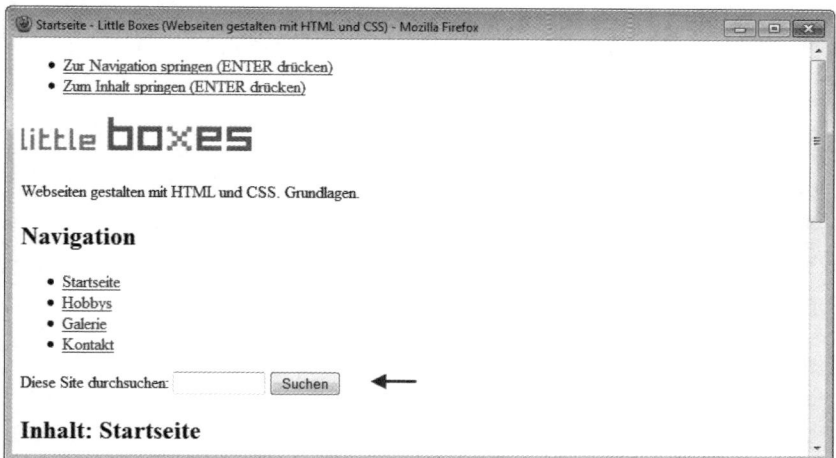

Abbildung 27.10:
Das Suchformular
ist auch ohne CSS
als solches zu
erkennen

Im folgenden ToDo fügen Sie auf den Webseiten das HTML für das Suchformular ein.

ToDo: Ein Suchformular in der Navigationsleiste

1. Ergänzen Sie das HTML für den Navigationsbereich auf allen vier Webseiten um ein einfaches Suchformular:

```html
<div id="navibereich" role="navigation">
<h2 class="versteckmich">Navigation</h2>
<ul>
  <li class="sie-sind-hier"><a href="index.html">Startseite
    </a></li>
  <li><a href="hobbys.html">Hobbys</a></li>
  <li><a href="galerie.html">Galerie</a></li>
  <li><a href="kontakt.html">Kontakt</a></li>
</ul>
<form action="#">
  <label for="suchfeld" class="versteckmich">
  Diese Site durchsuchen: </label>
  <input type="text" name="suchfeld" id="suchfeld"
    size="10" maxlength="60">
  <input type="submit" value="Suchen">
</form>
</div> <!-- Ende navibereich -->
```

2. Speichern Sie alle Webseiten, und betrachten Sie sie im Browser.

Das Ergebnis in Abbildung 26.11 entspricht noch nicht ganz den Erwartungen, aber wenigstens ist es auf allen Seiten gleich schlecht. Oder anders ausgedrückt: Es ist nicht hübsch, aber ein Formular.

Abbildung 27.11:
Das Formular
braucht noch
ein bisschen
Gestaltung.

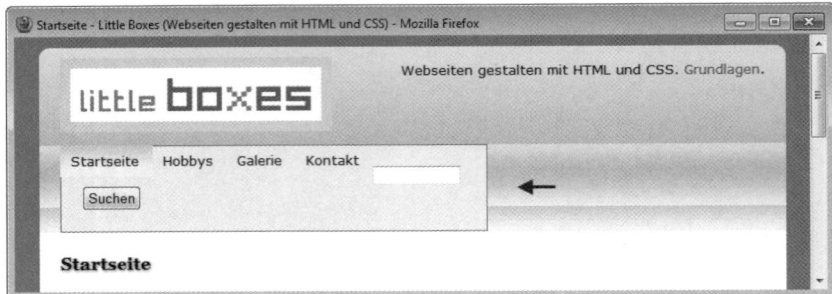

Schritt 2: Das Suchformular per CSS positionieren

Das Suchformular soll rechts außen in der Navigationsleiste sitzen und wird dort durch absolute Positionierung hingebeamt. Damit die Positionierung zuverlässig ist, wird der Navigationsbereich durch ein `position:relative` zum Bezugspunkt für die Werte von `top` und `right` bestimmt.

Außerdem wird der Platz rechts außen durch ein großes `padding-right` des Navigationsbereich für das Suchformular reserviert, denn wie erwähnt ist der Seitenbauer für ein absolut positioniertes Element selbst verantwortlich. Ohne diese Maßnahme würde eine wachsende Navigation irgendwann mit dem Suchformular kollidieren. Wie groß genau das `padding` sein sollte, können Sie mit dem Firebug sehr leicht ausprobieren.

Im Browser sieht das Suchformular in Abbildung 27.12 schon besser aus.

Die absolute Positionierung ist stabil. Trotzdem werden Sie in eigenen Layouts bei der genauen Ausrichtung eines solchen Suchfelds manchmal ein wenig experimentieren müssen, denn Formularelemente werden von den Browsern eingesetzt. Testen Sie einfach in allen zur Verfügung stehenden Browsern und Betriebssystemen, und versuchen Sie, einen gesunden Kompromiss zu finden.

ToDo: Das Suchformular in der Navigationsleiste gestalten

1. Fügen Sie in *navi_horizontal.css* nach dem Style für #navibereich die folgenden beiden Regeln ein:

```
/* ====================================
   Suchformular gestalten
   ==================================== */
div#navibereich form {
  position: absolute;
  top: 5px;
  right: 20px;
  width: 150px; /* gibt nebenbei hasLayout für IE6 */
  background: none;
  border: 0;
  padding: 0;
  margin: 0;
}
```

2. Ergänzen Sie den Style für div#navibereich am Anfang des Stylesheets:

```
div#navibereich {
  position: relative; /* wegen form, absolute Positionierung */
  overflow:hidden;
  background: #f3c600 url("navi_sprite.jpg") repeat-x left top;
  padding: 0;
  padding-left: 20px;
  padding-right: 180px;  /* Für das Suchformular reserviert */
  margin: 0;
}
```

3. Speichern Sie das Stylesheet, und testen Sie die Webseiten im Browser.

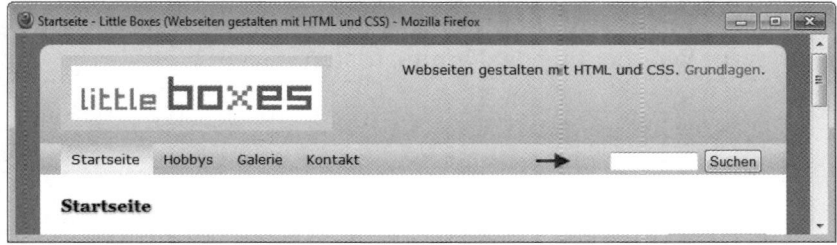

Abbildung 27.12:
Das vorläufig
gestaltete Such-
formular

Schritt 3: Das Suchformular per CSS gestalten

Das Suchformular ist in seinem jetzigen Zustand ein ganz normales Suchformular mit einem Eingabefeld und einer Schaltfläche zum Abschicken des Suchbegriffs. In diesem Abschnitt werden Sie dieses Suchfeld mithilfe einer kleinen Grafik und einer Prise CSS3 etwas hübscher gestalten.

Zunächst wird der bekannte, aber doch etwas spröde SUBMIT-Button durch eine Grafik ersetzt. Das ist nicht bei jedem Formular sinnvoll, denn der SUBMIT-Button hat auch einen gewissen Wiedererkennungswert, und fast jeder Surfer weiß, dass er darauf klicken muss, damit etwas passiert. In einem Suchformular gibt es dabei etwas Gestaltungsfreiraum, und als grafisches Symbol für eine Suchfunktion hat sich eine kleine Lupe etabliert.

Diese Lupe wird mit dem Formularelement `<input type="image" value="Suchen">` eingebunden. Sollte die Grafik aus irgendeinem Grund nicht dargestellt werden können, schreibt der Browser so stattdessen den Wert des Attributs `value` auf die Webseite, also das Wort "Suchen". Um die Grafik in das Formularfeld zu schieben, verwenden Sie wieder eine absolute Positionierung. Weil das umgebende Formular ebenfalls positioniert ist, wird es automatisch zum Bezugspunkt für das darin enthaltene `input`-Element.

Das Eingabefeld für den Suchbegriff erhält ein `padding-right` von 25px, um den rechten Bereich für die absolut positionierte Grafik zu reservieren. Außerdem bekommt das Eingabefeld mit `border-radius` noch eine Rundung, sodass das Suchformular elegant aussieht, aber trotzdem als solches zu erkennen bleibt. Damit das Feld auch bei Aktivierung per Klick weiß bleibt, wird noch ein Style für die Pseudoklasse `:focus` hinzugefügt, da sonst der hellgelbe Hintergrund aus dem Kontaktformular erscheinen würde.

Abbildung 27.13 zeigt die fertige Navigation. Allerdings funktioniert die Suche noch nicht, denn es gibt noch kein serverseitiges Programm zur Verarbeitung der Formulardaten.

ToDo: Das Suchformular ansprechend gestalten

1. Kopieren Sie die Grafikdatei *lupe.png* in den Übungsordner.

2. Entfernen Sie im HTML für das Suchformular auf allen vier Webseiten den Submit-Button, und fügen Sie stattdessen folgenden Quelltext ein:

```
<form action="#">
  <input type="text" name="suchfeld" id="suchfeld" size="10"
maxlength="60">
  <input type="image" value="Suchen" class="lupe" src="lupe.
png">
</form>
```

3. Öffnen Sie gegebenenfalls das Stylesheet *navi_horizontal.css* im Editor, und fügen Sie folgende Styles zur Formatierung des Suchfeldes ein:

```
#navibereich input#suchfeld {
  width: 115px;
  font-size: 11px;
  border: none;
  border-radius: 10px;
  padding: 3px 25px 3px 9px;
  margin: 0;
}
#navibereich input:focus { background: white; }
```

4. Die folgenden Styles positionieren die Lupengrafik im Formular-feld:

```
#navibereich input.lupe {
  position: absolute;
  right: 7px;
  top: 3px;
  padding: 0;
  margin: 0;
}
```

5. Speichern Sie das Stylesheet, und testen Sie die Webseiten im Browser.

Abbildung 27.13:
Das fertige
Suchformular

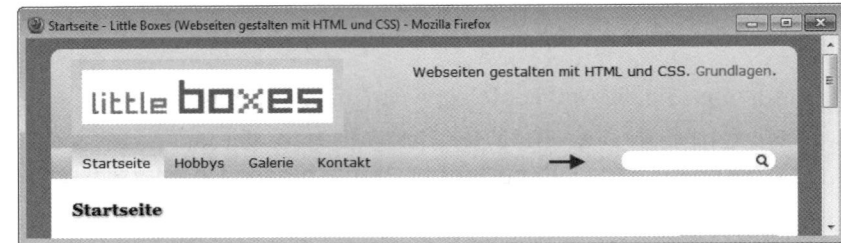

In einem alten Browser wie dem IE8 gibt es keine runden Ecken, aber ansonsten sieht alles okay aus (siehe Abbildung 27.14).

Abbildung 27.14:
Ein eckiges
Suchformular
im Internet
Explorer 8

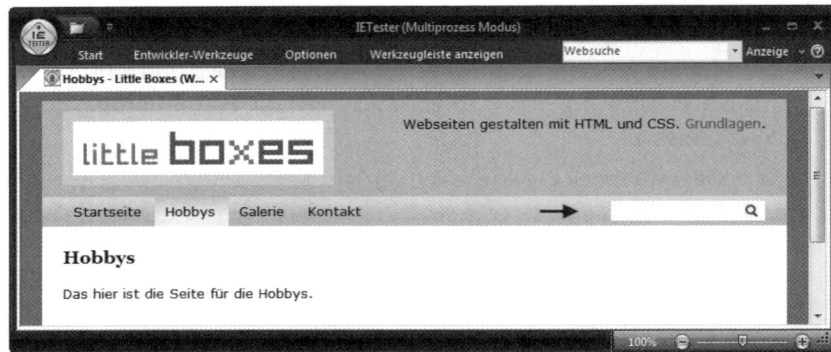

27.5 Die serverseitige Suchfunktion

Formulare dienen nur zum Einsammeln der Daten. Verarbeitet werden die vom Besucher eingegebenen Daten jenseits des Webservers von speziell dazu geschriebenen Programmen.

Wenn Ihre Webseiten mithilfe einer Blog-Software wie WordPress oder eines CMS wie Contao aus einer Datenbank serviert werden, ist die Suchfunktion meist schon integriert. Ganz normale, von Hand erstellte statische Webseiten sind aber leider nicht so ohne Weiteres durchsuchbar.

Es gibt eine Lösung ohne serverseitige Programme: Sie suchen sich jemanden, der die Seiten für Sie indiziert und durchsucht. *atomz.com* ist ein Service, die genau diese Dienstleistung kostenlos anbietet:

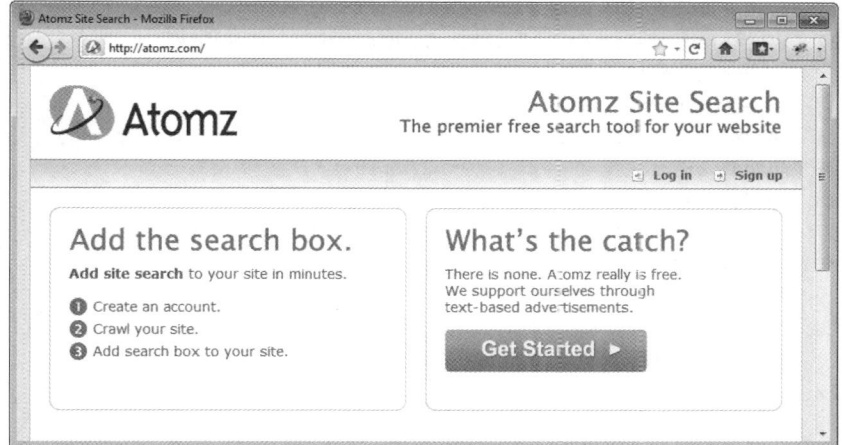

Abbildung 27.15:
Schnörkellos und
direkt auf den
Punkt – *atomz.
com*

Als Alternative zu atomz.com gibt es z. B. noch freefind.com. Beide Sites
sind kostenlose Services, die sich durch mehr oder weniger dezente
Werbung auf den Ergebnisseiten finanzieren und die Sie nach einer
Registrierung sofort auf Ihren Webseiten einbauen und optisch anpassen können.

Und Google hat natürlich auch eine Suchfunktion für Sie: Mit *Google
Sitesearch* lässt sich ein Google-Suchfeld auf der Website platzieren.
Infos dazu finden Sie unter der Adresse *google.de/sitesearch/*.

27.6 Das komplette CSS im Überblick

Zum Abschluss des Kapitels finden Sie hier noch einmal den Quelltext von *navi_horizontal.css* im Überblick.

```
01 /* ================================================
02 Stylesheet für die Beispielsite aus "Little Boxes"
03 Stand: Horizontale Navi, eingebunden via zentrale.css
04 Datei: navi_horizontal.css
05 Datum: 28. Juni 2011
06 Autor: Peter Müller
07 ================================================ */
08 @media screen {
09
10 /* Schritt 1 Navibereich gestalten */
```

Listing 27.1:
Das Stylesheet
*navi_horizontal.
css* zur Gestaltung
der Navigation

Das große
little boxes Buch
Webseiten gestalten mit HTML & CSS.
Grundlagen, Navigation, Inhalte, WAML & mehr

```
11 div#navibereich {
12   position: relative; /* wegen Suchformular, absolute
       Positionierung */
13   overflow:hidden;
14   background: #f3c600 url("navi_sprite.jpg") repeat-x left top;
15   padding: 0;
16   padding-left: 20px;
17   padding-right: 180px; /* Für das Suchformular reserviert */
18   margin: 0;
19 }
20 /* hasLayout für IE6 */
21 * html #navibereich { height: 1%; }
22
23 div#navibereich ul {
24   padding: 0;
25   margin: 0;
26 }
27 div#navibereich li {
28   float: left;
29   width: auto;
30   list-style: none;
31   padding: 0;
32   margin: 0;
33 }
34 /* Schritt 2 Hyperlinks gestalten */
35 div#navibereich a {
36   color: #000000;
37   display: block;
38   padding: 7px 13px 7px 10px;
39   text-decoration: none;
40 }
41 /* Schritt 3 Linkzustände gestalten */
42 div#navibereich li a.sie-sind-hier {
43   background: #FFEDA0 url("navi_sprite.jpg") repeat-x left -60px;
44   color: #000000;
45   font-weight: normal;
46   text-decoration: none;
47 }
48
49 div#navibereich ul a:hover,
50 div#navibereich ul a:focus {
51     background: #428474 url("navi_sprite.jpg") repeat-x left -30px;
52     border-bottom: medium none;
```

```
53    color: #000000;
54    text-decoration: underline;
55 }
56 div#navibereich ul a:active {
57    background: none repeat scroll 0 0 #B80000;
58    color: white;
59 }
60
61 /* ======================================
62    Suchformular gestalten
63    ====================================== */
64 div#navibereich form {
65    position: absolute;
66    top: 5px;
67    right: 20px;
68    width: 150px;
69    background: none;
70    border: 0;
71    padding: 0;
72    margin: 0;
73 }
74 div#navibereich input#suchfeld {
75    width: 115px;
76    font-size: 11px;
77    border: none;
78    border-radius: 10px;
79    padding: 3px 25px 3px 9px;
80    margin: 0;
81 }
82 div#navibereich input:focus { background: white; }
83
84 div#navibereich input.lupe {
85    position: absolute;
86    right: 7px;
87    top: 3px;
88    padding: 0;
89    margin: 0;
90 }
91
92 } /* Ende @media - nicht löschen! */
93 /* ======================================
   E N D E   D E S   S T Y L E S H E E T S
   ====================================== */
```

27.7 Auf einen Blick

Hier sind noch einmal die wichtigsten Punkte dieses Kapitels im Überblick:

- Eine floatbasierte horizontale Navigation ist eine stabile Grundlage für eigene Experimente.

- Bei »CSS Sprites« werden mehrere Grafiken in einer gespeichert. Das beschleunigt Hover-Effekte und spart Traffic.

- Jede Suchfunktion besteht aus einem Suchformular zur Eingabe des Suchbegriffs im Browser und einem Programm zur Verarbeitung der Suche auf einem Webserver.

- Die Kombination von absoluter und relativer Positionierung ist in vielen Fällen eine stabile und berechenbare Lösung – so auch bei dem Suchformular rechts in der Navigationsleiste.

- Mit dem Formularelement `<input type="image">` kann man den normalen Submit-Button durch eine Grafik ersetzen.

- Falls auf Ihrem Webspace kein Programm zum Durchsuchen Ihrer Webseiten zur Verfügung steht, können Sie auf externe Dienstleister wie *atomz.com, freefind.com* oder Googles Sitesearch zurückgreifen.

Kapitel 28

Horizontale Navigation zum Ausklappen

Worin Sie eine horizontale Navigation erstellen, die bei Mausberührung eine zweite Navigationsebene anzeigt.

Die Themen im Überblick:

In diesem Kapitel erstellen Sie ein CSS-basiertes Dropdown-Menü: eine horizontale Navigation mit einer Liste, die bei Mausberührung sichtbar wird. Abbildung 28.1 zeigt die fertige Navigation, wie Sie sie am Ende dieses Kapitels erzeugt haben werden.

Abbildung 28.1:
Die Beispielsite
mit einer Drop-
down-Navigation

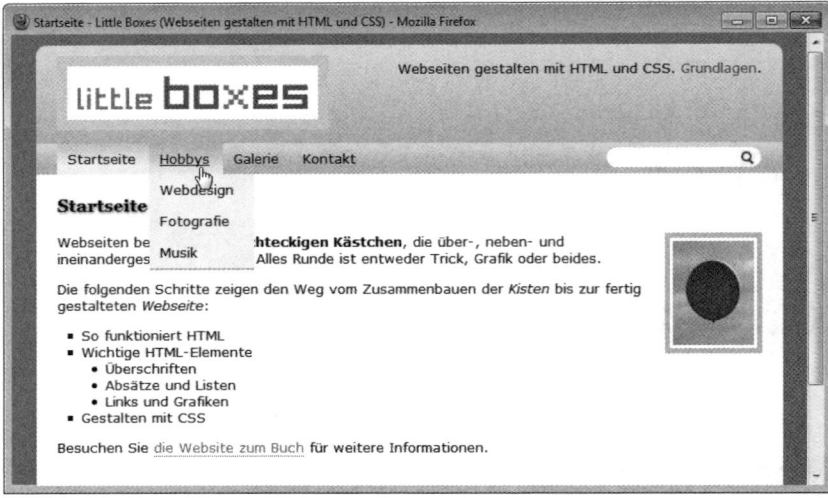

28.1 Der Ausgangspunkt: Die Webseiten im Überblick

Eine Navigation zum Ausklappen. Dropdown. Auswahlliste. Menü. Es gibt viele Namen für denselben Sachverhalt:

- Die erste Navigationsebene wird immer angezeigt.

- Die zweite Navigationsebene wird erst sichtbar, wenn der Mauszeiger über einem Menüpunkt aus der ersten Ebene schwebt.

Die Beispielseiten im Basisordner zu diesem Kapitel basieren auf dem Quelltext für die floatbasierte horizontale Navigation aus Kapitel 27, mit zwei Änderungen.

Die Seite *Hobbys* bekommt für dieses Kapitel die drei Unterseiten *Webdesign*, *Fotografie* und *Musik*. Wichtig ist dabei, dass auf *jeder* Webseite die *komplette* Navigation mit allen verschachtelten Listen enthalten sein muss, damit bei einer Mausberührung des Hauptmenüpunktes HOBBYS immer die Unterebenen angezeigt werden können, egal welche Seite gerade im Browser dargestellt wird.

Außerdem wurde in den Beispielseiten die Methode zum Einschließen der gefloateten Listenelemente im Navigationsbereich von overflow:hidden auf »Set a float to fix a float« umgestellt. Details zu dieser Änderung finden Sie im Abschnitt 28.4, »Know-how:

Floats einschließen in der Praxis« ab Seite 581 am Ende dieses Kapitels. Durch diese Umstellung bekommt der Navigationsbereich im CSS eine feste Breite, und der Textbereich muss gecleart werden. Im Quelltext von *navi_dropdown.css* sieht das so aus:

```
div#navibereich {
  position: relative;
  float: left;
  width: 520px;
  background: #f3c600 url("navi_sprite.jpg") repeat-x left top;
  padding: 0 180px 0 20px;
  margin: 0;
}
```

Listing 28.1:
Einschließen der gefloateten Listenelemente mit »Set a float to fix a float«

```
div#textbereich { clear: both; }
```

Abbildung 28.2 zeigt die Ausgangssituation für dieses Kapitel im Browser. Die zweite Navigationsebene ist auf allen Seiten vorhanden, klappt aber weder aus noch ein.

Abbildung 28.2:
Die Ausgangsposition für dieses Kapitel

28.2 Eine Dropdown-Navigation erstellen

In diesem Abschnitt werden Sie Schritt für Schritt eine Dropdown-Navigation erstellen, die auf dem klassischen »Son of Suckerfish«-Dropdown von Patrick Griffiths und Dan Webb beruht. Der Ori-

ginal-Artikel ist ein echter Webklassiker, und Sie finden ihn unter folgendem Link:

- *htmldog.com/articles/suckerfish/dropdowns/*

Schritt 1: Listenelemente mit »clear« untereinanderstellen

In Abbildung 28.2 ist deutlich zu sehen, dass die Listenelemente der zweiten Navigationsebene nebeneinander stehen. Der Grund dafür ist der Style zum Floaten der Listenelemente:

Listing 28.2:
Der Style zum
Floaten der Listenelemente

```
div#navibereich li {
    float: left;
    width: auto;
    list-style: none;
    padding: 0;
    margin: 0;
}
```

Der Selektor `div#navibereich li` wählt auch die Listenelemente der zweiten Ebene aus. Diese werden deshalb auch gefloatet und stehen somit nebeneinander, was für eine Dropdown-Liste eher kontraproduktiv ist.

Die Lösung ist ein einfaches `clear:both` für die Listenelemente der zweiten Ebene.

ToDo: Die Listenelemente der zweiten Navigationsebene clearen

1. Kopieren Sie die Beispieldateien aus dem Basisordner für dieses Kapitel in einen Übungsordner.
2. Öffnen Sie das Stylesheet *navi_dropdown.css* im Editor.
3. Fügen Sie am Ende des Stylesheets, aber vor der schließenden Klammer von `@media` folgende Regel ein:

    ```
    /* Schritt 1 - Listenelemente in Ebene 2 clearen */
    div#navibereich ul.level2 li { clear: both; }
    ```

4. Speichern Sie das Stylesheet und testen Sie die Webseiten.

Nach dieser Maßnahme stehen die Listenelemente der ersten Ebene neben- und die der zweiten untereinander (siehe Abbildung 28.3), auch wenn sie noch nicht wirklich eine gute Figur machen.

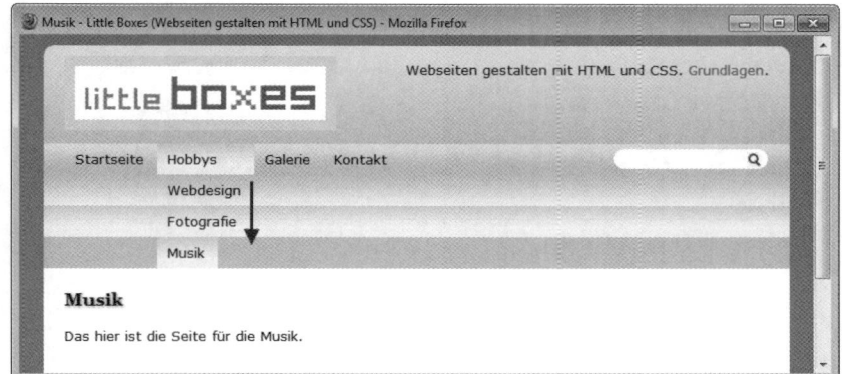

Abbildung 28.3:
Erste Ebene
nebeneinander,
zweite Ebene
untereinander

Schritt 2: Die zweite Navigationsebene verstecken

Das Verstecken von Elementen kennen Sie bereits, und in diesem Schritt passiert so gesehen nichts Besonderes. Im folgenden ToDo wird die verschachtelte Liste versteckt. Die dazu nötigen Anweisungen sind identisch mit der in *fundament.css* erstellten Klasse versteckmich.

ToDo: Die zweite Navigationsebene ausblenden

1. Öffnen Sie gegebenenfalls das Stylesheet *navi_dropdown.css* im Editor.

2. Fügen Sie am Ende folgende Regel ein:

```
/* Schritt 2 - Zweite Ebene verstecken */
div#navibereich ul.level2 {
   position: absolute;
   left: -32768px;
   top: -32768px;
   width: 0;
   height: 0;
}
```

3. Speichern Sie das Stylesheet, und testen Sie die Webseiten im Browser.

Nach diesem ToDo ist die zweite Navigationsebene verschwunden und über die Navigation nicht mehr erreichbar (siehe Abbildung 28.4).

Abbildung 28.4:
Die zweite
Navigations-
ebene wurde
ausgeblendet.

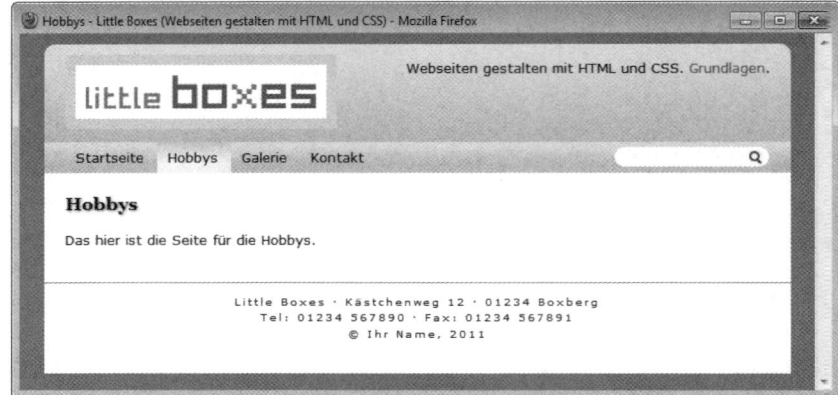

Schritt 3: Die zweite Navigationsebene wieder sichtbar machen

Das Sichtbarmachen der zweiten Ebene ist so simpel wie Simsalabim:

Die Pseudoklasse `:hover` *funktioniert nicht nur mit Hyperlinks, sondern mit allen Elementen, auch mit Listenelementen.*

Mit einem simplen `li:hover` wird im folgenden ToDo die zweite Ebene wieder sichtbar gemacht und gestaltet.

ToDo: Die zweite Navigationsebene einblenden

1. Öffnen Sie gegebenenfalls das Stylesheet *navi_dropdown.css* im Editor.

2. Fügen Sie am Ende des Stylesheets folgende Regel ein:

```
/* Schritt 3 - Zweite Ebene wieder einblenden */
div#navibereich li:hover ul.level2 {
    left: auto;
    top: auto;
    display: block;
    width: auto;
    height: auto;
    border-bottom: 2px solid #f3c600;
}
```

3. Speichern Sie das Stylesheet, und testen Sie die Webseiten im Browser.

Wenige Zeilen CSS, und es hat »Zoom« gemacht. Die zweite Ebene wird bei Mausberührung sichtbar. Sie sieht aber auf verschiedenen Seiten unterschiedlich aus – und auf keiner wirklich gut. Abbildung 28.5 zeigt das Dropdown-Menü, auf der Seite *Hobbys*.

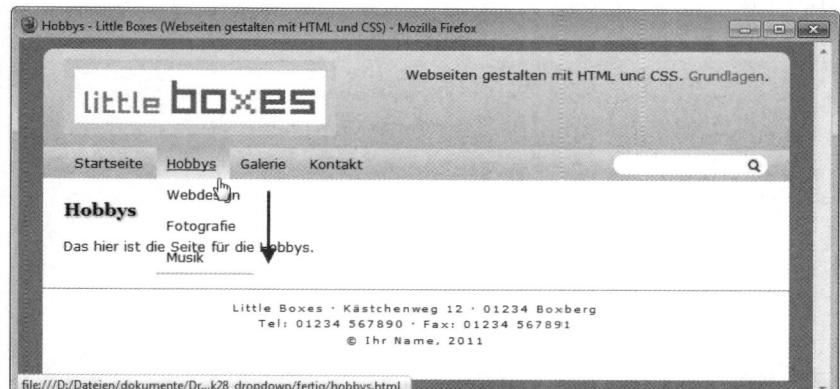

Abbildung 28.5: Navigation mit zweiter Ebene. Jetzt klappt sie aus.

Schritt 4: Die Links in der zweiten Navigationsebene gestalten

Die Liste klappt schon heraus, muss aber noch gestaltet werden. Dazu widmen Sie sich in diesem Abschnitt den Hyperlinks in der Unternavigation. Zur Gestaltung der Links benötigen Sie nur einen einzigen Style, den Sie im folgenden ToDo in das Stylesheet schreiben.

ToDo: Die Links in der zweiten Ebene gestalten

1. Öffnen Sie gegebenenfalls das Stylesheet *navi_dropdown.css* im Editor.

2. Fügen Sie am Ende des Stylesheets folgende Regel ein:

```
/* Schritt 4 - Links in der zweiten Ebene gestalten */
div#navibereich ul.level2 a {
  background: #fff3c0;
  color: black;
  min-width: 6em;
}
* html div#navibereich ul.level2 a { width: 6em; }
```

3. Speichern Sie das Stylesheet.

Da der IE6 die Eigenschaft `min-width` nicht versteht und die Links ansonsten kein `hasLayout` haben, bekommen die Links mit einem Sternchen-Hack noch eine feste Breite per `width`.

Nach diesem Schritt sieht die Dropdown-Navigation in Abbildung 28.6 schon besser aus.

Abbildung 28.6:
Die Links in der
zweiten Ebene
sehen schon
besser aus.

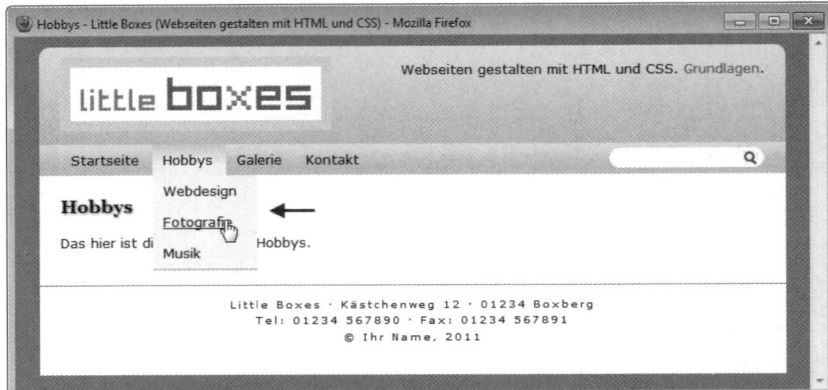

Auf den ersten Blick sieht schon alles ganz ordentlich aus, und nach einem flüchtigen Testen tendiert bestimmt mancher Seitenbauer zu einem »Fertig«. Bei genauerem Hinsehen fällt aber auf, dass es bei der Gestaltung der zweiten Ebene noch zwei Schönheitsfehler gibt:

■ Im Moment des Klicks bekommen die Links der zweiten Ebene keinen roten Hintergrund.

■ Der Hover-Effekt ist auf eine Unterstreichung reduziert worden.

Diesen beiden Details widmen Sie sich in den nächsten beiden Abschnitten.

Die Kaskade und der Moment des Klicks

Im Stylesheet *navi_dropdown.css* ist für die Links in der Navigation relativ weit oben die Pseudoklasse `:active` definiert worden, die das Aussehen der Links im Moment des Klicks definiert:

Listing 28.3:
Der Hyperlink
im Moment
des Klicks

```
div#navibereich ul a:active {
  background: #b80000;
  color: white;
}
```

Weiße Schrift auf rotem Grund. In der ersten Menü-Ebene klappt's, in der zweiten nicht. Bleibt die Frage nach dem »Warum«, und die Ursache heißt wie so oft *Kaskade*. Kapitel 13 widmet sich dieser Kaskade, und in der Einleitung steht folgender Absatz:

Falls Sie in Ihrem Stylesheet vor scheinbar unlösbaren Phänomenen stehen, die Sie an den Rand des Wahnsinns treiben, kommen Sie zurück, und lesen Sie sich dieses Kapitel über die Kaskade ganz in Ruhe durch. Es ist die Antwort auf viele Rätsel.

Wenn Sie das Kapitel noch nicht gelesen haben und mit der Kaskade nicht vertraut sind, sollten Sie vielleicht erst einmal zu Seite 265 zurückblättern oder zumindest die Übersichtsgrafik Abbildung 13.3 auf Seite 269 bereit halten.

Zunächst einmal hilft der Firebug bei der Analyse weiter:

- Rufen Sie die Beispielseiten im Firefox auf.

- Starten Sie den Firebug, indem Sie mit der rechten Maustaste auf den Menüpunkt WEBDESIGN klicken und aus dem Kontextmenü den Befehl ELEMENT UNTERSUCHEN aufrufen.

- Klicken Sie im Dropdown-Menü auf den Menüpunkt WEBDESIGN, und halten Sie die Maustaste gedrückt. In dem Moment erscheint im CSS-Bereich der Style für die Pseudoklasse `:active`.

In Abbildung 28.7 wird im Firebug deutlich, warum der angeklickte Menüpunkt keine rote Hintergrundfarbe bekommt. Der Hyperlink WEBDESIGN (1) wird im HTML markiert (2). Der Style für `div#navibereich ul a:active` (3) wird zwar angezeigt, die Anweisungen für `background` und `color` sind aber durchgestrichen, weil sie im Rahmen der Kaskade überschrieben wurden – und zwar vom Style direkt darüber (4), der einen hellgelben Hintergrund (`#FFF3C0`) und eine schwarze Schriftfarbe hat.

In Abbildung 28.7 ist zu sehen, dass der Style für die Pseudoklasse `:active` (laut Firebug) in Zeile 58 der Datei *navi_dropdown.css* definiert wurde. Der Selektor lautet `div#navibereich ul a:active` und hat eine Spezifität von 113 Punkten (zur Berechnung siehe Seite 161).

Das große
little **boxes** Buch
Webseiten gestalten mit HTML & CSS.
Grundlagen, Navigation, Inhalte, YAML & mehr

Abbildung 28.7:
Der Firebug im
Moment des
Klicks

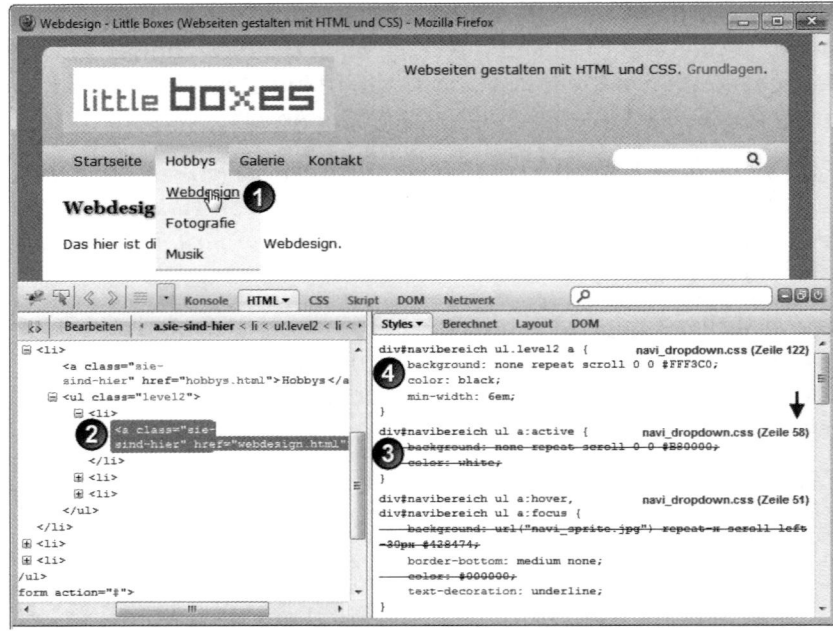

Überschrieben wird dieser Style (der gemäß Firebug im selben Stylesheet steht) von der in Schritt 4 definierten Gestaltung der Links in
Zeile 122:

Listing 28.4:
Die Gestaltung
der Links über-
schreibt :active
im Dropdown-
Menü

```
div#navibereich ul.level2 a {
    background: #fff3c0;
    color: black;
    min-width: 6em;
}
```

Der Selektor `div#navibereich ul.level2 a` hat ebenfalls 113 Punkte.
Durch die gleiche Spezifität geht es in die nächste Runde der Kaska-
de, und das ist die Reihenfolge des Auftretens. Zeile 122 kommt nach
Zeile 54 und gewinnt deshalb.

Eine mögliche Lösung ist die Erhöhung der Spezifität für die Pseudoklasse `:active`, indem Sie einfach den Selektor um ein simples `li`
ergänzen:

- vorher: `div#navibereich ul a:active` (113 Punkte)

- nachher: `div#navibereich ul li a:active` (114 Punkte)

Und schon klickt es wieder weiß auf rotem Hintergrund. Spezifität gewinnt gegenüber der Reihenfolge. The winner takes it all. Abbildung 28.8 zeigt die Webseite nach der Erhöhung der Spezifität im Firebug. Im Moment des Klicks (1) wird der Link im HTML markiert (2). Jetzt verliert die Deklaration mit der niedrigeren Spezifität (3) gegenüber denen mit der höheren Spezifität (4).

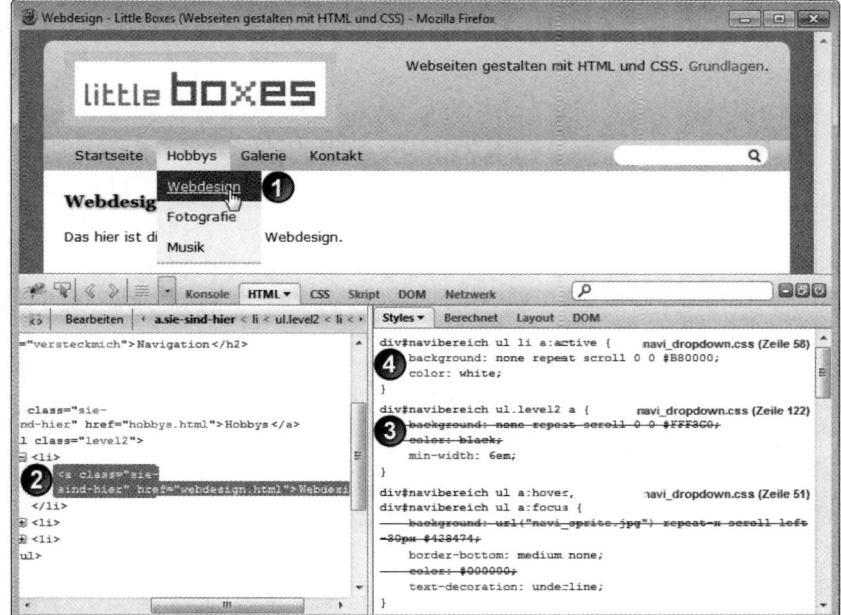

Abbildung 28.8: Firebug zeigt, dass die erhöhte Spezifität gewinnt.

Die Erhöhung der Spezifität funktioniert also, aber im folgenden ToDo zeige ich Ihnen eine andere Lösung, die im Stylesheet einfacher zu lesen und auf Dauer besser zu pflegen ist: Sie erstellen einen neuen Style zur Gestaltung der Pseudoklasse :active in der zweiten Ebene. Das funktioniert genauso gut wie die Erhöhung der Spezifität, denn der Style wird *nach* Zeile 122 definiert. Lang lebe die Kaskade.

ToDo: Ein Style für »:active« in der zweiten Ebene

1. Öffnen Sie gegebenenfalls das Stylesheet *navi_dropdown.css* im Editor.

2. Fügen Sie am Ende des Stylesheets folgende Regel ein:

   ```
   /* Schritt 5: Moment des Klicks in der zweite Ebene */
   div#navibereich ul.level2 a:active {
       background: #b80000;
       color: white;
   }
   ```

3. Speichern Sie das Stylesheet, und testen Sie die Webseiten im Browser.

Nach diesem ToDo klickt es in der zweiten Ebene wieder wie es soll (siehe Abbildung 28.9).

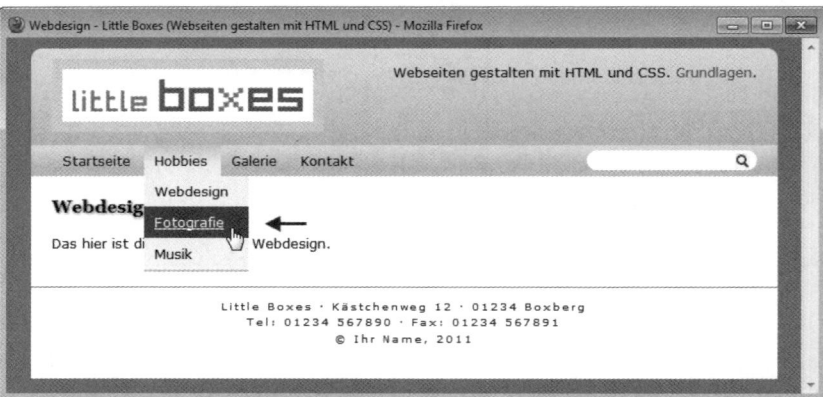

Der Hover-Effekt in der zweiten Ebene

Problem Nummer zwei ist der fehlende Hover-Effekt im Untermenü. Die Links werden zwar unterstrichen, aber eine zusätzliche Änderung der Hintergrundfarbe wäre deutlicher.

In Abbildung 28.10 sehen Sie im Firebug, dass vom in Zeile 51 von *navi_dropdown.css* definierten Hover-Effekt die Eigenschaften background und color durchgestrichen sind (3) und im Rahmen der

Kaskade in Zeile 122 überschrieben wurden (4). Die Anweisung text-decoration: underline überlebt, weil für die Eigenschaft text-decoration nichts anderes definiert wurde. Die Kaskade wird für jede Deklaration einzeln abgearbeitet.

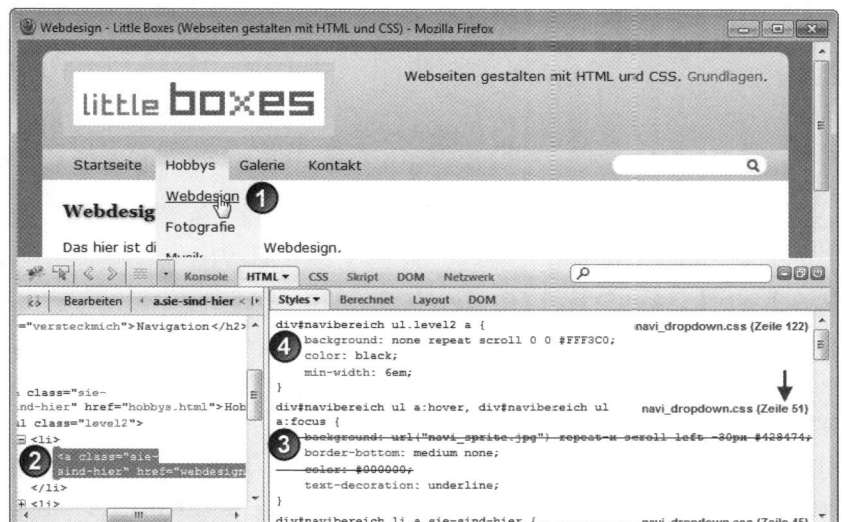

Abbildung 28.10:
Der Hover-Effekt
wird im Rahmen
der Kaskade
teilweise über-
schrieben.

Im folgenden ToDo weisen Sie den Links der zweiten Ebene einen neuen Hover-Effekt zu.

ToDo: Ein Hover-Effekt für die zweite Ebene

1. Öffnen Sie gegebenenfalls das Stylesheet *navi_dropdown.css* im Editor.

2. Fügen Sie am Ende des Stylesheet folgenden Style ein:

```
/* Schritt 6: Hover-Effekt für die zweite Ebene */
div#navibereich ul.level2 a:hover {
  background: #ffe05a;
  color: black;
}
```

3. Speichern Sie das Stylesheet.

Abbildung 28.11 zeigt die fertige Dropdown-Navigation.

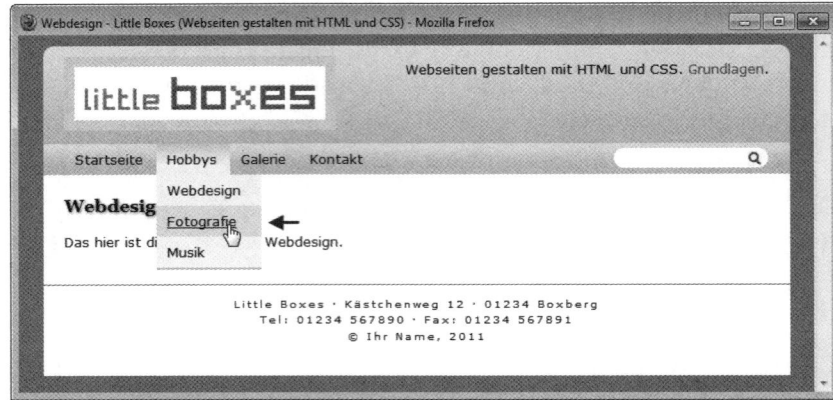

Patchwork: JavaScript für den IE6

Im IE6 klappt das Untermenü nicht heraus, weil er die Pseudoklasse
:hover nur für Hyperlinks kennt und den Style für li:hover deshalb
ignoriert.

Das folgende JavaScript-Prögrämmchen sorgt dafür, dass die Untermenüs herausklappen, jedenfalls solange die Benutzer Java-
Script nicht ausgestellt haben. Das Programm ist dem Original-
»Suckerfish«-Dropdown-Menü entliehen (daher auch das »sf« in den
Funktionsnamen) und wird mit einem Conditional Comment an
alle Internet Explorer mit einer Versionsnummer kleiner als 7 ausgeliefert.

ToDo: Das JavaScript für IE6

1. Erstellen Sie eine neue, leere Textdatei, und speichern Sie sie als
   suckerfish.js im Übungsordner.

2. Schreiben Sie den folgenden Kommentar an den Anfang der Datei:

```
/*  =========================================================
Suckerfish Dropdown – JavaScript für IE6
Quelle: http://htmldog.com/articles/suckerfish/dropdowns/
Datei: suckerfish.js
Autor: Patrick Griffiths (aka HTML Dog)
========================================================= */
```

ToDo: Das JavaScript für IE6 (Forts.)

3. Fügen Sie darunter folgende JavaScript-Funktionen ein:

```
sfHover = function() {
    var sfEls = document.getElementById("navibereich").
      getElementsByTagName("LI");
    for (var i=0; i<sfEls.length; i++) {
        sfEls[i].onmouseover=function() {
            this.className+=" sfhover";
        }
        sfEls[i].onmouseout=function() {
      this.className=this.className.replace(new RegExp("
        sfhover\\b"), "");
        }
    }
}
if (window.attachEvent) window.attachEvent("onload", sfHover);
```

4. Speichern Sie die Datei *suckerfish.js*.

5. Binden Sie *suckerfish.js* in *alle* Webseiten ein, indem Sie folgende Zeile irgendwo zwischen <head> und </head> schreiben:

```
<!--[if lt IE 7]><script src="suckerfish.js">
  </script><![endif]-->
```

6. Öffnen Sie das Stylesheet *navi_dropdown.css*, und ergänzen Sie den Selektor zum Sichtbarmachen der zweiten Ebene wie folgt:

```
div#navibereich li:hover ul.level2,
div#navibereich li.sfhover ul.level2 {
    left: auto;
    top: auto;
    display: block;
    width: auto;
    height: auto;
    border-bottom: 2px solid #f3c600;
}
```

7. Speichern Sie alle Dateien, und testen Sie die Webseiten im IE6.

Wenn alles geklappt hat, sollte die Navigation jetzt auch im IE6 herausklappen:

Vereinfacht gesagt simuliert das Skript die Pseudoklasse li:hover mit einem einfachen, aber genialen Trick:

- Im Element mit der ID navibereich werden alle Listenelemente li gesucht.

- Wenn die Maus über einem Listenelement schwebt, wird die Klasse sfhover hinzugefügt.

- Wenn sich der Mauszeiger nicht mehr über dem Listenelement befindet, wird die Klasse wieder entfernt.

- In der letzten Zeile wird das Skript schließlich für die aktuelle Webseite aktiviert.

Sie können natürlich auch auf diesen JavaScript-Patch für den IE6 verzichten. Der Menüpunkt HOBBYS wird in jedem Fall dargestellt und kann auch aufgerufen werden. Wie Sie den Besuchern die Unterseiten zugänglich machen können, wird im folgenden Abschnitt beschrieben.

28.3 Dropdown-Menüs und die Usability

Auf den ersten Blick hat eine Dropdown-Navigation nur Vorteile, denn erstens kennen Benutzer eines grafischen Betriebssystems das Grundprinzip der Menüleiste mit herausklappbaren Unterpunkten, und zweitens spart eine solche Navigation enorm Platz, da die zweite Ebene nicht ständig sichtbar ist.

Und da kommt auch schon der erste Nachteil ins Spiel: Die zweite Ebene ist nicht immer sichtbar. Dadurch wird die Bezeichnung der Menüpunkte in der ersten Ebene besonders wichtig, damit die Besucher die richtigen Seiten überhaupt finden. Außerdem taucht das Problem auf, dass sich Teile der Site für Tastaturbenutzer nicht oder nur sehr schwer aufrufen lassen, und selbst Mausbenutzer bekommen Schwierigkeiten, wenn das Herausklappen aus irgendeinem Grund nicht funktionieren sollte.

Eine erste Lösung ist einfach und untechnisch: Die in der ersten Ebene aufgerufene Seite sollte Links zu den Unterseiten enthalten. So kann ein Benutzer den Menüpunkt der ersten Ebene auswählen und erhält dann auf der Webseite einen Überblick über die Unterseiten. Eine einfache Verteilerseite könnte zum Beispiel so aussehen wie in Abbildung 28.13.

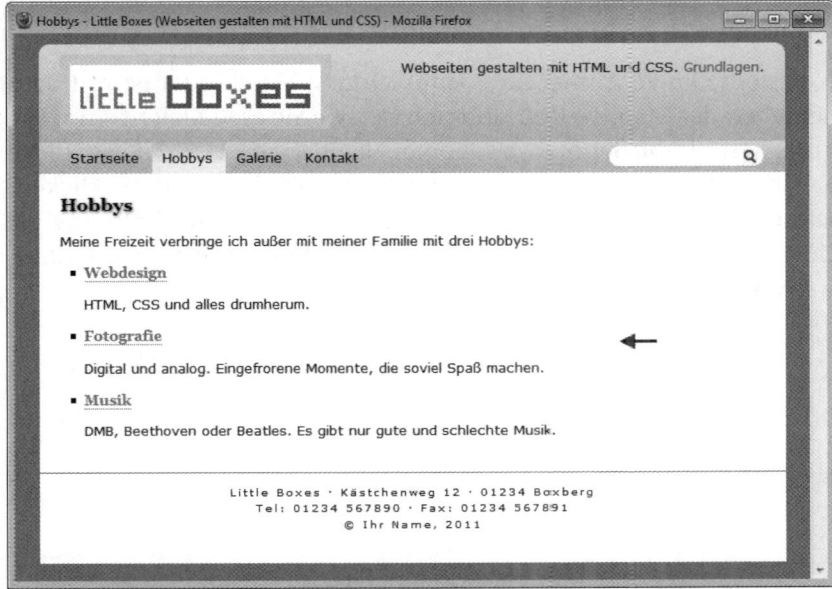

Abbildung 28.13:
Die Seite *Hobbys* enthält Links zu den Unterseiten.

Eine ganz andere Alternative wäre es, kein Dropdown zu erstellen, sondern die zweite Ebene permanent herausgeklappt zu lassen. Das klingt vielleicht seltsam, aber wenn das von vornherein im Layout berücksichtigt wird, ist das gar nicht so schlecht. Abbildung 28.14 zeigt als Beispiel die Website *contao-handbuch.de*.

Abbildung 28.14: Navigation mit ständig eingeblendeten Unterpunkten

Statt eines Dropdown-Menüs mit den Oberpunkten ALLGEMEIN, DAS BUCH, MATERIAL und KONTAKT entschied sich die Autorin Nina Gerling für eine Navigation, in der alle Seiten ständig im Blick sind. Aus Sicht des Benutzers erschließt sich der Inhalt so einfacher.

Noch eine kurze Anmerkung zum Schluss: Nicht jeder ist mit dem Schieben der Maus so flott und präzise, wie Sie es vielleicht sind. Ein guter Test für die Benutzbarkeit einer Navigation ist es, ein Paar dicke Fausthandschuhe anzuziehen und dann mit der Maus zu klicken. Das gilt besonders dann, falls Sie eine dritte oder gar vierte Navigationsebene einbauen möchten. Da gibt es fast immer bessere Alternativen.

> **Andere Techniken für Dropdown-Menüs: _Dropdown low down_**
>
> Ein guter Ausgangspunkt zur weiteren Erforschung von Dropdown-Menüs und ein echter Klassiker auf dem Gebiet ist der folgende Artikel von John Faulds, der über zwanzig verschiedene Techniken zur Erstellung von Dropdown-Menüs vorstellt:
>
> ■ tyssendesign.com.au/articles/css/dropdown-low-down/
>
> Der Artikel stammt zwar schon aus dem Jahr 2006, wird aber ab und an aktualisiert.

Tipp

28.4 Know-how: Floats einschließen in der Praxis

In diesem Abschnitt möchte ich noch einmal kurz erläutern, warum die Methode zum Einschließen der gefloateten Listenelemente im Navigationsbereich in diesem Kapitel auf »Set a float to fix a float« umgestellt wurde.

»overflow:hidden« und »position:relative« schneiden das Dropdown-Menü ab

Die Standardmethode zum Einschließen von Floats ist für viele Seitenbauer overflow:hidden, weil es so wunderbar einfach ist. Wie ab Seite 328 beschrieben wurde, hat es aber ein paar potenzielle Nachteile, die sich manchmal unbemerkt einschleichen. Bei der Positionierung des Suchformulars im Navigationsbereich in Kapitel 27.4 wurde die absolute Positionierung benutzt, und zur genauen Ausrichtung bekam der Navigationsbereich position:relative.

Der Style für den Navigationsbereich sieht mit overflow:hidden so aus:

```
div#navibereich {
  position: relative;
  overflow: hidden;
  background: #f3c600 url("navi_sprite.jpg") repeat-x left top;
  padding: 0 180px 0 20px;
  margin: 0;
}
```

Listing 28.5:
Der Navigationsbereich mit overflow:hidden

Bei einer horizontalen Navigation mit einer Ebene ist diese Methode perfekt, denn sie ermöglicht eine sehr kontrollierte Ausrichtung des Suchformulars. Problematisch wird die Kombination von `overflow:hidden` und `position:relative` erst, wenn die horizontale Navigation wie in diesem Kapitel zu einem Dropdown-Menü ausgebaut werden soll. Das Dropdown-Menü ist überfließender Inhalt, weil es aus dem Navigationsbereich herausfließt. Durch das `position:relative` nehmen die Browser das `overflow:hidden` beim Wort und schneiden den überfließenden Inhalt einfach ab – und zwar nicht nur wie so oft im IE6, sondern in allen Browsern. Keine gute Idee.

»position:relative« funktioniert nicht mit »display:table«

Eine naheliegende Möglichkeit wäre es, zum Einschließen der gefloateten Listenelemente das `overflow:hidden` durch ein ebenso einfaches `display:table` zu ersetzen.

`display:table` benötigt zwar eine feste Breite, weil die Tabellenbox sonst auf die Breite des Inhalts schrumpft, aber das wäre mit der Angabe `width: 520px` noch kein Problem. 520 Pixel sind es übrigens deshalb, weil auf den Beispielseiten noch 20px linkes und 180px rechts Padding hinzukommen und der Wrapper 720 Pixel breit ist.

Der Style für den Navigationsbereich sieht mit `display:table` so aus:

Listing 28.6:
Der Navigationsbereich mit display:table

```
div#navibereich {
    position: relative;
    display: table;
    width: 520px;
    background: #f3c600 url("navi_sprite.jpg") repeat-x left top;
    padding: 0 180px 0 20px;
    margin: 0;
}
```

Schwerwiegender wirkt ein anderer Nachteil: In Verbindung mit `display:table` ist die Anweisung `position:relative` wirkungslos, und die Positionierung des Suchformulars bezieht sich plötzlich auf das Stammelement `html`. Und schwupps sitzt das Suchformular rechts oben im Browserfenster.

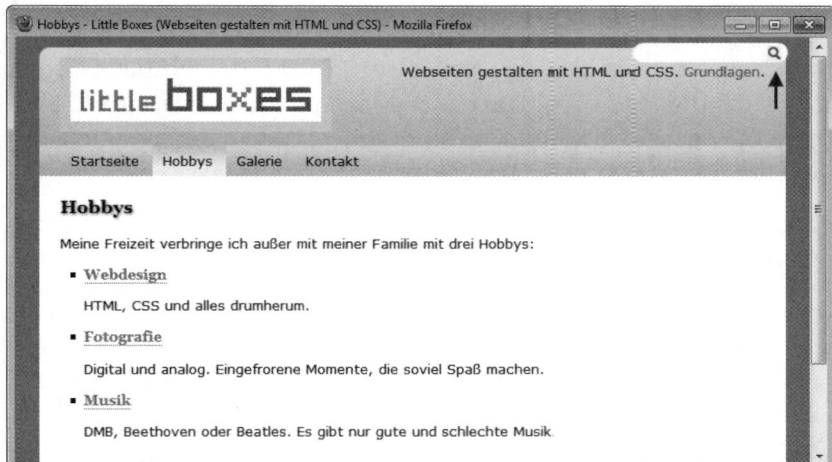

Abbildung 28.15:
position:
relative ist
zusammen mit
display:table
wirkungslos.

»float:left« bedingt ein »clear« für den nachfolgenden Textbereich

Das Einschließen der gefloateten Listenelemente durch die Anweisung float:left für den Navigationsbereich scheint zunächst auch keine besonders gelungene Lösung zu sein.

```
div#navibereich {
  position: relative;
  float:left;
  width: 520px;
  background: #f3c600 url("navi_sprite.jpg") repeat-x left top;
  padding: 0 180px 0 20px;
  margin: 0;
}
div#textbereich { clear: both; }
```

Listing 28.7:
Navigations-
bereich mit
float:left und
Textbereich mit
clear:both

Das Floaten des Navigationsbereichs erfordert neben der festen Breite ein Clearen des Textbereichs, damit er immer unterhalb des Navigationsbereichs anfängt.

Ich habe mich in diesem Kapitel für float:left entschieden, aber das ist nicht für jedes Layout und in allen Situationen die richtige Lösung. Es gibt viele Argumente für und gegen jede einzelne Lösung, aber letztendlich hängt die Entscheidung von den Details im jeweiligen Layout ab – und manchmal auch einfach nur von persönlichen Vorlieben.

Weitere Lösungen: Das Suchformular anders positionieren

Natürlich könnten Sie den Hebel zur Lösung des Problems auch ganz woanders ansetzen. Um das overflow:hidden auch bei einer Dropdown-Navigation behalten zu können, müssten Sie lediglich das position:relative vom Navigationsbereich entfernen.

Zur Positionierung des Suchformulars gäbe es mindestens zwei andere Möglichkeiten:

- position:relative für #wrapper. In dem Fall wird das Suchformular mit top:auto und right:20px positioniert. Die vertikale Ausrichtung, die vorher mit top erfolgt ist, wird dann mit margin-top: 5px definiert.

- Das Suchformular mit float:right innerhalb des Navibereichs nach rechts floaten. Die genaue Ausrichtung des Formulars erfolgt in dem Fall mit padding oder margin.

Tja. Webseiten gestalten mit HTML und CSS in der Praxis: Langweilig wird es jedenfalls nicht.

28.5 Das komplette CSS im Überblick

Zum Abschluss des Kapitels sehen Sie hier noch einmal das komplette CSS im Überblick. Die Styles zum Ein- und Ausblenden der Dropdown-Navigation finden Sie ab Zeile 95.

Listing 28.8:
Das CSS für eine
horizontale Dropdown-Navigation

```
01 /* ==================================================
02 Stylesheet für die Beispielsite aus "Little Boxes"
03 Stand: Dropdown-Navi, eingebunden via zentrale.css
04       basiert auf floatbasierter horizontaler Navi
05       mit Suchfeld rechts in der Navileiste
06 Datei: navi_dropdown.css
07 Datum: 28. Juni 2011
08 Autor: Peter Müller
09 ================================================== */
10 @media screen {
11
12 div#navibereich {
13   position: relative;
14   float:left;
15   width: 520px;
16 /* overflow:hidden; */
```

```
17 /*  display:table; width: 520px; */
18    background: #f3c600 url("navi_sprite.jpg") repeat-x left top;
19    padding: 0 180px 0 20px;
20    margin: 0;
21 }
22 div#textbereich { clear: both; }
23 * html #navibereich { height: 1%; }
24
25 div#navibereich ul {
26    padding: 0;
27    margin: 0;
28 }
29 div#navibereich li {
30    float: left;
31  - width: auto;
32    list-style: none;
33    padding: 0;
34    margin: 0;
35 }
36 div#navibereich a {
37    color: #000000;
38    display: block;
39    padding: 7px 13px 7px 10px;
40    text-decoration: none;
41 }
42 div#navibereich li a.sie-sind-hier {
43    background: #FFEDA0 url("navi_sprite.jpg") repeat-x left -60px;
44    color: #000000;
45    font-weight: normal;
46    text-decoration: none;
47 }
48 /* Spezifität 113, wie bei a.sie-sind-hier */
49 div#navibereich ul a:hover,
50 div#navibereich ul a:focus {
51     background: #428474 url("navi_sprite.jpg") repeat-x left -30px;
52     border-bottom: medium none;
53     color: #000000;
54     text-decoration: underline;
55 }
56 div#navibereich ul a:active {
57    background: none repeat scroll 0 0 #B80000;
58    color: white;
59 }
```

```
60 /* Suchformular gestalten */
61 div#navibereich form {
62    position: absolute;
63    top: 5px;
64    right: 20px;
65    width: 150px;
66    background: none;
67    border: 0;
68    padding: 0;
69    margin: 0;
70 }
71 div#navibereich input#suchfeld {
72    width: 115px;
73    font-size: 11px;
74    border: none;
75    border-radius: 10px;
76    padding: 3px 25px 3px 9px;
77    margin: 0;
78 }
79 div#navibereich input:focus { background: white; }
80 div#navibereich input.lupe {
81    position: absolute;
82    right: 7px;
83    top: 3px;
84    padding: 0;
85    margin: 0;
86 }
87
88 /* ============================================
89    Styles für die Dropdown Navigation ab hier
90    ============================================ */
91
92 /* Schritt 1 - Listenelemente in Ebene 2 clearen */
93 div#navibereich ul.level2 li { clear: both; }
94
95 /* Schritt 2 - Zweite Ebene verstecken */
96 div#navibereich ul.level2 {
97    position: absolute;
98    left: -32768px;
99    top: -32768px;
100   width: 0;
101   height: 0;
102 }
```

```
103
104 /* Schritt 3 - Zweite Ebene sichtbar machen  */
105 div#navibereich li:hover ul.level2,
106 div#navibereich li.sfhover ul.level2 {
107   left: auto;
108   top: auto;
109   display: block;
110   width: auto;
111   height: auto;
112   border-bottom: 2px solid #f3c600;
113 }
114
115 /* Schritt 4 - Links in der zweiten Ebene gestalten */
116 div#navibereich ul.level2 a {
117   background: #fff3c0;
118   color: black;
119   min-width: 6em;
120 }
121 /* hasLayout für IE6 */
122 * html div#navibereich ul.level2 a { width: 6em; :
123
124 /* Schritt 5: Hover-Effekt für die zweite Ebene */
125 div#navibereich ul.level2 a:hover {
126   background: #ffe05a;
127   color: black;
128 }
129
130 /* Schritt 6: Moment des Klicks in der zweite Ebene */
131 div#navibereich ul.level2 a:active {
132   background: #b80000;
133   color: white;
134 }
135
136 } /* Ende @media - nicht löschen! */
137 /* ======================================
138    E N D E   D E S   S T Y L E S H E E T S
139    ====================================== */
```

Das große
little **boxes** Buch
Webseiten gestalten mit HTML & CSS.
Grundlagen, Navigation, Inhalte, YAML & mehr

28.6 Auf einen Blick

Hier sind noch einmal die wichtigsten Punkte dieses Kapitels im Überblick:

- Eine Dropdown-Navigation ist praktisch und spart viel Platz.

- Die Navigation besteht aus gefloateten Block-Elementen.

- Die zweite Navigationsebene wird per CSS versteckt und durch `li:hover` wieder eingeblendet.

- Bei der Gestaltung der Dropdown-Liste wird die Kaskade wichtig, und Firebug ist ein nützliches Werkzeug bei der Analyse bestehender Probleme.

- Der Internet Explorer 6 benötigt ein JavaScript, um die Pseudoklasse `:hover` für die Listenelemente zu simulieren.

- Beim Einsatz von Dropdown-Menüs sollten Sie darauf achten, dass die Inhalte zugänglich bleiben.

- Das Einschließen von gefloateten Elementen führt in der Praxis manchmal zu seltsamen Effekten.

Kapitel 29

Vertikale Navigation

Worin Sie die Navigationspunkte von oben nach unten sortieren, ver-
schachteln und zum Schluss einige Inspirationsquellen für Navigationen
kennenlernen.

Die Themen im Überblick:

Nach diversen Variationen für horizontale Navigationen möchte ich
Ihnen zum Abschluss dieses Teils noch zeigen, wie man eine vertikale Navigation erstellt.

Abbildung 29.1:
Eine vertikale
Navigation

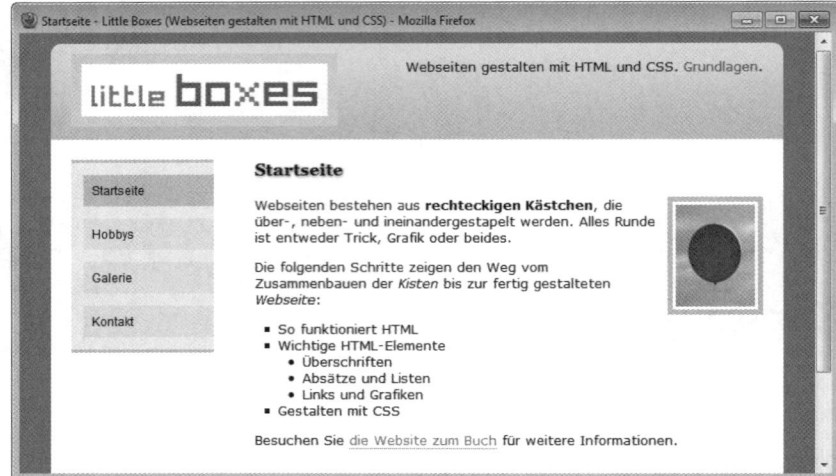

Die Voraussetzung für vertikale Navigationen ist ein mehrspaltiges Layout. Die Beispielseiten im Basisordner für dieses Kapitel haben bereits ein zweispaltiges Layout und werden zunächst kurz vorgestellt. Diese Navigation wird anschließend um eine zweite Ebene erweitert.

29.1 Vertikale Navigation – der Ausgangspunkt

In Kapitel 18 haben Sie bereits gelernt, wie man floatbasierte mehrspaltige Layouts erstellt, und dort wurde auch die Gestaltung einer einfachen vertikalen Navigation beschrieben. In diesem Kapitel wird nun eine vertikale Navigation mit zwei Ebenen erstellt. Den Beispielseiten liegt dabei eine etwas veränderte Struktur zugrunde, die ich zunächst kurz erläutern möchte.

»#main« – ein zusätzlicher Wrapper um den Inhalt

Wegen der abgerundeten Ecken des Kopfbereichs kann der alle Elemente umfassende Wrapper keine eigene Hintergrundfarbe haben, weil diese ansonsten bei den Ecken durchscheinen würde. Die weiße Hintergrundfarbe, die der Wrapper ursprünglich hatte, wurde deshalb, wie in Kapitel 24.2 beschrieben, auf den Text- und Fußbereich übertragen.

Damit nun in einem mehrspaltigen Layout die linke Spalte auch durchgehend weiß eingefärbt werden kann, wurde die HTML-Struktur der Beispieldateien im Basisordner für dieses Kapitel um ein neues strukturelles div-Element ergänzt. Dieses div hat die ID main und umschließt den Inhalt, also den Navigations- und den Textbereich.

```
<div id="main">
  <div id="navibereich" role="navigation">
  ...
  </div> <!-- Ende navibereich -->

  <div id="textbereich" role="main">
  ...
  </div> <!-- Ende textbereich -->
</div> <!-- Ende main -->
```

Listing 29.1:
Ein zusätzlicher
Wrapper um
den Inhalt

Der neue div-Container wird im Stylesheet *bildschirm.css* wie folgt gestaltet:

```
/* Extra-Wrapper um den Inhalt */
div#main {
  background: white; /* Hintergrundfarbe für alle Inhaltsspalten
  overflow:hidden; /* floats umschließen */
}
```

Listing 29.2:
Die Gestaltung
des neuen div-
Containers

Platz für die linke Spalte: »margin-left« für den Textbereich

Der Platz für die vertikale Navigation entsteht durch einen großen linken Außenabstand für den Textbereich, der in *bildschirm.css* definiert wurde:

```
#textbereich {
  padding: 0 20px 20px 20px;
  margin: 20px 0 0 180px; /* Platz für linke Spalte */
}
```

Listing 29.3:
Die Gestaltung
des Textbereichs

Außerdem hat auf den Beispielseiten im Basisordner für dieses Kapitel der Fußbereich mit border-radius: 0 0 10px 10px unten links und rechts noch abgerundete Ecken bekommen.

Das HTML für die Navigationsliste im Überblick

Anders als bei der Dropdown-Navigation aus Kapitel 28 ist bei einer vertikalen Navigation nicht zwingend auf jeder Seite die komplette Navigationsstruktur enthalten. Die Links zu den Unterseiten *Webdesign*, *Fotografie* und *Musik* werden im Beispiel erst sichtbar, wenn die Seite *Hobbys* angeklickt wird (siehe Abbildung 29.2).

Abbildung 29.2:
Die ungestaltete
Navigationsliste

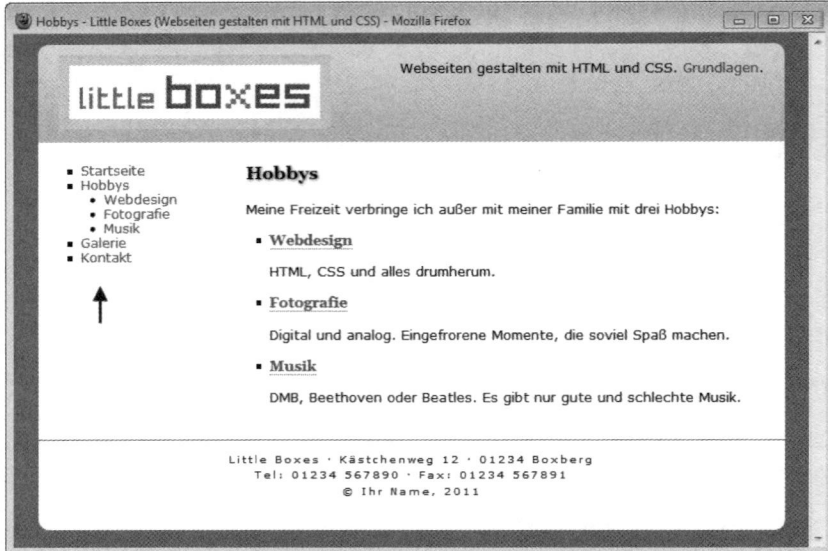

Auf den Seiten *Startseite*, *Galerie* und *Kontakt* ist nur die erste Navigationsebene vorhanden. Das HTML für die Navigation mit der zweiten Ebene auf der Seite *Hobbys* und den drei Unterseiten (siehe Abbildung 29.2) sieht wie folgt aus:

Listing 29.4:
Das HTML für
die vertikale
Navigation

```html
<div id="navibereich" role="navigation">
<h2 class="versteckmich">Navigation</h2>
<ul>
  <li><a href="index.html">Startseite</a></li>
  <li><a href="hobbys.html" class="sie-sind-hier">Hobbys</a>
    <ul class="level2">
      <li class="sie-sind-hier"><a href="webdesign.html"
        class="sie-sind-hier">Webdesign</a></li>
      <li><a href="fotografie.html">Fotografie</a></li>
      <li><a href="musik.html">Musik</a></li>
    </ul>
  </li>
  <li><a href="galerie.html">Galerie</a></li>
  <li><a href="kontakt.html">Kontakt</a></li>
</ul>
</div> <!-- Ende navibereich -->
```

Bemerkenswert ist, dass in der zweiten Ebene sowohl das Listenelement als auch der Hyperlink die Klasse sie-sind-hier bekommen. Das eröffnet bei der Gestaltung der Navigation mehr Optionen.

Das CSS für den Navigationsbereich

Der Navigationsbereich in Abbildung 29.2 ist im Stylesheet *navi_vertikal.css* mit folgendem Style gestaltet worden:

```
#navibereich {
  float: left;
  width: 140px;
  font-family: Arial, Helvetica, sans-serif;
  font-size: 12px;
  margin: 20px 0 20px 20px;
}
```

Listing 29.5:
Der Navigations-
bereich als linke
Spalte

Er wird mit einer Breite von 140px nach links gefloatet und hat als Schriftart *Arial* in der Größe 12px. Das ist etwas kleiner und weniger raumgreifend als die *Verdana* 13px für den Fließtext, aber in der Navigation noch deutlich genug.

So viel also zur Ausgangssituation. Jetzt geht es mit der Gestaltung der vertikalen Navigation los.

29.2 Die Gestaltung der ersten Navigationsebene

Im ersten Schritt gestalten Sie die Navigationsliste, vor allem die darin enthaltenen Hyperlinks und deren Zustände. Die Styles enthalten wenig Spektakuläres. Aber immer der Reihe nach.

Die Gestaltung der Navigationsliste

Sie beginnen mit der Gestaltung der Navigationsliste, wie immer von außen nach innen:

- Die ul-Liste selbst bekommt einen hellgelben Hintergrund und eine etwas dunklere Rahmenlinie oben und unten.

- Die Listenelemente bekommen ein linkes padding und ein margin oben und unten von jeweils 1em. Sollte die Schriftgröße verändert werden, ändern sich diese Abstände automatisch mit, sodass die Proportionen erhalten bleiben.

- Die Hyperlinks schließlich werden geblockt, bekommen einen dunklen Hintergrund und ein bisschen padding drumherum.

Diese drei Styles erstellen Sie im folgenden Todo.

ToDo: Die Navigationsliste und die Links gestalten

1. Kopieren Sie die Beispieldateien aus dem Basisordner für dieses Kapitel in einen Übungsordner.

2. Öffnen Sie das Stylesheet *navi_vertikal.css* im Editor.

3. Fügen Sie am Ende des Stylesheets aber vor der schließenden Klammer von `@media` folgende Regeln ein:

```css
/* Liste und Links */
#navibereich ul {
    background: #ffeda0;
    border: 3px solid #f3c600;
    border-right: none;
    border-left: none;
    padding: 0;
    margin: 0;
}
#navibereich li {
    list-style: none;
    padding: 0 0 0 1em;
    margin: 1em 0
}
```

4. Gestalten Sie direkt darunter die Hyperlinks in der Navigationsliste:

```css
#navibereich a {
    display: block;
    background: #ffe36d;
    color: black;
    text-decoration: none;
    padding: 8px;
    border: 0;
}
```

5. Speichern Sie das Stylesheet, und testen Sie die Webseiten.

Nach diesem ToDo sieht die Navigationsliste etwa so aus wie in Abbildung 29.3.

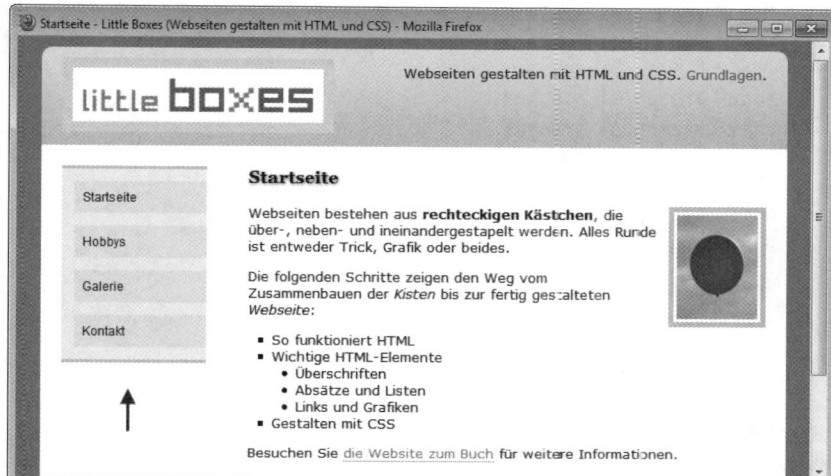

Abbildung 29.3:
Die Navigation
– Liste und Links
sind formatiert.

Die Gestaltung der Linkzustände

Die Gestaltung der Linkzustände birgt wenig Spektakuläres: Die Links bekommen einen dunklen Hintergrund. Ein kleiner Effekt ist bei der Pseudoklasse :active eingebaut: Beim Hovern erscheint ein etwas dunkleres Rot (#b80000), das beim Klicken durch ein etwas helleres Rot (#d90000) ersetzt wird.

ToDo: Die Gestaltung der Linkzustände erstellen

1. Öffnen Sie gegebenenfalls das Stylesheet *navi_vertikal.css* im Editor.

2. Fügen Sie am Ende des Stylesheets folgende Regeln zur Gestaltung der Linkzustände ein:

```
/* Linkzustände */
#navibereich li a.sie-sind-hier {
  background: #f3c600;
  color: black;
}
```

> ## ToDo: Die Gestaltung der Linkzustände erstellen (Forts.)
>
> ```css
> #navibereich ul a:hover,
> #navibereich ul a:focus {
>   background: #b80000;
>   color: white;
>   text-decoration: underline;
> }
> #navibereich ul a:active {
>   background: #d90000;
>   color: white;
> }
> ```
>
> **3.** Speichern Sie das Stylesheet, und testen Sie die Webseiten.

Abbildung 29.4 zeigt die Startseite im Browser nach diesem ToDo.

Abbildung 29.4:
Die erste Naviga-
tionsebene mit
formatierten Link-
zuständen

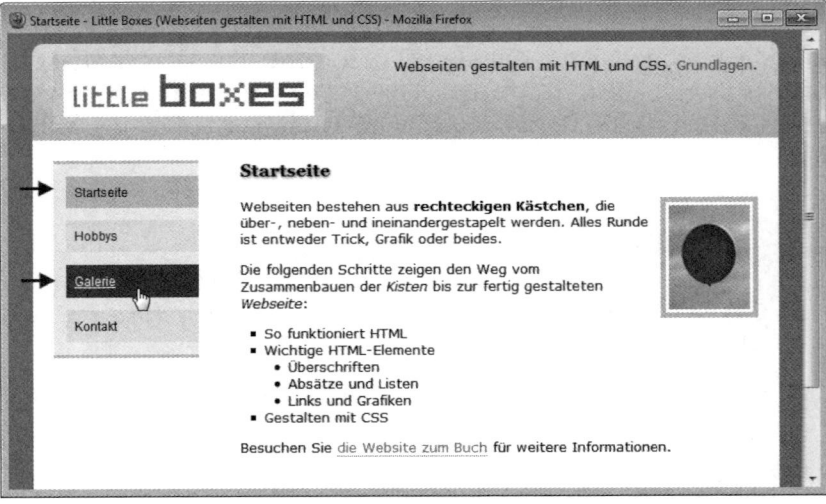

29.3 Die Gestaltung der zweiten Navigationsebene

Jetzt fehlt nur noch die Gestaltung der zweiten Navigationsebene, und auch die ist mit wenigen Styles erledigt.

Die Liste in der zweiten Ebene gestalten

Auch in der zweiten Navigationsebene beginnen Sie zunächst wieder mit der Gestaltung der ungeordneten Liste und benutzen dabei im Selektor die Klasse level2.

Die Liste selbst bekommt links und unten eine 1px breite Rahmenlinie, die im Moment allerdings überhaupt noch nicht auffällt, da sie die gleiche Farbe hat wie der Hintergrund. Für die Listenelemente in der Liste ul.level2 werden lediglich padding und margin auf 0 gesetzt.

ToDo: Liste in der zweiten Navigationsebene gestalten

1. Öffnen Sie gegebenenfalls das Stylesheet *navi_vertikal.css* im Editor.

2. Fügen Sie am Ende des Stylesheets folgende Styles ein:

```
/* Zweite Ebene gestalten */
#navibereich ul.level2 {
  background: #ffe574;
  border: 1px solid #f3c600;
  border-top: none;
  border-right: none;
}
#navibereich ul.level2 li {
  padding: 0;
  margin: 0;
}
```

3. Speichern Sie das Stylesheet, und testen Sie die Webseiten.

Nach diesem ToDo sieht die Navigation etwa so aus wie in Abbildung 29.5.

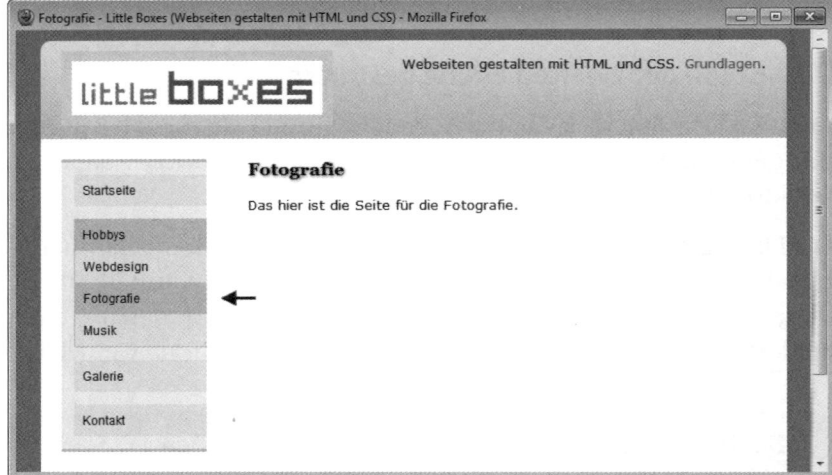

Die Hyperlinks in der zweiten Ebene gestalten

Jetzt fehlt nur noch die Gestaltung der Links. Im folgenden ToDo kümmern Sie sich zunächst um die Grundgestaltung der Links in der zweiten Ebene und geben ihnen einen etwas helleren Hintergrund. Außerdem wird eine aktive Unterseite durch einen quadratischen Aufzählungspunkt optisch hervorgehoben.

ToDo: Liste und Links der zweiten Navigationsebene gestalten

1. Öffnen Sie gegebenenfalls das Stylesheet *navi_vertikal.css* im Editor.

2. Geben Sie den Listenelementen in der zweiten Ebene ein `margin-left`:

```
#navibereich ul.level2 li {
  padding: 0;
  margin: 0;
  margin-left: 20px;
}
```

ToDo: Liste und Links der zweiten Navigationsebene gestalten (Forts.)

3. Fügen Sie am Ende des Stylesheets folgende Styles ein:

```
#navibereich ul.level2 a {
  background: #ffe574;
  color: black;
  padding: 8px 4px;
  margin: 0;
}
#navibereich ul.level2 li.sie-sind-hier {
  list-style-type: square;
}
```

4. Speichern Sie das Stylesheet, und testen Sie die Webseiten.

Abbildung 29.6 zeigt die Navigation mit der zweiten Ebene nach diesem ToDo.

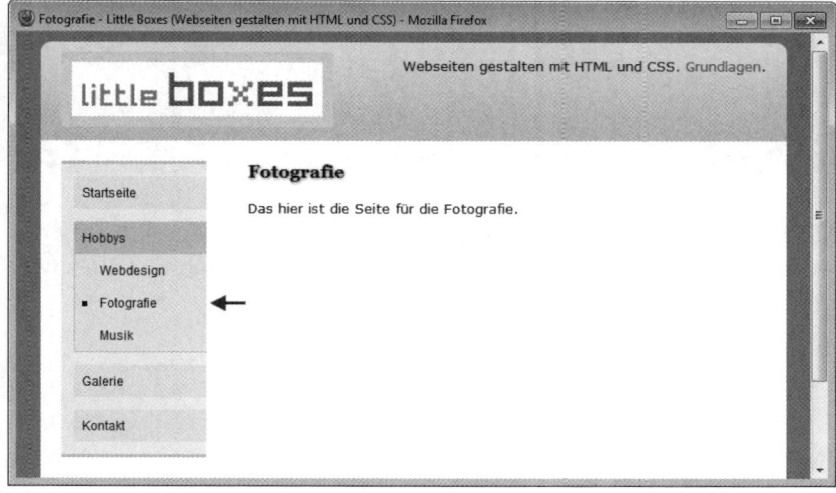

Abbildung 29.6:
Vertikale Navigation mit zwei Ebenen

Vertikale Navigation – Patches für den IE6

Falls Sie die Navigation im IE6 betrachten, erschrecken Sie nicht: Es sieht schlimmer aus, als es ist (siehe Abbildung 29.7).

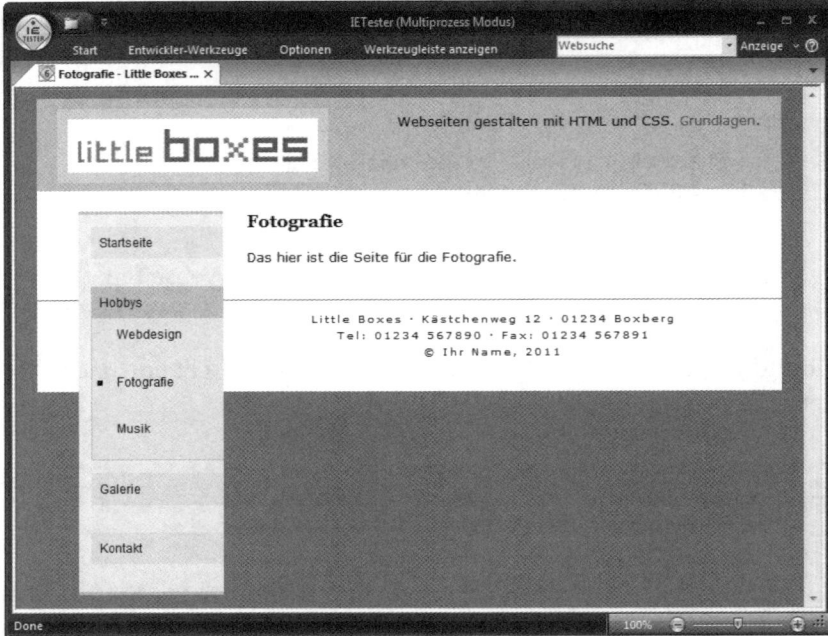

Ein paar hasLayout-Zuweisungen plus eine vertikale Ausrichtung des Aufzählungspunktes in der zweiten Ebene, und danach ist alles wieder in Butter:

```
/* Patches für IE6 */

* html #main { height: 1%; padding-bottom: 20px; }

* html #navibereich ul,
* html #navibereich li,
* html #navibereich a {
  height: 1%;
}

* html #navibereich ul.level2 li.sie-sind-hier { vertical-align:
  middle; }
```

Tipp

Mehr als zwei Navigationsebenen?

Zusätzliche Navigationsebenen können Sie nach demselben Schema einbauen:

- Die jeweilige Liste bekommt eine Klasse wie z. B. level3.
- Mit margin-left können Sie die Navigationspunkte etwas einrücken.

Mehr als drei oder maximal insgesamt vier Ebenen sollte eine Navigation allerdings selten benötigen. Falls doch, ist man meistens besser beraten, die Aufteilung der Inhalte für die Website noch einmal zu durchdenken und diese etwas gleichmäßiger zu verteilen.

29.4 Das CSS für die vertikale Navigation im Überblick

Hier ist noch einmal das komplette CSS im Überblick.

```
01 /*  ============================================================
02 Stylesheet zur Erstellung einer vertikalen Navigation mit 2 Ebenen
03 Datei: navi_vertikal.css
04 Datum: 28. Juni 2011
05 Autor: Peter Müller
06 ========================================================== */
07 @media screen {
08
09 #navibereich {
10    float: left;
11    width: 140px;
12    font-family: Arial, Helvetica, sans-serif;
13    font-size: 12px;
14    color: black;
15    margin: 20px 0 20px 20px;
16 }
17
18 /* Liste und Links */
19 #navibereich ul {
20    background: #ffeda0;
21    border: 3px solid #f3c600;
22    border-right: none;
```

Listing 29.7:
Das CSS für die vertikale Navigation im Überblick

Das große
little boxes Buch
Webseiten gestalten mit HTML & CSS.
Grundlagen, Navigation, Inhalte, YAML & mehr

```
23    border-left: none;
24    padding: 0;
25    margin: 0;
26 }
27 #navibereich li {
28    list-style: none;
29    padding: 0 0 0 1em;
30    margin: 1em 0;
31 }
32 #navibereich a {
33    display: block;
34    background: #FFE36D;
35    color: black;
36    text-decoration: none;
37    padding: 8px;
38    border: 0;
39 }
40
41 /* Linkzustände */
42 #navibereich li a.sie-sind-hier {
43    background: #f3c600;
44    color: black;
45 }
46 #navibereich ul a:hover,
47 #navibereich ul a:focus {
48    background: #b80000;
49    color: white;
50    text-decoration: underline;
51 }
52 #navibereich ul a:active {
53    background: #d90000;
54    color: white;
55 }
56
57 /* Zweite Ebene */
58 #navibereich ul.level2 {
59    background: #ffe574;
60    border: 1px solid #f3c600;
61    border-top: none;
62    border-right: none;
63 }
```

```
64 #navibereich ul.level2 li {
65     padding: 0;
66     margin: 0;
67     margin-left: 20px;
68 }
69
70 #navibereich ul.level2 a {
71     background: #ffe574;
72     color: black;
73     padding: 8px 4px;
74     margin: 0;
75 }
76 #navibereich ul.level2 li.sie-sind-hier  {
77        list-style-type: square;
78 }
79
80 /* Patches für IE6 */
81
82 * html #main { height: 1%; padding-bottom: 20px; }
83
84 * html #navibereich ul,
85 * html #navibereich li,
86 * html #navibereich a {
87     height: 1%;
88 }
89
90 * html #navibereich ul.level2 li.sie-sind-hier {
91     vertical-align: middle;
92 }
93
94 } /* Ende @media - nicht löschen */
95 /* ======================================
96    E N D E   D E S   S T Y L E S H E E T S
97    ====================================== */
```

Das große
little boxes Buch
Webseiten gestalten mit HTML & CSS.
Grundlagen, Navigation, Inhalte, YAML & mehr

29.5 Fertige Navigationen im Web

Wenn Sie die in Kapitel 25 bis Kapitel 29 vorgestellten Techniken zur Erstellung von Navigationen durchgearbeitet haben, dürfte es Ihnen vergleichsweise leichtfallen, die zahlreichen im Web zu findenden Beispiele an Ihre Wünsche anzupassen. Im Folgenden sehen Sie eine kleine Auswahl von Sites, die bei der Erstellung von ansehnlichen Navigationen eine gute Hilfe sein können.

Der CSS Menu Maker

Frei nach dem Motto »1. Find – 2. Customize – 3. Download« können Sie sich auf der Website *cssmenumaker.com* diverse CSS-Menüs zusammenklicken und anschließend herunterladen und auf Ihren Sites einbauen.

Abbildung 29.8:
CSS Menu Maker
hilft beim Erstellen von Menüs.

Hier finden Sie horizontale und vertikale Menüvorlagen, die Sie inhaltlich anpassen und komplett mit allen eventuell benötigten Grafiken herunterladen können. Das erzeugte HTML und CSS müssen Sie natürlich ein bisschen bearbeiten. Zum Beispiel müssen Sie die Namen von Klassen und IDs anpassen, aber das dürfte Ihnen nicht schwerfallen.

Die CSS Library von Dynamic Drive

Dynamic Drive präsentiert eine ganze Batterie von optisch fein herausgeputzten Navigationen, Layouts und anderen nützlichen Dingen, die von den Besuchern auf einer Skala von 1 bis 5 bewertet werden den können:

▣ *www.dynamicdrive.com/style/csslibrary/*

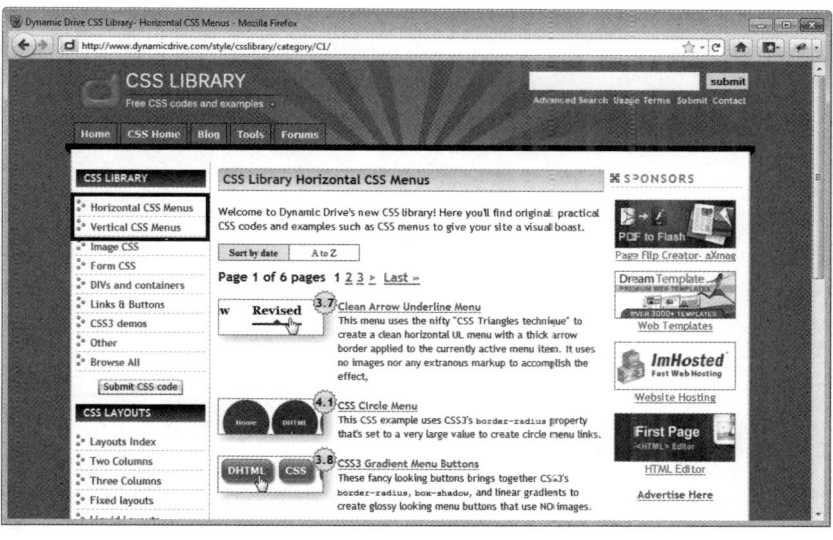

Abbildung 29.9:
Horizontale
Menüs bei Dynamic Drive

Schauen Sie sich um, und lassen Sie sich inspirieren. Dynamic Drive stellt für jedes Menü das HTML und CSS bereit, und die Anpassung des Quelltextes dürfte Ihnen wie gesagt keine großen Probleme bereiten.

29.6 Auf einen Blick

Hier sind noch einmal die wichtigsten Punkte dieses Kapitels im Überblick:

- Die Voraussetzung für eine vertikale Navigation ist ein mehrspaltiges Layout.

- Vertikale Navigationen mit zwei Ebenen beruhen auf verschachtelten Listen.

- Im Web gibt es zahlreiche Sites, auf denen Sie fertige Navigationen inklusive HTML, CSS und Grafiken herunterladen und anpassen können.

- Wenn ein CSS-Layout im IE6 auseinanderfällt, helfen oft ein paar `hasLayout`-Zuweisungen weiter.

Teil VIII

Inhalte gestalten

Kapitel 30

Fließtext gestalten

*Worin Sie erfahren, wie man Text gut lesbar macht, Google Webfonts ein-
bindet, Zitate und Hinweisboxen hervorhebt, Textänderungen markiert,
Bilder beschriftet und Videos einbindet.*

Die Themen im Überblick:

Das Lesen am Bildschirm ist nicht angenehm. Das beginnt mit der
im Vergleich zu Papier geringen Auflösung und endet damit, dass der
Bildschirm einen festen Platz hat und dadurch dem Leser die Sitz-
position vorschreibt. Text auf Webseiten sollte deshalb möglichst gut
lesbar sein, und in diesem Kapitel gibt es einige Anregungen dazu.

Des Weiteren geht es um die Hervorhebung von Textpassagen, Initialen und die Kennzeichnung von nachträglichen Änderungen im Text, die Beschriftung von Bildern und die Einbindung von Videos.

30.1 Fließtext leichter lesbar machen

Die Lesbarkeit eines Textes ist das Ergebnis eines Prozesses, der mit dem Schreiben beginnt und über die Auswahl semantischer HTML-Elemente bis hin zu deren optischer Gestaltung geht.

Die richtige Schriftart

Bei Schriftarten wird zunächst einmal zwischen solchen mit und ohne Serifen unterschieden. Serifen sind kleine Verzierungen an den Buchstaben, die man beim kleinen i besonders gut erkennen kann. Auf Papier wird für Fließtext oft eine Schriftart mit Serifen bevorzugt, im Web eher eine ohne (*sans-serif*), weil die Häkchen an den Buchstaben wegen der geringen Auflösung am Bildschirm die Lesbarkeit beeinträchtigen.

Weit verbreitet sind unter anderem folgende serifenlose Schriften:

- *Arial* ist eine Kopie des Klassikers *Helvetica*, gehört seit Version 3.1 zum Lieferumfang von Windows und ist dementsprechend weit verbreitet.

- *Verdana* ist speziell für den Bildschirm gestaltet worden, besonders bei kleinen Schriftgrößen gut lesbar und auch sehr weit verbreitet.

- Eine gute Alternative zu Verdana ist *Lucida Grande* (Mac) und *Lucida Sans Unicode* (Windows).

- *Tahoma* ähnelt der Verdana, hat aber einen geringeren Buchstabenabstand, sodass sie weniger Platz beansprucht.

Abbildung 30.1 zeigt den direkten Vergleich bei einer Schriftgröße von 13 px im Fließtext und 24 px bei den Überschriften:

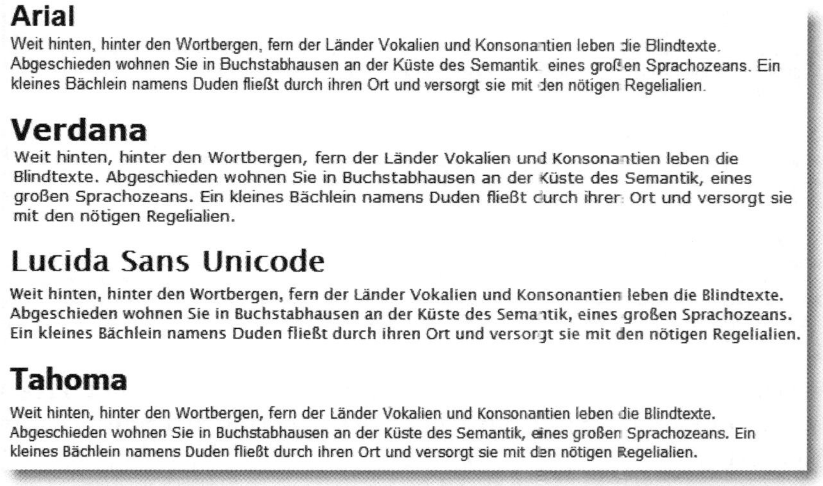

Arial

Weit hinten, hinter den Wortbergen, fern der Länder Vokalien und Konsonantien leben die Blindtexte. Abgeschieden wohnen Sie in Buchstabhausen an der Küste des Semantik eines großen Sprachozeans. Ein kleines Bächlein namens Duden fließt durch ihren Ort und versorgt sie mit den nötigen Regelialien.

Verdana

Weit hinten, hinter den Wortbergen, fern der Länder Vokalien und Konsonantien leben die Blindtexte. Abgeschieden wohnen Sie in Buchstabhausen an der Küste des Semantik, eines großen Sprachozeans. Ein kleines Bächlein namens Duden fließt durch ihren Ort und versorgt sie mit den nötigen Regelialien.

Lucida Sans Unicode

Weit hinten, hinter den Wortbergen, fern der Länder Vokalien und Konsonantien leben die Blindtexte. Abgeschieden wohnen Sie in Buchstabhausen an der Küste des Semantik, eines großen Sprachozeans. Ein kleines Bächlein namens Duden fließt durch ihren Ort und versorgt sie mit den nötigen Regelialien.

Tahoma

Weit hinten, hinter den Wortbergen, fern der Länder Vokalien und Konsonantien leben die Blindtexte. Abgeschieden wohnen Sie in Buchstabhausen an der Küste des Semantik, eines großen Sprachozeans. Ein kleines Bächlein namens Duden fließt durch ihren Ort und versorgt sie mit den nötigen Regelialien.

Abbildung 30.1:
Sans-Serif-Schriften im Vergleich

Dieselben Schriften können Sie natürlich auch für Überschriften verwenden, aber besonders Schriftarten mit großer Laufweite wie *Verdana* oder *Lucida* wirken dann oft ein wenig zu knallig.

Bei den Serifenschriften findet man unter anderem die folgenden drei:

- *Georgia* ist speziell für den Bildschirm entworfen und dort im Gegensatz zu vielen anderen Serifenschriften auch bei kleineren Schriftgraden noch gut lesbar.

- *Times New Roman* ist die Kopie des Klassikers *Times Roman*, der Serifen-Kollegin von Arial, und dementsprechend ebenfalls sehr weit verbreitet.

- Ein Newcomer ist *Constantia*, die zum Lieferumfang von Windows Vista gehörte und sowohl im Web als auch auf Papier eine gute Figur macht.

Abbildung 30.2 zeigt diese Schriften in der grafischen Übersicht.

Georgia

Weit hinten, hinter den Wortbergen, fern der Länder Vokalien und Konsonantien leben die Blindtexte. Abgeschieden wohnen Sie in Buchstabhausen an der Küste des Semantik, eines großen Sprachozeans. Ein kleines Bächlein namens Duden fließt durch ihren Ort und versorgt sie mit den nötigen Regelialien.

Times New Roman

Weit hinten, hinter den Wortbergen, fern der Länder Vokalien und Konsonantien leben die Blindtexte. Abgeschieden wohnen Sie in Buchstabhausen an der Küste des Semantik, eines großen Sprachozeans. Ein kleines Bächlein namens Duden fließt durch ihren Ort und versorgt sie mit den nötigen Regelialien.

Constantia

Weit hinten, hinter den Wortbergen, fern der Länder Vokalien und Konsonantien leben die Blindtexte. Abgeschieden wohnen Sie in Buchstabhausen an der Küste des Semantik, eines großen Sprachozeans. Ein kleines Bächlein namens Duden fließt durch ihren Ort und versorgt sie mit den nötigen Regelialien.

Bei Überschriften macht sich oft auch ein mit der Eigenschaft letter-spacing um ein oder zwei Pixel erhöhter Buchstabenabstand positiv bemerkbar.

Fließtext, Abstände und Zeilenhöhe

Genauso wichtig wie die Wahl einer adäquaten Schriftart ist die Gestaltung der Abstände, und zwar sowohl innerhalb der Absätze als auch dazwischen.

Abbildung 30.3 zeigt einen Blindtext mit der Schriftart *Lucida Sans Unicode* bei 13 px, aber der Text hat keine definierte Zeilenhöhe und keinen vertikalen Abstand zwischen den Absätzen. Achten Sie beim Surfen einmal darauf: Solche schlecht lesbaren Texte gibt es wirklich.

Weit hinten, hinter den Wortbergen, fern der Länder Vokalien und Konsonantien leben die Blindtexte. Abgeschieden wohnen Sie in Buchstabhausen an der Küste des Semantik, eines großen Sprachozeans. Ein kleines Bächlein namens Duden fließt durch ihren Ort und versorgt sie mit den nötigen Regelialien. Es ist ein paradiesmatisches Land, in dem einem gebratene Satzteile in den Mund fliegen. Nicht einmal von der allmächtigen Interpunktion werden die Blindtexte beherrscht – ein geradezu unorthographisches Leben.
Eines Tages aber beschloß eine kleine Zeile Blindtext, ihr Name war Lorem Ipsum, hinaus zu gehen in die weite Grammatik. Der große Oxmox riet ihr davon ab, da es dort wimmele von bösen Kommata, wilden Fragezeichen und hinterhältigen Semikoli, doch das Blindtextchen ließ sich nicht beirren. Es packte seine sieben Versalien, schob sich sein Initial in den Gürtel und machte sich auf den Weg.

In Abbildung 30.4 sehen Sie denselben Text, nur dass alle Absätze mit margin-bottom: 1em vertikale Abstände und mit line-height: 1.5 einen größeren Zeilenabstand bekommen haben.

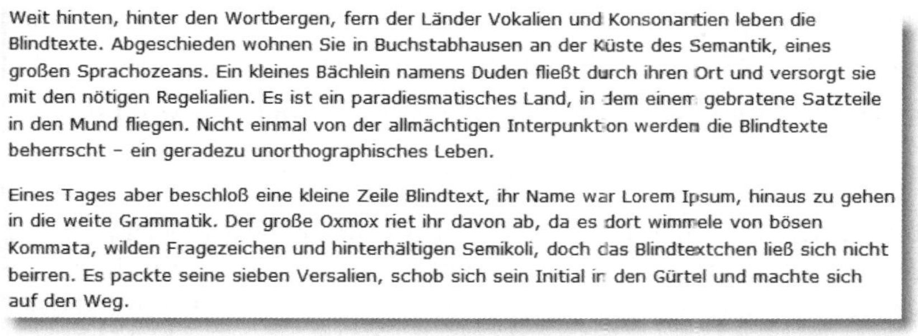

Weit hinten, hinter den Wortbergen, fern der Länder Vokalien und Konsonantien leben die Blindtexte. Abgeschieden wohnen Sie in Buchstabhausen an der Küste des Semantik, eines großen Sprachozeans. Ein kleines Bächlein namens Duden fließt durch ihren Ort und versorgt sie mit den nötigen Regelialien. Es ist ein paradiesmatisches Land, in dem einem gebratene Satzteile in den Mund fliegen. Nicht einmal von der allmächtigen Interpunktion werden die Blindtexte beherrscht – ein geradezu unorthographisches Leben.

Eines Tages aber beschloß eine kleine Zeile Blindtext, ihr Name war Lorem Ipsum, hinaus zu gehen in die weite Grammatik. Der große Oxmox riet ihr davon ab, da es dort wimmele von bösen Kommata, wilden Fragezeichen und hinterhältigen Semikoli, doch das Blindtextchen ließ sich nicht beirren. Es packte seine sieben Versalien, schob sich sein Initial in den Gürtel und machte sich auf den Weg.

Abbildung 30.4:
Fließtext mit
`line-height`
und vertikalen
Abständen

Vertikale Abstände und ein hoher Zeilenabstand mit `line-height` sind ein wichtiger Beitrag zu leicht lesbarem Fließtext.

Erste Zeile einrücken

Wenn Sie die erste Zeile eines Absatzes gerne etwas einrücken möchten, können Sie das mit der Eigenschaft `text-indent` machen. Positive Werte verschieben den Text nach rechts, negative nach links.

Tipp

30.2 Schriften im Web

Die Schriftart wird mit der Eigenschaft `font-family` definiert, wobei das Problem ist, dass in der Regel die dort angegebene Schriftart auch auf dem Computer des Besuchers installiert sein muss. Webdesigner äußern bei `font-family` deshalb immer eine ganze Reihe von Wünschen bezüglich der Schriftart und ordnen diese dann der Reihe nach.

Notwehr: Image Replacement und Co.

Quasi in Notwehr entwickelten Webdesigner das zumindest für Überschriften einsetzbare *Image Replacement*, bei dem der Text mit CSS versteckt und durch eine vorher erstellte Grafik ersetzt wird. Jens Meiert gibt einen Überblick über die gängigsten Varianten:

▪ *meiert.com/de/publications/articles/20050513/*

Ähnlich gelagert sind Techniken wie *sIFR* (kurz für »Scalable Inman Flash Replacement«) oder *Cufon*.

■ sIFR einbinden: *rieger-lampprecht.de/blog/webdesign/sifr-3.html*

■ cufon einbinden: *cufon.shoqolate.com/generate/*

Bei beiden Techniken wird der Text mithilfe von JavaScript-Funktionen nach dem Laden der Seite direkt im Browser manipuliert. *sIFR* verwandelt den Text in Flash, *Cufon* in SVG- bzw. VML- Grafiken. All diese Methoden sind und bleiben aber Notlösungen.

WOFF: Webfonts sind im Kommen

Interessanter (und momentan vor allem noch unübersichtlicher) sind die Entwicklungen rund um den Einsatz von *Webfonts*. Das ist ein Sammelbegriff für verschiedenste Bestrebungen mit dem Ziel, eine gewünschte Schriftart zur Darstellung von Text auf Webseiten im Browser verfügbar zu machen.

In CSS3 gibt es mit `@font-face` eine Eigenschaft zur Einbindung von Schriftarten, aber technische und rechtliche Probleme verzögern die Entwicklung:

■ Rechtlich geht es in erster Linie darum, dass lizenzrechtlich geschützte Fonts via `@font-face` nicht verwendet werden dürfen, da der Font bei jedem Besucher auch ohne Lizenz zur Verfügung stehen würde.

■ Technisch tobt der Streit um die genaue Syntax von `@font-face` und um das richtige Dateiformat, und dabei gibt es eine wahrlich verwirrende Vielfalt mit so schönen Abkürzungen wie EOT oder WOFF.

Der vielversprechendste Kandidat dürfte das im Jahre 2009 definierte *Web Open Font Format* (*WOFF*) sein. Viele Schriftenhersteller haben ihre Unterstützung angekündigt, und alle großen Browserhersteller arbeiten bereits daran, WOFF in die Browser zu integrieren.

Der technisch bequemste und rechtlich sicherste Weg, beliebige Schriften im Web zu benutzen, führt momentan wohl über (kostenpflichtige) Hosting Services wie TypeKit (*typekit.com*) oder FontDeck (*fontdeck.com*). Diese Dienste stellen die Schriften in webgerechten Formaten auf zentralen Servern bereit, erzeugen die zur Einbindung benötigten Befehle und kümmern sich auch um die rechtliche Seite mit den Schriftherstellern.

Tipp

Font-Squirrel für »@font-face«

Falls Sie sich mit @font-face beschäftigen und es vielleicht sogar schon einsetzen möchten, ist *Font Squirrel* eine gute Anlaufstelle:

■ *fontsquirrel.com*

Der Dienst bietet ausgesuchte Schriften auch für den kommerziellen Einsatz an und hat unter anderem einen @font-face-Generator, bei dem man eigene Schriften hochladen und in webgerechte Formate umwandeln lassen kann.

Die Google Webfonts: Einfach und kostenlos

Auch Google hat sich des Problems der Webfonts angenommen und stellt im *Google Font Directory* eine noch bescheidene, aber recht hochwertige Auswahl von Schriften kostenlos zur Verfügung (siehe Abbildung 30.5).

Abbildung 30.5:
Das Google Font Directory für Webfonts

Besonders gelungen ist bei Google die Einbindung der Schriften auf den Webseiten. Die Schrift wird als ein ganz normales Stylesheet per link-Element eingebunden, das direkt von den Google-Servern geladen wird. Es ist wirklich total einfach:

* Suchen Sie sich im *Google Font Directory* (siehe Abbildung 30.5) eine Schriftart, die Ihnen gefällt, zum Beispiel die *Special Elite*.

* Klicken Sie auf die gewünschte Schriftart: CLICK TO EMBED SPECIAL ELITE.

* Sie erhalten dann Detailinformationen zur angeklickten Schriftart: Designer, Lizenz, Dateigröße und eine Vorschau. Klicken Sie rechts außen auf USE THIS FONT, um den Quelltext zur Einbindung der Schriftart zu sehen und zu kopieren.

Abbildung 30.6:
Das link-Element
zur Einbindung
der Schriftart
Special Elite

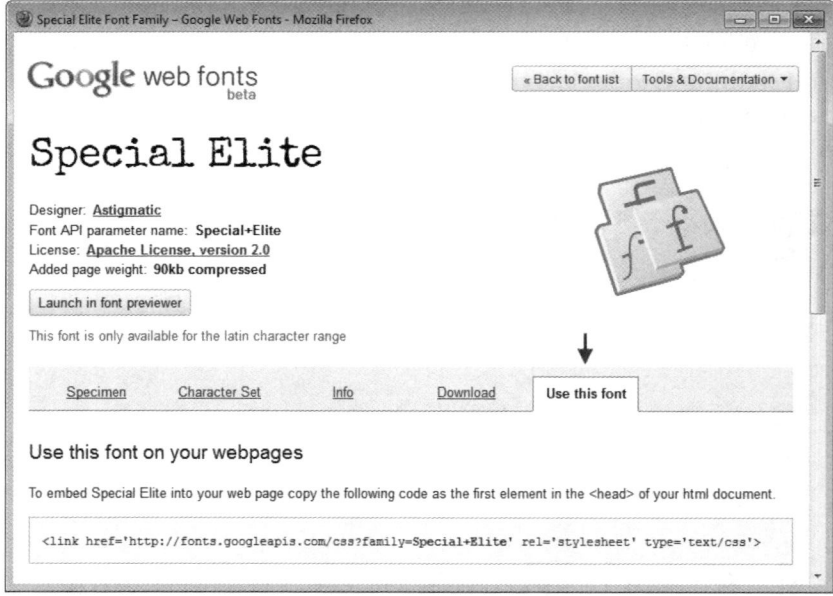

Um die Schriftart *Special Elite* auf Ihren Webseiten einsetzen zu können, genügt eine einzige Zeile Code im Head der Webseiten:

```
<link href='http://fonts.googleapis.com/css?family=Special+Elite'
  rel='stylesheet'>
```

Über die Google-API (Programmierschnittstelle) wird die Schrift direkt von den Google-Servern für den Einsatz in einem Stylesheet zur Verfügung gestellt. Sie können in Ihrem Stylesheet diese Schriftart einsetzen und HTML-Elemente mit einem einfachen Style gestalten:

```
h2 {
  font-family: 'Special Elite', Arial, sans-serif;
  font-size: 24px;
}
```

Abbildung 30.7 zeigt das Ergebnis dieses Styles: eine h2-Überschrift mit dem Font *Special Elite*.

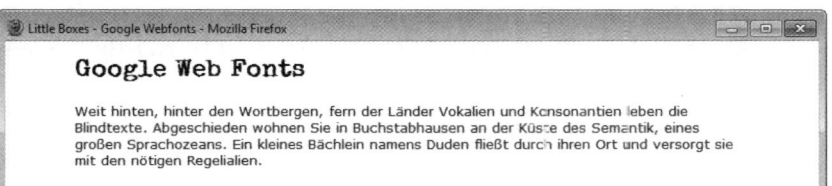

Abbildung 30.7:
Eine Überschrift
mit dem Google
Webfont *Special
Elite*

Weitere Infos zu Google Webfonts

Weitere Informationen und eine Anleitung zur Verwendung von *Google Webfonts* finden Sie hier:

- *google.com/webfonts*
- *bit.ly/google-font-quick-start* (Kurz-URL zu *code.google.com*)

Tipp

30.3 Zitate mit »blockquote« und »cite« hervorheben

Zitate sind Teil des Fließtextes, werden aber oft optisch hervorgehoben, um die Aufmerksamkeit des Lesers zu erregen.

Zitate nur mit CSS gestalten

Zitate, die in einem eigenen Absatz stehen, werden mit den Elementen blockquote und cite gekennzeichnet, die Sie auf Seite 112 bereits mit folgendem Beispiel kennengelernt haben:

Listing 30.1:
Ein Beispiel für
die Verwendung
von blockquote
und cite

```
01 <p>Der folgende Absatz ist ein Block-Zitat mit Quellenangabe:</p>
02 <blockquote>
03 <p>Sie können Zitate von Fremdautoren in einem eigenen, anders
   formatierten (zumeist eingerückten) Absatz hervorheben.</p>
04 <p>Es handelt sich dabei jedoch um eine logische, inhaltliche
   Auszeichnung. Wie diese Absätze genau formatiert werden, bestimmt
   letztlich der Webbrowser. Die Vorgabe ist jedoch, solche Absätze
   auffällig und vom übrigen Text unterscheidbar anzuzeigen.
05 <cite>(Quelle:
06 <a href="http://de.selfhtml.org/html/text/zitate_adressen.htm">
   SelfHTML</a>)</cite></p>
07 </blockquote>
```

Dieses Zitat ist, da es mit einem großen Zeilenabstand versehen wurde, zwar gut lesbar, wirkt aber optisch noch nicht so richtig ansprechend (siehe Abbildung 30.8).

Abbildung 30.8:
Ein Block-Zitat
mit ein bisschen
Schriftgestaltung

Der folgende Absatz ist ein Block-Zitat mit Quellenangabe:

> Sie können Zitate von Fremdautoren in einem eigenen, anders formatierten (zumeist eingerückten) Absatz hervorheben.
>
> Es handelt sich dabei jedoch um eine logische, inhaltliche Auszeichnung. Wie diese Absätze genau formatiert werden, bestimmt letztlich der Web-Browser. Die Vorgabe ist jedoch, solche Absätze auffällig und vom übrigen Text unterscheidbar anzuzeigen.
> *(Quelle: ⧉ SelfHTML)*

Im folgenden ToDo wird das Zitat mit den normalen Box-Modell-Eigenschaften wie background und padding etwas ansprechender gestaltet. Anschließend wird die mit cite markierte Zitatquelle zur Block-Box gemacht und der Text darin rechts ausgerichtet.

Im Brower fällt das Zitat jetzt viel mehr auf als vorher (siehe Abbildung 30.9).

ToDo: Ein Blockzitat mit »background«, »padding« und »border«

1. Kopieren Sie die Datei *blockquote.html* aus dem Ordner für diesen Abschnitt in einen Übungsordner auf Ihrer Festplatte.

ToDo: Ein Blockzitat mit »background«, »padding« und »border« (Forts.)

2. Ergänzen Sie den Style-Block im head der Seite um folgende Regel:

```
/* =============================================
   Gestaltung von blockquote
   ============================================= */
blockquote {
  background: #fff9df;
  padding: 1em 1em 0 1em;
  border-top: 3px solid #f3c600;
  border-bottom: 3px solid #f3c600;
  margin-left: 0; /* keine Zentrierung */
}
```

3. Fügen Sie darunter folgenden Style zur Gestaltung von cite ein:

```
blockquote cite {
  display: block;
  font-size: 90%;
  font-style: normal;
  letter-spacing: 1px;
  text-align: right;
}
```

4. Speichern Sie die Datei, und betrachten Sie sie im Browser.

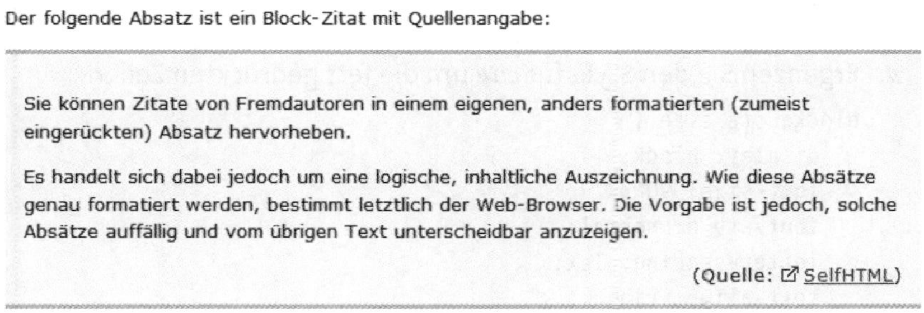

Der folgende Absatz ist ein Block-Zitat mit Quellenangabe:

Sie können Zitate von Fremdautoren in einem eigenen, anders formatierten (zumeist eingerückten) Absatz hervorheben.

Es handelt sich dabei jedoch um eine logische, inhaltliche Auszeichnung. Wie diese Absätze genau formatiert werden, bestimmt letztlich der Web-Browser. Die Vorgabe ist jedoch, solche Absätze auffällig und vom übrigen Text unterscheidbar anzuzeigen.

(Quelle: ☑ SelfHTML)

Abbildung 30.9:
Das Blockzitat mit
Hintergrundfarbe
und Rahmen-
linien

Zitate mit grafischen Anführungsstrichen

Um das Blockzitat mit grafischen Anführungsstrichen zu versehen, sind zwei Grafiken und einige Änderungen am CSS erforderlich. Die beiden Grafiken namens *quote.gif* und *unquote.gif* finden Sie bei den Beispielseiten im Ordner *grafiken*. Es handelt sich um 30 x 20 Pixel

große transparente GIFs, die graue öffnende und schließende Anführungsstriche darstellen.

Diese Grafiken werden im folgenden ToDo als Hintergrundgrafik im CSS eingebunden. Das öffnende *quote.gif* wird dabei dem Element blockquote zugeordnet, das schließende *unquote.gif* der Zitatquelle cite.

ToDo: Ein Blockzitat mit grafischen Anführungsstrichen (Forts.)

1. Kopieren Sie die Grafiken *quote.gif* und *unquote.gif* von den Beispieldateien aus dem Grafikordner in den Übungsordner.

2. Speichern Sie die Datei *blockquote.html* als *blockquote_grafisch.html*.

3. Ändern Sie in *blockquote_grafisch.html* den Style für blockquote wie folgt:

```
/* =============================================
   Gestaltung von blockquote
   ============================================= */
blockquote {
    background: #fff9df url(quote.gif) no-repeat 5px 5px;
    padding: 1em 1em 0 40px;
    border-top: 3px solid #f3c600;
    border-bottom: 3px solid #f3c600;
    margin-left: 0; /* keine Zentrierung */
}
```

4. Ergänzen Sie den Style für *cite* um die fett gedruckten Zeilen:

```
blockquote cite {
    display: block;
    font-size: 90%;
    font-style: normal;
    letter-spacing: 1px;
    text-align: right;
    background: url(unquote.gif) no-repeat right bottom;
    padding: 10px 40px 0 0;
}
```

5. Speichern Sie die Datei, und betrachten Sie sie im Browser.

Im Browser sieht das Zitat dank der Anführungsstriche jetzt schon auf den ersten Blick wie eines aus (siehe Abbildung 30.10).

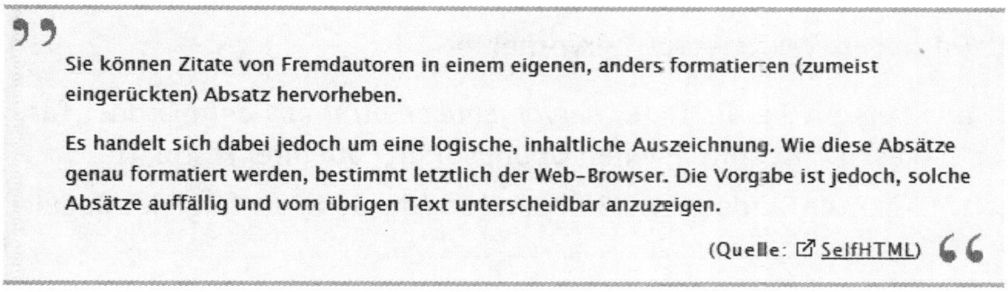

> **"**
>
> Sie können Zitate von Fremdautoren in einem eigenen, anders formatierten (zumeist eingerückten) Absatz hervorheben.
>
> Es handelt sich dabei jedoch um eine logische, inhaltliche Auszeichnung. Wie diese Absätze genau formatiert werden, bestimmt letztlich der Web-Browser. Die Vorgabe ist jedoch, solche Absätze auffällig und vom übrigen Text unterscheidbar anzuzeigen.
>
> (Quelle: 🗗 SelfHTML) **"**

Abbildung 30.10:
Ein Blockzitat mit grafischen Anführungsstrichen

30.4 »Callouts«: Hinweisboxen hervorheben

Oft möchte man die Aufmerksamkeit des Lesers steuern und auf eine besonders wichtige Textpassage lenken. In Abbildung 30.11 geht der Absatz in der Mitte etwas unter:

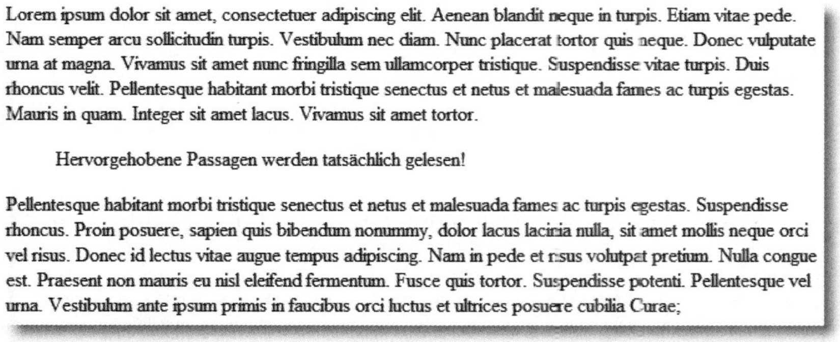

Lorem ipsum dolor sit amet, consectetuer adipiscing elit. Aenean blandit neque in turpis. Etiam vitae pede. Nam semper arcu sollicitudin turpis. Vestibulum nec diam. Nunc placerat tortor quis neque. Donec vulputate urna at magna. Vivamus sit amet nunc fringilla sem ullamcorper tristique. Suspendisse vitae turpis. Duis rhoncus velit. Pellentesque habitant morbi tristique senectus et netus et malesuada fames ac turpis egestas. Mauris in quam. Integer sit amet lacus. Vivamus sit amet tortor.

Hervorgehobene Passagen werden tatsächlich gelesen!

Pellentesque habitant morbi tristique senectus et netus et malesuada fames ac turpis egestas. Suspendisse rhoncus. Proin posuere, sapien quis bibendum nonummy, dolor lacus lacinia nulla, sit amet mollis neque orci vel risus. Donec id lectus vitae augue tempus adipiscing. Nam in pede et risus volutpat pretium. Nulla congue est. Praesent non mauris eu nisl eleifend fermentum. Fusce quis tortor. Suspendisse potenti. Pellentesque vel urna. Vestibulum ante ipsum primis in faucibus orci luctus et ultrices posuere cubilia Curae;

Abbildung 30.11:
Der Absatz in der Mitte wird gleich hervorgehoben.

Solche Textpassagen lassen sich mit einer Kombination aus Farbgestaltung und float optisch hervorheben.

Textausschnitte im Fließtext floaten

Im folgenden ToDo erstellen Sie die ungebundene Klasse .hervorgehoben, die einem beliebigen Element zugewiesen werden kann. Dabei ist es nicht einmal wichtig, ob es ein Block- oder Inline-Element ist, denn durch das Floaten erzeugt jedes Element eine Block-Box. Wenn Sie also Textpassagen hervorheben möchten, die

Das große
little boxes Buch
Webseiten gestalten mit HTML & CSS,
Grundlagen, Navigation, Inhalte, YAML & mehr

innerhalb eines Absatzes stehen, markieren Sie sie mit span und weisen ihnen dann die Klasse .hervorgehoben zu.

ToDo: Eine Textpassage hervorheben

1. Kopieren Sie die Datei *hervorgehoben.html* aus dem Ordner für diesen Abschnitt in einen Übungsordner auf Ihrer Festplatte.

2. Ergänzen Sie den Style-Block im *head* der Seite um folgende Regel:

```
/* ================================================
   Hervorgehobene Textpassage
   ================================================ */
.hervorgehoben {
  float:right;
  width: 15em;
  font-size: 110%;
  background-color: #fff9df;
  padding: 0 0 0 35px;
  border-top: 3px solid #f3c600;
  border-bottom: 3px solid #f3c600;
  margin: 10px;
}
```

3. Speichern Sie die Datei, und betrachten Sie sie im Browser.

Im Browser sieht derselbe Text danach so aus wie in Abbildung 30.12.

Abbildung 30.12:
Hervorgehobene
Passagen werden
gelesen ...

Lorem ipsum dolor sit amet, consectetuer adipiscing elit. Aenean blandit neque in turpis. Etiam vitae pede. Nam semper arcu sollicitudin turpis. Vestibulum nec diam. Nunc placerat tortor quis neque. Donec vulputate urna at magna. Vivamus sit amet nunc fringilla sem ullamcorper tristique. Suspendisse vitae turpis. Duis rhoncus velit. Pellentesque habitant morbi tristique senectus et netus et malesuada fames ac turpis egestas. Mauris in quam. Integer sit amet lacus. Vivamus sit amet tortor.

Pellentesque habitant morbi tristique senectus et netus et malesuada fames ac turpis egestas. Suspendisse rhoncus. Proin posuere, sapien quis bibendum nonummy, dolor lacus lacinia nulla, sit amet mollis neque orci vel risus. Donec id lectus vitae augue tempus adipiscing. Nam in pede et risus

Hervorgehobene Passagen
werden tatsächlich gelesen!

volutpat pretium. Nulla congue est. Praesent non mauris eu nisl eleifend fermentum. Fusce quis tortor. Suspendisse potenti. Pellentesque vel urna. Vestibulum ante ipsum primis in faucibus orci luctus et ultrices posuere cubilia Curae;

Tipp

Hervorgehobener Text: »callouts« und »pull quotes«

Solche hervorgehobenen Textpassagen werden im Englischen oft als *callouts* oder *pull quotes* bezeichnet, weil sie wie Zitate sind, die bildlich gesprochen aus dem Text gezogen werden. Oft sind diese Passagen im Text doppelt vorhanden: einmal im normalen Fließtext und einmal hervorgehoben.

Hinweisboxen mit Grafiken

Sie können in solchen hervorgehobenen Passagen auch Grafiken verwenden. Im Folgenden bekommt eine kurze Meldung zur Unterstützung der Aussage ein passendes Icon:

Bitte füllen Sie das Feld "Name" aus.

Abbildung 30.13:
Eine unauffällige
Meldung

Mit ein wenig CSS und einer netten Hintergrundgrafik wird diese Meldung beim Leser buchstäblich ganz anders ankommen.

ToDo: Eine Hinweisbox mit Grafik erstellen

1. Kopieren Sie die Datei *hinweisbox.html* und die Symbolgrafik *error. png* aus dem Ordner für diesen Abschnitt in einen Übungsordner auf Ihrer Festplatte.

2. Ergänzen Sie den Style-Block im head der Seite um folgende Regel:

```
/* ==========================================
   Hinweisbox mit Grafik
   ========================================== */
p.hinweisbox {
    background: #fff url(error.png) no-repeat 15px center;
    width: 25em;
    padding: 5px 5px 5px 45px;
    border-top: 2px solid #f3c600;
    border-bottom: 2px solid #f3c600;
}
```

3. Speichern Sie die Datei, und betrachten Sie sie im Browser.

Im Browser sieht diese Meldung jetzt so aus wie in Abbildung 30.14.

Abbildung 30.14:
Dieselbe Meldung
mit Hintergrund-
grafik

⚠ Bitte füllen Sie das Feld "Name" aus.

Abbildung 30.15 zeigt ein paar Varianten mit Grafiken aus dem gleichen Iconset (siehe TIPP).

Abbildung 30.15:
Variationen
mit anderen
Symbolen

❶ Bitte füllen Sie das Feld "Name" aus.

◔ Bitte füllen Sie das Feld "Name" aus.

✳ Bitte füllen Sie das Feld "Name" aus.

✉ Bitte füllen Sie das Feld "Name" aus.

Tipp

FamFamFam: Über 1000 kostenlose Icons

Bei *FamFamFam* können Sie das klassische Iconset »Silk« mit über 1000 Icons kostenlos herunterladen:

■ *famfamfam.com/lab/icons/silk/*

30.5 Das Initial: Ein Großbuchstabe am Anfang

In literarischen Texten wird der erste Buchstabe eines Absatzes oder Textes oft besonders betont, wie z. B. in Abbildung 30.16. Diesen Buchstaben nennt man *Initial*.

Abbildung 30.16:
Ein Initial am
Anfang eines
Absatzes

E ine Initiale oder ein Initial (v. latein. initium "Anfang, Beginn") ist laut Wikipedia "*ein schmückender Anfangsbuchstabe, der im Werksatz als erster Buchstabe von Kapiteln oder Abschnitten verwendet wird.*" In der Vergangenheit wurden Initiale reich verziert. Heute werden als Initiale meist Großbuchstaben (Versalien) mit größeren Schriftgraden verwendet, die stilistisch zur Grundschrift passen sollten. Im Englischen werden Initialen, die im linken Rand floaten, als "DropCap" bezeichnet. Wörtlich bedeutet das etwa "fallender Großbuchstabe".

Es gibt verschiedene Arten von Initialen, und die in der Abbildung dargestellte Variante wird auf Englisch als *dropcap* bezeichnet, kurz für *dropped capital letter*, was etwas frei übersetzt so viel heißt wie »fallen gelassener Großbuchstabe«.

Mit CSS ist ein Initial auch ohne Grafiken einfach zu bewerkstelligen. Am zuverlässigsten geht das, indem das Block-Element eine Klasse erhält und der hervorzuhebende Buchstabe mit span und der Klasse initial markiert wird. Die zusätzliche Klasse ist nützlich, damit nicht andere span-Elemente im selben Absatz wie z. B. <span lang="en">Word</span> auch selektiert werden.

Im folgenden ToDo bekommt der erste Buchstabe eine Serifenschrift, eine Schriftgröße von 400 %, eine line-height von 1 und die Anweisung, nach links zu floaten. Mit ein bisschen Hintergrundfarbe und einer dünnen Rahmenlinie sieht er so aus wie in Abbildung 30.16.

ToDo: Ein Initial am Anfang eines Absatzes erstellen

1. Kopieren Sie die Datei *dropcap.html* aus dem Ordner für diesen Abschnitt in den Übungsordner.

2. Ergänzen Sie im HTML das p-Element um die Klasse dropcap, und markieren Sie den ersten Buchstaben des Absatzes mit einem span:

```
<p class="dropcap">
<span class="initial">E</span>ine Initiale oder ein Initial
...
```

3. Ergänzen Sie den Style-Block im head der Seite um folgende Regel:

```
/* ==============================================
   Initial gestalten (DropCap)
   ============================================== */
.dropcap span.initial {
  float: left;
  font-family: Georgia, "Times New Roman", Times, serif;
  font-size: 400%;
  line-height: 1; /* wichtig */
  text-transform: uppercase; /* IMMER als Großbuchstabe
darstellen */
  background-color: #fafafa;
  color: #aaa;
```

> **ToDo: Ein Initial am Anfang eines Absatzes erstellen (Forts.)**
>
> ```
>     padding: 0 5px ;
>     border: 2px solid #ccc;
>     margin-right: 10px;
>     margin-top: 7px; /* je nach Umständen ggfs. anpassen */
> }
> ```
>
> **4.** Speichern Sie die Datei, und betrachten Sie sie im Browser.

Mit CSS3 gibt es noch andere Wege zum selben Ziel. Ein Nachbar-Selektor und die Pseudoklasse :first-letter könnten zumindest einen Teil des zusätzlichen Markups einsparen.

Der folgende Style gestaltet mithilfe eines Nachbar-Selektors jeden ersten Absatz nach einer h3-Überschrift:

Listing 30.2:
Ein Nachbar-
Selektor

```
h3 + p { /* CSS-Anweisungen zur Gestaltung des Absatzes */ }
```

Das Besondere ist das Pluszeichen zwischen den beiden Selektoren vor der öffnenden geschweiften Klammer. Dieses + bewirkt, dass das zweite Element nur gestaltet wird, wenn es unmittelbar auf das erste folgt.

Wenn Sie den Nachbar-Selektor mit der Pseudoklasse :first-letter kombinieren, benötigen Sie für ein Initial gar kein zusätzliches Markup mehr:

Listing 30.3:
Nachbar-Selektor
und Pseudoklasse
im Einsatz

```
h3 + p:first-letter { /* CSS-Anweisungen zur Gestaltung des ersten
  Buchstaben */ }
```

Die meisten modernen Browser verstehen das bereits, und es kann in Zukunft nur besser werden.

30.6 »del« und »ins« für Änderungen am Text

Wenn sich nach der Veröffentlichung eines Textes Änderungen ergeben, können Sie diese mit den zu Unrecht kaum bekannten Elementen ins und del markieren und gestalten. Besonders in schnelllebigen Blogs ist diese Möglichkeit zuweilen sehr praktisch.

Mit del (kurz für *delete*, »löschen«) markieren Sie den zu streichenden Textteil, mit ins (wie *insert*; »einfügen«) den neu hinzugekommenen. Das Attribut datetime ermöglicht es sogar, im Anfangs-Tag von del oder ins (oder beiden) das Datum der Änderung anzugeben:

```
<p>1805 komponiert der 35-Jährige <del datetime="2007-10-28">Mozart
  </del> <ins>Beethoven</ins> die ersten Skizzen für seine 5.
  Sinfonie.</p>
```

Listing 30.4:
Beispiel für die
Auszeichnung
von Textänderungen
gen

Im Browser sieht dieses HTML ohne weitere Gestaltung ungefähr so aus wie in Abbildung 30.17.

1805 komponiert der 35-Jährige ~~Mozart~~ <u>Beethoven</u> die ersten Skizzen für seine 5. Sinfonie.

Abbildung 30.17:
Nachträgliche
Textänderungen
mit del und ins

Die Durchstreichung ist deutlich, aber die Einfügung sieht unterstrichen fast wie ein Hyperlink aus. Mit ein bisschen CSS lässt sich das optimieren, indem der neue Text statt einer Unterstreichung zum Beispiel einen gelben Hintergrund bekommt, sodass es so aussieht, als ob er mit einem Textmarker markiert worden wäre.

ToDo: Nachträgliche Textänderungen mit del und ins

1. Kopieren Sie die Datei *del_ins.html* aus dem Ordner für diesen Abschnitt in einen Übungsordner auf Ihrer Festplatte.

2. Ergänzen Sie den Style-Block im head der Seite um folgende Regel:

```
/* ============================================
   Textänderungen mit del und ins gestalten
   ============================================ */
del {
    text-decoration: line-through;
    background-color: #ccc;
}
ins {
    text-decoration: none;
    background-color: yellow; /* wie ein Textmarker */
}
```

3. Speichern Sie die Datei, und betrachten Sie sie im Browser.

Abbildung 30.18 zeigt denselben Text im Browser, aber die Einfügung ist jetzt wie mit einem Textmarker gelb hervorgehoben.

1805 komponiert der 35-jährige ~~Mozart~~ Beethoven die ersten Skizzen für seine 5. Sinfonie.

ins und del sind übrigens eine Art Zwitter zwischen Block- und Inline-Elementen:

- Werden sie wie im Beispiel innerhalb von Block-Elementen einge-setzt, verhalten sie sich wie Inline-Elemente.

- Außerhalb von Block-Elementen werden sie selbst zum Block-Element und können somit andere Block-Elemente sowie deren Inhalt einschließen. Das ist besonders bei längeren Textpassagen sehr praktisch.

30.7 Bilder beschriften

Alle Welt spricht von semantischem HTML, aber HTML selbst macht die Auswahl eines zur Bedeutung des Inhalts passenden Elements manchmal nicht gerade leicht.

Überschriften können als Überschriften markiert werden, Absätze als Absätze, Listen als Listen und Zitate als Zitate, aber schon für eine so simple Sache wie eine Bildbeschriftung war schlicht und einfach nichts vorgesehen, sodass Autoren improvisieren mussten.

In HTML 5 hat man sich dieses Problems angenommen und mit figure und figcaption zwei neue Elemente eingeführt. figure ist für Diagramme, Illustrationen, Fotos oder auch für Code-Beispiele gedacht und wird mit figcaption beschriftet. Hier ein Beispiel für die Verwendung:

```
<figure>
  <img src="stile.jpg" alt="Foto: Zaunübertritt mit Stufen davor im
    Lake District">
  <figcaption>Ein »Cascading Stile« im Lake District</figcaption>
</figure>
```

figcaption ist erst vor Kurzem in HTML5 eingeführt worden, und es kann gut sein, dass sich die Details zur Verwendung noch ändern. Außerdem kennen die Browser momentan weder figure noch figcaption, sodass Sie mit einem traditionellen div oder span momentan noch besser dran sind.

Aber Sie können bereits einen Schritt in diese Richtung gehen und die Klassennamen an HTML5 anlehnen. Wie das geht, erfahren Sie in den nächsten beiden Abschnitten.

Aktuelle Informationen zu »figure« und »figcaption«   **Tipp**

Der HTML5 Doktor beschäftigt sich mit dem Stand der Dinge rund um HTML5. Hier ist der Link zum Artikel über figure und figcaption:

■ *html5doctor.com/the-figure-figcaption-elements/*

Mit »div« Bilder in einem eigenen Block-Element beschriften

Bilder, die im Fließtext in einem eigenen Block-Element stehen, sind recht einfach zu beschriften. Verwenden Sie einfach ein div mit der Klasse figure, und in diesem div platzieren Sie das Bild und die Beschriftung.

```
<div class="figure">
  <img src="stile.jpg" alt="Foto: Zaunübertritt mit Stufen davor im
    Lake District">
  <div class="figcaption">Ein »Cascading Stile« im Lake District</div>
</div>
```

Listing 30.6:
Bildbeschriftung
mit div und an
HTML5 angelehn-
te Klassennamen

Im Browser sieht dieses HTML ungefähr so aus wie in Abbildung 30.19. Das Loch in der Steinmauer auf dem Foto ist ein *stile*, mit einem »i« in der Mitte. *Stile* wird genauso gesprochen wie *style* mit »y« und heißt auf Deutsch »Zaunübertritt«. Auf den Wanderwegen im nordwestenglischen Lake District wimmelt es nur so von »Stiles« in allen Variationen: *wall stiles*, *fence stiles*, *gap stiles* und viele, viele mehr. Der auf dem Foto abgebildete Zaunübertritt hat einige Stufen davor, ist also in gewissem Sinne tatsächlich ein »Cascading Stile«.

Das große
little boxes Buch
Webseiten gestalten mit HTML & CSS.
Grundlagen, Navigation, Inhalte, WAI, & mehr

Abbildung 30.19:
Ein Bild mit
Beschriftung im
eigenen Block-
Element

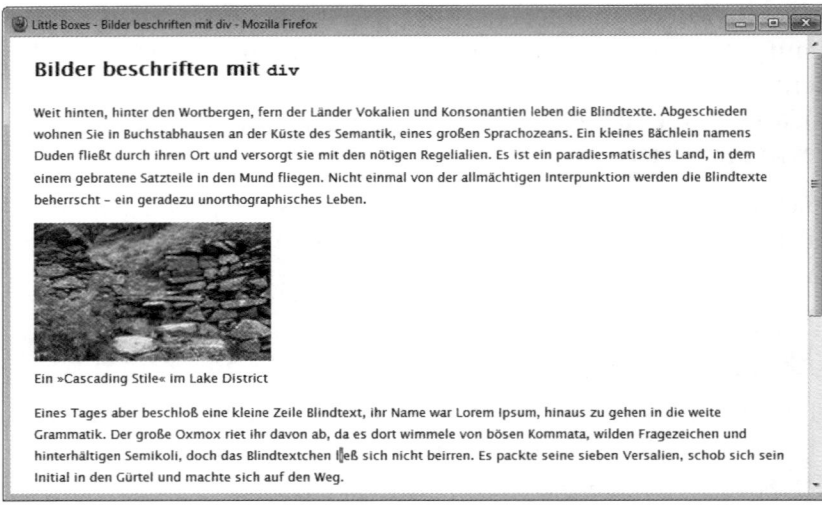

Dieses HTML können Sie per CSS zum Beispiel mit folgenden Styles gestalten:

Listing 30.7:
Gestaltung der
Bildbeschriftung
per div

```
.figure {
  float: left;
  padding: 5px;
  margin: 0 20px 15px 0;
  box-shadow: 4px 4px 10px #888;
}
.figcaption {
  text-align: center;
  font-family: Georgia, "Times New Roman", Times, serif;
  font-size: 90% ;
}
```

Wie Sie sehen, unterscheiden sich die Klassennamen im CSS nur durch den vorangestellten Punkt von den Namen der neuen HTML5-Elemente. So gibt es quasi schon ein bisschen HTML5-Feeling. Im Browser sehen die Styles für das »stile« ungefähr so aus wie in Abbildung 30.20.

Abbildung 30.20:
Bildbeschriftung
eines Bildes in
einem eigenen
Blockelement

Mit »span« ein Bild innerhalb eines Absatzes beschriften

Wenn das img-Element *innerhalb* eines Fließtextabsatzes platziert wurde, können Sie kein div nehmen, denn innerhalb eines p-Elements dürfen keine anderen Block-Elemente verwendet werden. Die Lösung ist einfach: Sie nehmen ein einfaches span, um Bild und Beschriftung auszuzeichnen.

Das img-Element für den schwebenden Ballon in Abbildung 30.21 steht *innerhalb* des umgebenden Absatzes.

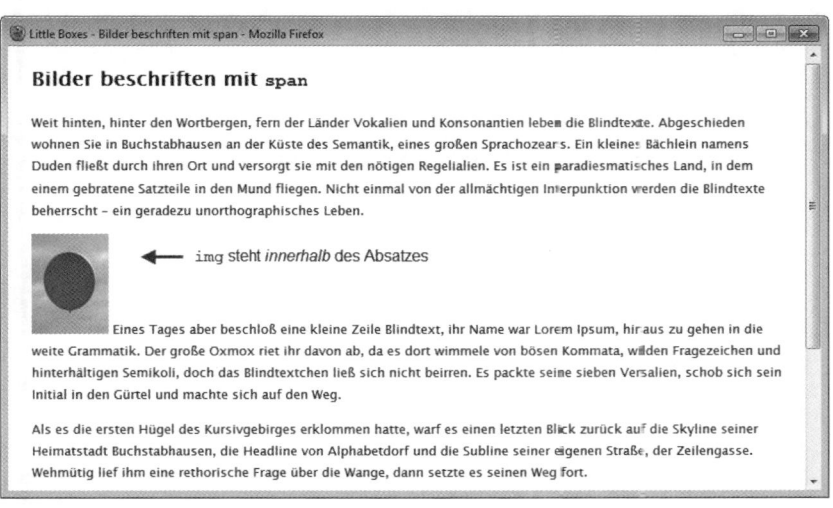

Abbildung 30.21:
Ein Bild innerhalb
eines Absatzes

Um Grafiken *innerhalb* eines Fließtextabsatzes eine Bildbeschriftung zu geben, erweitern Sie das HTML um zwei span-Elemente und eine Klasse:

- Der Text der Beschriftung erhält ein span mit einer Klasse namens figcaption.

- Grafik und Beschriftung bekommen ein span-Element mit der Klasse figure drumherum.

Genau das machen Sie im folgenden ToDo.

ToDo: Das HTML um eine Bildbeschriftung erweitern

1. Öffnen Sie die Datei *bildbeschriftung-span.html* aus dem Ordner für diesen Abschnitt, und kopieren Sie sie in einen Übungsordner auf Ihrer Festplatte.

2. Ändern Sie das HTML in der Datei wie folgt:

```
<p><span class="figure"><img src="ballon.jpg" width="78"
height="100" alt="Foto: Roter Ballon schwebt gen Himmel"><span
class="figcaption">Red Balloon</span></span> Eines Tages aber
beschloß eine kleine Zeile Blindtext, ihr Name war Lorem
Ipsum, hinaus zu gehen in die weite Grammatik ...</p>
```

3. Speichern Sie die Seite, und betrachten Sie sie im Browser.

Im Browser hat sich durch die Auszeichnung nicht viel geändert, nur die Beschriftung steht etwas unmotiviert neben der Grafik direkt vor dem Fließtext. Auf zur Gestaltung.

ToDo: Die Bildbeschriftung per »span« stylen

1. Öffnen Sie gegebenenfalls die Datei *bildbeschriftung-span.html* in einem Editor.

2. Fügen Sie oben im Style-Block der Datei folgenden Style hinzu:

```
.figure {
  float: right;
  box-shadow: 4px 4px 10px #888;
  padding: 3px;
  margin: 0 10px;
}
```

ToDo: Die Bildbeschriftung per »span« stylen (Forts.)

3. Fügen Sie darunter den zweiten Style zur Gestaltung der Bildunterschrift ein:

```
.figcaption {
    display: block;
    text-align: center;
    font-family: Georgia, "Times New Roman', Times, serif;
    font-size: 90%;
    font-style: italic;
}
```

4. Speichern Sie die Datei, und betrachten Sie sie im Browser.

Nach diesem ToDo sieht die Beispielseite ungefähr so aus wie in Abbildung 30.22.

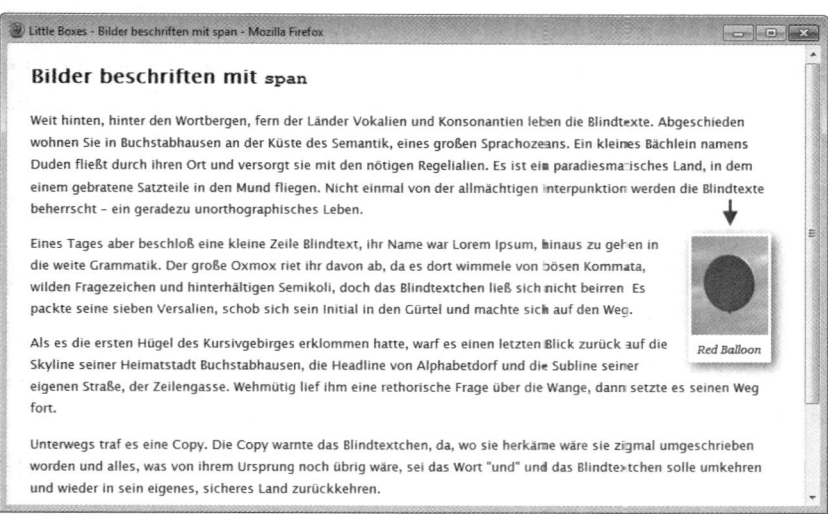

Abbildung 30.22:
Bildbeschriftung
eines Bildes
innerhalb eines
Absatzes

Achten Sie darauf, dass das Bild, wie es sich für ein gefloatetes Element gehört, nach unten aus dem Absatz herausragt, in dem es steht. In diesem Fall ist das gewünschtes Verhalten, denn so fließen auch die folgenden Absätze um das Bild herum.

30.8 Videos einbinden mit »iframe«

Das Element iframe ist ein so genannter *eingebetteter Frame* und bietet vereinfacht gesagt eine Möglichkeit, eine komplette Webseite innerhalb einer anderen Webseite darzustellen. In der Praxis wird iframe häufig benutzt, um Videos von einem Video-Portal oder Werbung wie Google Adsense auf einer eigenen Seite zu integrieren.

Um zum Beispiel ein Video von YouTube auf Ihrer Seite einzubinden, genügen folgende Schritte:

- Surfen Sie zu YouTube und suchen Sie ein Video, dass Sie gerne einbinden würden.

- Klicken Sie dort unter dem Video auf WEITERLEITEN und dann auf EINBETTEN.

- Stellen Sie die gewünschten Optionen ein und kopieren Sie den angezeigten Quelltext.

Falls das Einbetten des Videos nicht erlaubt ist, wird hier eine entsprechende Meldung angezeigt. Falls es erlaubt ist, haben Sie jetzt den Quelltext zum Einbetten des Videos. Bei anderen Videoportalen funktioniert dies ganz ähnlich.

Um diesen Quelltext auf einer Übungsseite einzubauen, geht es wie folgt weiter:

- Öffnen Sie zum Beispiel die Beispielseite *iframe.html* aus dem Ordner für diesen Abschnitt.

- Fügen Sie den kopierten Quelltext an der markierten Stelle ein.

- Speichern Sie die Datei, und betrachten Sie sie im Browser.

Und schon sehen Sie (wenn Sie online sind) das Video auf der Webseite (siehe Abbildung 30.23).

Früher wurden für ähnliche Zwecke übrigens die Elemente embed und object benutzt, und bei einigen Video-Portalen heißt die Funktion, um den Code zum Einbetten zu bekommen, auch noch *<embed>*. Aber iframe hat den beiden in gewisser Weise den Rang abgelaufen.

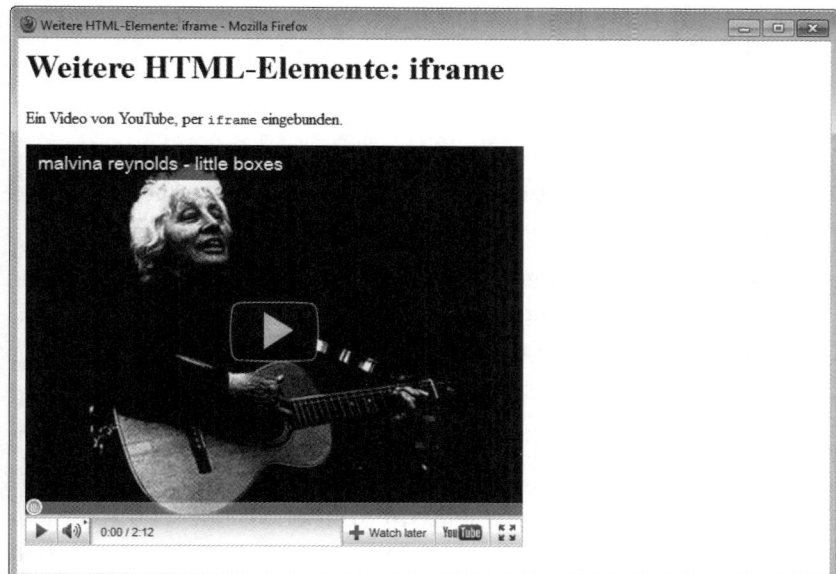

Abbildung 30.23:
Ein Video von You-
Tube per »iframe«
einbinden

Mehr zu »iframe« **Tipp**

Im HTML5-Handbuch von Stefan Münz gibt es weitere Infos zu iframe:

- *webkompetenz.wikidot.com/html-handbuch:eingebettete-frames*

Dort finden Sie bei Bedarf auch ausführliche Infos zu embed und object.

30.9 Auf einen Blick

Hier sind noch einmal die wichtigsten Punkte dieses Kapitels im Überblick:

- Schriftarten ohne Serifen wie *Arial*, *Verdana* oder *Lucida Sans* sind für den Fließtext am Bildschirm besser lesbar.

- Für Überschriften kann man auch Serifenschriften wie *Georgia* oder *Times New Roman* einsetzen.

- Das Verhältnis von Schriftgröße und Zeilenhöhe bestimmt die Lesbarkeit von Fließtext. Mit line-height sollte man das Verhältnis auf einen Wert von 1.5 bis 1.7 setzen.

- Zitate und Hinweisboxen (*Callouts*) können mit einfachen CSS-Anweisungen optisch hervorgehoben werden.

- Initiale sind Großbuchstaben am Anfang eines Absatzes und mit CSS grafikfrei leicht zu erstellen.

- Änderungen am Text kann man mit `ins` und `del` markieren und dann mit CSS formatieren.

- HTML5 kennt zwei neue Elemente zur Bildbeschriftung namens `figure` und `figcaption`. Die Browser kennen die Elemente noch nicht, deshalb sind momentan folgende Lösungen praxisgerechter:

  - Bilder außerhalb von Absätzen können mit `div`-Elementen beschriftet werden, Bilder in einem Fließtextabsatz mit `span`-Elementen.

  - Die Namen der neuen Elemente können als Klassen für die `div`- oder `span`-Elemente verwendet werden, um bereits ein bisschen HTML5-Feeling zu bekommen.

- `iframe` eignet sich gut zum Einbinden von Videos von Videoportalen.

Kapitel 31

Kästchen mit runden Ecken per Grafik

Worin Sie sehen, dass alles Runde auf Webseiten wirklich Trick oder Grafik ist.

Die Themen im Überblick:

Ganz am Anfang dieses Buches stand auf Seite 53 der Satz, dass Webseiten aus rechteckigen Kästchen bestehen und dass alles Runde entweder Trick oder Grafik ist.

Den Trick, um runde Ecken zu erstellen, haben Sie mit der CSS3-Eigenschaft border-radius bereits kennengelernt (Seite 473ff.), und Sie sollten diese Eigenschaft auch verwenden, sofern Sie nicht auf alte Browser Rücksicht nehmen müssen oder sonst einen guten Grund haben, um die runden Ecken per Grafiken zu erstellen. CSS3 ist definitiv eleganter als die in diesem Kapitel vorgestellten Workarounds, die aber nach wie vor zum Handwerkszeug eines Seitenbauers gehören.

Zunächst erstellen Sie in diesem Kapitel eine einfache Box mit runden Ecken und fester Breite, die danach Rahmenlinien mit abgerundeten Ecken bekommt und im letzten Schritt auch bei einem Textzoom in der Breite flexibel wird. Zum Abschluss des Kapitels bauen Sie noch eine Chamäleon-Box, deren Grafiken automatisch die Farbe des Hintergrunds annehmen.

31.1 Grafiken mit runden Ecken online erstellen

Zum Warmwerden möchte ich Ihnen zunächst zeigen, wie Sie schnell einzelne Grafiken mit runden Ecken erstellen können. Sofern vorhanden, spricht nichts dagegen, die Grafiken in einem Bildbearbeitungsprogramm wie *Photoshop (Elements)* zu erstellen, Nichtgrafiker hingegen können sie auf der Website RoundedCornr.com ganz einfach online generieren lassen.

Sie können dort Runde-Ecken-Komplettpakete generieren lassen, inklusive HTML und CSS-Quelltext, den Sie nur noch kopieren und in Ihre Seiten einfügen müssen, aber für die Übungen in diesem Kapitel benötigen Sie nur die Grafiken. Das HTML und CSS dazu entwerfen und schreiben Sie selbst.

Die Option zum Erstellen von Einzelgrafiken (Single RoundedCornr Image) befindet sich auf der Site etwas weiter unten auf der Startseite (siehe Abbildung 31.1). Die Höhe der Grafik gibt übrigens die maximale Höhe der Box wieder.

Abbildung 31.1:
Roundedcornr.
com – Grafiken
mit runden Ecken
online erstellen

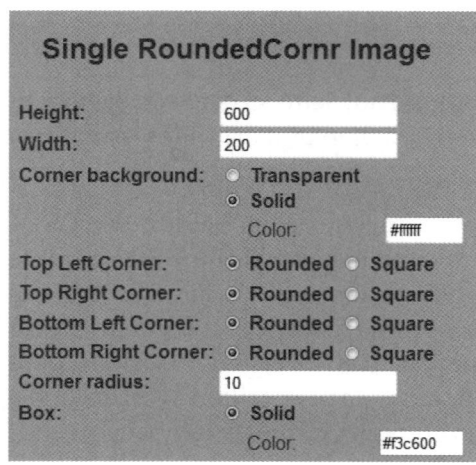

In diesem Dialogfeld können Sie auch Rahmenlinien, Farbverlauf und Text eingeben, aber für den Anfang soll es eine ganz schlichte Grafik sein. Die in Abbildung 31.1 dargestellten Optionen ergeben eine 600px hohe und 200px breite GIF-Grafik in #f3c600 mit vier runden Ecken, die einen Radius von 10px haben (siehe Abbildung 31.2).

Abbildung 31.2: Die Grafik mit runden Ecken – 200px breit und 600px hoch

Speichern Sie die Grafik unter dem Namen *runde_ecken.gif* in einem Übungsordner auf Ihrer Festplatte.

Die richtige Hintergrundfarbe wählen

Tipp

Achten Sie beim Erstellen der Grafik darauf, dass Sie die Hintergrundfarbe angeben, die die Umgebung der Grafik später auf der Webseite hat. Im Beispiel wird davon ausgegangen, dass die Grafik auf einem weißen Hintergrund erscheint, und deshalb wurde bei der Option Corner background die Farbe #ffffff eingetragen. Diese Farbe bekommen die vier abgerundeten Ecken auf der Außenseite.

31.2 Wenn's schnell gehen muss: Box mit einer Grafik

Die meisten im Internet gezeigten Techniken zur Erstellung von Boxen mit runden Ecken beruhen auf mehreren, kleinen Grafiken, die verschiedenen HTML-Elementen zugewiesen werden, und ab Seite 645 lernen Sie eine solche Technik auch noch kennen, aber Sie beginnen zunächst mit einer einzigen Grafik.

Das hat den Vorteil, dass die Grafik nach dem ersten Laden im Cache des Browsers ist, sodass das Laden weiterer Grafiken komplett entfällt. Der Nachteil ist, dass die maximale Höhe der Box durch die Höhe der Grafik vorgegeben wird.

Das HTML und ein bisschen CSS zur Vorbereitung

Das HTML der Beispieldatei, die Sie im folgenden ToDo gestalten, ist simpel: Es handelt sich um ein div-Element mit der Klasse rundebox, in dem eine Überschrift und zwei Absätze enthalten sind. Diesen Elementen geben Sie mit ein bisschen CSS eine Basisformatierung. Das div bekommt dabei dieselbe Breite (200px) und dieselbe Hintergrundfarbe (#f3c600) wie die vorhin erstellte Grafikdatei. Die Überschrift und die Absätze erhalten nur ein bisschen padding.

ToDo: Basisformatierung für die Beispieldatei erstellen

1. Kopieren Sie die Datei *rundebox.html* aus dem Ordner für diesen Abschnitt in den Übungsordner auf Ihrer Festplatte.

2. Öffnen Sie *rundebox.html* in einem Editor, und schauen Sie sich das HTML an:

```
<div class="rundebox">
  <h3>Runde Box</h3>
  <p>Diese Box hat per Grafik erstellte abgerundete Ecken.</p>
  <p>Das funktioniert auch mit mehreren Absätzen problemlos.</p>
</div>
```

ToDo: Basisformatierung für die Beispieldatei erstellen (Forts.)

3. Fügen Sie im Style-Block im head der Datei das folgende CSS zur Basisgestaltung der HTML-Elemente hinzu:

```
.rundebox {
  width: 200px;
  background: #f3c600;
  padding: 0;
  margin: 0;
}
.rundebox h3 {
  padding: 10px 20px;
}
.rundebox p {
  padding: 0 20px 10px 20px;
}
```

4. Speichern Sie die Datei, und betrachten Sie sie im Browser.

Nach diesem ToDo haben Sie eine farbige Box im Browser, aber rund ist sie noch nicht.

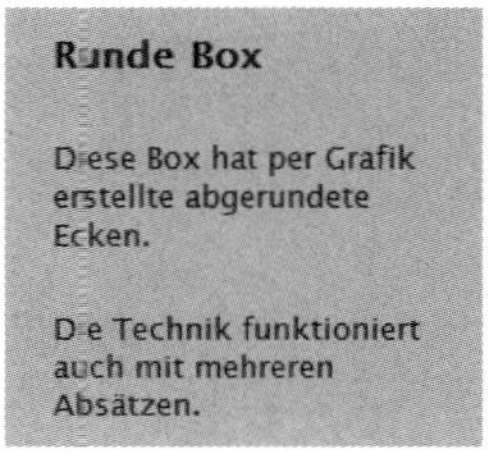

Runde Box

Diese Box hat per Grafik erstellte abgerundete Ecken.

Die Technik funktioniert auch mit mehreren Absätzen.

Abbildung 31.3:
Noch nicht wirklich eine »Runde Box«

Die Grafik einbauen: Das CSS

Der Trick beim Einbauen der Grafik ist, dass dieselbe Grafik für das div und die Überschrift als Hintergrundgrafik mit unterschiedlicher CSS-Positionierung verwendet wird:

■ Das div bekommt *runde_ecken.gif* als Hintergrundgrafik mit den Werte left und bottom.

■ Für die Überschrift bekommt die Hintergrundgrafik die Werte left und top.

Das große
little boxes Buch
Webseiten gestalten mit HTML & CSS.
Grundlagen, Navigation, Inhalte, YAML & mehr

Außerdem fügen Sie noch die Anweisung max-height: 600px hinzu, damit die Box nicht höher wird als 600px. Moderne Browser verstehen die Anweisung, ältere ignorieren sie einfach. Falls die Box übrigens mehr Inhalt hat, als in die 600px passen, läuft der Inhalt einfach unten aus der Box heraus.

Im folgenden ToDo erledigen Sie diese Schritte.

ToDo: Die Grafik als Hintergrundgrafik einbauen

1. Falls Sie bisher noch keine Grafik mit runden Ecken erstellt haben, kopieren Sie die Grafik *runde_ecken.gif* in den Übungsordner.

2. Öffnen Sie gegebenenfalls die Datei *rundebox.html* im Editor und ändern Sie die Styles im Style-Block wie folgt:

```
.rundebox {
  width: 200px;
  max-height: 600px;
  background: #f3c600 url(runde_ecken.gif) no-repeat left
    bottom;
  padding: 0;
  margin: 0;
}
.rundebox h3 {
  background: #f3c600 url(runde_ecken.gif) no-repeat left top;
  padding: 10px 20px;
}
```

3. Speichern Sie die Datei, und betrachten Sie sie im Browser.

Jetzt hat die Box, wie Abbildung 31.4 zeigt, abgerundete Ecken.

Abbildung 31.4:
Eine Box mit
abgerundeten
Ecken per Grafik

Runde Box

Diese Box hat per Grafik
erstellte abgerundete
Ecken.

Die Technik funktioniert
auch mit mehreren
Absätzen.

Die Box mit runden Ecken bei Textzoom und Seitenzoom

In einigen Browsern können Sie wählen, ob auf einer Webseite nur der Text vergrößert werden soll (»Textzoom«) oder die ganze Seite inklusive aller Grafiken (»Seitenzoom«). Im Firefox geht das z. B. im Menü ANSICHT / ZOOM mit dem Befehl »NUR TEXT ZOOMEN«.

Je nach eingestelltem Zoom verhält sich die eben erstellte Box mit runden Ecken unterschiedlich: Bei einem Textzoom wird sie nach oben und unten ausgedehnt, behält aber eine feste Breite (Mitte), bei einem Seitenzoom verändert sich auch die Breite der Box (rechts).

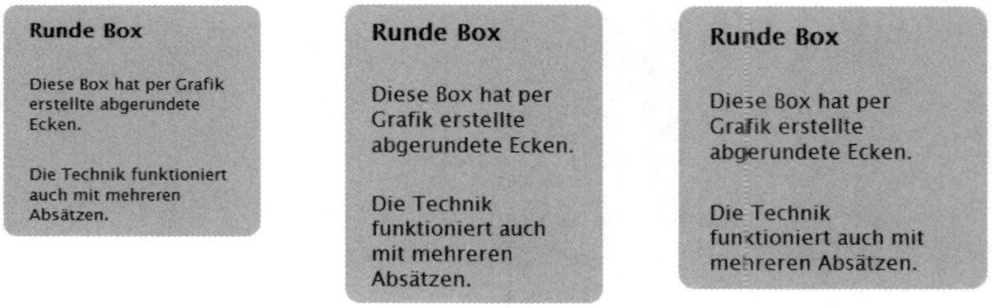

Runde Box

Diese Box hat per Grafik erstellte abgerundete Ecken.

Die Technik funktioniert auch mit mehreren Absätzen.

Runde Box

Diese Box hat per Grafik erstellte abgerundete Ecken.

Die Technik funktioniert auch mit mehreren Absätzen.

Runde Box

Diese Box hat per Grafik erstellte abgerundete Ecken.

Die Technik funktioniert auch mit mehreren Absätzen.

Abbildung 31.5:
Runde Box normal, mit Textzoom und mit Seitenzoom (von links nach rechts)

Eine Box mit runden Ecken und farbiger Rahmenlinie

In diesem Schritt erweitern Sie die Box um eine farbige Rahmenlinie. Da Sie dem div-Element nicht einfach per CSS eine Rahmenlinie zuweisen können, wird die Rahmenlinie ein Teil der Hintergrundgrafiken.

Erstellen Sie zunächst bei roundedcornr.com (oder in einem Bildbearbeitungsprogramm) eine einfache Grafik, und geben Sie ihr eine 3px dicke Rahmenlinie. Diese Grafik soll 200px breit und 600px hoch sein, hat vier runde Ecken mit 10px Radius und einem weißen Hintergrund, eine Hintergrundfarbe von #ffedaC (Hellgelb) und eine 3px dicke Rahmenlinie der Farbe #f3c600 (siehe Abbildung 31.6).

Speichern Sie die Grafik im Übungsordner unter dem Namen *rahmenlinie.gif*. Um die Box auf der Webseite mit Rahmenlinien zu versehen, ändern Sie im folgenden ToDo in der Datei *rundebox.html* im CSS bei der Zuweisung der Hintergrundgrafiken einfach nur die Hintergrundfarbe und den Namen der Grafik.

Abbildung 31.6:
Grafik mit run-
den Ecken und
Rahmenlinie

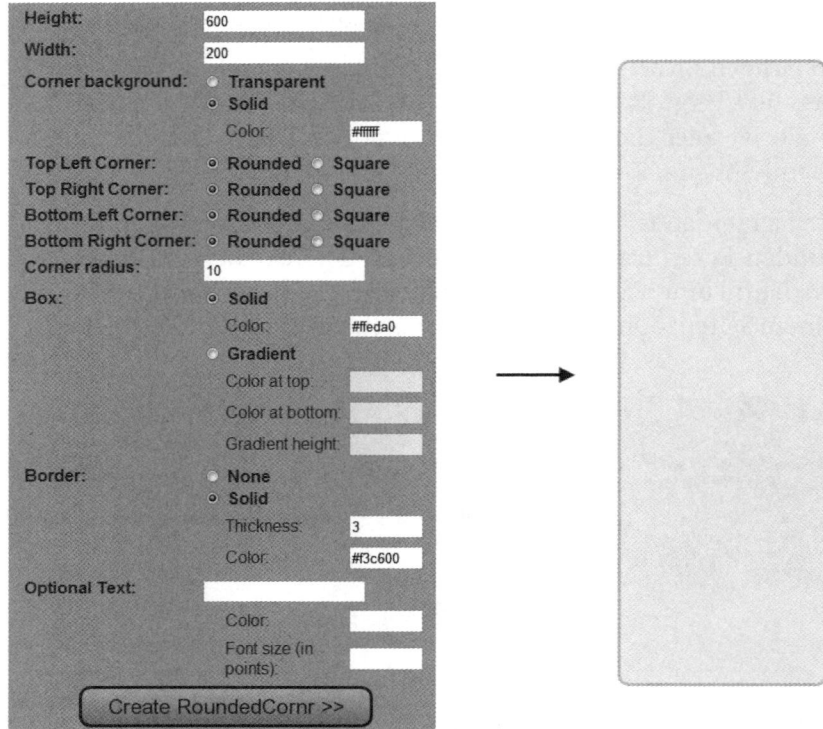

ToDo: Die Grafik mit Rahmenlinie einbauen

1. Falls Sie bisher noch keine Grafik mit runden Ecken erstellt haben, kopieren Sie die Grafik *rahmenlinie.gif* in den Übungsordner.

2. Öffnen Sie gegebenenfalls die Datei *rundebox.html* im Editor, und ändern Sie die Styles im Style-Block wie folgt:

```
.rundebox {
  width: 200px;
  max-height: 600px;
  background: #ffeda0 url(rahmenlinie.gif) no-repeat left
    bottom;
  padding: 0;
  margin: 0;
}
```

ToDo: Die Grafik mit Rahmenlinie einbauen (Forts.)

```
.rundebox h3 {
  background: #ffead0 url(rahmenlinie.gif) no-repeat left top;
  padding: 10px 20px;
}
```

3. Speichern Sie die Datei, und betrachten Sie sie im Browser.

Die Box sieht jetzt etwa so aus wie in Abbildung 31.7.

Runde Box

Diese Box hat per Grafik
erstellte abgerundete
Ecken.

Die Technik funktioniert
auch mit mehreren
Absätzen.

Abbildung 31.7:
Box mit runden
Ecken und Rah-
men drumherum

31.3   Rundum flexibel: Vier Grafiken und vier Elemente

In diesem Abschnitt erstellen Sie eine Box, die in der Höhe mit den Inhalten mitwachsen kann.

Die vier Grafiken

Der Ausgangspunkt ist wieder ein ganz normales GIF mit Hintergrundfarbe und Rahmenlinie, genau wie im vorigen Abschnitt, nur sind zwei der Grafiken ein bisschen größer. Die tatsächliche Größe hängt von Ihrem Layout ab, im Beispiel genügen 800px Breite und 400px Höhe.

Von dieser Grafik erstellen Sie vier Kopien mit den Namen *links_oben.gif, links_unten.gif, rechts_oben.gif* und *rechts_unten.gif,* die Sie dann so zuschneiden wie in Abbildung 31.8 dargestellt.

Die Beispielgrafiken haben eine Breite von 780px und 20px und eine Höhe von 380px und 20px.

Das HTML: Zwei zusätzliche »div«-Elemente

Um vier Hintergrundgrafiken befestigen und bei der Gestaltung des
Inhalts trotzdem noch einigermaßen unabhängig sein zu können,
benötigen Sie im HTML zwei zusätzliche div-Elemente. Diese sind
zwar semantisch überflüssig, aber Sie wissen ja – wer schön sein will,
muss leiden. Im ToDo wird das HTML von *rundebox.html* dementsprechend etwas erweitert.

ToDo: Das HTML für eine flexible runde Box mit Rahmenlinie

1. Kopieren Sie die Datei *rundebox.html* aus dem Ordner für diesen
   Abschnitt in einen Übungsordner.

2. Kopieren Sie die eben erstellten vier GIF-Grafiken in diesen Ordner.

3. Ergänzen Sie das HTML in der Datei wie folgt. Der Fließtext im
   Absatz sollte in einer Zeile stehen.

   ```
   <div class="rundebox">
       <div class="mittlerebox">
           <div class="innerebox">
           <h3>Runde Box</h3>
           <p>Diese Box ist flexibel, wächst mit
               und ist (fast) unkaputtbar.</p>
           </div><!-- Ende innerebox -->
       </div><!-- Ende mittlerebox -->
   </div> <!-- Ende rundebox -->
   ```

4. Speichern Sie die Datei.

Das CSS: Die Zuordnung der Hintergrundgrafiken

Das folgende CSS gestaltet die flexible Box und ordnet die Hintergrundgrafiken dem CSS zu. Tabelle 31.1 zeigt die Zordnung von HTML-Elementen und Hintergrundgrafiken.

HTML-Element	Hintergrundgrafik
div.rundebox	links_unten.gif
div.mittlerebox	rechts_unten.gif
div.innerebox	links_oben.gif
h3	rechts_oben.gif

Tabelle 31.1:
Die Zuordnung
von Elementen
und Grafiken

Zur Erstellung der rundum flexiblen Box sind folgende Schritte nötig:

- Im ersten Style wird zunächst eine Breite von 20em definiert. Die Einheit em ist bei einer flexiblen Box angebracht, damit sie bei einer Schriftvergrößerung im Textzoom auch tatsächlich mitwächst.

- In den nächsten beiden Styles werden den neuen div-Elementen Hintergrundgrafiken zugewiesen.

- Die mittlere div-Box bekommt zusätzlich ein padding-bottom, das im Browserfenster als Abstand unterhalb des Textes zu sehen sein wird.

- Das h3 bekommt zusätzlich zur Grafik noch ein wenig padding.

- Last but not least erhalten die Absätze ein leichtes horizontales padding.

Im folgenden ToDo werden diese Schritte erledigt.

ToDo: Das CSS für eine runde Box mit Rahmenlinie

1. Öffnen Sie gegebenenfalls die Datei *rundebox.html* im Editor.
2. Ändern Sie das CSS im Style-Block wie folgt:

```
.rundebox {
    width: 20em; /* Breite ggfs. anpassen */
    background: url(links_unten.gif) no-repeat left bottom;
}
```

Das große
little **boxes** Buch
Webseiten gestalten mit HTML & CSS.
Grundlagen, Navigation, Inhalte, YAML & mehr

ToDo: Das CSS für eine runde Box mit Rahmenlinie (Forts.)

```
.mittlerebox {
    background: url(rechts_unten.gif) no-repeat right bottom;
    padding-bottom: 0.5em; /* Abstand unterhalb des Textes */
}
.innerebox {
    background: url(links_oben.gif) no-repeat left top;
}
.rundebox h3 {
    background: url(rechts_oben.gif) no-repeat right top;
    padding: 1em 1em 0 1em; /* unten kein padding */
}
.rundebox p { padding: 0 1em; } /* Seitenabstand */
```

3. Speichern Sie die Datei, und betrachten Sie sie im Browser.

Beim Experimentieren müssen Sie besonders mit padding und margin für die verschiedenen Elemente aufpassen, aber probieren Sie es ruhig aus. Im Browser sieht diese Box so aus wie in Abbildung 31.9.

Abbildung 31.9:
Flexible Box im
Original und
einige Textzoom-
stufen später

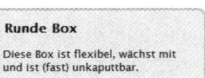

Runde Box

Diese Box ist flexibel, wächst mit
und ist (fast) unkaputtbar.

An Inhalten können Sie so viel in die Box packen, wie die Grafiken hoch sind. Und falls das irgendwann mal nicht mehr reichen sollte, surfen Sie zu *roundedcornr.com* und erstellen eine größere Grafik. Nichts ist unmöglich.

»Multiple Background Images« mit CSS3

Es gibt übrigens in CSS3 die Möglichkeit, einem Element mehrere Hintergrundgrafiken zuzuweisen. Damit könnte man sich die zusätzlichen, semantisch überflüssigen div-Elemente sparen. Aber wenn Sie sowieso CSS3 verwenden, dann können Sie auch gleich border-radius nehmen. Dann sparen Sie sich auch noch gleich das Erstellen der Grafiken.

31.4 Die Chamäleon-Box: Runde Ecken mit PNG

Der Vorteil von GIF-Grafiken ist, dass sie leicht erstellbar sind, von fast jedem Bildbearbeitungsprogramm verarbeitet werden können und dass es, wie Sie gesehen haben, sogar Online-Generatoren zur Erzeugung von GIF-Grafiken mit runden Ecken gibt. Der Nachteil ist, dass Sie bei jedem Farbwechsel neue Grafiken benötigen.

PNG kann mehr als GIF

PNG ist die Abkürzung für *Portable Network Graphics*, ein Bildformat, das wegen eines Patentstreits Mitte der 90er-Jahre als Nachfolger von GIF konzipiert wurde. Während bei GIF nur eine einzige Farbe transparent sein kann, kann bei PNG in Form eines Alphakanals die Transparenz für jede Farbe bestimmt werden.

Ein Alphakanal ist laut Wikipedia »eine zusätzliche Information, die für jedes Pixel angibt, wie viel vom Hintergrund des Bildes durchscheinen soll«, und Sie haben das Prinzip bereits ab Seite 487 beim CSS3-Farbmodell RGBA kennengelernt. Damit können Sie z. B. einen Farbverlauf von einer Transparenz zu Weiß erstellen.

In der Praxis bedeutet das, dass Sie – entsprechende Kenntnisse in der Bildbearbeitung vorausgesetzt – für Boxen mit allen möglichen Hintergrundfarben für die abgerundeten Ecken dieselben vier Grafiken benutzen können. Aber natürlich fehlt auch in diesem Lied der Refrain nicht: Der Internet Explorer kann bis zur Version 6 Grafiken mit Alphatransparenz nicht korrekt darstellen.

Runde Boxen mit beliebigen Farben

Die für das folgende Beispiel benutzten vier PNG-Grafiken finden
Sie bei den Beispieldateien, da ich leider keinen Online-Generator
für runde PNG-Grafiken gefunden habe. Die vier Grafiken sind sehr
klein und werden in den vier Ecken der Box positioniert (siehe Abbildung 31.10).

Abbildung 31.10:
So sitzen die vier
PNGs in einer Box.

Die Grafiken sind nur für die Abbildung eingeschwärzt und haben
in Wirklichkeit einen Verlauf von Transparenz zur weißen Hintergrundfarbe. So passen sie sich wie ein Chamäleon der für die Box per
CSS definierten Hintergrundfarbe an.

Die zugrunde liegende HTML-Architektur ist dieselbe wie bei der flexiblen Box mit den vier GIF-Grafiken:

Listing 31.1:
Das gleiche
HTML wie für die
flexible Box mit
GIF-Grafiken

```
<div class="rundebox">
   <div class="mittlerebox">
      <div class="innerebox">
      <h3>Runde Box</h3>
      <p>Diese Box ist ein Chamäleon. Sie ist flexibel, unkaputtbar
         und wechselt die Farbe.</p>
      </div><!-- Ende innerebox -->
   </div><!-- Ende mittlerebox -->
</div> <!-- Ende rundebox -->
```

Im folgenden ToDo ändern Sie das CSS, wobei gegenüber der flexiblen GIF-Box mit vier Grafiken erstaunlich wenige Änderungen nötig
sind.

ToDo: Das HTML für eine flexible Chamäleon-Box mit PNG-Grafiken

1. Kopieren Sie die HTML-Datei *rundebox.html* sowie die vier PNG-Grafiken aus dem Ordner für diesen Abschnitt in einen Übungsordner.

2. Ändern Sie das CSS im Style-Block wie folgt:

```
div.rundebox {
    width: 20em;
    background: #f3c600 url(links_unten.png) no-repeat left
      bottom;
    color: black;
}
div.rundebox div.mittlerebox {
    background: url(rechts_unten.png) no-repeat right bottom;
    padding-bottom: 0.5em; /* Abstand unterhalb des Textes */
}
div.rundebox div.innerebox {
    background: url(links_oben.png) no-repeat left top;
}
div.rundebox h3 {
    background: url(rechts_oben.png) no-repeat right top;
    padding: 1em 1em 0 1em; /* unten kein padding */
}
div.rundebox p { padding: 0 1em; }
```

3. Speichern Sie die Datei, und betrachten Sie sie im Browser.

Im Browser sehen die Boxen so aus wie in Abbildung 31.11.

Runde Box

Diese Box ist ein Chamäleon. Sie ist flexibel, unkaputtbar und wechselt die Farbe per CSS.

Runde Box

Diese Box ist ein Chamäleon. Sie ist flexibel, unkaputtbar und wechselt die Farbe per CSS.

Abbildung 31.11:
Die rundum flexible Chamäleon-Box mit der Hintergrundfarbe #f3c600

Um der Box eine andere Hintergrundfarbe zu geben, reicht die Änderung von `background-color` für `div.rundebox` im CSS. Die Grafiken sind transparent zur Farbe Weiß und passen sich automatisch an (siehe Abbildung 31.12).

Abbildung 31.12: Die rundum flexible Chamäleon-Box mit der Hintergrundfarbe #ffeda0

Runde Box

Diese Box ist ein Chamäleon. Sie ist flexibel, unkaputtbar und wechselt die Farbe per CSS.

Runde Box

Diese Box ist ein Chamäleon. Sie ist flexibel, unkaputtbar und wechselt die Farbe per CSS.

Patch: IE6 kennt keine Alphatransparenz

Kommen wir zum Refrain: Der Internet Explorer 6 versteht keine Alphatransparenz und stellt die Chamäleon-Box etwas anders dar. Die Ecken sind rund, aber die Transparenz wird nicht durchsichtig, sondern mit einem ganz eigenen Grauton dargestellt (siehe Abbildung 31.13).

Abbildung 31.13: Die rundum flexible Chamäleon-Box im IE 6

Runde Box

Diese Box ist ein Chamäleon. Sie ist flexibel, unkaputtbar und wechselt die Farbe per CSS.

Der einfachste Patch ist, den alten Internet Explorern keine PNG-Grafiken und somit keine runden Ecken zu geben. Dazu genügt eine Deklaration:

```
background: #ffeda0;
```

Diese Kurzschreibweise weist nicht nur die Hintergrundfarbe zu, sondern setzt gleichzeitig alle anderen nicht explizit definierten Eigenschaften auf null und entfernt somit auch gleich das `background-image`.

Diese Anweisungen werden mit dem bekannten Sternchen-Hack an die IEs geliefert, die die Box dann ohne abgerundete Ecken darstellen.

ToDo: Patches für den IE6

1. Öffnen Sie die Datei *rundebox.html* aus dem Übungsordner.

2. Fügen Sie am Ende des Style-Blocks die folgenden Styles ein:

```
/* Patches für IE6 */
* html div.rundebox,
* html div.rundebox div.mittlerebox,
* html div.rundebox div.innerebox,
* html div.rundebox h3 {
   background: #ffeda0;
}
```

3. Speichern Sie die Datei, und betrachten Sie sie im IE 6.

Der AlphaImageLoader-Filter **Tipp**

Der IE6 kann mithilfe einer speziellen Anweisung dazu gebracht werden, PNG-Transparenz halbwegs zu akzeptieren. Ingo Chao hat genau beschrieben, wie das geht, rät aber vom Einsatz eher ab:

    satzansatz.de/cssd/tmp/alphatransparency.html

31.5 Auf einen Blick

Hier sind noch einmal die wichtigsten Punkte dieses Kapitels im Überblick:

- Abgerundete Ecken beruhen entweder auf Grafiken oder einfach auf CSS3.

- Die Grafiken mit den runden Ecken werden im CSS als Hintergrundgrafiken eingebunden.

- Da in CSS2.1 jedem Element nur eine Hintergrundgrafik zugeordnet werden kann, benötigen Sie für jede Grafik ein Element.

- Eine horizontal und vertikal flexible Box benötigt vier Elemente und vier Grafiken.

- PNG-Grafiken können Farbverläufe von Transparenz zu einer bestimmten Farbe haben. Damit können Sie Chamäleon-Boxen erstellen, bei denen die Hintergrundfarbe im CSS bestimmt werden kann.

- Die Zukunft dürfte der CSS3-Eigenschaft `border-radius` gehören (siehe Seite 473ff.).

Kapitel 32

Listenkisten: Kreativer Umgang mit Listen

Worin Sie nähere Bekanntschaft mit den vielfältigen Möglichkeiten von Listen machen.

Die Themen im Überblick:

Im ersten Abschnitt lernen Sie einige alternative Aufzählungszeichen kennen, und danach geht es in diesem Kapitel um gefloatete und positionierte Listen:

- Zunächst wird zeigt, wie man die Listenelemente einer Liste im Fließtext floaten und so nebeneinanderstellen kann.

- Danach werden Bilder in einer Liste mit absoluter Positionierung neben den beschreibenden Text gestellt.

Zum Abschluss gibt es noch einen kurzen Abschnitt über die Verwandlung einer ganz normalen Liste in ein grafikfreies Kalenderblatt.

32.1 Alternative Aufzählungszeichen

Im folgenden Abschnitt werden ein paar alternative Aufzählungszeichen für ungeordnete Listen vorgestellt, insbesondere Grafiken und Bindestriche oder andere Sonderzeichen.

Grafiken als Aufzählungszeichen für eine Liste

Aufzählungszeichen für Listenelemente werden im Englischen häufig als *bullet* (»Kugel«) bezeichnet, auch wenn sie nicht rund sind. Grafische »Bullets« sind ein sehr beliebtes Stilmittel, um das Design einer Site zu unterstützen.

Zur Einbindung von Grafiken als Aufzählungszeichen sieht CSS die Eigenschaft `list-style-image` vor. Diese hat aber den Nachteil, dass die Browser die Grafik unterschiedlich positionieren und der Autor keinerlei Einfluss darauf hat. Deshalb werden grafische Aufzählungszeichen meist nicht mit `list-style-image`, sondern als Hintergrundgrafik für die Listenelemente eingebunden:

- `list-style-type: none` stellt die normalen Aufzählungszeichen aus.

- `background: url(bullet.gif) no-repeat left top` positioniert die Hintergrundgrafik ganz links und oben.

Mit dem Wert für die vertikale Ausrichtung müssen Sie entsprechend der verwendeten Grafik so lange experimentieren, bis es gut aussieht.

Ein Nachteil der Einbindung eines Aufzählungszeichens als Hintergrundgrafik ist, dass die Listen überhaupt keine Aufzählungszeichen mehr haben, wenn im Browser die Anzeige von Grafiken ausgeschaltet ist, weil die normalen Aufzählungszeichen im Style mit `list-style-type: none` deaktiviert wurden.

Das folgende ToDo versieht eine Liste mit einer Grafik als Aufzählungszeichen.

ToDo: Ein grafisches Aufzählungszeichen für eine Liste erstellen

1. Kopieren Sie die Dateien *liste_bullet.html* und *bullet_yellow.gif* aus dem Ordner für diesen Abschnitt in einen Übungsordner auf Ihrer Festplatte.

2. Öffnen Sie die Datei *liste_bullet.html,* und erstellen Sie folgende Liste:

```
<ul>
    <li>Kisten erstellen</li>
    <li>Kisten gestalten</li>
    <li>Kisten positionieren</li>
</ul>
```

3. Fügen Sie im Style-Block oben auf der Seite folgende Regel ein:

```
ul li {
    list-style-type: none;
    background: url(bullet_yellow.gif) no-repeat left 2px;
    padding: 0 0 0 18px;
    margin: 0 0 0 12px;
}
```

4. Speichern Sie die Datei, und betrachten Sie sie im Browser.

Im Browser hat die Liste jetzt ein grafisches Aufzählungszeichen (siehe Abbildung 32.1).

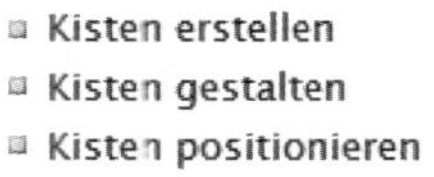

- Kisten erstellen
- Kisten gestalten
- Kisten positionieren

Abbildung 32.1:
Eine Grafik als
Aufzählungs-
zeichen

Aufzählungszeichen und Text mit verschiedenen Farben **Tipp**

Farbige Aufzählungszeichen können Sie auch ohne Grafiken erreichen, denn die Textfarbe eines Listenelements gilt auch für das Aufzählungszeichen. Ein Style wie `li { color: #d90000; }` färbt Text und Aufzählungszeichen rot.

Um den Text anders einzufärben, umgeben Sie ihn mit einem span und gestalten dieses mit einem Style wie `li span { color: black; }`. Schon haben Sie schwarzen Text mit einem farbigen Aufzählungszeichen.

Das große
little **boxes** Buch
Webseiten gestalten mit HTML & CSS.
Grundlagen, Navigation, Inhalte, WML & mehr

> Besonders einfach geht dies in Linklisten. Da Text dort in der Regel nur innerhalb von Hyperlinks auftaucht, benötigen Sie kein zusätzliches `span`-Element, sondern können gleich die Links gestalten: `li a { color: black; }`.

Beliebige Sonderzeichen als Aufzählungszeichen

Eine Liste mit Bindestrichen oder anderen Sonderzeichen als Bullet ist nicht so ohne Weiteres möglich, Sie können sie aber, wenn es denn unbedingt sein muss, mit ein bisschen Tricksen trotzdem erzeugen.

Der Trick ist nicht sonderlich elegant und besteht darin, das gewünschte Aufzählungszeichen *manuell* ins HTML zu schreiben, mit einem `span` zu markieren und dann mit einem negativen `margin-left` die Einrückung zu korrigieren. Wie gesagt: Tun Sie das nur, wenn es unbedingt sein muss.

ToDo: Einen einfachen Bindestrich als Aufzählungszeichen einsetzen

1. Speichern Sie die Datei *liste_bullet.html* aus dem vorherigen Abschnitt unter dem Namen *liste_sonderzeichen.html*.

2. Ändern Sie das HTML für die Liste wie folgt:

```
<ul>
    <li><span>&ndash; </span>Kisten erstellen</li>
    <li><span>&ndash; </span>Kisten gestalten</li>
    <li><span>&ndash; </span>Kisten positionieren</li>
</ul>
```

3. Ändern Sie das CSS für die Liste im Style-Block wie folgt:

```
ul li {
    list-style-type: none;
    background: none
    padding: 0;
    margin: 0;
}
```

4. Fügen Sie darunter folgenden Style ein:

```
/* Der Trick: Aufzählung mit negativem margin nach links
   rücken */
ul li span { margin-left: -1em; }
```

5. Speichern Sie die Datei, und betrachten Sie sie im Browser.

Abbildung 32.2 zeigt die Liste mit einem kurzen Bindestrich als Aufzählungszeichen.

- Kisten erstellen
- Kisten gestalten
- Kisten positionieren

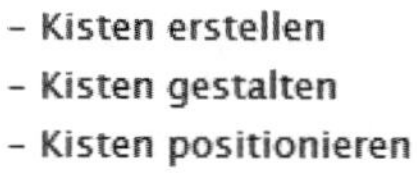

Abbildung 32.2:
Ein Sonderzeichen
als Aufzählungszeichen – hier
–

Das ist einfach, aber effektiv. Statt eines kurzen –-Bindestrichs können Sie auch einen langen — verwenden oder einen doppelten ⇒-Pfeil (siehe Abbildung 32.3).

— Kisten erstellen
— Kisten gestalten
— Kisten positionieren

Abbildung 32.3:
Liste mit —
und ⇒

⇒ Kisten erstellen
⇒ Kisten gestalten
⇒ Kisten positionieren

> ### Übersicht der Sonderzeichen bei »nice-entity.com«   Tipp
>
> Wie in Kapitel 5.4 ab Seite 113 erwähnt wurde, gibt es eine sehr übersichtliche Sonderzeichenreferenz unter:
>
> - nice-entity.com
>
> Auch wenn sich die wenigsten davon als Aufzählungszeichen eignen, ist die Site immer einen Besuch wert, wenn es um den Code für ein bestimmtes Sonderzeichen geht.

32.2 Nebeneinander: Gefloatete Listen

In diesem Beispiel verwandeln Sie eine einfache Liste mit einer anklickbaren h3-Überschrift und ein bisschen erklärendem Text darunter in ein attraktives Boxen-Ensemble, dem man seinen Ursprung als Liste nicht mehr ansieht (siehe Abbildung 32.4).

Listen sind sehr flexibel, und oft genug sieht man ihnen den Ursprung als Liste nicht an. Die drei Boxen im Textbereich gehören inhaltlich zusammen und stehen deshalb in einer Liste:

Kisten erstellen	Kisten gestalten	Kisten positionieren
Lorem ipsum dolor sit amet, consectetuer elit. In feugiat malesuada urna. Morbi et dui quis tortor convallis facilisis.	Donec varius lacus a leo. Pellentesque habitant morbi tristique senectus et netus et malesuada fames ac turpis egestas.	Proin rutrum, tortor in elementum sagittis, augue diam posuere turpis, non adipiscing orci dolor non sapien.
Morbi metus arcu, ultrices quis, tristique eu, vehicula a, risus. Ut condimentum ultrices lacus. Morbi quis dolor.	Luptatum repudiare gloriatur ex quo. Ei sale deserunt qui, at vis velit efficiendi, ea usu graeci takimata. Ne veritus minimum pro.	Mauris mauris est, posuere at, lacinia sed, malesuada eu, risus. Aenean vehicula. Suspendisse tortor.

Lorem ipsum dolor sit amet, consectetuer adipiscing elit. In feugiat malesuada urna. Morbi et dui quis tortor convallis facilisis. Morbi metus arcu, ultrices quis, tristique eu, vehicula a, risus. Ut condimentum ultrices lacus. Morbi quis dolor. Donec varius lacus a leo.

Schritt 1: Das HTML als Grundlage

Sie beginnen wie immer mit dem HTML und erstellen im folgenden ToDo eine Aufzählung mit einer Überschrift und ein bisschen Fließtext in jedem der drei Listenelemente. Vielleicht erscheint dies zunächst ungewöhnlich, aber ein Listenelement kann durchaus Überschriften, div-Elemente und mehrere Absätze enthalten.

ToDo: Das HTML für die gefloateten Listenelemente

1. Kopieren Sie die Datei *liste_gefloatet.html* aus dem Ordner für diesen Abschnitt in einen Übungsordner auf Ihrer Festplatte.

2. Öffnen Sie die Datei im Editor, und schreiben Sie die folgende Liste an die im Quelltext markierte Stelle.:

```
<ul>
   <li>
      <h3><a href="#">Kisten erstellen</a></h3>
      <p>Lorem ipsum ... </p>
   </li>
   <li>
      <h3><a href="#">Kisten gestalten</a></h3>
      <p>Donec varius ...</p>
   </li>
```

ToDo: Das HTML für die gefloateten Listenelemente (Forts.)

```
    <li>
        <h3><a href="#">Kisten positionieren</a></h3>
        <p>Proin rutrum, ...</p>
    </li>
</ul>
```

3. Speichern Sie die Datei, und betrachten Sie sie im Browser.

Im Browser sieht diese Liste so aus wie in Abbildung 32.5.

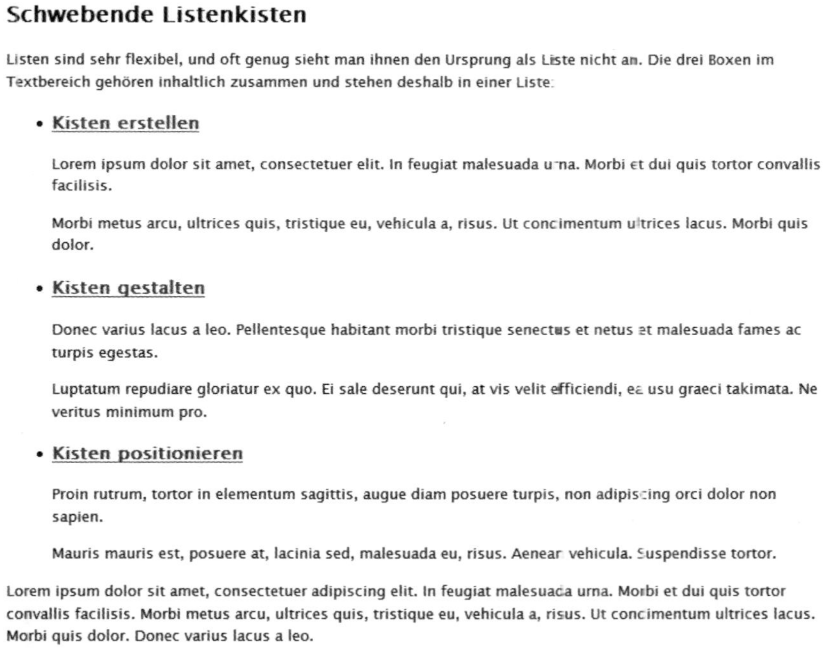

Schwebende Listenkisten

Listen sind sehr flexibel, und oft genug sieht man ihnen den Ursprung als Liste nicht an. Die drei Boxen im Textbereich gehören inhaltlich zusammen und stehen deshalb in einer Liste:

- **Kisten erstellen**

  Lorem ipsum dolor sit amet, consectetuer elit. In feugiat malesuada urna. Morbi et dui quis tortor convallis facilisis.

  Morbi metus arcu, ultrices quis, tristique eu, vehicula a, risus. Ut concimentum ultrices lacus. Morbi quis dolor.

- **Kisten gestalten**

  Donec varius lacus a leo. Pellentesque habitant morbi tristique senectus et netus et malesuada fames ac turpis egestas.

  Luptatum repudiare gloriatur ex quo. Ei sale deserunt qui, at vis velit efficiendi, ea usu graeci takimata. Ne veritus minimum pro.

- **Kisten positionieren**

  Proin rutrum, tortor in elementum sagittis, augue diam posuere turpis, non adipiscing orci dolor non sapien.

  Mauris mauris est, posuere at, lacinia sed, malesuada eu, risus. Aenear vehicula. Suspendisse tortor.

Lorem ipsum dolor sit amet, consectetuer adipiscing elit. In feugiat malesuada urna. Morbi et dui quis tortor convallis facilisis. Morbi metus arcu, ultrices quis, tristique eu, vehicula a, risus. Ut concimentum ultrices lacus. Morbi quis dolor. Donec varius lacus a leo.

Abbildung 32.5:
Eine ungestaltete
ungeordnete Liste

Schritt 2: Listen gestalten und Listenelemente floaten

In diesem Schritt floaten Sie die Listenelemente nach links und geben dem Text in der Liste eine grundlegende Formatierung.

ToDo: Die Listen gestalten

1. Ergänzen Sie folgende Styles im *head* von *liste_nebeneinander. html*:

```
/* Listenelemente floaten */
ul {
    float:left; /* Umschließen der gefloateten Listenelemente */
    padding: 0;
    margin: 0 0 1em 0; } /* Abstand zum nachfolgenden Fließtext
*/

ul li {
    float: left;
    width: 14em; /* Breite dem Layout anpassen */
    list-style-type: none;
    background: #ffeda0;
    border: 1px solid #f3c600;
    border-top: none;
    margin: 0 0 0.5em 0.5em;
}
```

2. Gestalten Sie Absätze und Überschriften in der Liste:

```
ul h3 {
    font-size: 110%;
    margin-top: 0;
}

ul p { margin: 0.5em; }
```

3. Speichern Sie die Datei, und betrachten Sie sie im Browser.

Im Browser sieht die Liste jetzt so aus wie in Abbildung 32.6.

Abgesehen von der fehlenden Gestaltung der Links in der Überschrift fehlt für das erste Element *nach* der Liste definitiv ein Clearing.

Schwebende Listenkisten

Listen sind sehr flexibel, und oft genug sieht man ihnen den Ursprung als Liste nicht an. Die drei Boxen im Textbereich gehören inhaltlich zusammen und stehen deshalb in einer Liste:

Kisten erstellen	Kisten gestalten	Kisten positionieren	Lorem ipsum dolor sit amet, consectetuer adipiscing elit. In feugiat malesuada urna. Morbi et dui quis tortor convallis facilisis. Morbi metus arcu, ultrices quis, tristique eu, vehicula a, risus. Ut condimentum ultrices lacus. Morbi quis dolor. Donec varius lacus a leo.
Lorem ipsum dolor sit amet, consectetuer elit. In feugiat malesuada urna. Morbi et dui quis tortor convallis facilisis.	Donec varius lacus a leo. Pellentesque habitant morbi tristique senectus et netus et malesuada fames ac turpis egestas.	Proin rutrum tortor in elementum sagittis, augue diam posuere turpis, non adipiscing orci dolor non sapien.	
Morbi metus arcu, ultrices quis, tristique eu, vehicula a, risus. Ut condimentum ultrices lacus. Morbi quis dolor.	Luptatum repudiare gloriatur ex quo. Ei sale deserunt qui, at vis velit efficiendi, ea usu graeci takimata. Ne veritus minimum pro.	Mauris mauris est, posuere at, lacinia sed, malesuada eu, risus. Aenean vehicula. Suspendisse tortor.	

Schritt 3: Liste clearen und Links gestalten

Zum Clearen des ersten Elements nach der Liste gäbe es mit modernem CSS eine wunderbar einfache Lösung:

```
ul + * { clear: both; }
```

Das Pluszeichen im Selektor ist ein Nachbar-Selektor, und das Sternchen ist der selten eingesetzte Universalselektor. Die ganze Regel heißt im Klartext: »Cleare das erste Element nach ul, egal was es ist.« Diese Regel greift auch, wenn nach der Liste kein Absatz, sondern eine Überschrift oder ein div oder irgendein anderes Element folgt.

Leider versteht der IE6 keine Nachbar-Selektoren, sodass im HTML zum Clearen eine zusätzliche Klasse eingefügt wird. Den Style mit dem fortgeschrittenen Selektor können Sie trotzdem drinlassen, denn er stört nicht, und so gewöhnt man sich schon mal daran. Um den Grund für die Existenz der eigentlich überflüssigen Klasse nicht zu vergessen, wird sie mit einem Sternchen-Hack ausgeliefert und bekommt den Namen clear_ie6.

Die Gestaltung der Hyperlinks ist unspektakulär: Sie werden geblockt und bekommen ein padding, um die anklickbare Fläche zu vergrößern und den Hover-Effekt zu verschönern.

ToDo: Die gefloateten Listenelemente clearen

1. Das erste Element nach der gefloateten Liste muss gecleart werden:

```
/* Das erste Element nach der Liste clearen */
ul + * { clear: both; }
* html .clear_ie6 { clear: both; }
```

2. Fügen Sie im HTML dem ersten Absatz nach der Liste die Klasse hinzu:

```
<p class="clear_ie6">Lorem ipsum ...
```

3. Die folgenden Regeln gestalten die Hyperlinks in der Überschrift:

```
/* Die Links in der Überschrift */
ul h3 a {
    display: block;
    text-decoration: none;
    padding: 0.5em;
}
ul h3 a:link {
    background: #f3c600;
...color: white;
}
ul h3 a:visited {
    background: #f3c600;
    color: #ffeda0;
}
ul h3 a:hover,
ul h3 a:focus,
ul h3 a:active {
    background: #d90000;
    color: white;
}
```

4. Speichern Sie die Datei, und betrachten Sie sie im Browser.

Abbildung 32.7 zeigt die fertige Liste im Browserfenster.

Schwebende Listenkisten

Listen sind sehr flexibel, und oft genug sieht man ihnen den Ursprung als Liste nicht an. Die drei Boxen im Textbereich gehören inhaltlich zusammen und stehen deshalb in einer Liste:

Kisten erstellen	Kisten gestalten	Kisten positionieren
Lorem ipsum dolor sit amet, consectetuer elit. In feugiat malesuada urna. Morbi et dui quis tortor convallis facilisis.	Donec varius lacus a leo. Pellentesque habitant morbi tristique senectus et netus et malesuada fames ac turpis egestas.	Proin rutrum, tortor in elementum sagittis, augue diam posuere turpis, non adipiscing orci dolor non sapien.
Morbi metus arcu, ultrices quis, tristique eu, vehicula a, risus. Ut condimentum ultrices lacus. Morbi quis dolor.	Luptatum repudiare gloriatur ex quo. Ei sale deserunt qui, at vis velit efficiendi, ea usu graeci takimata. Ne veritus minimum pro.	Mauris mauris est, posuere at, lacinia sed, malesuada eu, risus. Aenean vehicula. Suspendisse tortor.

Lorem ipsum dolor sit amet, consectetuer adipiscing elit. In feugiat malesuada urna. Morbi et dui quis tortor convallis facilisis. Morbi metus arcu, ultrices quis, tristique eu, vehicula a, risus. Ut condimentum ultrices lacus. Morbi quis dolor. Donec varius lacus a leo.

Abbildung 32.7:
Die fertige Liste
mit gefloateten
Listenelementen

32.3 Nebeneinander: Positionierte Listen

In Kapitel 16, »Containing Floats: Gefloatete Elemente umschließen«, haben Sie ab Seite 317 mithilfe von float eine kleine Galerie gebaut, bei der neben einer Grafik eine Überschrift und ein kurzer beschreibender Text stand. Dabei haben Sie die verschiedenen Möglichkeiten zum Einschließen von gefloateten Elementen kennengelernt.

In diesem Abschnitt erstellen Sie eine ähnliche Konstruktion von Bild und Text, aber dieses Mal auf der Basis einer ungeordneten Liste und absoluter Positionierung (siehe Abbildung 32.8).

Die Bilder mit position:absolute neben den Text zu stellen hat einige Vorteile: Es gibt keine Float-Bugs, keinen Ärger mit einem globalen Clear, und man hat im Quelltext eine sinnvolle Reihenfolge der Elemente. Und Sie lernen eine bekannte Technik in einem neuen Zusammenhang kennen.

Galerie mit absoluter Positionierung

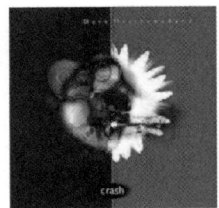

Crash – Dave Matthews Band

Lorem ipsum dolor sit amet, consectetuer adipiscing elit. In feugiat malesuada
urna. Morbi et dui quis tortor convallis facilisis. Morbi metus arcu, ultrices quis,
tristique eu, vehicula a, risus. Ut condimentum ultrices lacus.

Putumayo Café Sampler

Lorem ipsum dolor sit amet, consectetuer adipiscing elit. In feugiat malesuada
urna. Morbi et dui quis tortor convallis facilisis. Morbi metus arcu, ultrices quis,
tristique eu, vehicula a, risus. Ut condimentum ultrices lacus. Morbi quis dolor.
Donec varius lacus a leo. Pellentesque habitant morbi tristique senectus et netus
et malesuada fames ac turpis egestas. Proin rutrum, tortor in elementum sagittis,
augue diam posuere turpis, non adipiscing orci dolor non sapien. Mauris mauris
est, posuere at, lacinia sed, malesuada eu, risus. Aenean vehicula. Suspendisse
tortor.

Schritt 1: Das HTML für die Liste – geordnet oder ungeordnet?

Sie beginnen mit dem HTML, wobei Sie bei der Auswahl und Reihenfolge der Elemente nicht von der optischen Darstellung, sondern
vom Inhalt ausgehen:

■ Die abgebildete Galerie lässt sich als eine Aufzählung von Bildern,
Überschrift und Fließtext interpretieren.

■ Im Quelltext soll zuerst die Überschrift erscheinen, danach das
Bild und dann der Text.

Ob Sie dafür eine geordnete oder ungeordnete Liste verwenden,
hängt von deren Inhalt ab:

■ Ist die Reihenfolge der Bilder nicht wichtig, ist es eine ungeordnete Liste (ul).

■ Ist die Reihenfolge der Bilder hingegen zwingend, ist es eine geordnete Liste (ol).

Bei einer Anleitung zum Ölwechsel ist die Reihenfolge der Schritte wichtig, denn Sie sollten z. B. das Öl nicht ablassen, bevor ein Behälter daruntersteht. Eine Fotostory zum Ölwechsel wäre vom Inhalt her also eher eine geordnete Liste, denn die Listenelemente beschreiben einen Vorgang, und die Reihenfolge der Schritte ist wichtig.

Die Reihenfolge der im Beispiel abgebildeten Cover hingegen ist nicht wichtig, und deshalb wird im folgenden ToDo eine ungeordnete Liste verwendet.

ToDo: Das HTML für die positionierten Listenelemente

1. Kopieren Sie die Datei *liste_positioniert.html* und die beiden Grafiken aus dem Ordner für diesen Abschnitt in einen Übungsordner auf Ihrer Festplatte.

2. Öffnen Sie die Datei, und schreiben Sie folgende ungeordnete Liste in den body:

```
<ul>
   <li>
   <h3>Crash - Dave Matthews Band</h3>
   <img src="dmb_crash.jpg" width="240" height="240"
     alt="Crash - DMB" />
   <p>Lorem ipsum dolor sit amet, ... </p>
   </li>
   <li>
   <h3>Putumayo Caf&eacute; Sampler</h3>
   <img src="putumayo_cafe.jpg" width="240" height="240"
     alt="Putumayo Cafe Sampler" />
   <p>Lorem ipsum dolor sit amet, ... </p>
   </li>
</ul>
```

3. Speichern Sie die Webseite, und betrachten Sie sie im Browser.

Abbildung 32.9 zeigt die ungeordnete Liste als Ausgangsbasis.

Galerie mit absoluter Positionierung

- **Crash – Dave Matthews Band**

Lorem ipsum dolor sit amet, consectetuer adipiscing elit. In feugiat malesuada urna. Morbi et dui quis tortor convallis facilisis. Morbi metus arcu, ultrices quis, tristique eu, vehicula a, risus. Ut condimentum ultrices lacus.

- **Putumayo Café Sampler**

Lorem ipsum dolor sit amet, consectetuer adipiscing elit. In feugiat malesuada urna. Morbi et dui quis tortor convallis facilisis. Morbi metus arcu, ultrices quis, tristique eu, vehicula a, risus. Ut condimentum ultrices lacus. Morbi quis dolor. Donec varius lacus a leo. Pellentesque habitant morbi tristique senectus et netus et malesuada fames ac turpis egestas. Proin rutrum, tortor in elementum sagittis, augue diam posuere turpis, non adipiscing orci dolor non sapien. Mauris mauris est, posuere at, lacinia sed, malesuada eu, risus. Aenean vehicula. Suspendisse tortor.

Schritt 2: Die Positionierung der Grafiken

In diesem Schritt geht es um die eigentliche Gestaltung, die im Prinzip eine Kombination von großem `margin` und absoluter Positionierung ist:

- Die Listenelemente `li` bekommen `position:relative`.

- h3-Überschriften und Absätze bekommen ein großes `padding-left`.

- Die Bilder werden mit `position:absolute` in die Lücke geschoben, die durch das `padding-left` entstanden ist.

Als Bezugspunkt für die Positionierung dienen dabei die relativ positionierten Listenelemente.

ToDo: Das CSS zur Positionierung der Bilder in der Liste

1. Öffnen Sie gegebenenfalls die Datei *liste_positioniert.html* in einem Editor.

2. Schreiben Sie folgende Regeln in den Style-Block im head der Seite:

```css
ul {
    list-style-type: none;
    padding: 0;
    margin: 0;
}
ul li h3 {
    line-height: 1;
    margin-top: 0;
}
```

3. Ergänzen Sie die folgenden Styles zur Positionierung der Bilder:

```css
/* Listenelemente relativ positionieren */
ul li {
    position: relative;
    padding: 0;
    margin: 0;
}
/* Lücke für die Bilder schaffen */
ul li h3,
ul li p {
    padding-left: 200px;
}
/* Bilder in die Lücke schieben */
ul li img {
    position: absolute;
    top: 0;
    left: 0;
    width: 180px;
    height: 180px;
}
```

4. Speichern Sie die Datei, und betrachten Sie sie im Browser.

Die Galerie in Abbildung 32.10 entspricht noch nicht ganz den Erwartungen.

Galerie mit absoluter Positionierung

Crash – Dave Matthews Band

Lorem ipsum dolor sit amet, consectetuer adipiscing elit. In feugiat malesuada urna. Morbi et dui quis tortor convallis facilisis. Morbi metus arcu, ultrices quis, tristique eu, vehicula a, risus. Ut condimentum ultrices lacus.

Putumayo Café Sampler

Lorem ipsum dolor sit amet, consectetuer adipiscing elit. In feugiat malesuada urna. Morbi et dui quis tortor convallis facilisis. Morbi metus arcu, ultrices quis, tristique eu, vehicula a, risus. Ut condimentum ultrices lacus. Morbi quis dolor. Donec varius lacus a leo. Pellentesque habitant morbi tristique senectus et netus et malesuada fames ac turpis egestas. Proin rutrum, tortor in elementum sagittis, augue diam posuere turpis, non adipiscing orci dolor non sapien. Mauris mauris est, posuere at, lacinia sed, malesuada eu, risus. Aenean vehicula. Suspendisse tortor.

Die Grafiken stehen zwar neben dem Text, aber die Liste ist ein bisschen zu kompakt. Das Problem der ineinandergeschobenen Grafiken taucht immer dann auf, wenn der Text kürzer ist als das Bild daneben. Da die Bilder absolut positioniert sind, werden sie von den anderen Elementen nicht mehr gesehen.

Oder anders ausgedrückt: Die Höhe der Listenelemente wird nicht durch die Grafiken, sondern durch die Höhe des Textes bestimmt, und falls der Text kürzer ist, als die Grafiken hoch sind, überlappen sich die Bilder. Eine Lösung folgt im nächsten Schritt.

Schritt 3: Die Höhe der Listenelemente

Um die Überlappung der Grafiken zu verhindern, bekommen die Listenelemente mit `min-height: 250px` eine Mindesthöhe, die sich an der Höhe der Grafiken orientiert.

Der Internet Explorer bis zur Version 6 versteht diese Eigenschaft leider nicht, interpretiert aber netterweise die per `height` definierte Höhe als Mindesthöhe – Glück im Unglück. IE6 und noch ältere Versionen bekommen also per Sternchen-Hack `height:250px`, alle anderen Browser erhalten `min-height: 250px`.

ToDo: Das CSS zur Positionierung der Bilder – Mindesthöhe vergeben

1. Ergänzen Sie den Style für die Listenelemente um die Angabe der Mindesthöhe:

```
/* Listenelemente relativ positionieren */
ul li {
    position: relative;
    min-height: 250px;
    padding: 0;
    margin: 0;
}
```

2. Fügen Sie direkt danach den Patch für den IE6 ein:

```
/* Patch für IE6, der min-height nicht kennt */
* html ul li { height: 250px; }
```

3. Speichern Sie die Datei, und betrachten Sie sie im Browser.

Mit der Mindesthöhe sieht die Liste so aus wie in Abbildung 32.8 am Anfang dieses Abschnitts.

Optional: Bilder bei Mausberührung ohne JavaScript zoomen

Die Pseudoklasse :hover ist – wie Sie bei den Dropdown-Menüs bereits gesehen haben – keineswegs auf Hyperlinks beschränkt. Diese Tatsache nutzen Sie im Folgenden, um modernen Browsern ein bisschen Extrakomfort zu geben.

Dazu werden die Bilder zunächst um etwa ein Drittel kleiner dargestellt, um dann bei Mausberührung zu ihrer Originalgröße zu wachsen.

In alten Browsern passiert schlicht und einfach gar nichts, in modernen sehen die Besucher bei Mausberührung eine etwas größere Version des Covers (siehe Abbildung 32.11).

ToDo: Bilder bei Mausberührung zoomen

1. Verkleinern Sie das `padding-left` für Überschriften und Absätze:

```
ul li h3,
ul li p {
    padding-left: 200px;
}
```

2. Verkleinern Sie im folgenden Style die Darstellung der CD-Cover:

```
ul li img {
    position: absolute;
    top: 0;
    left: 0;
    width: 180px;
    height: 180px;
}
```

3. Fügen Sie den folgenden Style zum Hovern der Grafiken hinzu:

```
ul img:hover {
    width: auto;
    height: auto;
}
```

4. Speichern Sie das Stylesheet.

Abbildung 32.11:
Grafiken mit
Zoom bei Maus-
berührung

Galerie mit absoluter Positionierung

h – **Dave Matthews Band**

ipsum dolor sit amet, consectetuer adipiscing elit. In feugiat malesuada
Morbi et dui quis tortor convallis facilisis. Morbi metus arcu, ultrices quis,
ue eu, vehicula a, risus. Ut condimentum ultrices lacus.

Putumayo Café Sampler

Lorem ipsum dolor sit amet, consectetuer adipiscing elit. In feugiat malesuada
urna. Morbi et dui quis tortor convallis facilisis. Morbi metus arcu, ultrices quis,
tristique eu, vehicula a, risus. Ut condimentum ultrices lacus. Morbi quis dolor.
Donec varius lacus a leo. Pellentesque habitant morbi tristique senectus et netus
et malesuada fames ac turpis egestas. Proin rutrum, tortor in elementum sagittis,
augue diam posuere turpis, non adipiscing orci dolor non sapien. Mauris mauris
est, posuere at, lacinia sed, malesuada eu, risus. Aenean vehicula. Suspendisse
tortor.

32.4 Eine Liste als Kalenderblatt

Besonders in Blogs sieht man häufig Kalenderblätter, die das Datum des jeweiligen Beitrags visualisieren. Die folgende Variante kommt dabei völlig ohne Grafiken aus und basiert auf einer Liste. Das hat zwar keinen speziellen semantischen Nährwert, denn ob ein Datum nun unbedingt als Liste notiert werden muss, kann man sicherlich diskutieren, aber es ist eine gute Fingerübung und zeigt, wie flexibel man eine HTML-Struktur in CSS gestalten kann.

Schritt 1: Das HTML für das Kalenderblatt

Als Basis für die Liste dient eine normale ungeordnete Liste mit ein paar Klassen und einem zusätzlichen span.

■ Die Liste selbst bekommt die Klasse kalenderblatt.

■ Wochentag und Datum stehen jeweils in einem eigenen Listen-element mit einer entsprechenden Klasse.

■ Die Tageszahl bekommt noch ein zusätzliches span, damit sie im CSS gesondert gestaltet werden kann.

Diese Liste erstellen Sie im folgenden ToDo.

ToDo: Das HTML für das Kalenderblatt

1. Kopieren Sie die Datei *kalenderblatt.html* aus dem Ordner für diesen Abschnitt in einen Übungsordner auf Ihrer Festplatte.

2. Öffnen Sie die Datei in einem Editor, und schreiben Sie das folgende HTML in den body:

```
<ul class="kalenderblatt">
    <li class="wochentag">Dienstag</li>
    <li class="datum"><span>28</span> Juni 2011</li>
</ul>
```

3. Speichern Sie die Datei, und betrachten Sie sie im Browser.

Nur mit dem Browser-Stylesheet sieht die Liste im Browser so aus wie in Abbildung 32.12.

Das große
little **boxes** Buch
Webseiten gestalten mit HTML & CSS.
Grundlagen, Navigation, Inhalte, YAML & mehr

Liste als Kalenderblatt

- Dienstag
- 28 Juni 2011

Schritt 2: Die Liste als Kalenderblatt gestalten

Die ungeordnete Liste wird mit nur drei Styles zu einem Kalenderblatt:

- ■ Die Liste selbst wird geschrumpft und bekommt ein paar hübsche Rahmenlinien.

- ■ Die Tageszahl im Listenelement für das Datum wird geblockt und mit einer großen Serifenschrift formatiert.

Diese drei Schritte erledigt das folgende ToDo.

ToDo: Das Liste als Kalenderblatt gestalten

1. Ergänzen Sie im Style-Block folgende Regel zur Gestaltung der Liste selbst:

```
ul.kalenderblatt {
  float: left; /* schrumpft die Liste, kann auch nach rechts
...  */
  list-style-type: none;
  text-align: center;
  border: 1px solid #bbb;
  border-top: 4px dotted #bbb;
  border-left: 1px solid #ddd;
  padding: 1em;
}
```

2. Schreiben Sie folgenden Style zur Formatierung der Tageszahl:

```
ul.kalenderblatt li.datum span {
  display: block;
  font-family: Georgia, "Times New Roman", Times, serif;
  font-size: 180%;
  font-weight: bold;
  color: #b80000;    /* oder auch ein dunkles Grau wie #666 */
}
```

3. Speichern Sie die Datei, und betrachten Sie sie im Browser.

Nach diesen Schritten sieht das Kalenderblatt im Browser jetzt so aus wie in Abbildung 32.13.

Liste als Kalenderblatt

Dienstag
28
Juni 2011

Abbildung 32.13:
Eine Liste als
Kalenderblatt –
grafikfrei

32.5 Auf einen Blick

Hier sind noch einmal die wichtigsten Punkte dieses Kapitels im Überblick:

- Grafische Aufzählungszeichen werden am besten als Hintergrundgrafik eingebunden, weil `list-style-image` kaum Gestaltungsmöglichkeiten bietet.

- Sonderzeichen können als Aufzählungszeichen benutzt werden, indem man sie mit `span` in das Listenelement schreibt und anschließend mit einem `margin-left` positioniert.

- Listen sind eine sehr flexible HTML-Grundlage für die verschiedensten Situationen: Innerhalb von Listenelementen können problemlos Überschriften, Absätze und viele andere HTML-Elemente verwendet werden.

- Listenelemente können sowohl mit `float` als auch mit `position:absolute` nebeneinandergestellt werden.

Kapitel 33

Formulare für Fortgeschrittene

Worin Sie ein benutzerfreundliches und hübsch anzusehendes Formular erstellen, das auf einem stabilen HTML-Fundament steht.

Die Themen im Überblick:

In diesem Kapitel erstellen Sie ein Bestellformular, mit dem in Deutschland, Österreich und der Schweiz ein nicht näher beschriebenes Produkt bestellt werden kann.

33.1 Wichtige HTML-Formularelemente in der Übersicht

In diesem Abschnitt erhalten Sie eine kurze Übersicht über die wichtigsten Formularelemente, von denen viele im folgenden Bestellformular eingesetzt werden.

Formulare definieren mit »form«

Zur Definition eines Formulars gibt es wie gesagt das Element form mit den wichtigsten Attributen action und method:

```
<form id="bestellung" action="formmailer.php" method="post">
```

Das Attribut action definiert das Reiseziel der Formulardaten und ist meist der Name eines serverseitigen Programms, das die Formulardaten verarbeitet und eine Antwortseite für den Besucher erzeugt.

Das Attribut method kennt die beiden Werte get und post, mit denen festgelegt wird, wie die Formulardaten verschickt werden. Man liest darüber eine ganze Menge kluge Worte, aber im Grunde ist die Sache gar nicht so schwierig.

- Die Methode post wird immer dann verwendet, wenn die verschickten Formulardaten *nicht* in der Adresszeile des Browsers auftauchen sollen. Das ist bei der Mehrzahl der Formulare der Fall: Anmeldeformulare, Kontaktformulare und so weiter und so fort.

- Die Methode get zeigt die Formulardaten nach einem Fragezeichen in der URL an. Das ist oft bei Suchformularen der Fall. Wenn die Parameter in der URL auftauchen, kann man die Suche als Lesezeichen speichern oder per Mail verschicken.

Achten Sie bei Ihrer nächsten Google-Suche einmal darauf: Abbildung 33.2 zeigt oben in der Adresszeile die Suchbegriffe, die Sie im Suchformular eingegeben haben, und zwar als Werte zum Parameter q (steht für für *query*, auf Deutsch *Abfrage*).

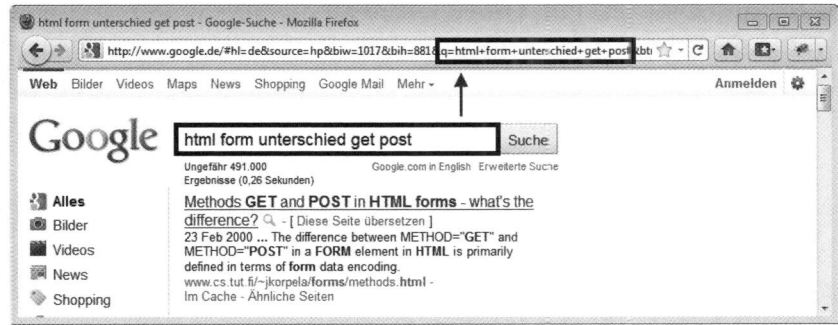

Abbildung 33.2: Ein per GET verschicktes Formular zeigt die Parameter in der URL.

Sie können die Suchbegriffe auch direkt in der Adresszeile ändern und ⏎ drücken, um eine neue Suche zu starten. Das ist weder bequem noch sinnvoll, aber es würde gehen.

Wenn der Benutzer etwas schreiben soll: Ein- und mehrzeilige Eingabefelder

Einzeilige Eingabefelder werden allesamt mit dem Element `input` erzeugt und mit `label` beschriftet. Welcher Typ Eingabefeld genau erzeugt werden soll, wird mit dem Attribut `type` definiert. Der Standardwert ist `<input type="text">`. Andere Möglichkeiten sind:

- `<input type="password">`. Der eingegebene Text wird durch Sternchen oder Ähnliches maskiert und ist nicht ohne Weiteres lesbar, wird aber nicht verschlüsselt. Mit dem Firefox-Add-on *Web Developer* kann das Passwort sehr einfach sichtbar gemacht werden: Menü FORMULARE, Befehl PASSWÖRTER ANZEIGEN.

- `<input type="email">` ist neu in HTML5. Sie haben es auf Seite 234 bereits kennengelernt, genau wie seine HTML5-Kollegen `tel` und `url`.

- `<input type="hidden">` dient zur versteckten Übertragung von Daten und ist nur im Zusammenhang mit serverseitigen Programmen wichtig.

Alle diese Input-Typen kennen diverse Attribute. Die wichtigsten davon sind die folgenden:

- `name="plz"` ist der Name der Formularvariablen, die zum Webserver geschickt wird. In einem serverseitigen Programm ist der in Anführungsstrichen stehende Wert `plz` der Wert der Variablen `name`. Wenn Sie das nicht verstehen, ist das nicht weiter schlimm, falls Sie nicht vorhaben, serverseitige Anwendungen zu programmieren.

- `id="plz"` ist oft identisch mit `name` und wird für die Zuweisung der Beschriftung (`label`) verwendet: `<label for="plz">`

- `size="30"` bewirkt, dass das Eingabefeld 30 Zeichen breit dargestellt wird. Kann per CSS mit `width` überschrieben werden.

- `maxlength="5"` ist die maximale Anzahl an Zeichen, die in das Feld eingegeben werden kann. Dabei spielt es keine Rolle, wie groß das Feld optisch erscheint.

- `placeholder="Name Vorname"` ist neu in HTML5 und zur Textvorbelegung gedacht. Browser, die das Attribut kennen, entfernen den vorgegebenen Text automatisch, sobald das Formularfeld den Fokus erhält. Browser, die das Attribut nicht kennen, ignorieren es komplett. Man kann eine Vorbelegung auch mit value realisieren, aber dabei muss der Besucher (oder eine Prise JavaScript) den Text manuell entfernen.

- required ist neu in HTML5 und kennzeichnet ein Pflichtfeld. Einige Browser verstehen das heute schon und geben eine automatische Meldung aus.

- autofocus ist ebenfalls neu in HTML5 und setzt den Cursor nach dem Laden der Webseite sofort in dieses Feld.

So viel zu einzeiligen Eingabefeldern. Mehrzeilige Eingabefelder werden mit textarea realisiert. Mehr dazu finden Sie beim Kontaktformular in Kapitel 11 ab Seite 235.

Wenn der Benutzer etwas auswählen soll: Möglichkeiten vorgeben

Wenn der Benutzer nicht selbst etwas eingeben, sondern nur aus vorgegebenen Möglichkeiten auswählen soll, gibt es drei Möglichkeiten: Optionsfelder, Kontrollkästchen und Auswahllisten.

Alle drei Elemente kommen im Beispielformular zum Einsatz, deswegen folgt hier nur eine kurze Zusammenfassung:

- **Optionsfelder** per <input type="radio">. Sie sind rund und erscheinen in Gruppen, von denen immer nur eine Option angekreuzt werden kann. Zusammengehörige Optionsfelder bekommen für das Attribut name denselben Wert. Das Attribut checked bewirkt, dass das Optionsfeld bereits aktiviert ist.

- **Kontrollkästchen** per <input type="checkbox">. Sie sind eckig und Einzelgänger, denn anders als bei den Optionsfeldern (Radiobuttons) kann immer eines, keines oder mehrere angekreuzt werden. checked bewirkt, dass das Kästchen bereits aktiviert ist.

- **Auswahllisten** zum Ausklappen per <select> und <option>. Genau wie bei Optionsfeldern kann man nur eine Option auswählen.

Alle drei Elemente werden mit label beschriftet.

Bei längeren Formularen empfohlen: Formularelemente gruppieren

Zum Gruppieren von Formularelementen gibt es das Element fieldset, das mit dem Element legend beschriftet wird:

Listing 33.2:
Beispiel für
fieldset und
legend

```
<fieldset><legend>Beschriftungstext</legend><!-- diverse
  Formularelemente--></fieldset>
```

Mit diesen beiden Elementen können Sie ein komplexes Formular in verschiedene Abschnitte aufteilen.

Wenn der Benutzer das Formular abschicken soll: Schaltflächen

Zum Abschicken der Formulardaten gibt es drei Möglichkeiten, um eine Schaltfläche (engl. *Button*) zu erzeugen:

- Der Klassiker ist eine per `<input type="submit" value="Abschicken">` erzeugte schnöde graue Schaltfläche. Der Wert von value beschriftet die Schaltfläche.

- Eine Alternative ist `<input type="image">`, mit dem Sie beim Suchformular in Kapitel 27.4 die Lupe eingebunden haben.

- Der dritte Button ist der einzige, der auch so heißt: `<button type="submit">` hat ein Ende-Tag `</button>` und ist flexibler als die beiden anderen, denn zwischen dem Anfangs- und dem Ende-Tag kann beliebiger Text stehen, und Grafiken sind auch erlaubt.

Im Beispielformular in diesem Kapitel benutzen Sie einen button zum Abschicken des Formulars.

33.2 Ein stabiles Fundament: Das HTML

Das Beispielformular besteht aus den drei großen Abschnitten *Kontakt*, *Adresse* und *Bestellung*, die jeweils mit fieldset gruppiert und mit legend beschriftet werden. Im Folgenden erstellen Sie zunächst das Formular selbst, dann die drei Abschnitte und zum Schluss einen hübschen Button zum Abschicken der Formularelemente.

Schritt 1: Formular und »fieldset« für die Kontaktdaten erstellen

Im ersten Schritt definieren Sie das Formular selbst. Das Formular bekommt die ID bestellung und – auch wenn es nicht verschickt werden wird – die Methode post, denn ein Bestellformular wird wahrscheinlich eher nicht per get verschickt.

Danach folgt das erste fieldset mit den Eingabefeldern für die Kontaktdaten. Dabei gibt es einige bemerkenswerte Kleinigkeiten:

- Das div um eine Gruppe von Formularelementen bekommt immer eine Klasse, um die Elemente später einfacher selektieren zu können.

- Das zur Kennzeichnung von Pflichtfeldern verbreitete Sternchen * steht im eher unbekannten HTML-Element sup innerhalb von label und wird dadurch automatisch etwas hochgestellt. Die Eingabefelder bekommen zusätzlich noch das HTML5-Attribut required. Moderne Browser prüfen so automatisch, ob das Feld ausgefüllt wurde.

- Die Optionsfelder für die Anrede *Frau* bzw. *Herr* bekommen beide das Attribut name="anrede". Dadurch wissen Sie, dass sie zusammengehören.

- Die Optionsfelder selbst werden jeweils mit einem label beschriftet, das die Klasse nofloat bekommt, damit es später bei der Gestaltung per CSS gesondert angesprochen werden kann. Das gilt für alle label-Elemente, die hinter dem Formularelement stehen, auch für das Kontrollkästchen weiter unten.

- Die Beschriftung einer Gruppe von Optionsfeldern bereitet oft Probleme, da das Beschriftungselement label ja schon für die Beschriftung der einzelnen Optionsfelder benutzt wird. Im folgenden Beispiel bekommen die beiden Optionsfelder deshalb ein eigenes fieldset, sodass sie per legend mit der Beschriftung ANREDE versehen werden können.

- Die Felder für NAME und EMAIL bekommen mit dem HTML5-Attribut placeholder eine Vorbelegung. Ältere Browser ignorieren dies, aber moderne zeigen es schon an.

Alle diese Schritte erledigen Sie im folgenden ToDo.

ToDo: Das HTML für das Bestellformular (Teil 1)

1. Kopieren Sie die Datei *bestellformular.html* aus dem Ordner für diesen Abschnitt in einen Übungsordner auf Ihrer Festplatte.

2. Beginnen Sie das Formular mit dem Formularelement:

```
<form id="bestellung" action="#" method="post">

</form>
```

3. Ergänzen Sie zwischen `<form>` und `</form>` die Kontaktdaten:

```
<fieldset>
<legend>1. Kontakt</legend>
<div class="anrede">
  <fieldset>
  <legend>Anrede</legend>
    <input type="radio" name="anrede" id="anrede_frau"
      value="Frau">
    <label for="anrede_frau" class="nofloat">Frau</label>
    <input type="radio" name="anrede" id="anrede_herr"
      value="Herr">
    <label for="anrede_herr" class="nofloat">Herr</label>
  </fieldset>
</div>
<div class="name">
  <label for="name">Name<sup>*</sup></label>
  <input type="text" name="name" id="name"
  placeholder="Vorname Nachname" required>
</div>
<div class="email">
  <label for="email">E-Mail<sup>*</sup></label>
  <input type="email" name="email" id="email"
    placeholder="beispiel@domain.de" required>
</div>
</fieldset>
```

4. Speichern Sie die Datei, und betrachten Sie sie im Browser.

Sie sollten sich die Seite ruhig im Browser anschauen, aber ich verzichte an dieser Stelle mal auf einen Screenshot, denn es gibt noch nicht wirklich viel zu sehen.

Schritt 2: Das »fieldset« für die Adressdaten erstellen

In diesem Schritt erstellen Sie die Felder STRASSE, PLZ UND ORT sowie eine Auswahlliste für das LAND.

Falls Sie die Postleitzahl später für Bestellstatistiken oder Ähnliches gesondert auswerten möchten, sollte sie vielleicht in einem eigenen Formularfeld stehen. Für das Beispiel reicht ein Feld für Postleitzahl *und* Ort. Das erleichtert die Eingabe für den Besucher.

Das Land wird mithilfe einer Auswahlliste angegeben. Eine solche Auswahlliste besteht mindestens aus dem Element select für die Liste selbst und einer option für jede Option in der Auswahlliste. Im Prinzip ähnelt eine Auswahlliste einer Gruppe von Optionsfeldern.

ToDo: Das HTML für das Bestellformular (Teil 2)

1. Ergänzen Sie unterhalb der Kontaktdaten das fieldset für die Adressdaten:

```
<fieldset>
<legend>2. Adresse</legend>
<div class="strasse">
  <label for="strasse">Straße<sup>*</sup></label>
  <input type="text" name="strasse" id="strasse" required>
</div>
<div class="plz-ort">
  <label for="plz-ort">Postleitzahl und Ort<sup>*</sup></label>
  <input type="text" name="plz-ort" id="plz-ort"
   placeholder="Beispiel: 26135 Oldenburg" required>
</div>
<div class="land">
  <label for="land">Land<sup>*</sup></label>
  <select id="land">
    <option> Bitte auswählen </option>
    <option value="de">Deutschland</option>
    <option value="at">Österreich</option>
    <option value="ch">Schweiz</option>
  </select>
</div>
</fieldset>
```

2. Speichern Sie die Datei, und betrachten Sie sie im Browser.

Sie sollten das Formular ruhig schon einmal im Browser betrachten, aber eine Abbildung gibt es erst, wenn das HTML fertig ist.

Schritt 3: Das »fieldset« für die Bestellung erstellen

Im letzten Teil der Formularerstellung legen Sie die Formularfelder für die Bestellung und einen ABSCHICKEN-Button an, um die Bestellung auf die Reise zu schicken.

Im Feld ANZAHL kann der Besucher die Anzahl des zu bestellenden Artikels eingeben. Sie begrenzen die maximale Anzahl der Zeichen für dieses Feld mit dem Attribut maxlength auf 2, sodass der Besucher nicht mehr als 99 Artikel bestellen kann.

Das Kontrollkästchen zum Akzeptieren der AGB wird mit einem label mit der Klasse nofloat beschriftet, damit es bei der CSS-Gestaltung später gesondert angesprochen werden kann. Die Beschriftung enthält einen Link zur ABG.

Last but not least erstellen Sie einen Button mit der Beschriftung BESTELLUNG ABSCHICKEN.

ToDo: Das HTML für das Bestellformular (Teil 3)

1. Ergänzen Sie unterhalb der Kontaktdaten das fieldset für die Adressdaten:

```
<fieldset>
<legend>3. Bestellung</legend>
<div class="anzahl">
  <label for="anzahl">Anzahl<sup>*</sup></label>
  <input type="text" name="anzahl" id="anzahl" maxlength="2"
    required>
</div>
<div class="anmerkung">
  <label for="anmerkung">Anmerkung</label>
  <textarea cols="23" rows="5" name="anmerkung"
   id="anmerkung"></textarea>
</div>
<div class="agb">
  <input type="checkbox" name="agb" id="agb" value="agb_ja"
    required>
```

ToDo: Das HTML für das Bestellformular (Teil 3) (Forts.)

```
    <label class="nofloat" for="agb">Ich akzeptiere die
    <a href="#">AGB</a> <sup>*</sup></label>
</div>
</fieldset>
```

2. Erstellen Sie vor dem schließenden `</form>` einen `button` zum Abschicken des Formulars:

```
<button type="submit">Bestellung abschicken</button>
```

3. Speichern Sie die Datei, und betrachten Sie sie im Browser.

Und hier kommt die versprochene Abbildung, die das fertige Formular zeigt, nur mit HTML und dem Stylesheet des Firefox (siehe Abbildung 33.3).

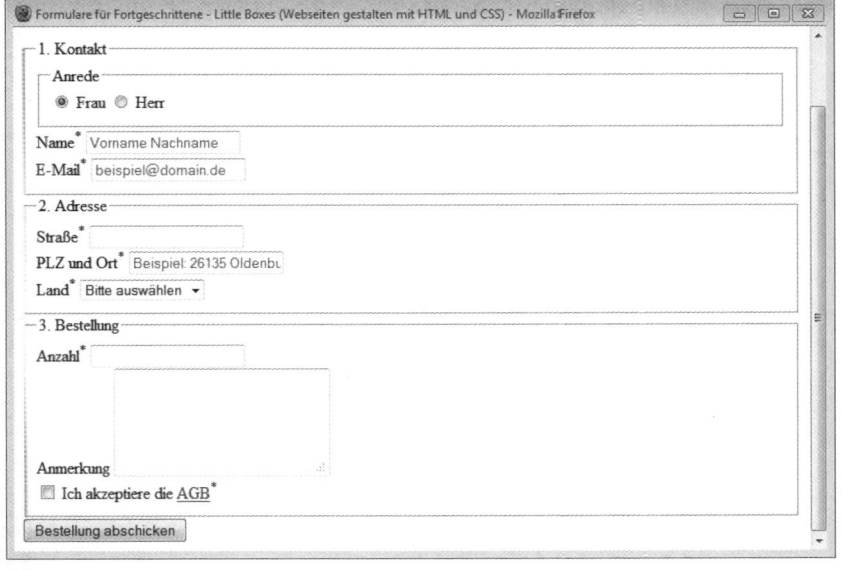

Abbildung 33.3:
Das Bestellformular mit vollständigem HTML

Dieses Formular wird im folgenden Abschnitt gestaltet.

33.3 Das Bestellformular per CSS gestalten

Die Gestaltung des Formulars wird in fünf Schritten erledigt: von der Basisgestaltung über die Fieldsets bis hin zur Beschriftung und dem ABSCHICKEN-Button.

Schritt 1: Die Basisgestaltung

Im ersten Schritt gibt es eine einfache Basisgestaltung, die keinerlei spektakuläre CSS-Anweisungen enthält. Nach einem Reset der Innen- und Außenabstände für die wichtigsten Elemente und einer grundlegenden Gestaltung von body bekommt das Formular eine Breite, eine Hintergrundfarbe, runde Ecken und rundherum ein bisschen padding.

ToDo: Die Basisgestaltung des Formulars erstellen

1. Öffnen Sie gegebenenfalls die Übungsdatei *bestellformular.html* im Editor.

2. Schreiben Sie die folgenden Regeln in den Style-Block im head der Datei:

```css
html, body, form, fieldset, legend  {
  margin: 0;
  padding: 0;
}

body {
  width: 720px;
  font-family: Georgia, "Times New Roman", Times, serif;
  font-size: 13px;
  background-color: white;
  color: black;
  margin: 10px auto;
}

form#bestellung {
  width: 400px;
  background: #f3c600;
  border-radius: 5px;
  padding: 20px;
  margin: auto;    }
```

3. Speichern Sie die Datei, und betrachten Sie sie im Browser.

Abbildung 33.4 zeigt das Formular mit Basisgestaltung.

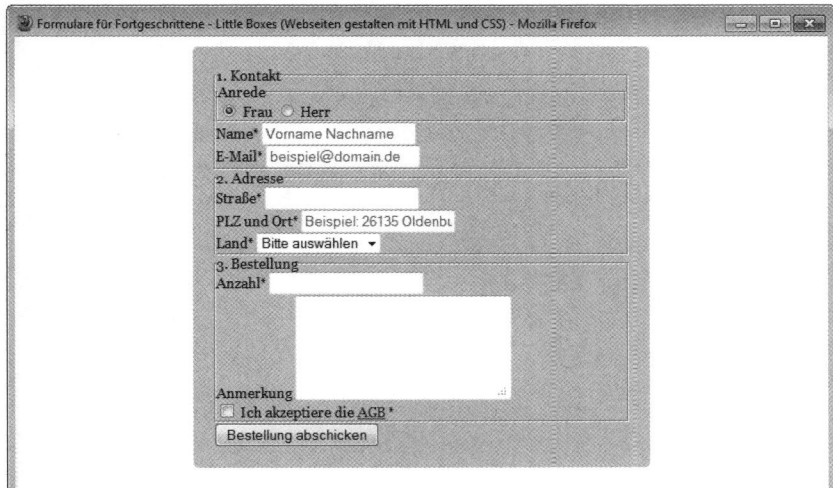

Schritt 2: »fieldset«, »legend« und »div« gestalten

In diesem Schritt wird es vom CSS her schon interessanter. Die meisten Browser-Stylesheets geben einem fieldset eine Rahmenlinie, die im ersten Style entfernt wird. Außerdem bekommen alle fieldset-Elemente einen unteren Abstand von 10px, nur der um die Anrede herum nicht, der mit dem Selektor fieldset fieldset beginnt, frei übersetzt also »ein fieldset in einem fieldset« ist.

Die Gestaltung von legend erfolgt im nächsten Style. Achten Sie darauf, dass dieser Style zunächst auch für das Wort »Anrede« gilt. Das wird in Schritt 3 korrigiert.

Zu guter Letzt bekommen die div-Elemente im Formular einen Hintergrund, der etwas heller ist als der des Formulars (#f9e380) und einen hellen Rahmen (#ffffdd) mit abgerundeten Ecken drumherum.

Erwähnenswert ist in dem Style noch die Anweisung line-height: 30px, die bei den einzeiligen Eingabefeldern eine vertikale Zentrierung von Beschriftung und Formularfeld bewirkt. label und input sind von Haus aus Inline-Elemente, die sich in der umgebenden Box wie Fließtext verhalten. Betrachten Sie das Formular einfach einmal ohne diese Anweisung im Browser, dann werden Sie die Auswirkungen sehen.

ToDo: »fieldset«, »legend« und »div« gestalten

1. Schreiben Sie die folgenden Regeln in den Style-Block im head der Datei:

```
/* Schritt 2 - fieldset und div */
fieldset {
  border: none;
  margin-bottom: 10px;
}
/* fieldset für die Anrede unten keinen margin */
fieldset fieldset { margin: 0; }

legend {
  color: black;
  font-size: 16px;
  font-weight: bold;
  padding-bottom: 10px;
}
/* Gestaltung der div-Elemente */
form div {
  background: #F9E380;
  border: 2px solid #ffffdd;
  border-radius: 5px;
  line-height: 30px;
  padding: 5px 10px;
  margin-bottom: 5px;
}
```

2. Speichern Sie die Datei, und betrachten Sie sie im Browser.

Abbildung 33.5 zeigt das Formular nach diesem ToDo.

Abbildung 33.5:
fieldset, legend
und div sind
gestaltet.

Schritt 3: Beschriftung der Formularfelder gestalten

Im dritten Schritt wird jetzt die Beschriftung der Formularfelder gestaltet. In einem kurzen Formular, wie zum Beispiel bei dem Kontaktformular in Kapitel 11, kann die Beschriftung über den Formularfeldern stehen, bei längeren hingegen davor oder dahinter.

Die Beschriftung steht im Element label, das mit einer Breite von 110px gefloatet wird. Dadurch werden die Formularfelder auch gleich bündig ausgerichtet. Der Text innerhalb der Beschriftung wird nach rechts ausgerichtet, damit er dichter am Formularfeld steht und leichter zu lesen ist. Der rechte Außenabstand regelt die Entfernung zwischen Text und Formularfeld.

Beschriftungen, die *hinter* dem Formularfeld stehen, sollen nicht gefloatet werden und wurden im HTML bereits mit der Klasse nofloat ausgezeichnet, die Sie im folgenden ToDo nutzen.

Die mit legend erfolgte Beschriftung der Radiobuttons zur Anrede soll genauso aussehen wie ein normales label, und genau das erreicht der Style mit dem Selektor fieldset fieldset legend.

ToDo: Beschriftung der Formularfelder gestalten

1. Schreiben Sie die folgenden Regeln in den Style-Block im head der Datei:

```css
/* Schritt 3 - Beschriftung */
label {
  float: left;
  width: 110px;
  text-align: right;
  cursor:pointer;
  margin-right: 10px;
}
/* label hinter einem Formularfeld nicht floaten */
label.nofloat {
  float: none;
  width: auto;
  text-align: left;
}
/* "Anrede" soll wie ein label aussehen */
fieldset fieldset legend {
  float: left;
  width: 110px;
  text-align: right;
  font-size: 13px;
  font-weight: normal;
  padding-bottom: 0;
  margin-top: 0;
  margin-right: 10px;
}
```

2. Speichern Sie die Datei, und betrachten Sie sie im Browser.

Abbildung 33.6 zeigt, dass das Formular sich langsam, aber sicher der Fertigstellung nähert.

Abbildung 33.6:
Das Formular
mit gestalteten
Beschriftungen

Schritt 4: Ein paar Feinheiten

Schritt 4 ist der Erledigung von ein paar Kleinigkeiten gewidmet.

Zunächst wird der Text in den Eingabefeldern gestaltet, wobei Sie Eigenschaften wie font-size und font-family explizit angeben müssen, um die Browser-Stylesheets zu überschreiben. Außerdem bekommen die Felder eine feste Breite, ein bisschen padding und abgerundete Ecken.

Eingabefelder bekommen einen hellgrauen Hintergrund, und zum Abschluss werden noch kleinere Korrekturen für einige Angaben wie Breite und margin gemacht. Die betreffenden Formularfelder sind aufgrund der für die div-Elemente vergebenen Klassen leicht zu selektieren.

ToDo: Diverse Kleinigkeiten gestalten

1. Schreiben Sie die folgenden Regeln in den Style-Block im head der Datei:

```css
/* Schritt 4 - Feinheiten */
input, textarea, select {
  color: #333;
  font-style: italic;
  font-size: 13px;
  font-family: Georgia, "Times New Roman", Times, serif;
  background: white;
  border: none;
  border-radius: 3px;
  padding: 5px;
  outline: none;
  width: 200px;
}
/* hellgrau, wenn der Cursor drin sitzt */
input:focus, textarea:focus { background: #eaeaea; }

/* Korrekturen von Breite und Abständen */
.anrede input {width: auto; }
.land option { margin-bottom: 3px; }
.anzahl input {width: 40px; }
.agb input {
  width: auto;
  margin-left: 120px;
}
.agb a { color: black; }
```

2. Speichern Sie die Datei, und betrachten Sie sie im Browser.

Abbildung 33.7 zeigt das fast fertige Formular. Nur der ABSCHICKEN-Button fehlt noch.

Mit select und option erstellte Auswahllisten gehören übrigens zu den Formularfeldern, die am schlechtesten gestaltet werden können, da sie in verschiedenen Browsern und auf verschiedenen Betriebssystemen völlig unterschiedlich umgesetzt werden.

Abbildung 33.8 zeigt dieselbe Auswahlliste, links im Firefox (Windows 7) und rechts im Safari (Mac OS X). Bevor Sie sich die Zähne an dem Versuch einer einheitlichen Gestaltung ausbeißen, denken Sie daran, dass die Benutzer es gewohnt sind, dass die Formularelemente so aussehen. Eine Webseite muss nicht in jedem Browser gleich aussehen.

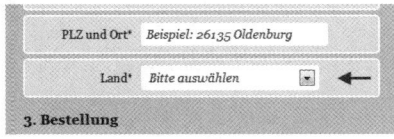

Firefox unter Windows 7

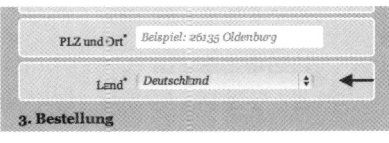

Safari unter Mac OS X

Abbildung 33.8:
Eine Auswahlliste
im Firefox (Windows 7) und im
Safari (Mac OS X)

Schritt 5: Den Button zum Abschicken gestalten

Jetzt fehlt nur noch eine deutlich sichtbare und leicht anzuklickende Schaltfläche zum Abschicken der Formulardaten. So ein Abschicken-Button ist immer auch ein »Call-to-Action«, wie das auf Englisch heißt, eine Aufforderung, etwas zu tun. Und genau das sollte auch drauf stehen. Um eine Bestellung abzuschicken, ist Bestellung abschicken nicht die schlechteste Wahl.

Im Style wird der Button zu einer Block-Box, die zentriert, abgerundet und in Dunkelrot unter dem Formular geduldig auf einen Klick wartet.

ToDo: Den Abschicken-Button gestalten

1. Schreiben Sie die folgenden Regeln in den Style-Block im head der Datei:

    ```css
    /* Schritt 5 - der Button zum Abschicken */
    button {
      display: block;
      width: 300px;
      background: #b80000;
      color: #ffffff;
      font-size: 14px;
      text-transform: uppercase;
      letter-spacing: 1px;
      padding: 10px 15px;
      border: none;
      border-radius: 20px;
      margin: auto;
    }
    button:hover {
      background: #d90000;
      cursor: pointer; }
    ```

2. Speichern Sie die Datei, und betrachten Sie sie im Browser.

Abbildung 33.9 zeigt das komplette Formular im Firefox unter Windows 7. Falls jemand auf Bestellung abschicken klickt, ohne vorher die mit Sternchen gekennzeichneten Pflichtfelder ausgefüllt zu haben, kann ein moderner Browser reagieren, weil die Pflichtfelder im HTML mit required gekennzeichnet wurden.

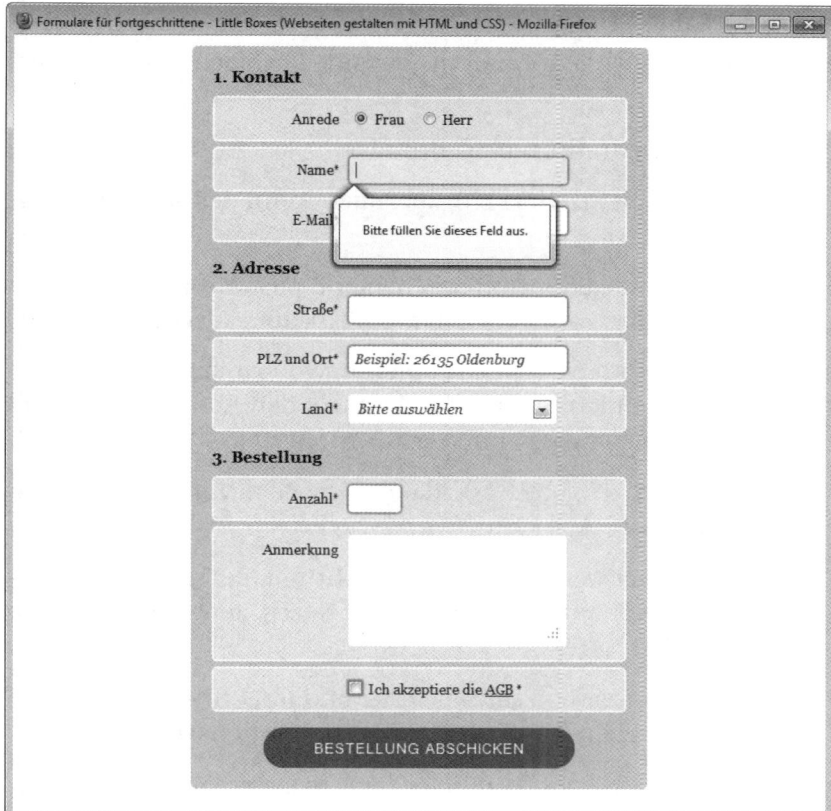

Abbildung 33.9:
Firefox überprüft
mit required
gekennzeichnete
Eingabefelder.

Alte Browser ignorieren das Attribut, weil sie es nicht kennen, aber es gibt auch keine Fehlermeldung. required ersetzt natürlich keine vollständige Überprüfung der Formulardaten, erst recht nicht eine auf dem Server, aber es sind nur wenige Zeichen im HTML, und das ist besser als nichts.

Tutorial zur Erstellung von barrierefreien Formularen   **Tipp**

Unter dem Titel »Reine Formsache« hat Tomas Caspers eine Artikelreihe zur Erstellung von benutzerfreundlichen und barrierefreien Formularen auf Webseiten veröffentlicht. Prädikat »Absolut lesenswert«:

■ *bit.ly/reine-formsache* (Kurz-URL zu *einfach-fuer-alle.de*)

33.4 Auf einen Blick

Hier sind noch einmal die wichtigsten Punkte dieses Kapitels im Überblick:

■ Formularelemente können in folgende Gruppen eingeteilt werden:

– form zur Definition eines Formulars

– ein- und mehrzeilige Eingabefelder, wenn der Benutzer etwas schreiben soll

– Optionsfelder, Kontrollkästchen und Auswahllisten, wenn der Benutzer aus vorgegebenen Möglichkeiten auswählen soll

– fieldset und legend zur Gruppierung von zusammengehörigen Formularfeldern, damit der Benutzer den Aufbau des Formulars leichter erfassen und verstehen kann

– Schaltflächen (Buttons), damit der Benutzer die Formulardaten abschicken kann.

■ Formularfelder werden mit label beschriftet. Bei kurzen Formularen kann die Beschriftung über den Feldern stehen, bei längeren davor oder dahinter.

■ Im Formular werden Paare aus label und input bzw. select von einem div umgeben, das mit einer Klasse versehen wird.

■ Die Gestaltung eines Formulars dient in erster Linie seiner Übersichtlichkeit und Benutzerfreundlichkeit.

■ HTML5 führt praktische Attribute wie placeholder, required oder autofocus ein. Moderne Brower, die diese Attribute kennen, können darauf reagieren. Ältere Browser ignorieren sie einfach.

Teil IX

Das CSS-Framework »YAML«

Kapitel 34

CSS: Spaltenlayouts und Frameworks

Worin Sie erfahren, welche Ansätze es bezüglich Spaltenlayouts in CSS3 gibt, was CSS-Frameworks sind und warum sie bei der Erstellung mehrspaltiger Layouts sehr praktisch sein können.

Die Themen im Überblick:

Bevor Sie in den folgenden Kapiteln erfahren, wie man mit dem CSS-Framework YAML mehrspaltige Layouts erstellt, möchte ich in diesem Kapitel kurz einige Dinge erläutern:

- warum es auf Webseiten keine Spalten und somit eigentlich auch kein Spaltenlayout gibt

- welche Ansätze für mehrspaltige Layouts es in CSS3 gibt

- was ein CSS-Framework ist und welche bekannten CSS-Frameworks es gibt

34.1 Mehrspaltigkeit ist eine Illusion

Visuelle Designer benutzen zum Entwerfen von Layouts gern Gestaltungsraster (engl. *grids*): waagerechte und senkrechte Linien, die den zu gestaltenden Raum in Spalten und Zeilen aufteilen. Aus Designersicht ist das Fehlen eines solchen Rasters eine der großen Schwächen von CSS.

Spalten in einem Gestaltungsraster sind zum Beispiel problemlos gleich lang, und diese Erwartungshaltung überträgt sich auch auf CSS-basierte Designs. Mit CSS kann man zwar Boxen nebeneinanderstellen, aber es gibt keine Spalten mit gleicher Länge. Es ist zwar möglich, Flächen zu erstellen, die optisch wie eine Spalte wirken, aber eigentlich sind mehrspaltige CSS-Layouts eine Illusion.

Abbildung 34.1:
Die linke »Spalte«
geht nicht
wirklich bis ganz
unten.

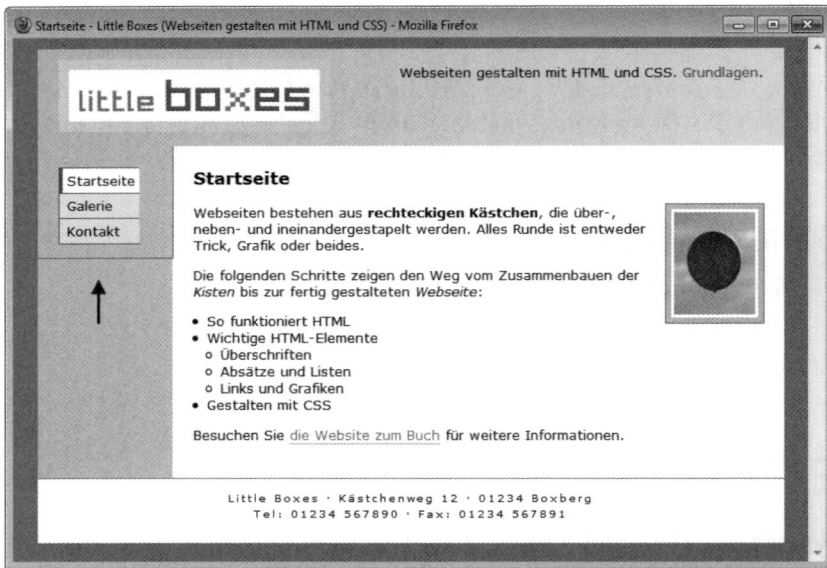

Um bei einem CSS-Layout zumindest scheinbar gleich lange Spalten zu ermöglichen, haben Webdesigner Tricks wie *Faux Columns* oder *Companion Columns* erfunden, aber es bleiben Tricks, und sie sind zum Teil nur mit einem sehr hohen Aufwand zu realisieren.

Vor dem Erstellen mehrspaltiger CSS-Layouts sollte man also zunächst die grundlegenden Techniken wie *position:absolute* und *float* verstehen, denn wer glaubwürdige Illusionen erzeugen will, der muss sein Handwerk beherrschen. Das weiß jeder Magier. Die zauberhafte Assistentin wird nicht wirklich zersägt. Alles ist Illusion. Genau wie Spalten in CSS-Layouts.

34.2 Ansätze für Spaltenlayouts in CSS3 – ein Überblick

In den 1990ern wurden zur Simulation von Gestaltungsrastern auf Webseiten HTML-Tabellen eingesetzt, und in diesem Jahrtausend kam die absolute Positionierung und float auf, aber keine dieser Techniken ist in erster Linie zum Erstellen von mehrspaltigen Layouts erfunden worden:

- HTML-Tabellen sollen tabellarische Daten darstellen.

- Absolute Positionierung nimmt Elemente aus dem Flow.

- float lässt Text um eine Grafik fließen.

Von Gestaltungsrastern oder mehrspaltigen Layouts hat keiner etwas gesagt. So, wie die Layout-Tabellen der 90er-Jahre heute als veraltet gelten, werden zukünftige Webdesigner wahrscheinlich eines Tages auf heutige CSS-Layout-Techniken zurückblicken und dabei leicht kopfschüttelnd vor sich hin murmeln: »Nee, wat'n Klamdüdel ...«

Trotzdem sind CSS-Layouts gegenüber Tabellen-Layouts ein Schritt in die richtige Richtung, denn sie ermöglichen immerhin eine weitgehende Trennung von Inhalt und Gestaltung. Das war die Geschichte mit Shrek: Oger bestehen aus Schichten, Zwiebeln bestehen aus Schichten, Webseiten auch (siehe Seite 45).

Aber es besteht durchaus Hoffnung, denn in CSS3 sind gleich mehrere Möglichkeiten zur Gestaltung mit Rastern vorgesehen. Und während das W3C früher Standards wie HTML oder CSS in einem akademischen Elfenbeinturm zu entwickeln schien und Webdesigner anschließend deren fehlende Praxistauglichkeit bemängelten, scheinen heute beide Seiten zu begreifen, dass sie einander brauchen.

Zur Erstellung von mehrspaltigen Layouts und Gestaltungsrastern gibt es in CSS3 gleich mehrere Ansätze, und die Situation ist momentan eher unübersichtlich. Markus Schlegel sich die Mühe gemacht, die Kandidaten ausführlich vorzustellen:

■ *bit.ly/drweb-css3-spaltenlayouts* (Artikelserie bei Dr. Web)

Im Folgenden werden diese Kandidaten kurz vorgestellt.

1. Das »CSS3 Multi-column Layout Module«

Dieses Modul ist schon recht weit fortgeschritten, wird sehr engagiert entwickelt und liegt beim W3C als sogenannte *Candidate Recommendation* vor. Sein Editor ist Hakon Wium Lie, der früher auch Editor der CSS-Spezifikation war. Das Ziel dieses Moduls ist es, mit Eigenschaften wie `column-count` und `column-width` zeitungsähnliche, mehrspaltige Layouts zu erreichen, in denen Text automatisch in der nächsten Spalte weiterfließen kann.

■ Einführung und Beispiele: *bit.ly/drweb-css3-multi-column-layout*

■ Spezifikation: *w3.org/TR/css3-multicol/*

2. Das »CSS3 Template Layout Module«

Dieses Modul hieß früher »Advanced Layout«, ist momentan ein *Working Draft* (Entwurf) und kann sich bis zur Fertigstellung noch ändern. Sein Editor ist unter anderem Bert Bos, der ebenfalls Editor der CSS-Spezifikation war. Das Modul erweitert die beiden schon vorhandenen Eigenschaften `display` und `position` und ist recht einfach zu verstehen. Mit `display:"ab"` für ein Elternelement wird ein Raster aus zwei Spalten definiert. Mit `position:a` oder `position: b` werden diesem Raster Kindelemente zugewiesen.

■ Einführung und Beispiele: *bit.ly/drweb-css3-template-layout*

■ Spezifikation: *w3.org/TR/css3-layout/*

3. Das »CSS3 Flexible Box Layout Module«

Das Flexbox-Modul ist ein *Working Draft*, stammt von Mozilla und ist an die Sprache XUL (*XML User Interface Language*) angelehnt, die zur Gestaltung von grafischen Benutzeroberflächen erfunden wurde.

■ Einführung und Beispiele: *bit.ly/drweb-css3-flexbox*

■ Spezifikation: *w3.org/TR/css3-flexbox/*

4. Die »CSS3 Grid Modules«

Das »CSS3 Grid *Positioning* Module« gibt es bereits seit längerer Zeit. Dieses Modul basiert auf Ideen von Microsoft und ist ein *Working Draft*, der aber seit September 2007 nicht mehr aktualisiert worden ist.

▦ Einführung und Beispiele: *bit.ly/drweb-css3-grid*

▦ Spezifikation: *w3.org/TR/css3-grid/*

Relativ neu im Rennen ist das »CSS3 Grid *Layout* Module«, das sich in weiten Bereichen mit den bereits genannten Modulen überschneidet, diese aber nicht ersetzen will:

▦ *w3.org/TR/css3-grid-layout/*

Die Zukunft

Was mit den verschiedenen Modulen passieren wird und wohin sie sich entwickeln, ist noch nicht deutlich. Die CSS-Roadmap des W3C gibt einen Überblick über den aktuellen Stand:

▦ *w3.org/Style/CSS/current-work* (siehe Abbildung 34.2)

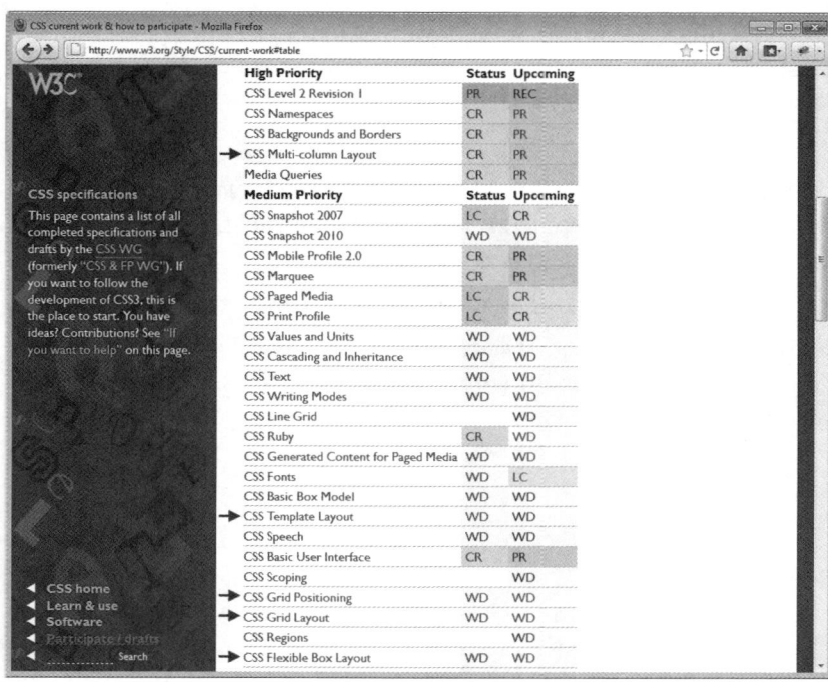

Abbildung 34.2:
Der Entwicklungsstand der verschiedenen CSS3-Module im Überblick

Fazit: Bis Spaltenlayouts mit CSS3 Realität werden, kann es noch ein bisschen dauern. Wer *heute* mehrspaltige Layouts erstellen möchte, der muss weiterhin entweder absolut positionieren oder einen *Float-Zirkus* bändigen.

34.3 Was Frameworks für CSS machen

Da es wie gesagt in CSS eigentlich keine Spalten gibt, müssen Webdesigner jeden Tag viele Klippen umschiffen, um mehrspaltige Layouts zu erzeugen. Viele malen dazu eigene Landkarten, andere benutzen lieber vorgefertigte.

Frameworks sind wie Waschmaschinen

Jeder Profi hat im Laufe der Zeit ein Repertoire von Techniken, Tricks und Templates entwickelt, das ihm als Fundament für neue Projekte dient und den Rahmen für seine tägliche Arbeit bildet – den Rahmen für die Arbeit oder eben auf Englisch das »*Frame-Work*«.

Viele Entwickler benutzen ein solches Fundament, einen Maßanzug, der für die eigenen Bedürfnisse geschneidert wurde und nicht veröffentlicht wird, weil er anderen Leuten sowieso nicht passt.

Der Designer Jeff Croft hat bei »A List Apart« einen Artikel mit dem Titel »Frameworks for Designers« geschrieben. Er beschreibt ein *Framework* (frei übersetzt) als ...

»*... eine Sammlung von Werkzeugen, Bibliotheken, Konventionen und bewährten Praktiken, die regelmäßig anfallende Aufgaben in allgemeine, wiederverwendbare Module zu abstrahieren versucht.*« *(alistapart.com/articles/frameworksfordesigners)*

Frameworks sollen die tägliche Arbeit erleichtern, sodass man nicht mehr die Hälfte seiner Zeit damit zubringt, aus jeder Webseite immer gleiche Patch-Flecken und Browserbugs herauszuwaschen. Frameworks sind also wie Waschmaschinen.

Abbildung 34.3:
Der Artikel
»Frameworks for
Designers« bei
ALA (A List Apart)

Ein Beispiel dafür ist die Kalibrierung der unterschiedlichen Abstände aus den Browser-Stylesheets. Das ab Seite 438 vorgestellte CSS-Fundament vereinheitlicht die Abstände für häufig benutzte Elemente, auch wenn sie auf der Seite (noch) gar nicht vorkommen. Zusätzlich erleichtert die Verteilung der Styles auf verschiedene Dateien die Wiederverwendbarkeit in verschiedenen Projekten. Eine solche Herangehensweise ist bereits der erste Schritt in Richtung Framework.

Ein anderes Beispiel sind mehrspaltige Layouts: Das klassische Webseitenlayout hat zwei bis drei Spalten mit einer durchgehenden Kopf- und Fußzeile. Zur Umsetzung eines solchen Layouts gibt es zahlreiche Methoden, und nicht nur für Einsteiger ist die Vielzahl der Möglichkeiten eher verwirrend, zumal die Nachteile oft erst viel später in Form gestalterischer Einschränkungen oder nerviger Browserbugs ersichtlich werden. Beides hat schon so manchen Webautor an den Rand der Verzweiflung und darüber hinaus getrieben.

Ein gutes CSS-Framework schnürt also ein Gesamtpaket zur Erstellung mehrspaltiger Layouts und bietet so ein solides Fundament für verschiedenste Layoutwünsche.

CSS-Frameworks: Vor- und Nachteile

Ein CSS-Framework bietet dem Benutzer einige Vorteile:

* Ein solides und vielfach bewährtes Fundament spart Zeit bei der Umsetzung neuer Projekte.

* Die Pflege des Quelltextes wird durch konsistente Konventionen bei der Namensgebung für IDs und Klassen erleichtert. Gerade bei der Arbeit im Team ist das ein wichtiger Faktor.

* Patchwork und Browserfehler kosten weniger Nerven, denn die Bug-Prophylaxe ist Teil des Frameworks.

Klingt verlockend? Aber Frameworks haben auch Nachteile:

* Die Einarbeitung in das Framework kostet Zeit. Sie müssen sich vor dem Gebrauch mit der Struktur des Frameworks vertraut machen und lernen, wie man damit zum Ziel kommt.

* Sie übernehmen die Konventionen des Framework-Entwicklers und damit ungefragt dessen persönliche Vorlieben, zum Beispiel bei Namensgebung und Syntax.

* Frameworks erzeugen mehr Code, als notwendig ist, weil sie für viele Situationen optimiert wurden und nicht für eine. Je komplexer das Layout ist und je mehr Inhalte auf einer Site stehen, desto weniger fällt dieser Overhead allerdings ins Gewicht.

Die Arbeit mit einem Framework ist also ein Kompromiss – genau wie mehrspaltige CSS-Layouts. Vielleicht passen die beiden darum so gut zusammen. Man muss halt nur zu leben wissen, mit Kompromissen.

Zur Erstellung einer kleinen persönlichen Homepage mit vier oder fünf Seiten wäre die vorherige Einarbeitung in ein Framework übertrieben. Das ist, als ob Sie erst Architektur studieren, um dann ein Gartenhäuschen aufzustellen, das es im Baumarkt als Bausatz gibt. Je öfter Sie aber Webseiten mit mehrspaltigen Layouts erstellen, desto eher lohnt sich die Beschäftigung mit einem CSS-Framework.

Tipp

Über die Vor- und Nachteile von CSS-Frameworks

YAML-Entwickler Dirk Jesse und YAML-Nutzer Nils Pooker haben einen langen, lesenswerten Essay über die Vor- und Nachteile von CSS-Frameworks geschrieben:

- »Was Sie über CSS-Frameworks wissen sollten!« (bit.ly/css-frameworks)

Der Artikel ist auf Deutsch und Englisch verfügbar.

34.4 CSS-Frameworks – ein kurzer Überblick

In diesem Abschnitt möchte ich Ihnen einige der momentan bekanntesten CSS-Frameworks kurz vorstellen. Beginnen möchte ich mit einem Veteran von Yahoo.

YUI Grids CSS

YUI Grids (Grids heißt »Raster«) ist auf Layouts mit fester Breite spezialisiert und auf die Zusammenarbeit mit den anderen Komponenten des Yahoo-UI ausgelegt. Es steht nur auf English zur Verfügung.

- YUI Grids CSS: *developer.yahoo.com/yui/grids/*

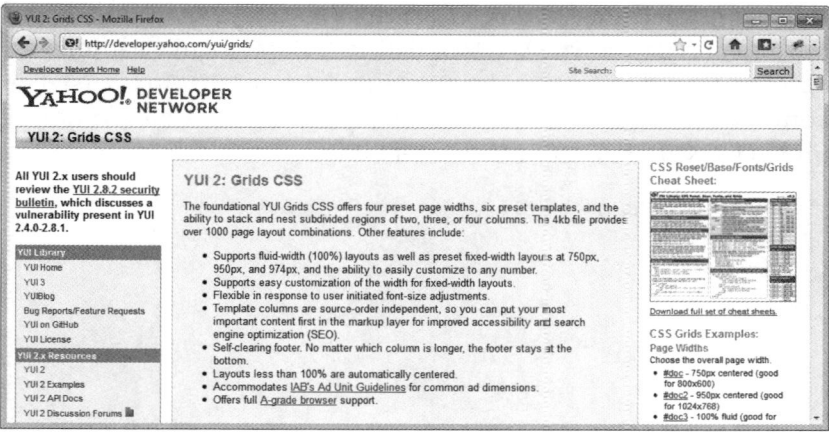

Abbildung 34.4:
Die Startseite von
Yahoo Grids CSS

Das große
little boxes Buch
Webseiten gestalten mit HTML & CSS.
Grundlagen, Navigation, Inhalte, XML & mehr

Blueprint

Blueprint basiert auf einem pixelbasierten Raster-Baukastensystem, das mit typografischen Gestaltungsvorgaben kombiniert wird, und ist besonders bei Grafikdesignern sehr beliebt. Es steht nur auf English zur Verfügung.

■ *Blueprint*: *blueprintcss.org*

Abbildung 34.5:
Die Startseite
von Blueprint

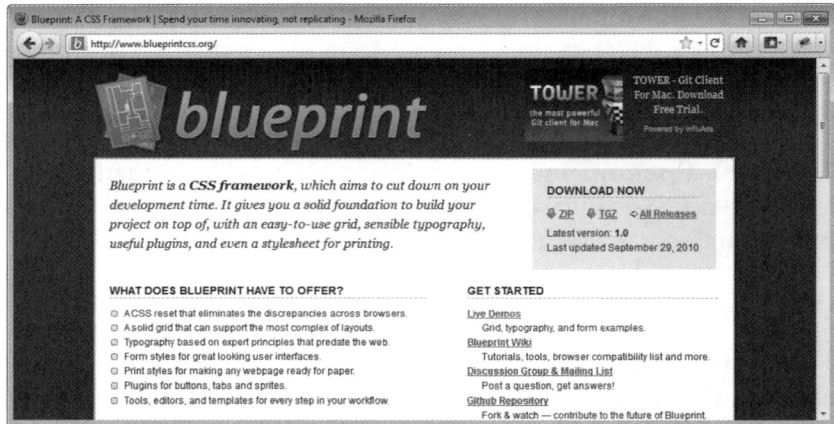

960 Grid System

Wie der Name bereits andeutet, ist das *960 Grid System* auf Designs mit einer Breite von 960 Pixel spezialisiert. Der Gedanke dahinter ist, dass heutige Monitore in der Breite mindestens 1024px darstellen können und die Zahl 960 rein mathematisch eine flexible Grundlage für ein vielseitiges Gestaltungsraster bildet:

■ *960 Grid System*: *960.gs*

Abbildung 34.6:
Die Startseite des
960 Grid System

Und noch viele andere mehr...

Abschließend sei noch gesagt, dass alle bisher gezeigten Frameworks auf Layouts mit einer festen Breite spezialisiert sind und dass bei allen das Grid erzeugt wird, in dem Sie im HTML vorher definierte Klassennamen verwenden. Auch erscheinen regelmäßig neue CSS-Frameworks, die sich oftmals bestimmten Spezialaufgaben widmen, wie z. B. *lessframework.com.*

Im folgenden Kapitel möchte ich Ihnen nun ein CSS-Framework vorstellen, bei dem Sie nicht im HTML arbeiten, sondern im CSS und mit dem es keinerlei Beschränkungen bezüglich der Seitenbreite gibt. Die Rede ist von »Yet Another Multicolumn Layout«, auch bekannt als YAML, das Sie unter folgender URL finden:

■ *yaml.de*

Von den vorgestellten Frameworks ist YAML das flexibelste, denn Sie können damit sowohl feste als auch flexible klassische Weblayouts erstellen, aber auch ein Gridlayout ist für YAML überhaupt kein Problem. Und es kann auch noch ganz eine ganze Menge mehr, aber lassen Sie sich überraschen. YAML wird in den nächsten Kapiteln ausführlich vorgestellt.

34.5 Auf einen Blick

Hier sind noch einmal die wichtigsten Punkte dieses Kapitels im Überblick:

- Statische Block-Boxen auf Webseiten können nicht nebeneinanderstehen. Block-Boxen nebeneinanderzustellen geht nur mit float oder absoluter Positionierung.

- In CSS-Layouts gibt es keine gleich langen Spalten und keinen echten Spaltensatz. Es gibt nur Flächen, die optisch wie eine Spalte wirken.

- Gestaltungsraster in CSS werden erst in CSS3 verfügbar sein. Sie sind derzeit Zukunftsmusik.

- Webdesigner entwickeln im Laufe der Zeit ein persönliches Repertoire von Techniken, Tricks und Templates, das den Rahmen für die tägliche Arbeit bildet, ein »Frame-Work«.

- Frameworks erleichtern immer wiederkehrende Routinearbeiten, kosten aber Zeit bei der Einarbeitung.

- Beliebte CSS-Frameworks sind derzeit YUI Grids, Blueprint, 960gs und YAML.

Kapitel 35

Das CSS-Framework YAML im Überblick

*Worin Sie das CSS-Framework YAML anhand eines Beispielprojektes
namens »Simple Project« kennen lernen.*

Die Themen im Überblick:

In diesem Kapitel geht es nach einer kurzen Einführung in die Philosophie von YAML um das HTML-Grundgerüst und um das Kennenlernen der CSS-Struktur zur Gestaltung dieses Grundgerüsts.

35.1 Das CSS-Framework YAML kennenlernen

Angeregt von Webkrauts-Gründer Jens Grochtdreis, veröffentlichte Dirk Jesse im Herbst 2005 ein flexibles CSS-Layout-System, mit dem man recht einfach alle möglichen verschiedenen Layouts realisieren kann, ohne bei jedem Projekt wieder bei null anfangen zu müssen.

Das Projekt bekam den Namen *Yet Another Multicolumn Layout*, kurz *YAML*, und ist im Grunde genommen eine Sammlung von CSS-Dateien, die es ermöglicht, ein festgelegtes HTML-Grundgerüst sehr flexibel zu gestalten. Das Framework bietet unter anderem folgende Möglichkeiten:

- klassische Spaltenlayouts mit durchgehendem Header und Footer und zwei oder drei Inhaltsspalten in den verschiedensten Variationen

- flexible Gridlayouts mit einer dank der Subtemplates fast beliebigen Raumaufteilung

- Gestaltung von Formularen mit dem Formularbaukasten

Auf yaml.de gibt es außerdem eine ausführliche Dokumentation (auf Deutsch *und* Englisch), die genau beschreibt, wie YAML funktioniert und welche Techniken zu welchem Zweck verwendet werden. Diese Dokumentation ist übrigens auch als Grundlage zum Lernen geeignet, und wem das nicht reicht, der kann YAML unter dem Titel »CSS-Layouts« zwischen zwei Buchdeckeln erwerben, vom Meister selbst geschrieben.

Im Web finden Sie das CSS-Framework YAML auf *yaml.de*.

Abbildung 35.1:
Die Startseite von
yaml.de

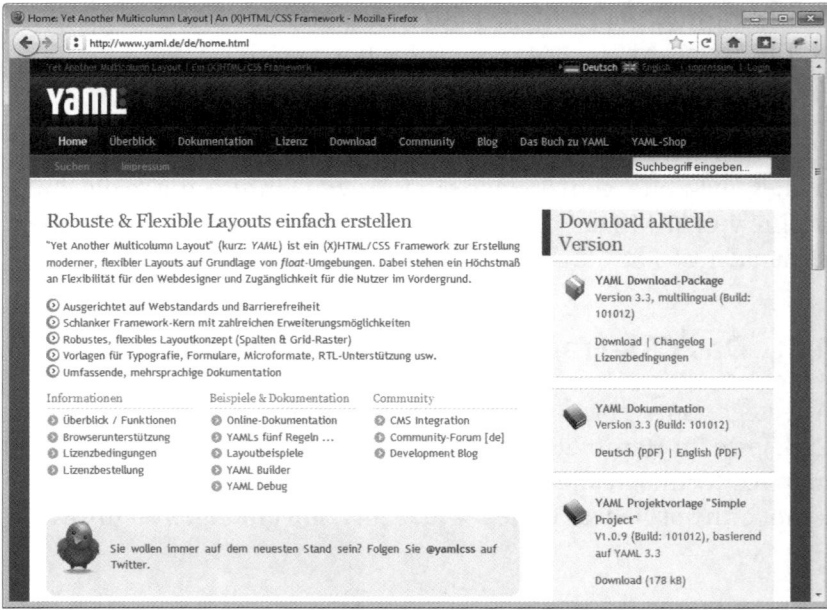

Auf *yaml.de* gibt es alles rund um YAML, vom DOWNLOAD über die DOKUMENTATION bis zur COMMUNITY, in der Sie im Forum Fragen stellen (und beantworten) können.

Die Basis für die Erklärungen in den folgenden Kapiteln ist die Simple Project Version 1.0.9, die auf der YAML Version 3.3 basiert.

Die fünf Grundregeln bei der Arbeit mit YAML

Dirk Jesse beschreibt auf *yaml.de* fünf Grundregeln für die Arbeit mit YAML, die ich im Folgenden fast unverändert wiedergeben möchte:

1. **YAML ist kein Fertiglayout**

   YAML ist ein sehr flexibles Werkzeug zur Erstellung von CSS-Layouts, aber keine Instantlösung für ein 5-Minuten-Layout. Um YAML effektiv einsetzen zu können, sollte man den Aufbau und die Funktionsweise verstehen.

2. **YAML basiert auf dem TOP-DOWN-Prinzip**

   Ohne Framework beginnen Sie eine Site *bottom-up*: Einer leeren Seite werden Elemente hinzugefügt, bis das Layout komplett ist. YAML arbeitet *top-down*: Sie bekommen eine Basis-Struktur und auf Wunsch ein Basislayout mit Header, dreispaltigem Inhaltsbereich und Footer, passen dieses Layout Ihren Vorstellungen an und entfernen nach der Fertigstellung gegebenenfalls alle nicht benötigten Elemente.

3. **Der Kern von YAML sind zwei CSS-Grundbausteine**

   Jedes YAML-basierte Layout benötigt zwei CSS-Grundbausteine: *base.css* und *iehacks.css* aus dem Ordner *yaml/core/*. Diese Bausteine sind verantwortlich für die browserübergreifend korrekte Darstellung am Bildschirm und auf einem Ausdruck.

4. **Trennung von YAML-CSS und Ihren eigenen Stylesheets**

   Bei der Arbeit mit YAML gibt es zwei Hauptordner: Der Ordner *yaml* ist die Lagerhalle, und darin gespeicherte CSS-Bausteine bleiben unverändert. Gearbeitet wird in der Werkstatt, einem eigenen Ordner mit frei wählbarem Namen, in dem sowohl Anpassungen der von YAML gelieferten Bausteine als auch selbst erstellte Stylesheets gespeichert werden. Im »Simple Project« heißt dieser Ordner *css*.

In diesem Kapitel lernen Sie zunächst die Struktur des Beispielprojektes, den Aufbau des HTML-Quelltextes und die zur Gestaltung benötigten Stylesheets kennen. In den beiden folgenden Kapiteln werden dann die CSS-Bausteine, einige Layoutbeispiele und der YAML-Builder vorgestellt. Das Ziel dieser Kapitel ist es, die fünfte Grundregel Realität werden zu lassen:

5. Viel Spaß mit YAML!

Auf geht's!

Tipp

Creative Commons Attribution 2.0 – die Lizenz zu YAML

YAML wurde unter der Lizenz *Creative Commons Attribution 2.0* veröffentlicht:

▓ *creativecommons.org/licenses/by/2.0/de/*

Kurzfassung: Für die kostenfreie Nutzung von YAML ist die Rückverlinkung zur YAML-Homepage (*http://www.yaml.de*) in der Fußzeile der Website oder im Impressum Pflicht. Details, auch zur Benutzung ohne Rückverlinkung, finden Sie auf *yaml.de*:

▓ *yaml.de/de/lizenz/lizenzbedingungen.html*

Die Projektvorlage »Simple Project« – ideal für den Einstieg

Auf *yaml.de* gibt es eine fix und fertige Vorlage für den schnellen Einstieg, die den schönen Namen »Simple Project« trägt. Dieses ZIP-Archiv enthält alle HTML- und CSS-Dateien, die Sie zum Kennenlernen von YAML benötigen, und es dient in diesem Buch als Grundlage.

ToDo: Das Simple Project von YAML herunterladen und entpacken

1. Surfen Sie zu *yaml.de*.
2. Laden Sie die aktuelle Version des »Simple Project« herunter.
3. Entpacken Sie das ZIP-Archiv irgendwo auf Ihrer Festplatte.
4. Betrachten Sie die Ordnerstruktur in einem Dateimanager.

Nach dem Entpacken der ZIP-Datei sehen Sie die weiter oben in Grundregel 4 angesprochene Zweiteilung der Ordnerstruktur:

- Der Ordner *yaml* ist die Lagerhalle. Hier liegen die CSS-Bausteine von YAML, und in diesem Ordner sollten keine Dateien verändert werden. Überhaupt keine.

- Der Ordner *css* ist die Werkstatt. Hier werden Sie geänderte YAML-Bausteine und Ihre eigenen CSS-Dateien speichern.

Machen Sie sich über die anderen Unter- und Unterunterordner momentan noch nicht zu viele Gedanken. Die wichtigsten davon werden so nach und nach vorgestellt.

Im Hauptordner finden Sie eine Datei namens *my_layout.html*. Das ist die Startseite des »Simple Project«, und sie sieht im Browser so aus wie in Abbildung 35.2.

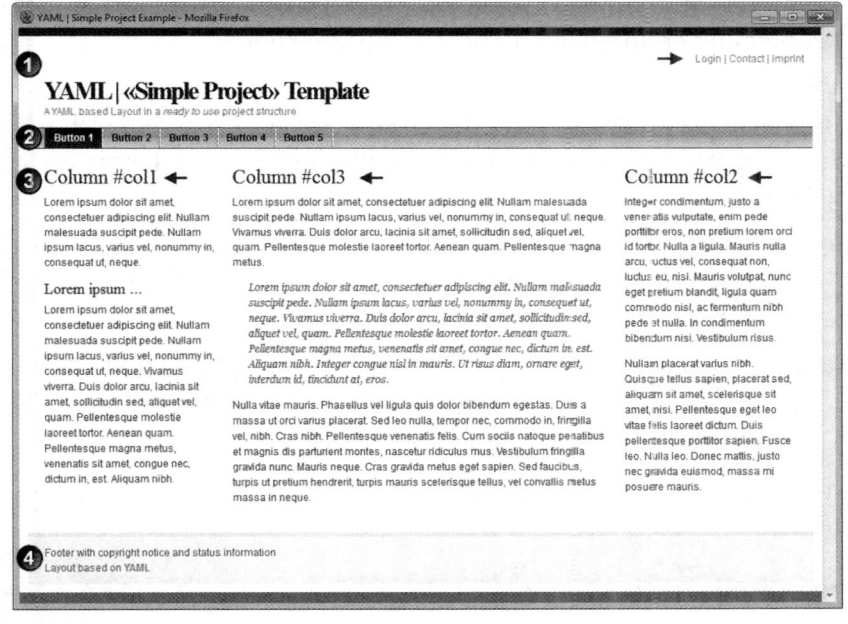

Abbildung 35.2:
Die Beispielseite
my_layout.html

Die Datei *my_layout.html* zeigt das in Grundregel 2 beschriebene fertige Basislayout, das bei der Arbeit mit YAML als Ausgangsposition dient:

1. durchgehender Header mit einer Metanavigation (rechts oben)

2. horizontale Navigation mit momentan fünf Menüpunkten

3. ein dreispaltiger Inhaltsbereich mit der Spaltenreihenfolge 1-3-2 (am Bildschirm)

4. durchgehender Footer mit einem Link zu *yaml.de*

Diese Webseite und die dahinter stehenden Stylesheets werden im Folgenden beschrieben.

35.2 Das HTML-Grundgerüst von YAML

In diesem Abschnitt lernen Sie das HTML-Grundgerüst von YAML kennen und erfahren, wie es per CSS gestaltet wird.

YAML 3.3 benutzt als DOCTYPE die Version *XHTML 1.0 Transitional*. Bezüglich der HTML-Syntax müssen Sie einige kleinere Unterschiede zu der HTML-Schreibweise beachten, die Sie bisher in diesem Buch gelernt haben:

▨ Der DOCTYPE und die Angabe des Zeichensatzes UTF-8 sind bei XHTML 1.0 etwas komplizierter, aber da Sie sie nicht selbst schreiben müssen, ist das nicht weiter schlimm.

▨ Leere Elemente wie `meta`, `link` oder `img` müssen in XHTML ein Ende-Tag haben und enden deshalb immer mit *Leerstelle-Schrägstrich-Größer als*. Ein Beispiel: `<link href="..." rel="..." type="..." />`

Ansonsten werden Sie sich im HTML-Grundgerüst schnell zurechtfinden.

Die HTML-Struktur im Basislayout

In der Startseite *my_layout.html* findet sich die für YAML typische Verschachtelung der `div`-Container, die für das Layout benötigt werden. Abbildung 35.3 zeigt dieses HTML-Grundgerüst im Überblick.

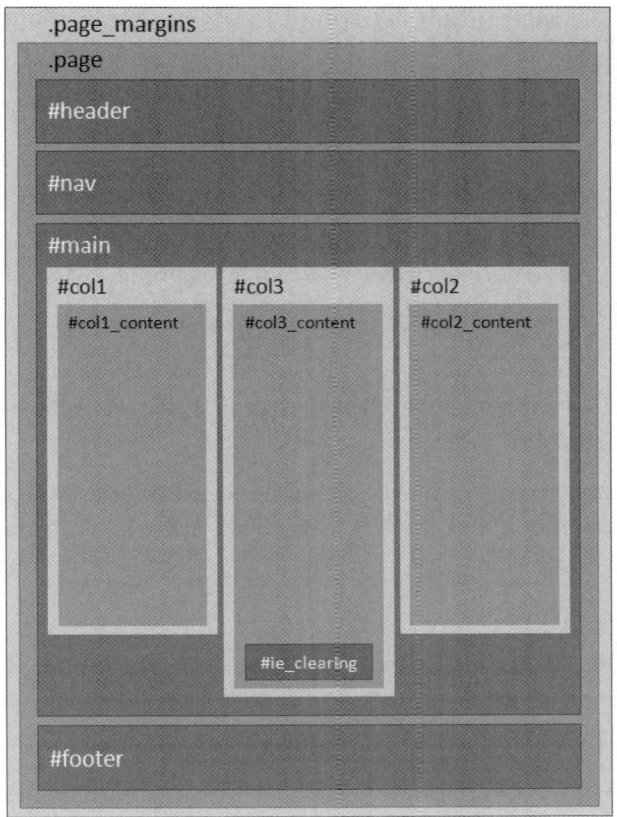

Auch YAML hat einen »Wrapper«, ein div-Element, das alle anderen wie ein Schutzumschlag umfasst. Genau genommen gibt es gleich zwei davon: Der äußere heißt .page_margins, der innere .page. Der äußere Container .page_margins dient zur Definition der Seitenbreite und kann zusammen mit seinem Zwilling für eine grafische Umrandung der ganzen Seite benutzt werden. Die Namen der beiden Wrapper werden als Klasse und nicht als ID notiert, damit sie bei bestimmten Layouts (wie zum Beispiel einem *Full-Page-Layout*, siehe Seite 762) mehrfach verwendet werden können.

Innerhalb des doppelten Schutzumschlags liegen die vier wichtigsten Layout-Container:

- #header ist der Kopfbereich und enthält eine Metanavigation namens #topnav.

- #nav ist der Container für die Hauptnavigation.

- #main enthält den Inhaltsbereich mit den Spalten #col1, #col3 und #col2.

- #footer ist der Fußbereich.

Tipp **Die Namen der IDs und Klassen sind tabu**

Die Namen der in diesem Abschnitt gezeigten Container sollten Sie auf keinen Fall ändern, denn die gesamte CSS-Struktur basiert auf diesen IDs und Klassen.

Der Inhaltsbereich hat drei Container: »#col1«, »#col3« und »#col2«

Innerhalb des Inhaltsbereichs #main befinden sich drei Container, die nach dem bekannten float/margin-Prinzip positioniert werden:

- Die Randspalten #col1 und #col2 werden nach links bzw. rechts gefloatet.

- Die mittlere Spalte #col3 ist statisch und hat links und rechts einen großen *margin*, der sich unter die gefloateten Randspalten schiebt.

Die drei Layoutspalten werden alle gedoppelt und enthalten einen inneren Container, in dem der eigentliche Inhalt notiert wird:

- #col1 enthält #col1_content.

- #col2 enthält #col2_content.

- #col3 enthält #col3_content.

Die Reihenfolge der drei Spalten im Quelltext ist durch diese Technik zum Teil festgelegt, denn der statische Container #col3 muss *nach* den beiden gefloateten div-Elementen kommen. YAML bietet zwar Möglichkeiten, die Spaltenreihenfolge auch im HTML zu ändern, aber die ursprüngliche Reihenfolge ist 1-2-3 im Quelltext und 1-3-2 am Bildschirm.

In Abbildung 35.4 wurden auf der Seite *my_layout.html* die großen Außenabstände margin-left und margin-right der mittleren Spalte #col3 mit Firebug sichtbar gemacht:

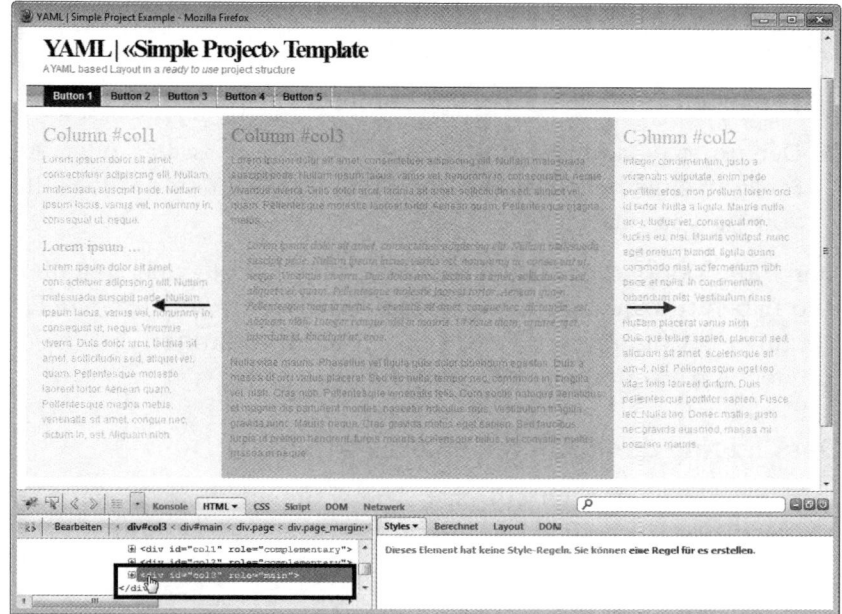

Abbildung 35.4:
Firebug zeigt den
margin links und
rechts von #col3

Die drei Spalten in »#main« werden gedoppelt

Die Dopplung der drei Inhalts-Container mit #colx und #colx_content wirkt auf den ersten Blick vielleicht etwas übertrieben, ist aber wohlüberlegt. Der äußere Container kann im CSS mit width eine Breite zugewiesen bekommen, und der innere Container erhält eventuelle Angaben für padding und border (siehe dazu auch Seite 394).

Die Zuweisung von Breite und Rahmen bzw. Innenabständen an getrennte Container hat zwei Gründe:

1. Die falsche Berechnung des Box-Modells in alten IEs wird von vornherein vermieden. Das ist zwar heutzutage nicht mehr so wichtig wie früher, aber eine gerne mitgenommene Prophylaxe.

2. Wichtiger ist, dass es durch die Dopplung bei flexiblen Layouts möglich wird, für width und padding bzw. border unterschiedliche Einheiten zu benutzen.

Ein Beispiel: Wenn die linke Spalte eine Breite von 25% und ein padding von 10px bekommt, kann man wegen der gemischten Einheiten deren Gesamtbreite nicht mehr genau bestimmen und des-

wegen den `margin-left` für die mittlere Spalte nicht definieren. Die Dopplung der Container löst dieses Problem:

- Der äußere Container `#col1` bekommt eine Breite von 25 %.

- Der innere Container `#col1_content` kann ein `padding` oder ein `border` in einer beliebigen anderen Einheit haben, ohne die Breite von `#col1` zu verändern.

Durch die Dopplung können Sie die Spalten sehr flexibel gestalten und haben trotzdem immer eine genau definierte Gesamtbreite für die äußeren Container `#col1` und `#col2`, die zur Definition des linken und rechten `margin` von `#col3` benutzt werden kann.

Das Clearing der mittleren Spalte »#col3«

Last but not least noch ein paar Anmerkungen zum Clearen der mittleren Spalte, das für das Funktionieren des Layout-Prinzips von YAML sehr wichtig und ausgesprochen pfiffig konzipiert ist.

Ab Seite 369 wurde beschrieben, dass ein Clear in einem statischen Container für alle Float-Elemente auf der Seite gilt, was man als *globale Wirkung von clear* bezeichnet. Dirk Jesse setzt diesen in den meisten Layouts eher unerwünschten Effekt in YAML ganz bewusst ein, damit die mittlere Spalte immer länger ist als die beiden gefloateten. Der Trick geht so:

- Die drei inneren Container (`#col3_content` usw.) bekommen vorsorglich allesamt die Klasse `.clearfix`, für die im CSS ein `clear:both` definiert ist.

- In den gefloateten Spalten (`#col1` und `#col2`) wirkt das Clear *lokal*, also nur innerhalb der gefloateten Spalten.

- In statischen, im Flow befindlichen Spalten hingegen (`#col3`) gilt das Clear *global*, also auch für Floats außerhalb der statischen Spalte.

Durch diese simple Tatsache verlängert das Clearing für `#col3_content` den umgebenden Container `#col3` immer bis unter die beiden gefloateten Außenspalten, auch wenn er weniger Inhalt als die beiden äußeren Spalten enthält (siehe Abbildung 35.5).

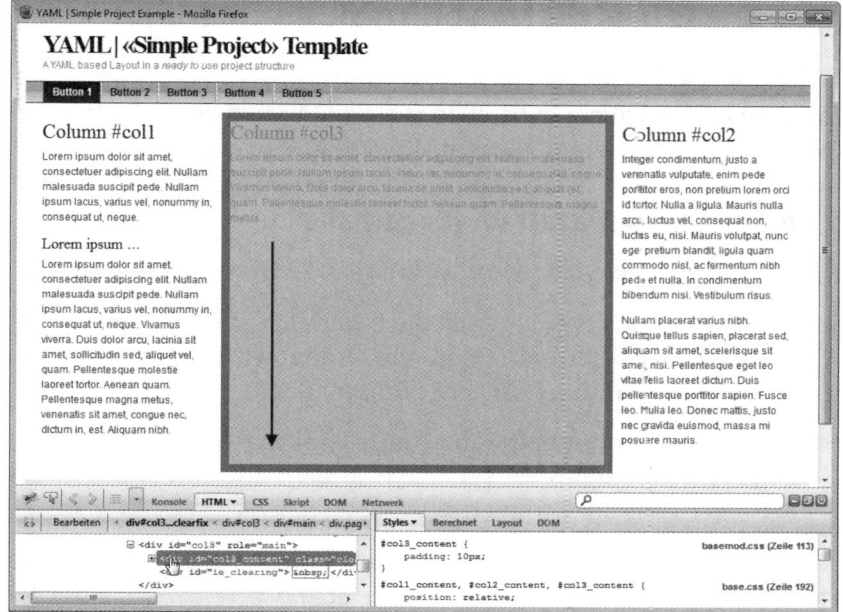

Abbildung 35.5:
Die mittlere Spalte reicht immer bis unter #col1 und #col2.

Da der Internet Explorer die in .clearfix benutzte Pseudoklasse :after nicht kennt, gibt es am Ende von #col3 noch einen zusätzlichen Container namens #ie_clearing, der sich *unterhalb* von #col3_content, aber noch *innerhalb* von #col3 befindet. Dieses div ist nur für die Internet Explorer bestimmt und wird für alle anderen Browser im CSS mit display:none einfach ausgeblendet.

Das Element #ie_clearing bekommt in der Datei *iehacks.css* ein spezielles Clearing zugewiesen, sodass der Trick mit der langen mittleren Spalte auch in Internet Explorern der Version 7 oder älter funktioniert.

Das IE-Clearing im Detail

Tipp

In der Dokumentation wird das Clearing für die Internet Explorer in Abschnitt 2.7.2, »Eine spezielle Clearing-Lösung für den Internet Explorer«, ausführlich erklärt.

■ *yaml.de/de/dokumentation/grundlagen/das-clearing-von-col3.html*

Vorsicht. Vor der Lektüre anschnallen. Sie fahren durch jede Menge Know-how.

35.3 Die CSS-Struktur von YAML im Überblick

Nachdem Sie im letzten Abschnitt die HTML-Struktur von YAML kennengelernt haben, geht es in diesem Teil um die CSS-Struktur. Wir beginnen mit einem kleinen Überblick.

Zwei Ordner: Werkstatt und Lagerhalle

Alle CSS-Dateien werden wie erwähnt in zwei Ordnern gespeichert:

- Der Ordner *yaml* ist wie gesagt die Lagerhalle, die die CSS-Bausteine von YAML bereithält. In diesem Ordner wird nicht gearbeitet, aber Sie können sich dort gerne umschauen.

- Zusätzlich zur Lagerhalle gibt es eine Werkstatt, einen Arbeitsordner, in dem Sie Stylesheets erstellen, ändern und aufbewahren. Im Beispiel ist das der Ordner *css*.

Die Projektvorlage »Simple Project« enthält mit dem Arbeitsordner *css* sowie einigen Unterordnern und Dateien bereits eine vorgegebene Struktur und erleichtert so den Einstieg, aber an sich erlaubt YAML dem Autor eine fast beliebige Ordnerstruktur.

Wenn Sie später eigene Projekte mit YAML realisieren, die nicht auf dem »Simple Project« beruhen, muss der Arbeitsordner zum Beispiel nicht *css* heißen. Sie können ihn auch *mein_css*, *werkstatt* oder *buxtehude* nennen, und auch alle darin enthaltenen CSS-Dateien und Unterordner können beliebige Namen haben. Nicht jedes Framework lässt seinem Anwender so viele Freiheiten.

Das zentrale Stylesheet: »my_layout.css«

Im Arbeitsordner *css* befindet sich neben einigen Unterordnern nur eine einzige Datei, das zentrale Stylesheet mit dem Namen *my_layout. css*. Diese Datei wird auf allen Webseiten eingebunden und lädt per *@import* alle anderen zur Gestaltung der Seiten benötigten Stylesheets.

Das folgende Listing zeigt einen Ausschnitt aus dem zentralen Stylesheet *my_layout.css*:

```
/* import core styles | Basis-Stylesheets einbinden */
@import url(../yaml/core/base.css);

/* import screen layout | Screen-Layout einbinden */
@import url(../yaml/navigation/nav_shinybuttons.css);

@import url(screen/basemod.css);
@import url(screen/content.css);

/* import print layout | Drucklayout einbinden */
@import url(../yaml/print/print_003_draft.css);
```

Listing 35.1:
Ausschnitt aus
my_layout.css

Der Reihe nach werden hier fünf Stylesheets eingebunden:

- **Das Fundament**. Das Stylesheet *base.css* ist der Kern von YAML und stellt unter anderem ein CSS-Reset und das dreispaltige Basislayout zur Verfügung.

- **Die Navigation**. Nach dem Fundament folgt ein Stylesheet für die Navigation. Hier können (und sollten) Sie statt der bei YAML mitgelieferten *nav_shinybuttons.css* ein eigenes Stylesheet einbinden.

- **Das Layout**. Das Stylesheet *basemod.css* dient zur Veränderung des Basislayouts und enthält die Formatierung der für das Layout benötigten div-Container.

- **Der Inhalt**. Das Stylesheet *content.css* gestaltet den Inhalt der Webseiten.

- **Die Druckversion**. Das Stylesheet *print_003_draft.css* wird zuletzt eingebunden.

Ergänzt wird das zentrale Stylesheet *my_layout.css* noch durch ein Stylesheet mit Patches für die Internet Explorer, das via Conditional Comment eingebunden wird, im Unterordner *css/patches* liegt und den schönen Namen *patch_my_layout.css* trägt:

```
<!--[if lte IE 7]>
    <link href="css/patches/patch_my_layout.css" rel='stylesheet'
      type="text/css" />
<![endif]-->
```

Listing 35.2:
Der Conditional
Comment für die
IE-Patches

Beachten Sie, dass in XHTML das `link`-Element mit *Leerstelle-Schräg-strich-Größer als* endet und das Attribut `type="text/css"` benötigt. Im folgenden Kapitel lernen Sie die CSS-Bausteine von YAML näher kennen.

35.4 Auf einen Blick

Hier sind noch einmal die wichtigsten Punkte dieses Kapitels im Überblick:

- YAML bietet eine sehr flexible und gut dokumentierte Grundlage für mehrspaltige Layouts.

- Die fünf Grundregeln zur Arbeit mit YAML lauten:
    - YAML ist kein Fertiglayout.
    - YAML basiert auf dem TOP-DOWN-Prinzip.
    - Der Kern von YAML sind zwei CSS-Grundbausteine.
    - Trennung von YAML-CSS und Ihren eigenen Stylesheets
    - Viel Spaß mit YAML!

- Zum Kennenlernen von YAML gibt es ein fertiges »Simple Project«.

- Das HTML-Grundgerüst von YAML hat eine festgelegte `div`-Struktur:
    - `#page_margins` und `#page` fungieren als Wrapper.
    - `#header` und `#nav` umschließen den Kopf- bzw. den Navigationsbereich.
    - `#main` enthält den Inhaltsbereich mit drei Spalten: links `#col1` und `#col1_content`, in der Mitte `#col3` und `#col3_content` und rechts `#col2` und `#col2_content`
    - `#footer` ist der Fußbereich.

- Die Dopplung vieler `div`-Container ist wohlüberlegt und ermöglicht die Lösung zahlreicher Layoutprobleme.

- Das Clearing der mittleren Spalte `#col3_content` sorgt dafür, dass `#col3` immer länger ist, als die beiden Außenspalten `#col1` und `#col2` reichen.

- YAML bewahrt die CSS-Dateien in zwei verschiedenen Ordnern auf:

  - Der Ordner *yaml* ist die Lagerhalle, die Dateien zur Verfügung stellt.

  - Der Ordner *css* ist die Werkstatt, in der Sie arbeiten.

- Auf den Webseiten werden zwei CSS-Dateien aufgerufen:

  - ein zentrales Stylesheet, das alle anderen importiert

  - ein IE-Patch-Stylesheet per Conditional Comment

Kapitel 36

Die CSS-Bausteine von »YAML«

Worin Sie die CSS-Bausteine von YAML genauer kennen lernen.

Die Themen im Überblick:

In diesem Kapitel lernen Sie die CSS-Bausteine von YAML kennen.

36.1 Die Grundbausteine »base.css« und »iehacks.css«

Die Stylesheets *base.css* und *iehacks.css* sind die beiden Grundbausteine von YAML und liegen im Ordner *yaml/core*. Vorsicht, Hochspannung! Bissiger Leopard! Diese Dateien sollten überhaupt nie-

mals und auf gar keinen Fall in irgendeiner Form geändert werden. Angucken erlaubt, anfassen nicht!

Diese Vorsichtsmaßnahme hat zwei Gründe:

- Änderungen direkt an den Grundbausteinen vorzunehmen wäre bildlich gesprochen eine Operation am offenen Herzen, und das birgt selbst für gelernte Chirurgen ein gewisses Risiko.

- Die Grundbausteine bieten ungeändert ein sehr schönes Fallback, eine Absicherung, denn das eigene CSS überschreibt nur im Rahmen der Kaskade das hier erstellte Basislayout.

Im Folgenden werden diese beiden Grundbausteine kurz vorgestellt.

Das Basis-Stylesheet »base.css«

Das Basis-Stylesheet heißt mit vollem Namen *yaml/core/base.css* und besteht aus sechs großen Abschnitten, die in drei Mediendeklarationen gefasst sind:

1. `@media all` umfasst drei Abschnitte zum Browser-Reset (`@section browser reset`), zur Definition der Clearing-Methoden (`@section clearing methods`) und zum Verstecken von Elementen (`@section hidden elements`).

2. `@media screen, projection` enthält zwei Abschnitte zur Definition des Basislayouts (`@section base layout`) und der Subtemplates (`@section subtemplates`).

3. `@media print` enthält die grundlegenden Anweisungen zur Erstellung einer Druckversion. Bis YAML 3.1 standen diese in einer eigenen Datei namens *print_base.css*.

In *base.css* wird ein Basislayout definiert, das nach dem Motto »Ein Bild sagt mehr als tausend Worte« in einem CSS-Kommentar in der Datei mit folgender Skizze beschrieben wird:

Listing 36.1:
Skizze zum Basis-
layout in *base.css*

```
/*
 * |---------------------------|
 * | #col1  | #col3    | #col2  |
 * | 20%    | flexible | 20%    |
 * |---------------------------|
 */
```

```
#col1 { float:left; width:20%; }
#col2 { float:right; width:20%; }
#col3 { width:auto; margin:0 20%; }
```

Die Skizze zeigt zwei gefloatete Randspalten mit 20% Breite und eine flexible, nicht positionierte Mittelspalte. Darüber und darunter gibt es noch einen durchgehenden Kopf- bzw. Fußbereich, und fertig ist das Basislayout von YAML. Dieses Layout ist bei YAML im Hintergrund immer aktiv und wird im Rahmen der Kaskade in den nachfolgenden Stylesheets überschrieben.

Die Beispielseite *my_layout.html* aus dem »Simple Project« sieht nur mit diesem Basis-Stylesheet so aus wie in Abbildung 36.1. Für die Abbildung wurden die anderen im zentralen Stylesheet *my_layout.css* eingebundenen Stylesheets auskommentiert.

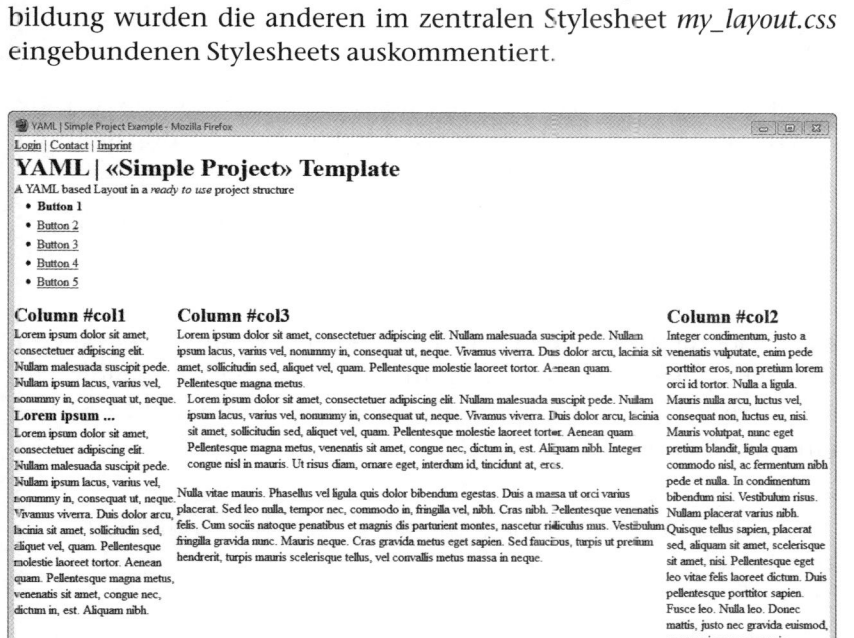

Abbildung 36.1:
Die Beispielseite
my_layout.html
nur mit der
base.css

In der *base.css* von YAML gibt es im Abschnitt @section hidden elements übrigens eine Klasse namens hideme, die nicht nur vom Namen, sondern auch von der Funktion her eine gewisse Ähnlichkeit mit der in Kapitel 21 definierten Klasse versteckmich hat. Beide dienen zum Verstecken von HTML-Elementen.

Tipp | **Details zum Basis-Stylesheet**

In der Dokumentation von YAML finden Sie bei Bedarf in Abschnitt 3.4, »Das Basis-Stylesheet *base.css*«, weitere Details:

■ *yaml.de/de/dokumentation/css-bausteine/basis-stylesheet.html*

IE-Patches: »iehacks.css« und »patch_my_layout.css«

Im Verlauf des Buches gab es in einigen Kapiteln einen Extraabschnitt zum Patchen von Fehlern in den Versionen 6 und 7 des Internet Explorers. Auch bei YAML sind die Patches für den Internet Explorer ein wichtiger Bestandteil, und sie bestehen genau genommen aus zwei Teilen:

■ Patches für alle Layouts in *yaml/core/iehacks.css*. Diese Datei enthält IE-Patches, die für jedes Layout wichtig sind. Sie ist ein Grundbaustein von YAML und sollte nicht geändert werden.

■ Patches nur für bestimmte Layouts in *css/patches/patch_my_layout.css*. Hier werden Patches gespeichert, die nur für bestimmte Layouts relevant sind.

Es ist wichtig zu verstehen, wie diese beiden Stylesheets zusammenarbeiten. *patch_my_layout.css* wird für alle Internet Explorer bis inklusive Version 7 auf jeder Webseite per Conditional Comment eingebunden:

Listing 36.2:
Aufruf von
patch_my_layout.
css im Head der
Startseite

```
<!--[if lte IE 7]>
  <link href="css/patches/patch_my_layout.css" rel="stylesheet"
type="text/css" />
<![endif]-->
```

Eine wichtige Aufgabe von *patch_my_layout.css* ist es, den Grundbaustein *iehacks.css* zu importieren. Ziemlich am Anfang der Datei steht deshalb folgende Zeile:

Listing 36.3:
Aufruf von
iehacks.css in
patch_my_layout.
css

```
/* Layout-unabhängige Anpassungen */
@import url(../../yaml/core/iehacks.css);
```

Im Klartext: Auch wenn für Ihr spezielles Layout kein einziger layoutabhängiger IE-Patch erforderlich ist, sollten Sie *patch_my_layout.css* trotzdem nicht löschen.

Weil es so wichtig ist, folgt hier noch einmal der Hinweis:

»Das Stylesheet iehacks.css aus dem Verzeichnis yaml/core/ ist einer der Grundbausteine des YAML-Frameworks. Es liefert alle struktur- und layoutunabhängigen Bugfixes für den Internet Explorer (Versionen 5.x/ Win – 7.0/Win). Diese Korrekturen sind essentiell für die Robustheit und fehlerfreie Darstellung YAML-basierter Layouts im Internet Explorer. Dieses Stylesheet ist in jedem YAML-basierten Layout erforderlich und sollte generell unverändert bleiben!« (YAML-Dokumentation, Kapitel 3.5.1)

Oder anders ausgedrückt: Sie sollten *iehacks.css* nicht ändern, denn sonst könnte Ihrem Layout der Himmel auf den Kopf fallen.

Wobei es eine kleine Ausnahme gibt: Am Anfang der *iehacks.css* gibt es eine Anweisung zum Testen, ob das Stylesheet im IE6 und 7 geladen wird:

```
/*
 * (de) Fehlersuche:Hintergrund leuchtet grün, wenn das Stylesheet
korrekt geladen wurde
 */

/* body { background:#0f0; background-image:ncne; } */
```

Listing 36.4: Testen, ob *iehacks. css* in IE6 und IE7 geladen wird

Um zu schauen, ob das Stylesheet *iehacks.css* in IE6 und 7 wirklich aktiv ist, entfernen Sie die Kommentarzeichen um den grünen Hintergrund für body, speichern das Stylesheet und laden *my_layout.html* im IETester. Der standardmäßige blaue Hintergrund von body sollte danach leuchtend grün sein (siehe Abbildung 36.2).

Abbildung 36.2: Der Hintergrund von body wird grün, wenn *iehacks.css* geladen wird.

Vergessen Sie nicht, die Debug-Anweisung für body wieder auszukommentieren, sonst sehen alle Besucher mit IE6 und 7 ihre Webseiten mit einem knallgrünen Hintergrund.

Tipp | **Details zu den IE-Patches**

Eine detaillierte Auflistung der Bugfixes für IEs finden Sie in der Dokumentation in den Abschnitten 3.5.1 und 3.5.2:

- ▪ *bit.ly/yaml-doku-351* (layoutunabhängige Patches in *iehacks.css*)
- ▪ *bit.ly/yaml-doku-352* (layoutabhängige IE-Bugs)

36.2 Die Layoutstruktur mit »basemod.css« erstellen

Im Grundbaustein *base.css* sollten Sie wie gesagt nichts ändern. Die Struktur für das Layout Ihrer Webseiten am Bildschirm erstellen Sie mithilfe eines zweiten Stylesheets, das beim »Simple Project« im Werkstattordner *css/screen* liegt und den schönen Namen *basemod.css* trägt, weil darin die Einstellungen aus *base.css mod*ifiziert werden.

Die Anweisungen in *basemod.css* werden von @media screen, projection gekapselt und können grob in folgende Bereiche unterteilt werden:

- ▪ Workaround zur Erzwingung eines Rollbalkens mit overflow-y:scroll
- ▪ Gestaltung des YAML-Basis-Layouts (body, #header, #main und #footer)
- ▪ Formatierung der Inhalts-Container #col1, #col2 und #col3
- ▪ Gestaltung layoutabhängiger Elemente
- ▪ visuelle Gestaltung der Skiplink-Navigation

Abbildung 36.3 zeigt *my_layout.html* nur mit den Stylesheets *base.css* und *basemod.css*.

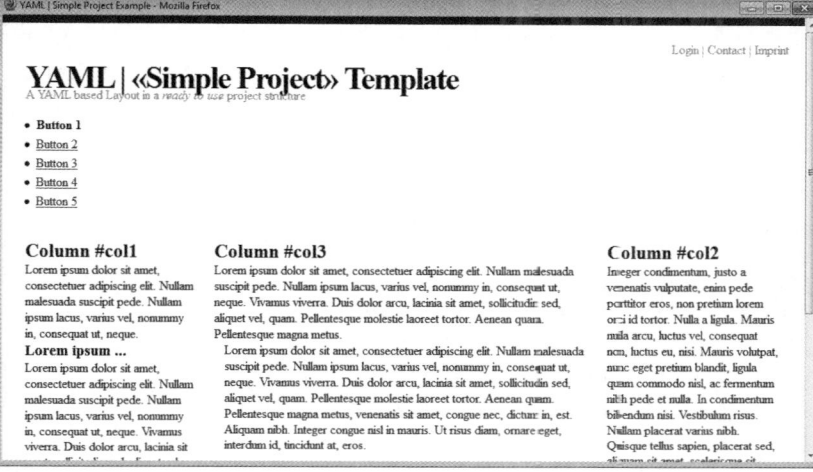

Abbildung 36.3:
Die Beispielseite
my_layout.html
nur mit *base.css*
und *basemod.css*

In der *basemod.css* wird im Abschnitt »Formatierung der Inhalts-Container« die Spaltenbreite für die drei Spalten im Inhaltsbereich definiert. Hier stehen die folgenden Zeilen:

```
* (de) Formatierung der Inhalts-Container
*
* |------------------------------|
* | #header                      |
* |------------------------------|
* | #col1    | #col3    | #col2   |
* | 25%      | flexible | 25%     |
* |------------------------------|
* | #footer                      |
* |------------------------------|
*/

#col1 { width: 25% }
#col1_content { padding: 10px 10px 10px 20px; }

#col2 { width: 25% }
#col2_content { padding: 10px 20px 10px 10px; }

#col3 { margin: 0 25% }
#col3_content { padding: 10px }
```

Listing 36.5:
Gestalten der
Spalten in *base-
mod.css*

Mit diesen Zeilen CSS wird das Basislayout aus der *base.css* überschrieben, und Sie können hier die Breite der Spalten fast beliebig verändern. Sie müssen nur darauf achten, dass der Wert für den linken bzw. rechten `margin` von `#col3` mit dem für die Breite von `#col1` bzw. `#col2` übereinstimmt.

Um zum Beispiel die linke Spalte auf 30% und die rechte auf 20% zu setzen, würde das Listing so aussehen:

Listing 36.6:
Gestalten der
Spalten in *base-
mod.css*

```
#col1 { width: 30% }
#col1_content { padding: 10px 10px 10px 20px; }

#col2 { width: 20% }
#col2_content { padding: 10px 20px 10px 10px; }

#col3 { margin: 0 20% 0 30% } /* Werte für rechts und links = width
    von #col1 und #col2 */
#col3_content { padding: 10px }
```

Falls Sie im CSS die Breite der Spalten ändern, müssen Sie noch zwei andere Dinge erledigen:

1. Denken Sie daran, das ASCII-Kunstwerk im Kommentar direkt darüber anzupassen, denn es hilft Ihnen oder einem Dritten später beim Verständnis des CSS. Das kann es aber nur tun, wenn es sich auch tatsächlich auf den aktuellen Code bezieht.

2. Im Stylesheet *css/patches/patch_my_layout.css* müssen Sie den `margin` von `#col3` für IE6 und 7 anpassen.

Dazu öffnen Sie die Datei im Editor und ändern im Abschnitt »Bugfix for IE 3-Pixel-Jog Bug« die Werte für `margin-left` und `margin-right`:

Listing 36.7:
Anpassung der
Spaltenbreite in
*patch_my_layout.
css*

```
* html #col3 { margin-left: ... ; margin-right: ... ; }
```

36.3 Inhaltselemente gestalten mit »content.css«

YAML ist als CSS-Layout-Framework für die Bereitstellung einer Layoutstruktur verantwortlich, die Gestaltung der Inhalte hingegen ist in erster Linie Aufgabe des Seitenbauers. YAML stellt für die Gestaltung der Inhalte eine Grundformatierung zur Verfügung, die im »Simple Project« in der Datei *content.css* enthalten ist. Diese Grundformatierung ist aber nur ein Vorschlag, und Sie können und sollten sie an Ihre eigenen Vorstellungen anpassen.

Die Standardformatierung für die wichtigsten Inhaltselemente gilt für alle Medien und ist in folgende Abschnitte unterteilt:

- »Fonts« mit Styles zur Schriftgestaltung für Überschriften, Listen und anderen Elementen

- »Generic Content Classes« mit Standardklassen zur Positionierung und Hervorhebung

- »Tables« zur Gestaltung von HTML-Tabellen

- » Sonstiges« für alle anderen Styles

Das Styling der Inhalte wird in Abschnitt 3.8 der Dokumentation beschrieben, und bei den YAML-Layoutbeispielen können Sie sich anschauen, wie die Styles aus *content.css* im Browser aussehen:

- *yaml.de/de/dokumentation/css-bausteine/gestaltung-der-inhalte*

- *yaml.de/fileadmin/examples/01_layouts_basics/styling_content. html*

Mit der Navigation auf der linken Seite können Sie schnell zu einem bestimmten Abschnitt auf dieser Seite springen (siehe Abbildung 36.4).

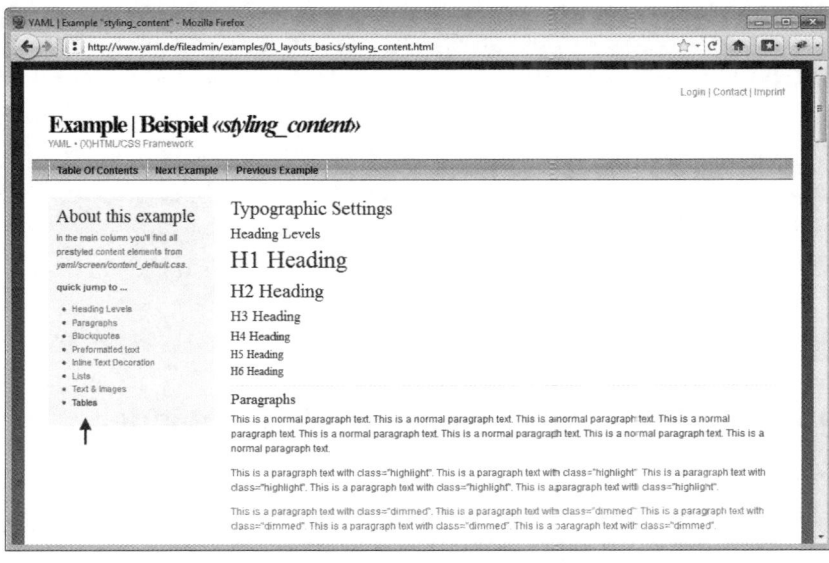

Abbildung 36.4: So sehen die Styles aus *content.css* im Browser aus.

Abbildung 36.5 zeigt die Beispielseite *my_layout.html* mit den Formatierungen aus *base.css*, *basemod.css* und *content.css*.

Abbildung 36.5:
Die Beispielseite
my_layout.html
mit *base.css*,
basemod.css und
content.css

Tipp

Styles in »basemod.css« oder in »content.css«

Welche Styles in *basemod.css* und welche in *content.css* gespeichert werden, ist nicht immer einfach zu entscheiden, lässt sich aber wie folgt umschreiben:

- In *basemod.css* stehen vor allem die Styles zur Gestaltung der für die Layoutstruktur benötigten `div`-Elemente auf dem Bildschirm.

- In *content.css* stehen Styles zur Gestaltung von Inhaltselementen für alle Medien.

Sie können natürlich auch beide Dateien zu einem einzigen Stylesheet vereinigen, diesem einen beliebigen Namen geben und darin zum Beispiel mit `@media`-Anweisungen arbeiten. Auf der Basis der Grundbausteine lässt YAML Ihnen alle Freiheiten.

36.4 Die Gestaltung der Navigation einbinden

Zum Lieferumfang von YAML gehören drei vorgefertigte Navigationsbausteine, die im Unterordner *yaml/navigation* aufbewahrt und in Abschnitt 3.7 der Dokumentation kurz erläutert werden:

- *yaml.de/de/dokumentation/css-bausteine/navigationsbausteine.html*

Diese Navigationsbausteine gehören genau genommen nicht zum eigentlichen YAML-Framework, sondern sollen dem Anwender eigentlich nur den Einstieg erleichtern. Abbildung 36.6 zeigt *my_layout.html* mit der mitgelieferten *Shiny Buttons Navigation*.

Abbildung 36.6:
Die Beispielseite
my_layout.html
mit der *Shiny Buttons Navigation*

Horizontale Navigation

Das Stylesheet *nav_shinybuttons.css* wird im zentralen Stylesheet *my_layout.css* direkt aus der Lagerhalle im Ordner *yaml/navigation* geladen:

```
@import url(../yaml/navigation/nav_shinybuttons.css);
```

Listing 36.8:
nav_shinybuttons.css wird direkt aus dem Ordner *yaml/navigation* geladen.

Für eine horizontale Navigation benutzt YAML folgendes HTML:

```
<div id="nav" role="navigation">
  <div class="hlist">
  <ul>
    <li class="active"><strong>Button 1</strong></li>
    <li><a href="#">Button 2</a></li>
    <li><a href="#">Button 3</a></li>
    <li><a href="#">Button 4</a></li>
    <li><a href="#">Button 5</a></li>
  </ul>
  </div>
</div>
```

Listing 36.9:
Die HTML-Struktur für eine horizontale Navigation in YAML

Die Navigation wird in einem div mit der ID nav gekapselt. Darin enthalten ist ein weiteres div mit der Klasse hlist, in dem eine ungeordnete Liste die Navigationslinks bereitstellt. Das aktuelle Listenelement bekommt die Klasse active. Der darin enthaltene aktuelle Navigationspunkt ist kein Link, sondern steht innerhalb von <strong> und </strong>.

Vertikale Navigation

Der mitgelieferte Navigationsbaustein *nav_vlist.css* enthält das CSS für eine vertikale Navigation mit bis zu vier Ebenen. Ein Beispiel finden Sie unter der folgenden URL:

■ *bit.ly/yaml-example-vertical-listnav* (siehe Abbildung 36.7)

Abbildung 36.7:
Vertikale Navigation mit bis zu vier Ebenen aus
nav_vlist.css

Dieser Navigationsbaustein basiert auf der folgenden HTML-Struktur:

Listing 36.10:
Die HTML-Struktur für eine vertikale Navigation in
YAML

```
<h6 class="vlist">Title</h6>
  <ul class="vlist">
  <li><a href="#">Button 1</a></li>
  <li><a href="#">Button 2</a></li>
  <li><span>Ebene 3</span>
    <ul>
      <li><a href="#">Button 3.1</a></li>
      <li class="active"><strong>Button 3.2</strong></li>
      <li><a href="#">Button 3.3</a></li>
    </ul>
  </li>
  <li><a href="#">Button 4</a></li>
  <li><a href="#">Button 5</a></li>
</ul>
```

Eigene Navigationsbausteine einbauen

Bei der Gestaltung der Navigation müssen Sie die Selektoren an die oben beschriebene HTML-Struktur von YAML anpassen. Eigene Navigationsbausteine sollten Sie unterhalb des Ordners *css* speichern und zur Einbindung den Pfad zum Navigationsstylesheet in *my_layout.css* entsprechend ändern. Für ein Stylesheet namens *meine_navigation.css*, das im Unterordner *screen/navigation/* liegt, würde die Einbindung im zentralen Stylesheet so aussehen:

```
@import url(screen/navigation/meine_navigation.css);
```

Listing 36.11: Einbindung eines eigenen Stylesheet zur Gestaltung der Navigation

Falls Sie die Gestaltung der mitgelieferten Navigationsbausteine von YAML ändern möchten, sollten Sie die Stylesheets vorher aus der Lagerhalle *yaml/navigation* in die Werkstatt *css/screen* kopieren und die Pfadangabe zur Einbindung in *my_layout.css* anpassen.

36.5 Die Druckversion

Die Druckversion besteht aus einem Grundbaustein und einem layoutabhängigen Teil:

- Der Grundbaustein ist in *yaml/core/base.css* enthalten, und dieses Stylesheet sollte wie erwähnt nicht verändert werden.

- Die layoutabhängigen Druckstylesheets liegen im Ordner *yaml/print/* und tragen die Namen der auszudruckenden Spalten im Dateinamen.

Das Druckstylesheet für das Layout wird in *my_layout.css* importiert:

```
/* Drucklayout einbinden */
@import url(../yaml/print/print_003_draft.css);
```

Listing 36.12: Das Druckstylesheet in *my_layout.css* importieren

Im Ordner *yaml/print* sind insgesamt sieben layoutabhängige Druckstylesheets gespeichert. Je nachdem, welche Layoutspalten ausgedruckt werden sollen, können Sie eines der sieben einbinden. Tabelle 36.1 ist Abschnitt 3.9 der YAML-Dokumentation entnommen und zeigt eine Übersicht.

Tabelle 36.1: Übersicht der Druckstylesheets im Ordner *yaml/print*	Druckstylesheet	#col1	#col2	#col3
	print_100_draft.css	Ja	-	-
	print_020_draft.css	-	Ja	-
	print_003_draft.css	-	-	Ja
	print_120_draft.css	Ja	Ja	-
	print_023_draft.css	-	Ja	Ja
	print_103_draft.css	Ja	-	Ja
	print_123_draft.css	Ja	Ja	Ja
	print_draft.css	keine Vorgaben		

Beim momentan eingebundenen *print_003_draft.css* wird also neben dem Kopfbereich nur die mittlere Spalte ausgedruckt.

Falls Sie die Textformatierungen für die Druckversion ändern möchten, kommt der Namenszusatz *draft* ins Spiel, was auf Deutsch so viel wie »Entwurf« heißt. Gesetzt den Fall, Sie möchten nur die mittlere Spalte ausdrucken, dabei aber die Formatierungen für den Ausdruck ändern, gehen Sie wie folgt vor:

- Kopieren Sie *print_003_draft.css* aus *yaml/print* in einen Ordner in Ihrer Werkstatt, zum Beispiel *css/print*.

- Geben Sie der Datei einen beliebigen Namen, zum Beispiel *print_003.css* (ohne den Zusatz *draft*).

- Ändern Sie das *@import* für das Druckstylesheet in *my_layout.css*.

- Speichern Sie alle gewünschten Formatierungen in der kopierten Datei *print_003.css*.

So viel zur Druckversion. Weiter geht es mit den Subtemplates.

36.6 Die Subtemplates – das Grid-System von »YAML«

Als Dirk Jesse vor einigen Jahren YAML um die »Subtemplates« erweiterte, war der Begriff »Grid-Layout« im Web noch nicht verbreitet. Eine Konsequenz dieser Namensgebung war, dass das Potenzial der Subtemplates in Bezug auf Grid-Layouts selbst für viele YAML-Benutzer ein gut gehütetes Geheimnis blieb.

Mit dem Grid-System der Subtemplates können Sie zwei Dinge machen:

- Innerhalb einer Layoutspalte können Sie kurze Inhaltsabschnitte nebeneinander anordnen.

- Sie verzichten auf die drei Inhaltsspalten und bauen das komplette Layout im Inhaltsbereich mit Subtemplates auf.

Zum besseren Verständnis erläutere ich im Folgenden kurz die Funktionsweise der Subtemplates.

Um eine Seite mit Subtemplates zu bauen, brauchen Sie den Aufbau und die Klassennamen übrigens nicht auswendig zu lernen, denn das machen Sie im nächsten Kapitel ganz bequem mit dem YAML Builder.

Subtemplates bestehen aus verschachtelten »div«-Elementen

Die Subtemplates bestehen aus verschachtelten div-Elementen mit vordefinierten Klassennamen, und ein Subtemplate beginnt immer mit einem div mit der Klasse subcolumns. Darin enthalten sind wiederum div-Elemente mit fest definierten anderen Klassennamen:

```
<!-- Subtemplate: 2 Spalten mit 38/62 Teilung -->
<div class="subcolumns">
  <div class="c38l">
    <div class="subcl">
      <!-- Inhalt linker Block -->
    </div>
  </div>
  <div class="c62r">
    <div class="subcr">
      <!-- Inhalt rechter Block -->
    </div>
  </div>
</div>
```

Listing 36.13: Beispiel für ein Subtemplate mit einer Teilung von 38/62

Innerhalb des umgebenden div.subcolumns sind zwei div-Elemente mit den Klassen c38l und c62r, mit denen eine linke Spalte von 38% und eine rechte Spalte von 62% definiert werden. Darin ist ein div mit der Klasse subcl für die linke Spalte bzw. subcr für die rechte Spalte. Mit diesen Containern wird ein linkes bzw. rechtes padding eingestellt. Die Aufteilung 38/62 entspricht übrigens in etwa dem Goldenen Schnitt.

Nebenbei bemerkt: Durch die prozentuale Aufteilung ist dieses System völlig unabhängig von der Breite des umgebenden Containers. Das System funktioniert, egal ob der umgebende Container 960, 992, 1140 oder wer-weiß-wie-viele Pixel breit ist.

Die Klassennamen zur Aufteilung der Spalten

Die Subtemplates werden im Grundbaustein *base.css* definiert und benötigen erstaunlich wenige CSS-Regeln. Los geht es mit der Definition der umgebenden Klasse subcolumns:

Listing 36.14:
Der Style zur
Definition der
umgebenden div-
Elemente

```
.subcolumns { display:table; width:100%; table-layout:fixed; }
```

Dieser Container umschließt darin enthaltene gefloatete Elemente und bekommt in alten Internet Explorern wegen der definierten Breite automatisch hasLayout.

Innerhalb dieses umgebenden Containers findet die eigentliche Gridaufteilung statt, und zwar wieder mit div-Elementen, denen bestimmte Klassen zugewiesen werden. Die Namen dieser Klassen sind systematisch aufgebaut: Sie beginnen mit c (wie »column«), haben dann eine zweistellige Zahl für die Breite in Prozent und enden mit den Buchstaben l (wie »left«) oder r (wie »right«). Das folgende Listing zeigt den entsprechenden Abschnitt aus der *base.css*:

Listing 36.15:
Die Breitenein-
teilungen der
Subtemplates
in YAML

```
.c20l, .c25l, .c33l, .c40l, .c38l, .c50l, .c60l, .c62l, .c66l, .c75l,
.c80l {
    float:left;
}
.c20r, .c25r, .c33r, .c40r, .c38r, .c50r, .c60r, .c66r, .c62r, .c75r,
.c80r {
    float:right;
    margin-left:-5px;
}
.c20l, .c20r { width:20%; }
.c40l, .c40r { width:40%; }
.c60l, .c60r { width:60%; }
.c80l, .c80r { width:80%; }
.c25l, .c25r { width:25%; }
.c33l, .c33r { width:33.333%; }
.c50l, .c50r { width:50%; }
.c66l, .c66r { width:66.666%; }
.c75l, .c75r { width:75%; }
.c38l, .c38r { width:38.2%; }
.c62l, .c62r { width:61.8%; }
```

Mit diesen Klassen sind ohne Verschachtelung folgende Kombinationen möglich:

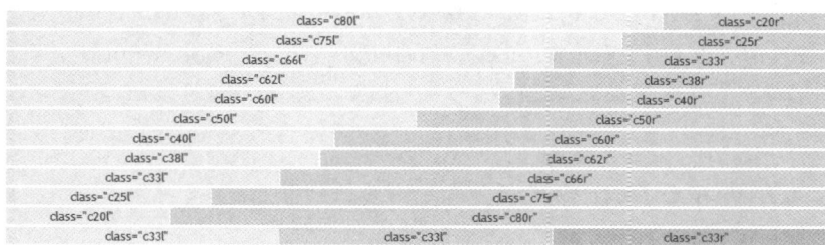

Abbildung 36.8:
Mögliche Kombinationen der
Blöcke für Subtemplates

Diese Blöcke können durch Einfügen weiterer Subtemplates beliebig tief ineinander verschachtelt werden, sodass die Kombinationsmöglichkeiten gegen unendlich tendieren.

Beispiel: Die Subtemplates auf der Startseite von »yaml.de«

Schauen Sie sich zum Beispiel auf Seite 714 die Startseite von YAML an. Was auf den ersten Blick wie ein zweispaltiges Layout aussieht, ist in Wirklichkeit komplett mit Subtemplates aufgebaut. Im Inhaltsbereich gibt es nur die Spalte #main. Innerhalb dieses Containers wurde der zur Verfügung stehende Platz mithilfe verschachtelter Subtemplates aufgeteilt (siehe Abbildung 36.9).

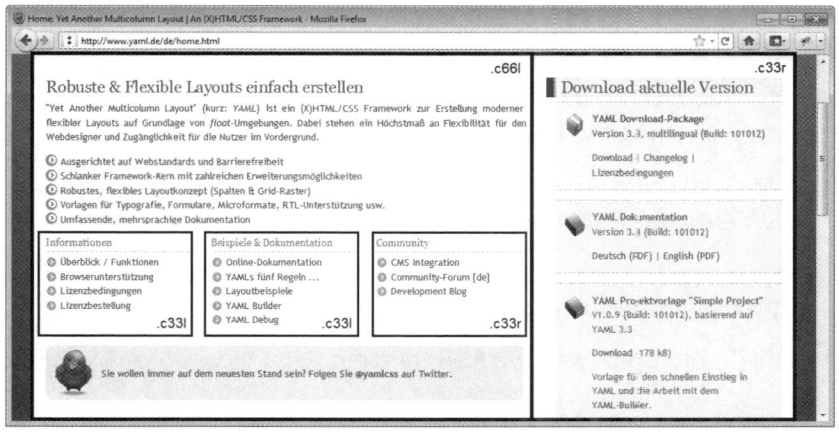

Abbildung 36.9:
Die Startseite von
yaml.de ist mit
Subtemplates
gestaltet.

Diese flexible Aufteilung können Sie mit dem YAML Builder zusammenklicken, ohne auch nur eine Zeile HTML oder CSS schreiben zu müssen. Einfach. Genial.

Tipp | **Details zu den Subtemplates, dem Grid-System von YAML**

In der Dokumentation von YAML finden Sie in Abschnitt 4.5, »Subtemplates«, weitere Details zur Funktionsweise dieser Grid-Bausteine:

■ *yaml.de/de/dokumentation/anwendung/subtemplates.html*

36.7 Auf einen Blick

Hier sind noch einmal die wichtigsten Punkte dieses Kapitels im Überblick:

■ Das Basis-Stylesheet *base.css* ist der Grundbaustein Nr. 1 und besteht aus drei großen Abschnitten:

– Browser-Reset, Clearing-Methoden und Elemente verstecken (`@media all`)

– Definition von Basislayout und Subtemplates (`@media screen, projection`)

– Druckversion (`@media print`). Styles für das Drucklayout gibt es auch noch im Ordner *yaml/print/*.

■ Das Stylesheet *iehacks.css* ist der Grundbaustein Nr. 2 und enthält Patches für IE6 und 7.

■ Geladen wird *iehacks.css* über das Stylesheet *patch_my_layout.css*.

■ Die *basemod.css* gehört zum Screenlayout und enthält die Styles zur Gestaltung der Layoutelemente.

■ Die Datei *content.css* enthält die Styles zur Gestaltung der Inhaltselemente für das Screen- und das Drucklayout.

■ Die mitgelieferten Navigationsbausteine können geändert oder durch eigene ersetzt werden.

■ Die »Subtemplates« von YAML sind ein sehr flexibles Grid-System.

Kapitel 37

Der »YAML Builder« und Layoutbeispiele

Worin Sie sehen, wie man mit dem YAML Builder eigene Layouts erstellt, und anschließend einige YAML-Layoutbeispiele kennenlernen.

Die Themen im Überblick:

In diesem Abschnitt lernen Sie den YAML-Builder kennen, und zum Abschluss zeige ich Ihnen noch ein paar interessante Layoutbeispiele aus der Sammlung von YAML.

37.1 Der »YAML Builder« im Überblick

Der *YAML Builder* ist ein in JavaScript geschriebenes Programm zur
visuellen Erstellung von CSS-Layouts, die auf dem Framework YAML
basieren. Wenn das angezeigte Basislayout Ihren Vorstellungen
entspricht, erhalten Sie mit einem Klick auf GET CODE den fertigen
HTML- und CSS-Quelltext. Den vom YAML Builder generierten
Quelltext können Sie einfach in die Zwischenablage kopieren und in
die entsprechenden Dateien des »Simple Project« einfügen.

Der Builder dient in erster Linie zur Erstellung der Layoutstruktur.
Die Gestaltung von Inhalten, Farben, Hintergrundbildern und dergleichen mehr erledigen Sie nach dem Export des Quelltextes in Ihrem Lieblingseditor.

Aber der Reihe nach. Um den YAML Builder aufzurufen, surfen Sie
mit einem modernen Browser zu folgender Adresse (siehe Abbildung
37.1):

■ *builder.yaml.de*

Abbildung 37.1:
Der YAML Builder
schwebt über ei-
nem Basislayout.

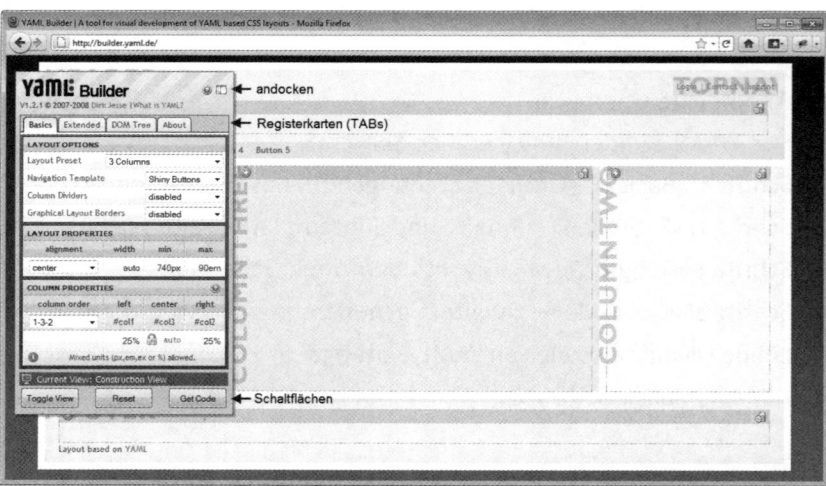

Nach dem Aufruf der Webseite schwebt der YAML Builder frei über
einem in Pastelltönen gehaltenen Basislayout, in dem die einzelnen
Layoutbereiche zum besseren Verständnis beschriftet wurden.

Oben im Builder gibt es vier Registerkarten, BASICS, EXTENDED, DOM TREE und ABOUT, mit denen Sie festlegen, was im Fenster darunter angezeigt wird. Ganz unten befinden sich drei Schalzflächen mit der Beschriftung TOGGLE VIEW, RESET und GET CODE. Sowohl Registerkarten als auch Schaltflächen lernen Sie im weiteren Verlauf dieses Kapitels noch genauer kennen.

Sie können den YAML Builder mit der Maus im Browserfenster verschieben oder mit einem Klick auf das kleine Symbol ganz oben rechts andocken, sodass der Builder im Browser neben dem Basislayout steht. Falls der Monitor genug Platz bietet, ist diese Ansicht ideal (siehe Abbildung 37.2).

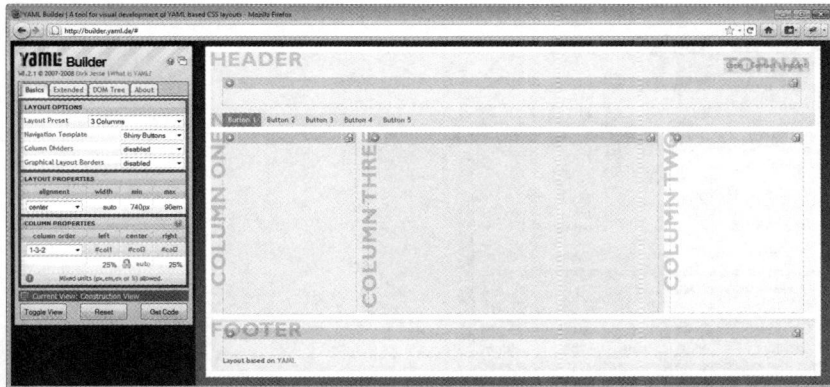

Abbildung 37.2:
Der YAML Builder,
angedockt neben
dem Basislayout

Die Erstellung einer Layoutstruktur mit dem YAML Builder erfolgt in vier Schritten:

1. BASICS – die Grundeinstellungen für das Layout festlegen

2. EXTENDED – Beispielinhalte und falls gewünscht Subtemplates einfügen

3. TOGGLE VIEW – die Layoutstruktur in der Live-Ansicht überprüfen

4. GET CODE – Quelltext generieren und übernehmen

Diese Schritte werden im Folgenden erläutert. In den ToDos erstellen Sie quasi nebenbei eine Layoutstruktur, bei der statt eines klassischen Spaltenlayouts im Inhaltsbereich Subtemplates zum Einsatz kommen – ähnlich wie bei der in Abbildung 36.9 gezeigten Startseite von *yaml.de*.

Das ist – besonders in Schritt 3 beim Einfügen der Subtemplates – ein anspruchsvolles Beispiel, aber dabei lernen Sie den YAML Builder gleich richtig kennen.

37.2 Schritt 1: »Basics« – Grundeinstellungen für das Layout

Im ersten Schritt legen Sie im Register BASICS die Basiseinstellungen für das Layout fest. Das Builderfenster ist auf diesem Register in die drei Gruppen LAYOUT OPTIONS, LAYOUT PROPERTIES und COLUMN PROPERTIES unterteilt, die Sie von oben nach unten abarbeiten (siehe Abbildung 37.3).

Abbildung 37.3:
Das Register BASICS
in der Übersicht

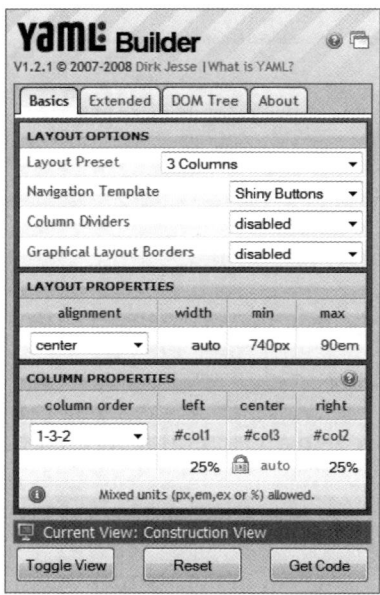

Zunächst kümmern Sie sich um die LAYOUT OPTIONS. In der Auswahlliste LAYOUT PRESET gibt es fünf Voreinstellungen. Zur Auswahl stehen FREESTYLE (NO COLUMNS) sowie 2 COLUMNS und 3 COLUMNS jeweils mit oder ohne TEASER. Probieren Sie es einfach aus. Sobald Sie eine Option aus der Liste auswählen, wird rechts das Beispiellayout geändert.

In diesem Bereich können Sie außerdem noch ein NAVIGATION TEMPLATE auswählen und festlegen, ob das Layout im Inhaltsbereich senkrechte Trennlinien (COLUMN DIVIDERS) oder einen Rahmen um das gesamte Layout haben soll (GRAPHICAL LAYOUT BORDERS).

Bei den Layout Properties geht es um die Ausrichtung (Alignment) und die Breite des Layouts (Width), und zwar inklusive minimaler und maximaler Breite (Min bzw. Max). Den angezeigten Wert können Sie mit einem Klick darauf bei Bedarf anpassen.

Die Gruppe Column Properties zeigt die für das weiter oben gewählte Layout Preset zur Verfügung stehenden Optionen zur Gestaltung der Spalten an. Für die vier Spaltenlayouts können Sie hier die Spaltenreihenfolge (Column Order) und die Spaltenbreiten festlegen. Beim Preset Freestyle (No Columns) wird diese Gruppe nicht angezeigt, da der Inhaltsbereich hierbei im nächsten Schritt mit Subtemplates gefüllt wird.

ToDo: Die Grundeinstellungen für eine Layoutstruktur auswählen

1. Starten Sie den YAML Builder, und docken Sie ihn an, falls genügend Platz dazu ist.

2. Aktivieren Sie das Register Basics.

3. Falls Sie mit den Optionen bereits experimentiert haben, setzen Sie das Beispiellayout mit einem Klick auf die Schaltfläche Reset zurück auf die Standardeinstellungen.

4. Wählen Sie aus dem Dropdown-Menü Layout Preset die Option Freestyle (No columns).

5. Lassen Sie alle anderen Optionen unverändert, und machen Sie weiter mit Schritt 2.

Nach diesem ToDo sehen der Builder und das Beispiellayout etwa so aus wie in Abbildung 37.4.

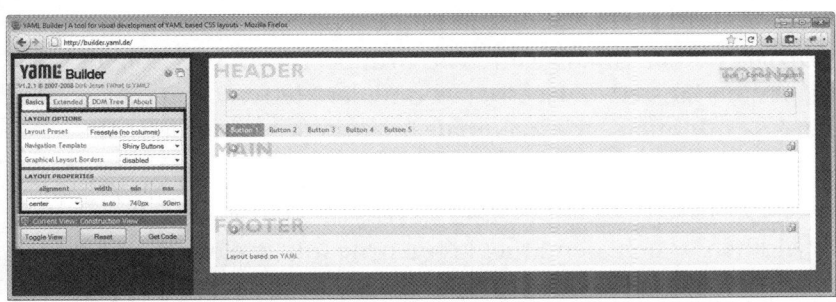

Abbildung 37.4: Builder und Beispiellayout mit dem Layout Preset Freestyle (no columns)

37.3 Schritt 2: »Extended« – Inhalte und Subtemplates

In diesem Schritt wechseln Sie auf die Registerkarte EXTENDED und fügen die gewünschten Subtemplates und einige Beispielinhalte – wie z. B. Überschriften, Absätze, Listen und Tabellen – ein (siehe Abbildung 37.5).

Abbildung 37.5:
Das Register
EXTENDED in der
Übersicht

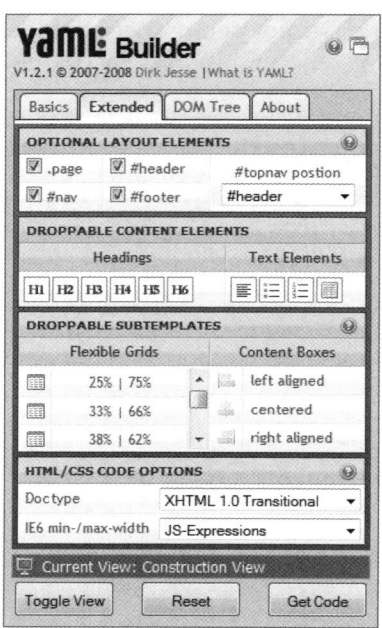

Das Builderfenster ist auf diesem Register in vier Gruppen unterteilt, die Sie im Folgenden näher kennenlernen. Zunächst einmal legen Sie in der ersten Gruppe, OPTIONAL LAYOUT ELEMENTS, fest, welche Layoutbereiche Ihr Layout haben soll und wo die Metanavigation #topnav platziert werden soll. Die unterste Gruppe, HTML/CSS CODE OPTIONS, dient zum Einstellen des DOCTYPE und der Methode, mit der für den IE6 eine minimale bzw. maximale Breite definiert werden soll.

Den Kern dieses Registers bilden aber die beiden mittleren Gruppen, DROPPABLE CONTENT ELEMENTS und DROPPABLE SUBTEMPLATES. Diese haben es wirklich in sich, denn hier können Sie Inhaltselemente wie Überschriften, Absätze, Listen und Tabellen sowie Subtemplates ganz einfach mit der Maus per Drag&Drop in das Beispiellayout ziehen. Die grundsätzliche Vorgehensweise ist dabei für beide Gruppen gleich.

Inhaltselemente in das Beispiellayout einfügen

Bevor Sie ein Element vom Builder auf das Layout ziehen können, müssen Sie den entsprechenden Layoutbereich mit einem Klick auf das grüne Symbol mit dem weißen Kreuz darin öffnen. Der Bereich wird daraufhin gestrichelt umrandet, und das Symbol wird rot mit einem weißen X darin. Die Bedeutung der Symbole in der Entwurfsansicht (*Construction View*) wird in der Online-Hilfe genau erläutert. Das Hilfefenster können Sie mit einem Klick auf das Fragezeichen rechts oben im Builder aufrufen (siehe Abbildung 37.6).

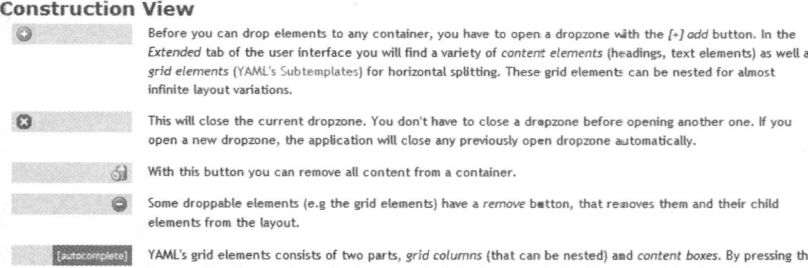

Abbildung 37.6:
Die Online-Hilfe
im Builder erklärt
die Symbole in
der Entwurfsan-
sicht.

Ist ein Layoutbereich geöffnet, können Sie ein Inhaltselement wie z. B. eine H1-Überschrift mit gedrückter linker Maustaste in den Layoutbereich ziehen und dort fallen lassen (siehe Abbildung 37.7).

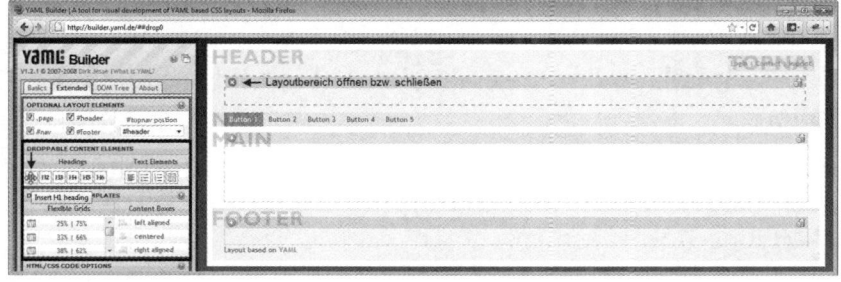

Abbildung 37.7:
Layoutbereiche
mit Inhaltse-
lementen und
Subtemplates
füllen

Wenn Sie den nächsten Layoutbereich mit einem Klick auf das grüne Symbol öffnen, wird der vorherige automatisch geschlossen. Den

letzten Layoutbereich schließen Sie manuell mit einem Klick auf das rote Symbol.

Bereits platzierte Elemente haben rechts außen ein rotes Symbol mit einem Querstrich, mit dem sie wieder entfernt werden können. Um alle Elemente aus einem Layoutbereich zu entfernen, klicken Sie auf das Radiergummi rechts oben in dem Bereich.

Subtemplates in das Beispiellayout einfügen

Bei den Subtemplates funktioniert die Sache sehr ähnlich. Um, wie in Abbildung 37.8 gezeigt, im Bereich MAIN ein Gridlayout zu erstellen, öffnen Sie zunächst diesen Bereich (1) und ziehen dann ein Subtemplate mit der gewünschten Aufteilung (z. B. 66/33) in diesen Bereich (2). Anschließend klicken Sie auf [AUTO-COMPLETE], um das Subtemplate zu vervollständigen, sodass Sie dort Inhaltselemente einfügen können (3).

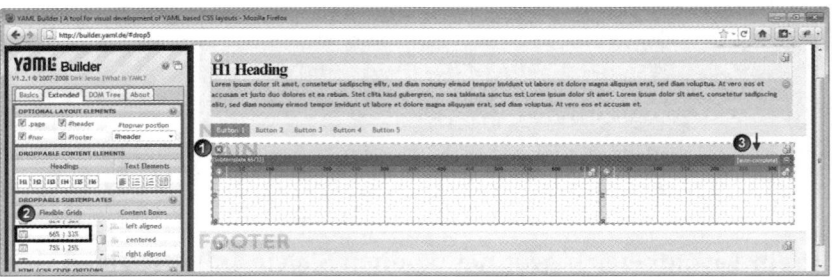

Abbildung 37.8:
Ein Subtemplate
in den Bereich
MAIN einfügen

In einem Subtemplate können Sie Inhaltselemente und weitere Subtemplates platzieren, sodass Sie ein fast beliebiges Grid-System entwerfen können.

Das Beispiellayout mit Inhaltselementen und Subtemplates füllen

Im folgenden ToDo füllen Sie die in Schritt 1 erstellte Layoutstruktur mit Inhaltselementen und Subtemplates. Das Ergebnis können Sie in Abbildung 37.9 betrachten.

Nach diesem ToDo sollte das Beispiellayout im Browser ungefähr so aussehen wie in Abbildung 37.9.

ToDo: Die Layoutstruktur mit Inhaltselementen und Subtemplates füllen

1. Überprüfen Sie, ob im Register BASICS die Einstellungen aus Schritt 1 aktiv sind.

2. Wechseln Sie auf das Register EXTENDED.

3. Öffnen Sie den Bereich HEADER, und fügen Sie eine H1-Überschrift sowie einen Textabsatz hinzu.

4. Öffnen Sie den Bereich MAIN, fügen Sie ein Subtemplate 66/33 hinzu, und klicken Sie auf [AUTO-COMPLETE]. Mit diesem Klick wird automatisch eine Content Box in jede Grid-Spalte eingefügt.

5. Fügen Sie in der Content Box der linken Spalte eine H2-Überschrift und einen Textabsatz hinzu.

6. Ziehen Sie darunter ein Subtemplate 3 x 33% in die Content Box der linken Spalte, klicken Sie auf [AUTO-COMPLETE], und füllen Sie die drei Content Boxen mit je einer ungeordneten Liste.

7. Fügen Sie unterhalb des Subtemplate 3 x 33% einen weiteren Textabsatz ein. Vorher müssen Sie die linke Spalte des Subtemplates 66/33 per Klick auf den grünen Button mit dem weißen Kreuz öffnen.

8. Füllen Sie die rechte Spalte des Subtemplate 66/33 mit Überschrift und Listen.

9. Vergleichen Sie das Ergebnis mit Abbildung 37.9, und machen Sie weiter mit Schritt 3.

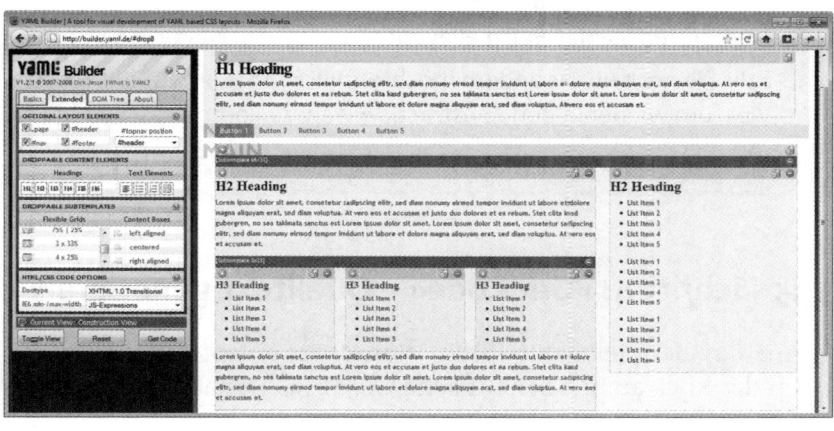

Abbildung 37.9:
Das Beispiel-
layout mit Inhalts-
elementen und
verschachtelten
Subtemplates

755

37.4 Schritt 3: »Toggle View« –Layout überprüfen

Die Entwurfsansicht (*Construction View*) gibt zwar einen ungefähren Eindruck von der fertigen Layoutstruktur, ist aber in erster Linie zum Arbeiten gedacht. Um das Layoutbeispiel ohne die zahlreichen Symbole zur Bearbeitung zu sehen, wechseln Sie in den *Design View* (siehe Abbildung 37.10).

Abbildung 37.10:
Das Beispiel-
layout im Design
View

Genau das machen Sie im folgenden ToDo.

ToDo: Das Beispiellayout im »Design View« betrachten

1. Klicken Sie im YAML Builder auf die Schaltfläche Toggle View, um in den *Design View* zu gelangen.

2. Überprüfen Sie das Beispiellayout.

3. Falls Sie noch etwas ändern möchten, klicken Sie erneut auf Toggle View, um wieder in den *Construction View* zu kommen.

4. Wenn das Layout okay ist, machen Sie weiter mit Schritt 4.

37.5 Schritt 4: »Get Code« – Quelltext generieren

Wenn das Beispiellayout Ihren Wünschen entspricht, bleibt nur noch der Klick auf die Schaltfläche Get Code. Danach erscheint das Fenster Code Preview aus Abbildung 37.11 im Browser.

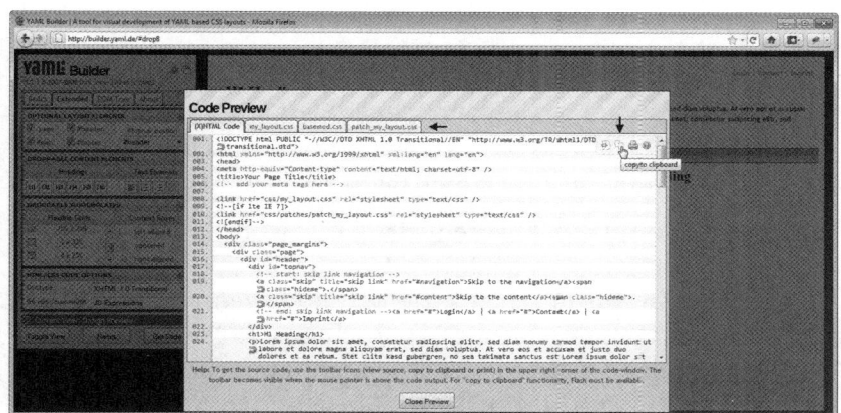

Abbildung 37.11:
Der fertige Quell-
text vom YAML
Builder

Der Klick auf GET CODE hat im Hintergrund das HTML-Grundgerüst inklusive Subtemplates erzeugt und dazu das CSS für das zentrale Stylesheet *my_layout.css* sowie für die *basemod.css* und *patch_my_layout.css*. Sie müssen diesen Quelltext nur noch kopieren und in die entsprechenden Dateien einfügen.

ToDo: Quelltext vom YAML Builder in das »Simple Project« einfügen

1. Klicken Sie im YAML Builder auf die Schaltfläche GET CODE.

2. Kopieren Sie das HTML in die Zwischenablage.

3. Öffnen Sie die Datei *my_layout.html* in einem Editor.

4. Löschen Sie den vorhandenen Quelltext, fügen Sie den Code aus der Zwischenablage ein, und speichern Sie die Datei.

5. Wiederholen Sie diesen Vorgang für die Stylesheets *my_layout.css*, *basemod.css* und *patch_my_layout.css*.

6. Betrachten Sie die fertige Webseite *my_layout.html* im Browser. Sie sollte etwa so aussehen wie im *Design View* des Builders in Abbildung 37.10.

Nach diesen Schritten haben Sie eine stabile Layoutstruktur für ein Grid-Layout erstellt, die in allen gängigen Browsern funktioniert, und es empfiehlt sich ein Blick in den Quellcode. Dazu gut geeignet sind neben *Firebug* auch die Add-ons *Web Developer* (dort das Menü INFORMATIONEN, BEFEHL ID- UND KLASSEN-DETAILS EINBLENDEN und *View Sour-*

ce Chart (Firefox-Menü ANSICHT, Befehl SEITENQUELLTEXT FORMATIERT AN-
ZEIGEN).

Danach bleibt eigentlich »nur« noch die Gestaltung der Navigation
und des Inhalts. Um aus dieser Webseite eine Site zu machen, kopieren Sie die HTML-Datei und passen dann Navigation und Inhalte an.

Falls Sie in einem Projekt verschiedene Layoutstrukturen benutzen
möchten, geht natürlich auch das. Um zum Beispiel der Startseite
ein spezielles Layout zu geben, erstellen Sie ein zentrales Stylesheet,
z. B. *startseite.css*, in dem Sie die gewünschten CSS-Bausteine einbinden. Die vom Builder generierten Layoutanpassungen können Sie in
Stylesheets speichern, deren Namen Sie selbst bestimmen können,
z. B. *basemod_startseite.css* und *patch_startseite.css*.

37.6 Einige Layoutbeispiele von YAML

Auf der Website zu YAML gibt es unter

■ *yaml.de/fileadmin/examples/*

einige interessante Layoutbeispiele, die Ihnen eine Vorstellung davon geben können, wie flexibel YAML einsetzbar ist und was damit
so alles möglich ist (siehe Abbildung 37.12):

Abbildung 37.12:
Die Layoutbei-
spiele von YAML
in der Übersicht

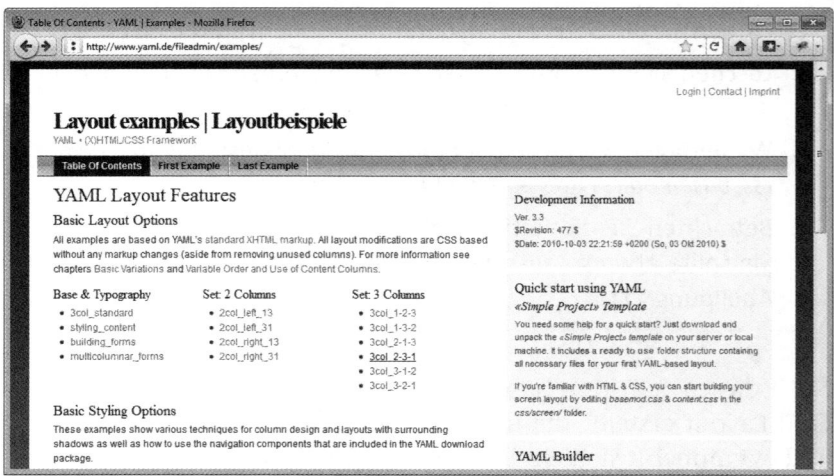

In den Layoutbeispielen gibt es eine durchgängige Navigation. Mit einem Klick auf TABLE OF CONTENTS kommen Sie wieder zurück auf die Seite mit der Übersicht, mit den Links rechts daneben können Sie zum NEXT EXAMPLE oder zum PREVIOUS EXAMPLE gehen.

Die Beispiellayouts basieren mit wenigen Ausnahmen alle auf demselben HTML-Grundgerüst und werden nur über Änderungen im CSS realisiert. Die Namen der Layouts spiegeln die Layoutstruktur wieder: 3COLSTANDARD bedeutet frei übersetzt »ein klassischer Dreispalter«.

Die hier gezeigte Sammlung der Beispiellayouts ist in vier große Gruppen aufgeteilt:

- **Basic Layout Options**. Hier finden Sie Beispiele für das Basislayout, die Inhaltsformatierung, den Formularbaukasten sowie jeweils eine Gruppe für zwei- und dreispaltige Layouts.

- **Basic Styling Options**. Die zweite große Gruppe enthält unter anderem Beispiele mit grafikfreien Spaltentrennern (3COL_COLUMN_DIVIDERS), zur »Faux Column«-Technik und für die drei mitgelieferten Navigationsbausteine.

- **Advanced Layout Options**. Hier werden komplexere Grid-Layouts mit Subtemplates und Fullpage-Layouts vorgestellt, bei denen der Hintergrund bestimmter Elemente die gesamte Seite ausfüllt.

- **Special Interest Examples & Add-ons** ist die Gruppe mit etwas exotischeren Layoutbeispielen und Zusatzmodulen zur Erweiterung von YAML.

Im Folgenden möchte ich Ihnen einige bemerkenswerte Layoutbeispiele zeigen.

Ein fortgeschrittener Zweispalter: »2col_advanced«

Sie finden das Beispiel für einen fortgeschrittenen Zweispalter auf der YAML-Site unter folgender URL (siehe Abbildung 37.13):

- *yaml.de/fileadmin/examples/06_layouts_advanced/2col_advanced. html*

Abbildung 37.13:
Das Beispiel 2col_
advanced enthält
einige Besonder-
heiten.

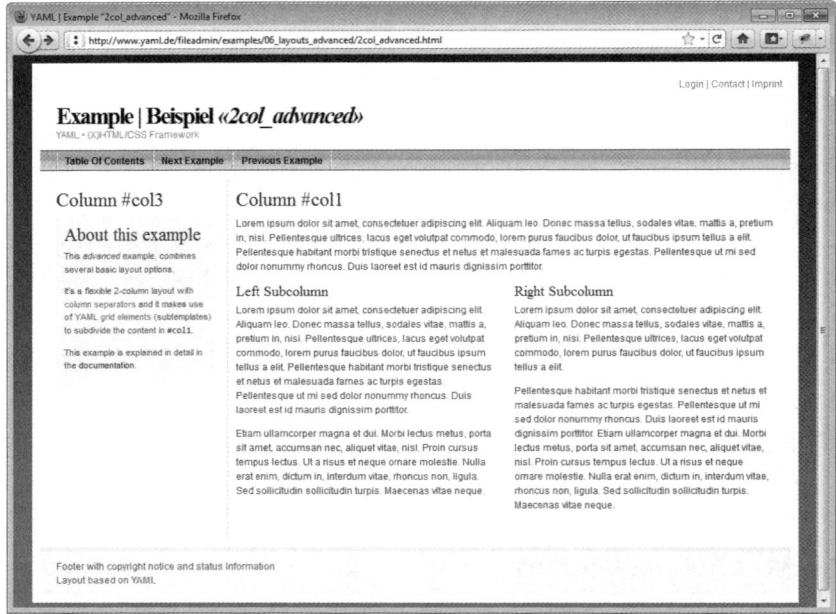

Das Layout sieht auf den ersten Blick recht simpel aus, kombiniert aber einige interessante Optionen:

- Der Inhalt steht in #col1 und daher im Quelltext vor der Navigation in #col3. Es gibt ein flexibles Layout mit einer Aufteilung von 25% zu 75%. Nach dem ersten Absatz wird der Inhalt in #col1 mit Subtemplates unterteilt.

- In der Druckversion wird nur die Spalte mit dem Inhalt (#col1) ausgedruckt. Schauen Sie im Firefox oder Internet Explorer mal in die Druckvorschau.

- Es gibt einen grafikfreien Spaltentrenner für #col3.

Der Aufbau dieses Layouts wird in der Dokumentation ausführlich beschrieben:

bit.ly/yaml-example-2col-advanced (siehe die YAML-Dokumentation, Abschnitt 4.8.1)

»Flexible Grids« – Subtemplates statt Spalten

Während die Subtemplates im Layout *2col_advanced* zur Untertei-
lung des Inhalts innerhalb einer Spalte dienen, geht das folgende
Beispiel einen Schritt weiter: die Subtemplates ersetzen die Layoutspalten #col1, #col2 und #col3 komplett (siehe Abbildung 37.14).

▪ *yaml.de/fileadmin/examples/06_layouts_advanced/flexible_grids.
html*

Abbildung 37.14:
Das Layout-
beispiel »Flexible
Grids«

Die Struktur für ein solches Layout können Sie, wie Sie gesehen haben, mit dem YAML Builder problemlos zusammenklicken. Die technischen Grundlagen dieses Layouts werden in der Dokumentation
ausführlich beschrieben:

▪ *bit.ly/yaml-example-flexible-grids* (siehe die YAML-Dokumentation, Abschnitt 4.8.3)

Mit ein bisschen Styling kann ein solches Layout aussehen wie das
Beispiel »Flexible Grids 2« (siehe Abbildung 37.15).

Der YAML-Entwickler Dirk Jesse beschreibt die Erstellung dieses Layouts in seinem Blog unter:

■ *bit.ly/yaml-grid-layout* (Beitrag auf `highresolution.info`)

Volle Breite – ein dreispaltiges Fullpage-Layout

Zu guter Letzt folgt noch ein Schmankerl, ein sogenanntes Fullpage-Layout, bei dem sich die Webseite über die gesamte Breite des Browserfensters erstreckt und sie trotzdem gut aussieht. Ein Bild sagt mehr als tausend Worte. Abbildung 37.16 zeigt ein Fullpage-Layout im Browser.

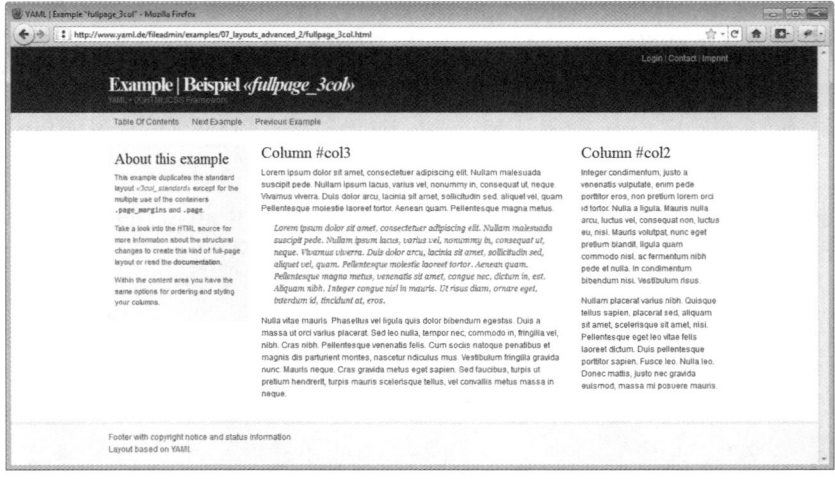

Das Besondere an diesem Layout ist, dass die Hintergrundfarbe des Headers von ganz links bis ganz rechts geht, die Inhalte hingegen befinden sich innerhalb eines Rechtecks mit einer definierten Breite.

Dieses Layout funktioniert ähnlich wie das dreispaltige Standardlayout von YAML, nur das HTML-Grundgerüst wurde etwas geändert. Das folgende Listing zeigt dies beispielhaft für den Kopfbereich:

```
<div id="header">
  <div class="page_margins">
    <div class="page">
    ...
    </div>
  </div>
</div>
```

Listing 37.1:
Das HTML für ein
Fullpage-Layout

Während `.page_margins` im Standard-HTML als Wrapper alle anderen Elemente umschließt, fungiert in diesem Beispiel `#header` als äußerster Container. Das `div.page_margins` umschließt lediglich die Inhalte des Kopfbereiches. Der Header füllt als ganz normales Block-Element automatisch den zur Verfügung stehenden Bereich, die eigentliche Seitenbreite wird innerhalb des Headers im CSS mit der Klasse `.page_margins` festgelegt, genau wie auch bei den anderen YAML-basierten Layouts.

Auch wenn es farblich nicht so deutlich sichtbar ist wie beim Header: `#main` und `#footer` erstrecken sich ebenfalls über die gesamte Breite des Fensters. Innerhalb dieser Layoutcontainer wird wieder die Klasse `.page_margins` verwendet, um die Inhaltsbreite zu verkleinern.

Aufgrund der Anpassungen in der HTML-Struktur können Sie Fullpage-Layouts übrigens nicht mit dem YAML Builder erstellen.

37.7 Auf einen Blick

Hier sind noch einmal die wichtigsten Punkte dieses Kapitels im Überblick:

- Der YAML Builder ist ein JavaScript-Programm zur visuellen Erstellung von Layoutstrukturen, die auf dem Framework YAML basieren.

- Die Erstellung eines solchen Layouts geschieht in vier Schritten:
  - Schritt 1: Grundeinstellungen für das Layout
  - Schritt 2: Beispielinhalte und gegebenenfalls Subtemplates hinzufügen
  - Schritt 3: Layout im »Design View« überprüfen
  - Schritt 4: Quelltext generieren und im »Simple Project« einbauen

- Auf *yaml.de* gibt es eine Sammlung interessanter, mit YAML erstellter Layoutbeispiele.

Teil X

Die Werkzeugkiste

Kapitel 38

Nützliche Programme

Worin Sie eine Beschreibung nützlicher Programme finden.

Die Themen im Überblick:
- Die Browser, Seite 767
- Browserzubehör: Praktische Add-ons, Seite 773
- Editoren für HTML und CSS, Seite 777
- FTP: Veröffentlichen von Webseiten, Seite 783
- Editoren zum Bearbeiten von Grafiken, Seite 784

Im Folgenden finden Sie ein paar Informationen über Browser, nützliche Add-on-Programme, hauptsächlich für den Mozilla Firefox und Editoren.

38.1 Die Browser

Fast jede Webseite wird in einem Browser betrachtet, und deshalb beginnt dieses Kapitel mit einer kleinen Browserübersicht und Hinweisen zum Testen von Webseiten im Internet Explorer. Eine gute Einführung zum Thema »Browser« und ein wunderschön gemachtes

Online-Buch ist übrigens »20 Things I Learned About Browsers and the Web«:

■ *20thingsilearned.com*

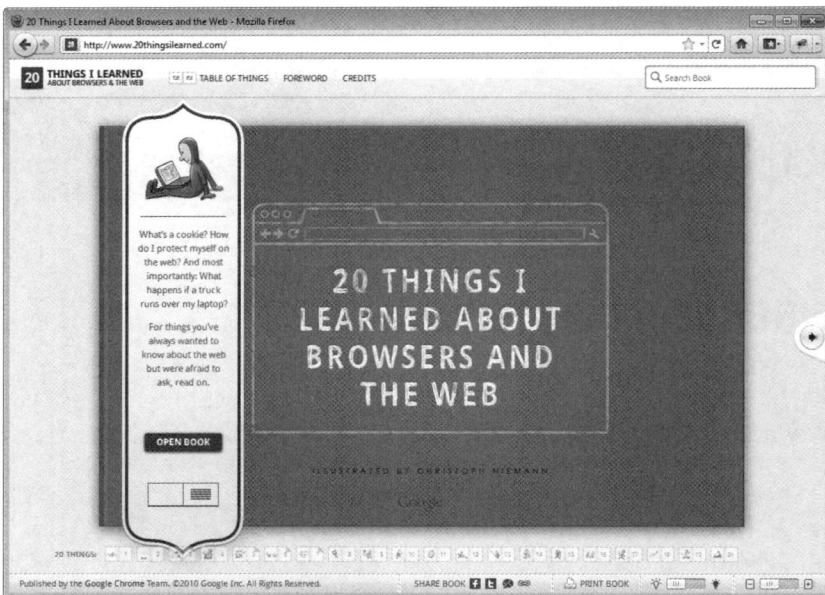

Die aktuellen Browser in der Übersicht

Die jeweils aktuelle Version der folgenden Browser sollte jeder Webentwickler auf seinem Rechner haben:

■ **Mozilla Firefox** ist auf *getfirefox.com* erhältlich. Hier finden Sie immer die aktuellste Version. Firefox ist sehr standardkonform und insbesondere aufgrund zahlreicher Add-ons ideal zum Entwickeln und Testen von Webseiten. Für Windows, Mac und Linux.

■ **Internet Explorer**. Alle erhältlichen Versionen können Sie auf *bit.ly/download-ie* (bei Microsoft) downloaden. Der IE9 läuft nur unter Windows 7 und Vista, für XP-Benutzer wird deshalb der IE8 empfohlen. Aber auch den IE7 und den IE6 können Sie hier downloaden. Das Problem dabei ist, dass Sie nicht alle Versionen auf einem Rechner parallel laufen lassen können (siehe unten).

- **Opera** kommt aus Norwegen und ist auf *opera.com* zu Hause. Er ist der älteste der aktuellen Browser und wird bereits seit 1995 entwickelt. Für Windows, Mac und Linux.

- **Google Chrome** gibt es auf *google.com/chrome/*. Chrome wird erst seit 2008 gebaut und ist der jüngste unter den aktuellen Browsern. Erhältlich für Windows, Mac und Linux. Die Philosophie hinter Chrome verdeutlicht ein interessanter Comic von Scott McCloud: *google.com/googlebooks/chrome/*

- **Safari** gibt es bei Apple: *apple.com/de/safari/*. Ursprünglich nur auf Mac OS X erhältlich, gibt es inzwischen auch eine Windows-Version.

Auf *portableapps.com* können Sie einige dieser Browser auch als portable Versionen z. B. auf einem USB-Stick installieren:

- *portableapps.com/apps/internet*

Falls Sie an der Entwicklung der Browser interessiert sind, zeigt Andy Crofford in seiner Infografik »Browser Evolution – The History of Web Browsers« eine sehr gelungene grafische Übersicht über die Geschichte der wichtigsten Browser:

- *bit.ly/browser-evolution* (führt zu *testking.com/techking/*)

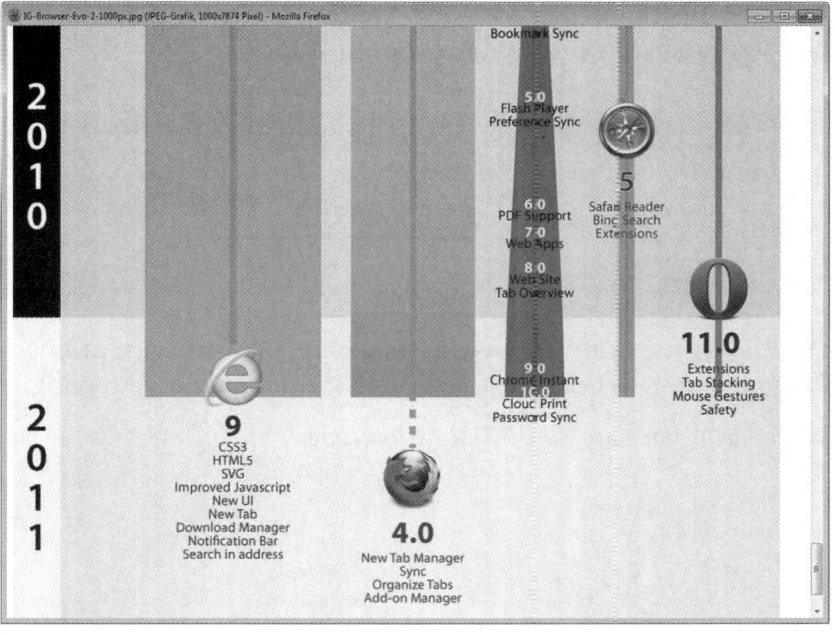

Abbildung 38.2:
Ein Ausschnitt
aus »The History
of Web Browsers«

Das große
little **boxes** Buch
Webseiten gestalten mit HTML & CSS.
Grundlagen, Navigation, Inhalte, YAML & mehr

Tipp

CSS3 und die Browser – eine Übersicht der Funktionen

Eine gute und momentan aktuelle Übersicht des CSS3-Support in aktuellen Browsern finden Sie unter:

■ *fmbip.com/litmus* (»Find Me By IP«)

Auf der Site können Sie auch den Browser, mit dem Sie dorthin surfen, auf seine CSS3-Fähigkeiten prüfen lassen.

Verschiedene IE-Versionen auf einem Rechner

Da er sehr eng mit dem Betriebssystem Windows verbandelt ist, funktioniert der IE nach dem Highlander-Prinzip »Es kann nur einen geben«, und deshalb kann man nicht so einfach verschiedene Versionen des Internet Explorer auf einem Computer installieren.

Der Internet Explorer 9 enthält eine einfache, aber gut versteckte Möglichkeit, sich die aktuell geladene Seite im IE8 oder IE7 anzuschauen:

■ Rufen Sie im Menü EXTRAS die F12 ENTWICKLERTOOLS auf.

■ Klicken Sie in der Menüleiste auf BROWSERMODUS.

■ Wählen Sie die gewünschte IE-Version zur Darstellung der Seite.

Auch die Auswirkungen des Quirks-Modus können Sie sich hier über den Menüpunkt DOKUMENTMODUS vorführen lassen.

Abbildung 38.3:
Der IE9 hat die
Versionen 7 und 8
integriert.

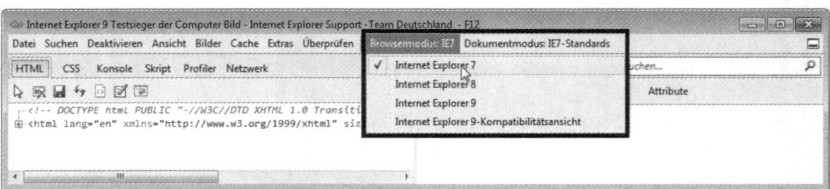

Der *IETester* von Core Services enthält mehrere IE-Versionen in einem Programm und stellt zusätzlich noch IE5.5 und IE6 zur Verfügung:

■ *my-debugbar.com/wiki/IETester/HomePage*

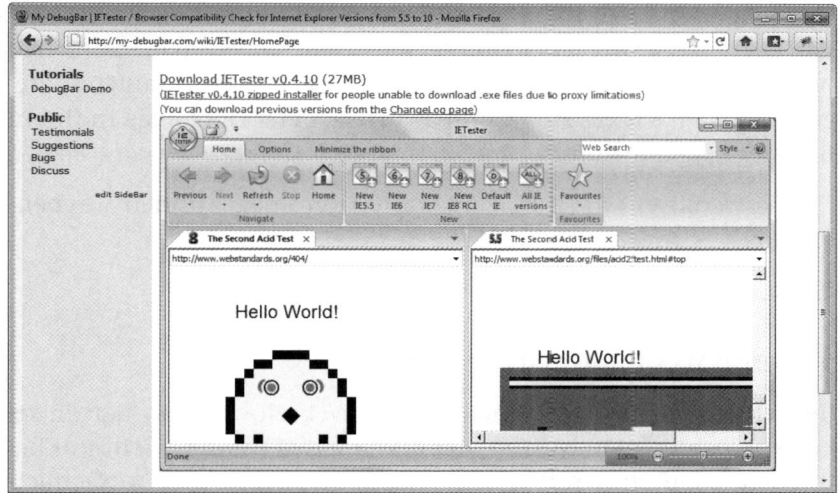

Abbildung 38.4:
Die Homepage
des IE Tester von
Core Services

Für den Alltag ist der IETester eine feine Sache. Wer aber ganz sichergehen möchte, kann in seinem Arbeitsspeicher einen virtuellen Computer mit Windows und einem Internet Explorer der Version 6 starten. Dazu benötigen Sie ein entsprechendes Festplatten-Image von Microsoft und das Programm *Virtual PC*. Eine Übersicht über erhältliche Festplatten-Images finden Sie auf folgender Seite:

■ *bit.ly/ie-images* (bei *microsoft.com*, siehe Abbildung 38.5)

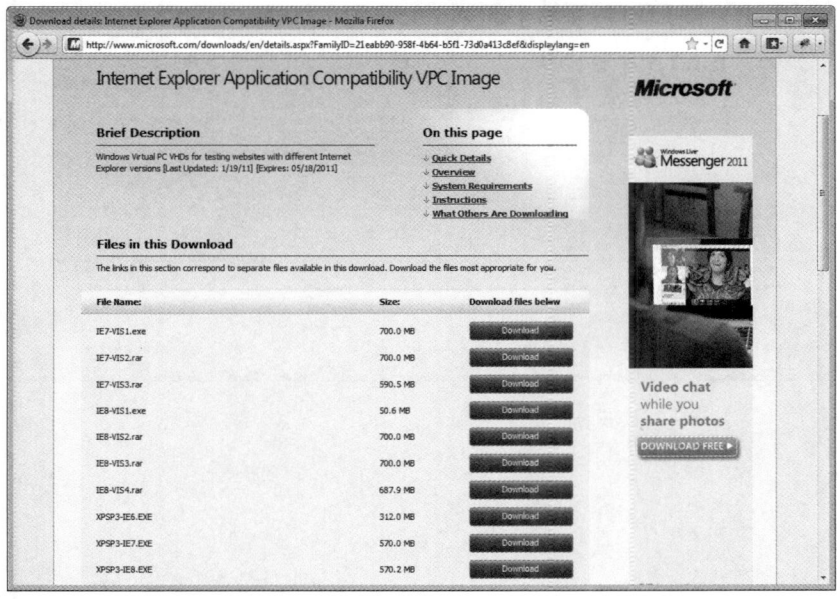

Abbildung 38.5:
Übersicht der verfügbaren Images
für Internet
Explorer

Die Images sind jeweils ein paar Hundert MByte groß und meist zeitlich begrenzt, weshalb man immer mal wieder nachschauen und neu herunterladen muss. Falls die obige Kurz-URL ins Leere laufen sollte, googeln Sie nach »IE App Compat VHD«. Oder tippen Sie in Ihrem Browser folgende Adresse ein: *lmgtfy.com/?q=ie+app+compat+vhd*

Das (kostenlose) *Virtual PC* zum Starten der Images finden Sie ebenfalls bei Microsoft:

■ *microsoft.com/windows/products/winfamily/virtualpc/*

Screenshots online erstellen lassen

Bildschirmfotos (»Screenshots«) einer Webseite sind in der Praxis nur von begrenztem Nutzen, denn Webseiten werden nicht nur betrachtet, sondern benutzt, und viele Fehler zeigen sich tatsächlich erst während der Benutzung.

Falls Sie es trotzdem einmal ausprobieren möchten: Ein kostenloser Onlineservice, der Screenshots der Testseite in mehreren Browsern erzeugt, ist *Browsershots*. Nach dem Motto »Teste dein Webdesign in verschiedenen Browsern« erzeugt der Dienst Screenshots der angegebenen URL in diversen Browsern:

■ *browsershots.org*

Abbildung 38.6:
Die Startseite von
browsershots.org

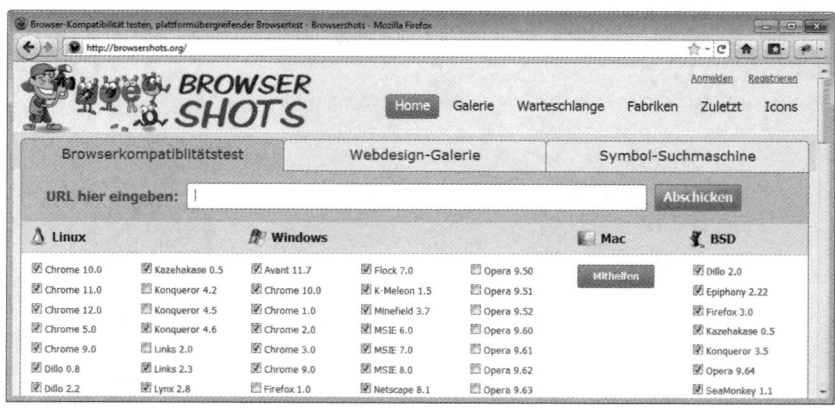

Nach dem Eintragen der URL kommt die Seite in eine Warteschlange. Früher oder später werden von ihr dann Screenshots in verschiedenen Browsern erzeugt und zum zentralen Server hochgeladen.

Auf Screenshots vom Internet Explorer spezialisiert ist der von Geotek Datentechnik betriebene *NetRenderer*:

■ *meineipadresse.de/netrenderer/*

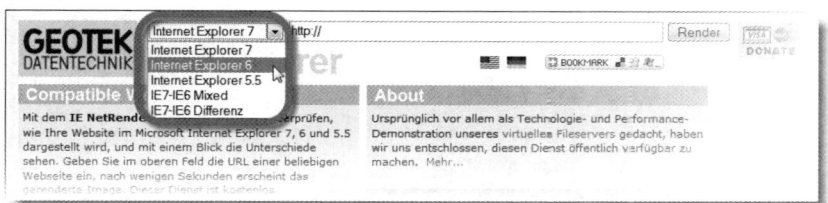

Abbildung 38.7:
Der NetRenderer von Geotek stellt Webseiten in diversen IE-Versionen dar.

Einfach hinsurfen, gewünschte URL eingeben, und der NetRenderer erzeugt Screenshots, wie die Seite im IE6, IE7 oder in Kombinationen davon aussieht.

38.2 Browserzubehör: Praktische Add-ons

In diesem Abschnitt möchte ich Ihnen eine kleine Übersicht über die nützlichsten Browser-Zusatzprogramme geben, hauptsächlich für den Mozilla Firefox.

View Source Chart – der Quelltext als Diagramm

Webseiten bestehen aus rechteckigen Kästchen, die im Browserfenster übereinander-, nebeneinander- und ineinandergestapelt werden, und es gibt eine kleine, aber feine Firefox-Erweiterung namens *View Source Chart*, die den Quelltext als grafische Übersicht darstellt.

Um die nur 21 KByte große Erweiterung zu installieren, surfen Sie mit dem Mozilla Firefox zur folgenden Adresse:

■ *addons.mozilla.org/de/firefox/addon/view-source-chart/*

Das große
little boxes Buch
Webseiten gestalten mit HTML & CSS.
Grundlagen, Navigation, Inhalte, HTML & mehr

Im Menü ANSICHT und im Kontextmenü (rechte Maustaste) finden Sie nach einem Neustart des Firefox den Befehl SEITENQUELLTEXT FORMATIERT ANZEIGEN. Wenn Sie auf diesen Befehl klicken, wird Ihnen der Quelltext ungefähr so angezeigt:

Abbildung 38.8:
View Source
Chart – Quelltext
als ineinander
verschachtelte
Rechtecke

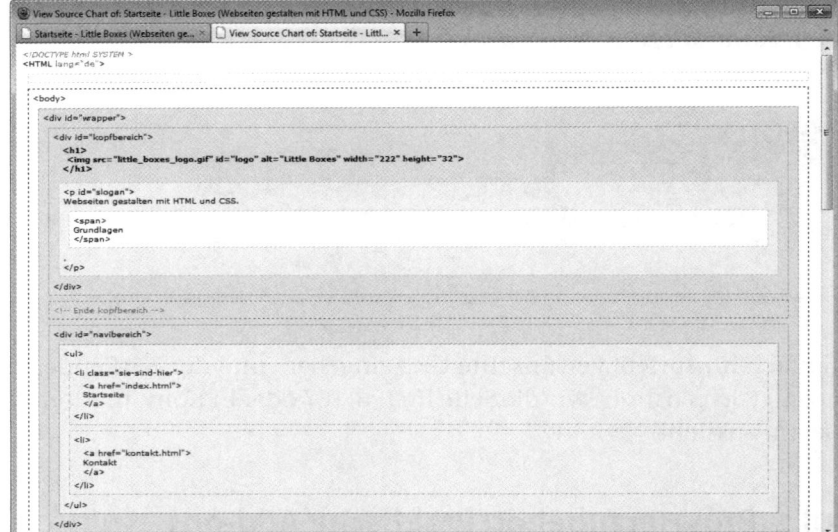

Web Developer – das Schweizer Offiziersmesser

Die Erweiterung *Web Developer* ist eine Sammlung von wichtigen Werkzeugen und für viele Webentwickler eine der wichtigsten Firefox-Erweiterungen.

- *bit.ly/firefox-web-developer* (für Firefox, bei *mozilla.org*)

- *bit.ly/chrome-web-developer* (für Chrome, bei *google.com*)

Mit der Web Developer Toolbar können Sie unzählige Dinge tun: Webseiten analysieren, Barrierefreiheit prüfen, CSS von beliebigen Webseiten anzeigen und editieren, Grafiken ausblenden, Objekte pixelgenau abmessen und vieles mehr.

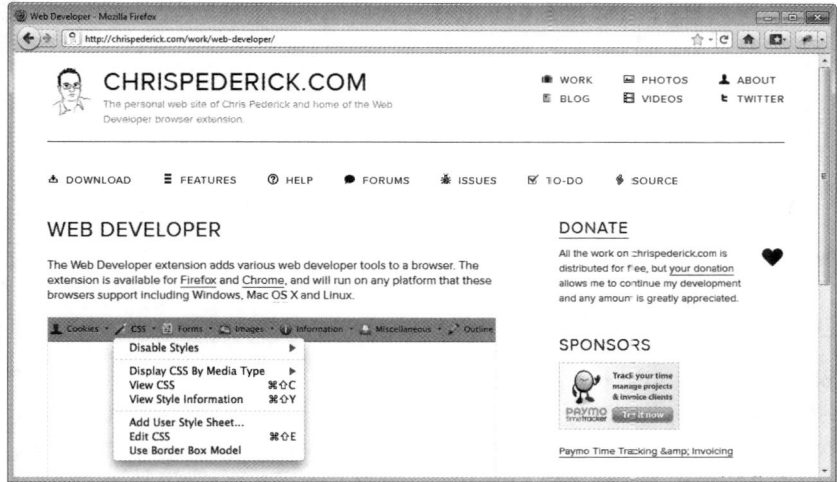

Abbildung 38.9:
Die Website zum
Web Developer
von Chris Pederick

Firebug – das Analysetool

Das Add-on *Firebug* bietet fantastische Möglichkeiten zur Analyse des Quelltextes, und Sie haben es im Verlaufe des Buches bereits mehrfach im Einsatz gesehen.

Zum Installieren und Kennenlernen surfen Sie zu folgender Site:

■ *getfirebug.com*

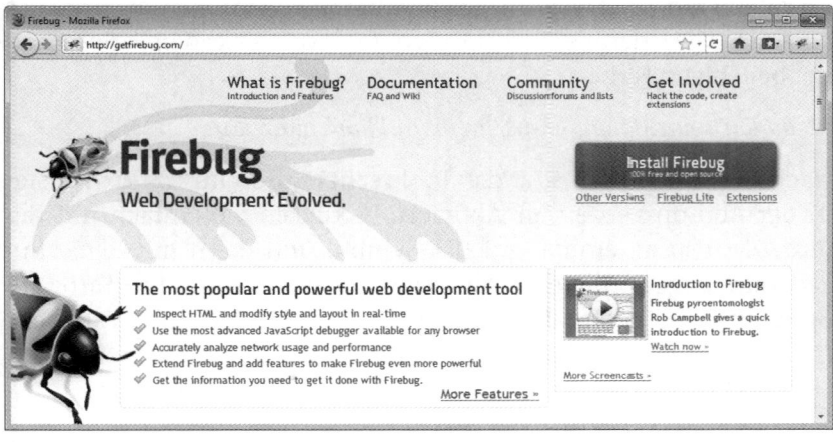

Abbildung 38.10:
Firebug – das
unentbehrliche
Analyse-Werk-
zeug für Web-
worker

Das große
little **boxes** Buch
Webseiten gestalten mit HTML & CSS.
Grundlagen, Navigation, Inhalte, YAML & mehr

Für Google Chrome ist eine Lite-Version erhältlich.

Im Web gibt es eine deutschsprachige Einführung zu Firebug von mir:

■ *bit.ly/firebug-tutorial-t3n* (bei *t3n.de*)

Von Webmaster-Crashkurs.de gibt es ein Tutorial auf Video:

■ *youtube.com/watch?v=D626ytfJryI*

Die IE Developer Toolbar

Bei Microsoft gibt es eine *Internet Explorer Developer Toolbar*. Seit IE8 ist die Developer Toolbar im Browser integriert und kann mit der Tas- te F12 oder im Menü EXTRAS als ENTWICKLERTOOLS aufgerufen werden. Für die Versionen 6 und 7 muss die Toolbar nachträglich installiert werden:

■ *bit.ly/ie6-7-developer-toolbar* (bei *microsoft.com*)

Bei IE6 und IE7 sollten Sie immer nach der proprietären Eigenschaft hasLayout schauen. Wenn dieser Eintrag für ein Element vorhanden ist, dann hat dieses Element *Layout*.

ColorZilla – die Farbenwahl

Haben Sie auf einer Webseite schon mal eine Farbe gesehen, deren genauen Farbwert Sie gerne gewusst hätten? Dann ist *ColorZilla* das Tool der Wahl, denn es liefert Ihnen mit zwei Klicks den Farbwert ei- ner beliebigen Farbe.

■ *addons.mozilla.org/en-us/firefox/addon/colorzilla/*

Nach der Installation sitzt das Tool rechts unten im Firefox-Fenster in der Add-on-Leiste. Zur Aktivierung klicken Sie einfach mit der *linken* Maustaste einmal auf das Symbol und dann mit dem zum Fadenkreuz gewordenen Mauszeiger auf die gewünschte Farbe im Browserfenster. ColorZilla zeigt Ihnen den gewünschten Farbwert. Im Ausklappmenü des Colorzilla ist auch ein Direktlink zu dem auf Seite 483 vorgestellten *Ultimate Gradient Generator* vorhanden.

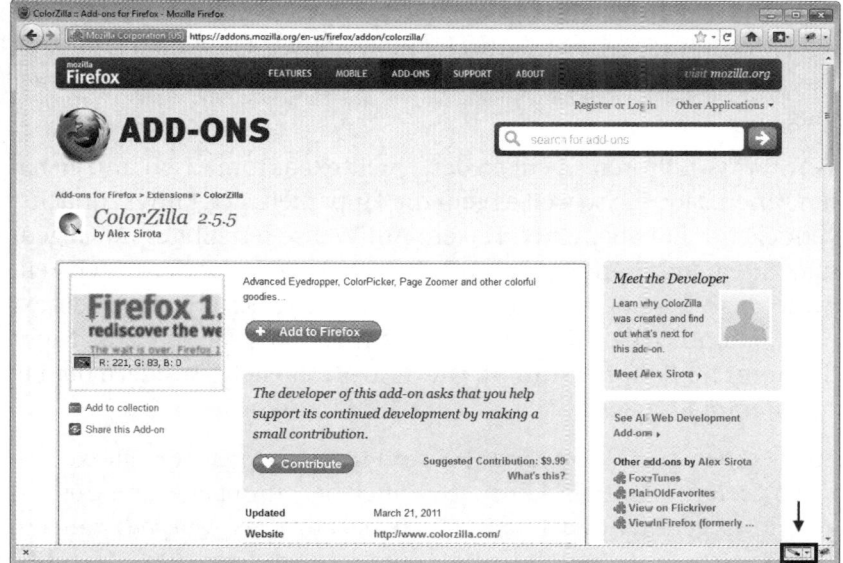

Abbildung 38.11:
ColorZilla – ein
sehr nützliches
Add-on für den
Firefox

38.3 Editoren für HTML und CSS

Zum Erstellen von Webseiten brauchen Sie einen Editor, mit dem Sie die Sprachen HTML und CSS bearbeiten können. Dazu kommen dann im Laufe der Zeit eventuell noch Programmiersprachen wie JavaScript und PHP.

Es gibt prinzipiell zwei Typen von Editoren:

- Quelltext-Editoren zeigen während der Bearbeitung den Quelltext an.

- WYSIWYG- Editoren zeigen während der Bearbeitung die fertige Webseite und verstecken den Quelltext.

Quelltext-Editoren erleichtern Ihnen die Arbeit mit dem, nun ja, Quelltext. Sie helfen beim Einfügen der Sprachelemente, färben den Quelltext übersichtlich ein und so weiter. Tippen müssen Sie selbst.

Die Abkürzung WYSIWYG hingegen steht für »What You See Is What You Get«, was frei übersetzt »Was Sie sehen, ist das, was Sie bekommen« bedeutet und im Deutschen meist »wüsiewück« gesprochen wird. Erfunden wurde der Begriff Anfang der 90er-Jahre, als in Textverarbeitungen der Text auf dem Monitor endlich fast genauso aus-

sah wie der gedruckte Text: *what you see* (was Sie bei der Erstellung auf dem Monitor sehen) ist identisch mit *what you get* (aus dem Drucker). Das war früher nicht so selbstverständlich, wie es heute erscheinen mag.

WYSIWYG-Editoren erzeugen den Quelltext automatisch und ersparen Ihnen dadurch so weit es geht die Tipparbeit. Das klingt zunächst verlockend, hat aber einen Haken: Auf Webseiten gibt es im Gegensatz zu Papierseiten eigentlich kein WYSIWYG, sondern mehr ein *what you see is what you could get*. Eine Webseite besteht aus Quelltext und sieht auf jedem Rechner ein klein bisschen anders aus. Nicht der Autor im Editor bestimmt, wie die Seite aussieht, sondern der Betrachter im Browser.

Zum Lernen von HTML und CSS sind im Prinzip alle Quelltext-Editoren geeignet. Notfalls können Sie auch den zum Lieferumfang von Windows gehörenden Editor (auch bekannt als *Notepad*) nutzen, aber das ist wohl eher etwas für Leute mit Tendenz zum Masochismus. Komfortabler sind die im Folgenden vorgestellten Exemplare.

Wenn Sie bereits einen Lieblingseditor haben, mit dem Sie zufrieden sind, gibt es keinen Grund, irgendetwas zu ändern. Ein Editor ist nur ein Werkzeug, und jedes Werkzeug ist nur so gut, wie die Person, die es nutzt.

Editoren für Windows

Aktuell, kostenlos und tausendfach bewährt sind die beiden folgenden Kandidaten:

- *PSPad*: *pspad.com/de/*

- *Notepad++*: *notepad-plus-plus.org*

Kommen wir zu den nicht mehr ganz so kostenlosen Editoren. Beliebt ist zum Beispiel der *WeBuilder* von Blumentals Software aus Lettland, den es als *RapidCSS* auch in einer preisgünstigeren abgespeckten Version gibt:

- *WeBuilder*: *blumentals.net/webuilder/*

- *RapidCSS*: *blumentals.net/rapidcss/*

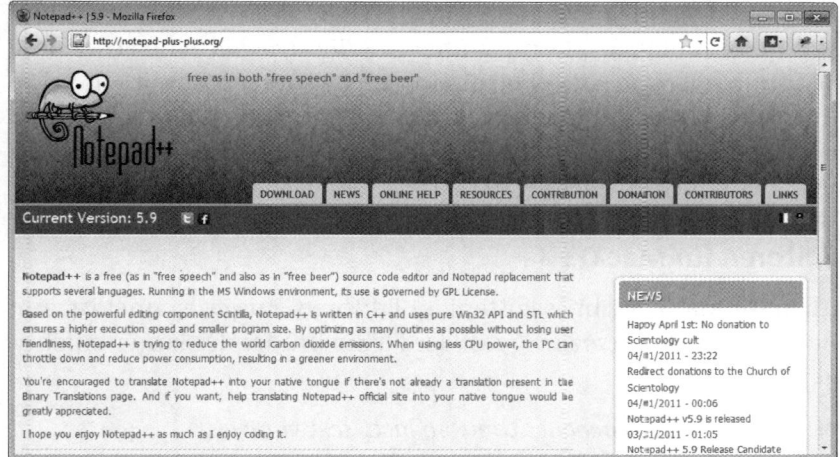

Abbildung 38.12:
Die Website zum
Editor Notepad++

Nick Bradbury hat ein Händchen für gut zu bedienende Programme.
Vor einigen Jahren hat er mit *HomeSite* einen der beliebtesten HTML-
Quelltexteditoren geschaffen (der inzwischen weitgehend im Quell-
texteditor von *Dreamweaver* integriert ist), und danach mit *TopStyle
Pro* einen der besten CSS-Editoren überhaupt, der inzwischen vom
Programmierer Stefan van As weiterentwickelt wird:

■ *TopStyle 4*: *topstyle4.com*

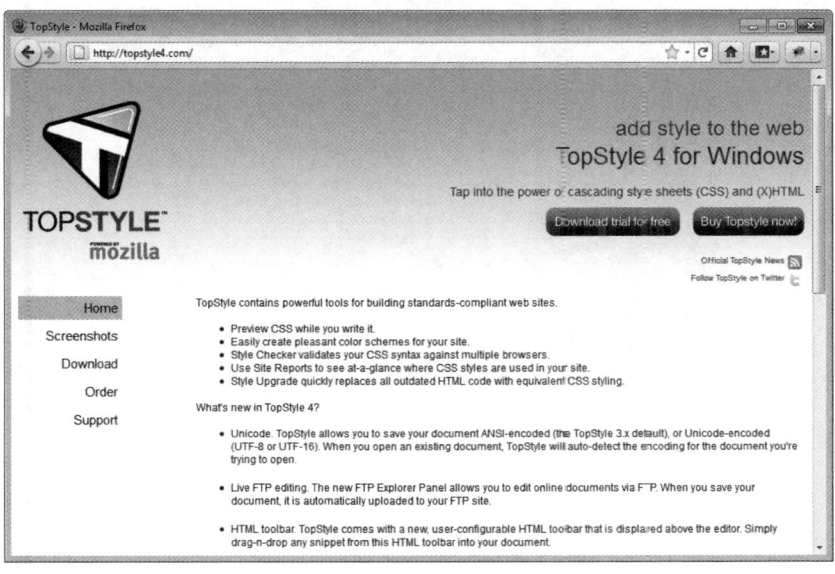

Abbildung 38.13:
TopStyle 4 – der
Klassiker

TopStyle 4 kann inzwischen auch UTF-8, FTP, HTML5 und alles, was man so braucht. Es gab früher mit *TopStyle Lite* eine kostenlose Schnupperversion, die aber nicht mehr weiterentwickelt wird. Die im Web noch zu findenden Versionen können allesamt kein UTF-8 und sind somit nicht mehr wirklich zu gebrauchen. Schade eigentlich, denn für den Einstieg in CSS war das Programm wirklich gut.

Editoren für Mac OS X

Auch für Mac OS gibt es kostenlose Editoren. Ausgezeichnet ist zum Beispiel der *Textwrangler*, quasi der kleine Bruder des kostenpflichtigen *BBEdit*:

■ *Textwrangler*: *barebones.com/products/textwrangler/*

■ *BBEdit*: *barebones.com/products/bbedit/*

Der *Smultron* (schwedisch für »Erdbeere«) von Peter Borg war in älteren Versionen kostenlos. Aktuell ist er nur noch im AppStore erhältlich, kostet aber nur 4,99$ (Stand Juni 2011):

■ *Smultron*: *peterborgapps.com/smultron/*

Abbildung 38.14:
Smultron –
schwedisch für
»Erdbeere«

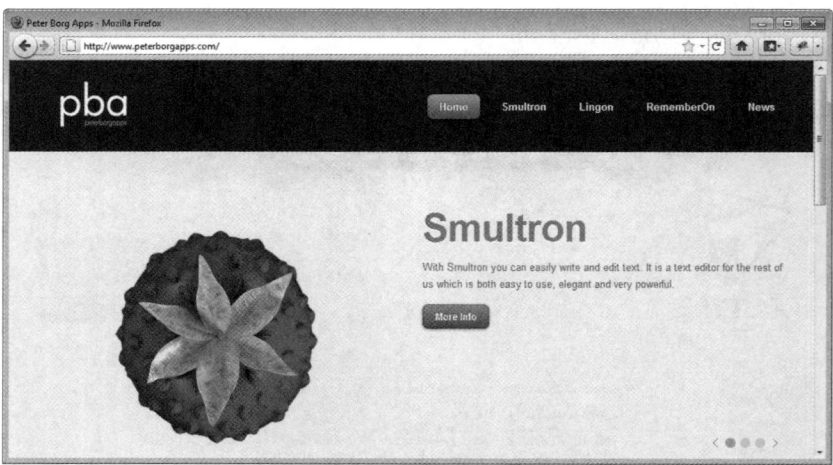

Weit verbreitet und beliebt ist der *Textmate*, ein Texteditor, den der Programmierer selbst als eine Art »ideale Mischung aus Emacs und Mac OS« bezeichnet. Angeblich haben sich einige Leute einen Mac gekauft, nur weil Textmate so gut ist:

■ *Textmate*: *macromates.com*

Mehr als nur ein Editor ist *Coda*, denn wie der Slogan »one-window web development« andeutet, kümmert sich das Programm um den gesamten Workflow beim Erstellen von Webseiten:

■ *Coda*: *panic.com/coda/*

Abbildung 38.15:
Coda für Mac OS X
– alles in einem
Fenster

Dreamweaver

Zum Abschluss noch eine Anmerkung zum *Adobe Dreamweaver*, der eierlegenden Wollmilchsau unter den Editoren. Dreamweaver gibt es für Windows und Mac, es ist ein Programm für Webdesign-Profis und entsprechend teuer und komplex.

In vielen Seminaren hatten besonders Einsteiger mehr Probleme mit der Bedienung von Dreamweaver als mit dem Quelltext, und daher vergleiche ich das Programm oft mit einer Kettensäge: In der Hand eines Profis ist es ein sehr nützliches Werkzeug, für Einsteiger ist es aber oft eher gefährlich als nützlich.

Falls Sie Dreamweaver aus irgendwelchen Gründen zufällig auf Ihrer Festplatte haben sollten und unbedingt ausprobieren möchten, hier ein Crashkurs in 30 Sekunden, damit nicht gleich der erste Schnitt ins Bein geht:

- Drücken Sie gleich nach dem Start die Taste F4, um alle Fenster auszublenden.

- Erstellen Sie mit SITE – NEUE SITE... zunächst eine neue Site. Dahinter verbirgt sich die Projektverwaltung von Dreamweaver, auf der viele Funktionen beruhen. Falls Sie noch keinen Webspace haben, stellen Sie die VERBINDUNG ZUR REMOTE-SITE (damit ist der Webspace gemeint) auf KEINE.

- Im Editorfenster können Sie zwischen den Ansichten CODE (Quelltext) und ENTWURF (WYSIWYG) wählen. Ideal zum Lernen ist die Option TEILEN, die oben den Quelltext und unten die Entwurfsansicht zeigt. »Entwurf« ist die übrigens die Übersetzung von »Design«.

Abbildung 38.16:
Dreamweaver
in der geteilten
Ansicht mit eini-
gen Fenstern

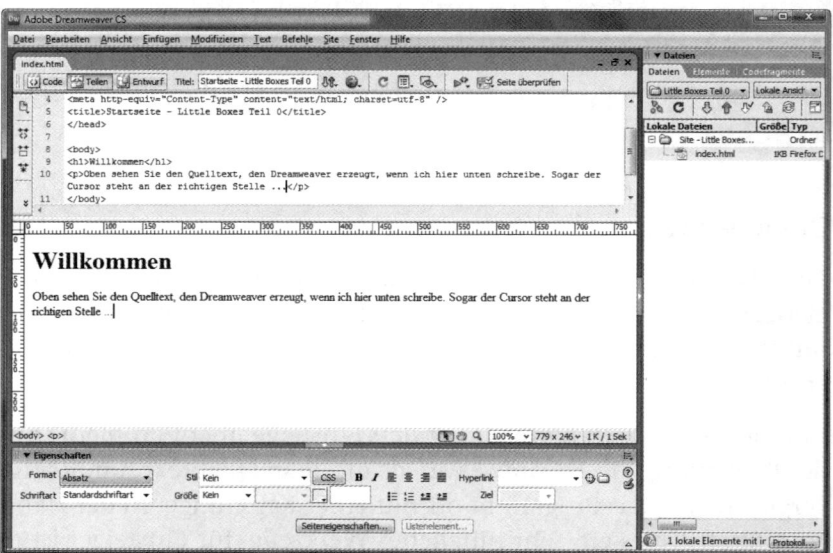

Probieren Sie über das Menü FENSTER aus, welche Fenster Sie nützlich finden. Im Einsteiger-Alltag sind EIGENSCHAFTEN (zeigt unter dem Editorfenster die Eigenschaften des gerade ausgewählten Elements an)

und DATEIEN (zur Dateiverwaltung und zum Hochladen) sehr hilfreich. Blenden Sie nicht benötigte Fenster konsequent aus.

Falls Sie *Adobe GoLive* vermissen: Die Entwicklung ist zugunsten von Dreamweaver eingestellt worden. Auch *Microsoft Frontpage* gibt es nicht mehr, dafür aber einen Nachfolger namens *Expression Web*. *Expression Web* ist besser als Frontpage und nicht ganz so leistungsfähig wie Dreamweaver, aber dafür auch nicht ganz so teuer.

38.4 FTP: Veröffentlichen von Webseiten

Um die auf Ihrem Computer erstellten Webseiten auf Ihren Webspace zu übertragen, benötigen Sie ein FTP-Programm (oft auch *FTP-Client* genannt). Falls Sie bereits eines benutzen und damit zufrieden sind, sollten Sie einfach dabei bleiben. Einige Editoren haben auch entsprechende Funktionen gleich mit eingebaut. In dem Fall benötigen Sie natürlich auch kein zusätzliches Programm.

FileZilla ist ein sehr beliebtes und kostenloses FTP-Programm, das es sowohl für Windows als auch für Mac OS X und Linux gibt:

▧ *FileZilla: filezilla-project.org/*

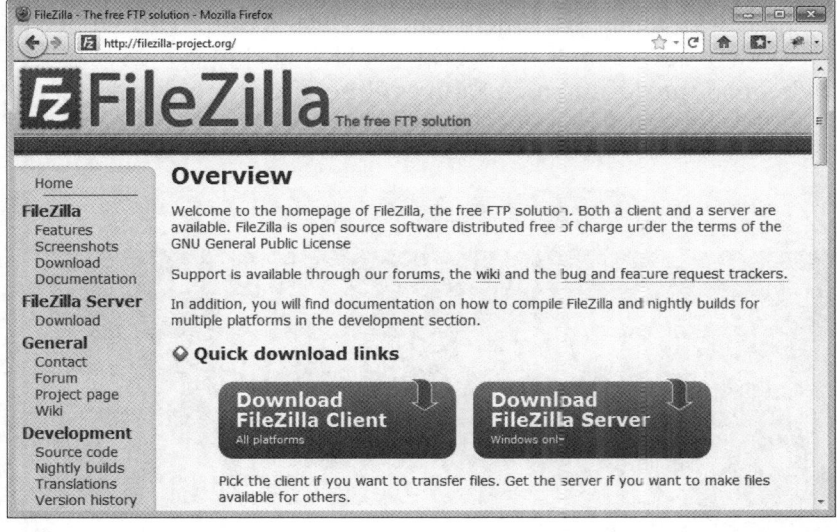

Abbildung 38.17:
Die Website von
FileZilla

Eine ebenfalls auf Windows und Mac verfügbare Alternative ist das Programm Cyberduck:

▓ *Cyberduck*: *cyberduck.ch*

Mit FireFTP gibt es ein komplettes FTP-Programm auch als Add-on für den Firefox:

▓ *FireFTP*: *addons.mozilla.org/de/firefox/addon/fireftp/*

38.5 Editoren zum Bearbeiten von Grafiken

Auf die Bearbeitung von Grafiken bin ich in diesem Buch so gut wie gar nicht eingegangen, aber trotzdem sollen ein paar Tipps nicht fehlen.

Zunächst ein Blick auf einige Webanwendungen:

▓ *Picnik*: *picnik.com/app*
Picnik ist ideal zur Bearbeitung von Fotos und in der Basisversion kostenlos. Das Programm selbst ist einfacher zu bedienen als die doch etwas unübersichtliche Website und zum Beispiel auch bei *Flickr.com* als Online-Editor integriert.

▓ *SplashUp*: *splashup.com*
SplashUp eignet sich nicht nur zur Bearbeitung von Grafiken, sondern auch zum Erstellen eigener kleiner Grafiken. Es hieß früher mal *Fauxto,* und man kann es ohne Anmeldung ausprobieren (Klick auf Jump Right In).

Abbildung 38.18: *Splashup* ist eine Online-Bildbearbeitung der Extraklasse.

Natürlich gibt es auch jede Menge Bildbearbeitungsprogramme, die Sie ganz traditionell auf Ihrem Computer installieren können. Für die grundlegenden Bearbeitungsschritte wie Zuschneiden, Bildgröße ändern und Helligkeit sowie Kontrast regeln, reichen einfache Programme, wie sie bei einem Scanner oder einer Digitalkamera mitgeliefert werden. Auch zum Lieferumfang von Microsoft Office gehören einfache Bildeditoren wie *Photo Editor* (Office 97 bis Office XP) oder *Picture Manager* (ab Office 2003).

Etwas leistungsfähiger sind die folgenden Programme:

■ *Adobe Photoshop Elements adobe.com/de/products/photoshopel/*
»You can call me El«. Die erschwingliche Lightversion von Photoshop. Gut zur Bearbeitung von Fotos. Auch für Mac. Und auch als Online-Anwendung (*photoshop.com*).

■ *Gimp*: *gimp.org*
Kostenlos und -frei. Leistungsfähig, aber eine eher ungewöhnliche Bedienung steht vielen Einsteigern beim Kennenlernen von Gimp doch etwas im Weg.

Adobe Photoshop ist der große Bruder von *Elements* und ebenso wie Dreamweaver ein Profiprogramm. Wenn Sie mit Photoshop umgehen können, werden Sie kein anderes Bildbearbeitungsprogramm mehr benötigen. Wenn Sie noch nicht mit Photoshop umgehen können: Zur Erstellung einer Homepage ist es definitiv nicht nötig, Photoshop zu lernen. Es sei denn, Sie haben vor, Grafikdesigner zu werden. Und selbst dann ist für den Bereich Webdesign das Programm *Adobe Fireworks* eine echte Alternative zu Photoshop.

Kapitel 39

Nützliche Websites

Worin Sie eine kurze Beschreibung einiger nützlicher Websites finden.

Die Themen im Überblick:

Im Folgenden werden einige hilfreiche Websites vorgestellt.

39.1 Referenzen und Online-Quellen zu HTML

Nachschlagewerke zu HTML und CSS gibt es im Web recht viele. Das Problem ist wie bei so vielen Online-Quellen die Aktualität. Eine Referenz über Jahre aktuell zu halten gleicht einer Sisyphus-Arbeit.

Im Web gibt es viele gute Quellen zu HTML. Los geht es mit einem neu aufgelegten Klassiker:

* Das HTML5-Handbuch von Stefan Münz
  webkompetenz.wikidot.com/docs:html-handbuch

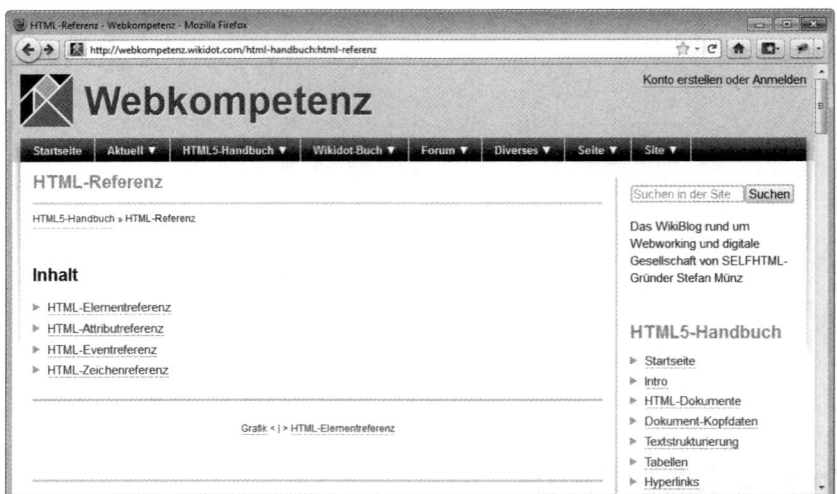

Stefan Münz ist bekannt geworden durch das legendäre SelfHTML, mit dem viele deutschsprachige Webworker ihr Handwerk gelernt haben. Während SelfHTML als Projekt in die Jahre gekommen ist und nach Wegen in die Gegenwart sucht, hat Stefan Münz das HTML5-Handbuch geschrieben und auf seinem Wiki veröffentlicht. Es ist auch als Buch erhältlich.

Ein echter deutschsprachiger Klassiker ist die »Einführung in XHTML, CSS und Webdesign« von Michael Jendryschik:

- *jendryschik.de/wsdev/einfuehrung/*

Wenn Englisch kein Hindernis ist, gibt es speziell zu HTML5 zwei lesenswerte Sites:

- *html5doctor.com*. Hier schreiben und diskutieren hochkarätige Autoren über die Verwendung von HTML5.

- *diveintohtml5.org*. Kurzweilig und enorm lesbar erzählt Autor Mark Pilgrim (von Google), wie man HTML5 verwenden sollte. Auch als Buch erhältlich.

Wenn Englisch und trockene Texte Sie von einer Lektüre nicht abhalten, finden Sie beim World Wide Web Consortium (W3C) das definitive Nachschlagewerk zum Thema HTML. Hier sind ein paar geeignete Einstiegspunkte:

■ Alphabetische Liste der HTML-Elemente (beim W3C)
w3.org/TR/html-markup/elements.html#elements

■ HTML-Elemente nach Funktion sortiert (beim W3C)
w3.org/TR/html-markup/elements-by-function.html

■ Der Spickzettel: Das W3C Cheat Sheet zum schnellen Finden
w3.org/2009/cheatsheet/

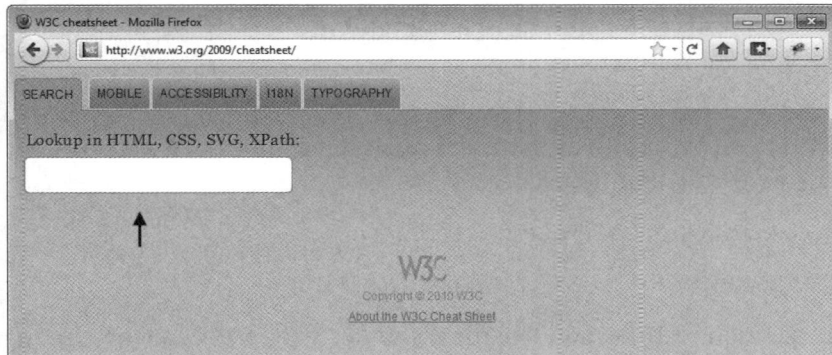

Abbildung 39.2:
Das W3C Cheat
Sheet

CodeBurner – die HTML- und CSS-Referenz **Tipp**

CodeBurner macht die Referenzen von Sitepoint auf Mausklick verfügbar:

■ *tools.sitepoint.com/codeburner/*

CodeBurner gibt es als Add-on für den Firebug, als Standalone im Firefox, für Opera und als App für das Mac OS X Dashboard.

39.2 Referenzen und Online-Quellen zu CSS

Hier eine kleine Auswahl von Referenzen zu CSS:

- *thestyleworks.de* von Klaus Langenberg
  Referenz, Tutorials, Übersetzungen und vieles mehr zu CSS2.1.
  Präzise und ausführlich.

- Die CSS-Referenz im HTML5-Handbuch. CSS 2.1 und praxis-
  relevante CSS3-Eigenschaften:
  webkompetenz.wikidot.com/html-handbuch:css-referenz

- Auf den ersten Blick etwas unübersichtlich, aber nicht schlecht ist:
  webmasterpro.de/coding/article/css-referenz.html

- Sitepoints CSS-Referenz ist auf Englisch, aber sehr bekannt und
  von Top-Autoren gepflegt:
  reference.sitepoint.com/css

Und beim W3C gibt es natürlich noch die englische, trockene, aber
korrekte und definitive Referenz:

- Überblick zu CSS: *w3.org/Style/CSS/*

- Spezifikation zu CSS2.1: *w3.org/TR/CSS21/*

Um in den technischen Dokumenten des W3C das Gesuchte zu finden, hilft die Site von Jens Meiert. Er listet alle CSS-Eigenschaften
auf, inklusive der Zugehörigkeit zur CSS-Version und mit einem Direktlink zur Beschreibung der Eigenschaft in der W3C-Spezifikation:

- *meiert.com/de/publications/indices/css-properties/*

Abbildung 39.3:
Übersicht aller
CSS-Eigenschaf-
ten von Jens
Meiert

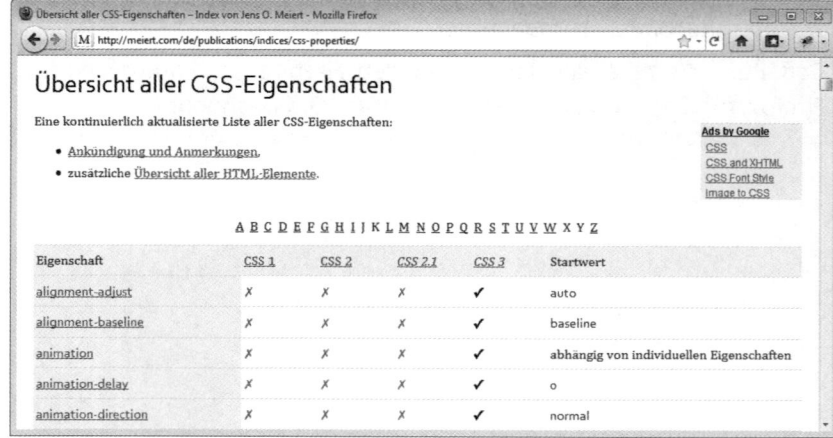

39.3 Foren zu HTML, CSS & Co.

Ein Tipp vorweg: Für alle Foren gilt, dass Sie vor dem ersten Posting die dort geltenden Verhaltensregeln und die Liste der am häufigsten beantworteten Fragen (FAQ, Frequently Asked Questions) studieren sollten.

Problem beschreiben. Beschreiben Sie Ihr Problem im Posting so genau wie möglich. Wenn Sie sich nur 30 Sekunden Zeit lassen, um ein Posting für Ihr Problem zu erstellen, können Sie nicht wirklich von anderen erwarten, dass sie mehr Zeit für die Lösung aufwenden. Und oft hilft allein das Nachdenken beim Schreiben schon bei der Lösung des Problems.

Online-Link. Wenn Sie Fragen zu einer bestimmten Webseite haben, sollten Sie das Beispiel online irgendwo auf einem Webspace zur Verfügung stellen und im Forum einen Link dazu posten. Das ist viel besser, als den Quelltext direkt in den Forumsbeitrag zu schreiben, denn ein Onlinebeispiel können die Forumsexperten viel schneller untersuchen.

Und nun zu den Foren. Hier eine kleine Auswahl von Links, wobei in allen Foren nicht nur HTML, sondern auch andere Themen wie CSS behandelt werden:

- *xhtmlforum.de*
- *html.de*

39.4 Informationen zu »Little Boxes« im Web

Auf der Website zum Buch finden Sie aktuelle Informationen verschiedenster Art. Hier können Sie Beispieldateien herunterladen und schauen, ob schon Fehler gefunden wurden. Außerdem können Sie auf der Site die 2009er-Ausgabe von »Little Boxes Teil 1« online lesen.

- *little-boxes.de*

Abbildung 39.4:
Die Website zum
Buch – *little-boxes.de*

Auf *delicious.com* sammle und veröffentliche ich übrigens die in diesem Buch aufgelisteten URLs, die allesamt den Tag lb2011 bekommen, sodass Sie sie unter folgender Adresse abrufen (und sogar per RSS abonnieren) können:

🔲 *delicious.com/littleboxes/lb2011*

Abbildung 39.5:
*delicious.com/
littleboxes/lb2011*
– die Links aus
diesem Buch

Stichwortverzeichnis